WITHDRAWN
HARVARD LIBRARY
WITHDRAWN

VERÖFFENTLICHUNGEN DER
HISTORISCHEN KOMMISSION ZU BERLIN

BAND 45

QUELLENWERKE
BAND 6

Walter de Gruyter · Berlin · New York

1975

QUELLEN ZUR KETZERGESCHICHTE BRANDENBURGS UND POMMERNS

Gesammelt, herausgegeben und eingeleitet von
DIETRICH KURZE

Walter de Gruyter · Berlin · New York

1975

Gedruckt mit Unterstützung der Deutschen Forschungsgemeinschaft, Bad Godesberg
Die Schriftenreihe der Historischen Kommission zu Berlin erscheint mit Unterstützung
des Senators für Wissenschaft und Kunst, Berlin

Lektorat der Schriftenreihe:
CHRISTIAN SCHÄDLICH

CIP-Kurztitelaufnahme der Deutschen Bibliothek

Quellen zur Ketzergeschichte Brandenburgs und
Pommerns
  (Veröffentlichungen der Historischen Kommission
  zu Berlin; Bd. 45: Quellenwerke; Bd. 6)
  ISBN 3-11-004484-6
NE: Kurze, Dietrich (Hrsg.)

©
Copyright 1975 by Walter de Gruyter & Co., vormals G. J. Göschen'sche Verlagshandlung · J. Guttentag Verlagsbuchhandlung · Georg Reimer · Karl J. Trübner · Veit & Comp. - Printed in Germany. Alle Rechte des Nachdrucks, der photomechanischen Wiedergabe und der Anfertigung von Mikrofilmen — auch auszugsweise — vorbehalten.

Satz und Druck: Hans Kock, Bielefeld
Bindearbeiten: Lüderitz & Bauer, Berlin

VORWORT

Anlaß der Sammlung und Edition von Quellen zur Geschichte der Häresie und der Inquisition in Brandenburg und Pommern war die Sichtung der heute in der Herzog-August-Bibliothek zu Wolfenbüttel aufbewahrten Protokolle eines Inquisitionsverfahrens gegen Waldenser aus den Jahren 1392 bis 1394. Eine — zumindest auszugsweise — Veröffentlichung dieser 195 (von ursprünglich 455) in Stettin angefertigten Verhörniederschriften schien aus häresiologischen und aus landeskundlichen Gründen erwünscht. Bislang sind keine Inquisitionsprotokolle ediert, die in ähnlich großer Zahl über die Lebensformen und Glaubensvorstellungen einfacher Waldenser unmittelbar Auskunft geben. Auch enthalten diese Protokolle für den Heimatraum der Befragten, also besonders für die Uckermark und Neumark sowie für die Gegenden um Stettin und Dramburg, eine Fülle von Orts- und Personennamen sowie Angaben über Kirchen, Friedhöfe, Wüstungen usw., die in anderen zeitgenössischen Texten nicht überliefert sind und deshalb das Interesse der Namensforschung und der Landesgeschichte finden dürften. Die weitere Beschäftigung mit der Ketzergeschichte der Mark Brandenburg und Pommerns ergab, daß diese sich bei aller Einbettung in die allgemeine Geschichte der religiösen, geistigen und sozialen Bewegungen des späteren und ausgehenden Mittelalters durch eine weitgehende sachliche und räumliche Geschlossenheit und Kontinuität auszeichnete und daß es deshalb sinnvoll ist, möglichst alle einschlägigen Quellen zusammenzustellen und als Corpus vorzulegen. Manche dieser Quellen waren bereits gedruckt, jedoch nicht immer mit der nötigen Sorgfalt ediert und oft an entlegener Stelle zu finden, manche waren nur fragmentarisch oder in Übersetzungen bekannt, und ein nicht geringer Teil verbarg sich in Handschriften der Bibliotheken und Archive in Rom, Kopenhagen, Prag, Herrnhut, Helmstedt, Göttingen, Marburg, Würzburg, Seitenstetten und Berlin. Es ist zwar zu vermuten, daß unsere Quellensammlung um den einen oder anderen übersehenen oder heute unzugänglichen Text erweitert werden könnte, gleichwohl dürfte sie insgesamt ein nützliches Hilfsmittel für die Erforschung der märkisch-pommerschen Kirchen- und Geistesgeschichte wie auch der vergleichenden und überregionalen Ketzerhistorie sein. Darüber hinaus kommt ihr möglicherweise exemplarische Bedeutung zu, da die Texte nicht nur inhaltlich einen besonderen Aspektreichtum enthalten, sondern als Protokolle, Formulare, Urkunden, Briefe, Synodalbeschlüsse sowie als Teile von Stadtbüchern, Chroniken, apologetischen, polemischen oder pastoraltheologischen Schriften u. a. m. auch eindrucksvoll erkennen lassen, daß von der Ketzerforschung im Prinzip keine Quellengattung unberücksichtigt bleiben darf.

Die Schwierigkeiten, die das Entstehen dieses Buches begleiteten, sollen vergessen werden. Um so dankbarer gedenke ich der Freunde und Kollegen im Friedrich-Meinecke-Institut der Freien Universität Berlin, in der Tschechoslowakei, in Italien, in der DDR und der Bundesrepublik, ohne deren Rat und Hilfe beim Beschaffen und Lesen der Texte die Arbeit nicht hätte abgeschlossen werden können.

Berlin und Tübingen
im Sommer 1973

Dietrich Kurze

INHALT

Vorwort V

ERSTER TEIL
Historische Übersicht   1

ZWEITER TEIL
Bemerkungen zu einzelnen Autoren und Quellen   12

1. Die Gesta archiepiscoporum Magdeburgensium zum Jahr 1336 12
2. Die Chronik Johanns von Winterthur zu etwa 1338 13
3. Fritsche Closeners Chronik zum Jahr 1349 13
4. Die Magdeburger Schöppenchronik zu den Jahren 1349 und 1411 14
5. Drei Mandate Papst Urbans V. vom Jahr 1364 über die Einsetzung von Inquisitoren 15
6. Zwei Mandate Papst Gregors XI. vom Jahr 1372 gegen Beginen und Begarden 15
7. Verhörschemata und Formeln bei Inquisitionsprozessen Peter Zwickers gegen Waldenser 17
8. Protokolle eines Inquisitionsverfahrens gegen Waldenser in Stettin aus den Jahren 1392 bis 1394 18
9. Pseudo-Pilichsdorf (Peter Zwicker?) über die Bekehrung märkischer Waldenser, 1395 31
10. Berichte über die Verbrennung von Hussiten in Jüterbog zum Jahr 1416/1417 32
11. Hermann Korner, Cronica novella 33
12. Die sogenannte Rufus-Chronik 34
13. Stephan Bodecker, De decem preceptis und Continuatio cimboli apostolorum 34
14. Heinrich Tokes und Heinrich Zolters Articuli oblati von 1446 38
15. Schreiben des Hochmeisters des Deutschen Ordens betr. Ketzereien im Gebiet von Bärwalde, 1447 November 22 38
16. Inquisitionsakten vom Jahre 1458 39
17. Nikolaus Tempelfeld von Brieg, Denkschrift 1458 40
18. Brief märkischer Waldenser an die Böhmischen Brüder vom Jahr 1480, überliefert in der Historia Fratrum Bohemicorum 41

19. Abiuratio von Einwohnern Königsbergs und Wubisers/Neumark, 1483 . . . 42
20. Johannes Aquensis, Annihilatio triplicis funiculi innominati heretici, 1498 . 42
21. Albert Krantz, Wandalia, 1519 45
22. Johannes Aquensis, Locustarium, 1524 46
23. Nikolaus von Schlan (Slanský), Listové a jednání Bratři s Luterem/Luteryany 47
24. Thomas Kantzow, Chronik von Pommern 48
25. Thomas Kantzow, Chronik von Pommern (Nachlaßfassung) 49
26. Johann Blahoslav, Summa quaedam brevissima . . ., 1556 50
27. Johann Berckmanns Stralsunder Chronik und die Storch'sche Chronik . . 50
28. Zeugnisse über ehemalige märkische Waldenser im ältesten Fulneker Stadtbuch, 1515 bis 1564 51
29. Totenbuch der Geistlichkeit der Böhmischen Brüder, 1576 51
30. Joachim Camerarius, Historica narratio . . ., 1571—1573 52
31. Namen ehemaliger märkischer Waldenserfamilien in Fulneker Akten, etwa 1560 bis etwa 1620 52
32. Johannes Lasicius (Lasicki), De origine et rebus Fratrum Bohemorum, 1599 53
33. Jafet, Hlas strážného (Die Stimme des Wächters), 1605 bis 1607 54
34. Daniel Cramer, Das Grosse Pomrische Kirchen Chronicon, Alten-Stettin 1628 55
35. Vincentius Maria Fontana, Monumenta Dominicana, Rom 1675 55

DRITTER TEIL*
Die Quellen   57

I. Magdeburger Synodalstatuten, betreffend Beginen und Eberdini, 1261 Mai 8 59
II. Mandat Papst Johanns XXII. u. a. an den Bischof von Kammin zur Unterstützung der Inquisition gegen Kreuzesfeinde, 1327 April 1 59
III. Gesta archiepiscoporum Magdeburgensium zum Jahr 1336 über eine Inquisition gegen Luziferianer in Angermünde 61
IV. Johann von Winterthurs Chronik zu etwa 1338 betr. Überführung und Verurteilung brandenburgischer Ketzer (Luziferianer?) 61
V. Brandenburg und Pommern betreffende Berichte über die Geißler der Jahre 1349 und 1350, aus:
   a. Fritsche Closeners Chronik 62

* Die im DRITTEN TEIL des INHALTSVERZEICHNISSES benutzten Formulierungen sind mit den entsprechenden Überschriften im Text nicht immer identisch. Das INHALTSVERZEICHNIS will dem Leser in der Regel zunächst die Quelle nennen, während die Textüberschrift als regestenartige Inhaltsangabe den Hinweisen zur Überlieferung und der Textedition vorangestellt ist.

Inhalt

     b. Die Magdeburger Schöppenchronik 63
     c. Des Thomas Kantzow Chronik von Pommern in hochdeutscher
        Mundart. Letzte Bearbeitung 63
     d. Thomas Kantzow, Chronik von Pommern (Nachlaßfassung) 64
VI. Drei Mandate Papst Urbans V. vom Jahr 1364
     a. 1364 Oktober 11 64
     b. 1364 Oktober 17 66
     c. 1364 Oktober 17 66
VII. Anton Weck (1680) über die Entdeckung dreier Waldenserinnen (?) aus Wittenberg bzw. der Mark im Jahr 1366 67
VIII. Zwei Mandate Papst Gregors XI. vom Jahr 1372, betreffend Beginen und Begarden unter anderem im Raum Stettin
     a. 1372 Januar 5 68
     b. 1372 Juli 27 69
IX. Fortsetzer des Caesar Baronius über Maßnahmen gegen Beginen und Begarden unter anderem im Raum Stettin zum Jahr 1372
     a. Abraham Bzovius (1618) 70
     b. Odoricus Raynaldus (1652) 70
X. Mandat Papst Gregors XI. betr. Unterstützung des u. a. für die Erzdiözesen Magdeburg und das Bistum Kammin eingesetzten Inquisitors Hermann von Hettstedt OP, 1374 November 24 71
XI. Magdeburger Synodalstatuten, betreffend Eberhardiner, Begarden, Beginen und allgemeine Maßnahmen gegen Ketzer, 1386 72
XII. Verhörschemata und Formeln bei Inquisitionsprozessen Peter Zwickers, etwa 1390 — 1400
     a. Fragenkatalog 73
     b. Forma iuramenti de dicenda veritate 75
     c. Forma iuramenti expurgacionis 75
     d. Forma iuramenti abiuracionis 76
     e. Iuramentum 76
     f. Forma absolucionis 77
XIII. Protokolle eines Inquisitionsverfahrens gegen Waldenser, Stettin 1392 — 1394; Nr. 1 — 195 77
XIV. Pseudo-Pilichsdorf (Peter Zwicker?) über die Bekehrung märkischer Waldenser, 1395 261
XV. Mandat Papst Bonifaz' IX. zur Einsetzung von Inquisitoren u. a. für die Erzdiözese Magdeburg und das Bistum Kammin, 1400 Juni 5 . . . 262
XVI. Berichte über Verfahren gegen einen ketzerischen Priester zu Stralsund und gegen andere Häretiker in Wismar und Rostock zum Jahr 1403, aus:
     a. Hermann Korners Cronica novella, lateinische Fassungen 263
     b. Hermann Korners Cronica novella, deutsche Fassung 265
     c. Der sog. Rufus-Chronik zweiter Theil von 1395 — 1430 264
     d. Chronik Johann Berckmanns 265
     e. Storch'sche Chronik 265
     f. Albert Krantz, Wandalia 266

XVII. Die Magdeburger Schöppenchronik über einen Ketzer in Stettin
zum Jahr 1411 267
XVIII. Stephan Bodecker über die Hinrichtung eines Jakob Schröder, der
dem waldensischen Irrtum des Tötungsverbotes anhing, im Bistum
Brandenburg, 1411 267
XIX. C. H. Brandt (1826) und C. C. Heffter (1851) über die Verbrennung von Hussiten in Jüterbog im Jahr 1417 268
XX. Berichte über die Verbrennung eines hussitischen Stralsunder Priesters, etwa 1417, aus:
    a. Des Thomas Kantzow Chronik von Pommern in hochdeutscher
    Mundart. Letzte Bearbeitung 269
    b. Thomas Kantzow, Chronik von Pommern (Nachlaßfassung) . . . 269
    c. Daniel Cramer, Das Grosse Pomrische Kirchen Chronicon (1628)   269
XXI. Berichte über den sogenannten Putzkeller zu den Jahren etwa
1438 ff., aus:
    a. Des Thomas Kantzow Chronik von Pommern in hochdeutscher
    Mundart. Letzte Bearbeitung 270
    b. Thomas Kantzow, Chronik von Pommern (Nachlaßfassung) . . . 270
    c. Mathias Flacius Illyricus, Catalogus testium veritatis 271
    d. Daniel Cramer, Das Grosse Pomrische Kirchen Cronicon (1628)   272
XXII. Stephan Bodecker über Häresie und besonders Waldensertum, etwa
1440 — 1450
    a. Allgemeines zur Häresie und zur Ketzerbekämpfung 273
    b. Allgemeines über die Lehre der Waldenser 280
    c. Zur waldensischen Eidesverwerfung 282
    d. Zum waldensischen Tötungsverbot 285
XXIII. Heinrich Toke und Heinrich Zolter über Wilsnack und die waldensische Häresie, 1446 April 6 286
XXIV. Schreiben des Hochmeisters des Deutschen Ordens betr. Ketzereien
im Gebiet von Bärwalde, 1447 November 22 287
XXV. Inquisitionsakten über die Verfahren gegen Matthäus Hagen und
andere in Berlin vom April 1458 sowie gegen Einwohner des Dorfes Kerkow i. Angermünde vom Juni 1458
    a. Der Berliner Prozeß vom April 1458 288
    b. Das Angermünder Verfahren vom Juni 1458 302
XXVI. Nikolaus Tempelfeld über das Berliner Verfahren vom April 1458   306
XXVII. Johannes Aquensis, Annihilatio triplicis funiculi, über die Hinrichtung eines Ketzers, der sich das Priestertum anmaßte, in Berlin
im Jahr 1478 (statt 1458?) 306
XXVIII. Johannes Aquensis, Locustarium, über die Entdeckung begardischer
Ketzer in Berlin im Jahr 1478 (statt 1458?) 308
XXIX. Urkundliche und andere Erwähnungen des Clemens Lossow OP als
Inquisitor für die Mark Brandenburg, 1478 — 1491, a. — h. 309
XXX. Zwei Hinweise auf Ketzer in der Korrespondenz des Albrecht
Achilles
    a. 1480 Februar 1 312
    b. 1481 August 27 312

XXXI. Abiuratio von Einwohnern Königsbergs und Wubisers in der Neumark, 1483 312
XXXII. Urkunde für Königsberg/Nm. durch den Bischof von Kammin mit Hinweis auf Häresie, 1486 Dezember 1 313
XXXIII. Ernennung des Johannes Botzin OP zum Inquisitor für die Diözesen Brandenburg, Kammin, Lebus und Havelberg, 1491 Mai 12, aus:
    a. Acta capitulorum generalium ordinis Predicatorum 314
    b. Registrum litterarum pro provincia Saxoniae 314
    c. V. M. Fontana, Monumenta Dominicana (1675) 314
XXXIV. Berichte aus der Geschichtsschreibung der Böhmischen Brüder über die Verfolgung märkischer Waldenser und deren Vereinigung mit den Böhmischen Brüdern, zu etwa 1478 bis zur ersten Hälfte des 16. Jahrhunderts, aus:
    a. Historia Fratrum Bohemicorum: Brief märkischer Waldenser an die Böhmischen Brüder über die Verfolgungen in der Mark, 1480 315
    b. Nikolaus von Schlan (Slanský), Listové a jednání Bratři s Luterem/Luteryany (Briefe und Verhandlungen der Brüder mit den Lutheranern) 319
    c. Johann Blahoslav, Summa quaedam brevissima 320
    d. Joachim Camerarius, Historica narratio ... (1571 — 1573) . . 322
    e. Johannes Lasicius (Lasicki), De origine et rebus gestis Fratrum Bohemorum 323
    f. Jafet, Hlas strážného (Die Stimme des Wächters) 326
XXXV. Zeugnisse über ehemalige märkische Waldenser im ältesten Fulneker Stadtbuch, 1515 — 1547 329
XXXVI. Eintragung des Michael Tham aus märkischem Geschlecht in das Nekrologium der Unitätsgeistlichkeit zum Jahr 1571 332
XXXVII. Namen ehemaliger märkischer Waldenserfamilien in Fulneker Akten, zwischen etwa 1560 und 1618 333

Register 335
I. Historische Übersicht, Bemerkungen zu den einzelnen Autoren und Quellen, Quellen (außer Inquisitionsverfahren gegen Waldenser in Stettin, 1392 ff.) 335
    Personen (ausgenommen Waldenser und Böhmische Brüder) 335
    Waldenser, Böhmische Brüder und deren Verwandte, Freunde und Bekannte 339
    Orte 343
    Religiöse und/oder häretische Gruppen (außer Waldenser) 347
II. Inquisitionsverfahren gegen Waldenser in Stettin (1392—1394) 348
    Inquisitoren und Zeugen 348
    Häresiarchen 350
    Waldenser und deren Verwandte, Freunde, Bekannte und Dienstherren . . 351
    Orte 366
Bibliographie 371

Cod. Helmst. 403, fol. 21r aus der Herzog-August-Bibliothek, Wolfenbüttel (Orig. Größe 22 x 29,1 cm). Stettiner Inquisitionsprotokoll von 1394 März 12 von der Hand des Anonymus (oben) und des Inquisitors Peter Zwicker (unten); vgl. S. 23 f. und S. 235 f.

Element der religiösen Bewegung im 13. und frühen 14. Jahrhundert bekannt — wirklich in Brandenburg und Pommern aufgetaucht sind, läßt sich nicht beweisen, da ihre Anwesenheit in dieser Gegend sonst nicht bezeugt ist und die Statuten von 1261 auch ohne konkreten Anlaß aus fast gleichlautenden Beschlüssen der Synoden von Mainz (1233) und Fritzlar (1244) übernommen worden sein können[4]. Auch die 1386 in Magdeburger Synodalstatuten aufgenommenen Artikel gegen Eberhardiner (und Beginen sowie Begarden) sind wenig beweiskräftig, denn sie wiederholen im wesentlichen nur Beschlüsse des Mainzer Konzils von 1310 (XI). Auf ähnlich schwankenden Boden führt uns ein Schreiben Papst Johannes XXII. von 1327, in dem auch der Kamminer Bischof zur Unterstützung dominikanischer Inquisitoren aufgefordert wird, die gegen die aus Deutschland und Böhmen in Polen eingedrungenen Kreuzesfeinde und ihre Begünstiger vorgehen sollen (II). Wer waren diese ‚Kreuzesfeinde‘? Etwa versprengte Katharer, wie ihre Benennung und die Erwähnung von credentes und fautores anzudeuten scheinen, oder aber andere Häretiker: Waldenser, Begarden? Und haben die nunmehr in Polen befindlichen Ketzer vom Jahre 1327 ihren Weg auch über die Mark und Pommern genommen?

Eindeutigere Hinweise enthalten zwei Mandate Gregors XI. aus dem Jahr 1372 (VIII a. und b.), auf die sich später Abraham Bzovius und Odoricus Raynaldus zu beziehen scheinen (IX a. und b.). Ihnen zufolge sind zahlreiche häretische Beginen und Begarden aus Furcht vor der Inquisition auch in das Herzogtum Stettin geflohen. Leider erfahren wir nicht, aus welchem Grund diese ketzerischen Semireligiosen ausgerechnet in das Gebiet der Odermündung auswichen, wie wir auch nichts darüber hören, ob und gegebenenfalls durch wen diese pommerschen Beginen und Begarden inquisitorisch belangt worden sind. Zwar hatte Papst Urban V. schon 1364 in seiner Aufzählung der Erzdiözesen und Diözesen, für die Ludwig de Caliga, Heinrich de Agro, Walter Kerlinger und Johann de Moneta als Ketzerverfolger zuständig sein sollten, weder Magdeburg noch Kammin ausgelassen (VI a., b., c.), doch läßt sich bis jetzt weder für diese Inquisitoren[5] noch für den 1374 von Gregor XI. genannten

---

un religieux bénédictin de l'abbaye Saint-Michel de Farnborough [Dom H. Leclercq], Bd. 6, T. 1, Paris 1914, S. 108 ff.

[3] Vgl. jetzt *Günter Peters*, Norddeutsches Beginen- und Begardenwesen im Mittelalter, in: Niedersächsisches Jahrbuch für Landesgeschichte 41/42 (1969/70), S. 50—118.

[4] Zu den sogenannten Eberhardinern vgl. *Herbert Grundmann*, Religiöse Bewegungen im Mittelalter. Untersuchungen über die geschichtlichen Zusammenhänge zwischen der Ketzerei, den Bettelorden und der religiösen Frauenbewegung im 12. und 13. Jahrhundert und über die geschichtlichen Grundlagen der deutschen Mystik. *[Nebst einem Anhang:]* Neue Beiträge zur Geschichte der religiösen Bewegungen im Mittelalter, photomech. Nachdr., 2., verb. u. erg. Aufl., Darmstadt 1961, S. 390 ff.; *Martin Bechthum*, Beweggründe und Bedeutung des Vagantentums in der lateinischen Kirche des Mittelalters (= Beiträge zur mittelalterlichen, neueren und allgemeinen Geschichte 14), Jena 1941, S. 83 f. und S. 91 ff.

[5] Das gilt auch für den Bekanntesten unter ihnen, Walter Kerlinger, für den sich Karl IV. wiederholt eingesetzt hat und dessen Tätigkeit besonders für Thüringen bezeugt ist; vgl. die Urkunden bei Paul Fredericq (Hrsg.), Corpus documentorum

Hermann von Hettstedt (X) ein Wirken in Pommern oder Brandenburg nachweisen.

Die große Geißlerbewegung des Jahres 1349, die wegen ihrer kaum kontrollierbaren Spontaneität und ihrer zumindest potentiellen Ablehnung der Hierarchie von vornherein der institutionalisierten Kirche unbequem sein mußte und die sich besonders in Franken und Thüringen durch freigeistige und waldensische Einflüsse von den offiziellen religiösen Normen noch weiter entfernte, hat Brandenburg und Pommern zwar berührt, aber nicht nachhaltig erschüttert[6]*. Die Erwähnung Brandenburgs in dem vom Straßburger Chronisten Fritsche Closener mitgeteilten Himmelsbrief (V a.) ist für die Propaganda der Geißler von gewissem Belang, für die märkische Kirchen- und Ketzergeschichte jedoch eher irreführend. Die einzige ernst zu nehmende Quelle dürfte die Magdeburger Schöppenchronik sein (V b.). Sie berichtet — freilich mit abwertender Grundhaltung — über einen Geißlerzug von Torgau über Jüterbog nach Wittenberg sowie über die mißbräuchliche Verwendung der Geißlertracht zur Tarnung kriegerischer Vorhaben in der Mark. Aus Pommern erzählen erst Chronisten des 16. Jahrhunderts von der als ‚Buberei' entlarvten Geißlerbewegung (V c. und d.), ohne daß konkrete Sachverhalte deutlich würden.*

Der bislang gewonnene Eindruck, wonach Brandenburg und Pommern im 14. Jahrhundert nur ein Nebenschauplatz der andere deutsche Landschaften stärker ergreifenden Häresien gewesen war, scheint für den Beginn des 15. Jahrhunderts ebenfalls zuzutreffen, wenn die spärlichen Berichte über Geißler (?), Freigeister und Hussiten nicht täuschen. So soll der Dominikaner Eylard Schönefeld[7]*, der in den Niederlanden, an der Ostseeküste, in Meißen und*

---

inquisitionis haereticae pravitatis Neerlandicae. Verzameling van stukken betreffende de pauselijkeen bisschoppelijke inquisitie in de Nederlanden (= Hoogeschool van Gent. Werken van den practischen leergang van vaderlandsche geschiedenis, 1, 5, 8—10), 5 Bde., Gent u. s'Gravenhage 1889—1906, Bd. 1, 1889, Nr. 210 ff.; dazu Henry Charles Lea, Geschichte der Inquisition im Mittelalter /History of the Inquisition of the Middle Ages, deutsch], autor. Übers. bearb. v. Heinz Wieck u. Max Rachel, rev. u. hrsg. von Joseph Hansen, Bd. 2, Bonn 1909, S. 439 ff.; Ernest W. McDonnell, The Beguines and Beghards in Medieval Culture. With Special Emphasis on the Belgian Scene, New Brunswick 1954. Repr.: New York 1969, S. 561 ff.; Martin Erbstösser/ Ernst Werner, Ideologische Probleme des mittelalterlichen Plebejertums. Die freigeistige Häresie und ihre sozialen Wurzeln (= Forschungen zur mittelalterlichen Geschichte 7), Berlin 1960, S. 108 ff.; Robert E. Lerner, The Heresy of the Free Spirit in the Later Middle Ages, Berkeley—Los Angeles—London 1972, S. 132 ff.

[6] Zur Geißlerbewegung um 1349 zuletzt Martin Erbstösser, Sozialreligiöse Strömungen im späten Mittelalter. Geißler, Freigeister und Waldenser im 14. Jahrhundert (= Forschungen zur mittelalterlichen Geschichte 16), Berlin 1970, S. 10—69.

[7] Über Eylard Schönefeld vgl. G. Peters, Norddeutsches Beginen- und Begardenwesen . . ., in: Niedersächsisches Jahrbuch für Landesgeschichte 41/42 (1969/70), S. 111; Gordon Leff, Heresy in the Later Middle Ages. The Relation of Heterodoxy to Dissent c. 1250 — c. 1450, Bd. 1, Manchester—New York 1967, S. 347 ff.; R. E. Lerner, The Heresy of the Free Spirit . . ., S. 149—151.

Thüringen als Inquisitor wirkte, 1403 einen Stralsunder Geistlichen, der hartnäckig bei seinen geißlerisch anmutenden Lehren geblieben war, auf den Scheiterhaufen geschickt haben (XVI a. bis f.). Ein in Stettin aufgetauchter Ketzer, der von sich behauptete, er sei Gottes Sohn und könnte nicht brennen, der also wahrscheinlich ein freigeistiger Begarde war, soll 1411 hingerichtet worden sein (XVII). Auffallend früh, jedoch nur sporadisch und peripher, tauchen deutsche Anhänger des im Sommer 1415 in Konstanz verbrannten Johannes Hus in unserem Gebiet auf: 1417 wird mit anderen ein Stralsunder Priester, der die Lehren des tschechischen Reformators verteidigt hatte, wie dieser dem Feuer überantwortet (XX a. bis c.), und im selben Jahr werden auf dem Marktplatz zu Jüterbog einige Hussiten verbrannt (XIX).

So aufschlußreich für die allgemeine Häresie- und Inquisitionsgeschichte diese im ganzen doch marginal wirkenden Zeugnisse[8] sein mögen, größeres Gewicht im Rahmen der Ketzerhistorie gaben der Mark und Pommern nur die Waldenser.

Die überlieferten einschlägigen Quellen sagen zwar nichts darüber aus, auf welchen Wegen das Waldensertum zuerst in den Nordosten Deutschlands gelangt ist, sie vermitteln dafür jedoch ein recht gutes Wissen über das äußere Schicksal der märkisch-pommerschen Waldenser von der ersten Verfolgung im Jahr 1336 bis zu ihrer Auswanderung und Vertreibung um die Wende zum 16. Jahrhundert und darüber hinaus bis zu ihrem Weiterleben und Aufgehen in der Unität der Böhmischen Brüder im 16. und 17. Jahrhundert, außerdem über ihre soziale Zusammensetzung, über ihre individuellen Glaubensvorstellungen sowie über das Bild, das sich ihre mehr oder weniger voreingenommenen Gegner von ihnen machten.

Was die Gesta archiepiscoporum Magdeburgensium zum Jahre 1336 berichten (III) und was in abgewandelter Form Johann von Winterthur zum Jahre 1338 kolportiert (IV), scheint auf den ersten Blick nichts mit Waldensern zu tun zu haben: Die Gesta erzählen nämlich von einem Inquisitionsverfahren gegen Einwohner Angermündes, das vierzehn Angeklagte auf den Scheiterhaufen brachte, die sich von dem Verdacht des Luziferianismus[9] (de heresi Luciferianorum suspectas et infamatas) nicht kanonisch zu reinigen vermochten. Als Luziferianer, also als Teufelsanbeter, die darauf warteten, daß der aus dem Himmel vertriebene Bruder (oder Sohn) Gottes, Luzifer, wieder zur Herrschaft gelangen werde, hatten ihren kirchlichen Verfolgern seit dem frühen 11. Jahrhundert mancherlei Ketzer gegolten. Die Identifizierung der 1336 in

---

[8] *Besonders die Nachrichten über Stralsund wird man nur bedingt in die märkisch-pommersche Ketzergeschichte einzuordnen haben, sie gehören eher in den Zusammenhang der ostseestädtischen Häresien (Lübeck, Wismar, Rostock).*

[9] *Über die märkischen Luziferianer siehe Dietrich Kurze,* Zur Ketzergeschichte der Mark Brandenburg und Pommerns vornehmlich im 14. Jahrhundert. Luziferianer, Putzkeller und Waldenser, *in:* Jahrbuch für die Geschichte Mittel- und Ostdeutschlands *16/17 (1968), S. 52—62; vgl. auch Jeffrey Burton Russell,* Witchcraft in the Middle Ages, *Ithaca and London 1972, S. 180 u. 328.*

Angermünde hingerichteten Häretiker als Waldenser, die offenbar völlig zu Unrecht des Luziferianismus beschuldigt worden sind, ermöglichen uns protokollierte Aussagen einer einwandfrei gegen Waldenser in Stettin 1392 bis 1394 durchgeführten Inquisition (XIII 1 bis 195). Unter diesen Waldensern befand sich zum Beispiel eine alte Frau, deren Mann seinerzeit in Angermünde verbrannt worden war und die damals selber nur wegen ihrer Schwangerschaft den Flammen entging, nun aber lediglich auf waldensische und nicht auf luziferianische Irrtümer hin befragt wurde (XIII 156). Andere in Stettin Verhörte berichteten zwar, daß sie schon 1384 in Prenzlau wegen angeblichem Luziferianismus belangt worden seien — und bei dieser Gelegenheit erfahren wir, was man im vierzehnten Jahrhundert in der Mark unter dieser Ketzerei verstand —, sie haben sich aber in Prenzlau wie jetzt in Stettin entschieden und für uns durchaus glaubhaft gegen die Unterschiebung luziferianischer Lehren und Gebräuche gewandt (XIII 15 bis 17 und 20). Die geradezu beiläufige Art, in der die nach Stettin vorgeladenen Häretiker, deren Verbindung zu den Ketzern von Angermünde (1336) und von Prenzlau (1384) sehr wohl bekannt war, auf ihr mögliches Luziferianertum angesprochen wurden, läßt vermuten, daß bereits die Inquisitoren von 1392 bis 1394 die Haltlosigkeit der von ihren Vorgängern erhobenen Anklagen begriffen und berücksichtigt hatten.

Die märkisch-pommerschen Waldenser sind weder durch die Scheiterhaufen von Angermünde noch durch andere Verfahren, wie dem zu Prenzlau, in den Schoß der katholischen Kirche zurückgeführt worden: Als im Zuge einer ganz Deutschland überschwemmenden Verfolgungswelle der Coelestiner-Ordensprovinzial Peter Zwicker[10] 1392/1394 in Stettin Ketzergericht hielt, hatte er mehr als 450 Waldenser zu verhören. Die Protokolle der im allgemeinen nach einem bestimmten Frageschema[11] (XII a.) durchgeführten Vernehmungen sind knapp zur Hälfte erhalten. Diese überlieferten Stücke bergen eine Vielzahl von individuellen und allgemeinen Informationen und sind eine unserer wichtigsten Quellen (XIII). Die Wohnorte der in Stettin inquirierten Waldenser waren nicht gleichmäßig über Brandenburg und Pommern verteilt, sondern lagen im wesentlichen in folgenden Ballungsgebieten: 1. im Raum Prenzlau-Angermünde; 2. um Küstrin; 3. im Raum Königsberg-Mohrin-Bärwalde mit einer Ketzerhochburg in Groß- und Klein-Wubiser; 4. in und um Stettin; 5. in der Dramburger Gegend. Ihrer sozialen Herkunft nach repräsentierten die Waldenser ziemlich genau den gesamten gesellschaftlichen Mittel- und Unterbau in diesen Gebieten. Eine festere Organisation scheint ihnen gefehlt zu

---

[10] Über Peter Zwicker ist eine Arbeit von Peter Biller (England) in Vorbereitung; vgl. vorläufig D. Kurze, Zur Ketzergeschichte der Mark Brandenburg..., in: Jahrbuch für die Geschichte Mittel- und Ostdeutschlands 16/17 (1968), S. 71 ff.

[11] Zu den Fragekatalogen vgl. allg. Paul Flade, Das römische Inquisitionsverfahren in Deutschland bis zu den Hexenprozessen (= Studien zur Geschichte der Theologie und der Kirche, 9, 1), Leipzig 1902, S. 72 ff.; Skepsis verbreitet Herbert Grundmann, Ketzerverhöre des Spätmittelalters als quellenkritisches Problem, in: Deutsches Archiv für Erforschung des Mittelalters 21 (1965), S. 519—575.

haben. Geistlich versorgt, besonders durch die Abnahme der Beichte und durch Predigten im kleinen Kreis, wurden sie von wandernden ‚Häresiarchen', deren Namen auch aus anderen Teilen Deutschlands und Österreichs bekannt sind und die mithin das Bindeglied zwischen dem norddeutschen Waldensertum und den anderen Zentren dieser Häresie gewesen sein werden. Das übliche waldensische Glaubensgut — das heißt die biblisch begründete Ablehnung des Eides, des Tötens, der Marien- und Heiligenverehrung, des Fegefeuers, der Sakramentalien, Wallfahrten, Reliquien usw. bei Anerkennung der Taufe, der Laienpredigt und bei strenger Lebensführung und großer Bußbereitschaft — war den Märkern und Pommern in seinen Grundzügen geläufig, wurde aber kaum eindringlich reflektiert, obwohl es in der Praxis gegenüber der offiziellen Kirche ein mannigfach abgestuftes Verhältnis von feindselig-grober Verwerfung bis hin zum Grenzgängertum gab. Auf Widerstand durch Tätlichkeiten oder auf Flucht traf der Inquisitor, anders als etwas später in Österreich, nur in Ausnahmefällen. In der Regel gehorchte man der Vorladung, wenn man sich dem Gericht nicht sogar freiwillig stellte. Dieses Verhalten sowie die offene Beantwortung aller Fragen und die überraschende Reumütigkeit und Bekehrungswilligkeit der Waldenser mögen Peter Zwicker zu einer von ihm sonst nicht geübten auffallenden Milde bei der Auferlegung der Bußen bewogen haben. Er hatte wohl nicht durchschaut, daß das Entgegenkommen der Ketzer nicht auf echter Überzeugung beruhte, sondern als ein kurzfristiges und nur äußerliches Nachgeben beziehungsweise als Ausweichen vor dem im Augenblick unüberwindlichen Machtaufgebot der Kirche gewertet werden mußte (XIV). Tatsächlich setzte das Stettiner Verfahren der Jahre 1392/94 keinen Schlußpunkt unter die Geschichte der märkisch-pommerschen Häretiker, sondern wirkt auf uns heute eher wie eine große Bestandsaufnahme vor der Begegnung mit den von Böhmen ausstrahlenden religiösen und sozialen Impulsen, die das Waldensertum des 15. Jahrhunderts in neue Bahnen lenkten[12].

Aufgedeckt wurde diese Entwicklung zuerst in zwei Inquisitionsverfahren des Jahres 1458[13], *doch gibt es auch aus der Zwischenzeit Belege für die Weiterexistenz der Waldenser sowie für Versuche, diesem Ärgernis mit disziplinarischen Maßnahmen und pastoraltheologisch-juristischen Argumenten zu begegnen.*

Unter dem Brandenburger Bischof Henning von Bredow wurde zum Beispiel

---

[12] D. Kurze, Zur Ketzergeschichte der Mark Brandenburg..., in: Jahrbuch für die Geschichte Mittel- und Ostdeutschlands 16/17 (1968), S. 50—94, ist — abgesehen von seinem Abschnitt über die Putzkeller — auf das 15. Jahrhundert nicht mehr eingegangen; vgl. für diese Zeit immer noch Wattenbach und Gottfried Brunner, Ketzer und Inquisition in der Mark Brandenburg im ausgehenden Mittelalter, Phil. Diss., Berlin 1904; auch in: Jahrbuch für Brandenburgische Kirchengeschichte 1 (1904), S. 1—36; demnächst Dietrich Kurze, Märkische Waldenser und Böhmische Brüder. Zur brandenburgischen Ketzergeschichte und ihrer Nachwirkung im 15. und 16. Jahrhundert, in: Festschrift für Walter Schlesinger, Bd. 2, Köln 1974, S. 456—502.

[13] Siehe unten, S. 7 f.

1411 ein Ketzer verbrannt, dessen ‚Irrtümer' ihn als Waldenser ausweisen. Wir verdanken diese bislang übersehene Nachricht (XVIII) dem Stephan Bodecker, also dem Inhaber der Brandenburger Kathedra (1421/59), der sich besonders nachdrücklich um die Reform seiner Diözese und um die Bildung seines Klerus kümmerte[14]. Seine in diesem Zusammenhang verfaßten Werke über die zehn Gebote und über das Glaubensbekenntnis enthalten eine Reihe von Abschnitten zur Problematik der Häresie im allgemeinen wie zur spezielleren Kontroverstheologie, darunter auch Widerlegungen waldensischer Grundlehren. Diese Abschnitte (XXII a. bis d.) verdienen als einzige häresiologische Literatur märkischer Provenienz Beachtung, auch wenn sie sich nicht durch besondere Originalität auszeichnen.

Aus den unter Peter Zwicker als waldensisch durchsetzt erkannten Orten wird 1447 erneut häretischer „irsall" gemeldet. Der Hochmeister des Deutschen Ordens beauftragt in diesem Jahr den Vogt der Neumark, wegen der Ketzerei zu Bärwalde, Mohrin und den umliegenden Dörfern eine Untersuchung einzuleiten — aber ohne „geschrey" (XXIV). Man scheint sich an diese Order gehalten zu haben, denn über weitere Schritte ist nichts zu erfahren.

Um so ausführlicher unterrichten uns die abschriftlich erhaltenen Protokolle über eine neue Inquisition vom Jahr 1458 (XXV). Diese Protokolle machen einen doppelten Wandel seit der großen Aktion von 1392/94 deutlich, und zwar sowohl hinsichtlich der Inquisitionsinstanzen als auch in bezug auf die Lehren der Inquirierten. Diesmal hat kein päpstlich legitimierter Inquisitor die Leitung übernommen. Die Ketzerverfolgung erscheint vielmehr im Zuge des beginnenden landesherrlichen Kirchenregiments weitgehend territorialisiert. Die Hauptangeklagten werden auf Befehl des Kurfürsten nach Berlin gebracht und hier in Gegenwart des Landesherrn von Bischof Stephan Bodecker beziehungsweise von dem durch den Bischof damit betrauten Erfurter Theologieprofessor Johann Kannemann[15] verhört und verurteilt. Dies ist das eine Novum. Neu ist auch, daß die Angeklagten — der Schneider Matthäus Hagen aus Selchow sowie seine drei aus der Neumark und aus der Uckermark stammenden Schüler — zwar aus bekannten Waldenser-Ortschaften kamen, offenbar waldensische Eltern hatten und uns bereits vertraute waldensische Lehrmeinungen vertraten (Ablehnung des Eides, der Indulgenzen usw.), daß nunmehr aber die Schwelle zur institutionalisierten Gegenkirche mit eigener Hierarchie und eigener Sakramentsgewalt überschritten war — und zwar in enger Anlehnung an hussitisch-taboritische Muster. Matthäus Hagen behauptet, er sei nach dem Empfang der niederen Weihen zum Subdiakon und Diakon zum Priester ordiniert worden. Ordinator sei in Gegenwart eines Bischofs Nikolaus von Pilgram Friedrich Reiser gewesen; ein Mann, von dem wir wissen, daß er sich selbst „Friedrich von Gottes Gnaden Bischof derjenigen Gläubigen in der ka-

---

[14] Über Stephan Bodecker siehe unten, S. 34 f., und die dort verzeichnete Literatur.
[15] Über ihn vgl. Livarius Oliger, Johannes Kannemann, ein deutscher Franziskaner aus dem 15. Jahrhundert, in: Franziskanische Studien 5 (1918), S. 39—67.

tholischen Kirche, welche die konstantinische Schenkung verwerfen", nannte, der also wie viele Waldenser meinte, die durch den Sündenfall der offiziellen Kirche nicht korrumpierte Christenheit zu repräsentieren, und der übrigens im Jahr des Berliner Prozesses (1458) im Rheinland hingerichtet wurde[16].

Im Gegensatz zu den Häresiarchen des 14. Jahrhunderts, die sich damit begnügt hatten, Predigten zu halten und Beichten abzunehmen, verwaltete Matthäus Hagen auch das Meßsakrament, und zwar so, daß er seinen Gläubigen das Abendmahl unter beiderlei Gestalt spendete. Reicht diese Tatsache allein schon aus, um die Herkunft seiner Glaubensüberzeugungen von der böhmischen Häresie zu beweisen, so wird auch der letzte Zweifel durch seine Aussage beseitigt, Wiklif, Hus und Hieronymus von Prag seien trotz ihrer Verdammung durch die katholische Kirche unter die Seligen aufgenommen worden.

Die drei Gehilfen des Schneiders und Priesters bestätigen im wesentlichen dessen Aussagen, aber, anders als er, sind sie zum Widerruf bereit.

Am Freitag, dem 28. April 1458, wurde auf dem Neuen Markt vor der Marienkirche in Berlin in feierlicher Form das Urteil verkündet. Die drei reuigen Mitläufer werden wieder in die Kirche aufgenommen, müssen aber — vorbehaltlich weiterer Bußen — an ihren Kleidern Kreuze tragen, die sie als ehemalige Ketzer ausweisen. Der unbußfertige Schneider hingegen wird als hartnäckiger Häretiker dem weltlichen Arm zur Bestrafung übergeben mit der bei jedem Inquisitionsverfahren üblichen Floskel, man möge sein Leben schonen, aber natürlich in der sicheren Erwartung, daß die Todesstrafe durch Verbrennen verhängt wird.

Zwei Monate nach diesem Berliner Prozeß — Ende Juni 1458 — hält der eigentliche Inquisitor, Johann Kannemann, gleichsam Nachlese. Wieder in Anwesenheit Markgraf Friedrichs des Älteren schlägt er sein Tribunal in Angermünde auf, um die dort bislang von Matthäus Hagen betreuten Waldenser aus Kerkow und Klein-Ziethen zu verhören und zu bekehren. Zur Glaubenslehre und Glaubenspraxis des taboritisch überlagerten Waldensertums bieten die Aussagen in Angermünde nichts, was nicht schon in Berlin bekannt geworden wäre. Interessant ist aber, daß wir jetzt wieder in großer Zahl denselben Namen wie 1392 bis 1394 begegnen, daß also die Kinder und Kindeskinder der von Peter Zwicker scheinbar Bekehrten den Grundüberzeugungen ihrer Vorfahren treu geblieben sind. Und nicht nur den Grundüberzeugungen, sondern auch ihrem Verhalten zum Inquisitor. Sie bekennen offen ihre Häresie und geben sich bekehrungswillig in der sicher nicht unbegründeten Erwartung, daß man sie unter diesen Umständen wieder mit vergleichsweise milden Strafen laufen läßt.

---

[16] *Grundlegend Andreas Jung*, Friedrich Reiser. Eine Ketzergeschichte aus dem fünfzehnten Jahrhundert. *Neu hrsg. von Walther E. Schmidt, Herrnhut 1915. (Zitiert: Jung-Schmidt.) Zuerst in:* Timotheus 2, Straßburg 1822; *Valdo Vinay,* Friedrich Reiser e la diaspora valdese di lingua tedesca nella XV secolo, *in:* Bollettino della Società di Studi Valdese 109 (1961), S. 35—56; *jetzt auch deutsch:* Friedrich Reiser und die waldensische Diaspora deutscher Sprache im XV. Jahrhundert, *in:* Wolfgang

Die Kunde von den Berliner Ereignissen ist über die Grenzen der Mark hinausgedrungen. Der Breslauer Domherr Nikolaus Tempelfeld verwertet sie noch im Jahr 1458 in einer polemischen Schrift gegen Georg Podiebrad (XXVI). Zwei Generationen später gibt der tschechische Franziskaner Johannes Aquensis, der sich in zwei seiner Werke auf die — freilich irrig auf 1478 datierte — Berliner Inquisition bezieht (XXVII und XXVIII), eine Probe von der gehässig-lüsternen Phantasie, mit der mancher Ketzerbekämpfer seine Gegner in den Schmutz zog.

Derselbe Geist, der den Johannes Aquensis in seinem Locustarium *beseelt zu haben scheint und der uns schon aus der Verleumdung der Waldenser als Luziferianer entgegenwehte, begegnet uns auch in der Berichterstattung über den sogenannten Putzkeller, eine Sekte, die um die Mitte des 15. Jahrhunderts im pommerschen Lande Barth ihren Teufelskult getrieben haben soll (XXI a. bis d.). Daß auch diese Häretiker höchstwahrscheinlich Waldenser gewesen sind, geht unter anderem aus der ausführlichen Beschreibung des Putzkellers in Thomas Kantzows Pommerscher Chronik (Nachlaßfassung) (XXI b.) hervor, wo es heißt: „Und derselbigen ketzer seint auch viele umb Newen Angermund in der Marke gewest"* [17].

1478 bezeichnet sich der Dominikaner Clemens Lossow als Inquisitor für die Diözese Havelberg (XXIX a.); fünfzehn Jahre später wird sein Ordensbruder Johannes Botzin vom Generalkapitel des Predigerordens zum Inquisitor für die Diözesen Brandenburg, Havelberg, Lebus und Kammin ernannt (XXXIII). Was beide in der Ketzerverfolgung geleistet haben, ist vorerst nicht zu ermitteln[18]. *Es gibt lediglich einige märkische Quellen, die das Fortleben der Waldenser in ihren alten Gebieten — vornehmlich in der Neumark — für die achtziger Jahre bezeugen: Andeutungen in Briefen des Kurfürsten Albrecht Achilles von 1480/81 (XXX), den Text des Eides zweier Ketzer aus Königsberg und Groß-Wubiser, die 1483 ihrem falschen Glauben abschworen (XXXI), und schließlich die in einer Urkunde des Bischofs Benedikt von Kammin enthaltene Mahnung an den Rat der Stadt Königsberg* propter hereticorum perfidiam *von 1486 (XXXII).*

Erk (Hrsg.), Waldenser. Geschichte und Gegenwart, *Frankfurt/Main 1971, S. 25—47.*

[17] Zur Sekte der Putzkeller siehe D. Kurze, Zur Ketzergeschichte der Mark Brandenburg..., in: Jahrbuch für die Geschichte Mittel- und Ostdeutschlands 16/17 (1968), S. 63—66; Anmerkungen zur Etymologie bei Hermann Heimpel, Zwei Wormser Inquisitionen aus den Jahren 1421 und 1422 (= Abhandlungen der Akademie der Wissenschaften zu Göttingen, phil.-hist. Kl., 3. Folge, Nr. 73), Göttingen 1969, S. 81. Ergänzend wäre zu beachten Matthias Flacius Illyricus, Catalogus testium veritatis, qui ante nostram aetatem reclamarunt Papae. Cum praefatione M. Flacii Illyrici, Basel 1556, S. 1015 (im Abschnitt über den Rostocker Nikolaus Rutze); siehe unten S. 271 (XXI c.).

[18] Zu Lossow und Botzin vgl. Helmut Holzapfel, Die letzten Vikare der „Nation Marchiæ" des Dominikanerordens, in: Helmut Holzapfel / Bernhard Stasiewski (Hrsg.), Gedenkschrift für Karl-Heinrich Schäfer, Würzburg 1946, S. 99—109, bes. S. 99—102 (Clemens Lossow) u. S. 102—104 (Johannes Boitzin).

Wer Näheres über das Ende der mittelalterlichen Häresie in der Mark Brandenburg wissen will, muß sich in den Schriften der Böhmischen Brüder umsehen. Die Böhmischen Brüder[19], die sich bald nach der Mitte des 15. Jahrhunderts aus theologischen und religiös-sittlichen Gründen von den Utraquisten absonderten, sich zugleich auch von den Taboriten abgrenzten und durch die Wahl eigener Priester im Jahr 1467 die kirchliche Selbständigkeit ihrer Unität zu konstituieren versuchten, hatten nicht nur mancherlei Wesensähnlichkeiten mit den Waldensern, sondern suchten geradezu, schon um auf diesem Wege an der romfreien apostolischen Sukzession zu partizipieren, den Kontakt mit ihnen. Obwohl die Böhmischen Brüder in ihren Wohnorten selbst mehr unterdrückt als geduldet wurden, sind die märkischen Waldenser, soweit sie die blutigen Verfolgungen des ausgehenden 15. Jahrhunderts überlebt hatten und sich in ihrer Heimat nicht ‚bekehren' ließen, der Einladung jener zur Auswanderung nach Böhmen in die Gegend von Landskron und nach Mähren in den Raum um Fulnek[20] gefolgt und haben hier das deutsche Element in den Gemeinden der Unität gestärkt.

Ein in der Historia Fratrum *inserierter, in tschechischer Sprache verfaßter und leider streckenweise etwas dunkler Brief aus der Mark Brandenburg vom Jahr 1480 (XXXIV a.) sowie die Unitätsgeschichtsschreiber des 16. und frühen 17. Jahrhunderts — Nikolaus von Schlan (XXXIV b.), Blahoslav (XXXIV c.), Krasonicki/Jafet (XXXIV f.), Camerarius (XXXIV d.) und Lasicius (XXXIV e.) —, deren Berichte sich trotz geringfügiger Widersprüche ergänzen, vermitteln etwa folgendes Bild von der Schlußphase des märkischen Waldensertums: Zunächst sind die brandenburgischen Waldenser — wohl um 1470 — durch Zuzug verfolgter Glaubensgenossen aus Österreich zahlenmäßig noch angewachsen. Die Verbindung zu den Böhmischen Brüdern haben sodann Petrus Textor und ein anderer Märker, die sich in die Unität aufnehmen ließen, hergestellt. Mit weiteren Brüdern in die Mark zurückgekehrt, hat Petrus Textor erfolgreich für die Unität geworben, was 1478 eine überaus blutige Reaktion auslöste, der er selbst zum Opfer fiel. Vermutlich aufgrund des Briefes von 1480 war noch im selben Jahr eine Gesandtschaft mit dem deutschsprechenden Priester Thomas aus Landskron von den Böhmischen Brüdern in die Mark geschickt worden. Sie hat die Auswanderung einiger hundert Waldenser zu ihren böhmischen und mährischen Glaubensverwandten bewirkt. Die Integration der Brandenburger in die Unität scheint recht rasch erfolgt zu sein, denn bereits 1491 wird einer von ihnen, Kaspar aus der Mark, für würdig befunden, gemeinsam mit drei anderen Brüdern in den Orient zu reisen, um dort

---

[19] *Standardwerk: Joseph Theodor* Müller, Geschichte der Böhmischen Brüder, 3 Bde., Herrnhut 1922—1931; *neuere Literatur u. a. bei Rudolf* Řičan, Die Böhmischen Brüder *[Dějiny Jedoty bratrské, deutsch]. Ihr Ursprung und ihre Geschichte. Mit einem Kapitel über die Theologie der Brüder von Amedeo* Molnár. *(Aus dem Tschechischen übertragen von Bohumír* Popelář*), Berlin 1961.*
[20] *Vgl. Adolf* Turek, Fulnecko, *Brünn 1940, bes. S. 138 ff.*

nach Christen zu suchen, die vielleicht noch in der ungebrochenen apostolischen Tradition stünden.

Die Ausführungen der Unitätschronisten mögen zum Teil parteiisch gefärbt und auch aufgebauscht sein, gleichwohl besteht kein Anlaß, ihnen grundsätzlich zu mißtrauen. Nur sofern der Eindruck erweckt wird, als sei der 1480 initiierte Exodus eine einmalige und kurzfristige Aktion gewesen, nach der es in der Mark gar kein Waldensertum mehr gegeben habe, muß widersprochen werden. Tatsächlich dürfte die Übersiedlung nach Böhmen und Mähren bis in die Mitte des Reformationsjahrhunderts gedauert haben. Zeugnis davon legt eine in der Ketzergeschichte wohl einmalige Quellengattung ab: die in der ersten Hälfte des 16. Jahrhunderts in das Fulneker Stadtbuch eingetragenen sogenannten Geburtsbriefe (XXXV). Diese Briefe, die eine ähnliche Funktion hatten wie die heutigen Geburtsurkunden und Führungszeugnisse, enthalten viele Orts- und Familiennamen, die identisch sind mit den in den Inquisitionsprotokollen von 1392 bis 1394 und 1458 genannten Ketzerdörfern und Waldensergeschlechtern. In anderen Akten und Urkunden Fulneks ließen sich Böhmische Brüder, die aus ehemals märkischen Waldenserfamilien stammten, bis in das 17. Jahrhundert nachweisen (XXXVII). In den Fragen des Glaubens haben sich die Einwanderer der Unität offenbar schnell angeglichen; länger erhielten sich das Bewußtsein und die Achtung ihrer besonderen regionalen Herkunft. Das tschechisch geschriebene Totenbuch der Böhmischen Brüder (XXXVI) beendet zu 1571 seine Eintragung über Michael Tham, der als Priester viele Jahre die deutschen Gemeinden in Landskron und Fulnek betreut hatte, mit dem Satz: „Z Mareckého pokolenj byl. — Er war von märkischem Geschlecht".

ZWEITER TEIL

Bemerkungen zu einzelnen Autoren und Quellen

Die folgenden Ausführungen, die nach der Entstehungszeit der Quellen chronologisch aneinander gereiht wurden, sollen die Texte weder interpretieren noch inhaltlich kritisieren. Ihr Ziel ist es, die notwendigsten Informationen über die jeweiligen Verfasser zu bieten, über die in der Regel handschriftliche Überlieferung zu unterrichten und Auskunft über das Auswahlverfahren und über die Editionsgrundsätze des Herausgebers zu erteilen. Ihr Umfang differiert wegen des von Fall zu Fall verschiedenen Forschungsstandes recht erheblich, sie sind also dort am ausführlichsten, wo neue Ergebnisse vorgelegt und begründet werden mußten, zum Beispiel bei der Datierungsfrage der hier Papst Gregor XI. zum Jahr 1372 zugeschriebenen Mandate, bei der schwierig herzustellenden Ordnung der Protokolle des Inquisitionsverfahrens aus den Jahren 1392 bis 1394, bei der Identifizierung der Werke Bischof Stephan Bodeckers und bei der Vorstellung der bislang kaum beachteten Schriften des Johannes Aquensis.

Wo — wie besonders bei bereits andernorts edierten Urkunden — die Handschriften nicht eingesehen werden mußten oder konnten, erübrigten sich besondere Ausführungen. Für diese Fälle sei auf die Anmerkungen zu den jeweiligen Texten verwiesen.

1. Die Gesta archiepiscoporum Magdeburgensium *zum Jahr 1336*

Der Bericht über die Verfolgung angeblicher Luziferianer in Angermünde von etwa 1336 findet sich in den Gesta archiepiscoporum Magdeburgensium, *genauer in deren* Continuatio prima, *die den Zeitraum von 1142 bis 1371 behandelt. Der anonym gebliebene Verfasser dieser* Continuatio *konnte sich für das Angermünder Geschehen — wahrscheinlich mittelbar — auf einen Zeugen stützen, der selbst in Angermünde als Inquisitor dabei gewesen war: auf den Augustinereremiten Jordan. Jordan wird in den* Gesta *nicht nur zum Jahr 1336 erwähnt, sondern zuvor schon zum Jahr 1331 als Mitglied der in Magdeburg nach der Ermordung Erzbischof Burchards tätigen Schlichtungskommission sowie (zu 1350) als Teilnehmer an dem Verhör des Erfurter Begarden Konstantin, über das die* Gesta *im direkten Anschluß an die Luziferianer in einer Weise berichten, die auf eine Information durch Jordan schließen läßt.*

Die Gesta archiepiscoporum Magdeburgensium *hat 1883 Wilhelm Schum herausgegeben*[1]. *Aus dieser Edition entnehmen wir den Abschnitt über die Luziferianer*[2].

[1] *In:* MG SS *14, Hannover 1883, S. 374—484; a. a. O., S. 361—383, die Einleitung durch Wilhelm Schum, die die ältere Literatur zur Verfasserfrage auswertet.*
[2] *A. a. O., S. 434 f.*

2. Die Chronik Johanns von Winterthur *zu etwa 1338*

Der Franziskaner Johann von Winterthur — vermutlich um 1300 in Winterthur geboren, nach eigenen Angaben 1328 in Basel, sodann bis etwa 1340 in Schaffhausen und endlich in Lindau lebend, wo er 1349 wahrscheinlich ein Opfer der Pest wurde — hat seine in der Originalhandschrift überlieferte (Zentralbibliothek Zürich C 114 b) Chronik bis zum Jahr 1348 fortgeführt. Der größte Teil seiner Aufzeichnungen beruht auf eigenem Erleben oder auf leichtgläubig und kritiklos übernommenen Berichten. Letzteres gilt auch von der uns interessierenden Erzählung, die aus Minoritenkreisen an sein Ohr gelangt sein dürfte. In unserer Sammlung ist diese Passage aus dem Werk des schweizerischen Franziskaners der von Friedrich Baethgen besorgten Edition[1] *entnommen.*

[1] *Chronica Johannis Vitodurani. Die Chronik Johanns von Winterthur. In Verbindung mit C. Brun hrsg. von Friedrich Baethgen (=* MG Scr. rer. Germ. N. S. 3*), Berlin 1924, 2., unveränd. Aufl., Berlin 1955, S. 151. — Zu Johann von Winterthur vgl. auch Friedrich Baethgen, Franziskanische Studien, in:* Historische Zeitschrift *131 (1925), S. 421—471; Nachdruck in: Friedrich Baethgen,* Mediaevalia. Aufsätze, Nachrufe, Besprechungen *2 (=* Schriften der MGH *17, 2), Stuttgart 1960, S. 319—362.*

3. *Fritsche Closeners Chronik zum Jahr 1349*

Der Straßburger Geistliche Fritsche (Friedrich) Closener beendete seine nach der in Paris befindlichen Originalabschrift[1] *durch Karl Hegel edierte*[2] *Chronik im Jahr 1362. Bekanntlich gilt sein ausführlicher Bericht über* Die große geischelfahrt[3] *von 1349 als eine der wichtigsten Quellen zum Zug der Geißler. In diesen Bericht hat Closener außer einer Reihe von Geißlerliedern auch den angeblichen Himmelsbrief aufgenommen, der im Rahmen der Geißlerpredigt vorgetragen wurde. Man vermutet, daß ihm dafür ältere schriftliche Aufzeichnungen vorgelegen haben*[4]. *— Aus dem Himmelsbrief exzerpieren wir den*

[1] *Paris, Bibliothèque Nationale, fonds allemand 91.*
[2] *In:* Die Chroniken der oberrheinischen Städte. Straßburg, *Bd. 1 (=* Die Chroniken der deutschen Städte vom 14. bis ins 16. Jahrhundert, *Bd. 8), Leipzig 1870, Nachdruck: Göttingen 1961, S. 15—151; Einleitung des Herausgebers Karl Hegel, a. a. O., S. 1—15; weitere Literatur in dem Artikel* Closener, Fritsche (Friedrich) *von Harry Gerber, in:* NDB, *Bd. 3, Berlin 1957, S. 294 f.*
[3] *In:* Die Chroniken . . ., *S. 105—120.*
[4] *Vgl. außer K. Hegel, a. a. O., S. 13, bes. Arthur Hübner,* Die deutschen Geißler-

Abschnitt, der unter Nennung Brandenburgs den vermeintlichen Weg der Geißler von Sizilien bis in das Elsaß schildert[5]. Werner Paravicini vom Deutschen Historischen Institut in Paris hat die Hegelsche Edition mit der Handschrift verglichen und einige kleinere Korrekturen vorgeschlagen, die in unsere Ausgabe übernommen wurden.

lieder. Studien zum geistlichen Volksliede des Mittelalters, *Berlin-Leipzig 1931, S. 97 f. u. S. 142 f.*
[5] *In:* Die Chroniken..., *S. 116 f.; in der paginierten Handschrift: S. 93, Sp. b, u. S. 94, Sp. a.*

4. Die Magdeburger Schöppenchronik zu den Jahren 1349 und 1411

Die von Karl Janicke edierte Magdeburger Schöppenchronik[1] hat ihre Bezeichnung erst im 17. Jahrhundert erhalten. Den ersten Teil verfaßte zwischen etwa 1360 und 1372 Heinrich von Lammespringe, der seit 1350 Schreiber des Magdeburger Schöffenstuhls war. Aus seinen Aufzeichnungen übernehmen wir den auch die Mark Brandenburg einbeziehenden Bericht über die Geißler im Jahre 1349[2]. Den zum Jahr 1411 notierten Hinweis auf einen in Stettin verbrannten Ketzer, den wir ebenfalls aus der Schöppenchronik[3] in unsere Sammlung aufnehmen, verdanken wir dem vierten Fortsetzer Heinrichs von Lammespringe, Hinrik van den Ronen (der stad juriste und schriver), dem dann, noch im Jahr 1411, Engelbert Wusterwitz folgte[4].

Da die früheste bekannte Überlieferung der Schöppenchronik eine Abschrift aus dem ausgehenden 15. Jahrhundert ist[5], liegen der von uns übernommenen Edition durch Karl Janicke weder Heinrichs von Lammespringe noch Hinriks van den Ronen eigenhändige Aufzeichnungen zugrunde.

[1] Die Magdeburger Schöppenchronik, hrsg. von Karl Janicke (= Die Chroniken der niedersächsischen Städte. Magdeburg, Bd. 1. Die Chroniken der deutschen Städte vom 14. bis ins 16. Jahrhundert, Bd. 7), Leipzig 1869, photomech. Nachdr.: 2., unveränd. Aufl., Göttingen 1962.
[2] A. a. O., S. 207.
[3] A. a. O., S. 330 f.
[4] Über die Entstehung der Schöppenchronik vgl. die ausführliche Einleitung von K. Janicke, a. a. O., S. XI—L; vgl. außerdem den Artikel Wusterwitz, Engelbert von Willy Krogmann, in: Die deutsche Literatur des Mittelalters. Verfasserlexikon, Bd. 4, unter Mitarb. zahlr. Fachgen. hrsg. von Karl Langosch, Berlin 1953, Sp. 1104 ff., sowie Johannes Bernhard Menke, Geschichtsschreibung und Politik in deutschen Städten des Spätmittelalters (Schluß), in: Jahrbuch des Kölnischen Geschichtsvereins 34/35 (1960), S. 85—192, bes. S. 148—161.
[5] Berlin [Ost], Staatsbibliothek, Ms. boruss. fol. 172; weitere Handschriften notierten K. Janicke in seiner Einleitung zu Die Magdeburger Schöppenchronik..., S. XLI—XLVI, sowie Christian Heinrich Delius, Die Herausgabe der Magdeburger Schöffen-Chronik, in: Allgemeines Archiv für die Geschichtskunde des Preußischen Staates, hrsg. von Leopold v. Ledebur, 8 (1832), S. 80—83.

5. Drei Mandate Papst Urbans V. vom Jahr 1364 über die Einsetzung von Inquisitoren

Die Mandate Urbans V. vom Oktober 1364 zur Einsetzung von dominikanischen Inquisitoren zielen nicht speziell auf die brandenburgischen oder pommerschen Verhältnisse, sondern haben die Zustände im gesamten deutschen Kirchengebiet vor Augen. Da aber in ihnen zusammen mit den betreffenden Erzbistümern und exemten Diözesen auch das Bistum Kammin genannt wird und da sie — unseres Wissens bislang unediert — von der Forschung übersehen wurden[1], nehmen wir sie in unsere Sammlung auf. Überliefert sind sie als Nummern 69, 70 und 71 auf fol. 342v und 343r im Reg. 251 der Biblioteca Vaticana. Nach Mikrofilmaufnahmen, die Hermann Diener (Rom) zu verdanken sind, geben wir den Text des Mandats vom 11. Oktober 1364 (Reg. 251, fol. 342v, 343r, Nr. 69) vollständig wieder und lassen es bei den beiden anderen Mandaten vom 17. Oktober 1364 mit Regesten bewenden.

Zu der in unseren Mandaten nicht beantworteten Frage, gegen welche Häresien Urban V. die dominikanischen Inquisitoren einsetzen wollte, wären eine weitere Urkunde dieses Papstes vom 15. April 1368[2] und vor allem mehrere Diplome Kaiser Karls IV. aus dem Jahr 1369[3] heranzuziehen. Ihnen ist zu entnehmen, daß es sich in erster Linie um Beginen und Begarden handelte. Da in diesen Urkunden weder Kammin noch Brandenburg oder Pommern genannt werden, verzichten wir auf ihren Abdruck.

[1] Vgl. zum Beispiel G. Leff, Heresy in the Later Middle Ages..., Bd. 1, S. 343 ff.
[2] Gedruckt bei P. Fredericq, Corpus documentorum inquisitionis..., Bd. 1, 1889, S. 206 f., Nr. 209.
[3] Gedruckt bei P. Fredericq, a. a. O., Bd. 1, S. 208 ff., Nr. 210, zu 1369 Juni 9; S. 210 ff., Nr. 211, zu 1369 Juni 10; S. 214 ff., Nr. 212, zu 1369 Juni 17; S. 218 ff., Nr. 213, zu 1369 Juni 18.

6. Zwei Mandate Papst Gregors XI. vom Jahr 1372 gegen Beginen und Begarden

Unter den zahlreichen Mandaten, die Papst Gregor XI. im Zuge der Ketzerverfolgung ausgehen ließ, sind für uns diejenigen vom 5. Januar und vom 27. Juli 1372 von Interesse, die unter anderem über die Flucht häretischer Beginen und Begarden in die Gegend von Stettin berichten.

Das Mandat vom 5. Januar ist in zwei päpstlichen Registern überliefert, nämlich in Reg. Vat. 264, fol. 1v, und in Reg. Vat. 244B, fol. 26r.v, Nr. 47. Reg. Vat. 264 beginnt auf fol. 1r mit der Überschrift: Incipit registrum... sanctissimi in Christo patris et domini nostri domini Gregorii divina providencia pape XI, anni secundi... Damit ist gesichert, daß unser Mandat, bei dessen Registrierung der Papstname wie üblich fortgelassen wurde, tatsächlich von Gregor XI. ausgestellt worden ist. Reg. Vat. 244B gehört in die Reihe der 13 vatikanischen Registerbände (244A-N), die alle mit dem Vermerk Innocentius

VI *auf dem Buchrücken versehen sind, aber auch Stücke der Päpste Clemens VI., Urban V. und Gregor XI. enthalten*[1]. *Daß die Eintragung Nr. 47 auf fol. 26 Papst Gregor XI. zuzuschreiben ist, geht aus dem eben genannten Reg. Vat. 264, fol. 1v, hervor. Dies ist auch von der Forschung richtig erkannt worden*[2]. *Nur bei der Zuweisung zum Jahr ist G. Schmidt seinem eigenen Scharfsinn zum Opfer gefallen und hat das Mandat auf 1373 statt auf 1372 datiert*[3]. *Ausgangspunkt der Überlegungen für Schmidt war offenbar eine Urkunde Gregors XI. mit der Datumsangabe* Non. Ian. a. j., *wozu er anmerkte:* Der 5. Jan. a. j. ist sicher 1372, denn am Krönungstage selber werden schwerlich Urkunden ausgestellt sein[4]. *Demnach lag die Folgerung nahe, den 5. Januar des zweiten Pontifikatsjahres Gregors XI. dem Jahr 1373 zuzuordnen. Daß jedoch das zweite Pontifikatsjahr Gregors auch nach der Auffassung der päpstlichen Kanzlei am 5. Januar — mithin 1372 — begann, geht aus dem oben erwähnten Reg. Vat. 264 hervor, dessen erster Eintrag auf fol. 1r.v wie unser anschließend eingetragenes Mandat mit der Datierung* Non. Januarii. Anno secundo *endet.*

Erheblich folgenschwerer war das Datierungsproblem des zweiten, am 27. Juli im zweiten Pontifikatsjahr ausgefertigten Mandats. Es ist, wieder ohne Angabe des Papstnamens, überliefert in Reg. Vat. 244C, fol. 42r, und hat dort die laufende Nummer 110 erhalten. Aufgrund dieser Überlieferung, die seinerzeit bezeichnet wurde mit Reg. orig. An. II Archetyp. epistolar. fol., *hat A. Theiner das Mandat gedruckt*[5]. *Theiner hat es Papst Innozenz VI. zugeschrieben und es infolgedessen dem Jahr 1354 zugeordnet. Die Berechtigung dafür mag Theiner in dem Umstand erblickt haben, daß auf dem Einband des Registers* Innocentius VI *steht und daß überdies auf der Versoseite unserer Minute eine jüngere Hand folgendes Regest schrieb:* Innoc. VI. VI.Kal. Aug. A°. II°. Universis archiepiscopis, episcopis etc. per Alamaniam, Poloniam et Slesiam constitutis, ut inquisitoribus contra Beghardos et Beginas a sede apostolica deputati assistant et auctoritatem prebeant. *Aufgrund von Theiners Edition ist das für die Ketzergeschichte Ostdeutschlands und Polens wichtige Mandat bis in die neueste Forschung*[6] *dem Jahr 1354 zugewiesen worden. Ebenfalls*

---

[1] *Vgl. Yves Renouard,* Les minutes d' Innocent VI aux Archives du Vatican, *in:* Archivi, ser. II, 2, Rom 1935, S. 14—26.

[2] *Vgl. Y. Renouard,* a. a. O., S. 20, Anm. 1.

[3] Päbstliche Urkunden und Regesten aus den Jahren 1353—1378 . . ., *ges. von Paul Kehr, bearb. von Gustav Schmidt (= Geschichtsquellen der Provinz Sachsen und angrenzender Gebiete 22), hrsg. von der Historischen Commission der Provinz Sachsen,* Halle 1889, S. 295, Nr. 1082.

[4] A. a. O., S. 270, Anm. 1, zu Nr. 984.

[5] *Augustin Theiner (Hrsg.),* Vetera monumenta Poloniae et Lithuaniae gentiumque finitimarum historiam illustrantia, Bd. 1, Rom 1860, S. 555, Nr. 735.

[6] *Vgl. Martin Wehrmann,* Bischof Johann I. von Camin. 1343—1370, *in:* Baltische Studien 46 (1896), S. 28; *G. Peters,* Norddeutsches Beginen- und Begardenwesen . . ., *in:* Niedersächsisches Jahrbuch für Landesgeschichte 41/42 (1969/70), S. 104. *Auch Y. Renouard,* Les minutes d' Innocent VI . . ., *in:* Archivi, ser. II, 2, S. 20, *rechnet unsere Minute offenbar Innozenz VI. zu.*

unter Weglassung des Papstnamens ist das Mandat auch auf fol. 51v in Reg. Vat. 264 eingetragen, wodurch an sich Gregor XI. als Aussteller schon verifiziert werden könnte[7]. Glücklicherweise gab es jedoch in Breslau im ehemaligen Königlichen Staatsarchiv (Dominican. 79) auch ein bulliertes Exemplar des ausgelieferten Mandats. Es ist, wenngleich mit zahlreichen Lesefehlern, 1879 im Codex diplomaticus maioris Poloniae[8] gedruckt worden. Durch seine volle Intitulatio — Gregorius episcopus, servus servorum dei — ergibt sich, daß die Datierung nur den 27. Juli 1372 meinen kann. — Obwohl der Text weitgehend mit dem des Mandates vom 5. Januar desselben Jahres identisch ist, bringen wir ihn in Anbetracht der bislang fehlerhaften Editionen ohne Kürzungen. Wir legen dabei den Druck im Codex diplomaticus maioris Poloniae zugrunde und korrigieren dessen Auslassungen und Fehler mit Hilfe der vatikanischen Überlieferungen[9].

Zur Abrundung fügen wir einschlägige Auszüge aus den Annales ecclesiastici des Abraham Bzovius (1567 bis 1637) und des Odoricus Raynaldus (1595 bis 1671) zum Jahr 1372 bei.

[7] Eine richtig datierte, aber vielfach verbesserungswürdige Edition nach Reg. Vat. 244 C und Reg. Vat. 264 findet sich in: Päbstliche Urkunden und Regesten... 1353 bis 1378, ges. von P. Kehr, bearb. von G. Schmidt..., S. 286 f., Nr. 1044; dort auch Angaben über die Rückseite der Minute.

[8] in quo exhibentur: Bullae pontificum..., ab anno 1136 usque ad annum 1597. Coll. a Casimiro Raczyński. Ed. Eduardus Raczyński, T. 3, Posen 1879, S. 388, Nr. 1674.

[9] Ablichtungen aus den vatikanischen Codices verdanke ich Hermann Diener (Rom).

7. Verhörschemata und Formeln bei Inquisitionsprozessen Peter Zwickers gegen Waldenser

Zum Rüstzeug der Inquisitoren besonders bei Massenprozessen, wie sie von Peter Zwicker u. a. in Stettin von 1392 bis 1394 durchgeführt wurden, gehörten Fragenkataloge und Formeln für die von den Verhörten zu schwörenden Eide — forma iuramenti de dicenda veritate, expurgacionis, abiuracionis — sowie Formeln für die Absolution geständiger und bekehrungswilliger Häretiker — forma absolucionis. Aus den Stettiner Protokollen lassen sich die dort benutzten Schemata und Formeln zwar weitgehend, aber nicht vollständig rekonstruieren. Immerhin wird deutlich, daß sie so gut wie identisch waren mit denjenigen, die Peter Zwicker etwa zur gleichen Zeit in Österreich (Diözese Passau) verwandte. Deshalb scheint es gerechtfertigt, den Stettiner Protokollen zum besseren Verständnis eine Edition der überlieferten österreichischen Formeln vorauszuschicken.

Sie sind uns unter anderen[1] in zwei Sammelhandschriften des Stifts Seiten-

[1] Zahlreiche andere Handschriften scheint Peter Biller (England) entdeckt zu haben (briefliche Mitteilung vom 1. November 1970). Man darf hoffen, daß er seine Funde bald publizieren wird. Mir lag außer den Seitenstettener Handschriften ein Würzburger Codex vor: UB Würzburg M. ch. f. 51, fol. 21v bis 23v.

2 Kurze

stetten überliefert, die aus dem 15. Jahrhundert stammen: Cod. Seitenstettensis 188 *und* 252. *Von beiden standen mir Mikrofilme zur Verfügung.* Cod. Seitenstettensis 188 *beginnt auf fol. 1r mit der Überschrift* Processus domini Petri de ordine Celestinorum inquisitoris hereticorum *und setzt dann sogleich mit dem Fragenkatalog (a) ein, der auf fol. 2r mit den Worten:* et hoc de interrogatorio *abgeschlossen wird. Es folgen (b)* forma iuramenti de dicenda veritate *(fol. 2r bis 2v), (c)* forma iuramenti expurgacionis *(fol. 2v bis 3r), (d)* forma iuramenti abiuracionis secte Waldensium hereticorum *(fol. 3r), (e)* hic procedatur ad iuramentum *(fol. 3r bis 4r), (f)* forma absolucionis hereticorum Waldensium *(fol. 4r bis 4v), endend mit:* Amen. Sequitur ewangelium. *Nur a und f sind in lateinischer Sprache gehalten; b, c, d und e sind bis auf die Überschriften deutsch abgefaßt.*

Der zweispaltig angelegte Cod. Seitenstettensis 252 *bringt nach sieben anderen Traktaten, Sermonen und Dialogen, die nichts mit Häresie zu tun haben, erst auf fol. 168v (a) ff. den* processus inquisicionis adversus hereticos Waldenses *mit dem Incipit:* Ego frater Petrus provincialis ordinis fratrum Celestinorum per Alamanniam ac inquisitor heretice pravitatis notavi ... *Nach einer Aufzählung waldensischer Irrtümer beginnen die Prozeßformeln recht unvermittelt auf fol. 171v (a), wobei die Reihenfolge dieselbe ist wie im* Cod. Seitenstettensis 188, *also: a (fol. 171v (a)—(b)), b (fol. 171v (b)—172r (a)), c (fol. 172r (a)—(b)), d (fol. 172r (b)), e (fol. 172r (b)—172v (b)), f (fol. 172v (b)).*

Unserer Edition liegen jeweils die Fassungen des Cod. Seitenstettensis 188 *zugrunde. Beim Fragenkatalog sind die Abweichungen und Auslassungen des* Cod. Seitenstettensis 252 *im Anmerkungsapparat verzeichnet. Bei den deutschen Texten wurden die Varianten nicht aufgeführt, da die inhaltlichen Abweichungen geringfügig sind, die Schreibweise jedoch große Unterschiede aufweist, deren Registrierung für uns kein Gewinn sein würde. — Die 1872 vorgelegte Ausgabe unserer Texte durch G. Ed. Frieß[2] konnte unberücksichtigt bleiben, da sie fehlerhaft ist und die Fassungen der beiden Handschriften ohne Kenntlichmachung im einzelnen vermengt.*

[2] Godfrid Edmund Frieß, Patarener, Begharden und Waldenser in Österreich während des Mittelalters, *in:* Österreichische Vierteljahresschrift für katholische Theologie 11 (1872), S. 209—272, hier S. 266—271.

8. Protokolle eines Inquisitionsverfahrens gegen Waldenser in Stettin aus den Jahren 1392 bis 1394

Die Stettiner Aufzeichnungen sind lückenhaft überliefert. Ursprünglich muß es etwa 455 Protokolle gegeben haben. Das, wie ein unmittelbar folgender, aus dem 15. Jahrhundert stammender Besitzvermerk kenntlich macht, höchstwahrscheinlich wirklich letzte Protokoll erhielt von einer Hand, die — vermutlich nach Beendigung der Inquisition und mit großer Sicherheit vor der

Eintragung des Besitzvermerks — eine Foliierung und eine Numerierung der einzelnen Protokolle vornahm, die Zahl 443. Da jedoch diese alte Zählung nicht ganz korrekt war, weil einerseits die alten Nummern 50, 239, 245, 267, 276 und 434 doppelt verwendet und zwei Protokolle (241b und 244b) nicht mitgezählt worden waren, mithin zur Zahl 443 acht hinzuzurechnen sind, und noch einmal etwa dieselbe Fehlerzahl bei den verlorengegangenen Protokollen angenommen werden darf und weil andererseits bei der alten Zählung Nummern (287, 288) grundlos übersprungen wurden, wird es tatsächlich etwa 455 Protokolle gegeben haben. Überliefert sind 195 Protokolle, darunter 32 unvollständige, bei denen Anfang und/oder Mitte und/oder Schluß fehlen. Die meisten dieser auf 22 cm breiten und 29,1 cm hohen Papierbögen geschriebenen 195 Protokolle, nämlich unsere Nummern 47 bis 175 und 184 bis 195, befinden sich im Cod. Helmst. 403 der Herzog-August-Bibliothek zu Wolfenbüttel. Innerhalb dieses Codex füllen sie die Blätter 21r bis 125v neuer Zählung. Die durch die neue Foliierung gekennzeichnete Reihenfolge der Verhörniederschriften entspricht weder der zeitlichen Abfolge der Protokolle noch der alten Numerierung und Foliierung, die — und das kompliziert die Überlieferungsgeschichte noch zusätzlich — auch schon ihrerseits nicht genau den chronologischen Ablauf der Inquisition widerspiegeln, worauf noch einzugehen sein wird. Cod. Helmst. 403 enthält zunächst auf fol. 21r bis 32v die alten Seiten 394r bis 405v mit den alten Nummern 428 bis 443 (= neue Nummern 171 bis 175 und 184 bis 195), die zwischen dem 12. und 25. März 1394, also in der Endphase der Inquisition, aufgezeichnet wurden. Sodann folgen mit fol. 33r bis 127v die alten Seiten 187r.v (die Zahl 188 wurde übersprungen), 189 bis 190 (altes fol. 191 ging verloren), 192r bis 209v (altes fol. 210 ging verloren), 211r bis 245v (altes fol. 246 ging verloren), 247r bis 251v, 256r bis 262v, 264r bis 290v, 394r bis 405v mit den alten Nummern 174 bis 199, 201 bis 243, 244 (b) bis 263, 265 bis 286 (287 und 288 wurden übersprungen), 289 bis 296 (= neue Nummern 47 bis 170), die teils in der ersten Inquisitionsphase (Januar bis März 1393, neue Nummern 47 bis 155), teils in der zweiten (Februar bis März 1394, neue Nummern 156 bis 170) geschrieben wurden. Kriterien für die Ordnung in unserer Edition waren in erster Linie die Verhördaten, in zweiter und dritter Linie die alten Nummern bzw. Folioangaben. Cod. Helmst. 403 war seit 1884, als Otto v. Heinemann ihn im ersten Band seines Verzeichnisses der Handschriften der Wolfenbütteler Bibliothek[1] unter der Nr. 438 aufführte, der wissenschaftlichen Öffentlichkeit bekannt. Wilhelm Wattenbach gebührt das Verdienst, ihn als erster und für lange Zeit einziger ausgewertet zu haben[2]. 1966 fand ich in der Wolfenbütteler Bibliothek unter

---

[1] Otto v. Heinemann, Die Handschriften der herzoglichen Bibliothek zu Wolfenbüttel, *beschrieben, 1. Abt.*: Die Helmstedter Handschriften, Bd. 1, Wolfenbüttel 1884; *Neudruck*: Die Helmstedter Handschriften (= Kataloge der Herzog-August-Bibliothek, Wolfenbüttel), Bd. 1, Frankfurt/Main 1964, S. 320.

[2] Siehe unten, Anm. 7, sowie das Literaturverzeichnis.

Novi 348[3] *in einem blauen Aktendeckel mit der Aufschrift* Fragmenta libri processuum Sectariorum in Pomerania et Marchia, s. XV — XVI *weitere Teile der Stettiner Inquisitionsprotokolle: 38 zum Teil stark beschädigte Blätter, von denen gelegentlich zwei ein Doppelblatt bilden. Es war schnell zu erkennen, daß diese von den Bibliothekaren in Wolfenbüttel noch nicht neu foliierten Blätter keineswegs in der ursprünglichen Reihenfolge lagen. Wesentlich schwerer war es jedoch, eine sinnvolle, dem ursprünglichen Zustand nahekommende Ordnung herzustellen und herauszufinden, wieviele und welche Verhöre ganz oder teilweise durch den neuen Fund bekannt geworden sind. Als wichtigste Wegweiser dienten dabei die insgesamt 30 alten Folioangaben sowie die 32 Nummern in der alten Zählung der Verhöre, wobei freilich mitunter Doppelzählungen vorkommen (wie zum Beispiel bei Nr. 50), schließlich halfen die insgesamt 19 angegebenen Verhördaten weiter, auch wenn sie oft nur den Tag, selten den Monat und nie das Jahr nannten. Wegen des stark schematischen Charakters der Fragen und Antworten gab der eigentliche Text nur in Ausnahmefällen einen verwertbaren Ordnungshinweis.*

Als Beispiel für die notwendige Berücksichtigung aller genannten Faktoren sei kurz erläutert, wie es zu der Festlegung der neuen laufenden Nummern 24 bis 32 kam. Fixpunkte waren 1. der Anfang der neuen lfd. Nr. 24 mit der alten Nr. 41 auf altem fol. 48v mit indirekter Datumsangabe (Anno etc. et die predictis), die sich über die ähnlich lautenden Angaben der alten Nummern 40 und 39 von der präziseren Datierung in der alten Nr. 38 (neue lfd. Nr. 21) als 10. Dezember (1392) auflösen läßt; Beginn des Verhörs eines Heyne Swet. *2. Zwei Blätter mit den alten Folioangaben 50 und 51. Fol. 50r enthielt den Schlußteil eines Protokolls, in dem der Verhörte einen* Jacob Ermgart *als seinen Onkel bezeichnete. Auf fol. 50v und 51r befand sich das ganze Verhör eines* Andres Ermgart; *von der alten Nummer war wegen Beschädigung des Blattes nur eine 3 zu erkennen, sie konnte nur 43 gelautet haben; das Datum war wieder nur indirekt angegeben. Fol. 51v enthielt mit der alten Nr. 44 den ersten Teil des Verhörs eines* Jacob Philippus *bei indirekter Datierung. 3. Ein letzter Anhaltspunkt war die neue lfd. Nr. 32, die auf altem fol. 56v mit der alten Nr. 49, datiert auf den 20. Dezember (1392), das Verhör eines* Jacob Ryman/Reyman *enthält. Nimmt man an, daß dem Protokollanten keine Fehler bei der Zählung der Blätter und Verhöre unterlaufen sind, war durch die neue Nr. 32 gesichert, daß sich auf dem alten fol. 56r der Schluß des Verhörs mit der alten Nr. 48 befand, das wahrscheinlich vor dem 20. Dezember protokolliert wurde. Zur Ausfüllung der Lücken boten sich unter den ohne Folio- und Nummernangabe überlieferten Blättern drei an; wir nennen sie vorläufig X, Y und Z. Z — ein Blatt, dessen Oberteil fehlt, enthielt auf der einen*

---

[3] *Leider hat man vergessen, Novi 348 in dem jüngst erschienenen gedruckten Handschriftenverzeichnis zu berücksichtigen; vgl.* Die mittelalterlichen Handschriften der Gruppen Extravagantes, Novi und Novissimi. *Beschrieben von* Hans Butzmann *(= Kataloge der Herzog-August-Bibliothek Wolfenbüttel. Die Neue Reihe. Ganzer Reihe Bd. 15), Frankfurt/Main 1972.*

Seite den Anfang eines Protokolles, zwar ohne den Namen des Verhörten, doch mit Angabe seines Vaters, Clauss Ermgart *bzw.* Brant; außerdem war in der Datumszeile noch zu lesen anno etc. (et die) 13. mens(is); *auf der anderen Seite von Z befand sich der Schlußteil eines Protokolls. Inhaltlich paßte jedoch dieser Schlußteil nicht zu dem eben erwähnten Protokollanfang, und das bedeutete, daß der Schlußteil auf der Vorderseite und der Anfangsteil auf der Rückseite von Z eingetragen war. So gelegt, paßte Z vorzüglich als altes fol. 49 in die Lücke zwischen den alten Blättern 48 und 50. Zr beendete sinnvoll das mit der alten Nr. 41 auf altem fol. 48v angefangene Verhör des* Heyne Swet *(neue lfd. Nr. 24), und Zv fügte sich nicht nur nahtlos im Text vor das alte fol. 50r (letzte Zeile in Zv:* Item an eciam medio tempore, quo fuit in secta, confessus sit presbiteris; *erste Zeile auf altem fol. 50r:* et susceperit corpus Christi ab eis...), *sondern erwies auch durch die Nennung des Vaters seine Zusammengehörigkeit mit altem fol. 50r, wo der Name des Onkels fällt. Durch die Identifizierung von Z als altes fol. 49 (= neues fol. 19) ergab sich auch, daß das Protokoll mit der zu erschließenden alten Nr. 42 (= neue lfd. Nr. 25) sowie die folgenden Protokolle mit den alten Nummern 43 und 44 am 13. Dezember (1392) geschrieben wurden.*

Für die Ausfüllung der jetzt noch bestehenden Lücke zwischen altem fol. 51v und altem fol. 56r.v blieben die Blätter X und Y. X — ein außen und in der Mitte stark beschädigtes Blatt — hatte auf seiner Vorderseite das Protokollende des Verhörs eines Ungenannten und auf seiner Versoseite den Anfang des Verhörs eines Jacob Smet de Clems *mit der Datumsangabe 14. Dezember. Y — ein Blatt, dessen Außenteil etwa zu einem Drittel durch Brand zerstört ist, — hatte auf seiner Vorderseite wiederum das Ende des Verhörs eines Ungenannten und auf der Rückseite den Anfang des Verhörs einer* Mette uxor Deneke Rudeger *mit dem Datum des 18. Dezember. Es gab drei Möglichkeiten, die jeweiligen Vorder- und Versoseiten von X und Y in den gegebenen Rahmen einzuordnen: (erschlossen)*

I

Alte Nr.	Altes fol.	Datum	Teil	Name des Verhörten
44	51v	(13. Dez.)	Anfang	Jacob Philippus
(45)	(52v) = Xv	14. Dez.	Anfang	Jacob Smet
	(53r) = Yr		Schluß	
(46)	(53v) = Yv	18. Dez.	Anfang	Mette uxor Deneke Rudeger
(48)	56r	?	Schluß	unbekannt
49	56v	20. Dez.	vollständig	Jacob Ryman

Bei dieser Möglichkeit müßte man annehmen, daß die alten Blätter 54 und 55 verlorengegangen sind, wobei 54r den Schluß von alter Nr. 46, 54v und 55r das ganze Verhör Nr. 47 und 55v den Anfang des Verhörs Nr. 48 enthalten haben.

II

Alte Nr.	Altes fol.	Datum	Teil	Name des Verhörten
44	51v	(13. Dez.)	Anfang	Jacob Philippus
(46)	(54r) = Xr	(13. Dez.?)	Schluß	unbekannt
(47)	(54v) = Xv	14. Dez.	Anfang	Jacob Smet
	(55r) = Yr		Schluß	
(48)	(55v) = Yv	18. Dez.	Anfang	Mette uxor Deneke
	56r		Schluß	Rudeger
49	56v	20. Dez.	vollständig	Jacob Ryman

Bei dieser Möglichkeit müßte man voraussetzen, daß die alten Blätter 52 und 53 verlorengegangen sind, wobei 52r den Schluß der alten Nr. 44, 52v und 53r das ganze Verhör Nr. 45 und 53v den Anfang des Verhörs Nr. 46 enthalten haben. Außerdem müßte man ungewöhnliche zeitliche Sprünge zwischen den einzelnen Verhören annehmen.

III

Alte Nr.	Altes fol.	Datum	Teil	Name des Verhörten
44	51v	(13. Dez.)	Anfang	Jacob Philippus
(45)	(53r) = Xr	(13. Dez.?)	Schluß	unbekannt
(46)	(53v) = Xv	14. Dez.	Anfang	Jacob Smet
(47)	(55r) = Yr	(17. Dez.?)	Schluß	unbekannt (Sohn des Jacob Smet)
(48)	(55v) = Yv	18. Dez.	Anfang	Mette uxor Deneke
	56r		Schluß	Rudeger
49	56v	20. Dez.	vollständig	Jacob Ryman

Bei dieser Möglichkeit müßte man davon ausgehen, daß die alten Blätter 52 und 54 verlorengegangen sind, wobei 52r den Schluß von alter Nr. 44, 52v den Anfang von alter Nr. 45, Blatt 54r den Schluß von alter Nr. 46 und 54v den Anfang von Verhör Nr. 47 enthalten haben.

Wegen inhaltlicher Kriterien hat die dritte Möglichkeit den größten Wahrscheinlichkeitsgrad. Mit ziemlich großer Sicherheit kann Yr nicht der Schluß des auf Xv beginnenden Protokolls vom Verhör Jacob Smets sein, sondern muß den Schluß des Verhörs eines Sohnes von Jacob Smet enthalten: Auf Yr steht u. a. nominat Hans Polan, qui habet eius soror ..., dann bricht der Text wegen Zerstörung des Blattes ab. Man wird möglicherweise ergänzen dürfen ... em nomine N ad uxorem. Aus einem anderen, in Cod. Helmst. 403 überlieferten Protokoll (alte Nr. 274, neue Nr. 149) geht nun hervor, daß Jacob Smet der Schwiegervater von Hans Polan ist, folglich muß der unbekannte Verhörte von Yr ein Sohn des Jacob Smet sein, eben der Schwager von Hans Polan. Zugunsten der dritten Möglichkeit spricht schließlich auch, daß Yv (Anfang des Verhörs der Mette uxor Deneke Rudeger) vom Inhalt her zu altem fol. 56r = alte Protokollnr. 48 paßt. Die genannte Mette ist nämlich in

8. Protokolle von Waldenserprozessen in Stettin 1392—94

Lindaw *zu Hause, und auf fol. 56r heißt es* . . . quod nullum sciat in Lyndaw.

Nach der Bestimmung von Y, X und Z blieben vier Blätter übrig, die zum überwiegenden Teil in so kleinen Bruchstücken, manchmal fast nur in Fetzen auf uns gekommen sind, daß eine sinnvolle und nachprüfbare Einordnung nicht möglich zu sein schien. Ich habe ihnen die neuen Blattzahlen 31 bis 34 gegeben, sie in der einigermaßen gut zu begründenden Annahme, daß es sich um Stücke von fünf verschiedenen Protokollen handelt, mit den neuen lfd. Nummern 42 bis 46 versehen und sie damit in die Lücke zwischen dem letzten datierbaren Verhör des Neufundes (1393 Januar 12) und dem frühesten Protokoll aus Cod. Helmst. 403 *(1393 Januar 26) gestellt. Für diese Lösung sprach die Fundlage, wenn auch nicht auszuschließen ist, daß einzelne Stücke zeitlich an das Ende des Jahres 1392 gehörten.*

Insgesamt enthielt Novi 348 *ganz oder fragmentarisch 54 Protokolle. Davon gehörten 46 in den Anfang der ersten Inquisitionsphase (November 1392 bis Januar 1393), ergänzen also das von Wattenbach bereits benutzte Material vor dessen Beginn. Acht vollständig erhaltene Protokolle auf vier Blättern mit den alten Folioangaben 363, 364, 367 und 368 und mit den alten Nummern 390 bis 393 und 398 bis 401 mußten wegen dieser alten Zahlen und noch mehr wegen der in ihnen enthaltenen Daten (15., 16. und 17. März) in der zweiten Inquisitionsphase des Jahres 1394 geschrieben worden sein. Ich habe ihnen wegen der Tagesangaben die neuen laufenden Nummern 176 bis 183 gegeben, obwohl sie im Hinblick auf die alten Folio- und Nummernangaben einst zwischen den neuen Nummern 170 (= alte Nr. 296; altes fol. 289v, 290r, Datum: 1394, März 2 u. 5) und 171 (= alte Nr. 428; altes fol. 394r.v, 395r, Datum: März 12) gelegen haben werden.*

An der Abfassung der Stettiner Protokolle waren, wie man dank der ausgeprägten Individualität ihrer Schrift schon auf den ersten Blick erkennen kann, drei Schreiber beteiligt. Die drei Protokollanten unterscheiden sich auch in ihrer Sprachform sowie — geringfügiger — durch die Art ihrer Protokollführung. Die weitaus meisten Verhöre, und zwar unsere lfd. Nummern 1 bis 39, 41 bis 155, 176 bis 178, 184 bis 195 sowie Teile — in der Regel das Eschatokoll — unserer lfd. Nummern 40, 156, 159, 160, 162, 163, 165, 166, 171 bis 175, 179 bis 183 hat ein Mann aufgezeichnet, dessen Name als Schreiber niemals ausdrücklich genannt wird. Die Annahme, es könne sich hier um den Gehilfen des Inquisitors, den ebenfalls aus dem Coelestiner-Kloster Oybin kommenden Nikolaus von Wartenberg gehandelt haben, der fast immer am Anfang der Zeugenlisten genannt wird, ist falsch. Der Hauptprotokollant schreibt nämlich an einer Stelle — in der Vorbemerkung zu unserer lfd. Nr. 171: coram fratre suo Nicolao de Wartenberch, professo ordinis Celestinorum, . . . nec non me notario suo et officii inquisicionis iurato. *Das schließt eine Identität aus. Wer der vielbeschäftigte Notar des Inquisitors war, läßt sich aus den vorliegenden Aufzeichnungen nicht feststellen. Wir bezeichnen ihn im folgenden als den „Anonymus".*

Unsere lfd. Nummern 40, 171 bis 175 sowie 179 bis 183, ausgenommen jeweils das Eschatokoll, hat der Inquisitor Peter Zwicker selber geschrieben. Scriptum per inquisitorem propter infirmitatem meam, *vermerkt der Anonymus zu Nr. 40. Daß Peter Zwicker die lfd. Nummern 171 bis 175 selbst protokollierte, mag seinen Grund darin haben, daß es sich bei den Verhören um Angehörige der Diözese Posen handelte, für die er keine Inquisitionsvollmacht besaß, was eine besonders korrekte Niederschrift ratsam erscheinen lassen mußte. Ähnliche Motive für seine Protokollantentätigkeit bei den Nummern 179 bis 183 sind nicht zu erkennen.*

Der Name des dritten Schreibers, der unsere Nummern 156 bis 169 bis auf die Schlußformeln der Nummern 156, 159, 160, 162, 163, 165 und 166 aufgezeichnet hat, geht ebenfalls aus einer Bemerkung des Anonymus hervor, der dem Protokoll Nr. 156 hinzufügte: scriptum per Matheum notarium publicum. *Dieser Notar Matheus ist mit größter Wahrscheinlichkeit identisch mit dem in den Zeugenlisten oft genannten* Matheo Hyldebrandi de Stetyn clerico et notario publico *(so in Nr. 125; ähnlich in den Nummern 47, 51, 64, 82, 95, 102, 110, 118, 128 u. 134). Es muß offen bleiben, ob Matheus Hyldebrand seinerseits personeneins ist mit dem in Nr. 193 genannten* Mathia Brant notario publico et clerico, *welcher wohl identisch ist mit jenem Matheus Brant, der als Vikar der Stettiner Marienkirche unter dem 1. März 1392 in den Registra Lateranensia auftaucht*[4]. *Warum der Stettiner Notar zur Protokollführung herangezogen wurde, ist nicht mit ausreichender Sicherheit feststellbar. Möglicherweise hat seine Tätigkeit etwas mit der Wiederaufnahme der Verhöre nach elfmonatiger Unterbrechung im März 1394 zu tun, denn er schrieb die ersten Protokolle der neuen Inquisitionsphase.*

Von den drei Handschriften ist die des Anonymus am schwersten zu lesen. Sein Duktus ist besonders flüssig, oft geradezu flüchtig. Die Buchstaben o, e, c und t sind kaum zu unterscheiden, n und u gar nicht, wodurch gerade beim Lesen der Personen- und Ortsnamen Unsicherheiten entstehen. Die Unterlängen ragen vielfach in die nächste Zeile hinein, Abkürzungen sind häufig. Dazu kommen grammatikalische oder syntaktische Versehen und andere Fehler, wie sie beim Protokollieren zu unterlaufen pflegen. Die Schrift Peter Zwickers ist erheblich feiner, zierlicher und weniger schwungvoll, der einzelne Buchstabe mithin besser erkennbar. Lediglich das v ist vom b nicht zu unterscheiden, da der Anstrich beim v (und beim w) bogenförmig hochgezogen wird. Doch stehen auch hier einer raschen Lektüre die zahlreichen Abbreviaturen entgegen. Bei den Orts- und Personennamen wählt Peter Zwicker öfters eine andere Schreibart als der Anonymus, zum Beispiel Gossauw *statt* Gossaw *und* Wubiser *statt* Wowiser. *Der Notar Matheus schließlich stellt sich mit einer buchschriftähnlichen Minuskel vor, die breiter und behäbiger als die etwas*

---

[4] Siehe Repertorium Germanicum 2. Verzeichnis der in den Registern und Kameralakten Urbans VI., Bonifaz' IX., Innocenz' VII. und Gregors XII. vorkommenden Personen, Kirchen und Orte des Deutschen Reiches, seiner Diözesen und Territorien 1378—1415, bearb. von Gerd Tellenbach, 1, Berlin 1933, Nachdruck 1961, Sp. 853.

nervöse Schrift des Inquisitors wirkt. Während der Anonymus die Aussagen der Verhörten meist im Konjunktiv protokolliert, zieht er den Indikativ vor. Bei seinem ersten Protokoll versäumt er es, Namen und Wohnort der Inquirierten als Überschrift vorauszuschicken, auch hält er sich nicht an die sonst beachtete Regel, jedes Verhör auf einer neuen Seite zu beginnen, sondern er nutzt den freien Platz einer angefangenen Seite aus. Genauer ist er schließlich bei der Tages- und Monatsangabe, die er bei jedem Verhör notiert, während sich die anderen Schreiber bei den zweiten und dritten Protokollen eines Tages mit einem ut supra oder predictis begnügen.

Die Frage, ob die uns vorliegenden Protokolle während der Befragung oder unmittelbar nach Beendigung des Verhörs oder aber — vielleicht mit Hilfe vorläufiger Notizen — erst einige Zeit nach der jeweiligen Inquisition abgefaßt wurden, kann wohl kaum mit der erwünschten Eindeutigkeit beantwortet werden, da es Argumente für jede der genannten Möglichkeiten gibt.

Für Simultanprotokollierung sprechen nicht nur die zahlreichen Flüchtigkeitsfehler, sondern mehr noch die neuen lfd. Nummern 168 und 171. In Nr. 168 bricht nämlich die Aufzeichnung der Fragen und Antworten mitten im Satz ab, und es folgt der Hinweis, daß die Verhörte schon einmal vom Inquisitor befragt worden sei und sich per simplicitatem suam nun zum zweiten Male examinieren lasse, ergo presens inquisicio nulla. Die nachträgliche Protokollierung einer fragmentarischen und rechtsunwirksamen Inquisition erscheint ziemlich sinnlos. Nr. 171[5] bringt zunächst eine Art Rechtsvorbehalt hinsichtlich der Befragung von Angehörigen des Posener Diözesansprengels, geschrieben von der Hand des Inquisitionsnotars. Es folgt das Protokoll des Verfahrens gegen den ersten Posener, Hans Spigilman, das mit den Worten Imprimis igitur se obtulit non citatus sed spontanea sua voluntate Hans Spigilman de villa dicta Bowmgarden... beginnt. Bis einschließlich voluntate hat noch der Notar geschrieben, ab Hans jedoch der Inquisitor selber, nur der Schluß mit der Absolution und der Zeugenliste stammt wieder aus der Feder des Notars. Der Wechsel der Protokollanten, der wohl darin seinen Grund hatte, daß Peter Zwicker das Verhör des Poseners selbst festhalten wollte, dürfte auf unmittelbare Protokollierung hinweisen. Ist diese Annahme richtig, dann müßten lediglich die Überschriften, die in der Regel den Namen des Befragten, seinen Wohnort, sein Alter und die Dauer seiner Sektenmitgliedschaft und gegebenenfalls seine Gastung der Häresiarchen enthielten, nachträglich geschrieben worden sein, denn diese Angaben konnte der Protokollant ja erst im Verlaufe der Inquisition erfahren haben.

Auf eine noch größere Zeitspanne zwischen Verhör und Niederschrift unserer Protokolle scheinen einige Verfahren hinzudeuten, die an mehreren Tagen stattgefunden haben, aber jeweils vollständig notiert sind, obwohl zwischendurch auch andere Angeklagte befragt wurden. Das fällt besonders bei unserer

---

[5] Siehe unten, S. 235 ff.

lfd. Nr. 62 ins Auge. Hintereinander werden hier die Verhöre einer Katherina, uxor Heyne Fricze, *die am 28. und 30. Januar sowie am 7. Februar stattfanden, auf altem fol. 200v und 201r niedergeschrieben; auf fol. 201v beginnt dann das auf den 29. Januar datierte Verhör eines* Michael Huvener. *Will man einen einheitlichen Modus bei der Aufzeichnung unserer Akten annehmen und doch an der These der Simultanprotokollierung festhalten, so muß man davon ausgehen, daß die Schreiber Raum für voraussehbare Nachträge und Ergänzungen freigelassen haben.*

Wie schon mehrfach erwähnt, sind die einzelnen Protokolle und die einzelnen Blätter durchnumeriert worden. Der Numerator hat anfangs hinter die laufende Zahl die Worte hereticus *bzw.* heretica *oder* folio *geschrieben (zum Beispiel in* Novi 403 *auf neuem fol. 2r:* 4. hereticus *und* 7. folio), *um sich bald mit der bloßen Ziffer vor der Überschrift oder in der rechten oberen Ecke der Rectoseite des Blattes zu begnügen. Seine Schrift ist mit keiner der drei Protokollanten identisch, und auch sonst fehlen Hinweise, die nähere Aufschlüsse über seine Person böten. Vielleicht gehörte der Numerator zur Inquisitionskommission, denn er hat bis zu seiner lfd. Nr. 67 (= neu 38, Ende Dezember 1392) eine Reihe von Protokollen mit Randbemerkungen versehen, die in ihrer stichwortartigen Hervorhebung von Namen oder Tatbeständen der weiteren Ketzerverfolgung dienlich sein mochten. Dabei hat er sich nicht an die Schreibweise des Protokolls gehalten; auf altem fol. 7r (neu 2r) schreibt er zum Beispiel* Stettin *statt* Stetyn; Hennicke *statt* Hennyk; Rudiger *statt* Rudynger. *Daß ihm durch Doppelzählungen und durch Überspringen einzelner Protokolle gelegentlich Flüchtigkeitsfehler unterlaufen sind, haben wir schon registriert. Andere Ungereimtheiten, vor allem Widersprüche zwischen der alten Numerierung und Foliierung einerseits und der Datenfolge der Protokolle andererseits, gehen vermutlich zu Lasten der Protokollanten oder spiegeln ein gewisses Durcheinander der Protokollordnung wider, das der Numerator bereits vorfand, aber nicht berichtigt hat. Derlei Unstimmigkeiten finden sich einmal bei den neuen lfd. Nummern 155 bis 170 und ein anderes Mal bei unseren Nummern 171 bis 184. Unsere Nr. 155 enthält auf altem fol. 275v das letzte Protokoll des Jahres 1393 (vom 6. März) mit der alten Nr. 279. Bei Berücksichtigung der zeitlichen Verhörfolge hätte unsere Nr. 156, nämlich das erste Protokoll vom Jahr 1394 (9. Februar), unmittelbar folgen müssen; tatsächlich finden sich auf altem fol. 276 mit der alten Nr. 290 (verschrieben vom Numerator statt 280) ein auf den 14. Februar datiertes Protokoll und sodann auf den alten fol. 277 bis 287 die alten Nummern 281 bis 293 vom 14., 17., 18. und 19. Februar. Erst dann folgt auf den alten fol. 288r.v und 289r mit der alten Nr. 294 unsere neue Nr. 156. Das war kein Versehen bei der Einordnung der Blätter durch den Numerator, sondern geht zu Lasten des Notars Matheus, der alle Protokolle im Februar 1394 abgefaßt hat. Matheus schrieb unsere Nr. 157 (alt 295) vom 11. 2. auf den Rest des alten fol. 289r sowie fol. 289v und 290r, die der Anonymus mit einem Protokoll vom 2. und 5. 3. (neue Nr. 170; alte Nr. 296) ausfüllte, übergehend*[6] *auf*

altem fol. 290v (und dazu vermutlich auf dem verlorenen alten fol. 291r).
Der Versuch einer Klärung der Unstimmigkeiten im Bereich unserer Nummern 171 bis 184 wird dadurch erschwert, daß die Blätter alter Zählung 291 bis 362, 365, 366 und 369 bis 393 mit den alten Nummern 297 bis 389, 394 bis 397 und 402 bis 427 verlorengegangen sind.
Die hier interessierenden überlieferten Blätter haben die alten Zählungen 363, 364, 367 und 368 sowie 394 bis 399 mit den dazu passenden alten Nummern 390 bis 393 und 398 bis 401 sowie 428 bis 433. Soweit wäre alles in Ordnung, wenn nicht die Protokolle mit den alten Nummern 390 bis 401 aufgrund ihrer Datierungen zwischen die alten Nummern 432 und 433 hätten eingereiht werden müssen. Daß der Numerator dies nicht getan hat, wird man nur damit erklären können, daß er später tätig war als die Protokollanten und einen Sextern, der unter anderen unsere lfd. Nummern 176 bis 183 enthielt, schon vorverlegt anfand oder selber aus der ursprünglichen Ordnung herauslöste. Im einzelnen sind also Fehlbezifferungen unterlaufen. Gleichwohl kann man, was für die richtige Einschätzung der Verluste an Protokollen von Bedeutung ist, zu seinen Zahlenangaben im großen und ganzen Vertrauen haben, wird doch in der Vorbemerkung zu unserer Nr. 171, die die alte lfd. Zahl 428 trägt, von mehr als vierhundert Häretikern gesprochen, die bereits examiniert seien.
Nimmt man noch hinzu, daß oben auf altem fol. 276 quartus sexternus *und auf altem fol. 288* tercius sexternus *zu lesen ist*[7], *so kann das alles wohl nur bedeuten, daß der Notar Matheus, als er am 9. und 11. Februar 1394 die ersten Protokolle der zweiten Inquisitionsphase niederschrieb, eine neue Blattfolge — den* tercius sexternus *— begann, diese dann angefangen liegen ließ und am 14. Februar den* quartus sexternus *eröffnete, der vor die angefangene Bogenfolge eingeordnet wurde.*
Eine weitere alte Protokollzählung ist so unvollständig und springend, daß wir sie lediglich registrieren können, ohne ihr einen Sinn abzugewinnen. Es handelt sich um kleingeschriebene arabische Ziffern, die über den Protokollüberschriften eingetragen sind. Diese Zählung beginnt bei alter Nr. 174 mit 31, es folgen: 32 (alte Nr. 175), 33 (176), 35 (179), 36 (181), 37 bis 42 (183 bis 188), 44 (191), 45 (193), 46 (194), 56 (204), 57 (205), 58 (207), 60 (210); bei der alten Nr. 219 findet sich ein Neuansatz mit den Worten primus ad secundam sentenciam, *sodann 2 bis 4 (220 bis 222), 5 (224), 6 (225), 7 (227), 8 bis 12 (233 bis 237), 13 (239), 14 (241 b), 15 (242), schließlich wieder in den Worten* ultima (243), ultimus (257), ultima (263)[8].

[6] *Matheus hat sein Versehen selbst bemerkt und deshalb auf altem fol. 289v (neu 126v) oben links geschrieben* reverte folium sequens ubi signum tale .;., *und auf altem fol. 290v (neu 127v) das Zeichen* .;. *angebracht.*
[7] *Diese einzigen Sexternangaben stammen von der Hand des Matheus.*
[8] *W. Wattenbach,* Über die Inquisition gegen die Waldenser ..., *in: Abhandlungen der königl. Akademie der Wissenschaften zu Berlin,* Phil.-hist. Kl. 1886 III, *Berlin 1886, S. 5, vermerkt noch:* penultima *zu alter Nr. 267, doch bezieht sich diese Angabe auf die Datierung.*

Ein wichtiger überlieferungsgeschichtlicher Hinweis ist hinter das zeitlich letzte Protokoll (unsere lfd. Nr. 195; alte Nr. 443) eingetragen: Hic liber sive registrum istud practicatum [*HS: practicatus*] est et collectum per reverendum patrem, fratrem Petrum inquisitorem, provincialem ordinis Celestinorum, ad partes Almanie et dyocesim Caminensem specialiter destinatum *[HS: destinatus]* per sedem apostolicam. Qui anno domini 1393 in mense Januario incepit, et per sequentem annum in predicta dyocesi continuavit usque ad mensem Februarium. Et suprascriptum diligenter collectum registrum in conventu Prymslaviensi apud fratres predicatores anno domini 1394 deposuit et custodiendum reliquit. *Peter Zwicker hat demnach die Inquisitionsprotokolle 1394 dem Prenzlauer Dominikanerkloster zur Aufbewahrung übergeben. Diese Eintragung stammt wahrscheinlich aus dem Jahre 1432, denn der Schreiber hatte ursprünglich statt 1394 die dann gestrichene Zahl 1432, wohl das gerade laufende Jahr, notiert. Der Registrator vermerkt auf altem fol. 251v am Ende völlig zu Recht:* hic factus est saltus in numero foliorum; debuit enim scribi in principio carte sequentis 252, et scriptum est 256; hoc scripsi, ne putetur hic aliquam subtractam fuisse cartam. *Möglicherweise steckt in dieser Bemerkung ein Hinweis darauf, daß der liber des Petrus Zwicker zu dieser Zeit in anderen Teilen schon nicht mehr vollständig war. Ein weiteres Indiz für die Unvollständigkeit der dem Registrator vorliegenden Protokollsammlung scheint seine Behauptung zu sein, die Inquisition hätte im Januar 1393 begonnen. Man könnte daraus folgern, schon ihm habe nur das Material vorgelegen, das heute in* Cod. Helmst. 403 *gesammelt ist und das als frühestes Datum den 26. Januar enthält, nicht aber die Stücke in* Novi 348, *die die Tätigkeit des Inquisitors für November und Dezember 1392 bezeugen. Leider verliert dieses Indiz dadurch an Überzeugungskraft, daß der Registrator auch das Ende der Inquisition mit Februar 1394 falsch datierte (auf altem fol. 405v), obwohl auf 405r das Protokoll mit der alten Nr. 443 den 25. März nannte.*

Die Frage, ob bereits die Prenzlauer Dominikaner im 15. Jahrhundert die Stettiner Inquisitionsprotokolle nur fragmentarisch besaßen, läßt sich vorerst nicht eindeutig beantworten.

Mitte des 16. Jahrhunderts schrieb Mathias Flacius Illyricus in seinem Catalogus testium veritatis[9]: Habeo quoque magnum processuum volumen, in quo 443 Valdenses nominatim examinati sunt in Pomerania, Marchia et vicinis locis, circa annum Domini 1391, et supradictos articulos sunt confessi. Multi eorum testantur, se 20 et 30 annos in ea secta fuisse; multi etiam affirmant, suos maiores quoque sic sensisse. Subindicant tamen subinde, doctores suos ex Boemia ad se ventitare solere. *Flacius Illyricus hatte also, wie Zahl und Beschreibung der Protokolle beweisen, die Akten der Stettiner Inquisition, die anschließend nach Prenzlau gelangt waren, in Händen. Ob sie damals noch*

---

[9] *S. 721; Flacius fährt fort:* Vnde apparet, etiam istas Saxonicas regiones iam ante ducentos annos et amplius, id est longe ante Hus plenas Valdensibus, id est orthodoxis seu recte sentientibus Christianis fuisse. Nam ubi 443 nominatim sunt examinati, ibi facile est ratiocinari, etiam alios plurimos fuisse, qui non sunt examinati,

vollständig waren, geht aus seinen Worten nicht hervor, wohl aber, daß sie schon zu seiner Zeit mit jenen 20 Blättern verbunden waren, die heute am Anfang des Cod. Helmst. 403 *stehen und Inquisitionsberichte aus dem Jahr 1458 enthalten. Denn nur in ihnen und nicht in den älteren Akten wird böhmischer Einfluß auf die norddeutschen Waldenser hervorgehoben. Ob der protestantische Kirchenhistoriker das* magnum processuum volumen *auf seinen Streif- und Raubzügen durch die deutschen Klosterbibliotheken selber in Prenzlau gefunden hat oder ob es ihm auf anderen Wegen in die Hände fiel, ist nicht zu erkennen. Jedenfalls hat er es seiner eigenen Büchersammlung einverleibt. Zusammen mit seiner Bibliothek werden die Protokolle nach Helmstedt verkauft worden sein, denn von dort wurden sie an die heutige Herzog-August-Bibliothek in Wolfenbüttel weitergegeben*[10].

Bei dem folgenden Editionsversuch sind die überlieferten Protokolle nach den angegebenen oder erschlossenen Daten chronologisch geordnet, was der ursprünglichen Reihenfolge im wesentlichen entsprechen dürfte. Orthographie, Grammatik und Syntax weichen grundsätzlich nicht von der handschriftlichen Vorlage ab, lediglich alle Namen und Satzanfänge wurden mit großen Anfangsbuchstaben gesetzt, alle in Ziffern geschriebenen Zahlen mit arabischen Zeichen wiedergegeben, alle Kürzungen aufgelöst; auch die Zeichensetzung ist den gegenwärtigen Regeln angeglichen worden. Eingeklammertes ist Zusatz oder Ergänzung des Herausgebers. Unsichere Lesungen, die durch den oft schlechten Erhaltungszustand der Protokolle und durch die Flüchtigkeit der Niederschrift bedingt sind, werden durch (?) angedeutet und notfalls im Anmerkungsapparat erläutert. Die bei der Protokollierung wohl nicht zu vermeidenden Unebenheiten in Grammatik, Satzbau usw. werden, um den Charakter der Aufzeichnungen zu wahren, grundsätzlich nicht geglättet. Nur offenkundige Irrtümer und sinnentstellende Fehler sind angezeigt und berichtigt.

Angesichts der stark schematischen Art der Fragen und Antworten schien es unangemessen, sämtliche Protokolle vollständig abzudrucken. Ungekürzt werden deshalb nur die neuen lfd. Nummern 3, 15, 16, 40, 49, 62, 88, 141, 156,

qui uel latitauerent, uel fuga sibi consuluerint; et sane illi, qui examinantur, subinde plures eiusdem sententiae homines, qui non aderant, nominant. — Bereits am 14. Oktober 1555 schrieb Flacius Illyricus an die Böhmischen Brüder u. a. (siehe Quellen zur Geschichte der Böhmischen Brüder vornehmlich ihren Zusammenhang mit Deutschland betr. [= *Fontes rerum Austriacarum*, 2. Abt., Bd. 19], ed. Anton Gindely, Wien 1859, S. 275): Certum enim est, unum ac idem genus religionis fuisse, ac initium a Lugduno ante annos 400 habuisse, indeque per Galliam, Italiam et etiam Germaniam sparsum esse, nam iam ante ducentos annos et eo amplius plurimi Valdenses per totam Germaniam in Austria, Alsatia, circa Rhenum, in Pomerania, Marchia, Boemia, Schlesia et Polonia fuerunt, ut inquisitiones in istis regionibus factae disertissime testantur. *Flacius hat also spätestens bei der Abfassung dieses Briefes auch unsere Protokolle schon gekannt.*

[10] *Zum Schicksal der Bibliothek des Flacius Illyricus vgl.* Otto v. Heinemann, Die Herzogliche Bibliothek zu Wolfenbüttel. Ein Beitrag zur Geschichte deutscher Büchersammlungen, 2., völlig neugearb. Aufl., Wolfenbüttel 1894, *bes. S. 16 ff., 50 f., 210 f.*

170, 185 und 195 wiedergegeben. Kriterien für diese Auswahl waren einmal die Absicht, mindestens ein Protokoll jedes der drei Protokollanten vollständig vorzulegen, und zum anderen der Wunsch, einige exemplarische und einige aus dem allgemeinen Rahmen fallende oder sonst besonders aufschlußreiche Stücke ohne die unvermeidlich subjektiven Kürzungen des Editors bekannt zu machen. Die anderen Nummern werden in regestenähnlichen Auszügen geboten, die alle jeweils vorkommenden Namen sowie die für die Erkenntnis der Individualität des oder der Befragten und für das Verstehen der brandenburgisch-pommerschen Waldenser insgesamt wichtigen Fragen, Daten und Aussagen enthalten. Der von Peter Zwicker angewandte *modus procedendi et inquirendi* erlaubt eine allen Protokollen gerecht werdende Gliederung der Exzerpte, die nicht zuletzt auch die Auswertung der Edition erleichtern mag. Folgendes Schema ist jeweils zugrunde gelegt[11]:

Laufende Nummer; alte Nummer; alte Blattzählung; neue Blattzählung. Hinweis auf Erhaltungszustand des Protokolls; sonstige allgemeine Bemerkungen.

1. Datum und Ort des Verhörs
2. Vor- und Nachname des/der Verhörten
3. Wohnort
4. Beruf
5. Alter
6. Geburtsort
7. Vater
8. Mutter
9. sonstige Verwandte
10. Verführer
11. Erste Beichte   a) wann, bzw. im Alter von
                           b) wo
                           c) wem
12. Weitere Beichten   a)
                           b)
                           c)
13. Letzte Beichte   a)
                           b)
                           c)
14. Predigt gehört (wann, wo, wessen)
15. Gastung, Begleitung u. ä. der Häresiarchen
16. Besondere Aussagen zu Lehre und Leben
17. Frühere Verhöre (wann, wo, durch wen, worüber); Zitation
18. Verführer von
19. Glaubensgenossen und sonstige erwähnte Personen

---

[11] *Siehe auch das ausklappbare Faltblatt am Ende des Buches.*

20. Besondere Vorkommnisse beim Verhör (auch Urteil)
21. Inquisitionskommission

Anmerkungen

a Zum Text.
1 Zu Personen oder Sachen.

9. *Pseudo-Pilichsdorf (Peter Zwicker?) über die Bekehrung märkischer Waldenser, 1395*

Peter Engelhardi von Pil(l)ichsdorf, wohl noch in der ersten Hälfte des 14. Jahrhunderts im niederösterreichischen Höbersdorf geboren, wirkte als Theologieprofessor an der Wiener Universität, wo er mehrfach auch Dekan und Rektor war. Seit 1384 hatte er ein Kanonikat in St. Stephan inne, außerdem war er Pfarrer von Nerden und sodann von Pillichsdorf[1]. Zwei angebliche Schriften Peters gegen die Waldenser, nämlich 1. Contra sectam Waldensem liber *(auch unter dem Titel* Obviationes s. scripturae contra errores Waldenses *bzw.* Obviationes s. scripturae erroribus Waldensium*) und 2.* Tractatus contra pauperes de Lugduno, *hat der Jesuit Jakob Gretser (1578 bis 1625) zu Ingolstadt im Jahr 1613 in Druck gegeben. Gretsers Editionen wurden in die* Maxima Bibliotheca Veterum Patrum[2] *und in seine* Opera omnia[3] *übernommen.*

Im 15. Kapitel des ersten, 1395 entstandenen Werkes wird von der Verbreitung und Bekehrung der Waldenser gesprochen und dabei auch die Mark Brandenburg erwähnt[4]. — In unsere Quellensammlung ist nicht die Gretsersche Edition eingegangen, sondern der im Cod. 188 *der Stiftsbibliothek von Seitenstetten überlieferte Text. In diesem Codex folgt den Inquisitionsformeln Peter Zwickers[5] unmittelbar auf fol. 4v ff. ohne Überschrift eine Abhandlung mit dem Incipit:* Dum dormierint homines, venit inimicus eius et super seminavit zizania in medio tritici, sicut scribitur Mt. 13. *Der von Gretser als Kapitel 15*

[1] *Vgl. Artikel* Peter (Engelhardi) von Pil(l)ichsdorf *von P. Ant. Weis, in:* ADB 25, *Leipzig 1887, S. 475; K. Binder, Artikel* Petrus Engelhardi von Pil(l)ichsdorf, *in:* Lexikon für Theologie und Kirche, *Bd. 8, Freiburg i. Brsg. 1963, Sp. 376, mit weiterer Literatur.*

[2] et Antiquorum Scriptorum Ecclesiasticorum *primo quidem a M. de la Bigne in lucem edita. Deinde celeberrimorum in Universitate Coloniensi Doctorum studio aucta ac historica methodo disposita. Hac tandem editione Lugdunensi, ad eandem Coloniensem exacta, novis supra centum Authoribus & opusculis, hactenus desideratis, locupletata [von P. Despont], tom. 25, Lugduni, Genuæ 1677, 1707, [Lyoner Ausg.:] S. 277 ff.*

[3] antehac ab ipsomet auctore accurate recognita, opusculis multis, notis, et paralipomenis pluribus, propriis locis in hac editione insertis, aucta et illustrata, nunc selecto ordine ad certos titulos revocata, tom. 12, 2, Ratisbonæ 1738, S. 49 ff.

[4] Maxima Bibliotheca Veterum Patrum ..., *tom. 25, S. 281.*

[5] *Siehe oben, S. 17 f.*

bezeichnete Abschnitt steht in der Seitenstettener Handschrift ohne Kapitelangabe auf fol. 14v und 15r. Der Verfasser der Abhandlung ist möglicherweise Peter Zwicker selbst gewesen, doch zeugt auch Cod. Seitenstettensis 188 für die von Gretser verbreitete irrige These von der Urheberschaft Peters von Pillichsdorf, denn eine spätere Hand hat auf fol. 4v an den Rand neben das Incipit geschrieben: Petri de Pilichsdorf Tractatus contra Waldenses. Durch Peter Biller, der nahezu fünfzig Handschriften gefunden hat, ist „a re-examination of the authorship of the Pseudo-Pilichdorf treatise" in Aussicht gestellt[6].

[6] Brief an den Herausgeber vom 1. November 1970.

10. Berichte über die Verbrennung von Hussiten in Jüterbog zum Jahr 1416/1417

Die Nachricht von der Verbrennung von Hussiten in Jüterbog ist mir nur durch die Sekundärliteratur bekannt geworden. In den Scriptores rerum Jutrebocensium, die 1734 und 1735 Paul Jacob Eckhard edierte[1], ist sie noch nicht zu finden. Der erste, der sie meines Wissens veröffentlichte, war im Jahr 1826 Carl Johann Brandt in seiner zu Torgau erschienenen Geschichte der Kreisstadt Jüterbogk und ihrer Umgegend[2]. Leider nennt Brandt weder hier noch im zweiten und dritten Teil seines Werkes[3] seine Quelle. Er nimmt sie auch nicht in sein Urkundenbuch der Kreisstadt Jüterbogk vom Jahre 1150 bis 1517 (Torgau 1831) auf. — Nach Brandt erzählt Carl Christian Heffter, dessen Urkundliche Chronik der alten Kreisstadt Jüterbock[4] 1851 in Jüterbog erschien, im Abschnitt über Wichtige Verbrechen von der Hinrichtung der Hussiten[5]. Da Heffter den Vorgang nicht nur ein Jahr später ansetzt als Brandt, sondern auch detaillierter als jener darüber informiert, kann er Brandt nicht ausgeschrieben haben. Welche Vorlage hat er benutzt? Im Abschnitt über das Stadtgericht[6] erwähnt er das „noch vorhandene älteste Verhandlungsbuch desselben, mit dem Jahre 1340 anfangend und 1457 endend". Dieses Verhandlungsbuch ist heute in der Sächsischen Landesbibliothek zu Dresden unter der Signatur L 121 aufbewahrt. Die Hoffnung, in ihm die Quelle zu entdecken, aus der Brandt und/oder Heffter geschöpft hatten, trog. Karl-Heinz Blaschke (Dresden), der es freundlicherweise übernahm, sämtliche Eintragungen der Jahre 1416 bis 1419 durchzulesen, konnte nichts Einschlägiges finden[7]. Da auch eine Anfrage beim Archiv der Stadt Jüterbog, dessen Bestände im letzten Krieg

[1] Vitembergae et Lipsiae.
[2] von den ältesten bis auf die neuesten Zeiten nach zuverlässigen Nachrichten entworfen, T. 1, Torgau 1826, S. 128.
[3] Torgau 1827 bzw. 1830.
[4] und ihrer Umgebungen, namentlich des Klosters Zinna, der Fabrikstadt Luckenwalde, der Herrschaft Baruth, der vormaligen Herrschaft Dahme, des Ländchens Beerwalde und auch der Stadt Treuenbrietzen.
[5] A. a. O., S. 200 f. Erich Sturtevant, Chronik der Stadt Jüterbog, Jüterbog 1935, S. 279 u. 372, schrieb die Hussitengeschichte von Heffter ab, ohne diesen zu erwähnen.
[6] C. Chr. Heffter, Urkundliche Chronik der alten Kreisstadt Jüterbock..., S. 110 ff.
[7] Brief vom 8. März 1971.

offenbar verbrannt sind, unbeantwortet blieb, können wir in unsere Sammlung nur die knappen Bemerkungen von Brandt und Heffter übernehmen.

11. Hermann Korner, Cronica novella

Hermann Korner, wahrscheinlich bald nach 1365 in Lübeck geboren und dort im Jahr 1438 als dominikanischer Lesemeister gestorben, hat seine Cronica novella mehrfach ergänzt und überarbeitet. Der Herausgeber, Jakob Schwalm[1], mußte vier lateinische Rezensionen berücksichtigen: a, die früheste Fassung, die 1416/17 abgeschlossen wurde und in einer Abschrift aus der zweiten Hälfte des 15. Jahrhunderts in der Herzog-August-Bibliothek zu Wolfenbüttel (Cod. Helmst. 406)[2] vorliegt; A, 1420 abbrechend und in Urschrift seinerzeit in einer Danziger Pfarrbibliothek aufbewahrt; B, am Anfang mit dem Rubrum Cronica novella fratris Hermanni de secundo opere fratris Predicatorum, *im Juni 1423 abgeschlossen und von Korner selbst oder doch unter seiner Anleitung geschrieben, vorhanden in der Gymnasial- und Stiftsbibliothek zu Linköping; D, beginnend mit* Cronica novella magistri Hermanni de quarto opere, *geschrieben von der Hand Korners, der diese Rezension im April 1435 abschloß, aufbewahrt in der Stadtbibliothek zu Lüneburg (C. Fol. 1.2)[3]. Eine fünfte lateinische Rezension, die bis zum Jahr 1430 berichtete, — C — ist verlorengegangen, sie lag der sogenannten Rufus-Chronik[4] zugrunde.*

Schwalm hat in seiner Edition einerseits die Fassungen a und A und andererseits die Rezensionen B und D vereinigt. Dieser Edition entnehmen wir Korners Berichte über Ketzer in Stralsund, Rostock und Wismar vom Jahre 1403[5]. Da jedoch, anders als in B und D, über die uns interessierenden Ereignisse in a und A von Korner recht unterschiedlich berichtet wird, lösen wir bei unserer Textgestaltung die Verbindung der beiden ersten Rezensionen wieder auf.

Nach den lateinischen Versionen schrieb der Lübecker Lesemeister noch eine bis 1438 reichende deutsche Fassung. Sie liegt in zwei Abschriften des 15. Jahr-

---

[1] Die Cronica novella des Hermann Korner, hrsg. von Jakob Schwalm, Göttingen 1895. — Über Korners Leben und Werke sowie über die handschriftliche Überlieferung seiner Chronik vgl. die ausführliche Einleitung durch Schwalm.

[2] Otto v. Heinemann, Die Handschriften der herzoglichen Bibliothek zu Wolfenbüttel, *beschrieben, 1. Abt.: Die Helmstedter Handschriften, Bd. 1, Wolfenbüttel 1884, Neudruck: Die Helmstedter Handschriften (= Kataloge der Herzog-August-Bibliothek, Wolfenbüttel), Bd. 1, Frankfurt/Main 1964, S. 321.*

[3] Vgl. Handschriften der Ratsbücherei Lüneburg. Miscellanea und Historica, *bearb von Martin Wierschin, Wiesbaden 1969, S. 93 f. — Große Teile dieser Handschrift bereits abgedruckt durch J. G. Eccardus (= Johann Georg von Eckhart),* Corpus historicum medii aevi, sive Scriptores res in orbe universo, praecipue in Germania, a temporibus maxime Caroli M. Imperatoris usque ad finem seculi post C. N. XV. gestas enarrantes aut illustrantes e variis codicibus manuscriptis... collecti et nunc primum editi a J. G. E., *tom. 2, Leipzig 1723, S. 431—1344.*

[4] Siehe unten, S. 34.

[5] Die Cronica novella des Hermann Korner, hrsg. von J. Schwalm..., *S. 100 (a und A) u. 365 f. (B und D).*

hunderts in Hannover (= H) bzw. in Wien (= W) vor. Nach den Angaben Schwalms wird W (ehem. K. u. K. Hofbibliothek 3048 [hist. prof. 53]) von H (Hannover, Stadtbibliothek XIII 757) an Wert weit übertroffen. Die Auszüge, die Schwalm aus H abdruckte, betreffen nicht das Jahr 1403[6].

Hinsichtlich der Ketzernachrichten füllen wir diese Lücke aus fol. 203r der genannten Hannoveraner Handschrift. Dabei werden die editorischen Regeln von Schwalm angewandt, vn̄ wird also zum Beispiel in unde aufgelöst.

[6] A. a. O., S. 547.

12. Die sogenannte Rufus-Chronik

Bei der sogenannten Rufus-Chronik handelt es sich um ein in der Mitte des 15. Jahrhunderts kompiliertes lübeckisches Geschichtswerk, für dessen Verfasser im 18. und frühen 19. Jahrhundert ohne stichhaltige Gründe ein Franziskanermönch namens Johann Rufus gehalten wurde. Wahrscheinlich ist nur, daß der Autor ein Minorit war, denn mit dem Franziskanerorden zeigt er besondere Nachsicht. Der zweite Teil[1] der sogenannten Rufus-Chronik erfaßt den Zeitraum von 1395 bis 1430. Dieser Teil ist, wie bereits Schwalm nach Vorstudien von Lappenberg und Waitz erkannt hatte, eine deutsche Bearbeitung der entsprechenden Partien einer verlorenen, bis 1430 reichenden lateinischen Rezension der Cronica novella *des Lübecker Dominikaners Hermann Korner, die als* Cronica novella de tercio opere *bezeichnet wird und das Sigel KC erhalten hat.*

Obwohl die wenigen Zeilen der sogenannten Rufus-Chronik über das Wirken Eylard Schönefelds in Stralsund inhaltlich nicht mehr als andere Kornerrezensionen bieten, nehmen wir sie aus Gründen der Vollständigkeit in unsere Sammlung auf. Als Vorlage dient uns die Edition von Karl Koppmann, die dieser nach der ältesten Handschrift, einer in der Königl. Bibliothek zu Kopenhagen aufbewahrten Kopie aus dem 15. Jahrhundert, in den Chroniken der deutschen Städte veröffentlicht hat[2].

[1] *Der erste Teil ist mit ausführlicher Einleitung ediert in:* Die Chroniken der niedersächsischen Städte. Lübeck, Bd. 2 (= Die Chroniken der deutschen Städte vom 14. bis ins 16. Jahrhundert, Bd. 26), *Leipzig 1899; Nachdruck: Göttingen 1967, S. 175—276.*

[2] *Der sog. Rufus-Chronik zweiter Theil von 1395—1430, in:* Die Chroniken der niedersächsischen Städte. Lübeck, Bd. 3 (= Die Chroniken der deutschen Städte vom 14. bis ins 16. Jahrhundert, Bd. 28), *Leipzig 1902; Nachdruck: Göttingen 1968, S. 1—342; unser Text das., S. 31.*

13. Stephan Bodecker, De decem preceptis *und* Continuatio cimboli apostolorum

Der aus bürgerlichem Geschlecht stammende, gelehrte und reformfreudige Bischof von Brandenburg Stephan Bodecker[1] (1421 bis 1459) hat sich in seinen Schriften immer wieder mit Ansichten und Glaubensformen auseinandergesetzt, die im Widerspruch zur katholischen Lehre standen. Das gilt besonders für sein wahrscheinlich 1445 begonnenes und nach Ausweis des Nachwortes im Jahre 1449 beendetes moraltheologisches Hauptwerk De decem preceptis. Die einzige bekannte Handschrift befindet sich in Berlin in der Staatsbibliothek der Stiftung Preußischer Kulturbesitz: MS theol. lat. 2° 118, und zwar auf den Blättern 1r bis 300r. Der zweispaltig angelegte Codex ist von Valentin Rose hinreichend beschrieben worden[2]. Nach einem vorangestellten Registrum circa decem precepta (fol. 1r bis 5v) und einem ausführlichen Prohemium (fol. 5v bis 32v) wird jedes der zehn Gebote in einem durch Kapitel untergliederten Abschnitt behandelt. Wir edieren an erster Stelle aus dem Preceptum secundum die Kapitel 15 bis 17 (fol. 96r bis 98v), in denen Stephan Bodecker über das Wesen der Häresie und über die Notwendigkeit einer Verfolgung und Bestrafung der Häretiker schreibt.

Von den zahlreichen anderen Äußerungen des Brandenburger Bischofs über einzelne Häresien oder Ketzer übernehmen wir lediglich diejenigen, bei denen ein mittelbarer oder unmittelbarer Bezug zur Ketzergeschichte der Mark und Pommerns gegeben ist, wo also entweder von waldensischen Lehren oder von bestimmten Verfahren gegen brandenburgische Irrgläubige gesprochen wird.

Es sind dies aus dem Primum preceptum das 25. Kapitel auf fol. 61r bis 62r (De errore hereticorum dicencium iuramentum omnino esse illicitum) und aus dem Preceptum quintum der Anfang des 6. Kapitels auf fol. 160v bis 161r (De secundo errore, qui est circa hoc preceptum, scilicet quod non debent homines peccatores vel malefici occidi, et erroris improbacio).

Ergänzt und teilweise wiederholt oder vorweggenommen hat Bodecker die von uns aus De decem preceptis edierten Passagen in einem anderen Werk, das ebenfalls nur handschriftlich überliefert ist, nämlich in MS theol. lat. 2° 81 in der Staatsbibliothek der Stiftung Preußischer Kulturbesitz zu Berlin. Valentin Rose hat auch diesen Codex recht ausführlich beschrieben[3].

Auf einem alten Pergamentstreifen im Deckel des Codex steht als Inhaltsangabe: Exposicio fratris Gotfridi super oracionem dominicam perutilis. Commentum eiusdem super symbolum apostolorum optime valens contra illos, qui impugnant fidem catholicam. Tatsächlich enthält der Band zwei Werke über das Vaterunser und das Glaubensbekenntnis. Das erste beginnt auf fol. 1r ohne Überschrift mit einer Art Widmung: Reverendo in Christo patri patri

---

[1] Zu Stephan Bodecker vgl. Germania Sacra, 1. Abt., Bd. 1: Das Bistum Brandenburg, bearb. von Gustav Abb u. Gottfried Wentz, T. 1, Berlin 1929, S. 46 ff. mit der älteren Literatur; Otto Groß, Artikel Bodeker (Bodecker), Stephan, in: NDB, Bd. 2, Berlin 1955, S. 350; James J. John, The University Career of Bishop Stephen Bodeker (1384—1459) of Brandenburg with the Text of his Repetition on the Judge and his Conscience, in: Studium Generale. Studies offered to Astrik L. Gabriel, ed. by L. S. Domonkos and R. J. Schneider (= Texts and Studies in the History of Mediaeval Education 11), Notre Dame/Ind., USA, 1967, S. 129—157.

[2] Valentin Rose, Verzeichnis der lateinischen Handschriften, Bd. 2, T. 1 (= Die Handschriftenverzeichnisse der Königlichen Bibliothek zu Berlin, Bd. 13, 1), Berlin 1901, Nr. 558, S. 469—473.   [3] A. a. O., Nr. 557, S. 466—469.

domino Godefrido divina providencia Lausaniensi episcopo frater Godefridus humilis monachus Herilacensis obedienciam debitam et devotam. Reverende pater, cum ad preces et reverenciam vestram minister fratrum minorum in Burgundia post translacionem meam factam de ordine sancti Francisci ad ordinem beati Benedicti spe et desiderio magna misit michi litteram dimissoriam ... *Eine das Werk abschließende Inhaltsübersicht endet auf fol. 103v mit:* Explicit exposicio oracionis dominice. Anno domini 1436. *Der von den Franziskanern zu den Benediktinern übergewechselte Verfasser konnte bislang nicht verifiziert werden. Er muß jedoch um 1345 geschrieben haben, da es nur einen Bischof von Lausanne mit dem genannten Namen gab und dieser von 1342 bis 1346 regierte. Die Jahresangabe im Explicit bezieht sich demnach wohl auf die Herstellung der Abschrift, als deren Vorlage V. Rose einen älteren und weniger fehlerhaften Text in MS theol. lat. 2° 82 ausfindig gemacht hat. Das zweite Werk gibt sich durch sein Incipit als Fortsetzung des ersten:* Continuacio cimboli apostolorum ad oracionem dominicam *(fol. 104r). Nach einem 14 Kapitel umfassenden* Prohemium *(fol. 104r bis 115v) folgen die* Prima pars contra Iudeos *in 122 Kapiteln (fol. 116r bis 265v) und eine zweite* Particula *in 52 Kapiteln (fol. 268r bis 322v). Die im Explicit —* Nunc vero, quam levis sit lex Machumet, sequens particula declarabit *— angekündigte Fortsetzung fehlt. Aufgrund wörtlicher Übereinstimmung mit Stephan Bodeckers unvollendetem Alterswerk* Contra Iudeos *hatte V. Rose keinen Zweifel, daß nicht der Mönch Godefridus, sondern der Brandenburger Bischof der Autor vom zweiten Teil des MS theol. lat. 2° 81 sei und daß „wir die vermißte Schrift desselben über das Symbolum vor uns haben"*[4]*. Dann stieß jedoch Albert Schönfelder*[5] *in der damaligen königlichen Bibliothek Breslau auf den 1463 geschriebenen* Cod. I. fol. 268, *der im unmittelbaren Anschluß an eine Abschrift von Stephan Bodeckers* Sertum beate Marie *auf den Blättern 134 bis 205 eine* Symbolum apostolorum *genannte Abhandlung enthielt, als deren Verfasser das Register des Codex einen Brandenburger Bischof nannte (*Symbolum apostolorum domini episcopi Brandeburgensis*). Leider blieb meine nach Breslau gerichtete Bitte um Auskunft über diese Handschrift und um Zusendung eines Films der Blätter 134 bis 205 bis zur Abfassung dieser Bemerkungen unbeantwortet. Man wird aber auch ohne eigene Kenntnis des Codex, allein unter Berücksichtigung der knappen Angaben Albert Schönfelders, dessen These zustimmen müssen, daß die Breslauer Handschrift den* Tractatus de symbolo apostolorum *Bodeckers enthalten habe. Offenbar wegen fehlender textlicher Identität der Breslauer Handschrift mit dem Werk im Berliner MS theol. lat. 2° 81 (fol. 104 bis 322) schloß Schönfelder aus, daß dieses Stephan Bodecker zum Verfasser habe. Er sprach es dem Mönch Godefridus zu und meinte, Bodecker habe aus ihm große Teile wörtlich in* Contra Judeos *übernommen, „ohne anzudeuten, daß es sich hier um ein Zitat handelt"*[6].

[4] A. a. O., S. 468.
[5] *Albert Schönfelder,* Stephan Bodecker, Bischof von Brandenburg (1421—59), *in:* Historisches Jahrbuch *23 (1902), S. 559—577, bes. S. 571—573.   [6] A. a. O., S. 576.

Damit dürfte Schönfelder freilich das Kind mit dem Bade ausgeschüttet haben, denn, wenn auch in der Berliner Handschrift nicht der eigentliche Tractatus de symbolo apostolorum *stehen mag*[7], *so kann dennoch Bodecker der Autor des auf den Blättern 104 bis 322 überlieferten Werkes sein. Dafür spricht nicht nur — was Schönfelder ebenso wie Rose übersehen hat —, daß auch in Bodeckers* De decem preceptis *ganze Abschnitte wortgleich mit Partien aus der* Continuatio cimboli *sind. Ausschlaggebend ist vielmehr, daß der Verfasser der* Continuatio cimboli *den Brandenburger Bischof Henning von Bredow (1406 bis 1414) als seinen Vorgänger* (predecessore nostro) *bezeichnet (fol. 294v). Solange Cod. I. fol. 268 aus Breslau nicht zugänglich ist, bleiben die Frage nach dem Verhältnis des (Breslauer)* Tractatus de symbolo apostolorum *zur (Berliner)* Continuatio cimboli apostolorum *und damit auch die weitergehende Frage nach der Einordnung der* Continuatio *in das Gesamtwerk Bodeckers unbeantwortbar. Immerhin ist nunmehr festzustellen, daß die* Continuatio *von Stephan Bodecker verfaßt oder zumindest überarbeitet worden ist und daß wir insofern berechtigt sind, aus ihr als einer märkischen Quelle zur Ketzergeschichte zu schöpfen.*

Zusätzlich zu den Auszügen aus De decem preceptis *übernehmen wir in unsere Edition aus der zweiten* Particula *der* Continuatio cimboli *den Anfang des 28. Kapitels* (Contra illos, qui negant licitum fore reis inferre penam mortis eciam per iudicem; *fol. 294r.v), dessen Fortsetzung auch im 6. Kapitel des* Preceptum quintum *enthalten ist, sowie das 29. Kapitel* (De errore et ritu hereticorum Waldensium; *fol. 296r bis 297r). Die geringfügigen Abweichungen des 26. Kapitels* (Contra heresim illorum, qui omnino negant esse iurandum; *fol. 292r bis 293r) vom 25. Kapitel des* Primum preceptum *und diejenigen aus dem zweiten Teil des 28. Kapitels vom 6. Kapitel des* Preceptum quintum *werden im Variantenapparat verzeichnet.*

Um eine gewisse Systematik in die Ausführungen Bodeckers zu bringen, ordnen wir die Exzerpte aus den beiden Werken wie folgt:

a. Allgemeines zur Häresie und zur Ketzerbekämpfung: Preceptum secundum *c. 15—17.*

b. Allgemeines über die Lehre der Waldenser: Continuatio, 2. Particula *c. 29.*

c. Zur waldensischen Eidesverwerfung: Primum preceptum *c. 25 und* Continuatio, 2. Particula *c. 26.*

d. Zum waldensischen Tötungsverbot: Continuatio, 2. Particula *c. 28 Anfang.*

e. Über das Verfahren gegen einen märkischen Waldenser im Jahre 1411: Preceptum quintum *c. 6 und* Continuatio, 2. Particula *c. 28 Mitte. — In unserer Edition wird e. als Nr. XVIII gesondert abgedruckt.*

---

[7] *Zu den Beobachtungen von Schönfelder kommt u. a. noch hinzu, daß Bodecker in* De decem preceptis, *fol. 96vb, in* symbolo apostolorum in prohemio c. XVII *(siehe unten, S. 275) verweist, die Einleitung zur* Continuatio cimboli *aber nur 14 Kapitel umfaßt.*

14. Heinrich Tokes und Heinrich Zolters Articuli oblati von 1446

Der bekannte Erfurter Reformtheologe und Magdeburger Domherr Heinrich Toke[1] und der Augustinereremit Heinrich Zolter[2] wurden 1446 vom Magdeburger Erzbischof auf die Tageskonferenz nach Ziesar geschickt, wo sie dem Bischof von Havelberg ihre gegen das Wilsnacker Wunderblut gerichteten Artikel überreichten. Trotz ihrer thesenhaften Knappheit sind diese Artikel für uns von nicht geringer Bedeutung, da einer von ihnen — der zwanzigste — gegen Wilsnack mit dem Hinweis auf Waldenser und Geißler argumentiert. Überliefert sind sie in mindestens drei aus dem 15. Jahrhundert stammenden Handschriften: (B) Berlin [Ost], Staatsbibliothek Ms. Boruss. Fol. 980, fol. 321r bis 322r; (D) Dessau, Landesbibliothek, Cod. 3944 BB, fol. 295a bis d[3]; (W) Wolfenbüttel, Herzog-August-Bibliothek, 83,5 Aug. fol., fol. 276v bis 278r[4]. Unserer Teiledition liegt B zugrunde, W ist im Variantenapparat berücksichtigt.

[1] Vgl. Hansgeorg Loebel, Die Reformtraktate des Magdeburger Domherrn Heinrich Toke. Ein Beitrag zur Geschichte der Reichs- und Kirchenreform im 15. Jahrhundert, *Phil. Diss., Göttingen 1949 [Maschinenschrift]; Schriftenverzeichnis und weitere Literatur bei Erich Kleineidam*, Universitas studii Erffordensis. Überblick über die Geschichte der Universität Erfurt im Mittelalter 1392—1521 (= *Erfurter Theologische Studien, Bd. 14), Bd. 1, Leipzig 1964, S. 276—278.*

[2] Vgl. *Theodor Kolde*, Die deutsche Augustiner-Congregation und Johann von Staupitz. Ein Beitrag zur Ordens- und Reformationsgeschichte nach meistens ungedr. Quellen, *Gotha 1879, S. 77—89; E. Kleineidam*, Universitas studii Erffordensis ..., S. 279.

[3] Vgl. *E. Kleineidam*, a. a. O., S. 278; von mir nicht eingesehen.

[4] Nicht erwähnt bei *E. Kleineidam*, ebda.; zur Handschrift vgl. *Otto v. Heinemann*, Die Augusteischen Handschriften, *beschrieben, Bd. 4 (=Kataloge der Herzog-August-Bibliothek Wolfenbüttel, Bd. 7), Wolfenbüttel 1900; unver. Neudruck: Frankfurt/Main 1966, S. 51 ff. — Weitere Handschriften, nämlich: Leipzig Ms.866 lat., Magdeburg Cod. 113,8 und Dessau Ms. 5533 erwähnt bereits Ernst Breest*, Das Wunderblut von Wilsnack (1383—1552). Quellenmäßige Darstellung seiner Geschichte, in: Märkische Forschungen *16 (1881), S, 133—302, bes. S. 206; das. S. 297—300 sind auch die* Articuli oblati *— ohne Hinweis auf die zugrunde gelegte Handschrift — abgedruckt.*

15. Schreiben des Hochmeisters des Deutschen Ordens betr. Ketzereien im Gebiet von Bärwalde, 1447 November 22

Das die Ketzereien in Bärwalde, Mohrin und in den benachbarten Dörfern betreffende Schreiben des Hochmeisters des Deutschen Ordens, Konrad von Erlichshausen, an den Vogt der Neumark, Georg von Egloffstein, vom 22. November 1447 ist uns nur in seiner Registerüberlieferung bekannt. Der Aussteller des Briefes wird nicht extra genannt, auch der Adressat wird nicht namentlich aufgeführt, sondern lediglich in seiner Funktion — Voithe der Neuwenmarcken — dem Registereintrag des Kontextes vorangestellt. Der Eintrag steht im 16. Band des Briefregisters des Deutschen Ordens (OF 16), der die vom Februar 1446 bis zum September 1448 ausgegangenen Schreiben enthält, und zwar auf den Seiten 773 und 774. — Der Registerband, der das wechselvolle Schicksal großer Teile des Deutschordensarchivs miterlebt hat, ist heute noch erhalten und befindet sich seit 1953 in Göttingen (Staatliches Archivlager Göttingen, Staatsarchiv Königsberg [Archivbestände Preußischer Kulturbesitz])[1].

[1] *Kurt Forstreuter*, Das Preußische Staatsarchiv in Königsberg. Ein geschichtlicher Rückblick mit einer Übersicht über seine Bestände (= Veröffentlichungen der Niedersächsischen Archivverwaltung 3), Göttingen 1955; *Kurt Forstreuter*, Zur Frage der Registerführung in der zentralen Deutschordenskanzlei, *in:* Archivalische Zeitschrift 52 *(1956), S. 49—61;* Karl Heidenreich, Der Deutsche Orden in der Neumark (1402—1455) (= Einzelschriften der Historischen Kommission für die Provinz Brandenburg und die Reichshauptstadt Berlin 5), Berlin 1932; *Klaus Eberhard Murawski*, Zwischen Tannenberg und Thorn. Die Geschichte des Deutschen Ordens unter dem Hochmeister Konrad von Erlichshausen 1441—1449 (= Veröffentlichungen der Historischen Kommission für ost- und westpreußische Landesforschung 3) (= Göttinger Bausteine zur Geschichtswissenschaft 10/11), Göttingen 1953; *Paul van Niessen* (Hrsg.), Repertorium der im Kgl. Staatsarchive zu Königsberg i. Pr. befindlichen Urkunden zur Geschichte der Neumark, *bearb. v. E. Joachim* (= Schriften des Vereins für Geschichte der Neumark, H. 3), Landsberg/W. 1895.

16. Inquisitionsakten vom Jahre 1458

Die Akten der Berliner Inquisition vom April 1458 sind lediglich in einer Abschrift überliefert, die offenbar bald nach dem Ketzerprozeß angefertigt wurde. In Cod. Helmst. 403 *der Herzog-August-Bibliothek zu Wolfenbüttel füllen sie die Blätter neuer Zählung 1r.v und 3r bis 18r. Folio 2r.v ist ohne erkennbaren Grund unbeschrieben.*

Der Abschreiber hat, wie es scheint, wegen der Wichtigkeit des Verfahrens oder zur Erstellung eines Modells bzw. Musters für andere Inquisitionsprozesse und ihre formale, juristische und protokollarische Gestaltung nicht allein die Schilderung der Berliner Vorgänge von der Einsetzung der Inquisitionskommission über die Verhöre bis hin zur öffentlichen Verurteilung übernommen, sondern auch alle rechtlich relevanten Dokumente von dem Mandat des Brandenburger Bischofs, durch das Johannes Kannemann mit der Prozeßführung betraut wurde, bis zum schriftlich fixierten Urteilsspruch inseriert. Am Rand hat er zur leichteren Orientierung öfters Namen oder wichtige Stichworte ausgeworfen. Möglicherweise ist er identisch mit dem schon im Prozeß selbst tätigen Notar, dem Lebuser Geistlichen Heinrich Bawerungk, dessen Name auch am Ende der Akten steht. Sicherheit wäre in dieser Frage erst zu gewinnen, wenn es gelänge, zum Schriftvergleich ein unstrittiges Autograph Bawerungks ausfindig zu machen.

Im unmittelbaren Anschluß an die Berliner Akten, nämlich auf fol. 18v bis 20v des Cod. Helmst. 403, *ist von anderer Hand der Bericht über das Angermünder Verfahren vom Juni 1458 eingetragen. Dieser Bericht beginnt mit:* Anno insuper et indictione pontificatuque quibus immediate supra. *Durch* diese mittelbare Datierung werden die Berliner und die Angermünder Aufzeichnungen zu einer aktenmäßigen Einheit, und das kann für die Entstehungs- und Überlieferungsgeschichte von Cod. Helmst. 403, fol. 18v bis 20v, zweierlei bedeuten. Angenommen nämlich, daß die Datierungsformulierung von vornherein bei der Abfassung des Angermünder Berichtes verwendet wurde, dann muß der Berichterstatter die von Heinrich Bawerungk zusammengestellten Akten nicht nur gekannt haben, er muß sie fortgesetzt haben; und das heißt, daß ihm fol. 1 bis 18 mit großer Wahrscheinlichkeit bei seiner Tätigkeit vorgelegen haben. Das wiederum könnte bedeuten, daß fol. 18v bis 20v die Originalfassung und nicht etwa eine Kopie des Angermünder Berichtes enthält. Offen bleiben muß dabei die Frage, ob fol. 1 bis 18 nach Angermünde mitgenommen und dort ergänzt wurden oder ob der Angermünder Berichterstatter andernorts, etwa in Berlin, mit Hilfe von Notizen seine Darstellung auf fol. 18v ff. niederschrieb oder schreiben ließ.

Nimmt man dagegen an, daß die Datierungsformulierung in den ersten Zeilen von fol. 18v ursprünglich nicht zu dem Angermünder Protokoll gehörte, daß dieses vielmehr mit einer in sich verständlichen Datumsangabe begonnen haben müsse, dann wäre die Herstellung der aktenmäßigen Einheit in Cod. Helmst. 403 erst das Werk eines Kopisten, der von seiner Vorlage bei der Datierung abwich. Eine Entscheidung darüber, welcher der beiden aufgezeigten Möglichkeiten der Vorzug zu geben ist, kann aufgrund der in Cod. Helmst. 403 überlieferten Blätter wohl nicht getroffen werden, und zwar um so weniger, als die das Angermünder Verfahren betreffenden Aufzeichnungen augenscheinlich nur fragmentarisch erhalten sind. Fol. 20v endet nämlich mit dem Hinweis, daß die auf ihre Bekehrungsbereitschaft hin Befragten öffentlich antworteten. Es fehlt der Teil des Berichtes, der den formellen Abschluß der Inquisition enthalten haben müßte und vielleicht auch — analog zu fol. 18r — den Notar oder Schreiber nannte.

Über die Vereinigung der Prozeßakten des Jahres 1458 mit den Inquisitionsprotokollen der Jahre 1392 bis 1394 sowie über die Besitzgeschichte dieser Stücke seit Flacius Illyricus ist bereits oben[1] das Eruierbare mitgeteilt worden.

Eine Teiledition der in Cod. Helmst. 403, fol. 1 bis 20, überlieferten Materialien hat 1886 W. Wattenbach vorgelegt[2]. Unsere Ausgabe bringt die Texte in ungekürzter Fassung nach den oben dargelegten editorischen Grundsätzen[3].

[1] S. 28 f.
[2] W. Wattenbach, Über die Inquisition gegen die Waldenser..., in: Abhandlungen der königl. Akademie der Wissenschaften zu Berlin, Phil.-hist. Kl. ..., S. 73—87.
[3] S. 29.

17. Nikolaus Tempelfeld von Brieg, Denkschrift 1458

Im Cod. chart. I, Q. 90 der Breslauer Universitätsbibliothek befand sich auf fol. 10 bis 175 eine Ende des Jahres 1458 geschriebene Abhandlung gegen den am 2. März d. J. gewählten böhmischen König Georg Podiebrad, als deren ungenannter Verfasser von J. Loserth der bald nach 1471 verstorbene Breslauer Domherr Nikolaus Tempelfeld von Brieg erkannt wurde. Loserth hat die in der Handschrift titellose Abhandlung den Tractatus magistri Nicolai de Tempelfeld sacre theologie professoris, utrum liceat, electo in regem Bohemie dare obedienciam *genannt und sie auszugsweise veröffentlicht. Wir übernehmen aus dieser Edition den Passus, in dem Nikolaus Tempelfeld im Rahmen einer Aufzählung von Ketzern, die Georg Podiebrad in seinen Ländern angeblich begünstigte, auch den Berliner Ketzerprozeß vom Frühjahr 1458 erwähnt*[1]. *Zwar ist die Datumsangabe nicht ganz korrekt, da Nikolaus den 9. April 1458* (infra conductum Pasce) *statt den 28. April als Datum der Verurteilung nennt, doch ist der Kern der Anklage so genau wiedergegeben, daß Nikolaus einen gut informierten Gewährsmann gehabt haben muß, der vielleicht das Berliner Verfahren miterlebt hatte.*

[1] *Johann Loserth*, Die Denkschrift des Breslauer Domherrn Nikolaus Tempelfeld von Brieg über die Wahl Georgs von Podiebrad zum König von Böhmen. Ein Beitrag zur Kritik der Husitengeschichte des Johannes Cochlaeus, *in:* Archiv für österreichische Geschichte 61 *(1880), S. 89—187; auch separat: Wien 1880; darin S. 133—187 (bzw. 45—99) der* Tractatus...; *der Berlin betreffende Abschnitt, a. a. O., S. 156 (bzw. 68), aus fol. 103v der oben genannten Handschrift.*

18. *Brief märkischer Waldenser an die Böhmischen Brüder vom Jahr 1480, überliefert in der* Historia Fratrum Bohemicorum

Der tschechisch geschriebene Brief der märkischen Waldenser an die Böhmischen Brüder vom Jahr 1480 wurde in die bis auf den lateinischen Titel ebenfalls in tschechischer Sprache abgefaßte Historia Fratrum Bohemicorum *inseriert und ist nur deshalb bis heute überliefert. Diese Brüdergeschichte, oder besser, diese chronologisch geordnete Stoffsammlung zur Brüdergeschichte der Jahre 1457 bis 1546, liegt handschriftlich in zwei Bänden der Prager Universitätsbibliothek (XVII. F. 51 a. b.) vor. Der erste Band soll dem Anfang des 17. Jahrhunderts entstammen; der zweite Band ist eine 1827 angefertigte Kopie einer Handschrift der damaligen fürstlich Lobkowiczischen Bibliothek in Raudnitz. Über den Verfasser der* Historia *besteht keine Einigkeit. Lange Zeit dachte man an Johann Blahoslav (1523 bis 1571), den Unitätsschreiber und seit 1557 Senior der Brüder*[1]. *Nach Nennung anderer Historiker aus dem Kreis der Brüder verwies J. Th. Müller*[2] *mit Nachdruck auf Johann Černý, der 1537 die Priesterweihe empfing, 1553 unter die Senioren aufgenommen wurde und 1565 starb. Neuerdings hat F. M. Bartoš*[3] *den 1588 gestorbenen Schüler und*

[1] *Ein Verzeichnis der Senioren oder Bischöfe der Brüder von ihrer Entstehung (1467) bis auf des Comenius Tod (1671) hat zusammengestellt Anton Gindely (Hrsg.), in:* Quellen zur Geschichte der Böhmischen Brüder..., *S. 450—453.*
[2] *J. Th. Müller,* Geschichte der Böhmischen Brüder..., *Bd. 1, Herrnhut 1922, S. 604—620.*
[3] *F. M. Bartoš,* C husitského a bratrského dějepisectvu, *in:* Sborník Historický 2 *(Prag 1954), S. 83—112, bes. S. 110—112 (Nový historik bratrský); S. 251 franz. Zusammenfassung.*

Nachfolger Johann Černýs, Jan Kálef (Senior seit 1569), als Autor benannt.

Auf welchem Wege der Verfasser der Historia nach dem Brand des Brüderarchivs in Leitomischl im Jahr 1546 den Brief der märkischen Waldenser kennengelernt hat, ob ihm noch das Original oder nur eine Abschrift vorlag, ist wohl nicht mehr festzustellen. Im Cod. XVII. F. 51 a der Prager Universitätsbibliothek steht das Schreiben von 1480 auf den Seiten 83 bis 90. Die Zusendung eines Mikrofilms dieser Seiten verdanke ich Pavel Spunar (Prag). Die Transskription der nicht leicht zu lesenden Schrift übernahm Winfried Schich (Berlin), unterstützt von Wolfgang Fritze (Berlin) und František Graus (Gießen). Da die älteren Übersetzungen ins Deutsche durch J. Goll[4] und J. Th. Müller[5] entweder nicht vollständig oder nicht zuverlässig waren, fertigte W. Schich eine neue Übersetzung an, die wir dem tschechischen Text beifügen.

[4] *Jaroslav Goll*, Quellen und Untersuchungen zur Geschichte der Böhmischen Brüder, Bd. 1: Der Verkehr der Brüder mit den Waldensern — Wahl und Weihe der ersten Priester, Prag 1878, S. 122 f., Anm.
[5] *Abgedruckt bei W. Wattenbach*, Über die Inquisition gegen die Waldenser..., in: Abhandlungen der königl. Akademie der Wissenschaften zu Berlin, Phil.-hist. Kl. 1886 III, Berlin 1886, S. 88—91.

19. Abiuratio *von Einwohnern Königsbergs und Wubisers/Neumark, 1483*

G. W. von Raumer hat 1833 ohne Hinweis auf die ihm vorliegende Überlieferung die am 14. Januar 1483 von Bartholomäus Curt beschworene Absage an die Ketzerei sowie die Notiz über einen gleichen Eid des Henning Grensingk vom 19. März 1483 veröffentlicht[1]. Bereits 1829 hatte S. W. Wohlbrück diese Nachrichten „nach einer alten Registratur" knapp referiert[2]. Da sich diese Registratur nicht ausfindig machen ließ, liegt unserer Edition der Raumersche Text zugrunde. Abweichend von Raumer schreiben wir alle Eigennamen groß, alle anderen Wörter aber durchgehend klein. Auch die Interpunktion ist modernisiert worden.

[1] Codex diplomaticus Brandenburgensis continuatus. Sammlung ungedruckter Urkunden zur Brandenburgischen Geschichte, hrsg. von *Georg Wilhelm v. Raumer*, Bd. 2, Berlin-Elbing 1833, S. 77 f., Nr. 79.
[2] *Siegmund Wilhelm Wohlbrück*, Geschichte des ehemaligen Bisthums Lebus und des Landes dieses Nahmens, Th. 2, Berlin 1829, S. 160 f.

20. Johannes Aquensis, Annihilatio triplicis funiculi innominati heretici, *1498*

Johannes Aquensis, tschechisch Jan Vodňanský, wurde im Jahre 1460 in Vodňany (etwa 30 km nordwestlich von Budweis) geboren. Von seinem Vater für den geistlichen Stand bestimmt, besuchte er seit 1473 die Schule bei der Kirche des hl. Heinrich in Prag und anschließend dort die Universität. 1480 erwarb er das Bakkalaureat. Bald darauf wurde er Angehöriger des Franziskanerordens von der Observanz. Von Haus aus war er wahrscheinlich Utraquist, denn seine Heimatstadt galt ebenso wie die Prager Universität als kalixtinisch. Über die Gründe seines vermutlichen Übertritts zum Katholizismus ist nichts bekannt. Jedenfalls setzte er sich mit dem Eifer eines Konvertiten für die katholischen Glaubensnormen ein und zählte in seinem Umkreis zu den Wortführern gegen Utraquisten, Begarden, Waldenser, Böhmische Brüder und andere Ketzer. Nach 1534 verlieren sich seine Spuren. Bis dahin hatte er sich überwiegend in den Franziskanerklöstern zu Bechyně (zwischen Budweis und Tábor) und Horažďovice (zwischen Budweis und Pilsen) aufgehalten. Von seinen Werken, die im einzelnen noch kaum von der Forschung untersucht und ausgewertet worden sind und sich durch eine merkwürdige Mischung von Gelehrsamkeit, kämpferischer Dialektik, Phantasie und Leichtgläubigkeit auszuzeichnen scheinen, sind die meisten lediglich handschriftlich überliefert, nur wenige wurden gedruckt, einige dürften verlorengegangen sein oder noch der Entdeckung harren[1].

Zu den ungedruckten Schriften des Johannes Aquensis gehört auch die 1498 verfaßte Annihilatio triplicis funiculi innominati heretici, *eine umfangreiche, in dialogische Form gefaßte Polemik gegen das heute nicht mehr auffindbare Werk eines utraquistischen Pfarrers der Prager Diözese. Ihr entnehmen wir die Ausführungen des Barfüßers über einen angeblich 1478 in Berlin verbrannten Ketzer. Dieser Passus stimmt fast wörtlich mit dem Bericht des Nikolaus Tempelfeld[2] überein. Demnach muß der tschechische Franziskaner in irgendeiner Weise Kenntnis von den Aufzeichnungen des Breslauer Domherrn gehabt haben. Wahrscheinlich lag ihm ein Exzerpt vor, dessen Schreiber zur Erläuterung die Jahresangabe 1458 hinzugefügt hatte. Da die 5 paläographisch der 7 ähnelte, verlas sich Johannes Aquensis und datierte das Berliner Ereignis irrig auf 1478. Die Annihilatio ist in zwei Handschriften überliefert. Die eine — offenbar Autograph des Verfassers — gehörte im 19. Jahrhundert der Kirche von Ktiš bei Chvalšiny (südwestlich von Budweis)[3] und befindet sich heute im Prager Nationalmuseum, Signatur: XV G 4. Es ist eine Papierhandschrift in Kleinoktav, von deren ursprünglich 288 Blättern leider das erste fehlt. Auf dem Vorderdeckel des Ledereinbandes ist — wohl ebenfalls von der Hand des Autors — geschrieben:* Pro fratre Johanne de Weydnian confessore Horazdyowiczii. *Die von uns übernommene Passage, die auch den Kontext andeutet, in den Johannes Aquensis seine Entlehnung einordnete, steht auf den Blättern 96v und 97r. Die andere Überlieferung ist die um 1511 hergestellte Abschrift durch den Kurat von Kadov, einen Ordensbruder des Johannes Aquensis namens Wolfgang, der seine Vorlage sicher im Kloster Horažďovice vor Augen hatte. Diese wegen ihrer zahllosen starken Abkürzungen ziemlich müh-*

---

[1] *Einiges über Leben und Schriften des Johannes Aquensis findet sich bei Joseph Truhlář,* O životě a spisech známých i domnělých bosáka Jana Vodňanského, *in:* Časopis musea království českého 58 (1884), S. 524—547; *vgl. auch J. Th. Müller,* Geschichte der Böhmischen Brüder..., Bd. 1, S. 272 f., 296, 594 f.

[2] *Siehe oben, S. 40 f.*

[3] *Vgl. J. Truhlář,* O životě a spisech známých..., *in:* Časopis musea království českého 58 (1884), S. 532.

sam zu lesende Abschrift füllt die Blätter 1r bis 173v des Cod. XI. E. 1 der Prager Universitätsbibliothek, einer 21,5 x 16 cm großen Papierhandschrift aus dem 16. Jahrhundert mit insgesamt 311 durchfoliierten Blättern. Da der Codex auch noch andere für die Ketzergeschichte wichtige Abhandlungen, darunter zwei weitere des Johannes Aquensis, enthält, sei ein von Pavel Spunar (Prag) zusammengestelltes Inhaltsverzeichnis[4] hier aufgenommen:

a. 1a—173b

Jan VODŇANSKÝ (Iohannes Aquensis), Annihilatio triplicis funiculi.
1a beginnt: Tractatus cuiusdam heretici innominati triplex funiculus vocatus fratri Iohanni Aquensi ordinis fratrum minorum de observancia confessori (...) sancte Marie in Bechina missus. In primo funiculo enervare nititur omnes religiosos de statu suo, deinde omnem gradum dig(nitatis eccle)siastice perimpendens multipliciter confundit. In secundo funiculo omnem gradum mundane dignitatis condemnat. In tercio funiculo sacramentum divinum primum irreverenter calcat. — *77a:* Finis annichilacionis primi funiculi. Sequitur secundus funiculus supradicti heretici, in quo omnem secularium statum confundit. — *173b:* Explicit annichilacio secundi funiculi magistri innominati heretici. Laus omnipotenti deo. — *Die zu erwartende Annihilatio tertii funiculi fehlt in der Handschrift, vielleicht ist sie von Johannes Aquensis gar nicht mehr geschrieben worden*[5].

b. 177a—196a

Jan VODŇANSKÝ (Iohannes Aquensis), Zpráva proti bludným a potupeným artikulóm pikhartským[6].
Incipit: Který jest najprvní základ spasení našeho.
Antiutraquistische Polemik. Gedruckt in Pilsen, Mikuláš Štětina Bakalář *1510* (Knihopis No. 3483). Cfr. Prag UB 21 J 265.

c. 196b—224b

Jan FILIPEC, Traktát proti kacieřóm a pikhartóm i proti všem bludným.
Incipit: Spasitel všeho lidského pokoleni.
Antiutraquistische Polemik.
Cfr. 224b: Scripti sunt illi duo tractatus contra pikharditas et hussitas per me fratrem Wolfgangum, protunc curatum in Kadow a. 1511 feria IV post festum s. Katherine.

[4] *Brief vom 7. 9. 1970. Vgl. auch Joseph Truhlář*, Katalog českých rukopisů veřejné a universitní knihovny v Praze (Katalog der tschechischen Handschriften der Universitätsbibliothek in Prag), *Prag 1906, Nr. 2048. — Bei der Beschreibung der Annihilatio sind wir durch ausführlicheres Zitieren über Spunar/Truhlář hinausgegangen.*

[5] *Auf fol. 172r steht zu dem Satz* De sacramento vero eucaristie in tercio finiculo tractabitur *als Randbemerkung:* sub nomine Locustarii. *Gleichwohl wird man nach Inhalt und Form das* Locustarium *des Johannes Aquensis nicht als dritten Teil der* Annihilatio *ansehen können.*

[6] *Dieser Traktat* Gegen die irrigen und schändlichen Artikel der Pikarten mit gründlichen Beweisen in Fragen und Antworten *ist wahrscheinlich 1502 verfaßt worden anläßlich der Veröffentlichung eines Katechismus (Kinderfragen) in Fragen und Antwort* (Otázky dětinské) *durch Bruder Lukas, der zu den Böhmischen Brüdern gehörte. Vgl. Amedeo Molnár,* Bratr Lukás, *Prag 1948, bes. S. 115 ff.*

d. *224b—231a*

Spis o takořky vieře.
Incipit: Nuti mě k tomu svědomie.
Katholische Satire gegen die Utraquisten.
Ed.: Zrcadlo rozděleného království, hrsg. v. Jaroslav Kolár, Praha NČSAV 1963, S. 24—35.

e. *231b—242b*

Jan VODŇANSKÝ *(Iohannes Aquensis),* Matrykát.
Incipit: Pán Ježiš Christus světlo věčné.
Moraltheologischer Traktat katholischer Prägung.

f. *243a—285a*

Jacobi LILIENSTAYN Tractatus contra Waldenses fratres erroneos, quos vulgus vocat Picardos fratres sine regula et sine obediencia, collectus a. d. 1505.
Gedruckt (S. a., l. et t.)

g. *286a—298b*

Petri PETRONIORUM plebani ad Wenceslaum sacerdotem nominatum Sutniorum *(i. e. Sučiciorum?)* directorem Epistola de decem mendaciis Hussitarum.
Incipit: Cepi, Wenceslae, videre, perspexi quod exarata parte.

h. *299a—306a*

Defensorium monachorum contra maliciam clericorum.
Incipit: Facta est contencio inter discipulos ... Contencio fuit facta in Corinthis ad fidem.

i. *306a—311b*

Questio Utrum monachus possit habere curam animarum et prefici Christi fidelibus.

Unsere Edition bringt den Text nach der Handschrift Prag Mus. XV G 4, *fol. 96v. 97r. Die geringfügigen Abweichungen im* Cod. XI. E. 1, *fol. 75v, der Prager Universitätsbibliothek sind in den Anmerkungen verzeichnet.*

21. Albert Krantz, Wandalia, *1519*

Albert Krantz (1448 bis 1517)[1], einer vornehmen Hamburger Familie entstammend, war in den Hansestädten seiner Zeit als Gelehrter, Geistlicher und nicht zuletzt als Diplomat hoch geachtet. Von seinen historischen Werken

---

[1] Vgl. u. a. *Heinrich Reincke,* Albert Krantz als Geschichtsforscher und Geschichtsschreiber, *in:* Festschrift der Hamburgischen Universität ... Werner von Melle ... zum 80. Geburtstag am 18. Oktober 1933 dargebracht, *Hamburg 1933, S. 111—147, u. bes. Viljo A. Nordman,* Die Wandalia des Albert Krantz. Eine Untersuchung *(= Annales Academiae Scientiarum Fennicae, B, 29, 3), Helsinki 1934, dort weitere Literatur.*

behandelt die Wandalia[2] die Geschichte der wendischen bzw. ehemals von slawischen Wenden bewohnten Länder. Krantz hat die Wandalia in den Jahren 1502 bis 1507 geschrieben. Der Erstdruck erschien 1519 bei Johannes Soter (Heil) in Köln[3]. Ihm entnehmen wir das 9. Kapitel des 10. Buches, in dem Krantz über Ketzer in Stralsund, Rostock und Wismar vom Jahr 1403 berichtete. Eigenständiger Quellenwert kommt diesem Kapitel freilich nicht zu, da der Verfasser hier wie an vielen anderen Stellen seines Werkes aus der Cronica novella *Hermann Korners schöpfte*[4].

[2] Wandalia, in qua de Wandalorum populis, et eorum patrio solo, ac in Italiam, Galliam, Hispanias, Aphricam, et Dalmatiam, migratione: et de eorum regibus, ac bellis domi, forisque gestis, *Köln 1519*.
[3] Weitere Drucke sowie eine Übersetzung verzeichnet und beschreibt V. A. Nordman, Die Wandalia ..., S. 31—34.
[4] Vgl. V. A. Nordman, a. a. O., S. 126 ff., bes. S. 142 und oben, S. 33 f.

22. Johannes Aquensis, Locustarium, 1524

Der stark topische Züge tragende Bericht über die Entdeckung von Begarden in Berlin steht im Locustarium fratris Johannis Aquensis de sectis et diversitate atque multiplicatione begardorum in terra Bohemie. *Die einzige mir bekannte Handschrift — höchstwahrscheinlich die Originalfassung aus der Feder des Johannes Aquensis (Jan Vodňanský)*[1] *— findet sich in der Biblioteca Vaticana:* Cod. Ottob. lat. 1518. *Da mir lediglich ein Mikrofilm zur Verfügung stand, sei eine von Wolfgang Hagemann (Rom) gütigst zugestellte Beschreibung*[2] *hier eingefügt: „Außen auf dem Einband steht:* COMPEN. HISTO. BOHEMI. *Auf fol. 1 befinden sich 2 moderne Vermerke:* Ex Codicibus Jo. Angeli Ducis Ab Altaemps *und* Compendium historiae Bohemicae Joannis de Aquensis.

Es handelt sich um einen Papierkodex mit einheitlicher Schrift des XVI. Jahrhunderts, Höhe 21 cm, Breite 15 cm. Der Kodex hat eine alte Tintennumerierung oben bis fol. 81, d. h. also bis zum Ende des eigentlichen Werkes, und eine neue Bleistiftnumerierung unten bis fol. 112, d. h. also bis zum Ende des Kodex. Bis fol. 39 decken sich beide Numerierungen, dann aber ergeben sich durch die Einschaltung von fol. 40A u. a. m. Divergenzen zwischen den beiden Zählungen. Im Nachfolgenden ist nur die neue Bleistiftnumerierung zitiert.

Das eigentliche Werk umfaßt fol. 2r bis 82v.

Auf fol. 2r steht folgendes Incipit: In nomine Jesu Christi. Generoso ac magnifico domino domino..., *auf fol. 82v folgendes Explicit:* ... Anno Domini 1524. Laudetur Deus omnipotens. Fol. 83r *ohne Beschriftung. —* Fol. 83v *zeigt eine Zeichnung, die den Ansturm der wilden Lutheraner gegen die Burg des Glaubens zeigt. —* Fol. 84 ff. *enthält einen Text, der als* Registrum dyalogorum sequencium de blasfemiis begardorum *bezeichnet wird. — Auf fol. 84r steht als Incipit:* Registrum. Ad laudem sancte et individue trinitatis ...

[1] Siehe oben, S. 42 f. [2] Brief vom 18. September 1970.

Mit fol. 112v endet der Text inmitten eines Abschnittes, der am Rande mit „CIII" bezeichnet ist und folgende Überschrift hat: De mendacio, quo ex sacrificio spiritus tribulati ... *Der Text des Kodex endet mit:* ... rasi et aleati sacerdocii quis."

Einer 1855 gedruckten Beschreibung des Codex durch Beda Dudik[3] zufolge muß die Handschrift damals noch unpaginiert gewesen sein. Johannes Aquensis hat sein Werk am 4. März 1524 (fol. 82v: quarta die Martii in festo videlicet translacionis sancti Venceslai patroni nostri anno domini 1524) *gewidmet* Generoso ac magnifico domino domino Zdenkoni Leoni de Rosevalle regni Bohemie sub regia maiestate supremo in fastigio residente domino suo gracioso *(fol. 2r). Zděnek Leo von Rožmitál gehörte als Oberstburggraf seit 1508 zu den böhmischen Landesverwesern und nutzte seine Position eifrig zur Verfolgung aller „Begarden". Die näheren Umstände, unter denen das ihm dedizierte Werk in die Bibliothek des als Bücherliebhaber bekannten Herzogs Johannes Angelus von Altaemps (gest. 1620) und von da in die Ottoboniana gelangt ist, sind mir nicht bekannt. Das in seinem Titel bewußt auf die Heuschrecken der Apokalypse (Apoc. 9, 3 ff.) anspielende* Locustarium *war von Johannes Aquensis dreiteilig angelegt. Der erste, historisch akzentuierte Teil gliedert sich in 12 Kapitel. Von ihnen handelt Kap. 7* De locustis begardorum, hoc est de excrescentia discipulorum begardorum. De voluptatibus et libidinibus eorum. *In diesem Kapitel steht auf fol. 41r.v. 42r.v (ältere Zählung 40 B r.v. 41r.v) die Berliner Episode, deren Datierung auf 1478 wohl im Anschluß an die Erwähnung Berlins in der* Annihilatio[4] *erfolgte und die vom Inhalt her mehr über die Phantastik mancher häresiologischer Quellen als über die tatsächlichen Ereignisse in der Mark aussagt. Unsere Edition weicht nur in der modernen Interpunktion, der Großschreibung von Namen und in der Verwendung des v bei konsonantischem u von der handschriftlichen Vorlage ab.*

[3] Beda Dudik, Iter Romanum. *Im Auftrage des hohen mährischen Landesausschusses in den Jahren 1852 und 1853 unternommen und veröffentlicht, Bd. 1:* Historische Forschungen, *Wien 1855, S. 279—285.*
[4] *Siehe oben, S. 43.*

23. Nikolaus von Schlan (Slanský), Listové a jednání Bratři s Luterem/ Luteryany

Nikolaus von Schlan (Slanský, gest. 1542), der bereits die Anfänge der Brüderunität (1457/58) miterlebt hatte, stellte im hohen Alter (um 1540) die ihm bekannten Nachrichten über die Verbindungen der Böhmischen Brüder mit den deutschen Protestanten zusammen. Diese Listové a jednání Bratři s Luterem/Luteryany *(Briefe und Verhandlungen der Brüder mit den Lutheranern) sind in zwei Abschriften überliefert. Die vollständigere und auf eine ältere Vorlage zurückgehende Abschrift, die ein Exulant 1630 im polnischen Lissa anfertigte, befindet sich im Archiv der Brüderunität zu Herrnhut (Sign.: AB II R 1.8). Die andere, vor 1579 entstandene Abschrift füllt die Blätter*

96 bis 190 des Codex XVIII. C. 3 *der Prager Universitätsbibliothek*[1]. *Auszüge hat Gindely zum Teil in deutscher Übersetzung veröffentlicht*[2]. *In der Vorrede des Nikolaus von Schlan — überliefert in der Herrnhuter Handschrift — berichtet jener u. a. über die Verfolgung und Auswanderung märkischer Waldenser (fol. 3v). Diesen uns durch Mikrofilm zugänglich gemachten Abschnitt nehmen wir in unsere Quellensammlung auf. Die Transkription stammt von W. Schich (Berlin). Die beigefügte Übersetzung des tschechischen Textes hatte seinerzeit J. Th. Müller für W. Wattenbach angefertigt*[3].

[1] *Eine kurze Beschreibung der Handschriften bei A. Gindely (Hrsg.)*, Quellen zur Geschichte der Böhmischen Brüder..., S. 15; *vgl. auch J. Th. Müller*, Geschichte der Böhmischen Brüder..., Bd. 2, Herrnhut 1931, S. 105.
[2] *A. Gindely (Hrsg.)*, Quellen zur Geschichte der Böhmischen Brüder..., S. 16—71.
[3] *Gedruckt bei W. Wattenbach*, Über die Inquisition gegen die Waldenser..., *in:* Abhandlungen der königl. Akademie der Wissenschaften zu Berlin, *Phil.-hist. Kl. 1886 III, Berlin 1886, S. 87 f.*

24. Thomas Kantzow, Chronik von Pommern

Thomas Kantzow — zu Beginn des 16. Jahrhunderts geboren, seit 1528 Sekretär bei den pommerschen Herzögen, 1542 in Stettin gestorben — hinterließ vier handgeschriebene Bände über die Geschichte Pommerns. Häresien betreffende Nachrichten enthält meines Wissens nur der wegen seines ehemaligen Aufbewahrungsortes als Codex Putbussensis (C. P.) *bezeichnete Band. Es handelt sich bei diesem Codex um Kantzows zweite hochdeutsche Chronik, die durch mannigfache Erweiterungen und Berichtigungen über die älteste Fassung in niederdeutscher Mundart*[1] *und über eine erste hochdeutsche Redaktion*[2] *hinausführt und zudem noch durch zahlreiche Randbemerkungen des Verfassers ergänzt wurde. Nach einer völlig unzureichenden, auf sekundärer Überlieferung beruhenden Ausgabe durch Hans Gottfried Ludwig Kosegarten*[3] *hat Georg Gaebel 1897 den* Codex Putbussensis *in einer bis heute nicht überholten Edition vorgelegt*[4]. *Dieser Edition sind von uns Kantzows Notizen*

[1] *Zuerst ediert durch Wilhelm Böhmer (Hrsg.)*, Thomas Kantzows Chronik von Pommern in niederdeutscher Mundart. Sammt einer Auswahl aus den übrigen ungedruckten Schriften desselben. *Nach des Verfassers eigener Handschrift hrsg. u. mit Einleitung, Glossar und einigen andern Zugaben versehen, Stettin 1835, sodann durch Georg Gaebel (Hrsg.) unter dem Titel* Des Thomas Kantzow Chronik von Pommern in niederdeutscher Mundart (= *Veröffentlichungen der Historischen Kommission für Pommern, 1, 4), Stettin 1929.*
[2] *Mangelhaft herausgegeben durch Fr. L. Baron von Medem,* Thomas Kantzow's Chronik von Pommern in hochdeutscher Sprache. *Aus der Handschrift des Verfassers hrsg., Anklam 1841. Besser ediert durch Georg Gaebel (Hrsg.),* Des Thomas Kantzow Chronik von Pommern in hochdeutscher Mundart, 2 Bde., Stettin 1897/98.
[3] Pomerania oder Vrsprunck, Altheit und Geschichte der Völcker und Lande Pomern, Cassuben, Wenden, Stettin, Rhügen, in vierzehn Büchern beschrieben *durch Thomas Kantzow, weiland Geheimschreiber in der Fürstlich-Pommerschen Kanzley zu Wolgast, und aus dessen Handschrift hrsg., 2 Bde., Greifswald 1816 u. 1817.*
[4] Des Thomas Kantzow Chronik von Pommern in hochdeutscher Mundart. Letzte Bearbeitung, *hrsg. von Georg Gaebel, Bd. 1, Stettin 1897.*

über die Geißler, über den in Stralsund verbrannten hussitischen Priester und über den Putzkeller entnommen[5].

[5] A. a. O., S. 211 bzw. S. 237 bzw. S. 271.

25. Thomas Kantzow, Chronik von Pommern (Nachlaßfassung)

Nach der zweiten hochdeutschen Bearbeitung seiner Pommerschen Chronik hat Thomas Kantzow noch an einer dritten hochdeutschen Fassung gearbeitet. Sein Freund und Helfer Niklas von Klempzen (etwa 1504 bis 1552)[1], der in der pommerschen Reformationsgeschichte durch seine Verhandlungen mit Bugenhagen (1544) bekannt geworden ist[2], hat nach Kantzows Tod (September 1542) diese unvollendet gebliebene dritte Fassung nahezu ausschließlich auf Grund von Kantzow-Konzepten vervollständigt und abgeschlossen. Erst jüngst hat Jürgen Petersohn (Würzburg) das nachgelassene Autograph Kantzows mit den Ergänzungen von der Hand Klempzens in der Königlichen Bibliothek Kopenhagen (Samling Thott Nr. 644 Fol.) entdeckt und die Handschrift samt ihrer Geschichte beschrieben[3]. Seit Petersohns Identifizierung des Kopenhagener Codex kann man nun nachprüfen, welche Partien von der Hand Kantzows und welche von der Hand Niklas von Klempzens stammen. Der Inhalt war auch schon vorher im wesentlichen bekannt, denn man verfügte über eine sehr günstige kopiale Überlieferung. Wegen der von den älteren Fassungen des Thomas Kantzow abweichenden Tendenzen war jedoch die Autorenfrage umstritten. Es schien möglich, daß die Hauptarbeit unter der Anleitung des Niklas von Klempzen ein lutherischer Geistlicher geleistet hatte. Georg Gaebel, der 35 Handschriften namhaft machen konnte, legte 1908 eine Edition vor mit dem von Niklas von Klempzen übernommenen Titel: Pomerania[4]. Wir übernehmen aus dem Autograph buchstabengetreu (nur vokalisches v im Anlaut wurde als u transkribiert) die Abschnitte über die Geißler (fol. 249v)[5], über Stralsunder Hussiten (fol. 286r)[6] und über den Putzkeller (fol. 307v, 308r)[7], die sämtlich von der Hand des Thomas Kantzow geschrieben sind, von seiner zweiten hochdeutschen Bearbeitung sich jedoch durch größere Ausführlichkeit (besonders bei der Berichterstattung über den Putzkeller) unterscheiden und auch von der Gaebelschen Edition (mehr durch die Schreibweise als durch den Inhalt)

[1] Vgl. über ihn v. Bülows Artikel Nik(c)olaus von Klem(t)zen (Klemptzen), in: ADB, Bd. 16, Leipzig 1882, S. 155 f.
[2] Vgl. Hellmuth Heyden, Kirchengeschichte Pommerns (= Osteuropa und der deutsche Osten, R. 3, Buch 5), 2., umgearb. Aufl., Bd. 2, Köln-Braunsfeld 1957, S. 4.
[3] Jürgen Petersohn, Die dritte hochdeutsche Fassung von Kantzows Pommerscher Chronik. Identifikation eines verkannten Geschichtswerkes, in: Baltische Studien, NF 59 (1973), S. 27—41, dort S. 40 zur Geschichte der Handschrift Thott 644 Fol.
[4] Pomerania. Eine pommersche Chronik aus dem sechzehnten Jahrhundert, hrsg. von Georg Gaebel, 2 Bde., Stettin 1908.
[5] Vgl. a. a. O., Bd. 1, S. 279.
[6] Vgl. a. a. O., S. 330.
[7] Vgl. a. a. O., S. 363 f.

abweichen. Für die rasche Übersendung von Photokopien ist zu danken der Håndskriftafdelingen der Kongelige Bibliotek zu Kopenhagen[8].

[8] Der Aufsatz von J. Petersohn erschien erst während der Drucklegung dieses Buches. Durch die schnelle Hilfe der dänischen Bibliothekare und durch das Entgegenkommen der Historischen Kommission zu Berlin wurde die Einarbeitung des Neufundes noch möglich.

26. Johann Blahoslav, Summa quaedam brevissima..., 1556

Johann Blahoslav[1], der 1553 mit seiner in die Acta Unitatis Fratrum eingegangenen Sammlung von Quellen zur Geschichte der Böhmischen Brüder begann[2], schrieb 1556 seine Summa quaedam brevissima collecta ex variis scriptis Fratrum, qui falso Waldenses vel Picardi vocantur, de eorum Fratrum origine et actis. J. Goll hat dieses kleine, handschriftlich im Herrnhuter Brüderarchiv (A VIII) aufbewahrte Werk herausgegeben, so daß wir seiner Edition[3] die Erzählung Blahoslavs über die Wanderung österreichischer Waldenser in die Mark und nach Böhmen[4] sowie über die Aussendung eines Märkers namens Kaspar in den Orient[5] entnehmen können.

[1] Vgl. oben, S. 41.
[2] Vgl. J. Th. Müller, Geschichte der Böhmischen Brüder..., Bd. 1, S. 579.
[3] J. Goll, Quellen und Untersuchungen zur Geschichte der Böhmischen Brüder..., Bd. 1, S. 114—128; das., S. 53—56, allgemein über die Summa; vgl. auch Peter Brock, The Political and Social Doctrines of the Unity of Czech Brethren in the Fifteenth and Early Sixteenth Centuries (= Slavistische Drukken en herdrukken, 11), s'-Gravenhage 1957, S. 277 ff.
[4] J. Goll, Quellen und Untersuchungen zur Geschichte der Böhmischen Brüder..., S. 120 f.
[5] A. a. O., S. 123.

27. Johann Berckmanns Stralsunder Chronik und die Storch'sche Chronik

Johann Berckmann (Berchman, Bergmann, Bergkmann) — geboren im letzten Viertel des 15. Jahrhunderts, gestorben 1560 — war zunächst Augustinermönch, bis er, zur Reformationspartei übergetreten, als lutherischer Geistlicher in Stralsund wirkte. Um 1548 begann er mit der Abfassung seiner Chronik, die mit der Nachricht über den Tod Herzog Philipps I. von Wolgast (14. Februar 1560) endet und für die Zeit von etwa 1510 an als Augenzeugenbericht ihren besonderen Wert hat. Die einzige (?) Handschrift dieser Chronik Berckmanns, die aus dem 16. Jahrhundert stammt und vielleicht Autograph des Verfassers war, entdeckte und edierte am Anfang des 19. Jahrhunderts Gottlieb Mohnike. Dieser gab zugleich Auszüge aus anderen stralsundischen Chroniken heraus, die er teils in den sogenannten Congesten des 1577 verstorbenen Stralsunder Bürgermeisters Heinrich Busch, teils auch in der Storch-schen Chronik fand. Diese lag ihm in einer Abschrift aus dem Jahre 1769 vor. Der Abschreiber, Johann Albert Dinnies, überlieferte die Überschrift des ihm *vorliegenden Manuskripts:* Aus einem alten geschriebenen stralsundischen Chronico von anno 1246 bis in das 1534ste Jahr gecolligiret, in 4to, so Niclas Hinrich Storch, der Stralsunder Worthalter, vordem gehabt.

Aus der Edition von Mohnike[1], dessen Einleitung die eben erwähnten Daten bietet, entnehmen wir für unsere Sammlung die Notizen von Berckmann und Storch über einen in Stralsund (1402 bzw. 1404?) verbrannten häretischen Priester.

[1] Johann Berckmanns Stralsundische Chronik und die noch vorhandenen Auszüge aus alten verloren gegangenen Stralsundischen Chroniken nebst einem Anhange, urkundliche Beiträge zur Kirchen- und Schulgeschichte Stralsunds enthaltend. *Aus den Handschriften hrsg. von Gottlieb Christian Friedrich Mohnike und Ernst Heinrich Zober (= Stralsundische Chroniken, Th. 1), Stralsund 1833, S. 5 f. (Berckmann) u. S. 168 (Storch).*

28. Zeugnisse über ehemalige märkische Waldenser im ältesten Fulneker Stadtbuch, 1515 bis 1564

In das 1503 angelegte älteste Fulneker Stadtbuch wurden zwischen 1515 und 1564 sogenannte Geburts- oder Wohlverhaltensbriefe (listy zachowaczi) übertragen, die entweder von den jeweiligen Erbherren ausgestellt waren und Zeugen aus dem Geburtsort des Einwanderers benannten oder aber unter den Einwanderern Zeugen namhaft machten, die vor Bürgermeister und Rat der Stadt Fulnek Ehrlichkeit und Rechtmäßigkeit von Geburt oder Eheschließung bekunden konnten. Die Geburtsbriefe sind nicht erhalten, aber auch das Stadtbuch — ehemals unter der Signatur I. A. 2 im Stadtarchiv zu Fulnek — ist im Zweiten Weltkrieg verlorengegangen[1]. Unter diesen Umständen können wir in unsere Sammlung nur die regestenartige Edition der Geburtsbriefe der märkischen Waldenser von Fulnek durch Egon Oppl aus dem Jahre 1938 übernehmen[2]. Nach Oppl sind die auszugsweise mitgeteilten Geburtsbriefe „im allgemeinen wie folgt zu lesen: Name des Erbherrn, der Zeugen, des Einwanderers, seiner Eltern[3]".

[1] Vgl. Horst Köpstein, Über die Teilnahme von Deutschen an der hussitischen revolutionären Bewegung — speziell in Böhmen, *in:* Zeitschrift für Geschichtswissenschaft 11 (1963), S. 128, Anm. *; auf eine schriftliche Anfrage in Fulnek wurde mir (1971) der Verlust bestätigt.

[2] *In:* Die Neumark. Mitteilungen des Vereins für Geschichte der Neumark 15 (1938), S. 50—55, bes. S. 52—54.

[3] E. Oppl, a. a. O., S. 52.

29. Totenbuch der Geistlichkeit der Böhmischen Brüder, 1576

Im Jahre 1576 schrieb Bruder Laurentius Orlik ein nach Sterbejahren geordnetes Nekrologium der Unitätsgeistlichkeit nieder, das wahrscheinlich er selbst noch bis kurz vor seinen Tod im Jahr 1586 fortsetzte und das dann bis 1606 von anderen Verfassern weitergeführt wurde. Nach einer Handschrift — ver-

mutlich dem Autograph — des Wiener „k.k. geheimen Haus-, Hof- und Staatsarchivs" (Sign.: Boh. 52) hat Joseph Fiedler das Nekrologium unter dem Titel Todtenbuch der Geistlichkeit der Böhmischen Brüder herausgegeben[1]. Fiedlers Edition entnehmen wir die Michael Tham betreffende Eintragung vom Jahre 1571, in der die märkische Abstammung des Verstorbenen vermerkt wird[2]. Die eingeklammerten Textstellen sind Zusätze der Fortsetzer Orliks. Die Übersetzung der tschechischen Fassung ins Deutsche stammt von Gustav Beck[3].

[1] *In:* Fontes rerum Austriacarum. Oesterreichische Geschichtsquellen. Hrsg. von der historischen Commission der k. Akademie der Wissenschaften in Wien, 1. Abth., Bd. 5, Wien 1863, S. 213—310.
[2] A. a. O., S. 255.
[3] *Gustav Beck,* Versuch einer Geschichte der Mährischen Brüdergemeinde in Fulnek, in: Das Kuhländchen 2 (1920), S. 61—74; dort S. 65.

30. *Joachim Camerarius,* Historica narratio ..., 1571 bis 1573

Der deutsche Humanist Joachim Camerarius (Kammermeister; 1500 bis 1574)[1], der bereits seit 1540 freundschaftlichen Umgang mit den Böhmischen Brüdern pflegte, verfaßte auf deren Anregung und mit ihrer Hilfe in den Jahren 1571 bis 1573 eine lateinische Geschichte der Unität[2]. In ihr handelt er — offenbar gestützt auf Blahoslavs Summa[3], aber über sie hinausgehend — auch über die märkischen Waldenser und ihre Verbindung zu den Böhmischen Brüdern. Herausgegeben wurde seine Schrift erst 1605 von seinem Enkel, Ludwig Camerarius, unter dem Titel Historica narratio de fratrum orthodoxorum ecclesiis in Bohemia, Moravia et Polonia[4]. Den Seiten 116 und 117 sowie 119 und 120 dieses Druckes entnehmen wir die unsere Fragestellung betreffenden Nachrichten.

[1] Vgl. *Friedrich Stählin,* Artikel Camerarius (Kammermeister), Joachim, *in:* NDB, Bd. 3, Berlin 1957, S. 104 f.
[2] Vgl. *J. Goll,* Quellen und Untersuchungen zur Geschichte der Böhmischen Brüder..., Bd. 1, S. 63—68.
[3] Siehe oben, S. 50.
[4] *Ludwig Camerarius* (Hrsg.), Joachimi Camerarii Papenbergensis Historia narratio; de fratrum orthodoxorum ecclesiis in Bohemia, Moravia et Polonia; *nunc primum edita... ex bibliotheca Ludovici Camerarii, Heidelberg o. J. (1605).*

31. *Namen ehemaliger märkischer Waldenserfamilien in Fulneker Akten,* etwa 1560 bis etwa 1620

Gustav Beck hat in einem 1926 erschienenen Aufsatz Zur Geschichte der mähr. Brüdergemeinde in Fulnek[1] aus „Ehenpaktenbüchern, Nachlaßinventarien und dergleichen Akten ... für die letzten fünf Dezennien vor dem Dreißigjährigen Kriege die Namen einer größeren Anzahl brüderischer Familien in

[1] *In:* Das Kuhländchen 7 (1926), S. 20—24.

Fulnek" zusammengestellt[2]. *Wenngleich diese Liste nicht als Quelle im engeren Sinne gelten kann und Beck es überdies unterlassen hat, nähere Angaben über seine Unterlagen zu machen, nehmen wir seine Liste in unsere Edition auf. Es werden nämlich Namen genannt, die in ähnlicher Form schon märkische Waldenserfamilien des 14. Jahrhunderts getragen haben. In unserem Abdruck sind diejenigen Familiennamen kursiv gesetzt, die mit Sicherheit oder großer Wahrscheinlichkeit märkische Herkunft bezeugen.*

[2] A. a. O., S. 22.

32. Johannes Lasicius (Lasicki), De origine et rebus Fratrum Bohemorum, 1599

Der polnische Adlige Johannes Lasicius (Lasicki, 1534 bis etwa 1602)[1] *legte zwei Arbeiten über die Unität vor, zunächst im Jahr 1568 einen kurzen* Commentarius[2] *und sodann nach etwa zwanzigjährigen Studien eine ausführliche Geschichte, die er am 12. Januar 1599 Karl von Žerotin, dem böhmischen Schutzherren der Brüder widmete*[3]. *Letztere trägt den Titel* De origine et rebus gestis Fratrum Bohemorum, quos ignari rerum Waldenses, mali autem Picardos vocant, libri octo[4] *und handelt in ausschmückender Benutzung der Werke von Blahoslav*[5] *und Camerarius*[6] *auch von den märkischen Waldensern. Im Druck erschienen ist 1649 nur das achte, die Kirchenordnung der Unität enthaltende Buch — und zwar in einer Edition des Comenius*[7]. *Die zweite Hälfte des 5. Buches sowie die Bücher 6 und 7 scheinen verlorengegangen zu sein, während Buch 1 bis 4 und der 1. Teil von Buch 5 in vier Handschriften, von denen keine das Dedikationsexemplar ist, überliefert sind. Die beste Handschrift ist eine Kopie aus dem 17. Jahrhundert, die sich seit 1812 im Besitz des Archivs der Brüderunität zu Herrnhut befindet* (AB II, R 1, 6 = B). *Einst*

[1] Vgl. Theodor *Wotschke,* Johann Lasitius. Ein Beitrag zur Kirchen- und Gelehrtengeschichte des 16. Jahrhunderts, *in:* Zeitschrift für slavische Philologie 2 *(1925),* T. 1 u. 2, S. 77—104 u. 442—471. Henryk *Barycz,* Jan Łasicki. Studium z dziejòw polskiej kultury naukowe XVI wieku (Jan Łasicki. Studium zur Geschichte der polnischen wissenschaftlichen Kultur) *(=* Monografie z dziejòw nauki i techniki, Bd. 90). Wrocław: Zakład Narodowy im. Ossolińskich *(Verlag der Polnischen Akademie der Wissenschaften) 1973.*
[2] De origine et institutis Fratrum Christianorum, qui sunt in Prussia, Boemia et Moravia, *Johannis Lasicii Poloni* commentarius. A. D. 1568. *— Überliefert jeweils zusammen mit dem größeren Werk.*
[3] Vgl. J. *Goll,* Quellen und Untersuchungen zur Geschichte der Böhmischen Brüder..., Bd. 1, S. 74—80; Th. *Wotschke,* Johann Lasitius..., *in:* Zeitschrift für slavische Philologie 2 *(1925),* T. 2, S. 462 f.
[4] J. L. *Poloni,* De origine et rebus gestis Fratrum Bohemorum, quos ignari rerum Waldenses, mali autem Picardos vocant, libri octo; *vgl.* J. *Goll,* Quellen und Untersuchungen zur Geschichte der Böhmischen Brüder..., Bd. 1, S. 79.
[5] Siehe oben, S. 41 u. 50.
[6] Siehe oben, S. 52.
[7] J. *Lasitii...* Historiae de origine et rebus gestis Fratrum Bohemicorum liber octavus. Qui est de moribus et institutus eorum... *seorsim editus.* ... Adduntur

gehörte sie dem Enkel des Comenius, Ernst Jablonský, der sie auf Grund der Vorlage korrigierte. Eine Abschrift dieser verbesserten Kopie gehört zum Bestand der Göttinger Universitätsbibliothek (Cod. Ms. theol. 208 = G); ihr berühmtester Vorbesitzer war der große Ketzerhistoriograph des 18. Jahrhunderts, Johann Lorenz von Mosheim. Eine Abschrift der noch unkorrigierten Kopie befindet sich ebenfalls in Herrnhut (AB II, R 1, 7 = A) und eine im 19. Jahrhundert angefertigte Abschrift dieser Abschrift im Britischen Museum[8]. Unsere Edition beruht auf dem ehemaligen Handexemplar von Jablonský (B). Die Göttinger Handschrift (G) sowie das zweite Herrnhuter Exemplar (A) sind ebenfalls berücksichtigt. Der Rückgriff auf die Handschriften erwies sich als notwendig, da J. Goll, der einige Partien aus dem Werk des Lasicius publiziert hat, den die märkischen Waldenser betreffenden Abschnitt nur fragmentarisch und zudem fehlerhaft abdruckte[9].

tamen reliquorum VII Librorum argumenta, etc. pp. 392, Basel? 1649; auch unter dem Titel: De ecclesiastica disciplina, moribusque, et institutis Fratrum Bohemorum, memorabilia continens. Cum admonitionibus ad reliquas istius Ecclesiae et alios, J. A. Comenii, Amsterdam 1660.

[8] Zur Überlieferungsgeschichte vgl. J. Goll, Quellen und Untersuchungen zur Geschichte der Böhmischen Brüder ..., Bd. 1, S. 77, Anm. 1.

[9] A. a. O., Bd. 1, S. 136 f. — Mikrofilme der einschlägigen Abschnitte der Handschriften A u. B verdanke ich Herrn Werner Burckhardt vom Archiv der Brüder-Unität zu Herrnhut.

33. Jafet, Hlas strážného (Die Stimme des Wächters), 1605 bis 1607

Bruder Jafets[1] zwischen 1605 und 1607 verfaßte Schrift Hlas strážného (Die Stimme des Wächters) ist für die Geschichte der märkischen Waldenser und ihres Fortlebens unter den Böhmischen Brüdern wegen ihres kompilatorischen Charakters keine Primärquelle im engeren Sinne. Ihren besonderen Wert erhält sie für uns dadurch, daß in ihr auch die sonst nicht überlieferten Angaben des Laurentius Krasonický aufgenommen sind — freilich ohne genaue Zitation. Dieser Laurentius Krasonický hatte sich bald nach 1482 als utraquistischer Priester der Unität angeschlossen[2], er starb 1532. Aus seinen Werken wurde nur weniges gedruckt[3]. Jafets strážného ist ebenfalls ungedruckt geblieben. Eine im 19. Jahrhundert angefertigte Abschrift des seinerzeit im Landesarchiv zu Brünn aufbewahrten Manuskripts befindet sich im Nationalmuseum zu Prag (IV A. 6). Wir geben aus dieser Prager Abschrift die einschlägigen Par-

[1] Zu Jafet und seinen Arbeiten vgl. J. Goll, Quellen und Untersuchungen zur Geschichte der Böhmischen Brüder ..., Bd. 1, S. 80—84, und J. Th. Müller, Geschichte der Böhmischen Brüder ..., Bd. 3, S. 220—222.

[2] Vgl. J. Th. Müller, a. a. O., Bd. 1, S. 239.

[3] Vgl. J. Th. Müller, a. a. O., Bd. 1, S. 622, u. R. Říčan, Die Böhmischen Brüder ..., S. 328.

tien[4] *wieder. Bei der Transkription halfen P. Spunar (Prag) und W. Schich (Berlin), der auch die beigefügte Übersetzung anfertigte*[5].

[4] *Prag Nationalmuseum IV. A. 6, S. 167—169 u. S. 197—199.*
[5] *Teilübersetzung bereits bei J. Goll,* Quellen und Untersuchungen zur Geschichte der Böhmischen Brüder *. . ., Bd. 1, S. 122, Anm. 18.*

34. Daniel Cramer, Das Grosse Pomrische Kirchen Chronicon, Alten-Stettin 1628

Daniel Cramer — geb. 20. Januar 1568, gest. 5. Oktober 1637 — wirkte als hochangesehener lutherischer Geistlicher vor allem in Stettin. Mehr noch als durch seine zahlreichen theologischen Arbeiten hat er sich in der pommerschen Geistesgeschichte einen bleibenden Platz als quellennaher, wenn auch antikatholischer und antikalvinistischer Kirchenhistoriker gesichert[1]. *In erster Auflage erschien 1603 in Alten-Stettin sein Hauptwerk unter dem Titel* Pommerische Kirchen Chronica, *aufgegliedert in drei Bücher. Die zweite, bis zum Erscheinungsjahr fortgeführte und nun in vier getrennt paginierten Büchern unterteilte Auflage wurde am selben Ort im Jahre 1628 veröffentlicht. Sie trägt den Titel:* Das Grosse Pomrische Kirchen Chronicon[2]. *Aus dem zweiten Buch dieser Auflage übernehmen wir buchstabengetreu die Abschnitte, die zu 1417 über die Verbrennung eines Stralsunder Priesters, der der hussitischen Lehre anhing*[3], *und zu 1440 über die Sekte der Putzkeller*[4] *berichten. Eigener Quellenwert kommt diesen Partien nicht zu, doch sind sie unter dem Gesichtspunkt der deutenden Ketzerhistoriographie nicht ohne Belang.*

[1] *Vgl. Hellmuth Heyden,* Pommersche Geistliche vom Mittelalter bis zum 19. Jahrhundert *(= Veröffentlichungen der Historischen Kommission für Pommern, R. 5, H. 11), Köln-Graz 1965, S. 173—179.*
[2] *D. Danielis Crameri.* Das ist, Beschreibung vnd auszführlicher Bericht, was sich fürnemblich in Religions Sachen, von Enderung der Heydenschafft her, im Land zu Pomren und Fürstenthumb Rügen . . . biss auff kegenwertige Zeit begeben vnd zugetragen hat . . ., *Buch 1—4.*
[3] *A. a. O., S. 90.*
[4] *A. a. O., S. 104.*

35. Vincentius Maria Fontana, Monumenta Dominicana, Rom 1675

Vincentius Maria Fontana O. P. hat in seinen 1675 in Rom gedruckten Monumenta Dominicana[1] *— eine Art Jahrbücher zur Geschichte des Dominikaner-Ordens — zahlreiche, sonst kaum bekannte Materialien zur Frage der Ketzer und der Ketzerbekämpfung zusammengetragen. Seinem Werk entnehmen wir die Nachrichten über die Ernennung des Johannes Botzin zum Inquisitor für die Diözesen Brandenburg, Lebus, Havelberg und Kammin auf dem Generalkapitel des Jahres 1491. Fontana nennt als seine Quelle die Regesten*

[1] breuiter in synopsim collecta, de fidis obsecqviis ab ordine praedicatorvm sanctae Dei Ecclesiae vsque modò praestitis . . .

des Ordensgenerals Joachim de Turre (Joachimus Turrianus, 1416—1500): Ex Regest. eiusd. Mag. Ord. et Plod. *Da wir Fontanas Vorlagen nicht einzusehen vermochten, konnte auch die Frage nicht entschieden werden, ob die offenkundigen Schreibfehler — z. B. statt Havelbergen(sis): Harel. Gergen. — auf das Konto Fontanas gehen, was ziemlich wahrscheinlich ist, oder bereits in den Regesten standen. In unserer Edition wird die Interpunktion Fontanas beibehalten, die Groß- und Kleinschreibung jedoch nach modernen Grundsätzen vereinheitlicht.*

DRITTER TEIL

DIE QUELLEN

I

Magdeburger Synodalstatuten, betreffend Beginen und Eberdini, 1261 Mai 8.

Aus: Concilia Germaniae, *quae Jo. Mauritii, archiepiscopi Pragensis sumptu Jo. Frid. Schannat coll., dein Jo. Hartzheim contin., Herm. Scholl aux. et notis ill., T. 3, Köln 1760. Neudruck: Aalen 1970, S. 807 (irrtümlich zum Jahr 1266);* Sacrorum conciliorum nova, et amplissima Collectio, *in qua praeter ea quae Phil. Labbeus et Gabriel Cosartius et novissime Nicolaus Coleti in lucem edidere. Ea omnia insuper suis in locis optime disposita exhibentur, quae Joannes Dominicus Mansi ... evulgavit. Ed. novissima ab eodem Patre Mansi ... Acc. etiam notae, et dissertationes quamplurimae, quae in ceteris editionibus desiderantur, T. 24, Paris 1903; Neudruck: Graz 1961, Sp. 779 (irrig zu 1286); vgl. oben S. 1 f.*

Quoniam propheticis ...
18. De mulieribus, que Begine vocantur, statuimus, ut plebano, in cuius morantur parochia, obedientiam faciant, et ei in omnibus obediant sicut ceteri parrochiales. Alioquin ad id per ipsos plebanos cum excommunicationis sententia compellantur.
19. ...
20. Item quia vagi scolares, qui Eberdini vocantur, abhominabilem ducunt vitam, divinum invertunt officium, unde laici scandalizantur, monachis dant materiam apostatandi, quippe quos de claustris recedentes et alibi receptaculum non invenientes ipsi in suum recipiunt consortium; statuit hec sancta synodus prohibendo, ne quis clericus ipsos recipiat vel aliquid det eisdem, quod si fecerit, a superiore suo suspensus acrius corrigatur. Nullus etiam scolaris recipiatur, nisi scolas vel chorum frequentans sive decenti alias servitio deputatus.

II

Papst Johann XXII. ermahnt unter anderen den Bischof von Kammin, Bettelmönche bei der Inquisition gegen aus Deutschland und Böhmen nach Polen eindringende Kreuzesfeinde zu unterstützen, Avignon, 1327 April 1.

Abschrift aus dem 14. Jahrhundert im Vat. Archiv zu Rom, Reg. Avin. 26, Bl. 402. — Desgl. ebda. Reg. Vat. 82, Bl. 6 nr. 25. Druck (hier benutzte Vorlage): Pommersches Urkundenbuch, *Bd. 7: 1326—1330 mit Nachträgen zu Bd. 1—7. Hrsg. von der Landesgeschichtlichen Forschungsstelle ⟨Historische Kommission⟩ für die Provinz Pommern. Bearb. von Hans Frederichs u. Erich Sandow (= Veröffentlichungen der Historischen Kommission für Pommern, R. 2, Bd. 7), Stettin 1934/40. Photomechan. Nachdr.: Köln-Graz 1958, S. 127 f., Nr. 4301, dort weitere Drucknachweise; vgl. oben, S. 2.*

Johannes episcopus, (servus servorum dei,) venerabilibus fratribus .. archiepiscopo Gneznensi et eius suffraganeis ac ... episcopo Caminensi ac universis aliis ecclesiarum prelatis in regno Polonie constitutis salutem (et apostolicam benedictionem).

Pre cunctis nostre mentis desiderabilibus catholice incrementum fidei affectantes nimio utique dolore replemur, cum audimus aliquos vel sentimus ad illius depressionem qualicunque malignitate satagere vel dampnabilibus ipsam depravando reprehensionibus aut detractionibus ei abrogabilibus derogando ac commentis eandem mordacibus pervertendo, ad quorum iniqua consternenda molimina eo animosius aspiramus, quo in animorum stragem perniciosius eos agnoscimus conspirare. Cum igitur, sicut accepimus, in regno Polonie hostes crucis de remotis partibus Alemannie et Boemie et circumpositis regionibus frequenter et latenter invadant simplices et catholicos dicti regni eosque inficere et a veritatis limine deviare fallacium argumentacionum impulsibus moliantur, nos volentes contra talium dolosam astuciam, ne diffusius in regno predicto huiusmodi serpat morbus, oportunum remedium per sedis apostolice diligenciam adhiberi, ac cupientes anxie, ut negocium fidei iugi profectu, elisis omnino quibuslibet erroribus, forcius invalescat, dilecto filio ..., priori provinciali fratrum ordinis Predicatorum in Polonia, aliquos de fratribus dicti ordinis sue provincie ydoneos in lege domini eruditos, quorum honesta conversacio exemplum tribuat / puritatis et doctrinam fundant erudita labia salutarem, ad huiusmodi opus dominicum exequendum auctoritate apostolica deputandi per partes ipsius regni et alias partes sibi per ordinem suum limitatas ipsosque amovendi eisque amotis vel de hac luce subtractis alios similiter ydoneos instituendi, quociens sibi visum fuerit, plenam et liberam concessimus per nostras litteras facultatem. Qui quidem fratres, cum per ipsum priorem ad hoc deputati seu instituti fuerint, ut prefertur, iuxta et secundum instituta canonica super hiis promulgata auctoritate predicta, clero et populo convocatis, generalem predicacionem in dicto regno, ubi et quociens expedire viderint, facientes, inquisitionis officium contra labem heretice pravitatis diligenter et solicite, prout deus eis dederit, exequantur contra hereticos credentes, fautores, defensores et receptatores eorum iuxta secundum eadem statuta auctoritate prefata nichilominus processuri; et si aliqui heretica labe penitus abiurata ad ecclesie redire voluerint unitatem, ipsis iuxta formam ecclesie ac secundum prefata statuta beneficium absolucionis impendant et iniungant eis, quod talibus est secundum statuta huiusmodi iniungendum. Ideo universitatem vestram rogamus, monemus et hortamur attente per apostolica vobis scripta districte precipiendo mandantes, quatenus eosdem inquisitores pro reverencia divina et apostolice sedis ac nostra benigne recipientes et honeste tractantes, eis in hiis et aliis consilium, auxilium et favorem taliter impendatis, quod ipsi commissum sibi officium exequi valeant inoffense et nos sinceritatis vestre zelum possimus in domino merito commendare.

Datum Avinione kalendis Aprilis, pontificatus nostri anno undecimo.

III

Inquisitionsverfahren gegen Luziferianer in Angermünde, 1336.

Aus: Gesta archiepiscoporum Magdeburgensium, *ed. Wilhelm Schum, in:* MG SS *14, Hannover 1883, S. 434 f.; vgl. oben, S. 12.*

Anno Domini 1336 ... Circa idem tempus cum gravis infamia de heresi laboraret contra inhabitatores civitatis Angermundis Brandeburgensis dyocesis, missi sunt illuc inquisitores heretice pravitatis frater Iordanus[1] prefatus, tunc lector Magdeburgensis, adiunctis sibi per dominum Lodewicum[2] Brandeburgensis ecclesie episcopum fratre Nicolao[3] gardiano fratrum Minorum in Berlyn et magistro Vinianz[4] preposito in Sehusen cum officiali[5] domini episcopi Brandeburgensis. Hii officium suum exequentes, in Angermundis plures personas utriusque sexus invenerunt de heresi Luciferianorum suspectas et infamatas; quibus secundum iuris exigenciam purgacionem canonicam indixerunt. Inter quos fuerunt specialiter 14 persone utriusque sexus, que in purgacione deficientes, post recessum inquisitorum per advocatum[6] marchionis ignibus traditi, fuerunt cremati.

[1] *Augustinereremit, vgl. oben, S. 12, außerdem M. Erbstösser/E. Werner,* Ideologische Probleme des mittelalterlichen Plebejertums..., *S. 120; M. Erbstösser,* Sozialreligiöse Strömungen im späten Mittelalter..., *S. 92 f.; R. E. Lerner,* The Heresy of the Free Spirit..., *bes. S. 51 f.*
[2] *Ludwig Schenk von Neindorf, 1327—1347.*
[3] *In* Germania Sacra..., *1. Abt., Bd. 1 u. 3 (Bistum Brandenburg) nicht erwähnt.*
[4] *Sonst offenbar quellenmäßig nicht bezeugt.*
[5] *Dietrich; vgl.* Germania Sacra..., *1. Abt., Bd. 1, S. 63.*
[6] *Der Name dieses Vogtes war nicht zu ermitteln. Der erste namentlich bekannte Landvogt der Uckermark ist Zacharias von Kufstein (1362); vgl. Martin Liebegott,* Der brandenburgische Landvogt bis zum XVI. Jahrhundert, *Halle 1906, S. 13.*

IV

Überführung und Verurteilung brandenburgischer Ketzer (Luziferianer?), etwa 1338.

Aus: Chronica Johannis Vitodurani. Die Chronik Johanns von Winterthur. *In Verbindung mit C. Brun hrsg. von Friedrich Baethgen (=* MG Scr. rer. Germ. N.S. 3), *Berlin 1924, 2., unveränd. Aufl., Berlin 1955, S. 151; vgl. oben, S. 4 u. 13.*

Eodem anno Domini fere in quadam civitate marchionatus Brandenburgensi nomine quidam rector puerorum illic degens, ut fideli relacione didici, quendam fratrem Minorum sibi familiarem illic eciam existentem accessit, dicens ei: ‚Venite mecum et ego ostendam vobis sanctam aperte trinitatem'. Qui licet vehementi ammiracione ductus ex verbis visionem dictam cernere desiderasset, non tamen absque consensu et consilio fratrum suorum attemptare presumpsit.

Qui tali sibi condicione indulserunt, ut corpus Christi secum secrete deferret. Qui dum ad locum simul pergentes devenissent, rector fratri demonstravit virum valde decorum aspectu, regalibus vestimentis indutum et hunc patrem fore affirmavit; iuxta illum iuvenem elegantissime forme mira indumentorum decencia micantem ostendit et illum filium esse indicavit; tercium vero adolescentem pulcherrimum amictu splendido et dyademate fulgidissimo renitentem et predictis duobus astantem spiritum sanctum esse edocuit. Cum hec rector dixisset, frater corpus Christi de brachiali, in quo absconditum tulit, extrahens et in altum porrigens subintulit: ‚Et quis est iste?' Ad cuius aspectum demones, qui in specie trinitatis homines diu deluserant et dementaverant, cum fetore pessimo, quem post se reliquerant, disparuerunt. Frater vero cum graciarum actione rediens, Dei virtutem et eius mirabilia enarravit. Heretici autem a demonibus ludificati et decepti igni traditi sunt et exusti. Qui dum ammonirentur, ut abiecta spurcicia supersticionis et dyabolice illusionis ad cor redirent[1] et fidem ortodoxam firmiter, sicut deberent, profiterentur, nimis illaqueati et illecti in heretica pravitate perdurarunt, volentes pocius ignis incendio vita privari in erroribus suis quam in vere fidei professione liberari. Dicebant enim se in flamma eis parata aureos currus conspicere et mox per eos ad celestia gaudia deberi feliciter transmigrare.

[1] *Vgl. Is. 46, 8:* redite, praevaricatores, ad cor.

V

Brandenburg und Pommern betreffende Berichte über die Geißler der Jahre 1349 und 1350.

a

Aus: Fritsche Closeners Chronik. HS: Paris, Bibliothèque Nationale, fonds allemand *91, S. 93 f.; Druck:* Die Chroniken der oberrheinischen Städte. Straßburg, *Bd. 1 (=* Die Chroniken der deutschen Städte vom 14. bis ins 16. Jahrhundert, *Bd. 8), hrsg. von Karl Hegel, Leipzig 1870; Nachdruck: Göttingen 1961, S. 116 f.; vgl. oben, S. 13 f.*

(Aus dem sogenannten Himmelsbrief der Geißler:)

Dis hůb an der kůnig von Sicilien und vollebrahte die wallefart mit sime volke gemeinliche bitze zů dem kunige von Krackőwe, der vollebraht sů bitz zů dem kunige von Ungern, der kunig von Ungern bitz zů dem von Mißen, der von Mißen bitze zů dem von Brandenburg, der von Brandenburg bitz zů den von Ysenach, die von Ysenach bitz zů den von Wůrtzeburg, die von Wůrtzeburg zů den von Halle, die von Halle zů den von Eßelingen, die von Eßelingen zů den von Kalwe, von Kalwe gen Wile, von Wil gen Bůlach, die von Bůlach die vollebrohtent die wallefart zu den von Herrenberg und gen Tůwingen und gen Rotenburg, und ist also kummen uf den Rin in alle stete, große und kleine, und in Elsas. Nů fůrent wir, die von Lichtenőwe, dise wallefart. Nů bittent got, daz er uns kraft und maht gebe und sinne unde witze, daz wir sů also vollebringent daz es gote und siner lieben můter Marien und allen engeln und allem himelschen her ein lob si, und allen den ein trost si zů libe und zů sele, die oder unsern brůdern die die wallefart geton hant und ietzentan důnt und noch důn wellent, gůtelichen geton hant und noch wol tůnt, daz den got den ewigen lon welle geben und alle die selen noch hůte dervon getrostet werdent von allen iren erbeiten. Daz helf uns der vatter und der sun und der heilige geist. Amen.

b

Aus: Die Magdeburger Schöppenchronik, *hrsg. von Karl Janicke (= Die Chroniken der niedersächsischen Städte, Magdeburg, Bd. 1. Die Chroniken der deutschen Städte vom 14. bis ins 16. Jahrhundert, Bd. 7), Leipzig 1869, photomech. Nachdr.: 2., unveränd. Aufl., Göttingen 1962, S. 207; vgl. oben, S. 14.*

In dem sulven jahre als 1349 begunnen ichteswelke megede und druwen in dem lande to Lusitze to dullen und to danzen und jubileren vor unser leven druwen belde. se spreken, dat belde spreke on to, und lepen van Torgowe to Iuterbok to Wittenberch. der doreheit were vele worden: de vorstorde dat hertoch Rolef van Sassen und vorbod on sin land. van dissen scharen worden vele vanen geven in de kerken, in dorpen und in steden: anders weit ik nicht dromen, de dar af quam. ed. worden of stede in der Mark gewunnen mit der list, dat wapende lude dar in gingen als geißlere und hadden cruze geneiet up ore oversten cleider. dit vorging alle in einem jahre. dar na sede men dat de cruzleder hedden vorlopene monnike gedichtet, de hadde de koning von Behmen gebrant laten to aschen.

c

Aus: Des Thomas Kantzow Chronik von Pommern in hochdeutscher Mundart. Letzte Bearbeitung, *hrsg. von Georg Gaebel, Stettin 1897, Bd. 1, S. 211; vgl. oben, S. 48.*

1350 seint die Loitzken Bruder gewest, und ist ein gross Sterben gewest; so nhamen sich zwen bei den Henden und gingen Procession von der einen Kirchen zur andern, und hette iglicher eine Fanen, und wan sie in Kirchen, Kirchhofe und auff andere rawme Pletze khemen, so zogen sie ire Kleider aus und tette einen Tuch fur umb die Lenden und geisselten sich; so sanck dan ir Meister:

„Huy, holdet up iwe Hende,
dat Got dissem Steruen wende,
strecket ut iwe Arme,
dat sick Got iwer erbarme".

Sollicker Lewte wurden grosse Scharen, und wolten keine Weiber anrhüren, aber man wurts innen, das es Buberey war, und verprante sie eines Teils und stillets also.

64 *III. Die Quellen*

d

Aus: Thomas Kantzow, Chronik von Pommern *(Nachlaßfassung); HS: Kopenhagen, Samling Thott Nr. 644 Fol., fol. 240 v; vgl.* Pomerania. Eine pommersche Chronik aus dem sechzehnten Jahrhundert, *hrsg. von Georg Gaebel, Bd. 1, Stettin 1908, S. 279, und oben, S. 49.*

Die Loysen Brueder[a]
Umb diesse Zeit war auch fast allenthalben gros sterben, welches lange iare werete. So stunden etliche simpel lewte auff und sammelten sich in Dorffern und Stetten und sungen viele Loissen, und machten darnach eine sondere heiligkeit und gotsdienst daraus, damit sie unserm hern Gotte wolten sollche straffe abpitten, und gingen[b] bei grossen hauffen von der einer kirchen zur andern, und iglicher hette eine fhane in der handt, und gingen zween stets bey ander und hotten sich bey den henden, und wan sie in kirchen, kirchhofen oder andere gerawme pletze khemen, so zogen sie yre kleider aus und tetten einen tuch umb die lenden und geisselten sich.
So sanck dan hie in Pomern yre Meister:
   Huy holdet up jwe hende,
   dat got diessem steruen wende,
   strecket uth yuwe arme,
   dat sick Got jwer erbarme.

Und an andern ortern sangen sie villicht auch auff dieselbige meinung. Und wurden dieselbigen von den vielen loissen, die sie sungen, Loissenbruder genennet. Und wurt derselbigen mit der Zeit ein grosser hauffe, und wolten kein weib anruren, aber man wurts innen, das es buberey war, und fing sie und verprante yrer eins teils, und straffte die andern sunst, und stillete es so.

[a] *Die in der HS neben den Text gesetzte Überschrift von der Hand des Niklas von Klempzen.*
[b] *Gestrichen:* ummer zween und zween zusamen.

VI

Drei Mandate Papst Urbans V. vom Jahr 1364.

a

Urban V. befiehlt den Bischöfen von Straßburg und Hildesheim zur lange vernachlässigten Ketzerbekämpfung in den Erzdiözesen bzw. Diözesen Mainz, Trier, Köln, Salzburg, Bremen, Magdeburg, Riga, Kammin, Bamberg und Basel als Inquisitoren Ludwig de Caliga, Heinrich de Agro, Walter Kerlinger und Johann de Moneta oder andere Dominikaner einzusetzen und ihnen einen Inquisitionssprengel zuzuweisen. Avignon, 1364 Oktober 11.

Reg. Vat. 251, *fol. 342v. 343r, Nr. 69; Druck:* —; *Regest:* Päbstliche Urkunden und Regesten aus den Jahren 1353—1378..., *ges. von Paul Kehr, bearb. von Gustav*

VI. Mandate Urbans V. zur Inquisition, 1364

Schmidt (= Geschichtsquellen der Provinz Sachsen und angrenzender Gebiete 22), hrsg. von der Historischen Commission der Provinz Sachsen, Halle 1889, S. 173 f., Nr. 632; vgl. oben, S. 15. Das Mandat ist jetzt ediert durch Alexander Patschovsky, Straßburger Beginenverfolgung im 14. Jahrhundert, in: Deutsches Archiv für Erforschung des Mittelalters 30 (1974), S. 56—198, hier 161—163.

(Urbanus episcopus, servus servorum dei,) venerabilibus fratribus Johanni Argentinensi et Johanni Hildesemensi episcopis salutem (et apostolicam benedictionem). Pre cunctis nostre mentis desiderabilibus tota mente optantes fidei catholice incrementa, et eam a malignorum et pravorum hereticorum necnon fautorum et defensorum et receptorum ipsorum dolosis insidiis et fraudulentis fallaciis, quibus vineam domini Sabaoth nequiter demoliri satagunt, pro viribus conservare, ad eorum iniqua destruenda molimina eo[a] animosius aspiramus, quo in animarum stragem huiusmodi pestilentes penitiosius agnoscimus aspirare. Sane quia in agro domini, ubi seminatum est triticum, inimicus homo superseminat sepe zizania, quod per fideles agricolas eradicandum est penitus donec parvum, ne crescat in tritici detrimentum, nos attendentes, quod, licet in partibus Alamannie sint locorum ordinarii deo devoti ac super commissos eis populos vigilantes, ad quos de iure spectat de insurgentibus heresibus et erroribus solerter inquirere eosque radicitus extirpare, quia tamen iidem prelati sepe sunt diversis solicitudinibus, presertim in administratione temporalium occupati, ad inquisitionem heresum et errorum huiusmodi, prout expedit, non intendunt et, sicut fidedigna relatione percepimus, in dictis partibus pluribus annis preteritis non fuerunt inquisitores heretice pravitatis, nos precipuis desideriis cupientes, quod negocium fidei in eisdem partibus iugi profectu, destructis quibuslibet erroribus heresumque quorumlibet eradicatis vepribus, fortius convalescat, digne studemus ad hoc personas idoneas zelo dei ferendas, quarum honesta conversatio exemplum tribuat puritatis et doctrinam fundant erudita labia salutarem, in eisdem partibus deputari, ut sacrorum ipsorum ministerio ac vigili studio et solicitudine indefessa prefate partes ab huiusmodi pravitatis contagiis, forsitan ibi fuerunt, assistente divina (gratia) expurgentur, ac ibidem[b] eiusdem fidei catholice nitor in honorem dei ac incrementum, soliditatem et statum publice fidei multipliciter solidetur et clarius elucescat, cum dilecti filii Ludovicus de Caliga, Henricus de Agro, Weltherus (!) Kerlinger et Johannes de Moneta ordinis fratrum predicatorum ad exequendum[c] huiusmodi inquisitionis officium fidedignis relatibus ydonei asserantur, de vestra fraternitate fiduciam in domino pleniorem obtinentes, vobis predictos Ludovicum, Henricum, Weltherum et Johannem, si ad hoc ydoneos esse repereritis et ipsi ad hoc intendere poterunt, alioquin loco ipsorum et cuiuslibet eorundem alios ydoneos viros dicti ordinis, de quibus vestre circumspectioni videbitur, super quo vestram conscientiam oneramus, auctoritate nostra in Maguntinensi, Treverensi, Coloniensi, Salzeburgensi, Bremensi, Magdeburgensi

[a] *Gestrichen:* libentius.
[b] *Gestrichen:* huiusmodi.
[c] *HS:* execrandum.

et Rigensi civitatibus, diocesibus et provinciis necnon Caminensi, Bambergensi et Basiliensi civitatibus et diocesibus constituendi et etiam deputandi eisque in virtute obediencie in remissionem // suorum peccaminum iniungendi, quod huius inquisitionis officium in eisdem civitatibus, diocesibus et provinciis per vos distinguendis et assignandis inquisitoribus ipsis contra hereticos et fautores, defensores ac receptores eorum iuxta formam sanctorum canonum et auctoritatem fratribus dicti ordinis inquisitoribus huiusmodi pravitatis per eosdem canones et apostolicam sedem concessam et imposterum deputandis concedendam solerter et solicite non postponant, ac eis illam potestatem et auctoritatem in eisdem civitatibus, diocesibus et provinciis concedendi, que fratribus eiusdem ordinis inquisitoribus pravitatis prefate in aliis locis et provinciis a iure vel dicta sede noscitur esse concessa, plenam vobis concedimus auctoritate presentium facultatem; per huiusmodi autem constitutionem et deputationem per vos de prenominatis vel aliis personis in huiusmodi inquisitionis officio faciendis locorum ordinarii, quominus ipsi inquisitionis officium super labe pravitatis predicte secundum canonicas sanctiones exercere valeant, volumus preiudicium gnari. Ceterum volumus et mandamus, quod predictas civitates, dioceses et provincias, prout eidem circumspectioni vestre videbitur, disting(u)atis ac eas secundum distinctionem huiusmodi singulis eisdem inquisitoribus assignetis.

Datum Avinione, V. Idus Octobris, (pontificatus nostri) anno secundo.

b

Urban V. befiehlt den Bischöfen von Straßburg und Hildesheim, dafür Sorge zu tragen, daß die vier Inquisitoren, die in die Erzdiözesen bzw. Diözesen Mainz, Trier, Köln, Salzburg, Bremen, Magdeburg, Riga, Bamberg, Kammin und Basel geschickt wurden, jährlich ducentos florenos auri boni ponderis *erhalten. Avignon, 1364 Oktober 17.* Datum Avinione XVI. Kalendas Novembris. Anno secundo. — De fide ac circumspectione nostra.

Reg. Vat. 251, *fol. 343r, Nr. 70; Druck:* —; *Regest:* Päbstliche Urkunden und Regesten ... 1353—1378, *ges. von P. Kehr, bearb. von G. Schmidt ..., S. 174, Nr. 634.*

c

Urban V. gibt venerabilibus fratribus Maguntinensi, Treverensi, Coloniensi, Salzeburgensi, Bremensi, Magdeburgensi, et Rigensi archiepiscopis eorumque suffraganeis necnon Bambergensi, Caminensi et Basiliensi episcopis *Kunde von dem an die Bischöfe von Straßburg und Hildesheim gerichteten Erlaß über die Finanzierung der vier Inquisitoren. Avignon, 1364 Oktober 17.* Datum Avinione XVI. Kalendas Novembris. Anno secundo. — Nuper venerabilibus fratribus.

Reg. Vat. 251, *fol. 343r, Nr. 71; Druck:* —; *Regest:* Päbstliche Urkunden und Regesten ... 1353—1378, *ges. von P. Kehr, bearb. von G. Schmidt ..., S. 174, Nr. 635.*

VII

Drei Waldenserinnen (?) aus Wittenberg, von denen eine in der Mark geboren war, werden entdeckt, 1366.

Aus: Anton Weck, Der Chur-Fürstlichen Sächsischen weitberuffenen Residentz- und Haupt-Vestung Dresden Beschreib- und Vorstellung, *Nürnberg 1680, S. 305 f.*

Anno 1366, um die Zeit da Wicleff in Engeland sich regete / gediehe es dieser Lande auch bereits / der Religion halber / zum Nachdencken / indeme (wie ein uhraltes Manuscript meldet[1]) selbiges Jahr zwey Jungfern zu Wittenberg / deren die eine aus der Marck / die andere um Wittenberg[2] bürtig gewesen / welche beyde Margaretha geheißen / und eines Becken Weib in Wittenberg / Agnes genant / welche letztere auch nachgehends sich alhier eingefunden / ins gesamt eine Secte erreget / also daß Sie vorgegeben / der An- // tichrist wäre gebohren / man solte an kein Fegfeuer gläuben / noch an die Vorbitte der Heiligen / und sagten man solte Sie nicht ehren / es wäre Abgötterey; Sie verachteten den Pabst / die Prälaten und andere Geistlichen / erwehnten / die Pfaffen wären geitzig / Hoffärtig und Unkeusch; auch hielten Sie nichts von dem geweyheten Saltze und Waßer / Sie gaben für es wäre erdichtet ding mit der Kirche und dem Banne / auch waren Sie wider die Wallfahrten und Besuchungen der heiligen Oerter / Endlich wolten Sie auch nicht / daß man die Ubelthäter umbrächte / sondern achteten es für Todsünde. Es wurde ihnen aber respectivè von Churfürsten zu Sachsen / und denen Landgrafen in Thüringen auch Marggrafen zu Meißen das Vornehmen zeitlich verbothen.

S. 305

S. 306

---

[1] *Die Quelle, auf die sich Anton Weck hier bezieht, konnte bislang nicht ausfindig gemacht oder verifiziert werden.*

[2] *Die Bedeutung Wittenbergs als Waldenserzentrum gegen Ende des 14. Jahrhunderts wird aus den Listen der durch Martin von Amberg und Peter Zwicker 1391 in Erfurt bekehrten waldensischen* magistri *und* discipuli *erkennbar. Daß die in diesem Zusammenhang genannte Margarethe in Wittenberg identisch ist mit einer der bei Weck erwähnten namensgleichen Frauen, ist nicht auszuschließen. — Zur Überlieferung der Listen und ihren Editionen vgl. D. Kurze, Zur Ketzergeschichte . . ., in:* Jahrbuch für die Geschichte Mittel- und Ostdeutschlands *16/17 (1968), S. 80, Anm. 152, u. S. 94, sowie die ergänzenden Hinweise von A. Patschovsky, in:* Deutsches Archiv für Erforschung des Mittelalters *25 (1969), S. 292. Wir zitieren im folgenden nach einer unseres Wissens noch nicht ausgewerteten Würzburger Handschrift — UB Würzburg M. ch. f. 51, fol. 34v—38r:* Item Conradus de Saxonia de villa dicta Dorbrin prope Wittenberg, filius cuiusdam rustici *(fol. 34v; mit Dorbrin — in anderen Handschriften Dobreium, Derbrim, Dorbray, Dorbrim, Dorbran — ist sicher Dabrun, etwa 5 km südöstlich von Wittenberg, gemeint). . . .* Item Claus de Plaven, qui fuit scolaris, filius Conradi linificis, hic duobus annis moratus est in domo Margarethe in Wittenberg et manens hereticus frequentavit scolas ibidem *(fol. 38r).*

VIII

Zwei Mandate Papst Gregors XI. vom Jahr 1372, betreffend Beginen und Begarden unter anderem im Raum Stettin.

a

Papst Gregor XI. ordnet gegen Beginen und Begarden, die sich u. a. in das Herzogtum Stettin geflüchtet haben, die Unterstützung der Inquisitoren an. Avignon, 1372 Januar 5.

Reg. Vat. 244 B, *fol. 26r, Nr. 47;* Reg. Vat. 264, *fol. 1v. Druck:* —; *Regest:* Päbstliche Urkunden und Regesten ... 1353—1378, ges. von P. Kehr, bearb. von G. Schmidt..., S. 295, Nr. 1082; vgl. oben, S. 215 ff.

(Gregorius episcopus, servus servorum dei,) venerabilibus fratribus universis, archiepiscopis et episcopis ac dilectis filiis electis, abbatibus, prioribus, prepositis, decanis aliisque ecclesiarum et monasteriorum prelatis ac personis ecclesiasticis, necnon nobilibus viris, principibus, ducibus, marchionibus, comitibus, baronibus aliisque terrarum dominis ac universitatibus et rectoribus civitatum, opidorum[a], castrorum et villarum per Alamanniam constitutis salutem (et apostolicam benedictionem). Perduxit ad audienciam nostram relatio fidedigna, quod dilecti filii inquisitores heretice pravitatis in civitatibus, diocesibus et provinciis Magdeburgensi et Bremensi et in terris Thuringie[b], Saxonie et Hassie per sedem apostolicam deputati auxilio divine gratie et assistencia magnatum et universitatum partium eorundem[c] nonnullos Bechardos[d] et Beginas[e], in quibus multi reperti erant hereticales errores, prout ex commissi eis officii tenebantur debito, persequentes, eos de predictis partibus extirparunt, nonnullos eorundem hereticorum conversis et aliis ex ipsis iusti iudicii animadversione punitis. Verum, ut habet prefata relacio, plures ex Bechardis[f] et Beginis eisdem de dictis et aliis partibus, timore ipsorum inquisitorum perterriti, ad partes Reni et Brabancie[g], Hollandie et ducatus Stetinensis, ubi talium esse dicitur multitudo, qua iuvari et sua defendi pravitate confidunt, fugisse dicuntur. Universitatem vestram requirimus et rogamus attente, quatenus inquisitoribus pravitatis eiusdem contra quoscumque hereticos seu huiusmodi status Bachardorum et Beginarum[h] sive alios utriusque sexus heretica labe infectos pro dei et fidei catholice reverencia assistatis favoribus oportunis, cum super hoc fueritis requisiti, ut, de agro dominico extirpata zizania, seges domini feracior crescat in eius orreum inferenda, vosque proinde celeste premium uberius reportetis.

Datum Avinione Nonas Januarii („pontificatus nostre) anno secundo.

[a—g] *Abweichungen in* Reg. Vat. 264 *gegenüber* Reg. Vat. 244 B:
[a] *Fehlt.*
[b] Turingie.
[c] earundem.
[d] Begardos.
[e] Beguinas.
[f] Begardis.
[g] *In* Reg. Vat. 244 B *gestrichen:* Flandrie.
[h] Beguinarum.

b

Papst Gregor XI. ordnet gegen Beginen und Begarden, die sich u. a. in das Herzogtum Stettin und nach Schlesien geflüchtet haben, die Unterstützung der Inquisitoren an. Villeneuve, 1372 Juli 27.

Original früher in Breslau, Königl. Staatsarchiv, Dominican. 79, *danach Druck:* Codex diplomaticus maioris Poloniae in quo exhibentur: Bullae pontificum ..., ab anno 1136 usque ad annum 1597. *Coll. a Casimiro Raczyński. Ed. Eduardus Raczyński, T. 3, Posen 1879, S. 388, Nr. 1644;* Reg. Vat. 244 C, *fol. 42r.v, Nr. 110, danach Druck: Augustin Theiner (Hrsg.),* Vetera monumenta Poloniae et Lithuaniae gentiumque finitimarum historiam illustrantia, *Bd. 1, Rom 1860, S. 555, Nr. 735 (mit falscher Zuordnung) und:* Päbstliche Urkunden und Regesten ... 1353—1378, ges. *von P. Kehr, bearb. von G. Schmidt..., S. 296 f., Nr. 1044;* Reg. Vat. 264, *fol. 51v.*

Gregorius episcopus, servus servorum dei, venerabilibus fratribus universis et singulis, archiepiscopis et episcopis ac dilectis filiis electis, abbatibus, prioribus, prepositis, decanis aliisque ecclesiarum et monasteriorum prelatis ac personis ecclesiasticis, necnon nobilibus viris, principibus, ducibus, marchionibus, comitibus, baronibus aliisque terrarum dominis ac universitatibus et rectoribus civitatum, opidorum, castrorum et villarum per Alamanniam, Poloniam et Slesiam et alias quascunque partes fidelium constitutis, ad quod presentes pervenerint, salutem et apostolicam benedictionem.

Perduxit ad audienciam nostram relatio fidedigna, quod dilecti filii inquisitores heretice pravitatis in civitatibus, diocesibus et provinciis Magdeburgensi et Bremensi et in terris Thuringie[a], Hassie et Saxonie per sedem apostolicam deputati et eorum vicarii auxilio divine gratie et assistentia magnatum et universitatum partium earundem nonnullos Beghardos[1] et Beginas, in quibus multi reperti erant hereticales errores, prout ex commissi eis officii tenebantur debito, persequentes, eos de predictis partibus extirparunt, nonnullis eorundem hereticorum conversis et aliis ex ipsis iusti iudicii animadversione punitis. Verum, ut habet predicta relatio, plures ex Beghardis et Beginis eisdem de dictis et aliis partibus, timore ipsorum inquisitorum perterriti, ad partes et ducatus Stetinenses, ad terram Slesie, ad civitatem et diocesim Wratislaviensem et alias partes vestras, in quibus Beghardorum et Beginarum huiusmodi esse dicitur multitudo, qua iuvari et in sua defendi pravitate confidunt, fugisse dicuntur; universitatem vestram requirimus et rogamus attente, quatenus inquisitoribus pravitatis eiusdem in eisdem vestris partibus deputatis et eorum vicariis et nuntiis contra quoscunque hereticos seu huiusmodi statum Beghardorum et Beginarum tenentes seu alias utriusque sexus heretica labe infectos pro dei et fidei catholice reverencia assistatis cum vestro brachio seculari ac

---

a/1 Reg. Vat. 264 *hat abweichend* Turingie *statt* Thuringie *sowie immer* Bechardi *o. ä. statt* Beghardi *o. ä.*

aliis vestris auxiliis, consiliis et favoribus oportunis, cum super hoc fueritis requisiti, ut, de agro dominico extirpata zizania, seges domini crescat feracior in eius orreum dominicum inferenda, vosque proinde celeste premium uberius reportetis.

Datum apud Villam Novam, Avinionensis diocesis, VI. Kalendas Augusti, pontificatus nostri anno secundo.

IX

Fortsetzer des Caesar Baronius über Maßnahmen gegen Beginen und Begarden unter anderem im Raum Stettin zum Jahr 1372.

a

Aus: Abraham Bzovius, Annalium ecclesiasticorum post illustriss. et reverendiss. dominum C. Caesarem Baronium tomus XIV rerum in orbe Christiano ab anno domini 1300 usque ad annum 1378 gestarum narrationem complectens, *Köln 1618, Sp. 1397 f.*

Inter hos Italiae tumultus, in Germania, plurimi Begardorum et Fraticellorum a Ioanne Wiclefo recens exorto, magis Ecclesiasticam potestatem contemnere docti, pullulabant, iamque Magdeburgen. et Bremen. provinciis infectis, partes Rhenanas, Hollandiae et Brabantiae irruperant, universaque Pomerania peragrata, Stetinenses tentaverant. Monuit Pontifex, Imperatorem et Principes Germaniae, ut ad extirpationem haeresum, eius criminis Inquisitoribus opem ferrent. Nonis Ianuarii. . . .

b

Aus: Odoricus Raynaldus, Annales Ecclesiastici ab anno quo desinit Card. C. Baronius, 1198 usque ad annum 1534 (—1565) continuati ..., *tom. 16, Köln 1652, S. Ggg 3.*

Contaminabant etiam Germaniam Begardi ac Beghine multis erroribus, in quos cum iam ante Urbanus V. Carolum imperatorem excitasset, ut imperiali auctoritate censores fidei in obeundo munere fulciret, iique in Magdeburgensi et Bremensi provinciis iudiciorum ordinem in hosce hereticos instituissent; mox impii ad declinandam severitatem in provincias, quas Rhenus alluit, tum Hollandiam, Brabantiam ac ducatum Stetinensem, ubi altiores impietas radices fixerat, avolarunt. Ad quos revocandos in viam salutis perdendosve, ne ceteros subornarent, Carolum imperatorem solicitavit Gregorius, ut principes ac magistratus causarum fidei cognitoribus auxilio non deesse iuberet[1].

[1] Vgl. zur Sache E.W. McDonnell, The Beguines and Beghards in Medieval Culture..., Repr.: New York 1969, S. 556 ff.; R. E. Lerner, The Heresy of the Free Spirit..., S. 133 ff. — Die anderen dort angegebenen Quellen nennen unseren Raum nicht ausdrücklich.

X

Papst Gregor XI. fordert die Unterstützung des unter anderen für die Erzdiözese Magdeburg und das Bistum Kammin eingesetzten Inquisitors Hermann von Hettstedt OP. Avignon, 1374 November 24.

Reg. Vat. 266, fol. 60v. Druck: —; Regest: Päbstliche Urkunden und Regesten ... 1353—1378, ges. von P. Kehr, bearb. von G. Schmidt ..., S. 322, Nr. 1197.

(Gregorius episcopus, servus servorum dei,) venerabilibus fratribus, Bremensi et Magdeburgensi archiepiscopis eorumque suffraganeis ac ... Caminensi, Halberstadensi, Hildesemensi, Verdensi et Padeburnensi episcopis, necnon dilectis filiis nobilibus viris, ... duci Saxonie et langravio Hassie ceterisque terrarum dominis per Turingiam constitutis ac omnibus et singulis aliis, ad quos presentes pervenerint, salutem etc.

Cum dilectus filius Hermannus de Hetstede, prior provincialis Saxonie ordinis fratrum predicatorum, professor, per dilectum filium Heliam, magistrum generalem eiusdem ordinis, inquisitor heretice pravitatis in Bremensi et Magdeburgensi civitatibus et diocesibus necnon in omnibus et singulis Bremensis et Magdeburgensis provinciarum ac Caminensi, Halberstadensi, Hildesemensi, Verdensi et Padeburnensi civitatibus et diocesibus[a] necnon in terris Turingie, Saxonie et Hassie diocesis Maguntinensis auctoritate apostolica constitutus existat, prout in eiusdem magistri litteris inde confectis plenius continetur, nos cupientes, quod idem inquisitor in commisso sibi huiusmodi inquisicionis officio utili et necessario in ecclesia sancta dei ad defensionem et exaltationem catholice fidei prosperetur, fraternitatem et nobilitatem vestram[b] rogamus et hortamur attente, quatenus ipsum inquisitorem eiusque vicarios et familiares in hiis, que ad executionem dicti officii pertinent, habeatis ob reverentiam dei et dicte fidei ac apostolice sedis et nostram, dum vos et singulos vestrum requirendos duxerint, propensius commendatos, non permittens eisdem molestias seu iniurias irrogari, set pocius opportune[c] defensionis clipeo aliasque vestris consiliis, auxiliis et favoribus efficaciter assistatis.

Datum Avinione VIII Kal. Decembris, (pontificatus nostri) anno quarto.

[a] Der Kopist hat die Wörter ac Caminensi... diocesibus, die in seiner Vorlage wohl eine Zeile füllten, zweimal geschrieben.
[b] HS hat statt vestram : iuris (?)
[c] HS: opportunie.

XI

Magdeburger Synodalstatuten, betreffend Eberhardiner, Begarden, Beginen und allgemeine Maßnahmen gegen Ketzer, 1386[1].

Aus: Concilia Germaniae ... *(ed. Schannat/Hartzheim, siehe oben, Nr. I), T. 5, S. 676 f., 686, 698, 708*[2].

S. 676 f. (aus der Präambel:) Statuta provincialia predicti Borchardi[3] et aliorum predecessorum nostrorum / et que ipsis in hoc presenti concilio per nos edita, de consensu et approbatione venerabilium fratrum nostrorum et coepiscoporum nostre provincie, B. Misnensis, C. Mersebergensis, D. Nuenbergensis, E. Havelbergensis, F. Brandenburgensis, adiecimus, aliis statutis ac in melius reformatis, aliis etiam penitus resecatis, prout tempus eposcit.

S. 686: Rubrica de vita et honestate clericorum.

Ad hec quia clerici vagabundi, qui Ebirhardini[4] dicuntur, quorum vita deo odibilis est, clericos et ipsos laicos scandalizant discurrendo per terras, in villis, que carent propriis sacerdotibus, celebrare presumunt seu quod verius, quantum in ipsis est, prophanare divina officia; statuimus, ut tales ad mandatum diocesani vel loci archidiaconi teneantur in custodia carcerali ad hoc, si necesse fuerit, invocato auxilio brachii secularis, salvis nihilominus constitutionibus contra tales per sedem apostolicam promulgatis.

S. 698: Sectam et habitum necnon conventicula suspicione mali non vacua Bobechardorum[5], clamantium per plateas et vicos civitatum, oppidorum et villarum hoc vulgare: Brot durch Got, nec non quaslibet alias singularitates a sancta dei ecclesia non receptas colentium reprobemus, mandantes sub pena suspensionis universis prelatis per civitatem, diocesim et provinciam Magdeburgensem constitutis, ut tales Bobechardos et vicarios publice tribus dominicis diebus et festivis ammoneant, quos et nos presentibus ammonemus, ut huius-

---

[1] *Datierung nach Anton Joseph Binterim*, Pragmatische Geschichte der deutschen National-, Provinzial- und vorzüglichsten Diöcesanconcilien ..., *Bd. 6, Mainz 1852, S. 187 f. u. S. 466 ff. — Schannat/Hartzheim*, Concilia Germaniae ..., *T. 5, S. 676, Anm., weisen dieses Konzil ohne präzise Datierung der Zeit Erzbischof Alberts III. (bzw. IV.) zu (1382—1403). Wichtigste Vorlage waren die Beschlüsse des Mainzer Konzils vom Jahre 1310; vgl. Schannat/Hartzheim*, Concilia Germaniae ..., *T. 4, S. 174 ff., bes. S. 186, 200 f. u. 209 f.*

[2] *Eine fragmentarische Überlieferung, irrig auf 1370 datiert, bei Schannat/Hartzheim*, Concilia Germaniae ..., *T. 4, S. 411 ff., und danach bei J. D. Mansi*, Sacrorum conciliorum nova, et amplissima Collectio ..., *T. 26, Sp. 567 ff.*

[3] *Burchard III. von Schraplau, 1307—1325.*

[4] *Schannat/Hartzheim*, Concilia Germaniae ..., *T. 4, S. 420: Everhardini, vgl. oben S. 1 f.*

[5] *= Begarden; vgl. Schannat/Hartzheim*, Concilia Germaniae ..., *T. 4, S. 200: ... Beghardorum, clamantium per vicos et plateas ... (Mainzer Konzil vom Jahr 1310).*

modi singularitatibus derelictis se teneant sicut alii christiani et quod non predicent in cavernis et in aliis locis publicis et cum Beguinis se conformantibus eisdem moribus, habitu et incessu. Alioquin extunc ipsos extra terminos suarum parochiarum per excommunicationis sententiam authoritate huius concilii repellere non obmittant denuntientque vicinis sacerdotibus, ut tales sic repulsos in suis parochiis non admittant. Idem de Beguinis pestiferis duximus statuendum.

S. 708: Rubrica de hereticis.

Universos canones ac statuta, prout a sancta matre ecclesia sunt edita a spiritu sancto docente, qui universum corpus ecclesie suo afflatu regit et vivificat, que etiam domino Jesu Christo ad patrem suum intercedente a catholicis regulis, constitutis et veritate declinare non possit, ipso attestante, qui dicit[6]: ‚Ego pro te rogavi Petre, ut non deficiat fides tua', sacri approbatione concilii, ut tenemur adstricti, et tanquam vere fidei zelatores precipimus et mandamus in omnibus suis capitulis et articulis districtius, omni metu cessante et potentium terrore, observari et potissime per confratres nostros et eorum vicarios in spiritualibus, ad quos hoc principaliter pertinet, ut ipsi diligenti studio per se et per suos vicarios, sicut et nos intendimus, sollicita cura et toto conatu invigilent, ut hereticos et schismaticos repertos in suis civitatibus et diocesibus penitus exterminent, frequenter scrutinium contra eos repertos observent eis penas debitas infligendo etiam, si opus est, ut fieri debeat, pro executione ultima brachio ad hoc invocato seculari.

[6] *Luc. 22, 32.*

XII

Verhörschemata und Formeln bei Inquisitionsprozessen Peter Zwickers gegen Waldenser.

Aus: Cod. Seitenstettensis 188 *u.* 252; *vgl. oben, S. 17 f.*

a. *Fragenkatalog* (Interrogatorium)

Processus domini Petri de ordine Celestinorum inquisitoris hereticorum[a].   fol. 1r

Ubi es natus? Quis pater tuus? Que mater tua? Fuerunt eciam noti? Sunt taliter defuncti? Ubi sunt sepulti? Quis te induxit? Quid tibi dixit? Quamdiu fuisti in secta? Ubi es primo confessus heresiarchis? In quo loco domus? Quantum temporis est, quo[b] primum es confessus? Ubi, quando et quociens es confessus medio tempore? Ubi et quando es eis novissime confessus? Quales ipsos reputabas, putabas eos bonos et sanctos homines[c] vite apostolorum in terris

---

a—n Abweichende Lesarten in Cod. Seitenstettensis 252, *fol. 171v:*

[a] Processus — hereticorum *fehlt.*
[b] quod.
[c] vite — potestatem *fehlt.*

ambulantes et quod haberent potestatem a deo verbum dei predicandi, confessiones audiendi, penitencias iniungendi et a peccatis absolvendi melius quam sacerdotes ecclesiae vel equaliter? Reputabas eos presbiteros ab aliquo papa vel episcopo katholico consecratos vel ab hiis ad[d] huiusmodi faciendo missas? Quid tibi iniunxerunt pro penitencia? Quot[e] Pater noster in feriis? Quot[e] in festis? Eciam Ave Maria vel Credo? Qualiter et quantum ad ieiunandum? Tenuisti pro tuo posse illam penitenciam? Credebas te absolutum per eos a peccatis[f]? Es eciam confessus presbiteris ecclesiae? Sumpsisti[g] corpus domini? Revelasti ipsis sectam? Fuisti prohibitus[h] revelare sectam an non? Quociens audivisti predicaciones heresiarcharum? Quot[i] et qui fuerunt presentes? Ubi et quando predicaverunt? Quociens hospitasti eos, cibasti, potasti, conduxisti? Quantas[k] dedisti eis pecunias? Quid audivisti et credidisti de invocationibus sanctorum? Possunt ipsi nobis suffragari, curant vel sciunt nos? Ieiunasti vigilias sanctorum et celebrasti festa? Si fecisti, / ad cuius laudem, fecisti secundum hereticos? Habes apostolum? Quando est eius festum? Quid predicatur de ipso? Es eciam confirmatus? Orasti pro animabus defunctorum? Credidisti, solum duas vias post hanc vitam? Quid credidisti de purgatorio? Obtulisti in missis defunctorum ipsis ad profectum? Credidisti, ecclesiasticam sepulturam, aquam benedictam, sal consecratum, herbas, palmas, cineres, candelas, consecraciones ecclesiarum, altarium, cimiteriorum, paramentorum, insigniorum pontificalium, veneraciones ymaginum, cantus ecclesiasticos vel organorum, pulsus campanarum, processiones diebus dominicis, rogaciones, letanias, peregrinaciones, indulgencias ecclesiasticas, reliquias sanctorum, ossa, vestimenta, crucem domini, coronam spineam, clavos, lanceam, flagella, sepulchrum domini, terram promissionis, sacramentum confirmacionis, religiones, studia privilegiata, tonsuram clericalem, ordinaciones presbiterorum, oraciones in ecclesia, ornamenta ecclesiastica, confessionem generalem — hec omnia esse sancta et katholica? Credidisti, omne homicidium esse peccatum? Credidisti, omne iuramentum esse peccatum? Fuisti prius coram inquisitore? Fuisti vocatus vel iudicialiter citatus venire sponte? Iurasti de dicenda veritate? Fatebaris, te fuisse hereticum? Quid pro penitencia est tibi iniunctum ab inquisitore? Portasti crucem, ubi, quando, quamdiu? Quociens es postea confessus, ubi et quando? Abiurasti inquisitori vel plebano sectam tuam? Fuit notarius presens? Fuerunt testes presentes? Fuit tibi dictum de conbustione, si re/labereris? Credidisti, sectam tuam esse veram fidem christianam et alios non sectenarios dampnandos esse? Induxisti aliquos ad sectam? Dixisti te cum tuis complicibus „notos" i.e. „kunden" et alios „alienos" i.e. „frömden"[l]? Vis ex

[d] vel ad.
[e] quod.
[f] a peccatis per eos.
[g] Sumpsisti eciam.
[h] prohibitus ipsis.
[i] Quot — predicaverunt *fehlt*.
[k] Quantus — audivisti *fehlt*.
[l] *fremden*.

puro corde et fide non ficta reverti ad unitatem matris ecclesie katholice et Romane? Vis hoc ipsum iurare? Vis ammodo nulla unquam conversacione ad[m] sectenarios venire vel redire? Vis penitenciam publicam et occultam subire? Vis te ad[n] penam ignis, si relapsus fueris, obligare? Vis te obligare, quod penitencia te non adiuvet, si scienter falsa es locutus in tuo examine? Vis promittere, quod de nullo ex hac causa vindices? Vis abiurare sectam Waldensium et omnem aliam heresim presentem et futuram? Vis inviolabiliter observare fidem katholicam? Etc. Et hoc de interrogatorio.

[m] ad *fehlt.*
[n] a.

b. Sequitur forma iuramenti de dicenda veritate in officio inquisicionis heretice pravitatis

Ich N. swer ain aijd dem allmêchtigen got, unserm heiligen vater, dem pabst der heiligen römischen offenbarn chirchen, unserm herren, dem bischoff von Passaw, und ew an seiner stat vor disen gegenbürtigen gezeugen und disem offenbarm schreiber, das ich sagen wil die lautter warhait an alles gewêrd lautterleich aus meinem herczen aller der ding, die mir wissund sein, der ich gefragt wird, von mir selb und andern laûten und wil das nicht lassen weder durch lieb noch durch / laid, als mir got helf und sein heiligew marter und sein heilig ewangelii, das ich hewt mit meiner hant leibleich beruer, und ob ich das wissenleich nicht taet, so wil ich verfallen sein aller der pein, die ayn falscher, ungetrewer monaydiger von recht leiden sol, und also mir got genedig sey nu und an meinen lesten czeiten.   Amen.

2v

c. Forma iuramenti expurgacionis

Ich N. swer ain ayd got dem allmêchtigen, unserm heiligen vater, dem pabst der heiligen römischen offenbarn chirchen, unserm herren, dem pischoff von Passaw, und ew an seiner stat vor disen gegenbürtigen gezeugen und dem offenbarm schreiber, das ich in allem meinem leben chain andern gelauben gehabt hab noch gelaubt, wann nur den ainigen offenbarn christengelauben, den di heilig chirchen offenberleich predigt, gelaubt und halt, und das ich in allem meinem leben chainem andern menschen gepeicht hab, wann nur den offenbarn christenleichen geweichten priestern, und das ich in allem meinem leben chain verdachten oder versprochen prediger zu mir gelassen hab, noch wissenleich zu im gangen pin zu hörn lern und worten[a], die da waren wider die heilig offenbarn predig, die da offenbêrlich geschicht in geweichten chirchen. Auch gelob ich mit meinem ayd, das ich mich / an nyemand rechen wil in dhainer weis mit worten noch mit werchen, mit mir selber oder andern menschen von diser sach wegen, also mir got helf und sein heilige marter und sein heiligs ewangeli, das ich hewt mit meiner hant leibleich berûr, und also mir got helf und genedig sey nu und an meinen lesten czeiten.   Amen.

3r

[a] *HS:* warten.

d. Forma iuramenti abiuracionis[a] secte Waldensium hereticorum

Ich N. peicht, bechenn und gib mich schuldig dem allmêchtigen got und ew an gotes stat, das ich mich laider swêrlich verirret hab von meinem christengelauben besunder damit, das ich lauttern layen mein sund gepeicht hab, puezz von in enphangen hab und gelaubt hab, das si mich von meinen sůnden entlediget habent, und in vil andern stuchken gelaubt hab, dy da sein wider den heiligen, offenbarn, römischen christengelauben, das ist mir getrewleichen layd von gantzen meinen herczen und sůch genad und parmherczichait und pit mit ganczer begyr, das ir mich wider emphahet zu der ainigung der heiligen offenbarn chirchen.

[a] HS: obiuracionis

e. Hic procedatur ad iuramentum

Da mit so swer ich ainn ayd got dem allmêchtigen, unserm heiligen vater, dem pabst der heiligen römischen offenbarn kirchen, / unserm herren, dem bischoff von Passaw, und ew an seiner stat vor disen gegenbürtigen gezeugen und vor disem offenbarm schreiber, das ich fürbas mer in allem meinem leben nymmer chomen wil zu den Waldenser chetzern, die sich nennen dy chunden, weder czu den maistern noch iungern, gelauber und gelauberinn, frawn und man, jung oder alt, arm und reich, mit peicht, predig, ler, gunst, herberg, beschuttung, und wil sew auch nicht zu mir lassen, die weil si also beleiben wellen, und wil sew âchten offenbar und melden meinem pharrer oder irm pharrer oder ander irn obristen in gůten trewn, wo ich sew ervar oder yeczund ways furbar oder nach dunchken in aller werlt. Auch wil ich mich stellen zu der půss pei der pein des fewrs, wohin und wann man mich růefft, und wil puesse emphahen haymleich und offenleich, was man mir nach genaden aufsetzt, und wil die gäntzlich volfůren und nicht zerugk werffen an urlaub meiner obristen, die des gewalt haben. Auch verpind ich mich und verurtail mich mit meinem mund zu der peyn des fewrs und zu aller andern pein, die in dem heiligen recht geschriben ist, ob ich wider invall in disen ungelauben und verdamptew cherczerei oder in ain andrew, mit was namen si genant ist und her/nach genant möcht werden. Auch so sol mich mein půezz nicht helffen, ist das ich uberbunden wird, das ich in meiner verhörung nicht hiet gesagt die lautter warhait. Auch gelob ich mit meinem ayd, das ich mich an nyemand rechen wil mit worten noch mit werchen noch mit dhainerlay weys, mit mir selber oder mit andern leuten von diser sach wegen. Damit so verswer ich den irrtumb der Waldenser cherczer, die sich nennen die chunden, mit allem irm ungelauben stuken und artikeln, gunst und gemainschafft und allen andern ungelauben, mit was namen er yeczund genant ist und in zůchünfftigen zeiten genant möcht werden, und gelob mit chrafft meins gegenbürtigen aydes, das ich fürbas mer in allem meinem leben halden wil gantz und unzubrochen den ainen und heiligen christengelauben, dyen dy heilig römisch chirch offenberleich chundet, predigt, gelaubt, lert und hald, also mir got helf und sein heiligew marter und sein ewangeli, das ich hewt mit meiner hant leibleich berûr, und also mir got genedig sey nu und an meinen lesten czeiten. Amen.

f. Forma absolucionis hereticorum Waldensium[1]
Primo dicatur psalmus „Miserere mei deus"[2], vel / „Deus misereatur nostri"[3] vel „De profundis"[4], versus „Salvum fac famulum tuum, Deus" etc.[5] „Mitte ei auxilium de sancto"[6]. „Esto ei turris fortitudinis" etc.[7]. „Nichil proficiat inimicus in eo" etc.[8]. „Domine, exaudi oracionem meam" etc.[9]. „Dominus vobiscum". Oremus. Deus, cui proprium est misereri semper et parcere etc., suscipe deprecacionem meam, et hunc famulum tuum, quem excommunicacionis kathena constringit, miseracio tue pietatis absolvat. Collecta.

Concede, quesumus, omnipotens deus et misericors deus, huic famulo tuo dignum penitencie fructum, ut ecclesie tue sancte restituatur unitati, a cuius integritate deviavit heresim secte Waldensium condempnacio incidendo, tenendo, per Christum dominum nostrum. Amen. Et ego auctoritate dei omnipotentis et beatorum eius Petri et Pauli apostolorum necnon auctoritate michi in hac parte concessa absolvo te a vinculis excommunicacionis, si qua incidisti heresim secte Waldensium condempnatam, incidendo, tenendo vel in tali secta constitutos favendo, receptando, defensando vel quidquam eis communionis vetite impendendo, et restituo te sanctis sacramentis ecclesie et communioni fidelium in nomine patris et filii et spiritus sancti. Amen. Sequitur ewangelium.

4 v

[1] *Vgl. zum Folgenden den* Ordo excommunicandi et absolvendi *im Pontificale des Wilhelm Durandus, liber tertius, VIII, 6—11, in: Michel Andrieu (Hrsg.),* Le pontifical romain au moyen-âge (= *Studi e testi, no. 88), T. 3, Città del Vaticano 1940, S. 610—612.*
[2] *Ps. 50.*
[3] *Ps. 66.*
[4] *Ps. 129.*
[5] *Ps. 85, 2.*
[6] *Ps. 19, 3.*
[7] *Ps. 60, 4.*
[8] *Ps. 88, 23.*
[9] *Ps. 101.*

XIII

195 Protokolle eines Inquisitionsverfahrens gegen Waldenser in Stettin aus den Jahren 1392 bis 1394.

HS: Herzog-August-Bibliothek zu Wolfenbüttel, Cod. Helmst. 403, fol. 21—125 (Nr. 47—175 und 184—195) und Novi 348 (Nr. 1—46 und 176—183); vgl. oben, S. 18—31, und das Faltblatt am Ende des Buches.

1

Alte Nr. (2); altes fol. (5r); neues fol. 1r. — Fragment: Schlußteil des Protokolls; das Blatt ist außen (rechts) mit Textverlust beschädigt.

1. *(Wahrscheinlich 1392 November 21)*
2. ?
19. (item nominavit ... uxorem / filiam?) Valkenwalt cerdonis, qui non est de secta. Item inquilinam n(ominavit) predicti Rudynger Elss Schroters, que est Marta. Item nominavit dy grote Elss begynam; item Mechthyld eciam begynam; item Fricz Hutvylter cum uxore; item Hennyk Hutvylter prope pontem; item Andres Rymsnyder cum famulo Claus et ancilla Katherina; item Heyne Wyldenhagen; item d(...) alie mulieres mendice, nescit, ubi habitent.
21. ... presentibus quoad iuramentum de veritate Philippo (de) Helpte[1], preposito Caminensi, Henrico Paleburn[2], preposito ecclesie beate Marie in Stetyn Caminensis diocesis, et Johanne de Eykstete[3], archidiacono Pyricensi in ecclesia Caminensi, et in abiuracione audi(...) deposicionem eisdem excepto preposito Camynensi; cum infrascriptis Johanne Fricze[4], vicario in ecclesia parrochiali sancti Jacobi in Stetyn, in decretis baccalareo, Johanne Alstede[5], rectore scolarium in S(tetyn), in artibus magistris.

[1] *Philipp v. Helpte wird 1390 als Dompropst und Generalvikar des Bischofs von Kammin erwähnt; vgl. Hermann Hoogeweg,* Die Stifter und Klöster der Provinz Pommern, Bd. 1, Stettin 1924, *S. 443; als Philippus de Helpten bzw. de Helpe bzw. de Helpt auch im* Repertorium Germanicum ..., 2, 1, Sp. 97, 171, 578, 588.

[2] *Heinrich Palborn, Propst des Marienstiftes in Stettin 1383—1406; siehe H. Hoogeweg,* Die Stifter ..., Bd. 2, Stettin 1925, *S. 567.*

[3] *Johann v. Eickstedt, Archidiakon von Pyritz und Kanoniker im Stettiner Marienstift, vgl. unten, Nr. 23; erwähnt als Johannes de Eychstede zu 1384 auch im Stettiner Liber sancti Jacobi; vgl. Georg Haag,* Die Gesta priorum des Liber sancti Jacobi, der älteste chronikalische Text Stettins zum ersten Mal veröffentlicht, in: Programm des Städtischen Gymnasiums zu Stettin *(Ostern 1867), S. 8.*

[4] *Johannes Fritze weder bei Hoogeweg noch im* Repertorium Germanicum ..., *noch bei H. Heyden,* Pommersche Geistliche ..., *erwähnt.*

[5] *Johannes Alstede wird zu 1392/93 und 1406 erwähnt im* Repertorium Germanicum ..., 2, 1, Sp. 561 u. 1250.

2

Alte Nr. 3; altes fol. (5v); neues fol. 1v. — Fragment: Anfang des Protokolls; das Blatt ist mit Textverlust beschädigt.

1. Anno, indictione etc. quibus supra, die 22. mensis Novembris predicti *(1392 November 22)*, hora quasi terciarum, in loco et coram Petro[1] inquisitore predicto.
2. Andres Vredewalde Rymsnyder
3. de Stetyn civis
4. Rymsnyder
5. etate 50 annorum

[1] *Peter Zwicker; vgl. D. Kurze,* Zur Ketzergeschichte ..., in: Jahrbuch für die Geschichte Mittel- und Ostdeutschlands *16/17 (1968), S. 71 f.*

6. hic in Stetyn
7. Heyne Vredewalde }
8. Geess } , et quod fuerunt de secta Waldensium et defuncti in eadem *(in der Überschrift:* natus in secta*)*
10. parentes sui predicti
11.—13. c) ... nominavit Niclos de Wyenna et Clauss de Brandenburg[2]
20. Iuratus igitur et interrogatus iuxta iuramentum suum, an ipse inquisitor *(vel)* suus notarius vel Paulus[3] famulus sive quiscumque alius ab ipso *(ex)*egerit seu petiverit ab eo nomine sive pro eo aliquando pecuniam *(sive)* alia quavis munera, ut ad penitenciam occultam veniret, respondit *(quod)* non.
21. *(siehe 1 und 20)*

[2] *Zu den Häresiarchen vgl. D. Kurze, a. a. O., S. 78 ff.*
[3] *D. i. Paulus de Ens aus der Diözese Passau, in den Protokollen oft genannt, vgl. das* PERSONENREGISTER.

3

Alte Nr. 4; altes fol. 7r.v. 8r; neues fol. 2r.v. 3r. — *Ungekürzte Wiedergabe dieses ersten vollständig erhaltenen Protokolls.*

(Überschrift:) Cůne Conradi de Gryfenhagen, natus in secta, 40 annorum

Item anno etc., die 22. mensis predicti *(1392 November 22)*, hora quasi nonarum, in stuba curie prepositi Stetinensis supradicta, coram domino Petro inquisitore supradicto voluntariter se obtulit Cune Conradi de Grifenhagen, Caminensis diocesis, suspectus de heresi et accusatus iudicialiterque oretenus propter dictum domini inquisitoris citatus, et interrogatus, an velit iurare de dicenda veritate, respondit, quod sic, et iuravit corporaliter tactis sanctis dei ewangeliis et signo crucifixi modo et forma prescriptis et consuetis.

Iuratus igitur et interrogatus, ubi et unde natus sit, respondit, quod in Gryfenhagen opido predicto, et quod pater suus vocabatur Henyk Conradi et mater Elizabeth, et fuerint de secta Waldensium et defuncti in eadem, et quod predicti sui parentes dicentes sibi, quod non debeat iurare, maledicere et alias mundalia evitare. Et sic primo venit ad confessionem heresiarce in domo paterna, cum esset annorum 12, et iam sit bene in etate 40 annorum, et superstite patre bina vice confessus est heresiarcis; postea vero migratus est per annos 10 in mundo, in quibus nullociens est confessus heresiarcis; postquam reversus in Gryfenhagen per matrem suam denuo revocatus est ad sectam, quod sunt iam anni 18, in quibus ipse confessus est in anno ad minus semel et aliquando bis in domo ipsius et aliquando hic circa Stetyn in domo Hans Rudynger. Interrogatus, quales reputaverit eos puta confessores eosdem seu heresiarcas, respondit, quod sanctos homines loco apostolorum ambulantes, sed non reputaverit eos presbiteros unquam. Interrogatus, quid iniunxerint ei pro penitencia, respondit, aliquot dies ad ieiunandum, 10 vel 20 eciam in pane et aqua et aliquando in cervisia et pane et ad orandum 50 Pater noster omni die et dominicis centum, et non Ave Maria, et quod tenuerit illam penitenciam et crediderit, se absolutum et penitenciam sibi proficere ad salutem. Interrogatus, an eciam confessus sit sacerdotibus ecclesie et susceperit corpus Christi, respondit, quod sic omni anno, sed non revelaverit se esse in secta, quia prohibitus.

Interrogatus, quociens audiverit predicaciones eorum puta heresiarcarum, respondit, quod vix quater. Interrogatus, an eciam invocaverit beatam virginem Mariam et alios sanctos in patria et crediderit, se per oraciones eorum adiuvari, respondit, quod invocaverit, attamen crediderit heresiarcarum persuasionibus, eis non eos debere invocare, quia pleni essent gaudio, quod non oportet. Interrogatus, an oraverit pro animabus defunctorum fidelium, respondit, quod non, quia dixerint ei, quod non essent nisi due vie post hanc vitam et non purgatorium, et hoc crediderit eis sicud et alia, que docuerunt eum etc. Interrogatus, an crediderit, sectam suam fuisse veram fidem katholicam, extra quam nullus salvaretur, respondit, quod sic, quia hoc dixerunt eis heresiarce. Ad alios articulos inquisitor transiit.

Interrogatus de complicibus et an aliquem induxerit, respondit, quod nullum induxerit, sed nominavit uxorem suam Luciam; item nominavit viduam dictam Rudegeryne et aliam viduam dictam dy Suczyne; item nominavit uxorem Petri Cernaw sutoris, qui non est de secta, dictam Katherinam. Item nominavit in Garcz Hans Sance cum uxore, item in villa dicta Lyndaw nominavit Deneke cum uxore, qui est filius fratris Hans Rudynger de Stetyn. Item interrogatus, an velit reverti ex toto corde sine fictione et ypocresi ad veritatem fidei katholice sancte matris Romane ecclesie et in eadem vivere et mori, qualiter deus secum disposuerit, respondit, quod sic. Item an abiurare sectarios et eos persequi pro posse manifestando prelatis etc., item an velit subire penitenciam publicam et occultam et illam non abicere etc., item an se obligare ad penam relapsorum, si relaberetur, quod absit, etc., item an se velit obligare, quod penetencia et absolucio ipsum non iuvent, si repertus fuerit etc., item quod se non vindicet in aliquo homine verbo vel facto per se vel alium, eciam quesitus, an velit abiurare sectam Waldensium et omnem heresim et tenere inantea illibate fidem katholicam sancte matris Romane ecclesie, respondit ad singula singulariter, quod sic, et abiuravit corporaliter tactis sanctis dei ewangeliis et signo crucifixi modo et forma prescriptis. Insuper absolvit eum modo premisso et terminum statuit Sabbatum proximum ad suscipiendum penitenciam.

Acta sunt hec anno etc., presentibus venerabilibus viris dominis Persero (?)[1] decano Caminensi predicto, Johanne de Eyksteten archidiacono predicto,

---

[1] *Vielleicht verwandt mit Bernhard Berser, 1397 als Kamminer Domthesaurar und seit 1399 bis 1405 als Dekan bezeugt; vgl. H. Hoogeweg, Stifter..., Bd. 2, S. 828; Repertorium Germanicum..., 2, 1, Sp. 136, 1026 u. 1091.*

XIII. Protokolle von Waldenserprozessen in Stettin 1392—94   81

Johanne Pappendorp[2] decano ecclesie collegiate sancte Marie in Stetyn Caminensis diocesis et Johanne Fricze eciam predicto et aliis pluribus ac fratre Nicolao[3] socio inquisitoris, qui et semper supra eciam affuit etc.

[2] *Johannes Papendorf ist noch im Jahre 1400 Dekan des Marienstifts in Stettin; siehe H. Hoogeweg, Die Stifter . . ., Bd. 2, S. 524; vgl. auch Repertorium Germanicum . . ., 2, 1, Sp. 719 und 1393.*
[3] *Nikolaus von Wartenberg aus dem Coelestiner-Kloster Oybin.*

4

Alte Nr. 5; altes fol. 8v; neues fol. 3v. — Fragment: Anfang des Protokolls.

1. Anno etc. die 24. mensis Novembris predicti *(1392 November 24)*, hora quasi terciarum, in loco et coram quo supra
2. Jutta uxor Hans Rudeger/Rudynger
3. de Stetyn
4. —
5. *(etwa 40 Jahre, vgl. 11 a)*
6. in villa dicta Lyndaw 5 miliarum a Stetyn
7. Zabel Weel . . . sed pater non fuit de secta
8. Katherina . . ., sed mater sic, que et defuncta est in eadem secta
9. —
10. mater
11. a) et quod crediderit, iam esse plus quam 30 annos[1]
    b) in domo patris ipsius . . . in quadam camera
12. a) b) tociens, quociens ipsos (= heresiarcas) habere potuit, in anno bis et aliquando solum semel
    c) nominavit Clauss Gotschalk de Brandenburg, quondam heresiarca, Conrad de Toryngia et Conrad de Gemunde et Nicolaum de Solotorna[2]
13. a) et ultimo quod est iam unus annos
    b) —
    c) Nicolao de Solotorn predicto
14. —
15. *(in der Überschrift steht:)* hospita heresiarche
16. Interrogata, quales reputaverit eos (= heresiarcas), respondit, quod audiverit ab eis, quod essent consecrati verbo dei et equam potestatem haberent ministrare sacramenta sicud sacerdotes, non tamen reputaverit eos sacerdotes ab aliquo episcopo consecratos.

[1] *Ungewiß, ob auf die Zeit der Sektenmitgliedschaft oder auf das wirkliche Alter zu beziehen; wahrscheinlich ist ersteres.*
[2] *Vgl. Anm. 2 zu Nr. 2.*

5

Alte Nr. (9); altes fol. 15r; neues fol. 4r. — Fragment: Ende des Protokolls, durch Wasser oder Brand zum Teil schwer lesbar.

1. *(1392 November 25?)*
2. *(eine Frau)*
16. Interrogata, an invocaverit beatam virginem Mariam et alios sanctos et crediderit, se per oraciones eorum adiuvari, respondit, quod non, quod aliquando crediderit et aliquando non et quod apostolos electos suos Philippum et Jacobum reliquerit et non curaverit eos amplius ... et quod dubitet, animam beati mortui esse in celo.
18. Interrogata de complicibus et an aliquem induxerit, respondit, quod nullum, sed bene dixerit, quod melius facere deberent et dimittere peius.
19. Item nominavit Mete inquilinam eius.
20. Insuper absolvit eam et terminum statuit modo et forma predictis.
21. Acta sunt hec anno etc. presentibus infra in deposicione Claus testibus subscriptis et aliis pluribus.

6

Alte Nr. 10; altes fol. 15v; neues fol. 1v. — Fragment: Anfang des Protokolls.

1. Anno, die etc. predictis *(1392 November 25?)*, hora quasi vesperorum, coram quo supra et loco predictis
2. Claus Thomis/Thome
3. de Stetyn
4. famulus Andres Rymsnyder
5. *(28 Jahre, siehe 11 a)*
6. in Warnicz villa miliarium a Bernwalde iam desolata[a]
7. alde Thomas } , et quod fuerunt de secta Waldensium et defuncti
8. Tele } in secta eadem
9. —
10. pater
11. a) cum esset annorum 10 vel 11, et sit iam in etate 28 annorum, et sic quasi 17 annis fuerit in secta
    b) in Warnicz villa predicta in horreo cuiusdam dicti Tyde Cremer iam manens in Bernwalde
    c) —
12. omni anno semel ad minus, sed bene per tres annos immediatos dimiserit non eis confitendo, licet missum fuerat pro eo
13. —
16. Interrogatus, an eciam invocaverit beatam virginem Mariam et sanctos et crediderit, se per preces eorum adiuvari, respondit, quod sic.

[a] *Randbemerkung von der Hand des Numerators:* Natus in Warnitz villa prope Berenwalde.

7

Alte Nr. (11); altes fol. 17r; neues fol. 5r. — Fragment: Ende des Protokolls.

1. *(1392 November 25?)*
2. —
14. 16. Interrogatus, an eciam audiverit predicaciones heresiarcarum, respondit, quod sic et forte quater vel quinquies et quod audiverit, quod nullo modo debeat quis occidere[a], et hoc crediderit, quod non posset fieri sine peccato eciam iudicialiter.
18. Interrogatus de complicibus et si quem induxerit, respondit, quod uxori sue dixerit de secta et ipsam induxerit et quod alias nullum induxerit, sed bene aliquos ad inductos.
19. Item nominavit matrem Gesse nomine dictus[b] junge Heyne de Premslavia; item nominavit Claus Grasaw cum uxore, qui recessit, ut sibi apparet, in Anklen.
21. presentibus fratre Nicolao socio inquisitoris, Paulo de Ens[1] layco, Pragensis et Pataviensis diocesum, et Matheo de Gryfenhagen[2] clerico Caminensis diocesis.

[a] occidere *ist gestrichen.*
[b] *Statt* dictam.
[1] *Siehe oben, Anm. 3 zu Nr. 2.*
[2] *Matheus de Greifenhagen weder bei Hoogeweg noch im* Repertorium Germanicum, *noch bei H. Heyden,* Pommersche Geistliche...; *wohl identisch mit dem in Nr. 9 genannten Stettiner Altaristen.*

8

Alte Nr.12; altes fol. 17v; neues fol. 5v. — Fragment: Anfang des Protokolls.

1. Anno etc., die 26. mensis predicti *(1392 November 26),* hora quasi nonarum, in loco et coram quo supra
2. Katherina virgo *(Debyken)*
3. de Bernwalde
4. famula Andres *(Vredewald)* Rymsnyder de Stetyn
5. *(16 Jahre, siehe 11a)*
6. in Bernwalde
7. Hennyk Debyken ⎫ , et quod fuerunt de secta Waldensium adhuc
8. Gryte ⎭ vivens et pater defunctus in eadem
9. —
10. mater
11. a) cum esset annorum novem, et iam sit 16 annorum, ita quod fuerit in secta iam per 8 seu octavo anno *(in der Überschrift:* an. 7!)
    b) in domo matris sue ... in quadam camera
    c) —

12. et quod bene sexies sit confessa heresiarcis
13. a) ante unum annum
    b) in domo Rudyngers ante Stetyn
    c) heresiarce Niclos nomine
14. Interrogata, an audiverit predicaciones eorum, respondit, quod sic semel, cum esset iuvenis, sed nichil sciat, quod predicaverit.

9

Alte Nr. (13); altes fol. 19r; neues fol. 6r. — Fragment: Ende des Protokolls.

1. *(1392 November 26?)*
2. *(ein Mann)*
14. Interrogatus, an eciam audiverit predicaciones eorum, respondit, quod sic bene octies
16. ... et quod docuerunt *(= heresiarce)*, solum deum invocandum, quia non esset utile sanctos invocare, et hoc crediderit
18. quod nullum *(induxerit)*
19. Item nominavit Heyne Wyldenhagen, cuius uxor non est de secta sua
21. presentibus ... Henrico[1] preposito, Matheo[2] predicto altarista in ecclesia beate Marie in Stetyn Caminensis diocesis et fratre Nicolao socio inquisitoris etc.

[1] *D. i. Heinrich Palborn, siehe oben, Nr. 1, Anm. 2.*
[2] *Wahrscheinlich Matheus de Greifenhagen, siehe oben, Nr. 7, Anm. 2.*

10

Alte Nr. 14; altes fol. 19v; neues fol. 6v. — Fragment: Anfang des Protokolls.

1. Anno etc. predictis, die 27. mensis Novembris *(1392 November 27)*
2. Hermannus/Herman Rudeger
3. de Stetyn
4. —
5. *(gut 30 Jahre, siehe 11a)*
6. in Lyndaw 5 miliaribus ab hinc[a]
7. Hans Rudeger ⎫
8. Jutta ⎬ , et quod sint de secta Waldensium
9. — ⎭
10. parentes
11. a) cum esset annorum forte 8 vel 10, et iam sit annorum bene 30, et quod sic fuerit bene 20 annis in secta
    b) in domo paterna in Lyndaw

[a] *Am Rand von der Hand des Numerators:* Natus in Lyndo.

c) heresiarce cuidam
12. et quod sic inde omni anno semel ad minus et aliquando bis eis confessus est
13. a) ante unum annum
    b) in domo patris sui ante Stetyn in granario curie sue
    c) Nicolao heresiarce
14. Interrogatus, an eciam audiverit predicaciones eorum, respondit, quod sic, sed nesciat quociens
15. —
16. Interrogatus, quales ipsos (= heresiarcas) reputaverit, respondit, quod ordinatos et deputatos a deo ad audiendum confessiones et dimittendi peccata et electos ab apostolis dei, attamen non reputaverit eos presbiteros ordinatos ab episcopis et consecratos... Interrogatus, an audiverit et crediderit, sanctos esse invocandos, respondit, quod audiverit, solum deum esse adorandum et invocandum, et hoc crediderit, attamen beatam virginem Mariam in necessitatibus suis invocaverit.

11

Alte Nr. (16); altes fol. 22r; neues fol. 7r. — Fragment: Ende des Protokolls.

1. *(1392 November 27?)*
2. *(vielleicht Heyne Wyldenhagen, vgl. Protokollnummer 9, 19 und unten 18)*
14. Interrogatus, an audiverit predicaciones eorum, respondit, quod sic, sed non recordetur de numero.
18. Interrogatus, an aliquem induxerit in sectam, respondit, quod non aliquem induxerit et quod uxor sua non sit de secta.
21. presentibus... Henrico[1] preposito, fratre Nicolao socio inquisitoris, Paulo de Ens layco Pataviensis diocesis.

[1] *Heinrich Palborn, siehe oben, Nr. 1, Anm. 2.*

12

Alte Nr. 17; altes fol. 22v; neues fol. 7v. — Fragment: Anfang des Protokolls.

1. Anno etc., die 28. mensis Novembris predicti *(1392 November 28)*, hora quasi terciarum, in loco et coram quo supra
2. Lucia uxor Conrad Scrŏter/Scrŏther
3. de Gryfenhagen
4. —
5. —

6. in Rosaw villa 2 miliarium a Stetyn*a*
7. Tyde von der Eychen ⎫
8. Lucia vivens ⎬ , qui non fuerunt de secta Waldensium
9. —
10. Interrogata, quis ergo ipsam induxerit, respondit, quod quedam mulier vidua dicta Gryte inquilina sua in Gryfenhagen et quod dixerit sibi, cum fuisset impregnata, quod vellet sibi conducere bonos homines, quibus si confiteretur, salvaretur sine dubio, si contigerit eam mori, et quod sic venit secum huc in Stetyn ad confitendum heresiarce in domum cuiusdam vidue dicte Pressyne in quadam camera seu stuba, et sic confessa sit primo heresiarce
11. a) quod sint iam bene 16 anni
    b) *(siehe 10 am Ende)*
    c) —
12. et quod sic bene deinceps omni anno semel aliquando in duobus annis semel vel altero medio, et quod sit bis confessa heresiarce eciam in domo sua in camera circa brasitorium.
13. a) quod fuit unus annus circa festum assumpcionis virginis gloriose[1]
    b) in domo Hans Rudeger in domuncula pro ipsis deputata*b*
    c) —
14. —
15. hospitans ipsis apud se, quibus eciam ministravit cibum, et eciam semel dederit unum solum Vynkauc ...
16. Interrogata, quales eos (= heresiarcas) reputaverit, respondit, quod bonos homines potentes remittere peccata hominibus a deo et quod, pro quolibet orarent, non dampnaretur, et non reputaverit eos presbiteros.

a Am Rand von der Hand des Numerators: Rossow nata.
b Am Rand von der Hand des Numerators: Rudiger hospes.
[1] *15. August.*

13

Alte Nr. (19); altes fol. 24r; neues fol. 8r. — Fragment: Schlußteil des Protokolls.

1. *(1392 November 18/19?)*
2. *(eine Frau)*
16. Interrogata, an oraverit pro animabus defunctorum benefactorum, respondit, quod sic, attamen non crediderit purgatorium post hanc vitam, sed quod deus eas iuvaret de inferno. Interrogata, an asperserit se aqua benedicta et crediderit aliquid valere, respondit, sic et fecerit, ne notaretur.
21. presentibus quibus supra.

14

Alte Nr. 20; altes fol. 24v; neues fol. 8v. — Fragment: Anfang des Protokolls, durch Wasser oder Brand besonders im oberen Teil des Blattes weitgehend unleserlich.

1. Anno etc. et die, hora terciarum, quibus supra *(1392 November 28/29?)*, loco quo supra
2. Katherina uxor Fricze Huter/Hutter
3. de Stetyn
4. —
5. —
6. in lant Rûgen ultra stagnum prope Sundis[a]
7. Claus von Podbusch ⎫
8. Grete vivens ⎭ , et quod non fuerunt de secta Waldensium
9. —
10. maritus suus
11. a) quod sint bene tres anni
    b) (maritus) adduxerit eam ad confitendum heresiarce in domum Rudegers ante civitatem[1]/[b]
    c) —
12. —
13. a) —
    b) ubi supra in granario
    c) Nicolao heresiarce
14. —
15. —
16. Interrogata, an oraverit pro defunctis et crediderit eis prodesse, respondit, quod sic, sed audiverit, quod non prodesset et quod non esset purgatorium post hanc vitam, quod tamen non crediderit, quia non plene boni non possent venire ad regnum celorum ... Interrogata, an crediderit, sectam fore veram fidem christianam, respondit, quod sic, attamen non crediderit, alias qui bene facerent, debere dampnari.

[a] *Am Rand von der Hand des Numerators:* Nata in terra Rugie prope Sundis.
[b] *Am Rand von der Hand des Numerators:* Hans Rudiger hospes.
[1] *D. i. Stettin.*

15

Alte Nr. 32; altes fol. 36r.v; neues fol. 9r.v. — Fragment: Anfang und Mitte des Protokolls, Blatt mit geringem Textverlust beschädigt. Ungekürzte Wiedergabe des überlieferten Textes.

(*Überschrift:*) Herman Gossaw de groten Wowiser[a]
Item anno et die etc. predictis *(1392 Dezember 6/7?)*, hora quasi nonarum,

[a–b] *Randbemerkungen von der Hand des Numerators:*
[a] Wobiser magna.

in loco et coram quo supra se obtulit sua propria voluntate libera Herman Gossaw de maiori seu groten Wowiser Caminensis diocesis suspectus de heresi et accusatus ac multipliciter infamatus, iudicialiterque oretenus per predictum dominum inquisitorem (citatus). Interrogatus, an velit iurare de dicenda veritate, respondit, quod sic, et iuravit corporaliter tactis sanctis dei ewangeliis et signo crucifixi modo et forma prescriptis. Iuratus igitur et interrogatus propter publicam infamiam, qua heretici in diocese Caminensi Valdenses nuncupati vulgariter infamati sunt, licet inquisitor ex certa sciencia et experiencia oppositum noverit, utrum unquam in vita sua adoraverit luciperum[b] et crediderit, ipsum deum esse colendum et adorandum, vel unquam noverit, homines secte sue ipsum coluisse vel adorasse, respondit, quod nunquam fecerit nec perceperit, alios homines hoc fecisse. Item interrogatus, an unquam perceperit, homines de secta convenire in celariis vel alia loca subterranea et ibidem promiscuas concupiscencias exercere, et an ipse unquam interfuerit, respondit, quod non, ymmo nauseam habeant de tam vilibus et abhominabilibus rebus, quantumcumque homines de huiusmodi menciantur. Item interrogatus, an unquam homines secte sue perceperit sive per se fecerit, quod abluerent puerum noviter baptizatum baptismum susceptum[c], respondit, quod hoc crediderit impossibile fieri, quod sanctitas contributa in (bapti)smo posset ablui quoquomodo, et addidit, quod, qui hoc crediderit, (su)perbus et inhonestus esset. (Interrogatus,) an unquam perceperit seu ipse fecerit, quod pollices oculis (pro-)posuissent, quod non viderent corpus Christi, respondit, quod nunquam percepe(rit) talis, ymmo credat, eos dicentes simpliciter in iuramento suo men(dicare), et, quod inquisitor noverat, predictos articulos non esse de secta Waldensium; ergo dimissis ipsis rediit ad propositum.

Ideo interrogavit ipsum in proposito, unde et ubi natus sit, respondit, quod in Belyn in medio situs in Bernwalde et Moryn, et quod pater suus vocabatur Cûne Gossaw et mater Heyll sive Heylewyk, et quod fuerunt de secta Waldensium et defuncti in eadem et sepulti in cimiterio in Cunrasdorp, et quod ipsi predicti parentes sui ipsum in sectam induxerunt, et quod dixerunt sibi non iurare, non mentiri, non maledicere, non furari, non false testare, et alia mala mundalia sibi prohibuerunt.

Interrogatus, quis ergo ipsum primum induxerit ad confitendum heresiarce, respondit, quod Heyne Hukman in Bernwalde[d] agricola, et sic venerit et confessus sit primo heresiarce in domo predicti, in quo salario domus[e], et sit hoc factum, cum esset circa annos 15, et sint iam triginta anni; item in Moryn in domo Hans Cremer[f] defuncti in secta; item in Kyrkaw[g] in domo Zacharie defuncti cum uxore in secta; item in lutgen Wowiser, ut sibi videtur; item in

[b] luciperum an adorent.
[c] an rebaptisarent.
[d] Heyne Huckman in Bernwalde.
[e] Deceptor.
[f] In Moryn in domo Hans Kremers.
[g] In Kerkow.

groten Wowiser primo in domo Heyn Swet[h] et in domo sua propria, ubi eos collegerit pluries utique ad minus ter vel quater, et ultima vice in domo fratris sui Petri Gossaw, ut sibi videtur, quod sit iam plus quam unus annus Nicolao heresiarce iam converso, et quod sic sepe in anno semel ad minus et eciam in tribus annis semel. — Interrogatus, quot heresiarcis confessus sit, respondit nominando Conrad de Dŏryngen, Clauss de Brandenburch, Hans von Polan, Gofrido de Ungaria, Herman de Mustelgen, Nicls von Plawen, Henrico, de cuius cognomine nescit, defuncto, Conrad de Gemunden, Ulrich von Heydek et ultimo Nicolao de Soltern.

Interrogatus, quales reputaverit eos, respondit, quod bonos homines docen(tes) rectum, et in primo non limitavit se, an essent sacerdotes (aut) layci, sed postea non reputaverit, eos presbiteros ord(inatos) ab episcopis nec vidisse celebrare missas.

Interrogatus, quid iniunxerint ei pro penitencia, respondit, quod feceri(n)t eum ieiun(are) omnes sextas ferias in pane et tenui cervisia et ad or(andum) iam ultimo, cum factus fuerat viduus, 200 Pater noster et festivis 400, et quod tenuerit illam penitenciam pro posse et crediderit, se absolutum et penitenciam sibi proficere ad salutem. Interrogatus, an susceperit corpus Christi et confessus sit sacerdotibus, respondit, quod sic, sed non revelaverit, se confessum heresiarce, quia timuit, malum cucurrere sectariis, et eciam quia prohibitus. Interrogatus, an audiverit predicaciones eorum puta heresiarcarum, respondit, quod sic, sed non recordetur quociens etc.

[h] In Wubiser parva et magna in domo Heyne Sweet.

16

Alte Nr. 33; altes fol. 39r.v; neues fol. 10r.v. — Fragment, Anfang und Ende des Protokolls fehlen mit den alten Blättern 38 und 40; die überlieferten Blätter sind mit leichtem Textverlust beschädigt. Der überlieferte Text ist vollständig wiedergegeben. Ediert durch D. Kurze, Zur Ketzergeschichte..., in: Jahrbuch für die Geschichte Mittel- und Ostdeutschlands 16/17 (1968), S. 91—93.

[1]. . . eiusdem presbiteri in villa Clade nomine; item aliam filiam suam defunctam eciam in sectam sepultam ubi supra, Gryte; item maritum eiusdem filie, Ertmar Cremer; plus nullum dicit se induxisse. Item nominavit uxorem suam Gryte nomine. Item interrogatus iuxta iuramentum suum, an unquam in vita sua fuerit citatus, captus vel voluntarie veniret propter sectam coram aliquo inquisitore domino, respondit, quod semel fuerat citatus ad Colberch ad quendam dictum Burch[1a], quondam administratorem in spiritualibus, quod sint

[1] *Name des Verhörten* (alde/antiquus Heyne Vilter) *und Verhörtermin* (1392 Dezember 7) *können aus dem Überlieferungszusammenhang erschlossen werden.*
[1a] *Wahrscheinlich identisch mit Borke de Lobeze, Archidiakon von Stolp 1387 u. 88; vgl. Hermann Riemann,* Geschichte der Stadt Colberg. Aus den Quellen dargest. ... Mit Plänen der Belagerung Colbergs..., *Colberg 1873, S. 179 [Jubiläums-Ausg. 1924] (Freundlicher Hinweis von Heinz Quirin, Berlin).*

iam octo anni, et quod ipsorum 5 simul*a* fuerint lutke Heyne Vilter, Jacob Welsaw et frater eius Zacharias et Claus Hubener. Interrogatus, quare ditaverit eos vel de quo culpaverit eos, respondit, quod inputaverit, eo quod non dicerent trwen*b*, et respondentibus ipsis, quod hoc dimisissent propter deum, ipse remisit eos in Stetyn ad dominum Nicolaum dictum Darczaw[2], et postulante (a) nominatis tres marcas denariorum Stetinensium dictorum Vynkenawgen, et minante eis ad ignem proicere, si non darent, tandem pactantes dederint unam marcam, et postquam venissent in Stetyn tribus septimanis ante festum sancti Jacobi, dabatur eis visa littera terminus ad idem festum[3] reveniendi; quibus reversis et congregatis honestis presbiteris pluribus, iterum inputabatur trwen*b*; ad quod responderint ut prius, quod misissent propter deum. Interrogatus, an crederent aliquos homines esse in mundo sine peccato, respondit, quod non, sed solum deum esse sine peccato. Et taliter dimisisset eos liberos abire.

Item post hoc anno presenti post festum sancti Michaelis[4] citati iidem per quendam in Camyn ad dominum Johannem Tyl[5], officialem in districtu inter Lebam et Oderam, ad expurgandum se de infamia mota contra eos in patria, quod essent heretici. Et postquam dixissent, quod iam se expurgassent in Premslavia, quibus statuto termino ad festum sancti Galli[6] revenerunt, portantes secum litteram civitatis Premslaviensis; qua visa dominus officialis predictus dixit, se venturum in Premslaviam, quod si non facerent, deberent in octava Epyphanie[7] revenire. Interrogatus, utrum sint eciam citati in civitate Premslavia, respondit, quod citati fuerint ad prepositum in Gramsaw, sed propter gweras patrie, interponentibus se civibus, de consensu domini prepositi non comparuerunt, donec prepositus veniret ad sinodum laycalem, que futura fuerat in Premslavia*c*; ad quem sinodum convocatis omnibus hominibus de domo in domum, ut convenirent ad ecclesiam, per quendam dominum Henricum dictum Folrad[8] de consensu civium convocati convenerunt in ecclesia beate Marie, que est parrochia Premslaviensis; ubi dominus Henricus Folrad manu litteram tenens viva voce et altissima coram omni populo ea, que secuntur, legebat et enunciabat:

a Vielleicht ist das Kürzel auch als scilicet *aufzulösen.*
b Am Rand von der Hand des Numerators: truwen.
c Randbemerkung von der Hand des Numerators: Nota hic mirabilem et abhominandum processum.

[2] *Clauss oder* Nicolaus Darczaw/Draczaw *ist zweifellos identisch mit dem bei* H. Hoogeweg, Die Stifter ..., Bd. 2, S. 595, *genannten Stettiner Dekan* Nikolaus Darzow. *Ein „Amt in Darczaw", wie* W. Wattenbach, Über die Inquisition gegen die Waldenser ..., *in:* Abhandlungen der königl. Akademie der Wissenschaften zu Berlin, Phil.-hist. Kl. ..., *S. 21 schreibt, hat es meines Wissens nie gegeben; vermutlich hat* Wattenbach officialem *in* officium *verlesen.*
[3] *Juli 25.*
[4] *September 29.*
[5] *Nicht bei Hoogeweg, Heyden und im* Repertorium Germanicum.
[6] *Oktober 16.*
[7] *Januar 13.*
[8] *Nicht identifiziert.*

Primo: quod Heyne Vilter antiquus et iunior Heyne Vilter et Jacob et Zacharias Welsaw et Claus Hufener cum uxoribus eorum crederent cum aliis, qui non dicerent trwen, et tenerent infrascriptum[d/e]: quod crederent in Luciferum, quod esset deus eorum et frater dei et quod, facto proelio in celo, deus detrusisset fratrem suum et, cum reverteretur in celum, ipsi cum ipso regnaturi essent et possiderent celum seu regnum celorum, retruso deo, et ipsum iam colerent pro deo.

Item secundo: quod baptisatos pueros eorum ipsi reciperent eos in sinum palliorum suorum, et elevato pallio cum puero dixissent hec verba: Lucifer, leve herre, gyf ime gut vnde ere, dyt kynt daz sal ewek dyn wessen mit libe vnde sele; et hoc idem exemplasset pallio proprio coram omni populo. Item: quod eisdem pueris crisma et baptismum salis confricacione delerent, donec eorum corpora velut cancrorum fuerint rubicunda. Item: quod concurrerent in dybes keller et ibidem promiscue se commiscerent; et si aliqui[f] remote inde essent, dyabolus ipsos comportaret[g]. Item: quod non crederent corpus Christi esse, quod presbiteri conficerent in altari. Item: quod clauderent pollicibus oculos, ne viderent Christi corpus. Item: quod non crederent, Christum de pura virgine natum sed ex iuvencula, vulgariter sic: nicht von eyner iuncvrowen sunder von eyner iungen vrowen[h]. Post quod mandasset eis prepositus, quod se purgarent, et quia se infra 14 dies non purgaverint de hiis predictis, eos excommunicavit et agitavit, donec expellerentur de civitate, et taliter extra civitatem per 14 ebdomadas permanserint, tandem...[h] Interrogatus per iuramentum suum, an illos articulos vel aliquem ex ipsis unquam per se vel homines secte sue vel quoscumque alios homines perceperit tenere vel credere, respondit, quod non unquam.

[d] *Die HS scheint* infrascriptis *zu haben.*
[e] *Am Rand von der Hand des Numerators:* Luciferum adorant, rebaptisant baptisatos, quos Lucifero offerunt.
[f] *HS:* aliquos.
[g] *HS:* comportarent.
[h] *Von* Post quod... bis ...tandem...: *von der Hand des Anonymus an den Rand geschrieben, aber hier einzufügen; der Rest dieses Zusatzes ist wegen Wasserschaden und Blattverlust nicht mehr lesbar.*

17

Alte Nr. (34); altes fol. 41r.v und (42r); neues fol. 11r.v. 12r. — Fragment: Mitte und Schluß des Protokolls; fol. (42) oben und an der Außenseite mit Textverlust beschädigt.

1. *(1392 Dezember 8?)*
2. *(junge* Heyne Vilter*)*
3. *(Premslaw)*
9. *(sein Onkel ist* alde Heyne Vilter, *siehe 19; seine erste Frau* Heyle, *seine zweite Frau* Tele, *siehe 18)*

14. Interrogatus, quod crediderit de aqua benedicta, sale, cineribus etc., respondit, quod panem bene crediderit benedici et quod plus asperserit se aqua benedicta in estate quam in yeme, ut infrigidaret sibi faciem, non quod aliqua peccata sibi deleret. Interrogatus de ornamentis ecclesiasticis presbiterorum, episcoporum et aliorum, (an) possent esse et haberi sine peccato, respondit, quod non, et addidit ex se, quod cantando alte in ecclesia melius esse tacite orare quam sic clamare. Interrogatus, an crediderit sectam suam fuisse veram fidem christianam, respondit, quod sic, et omnes[a] extra eam existentes oportere dampnari, et quod papam, imperatorem et omnes iudices spirituales et temporales dederit dyabolo. *(Weiteres 17)*
17. Interrogatus, an unquam in vita sua captus vel citatus fuerit propter sectam ad aliquem inquisitorem, respondit, quod semel fuerat citatus in Colberch ad quendam canonicum potestatis episcopalis dictum Burch[1] cum sociis suis quatuor, sed nunc hic est, qui eos inculpavit de heresi et quare non iurarent trwen et quomodo ipse specialiter uxorem suam pollicibus suspendisset, ne diceret trwen, quibus respondentibus, quod non et quod hoc obmiserint propter deum, dimisit eos cum littera sua ad officialem hic in Stetyn Clauss Draczaw[2], pro qua littera dedidissent 1 marcam, quod sint iam bene sex anni; qui commisit, ut reverterentur post festum sancti Jacobi[3], ubi congregatis pluribus presbiteris in termino inculpavit eos de heresi, quia non iurarent trwen, et, illis respondentibus ut prius, dixerit, quod deberent reverti ad domum et esse boni homines. Item post hoc extitissent citati ad prepositum in Gremsaw, ubi eis proposita fuerint plurima, scilicet quod ipsi crederent, Luciperum esse fratrem dei, et quod deus ipsum detrusisset et ipsi cum eodem postea regnum celorum deberent possidere etc., ubi post excommunicacionem et repulsionem[b] a civitate reversi se deponens expurgavit cum duobus Hans Cley(n)smet et Arnold Cochsteten, quod illos articulos, de quibus infamatus esset, et omne alia heresi esset immunis, quod ipse iuraverit et alii, quod non scirent nisi de ipso ut de vero[c] christiano, et quod preposito dederit plus quam sex marcas ut ipsum ab excommunicacione dimitteret, quas receperit Jůttricz[4] officialis prepositi, qui eciam ei iuramentum proposuit, et quod sic in universo semel in Colberch, semel ad prepositum in Gramsaw et ad quendam capellanum beate Marie in Premslavia et semel in Camyn sit citatus.
18. Interrogatus de complicibus et si quem induxerit, respondit, quod nullum induxerit, nisi uxorem suam Heyle defunctam in secta et sepultam in cimiterio beate Marie in Premslavia, item secundam suam uxorem Tele

[a] *HS:* Omnem.
[b] *HS:* replusionem.
[c] *Oder:* viro?
[1] *Vgl. Nr. 16, Anm. 1a.*
[2] *Vgl. Nr. 16, Anm. 2.*
[3] *25. Juli.*
[4] *J. ist nicht identifizierbar.*

nomine vivens, item dixit, se cooperatum ad induccionem Ertmar Cremer, alias nullum induxerit, licet libenter totum mundum induxisset, si potuisset.

19. Item nominavit omnes suos socios cooblatos quatuor esse de secta. Super hoc nominavit Michael Hufener cum uxore in nova civitate, item viduam dictam Slekuss in Vischerstrate, item lane percussor(em) Clauss Lichtenberg, item uxorem Geze Heyne Garnemeyster, qui non est de secta, item uxorem Heyne, dictus alten, patrui sui Grite, item famulum[d] eiusdem Jacob, item uxorem Hubener cooblati, item Welschaws vidua cum filia Ylls virginem, item famulum eius, Nyman, filius Heyne Nyman, qui cum uxore defuncti sunt in secta; item uxorem Zacharie, filii eius cooblati; item ancillam predicti Zacharie eciam dicit esse de secta; item Katherinam ancillam Wylke Gerolt, qui non est de secta; item Hennynk Fricze.
21. presentibus ... fratre Nicolao socio inquisitoris monacho professo monasterii in Owyn et Paulo de Ens layco ... decani Stetinensi[5], Pragensis, Pataviensis et Cami(nensis diocesum).

[d] *HS:* famulus.
[5] *Wohl Johannes Papendorf, siehe oben, Nr. 3, Anm. 1.*

18

Alte Nr. (35); altes fol. (42v). 43r; neues fol. 12v. 13r. — Altes fol. (42v) ist oben und an der Außenseite mit Textverlust beschädigt.

1. *(1392 Dezember 8?)*
2. *(Claus Hufener/Hubener)*
6. Wylmsdorp
7. Tydeke Hufener ⎫
8. (Eli)zabeth ⎭ , et quod non fuerunt de secta Waldensium
9. *(seine Frau:* Mette, *siehe 18)*
10. quidam amicus suus dictus (Hennynk Pank)licz defunctus in secta et sepultus in cimiterio (sancti Jacobi in Prem)slavia, et quod dixerit, quod fecisset reysam quandam vice ... (Pr)emslavia, quam vellent suscipere pro tota civitate ... fuissent circa homines, qui essent de origine apostolorum ... loco apostolorum et quod omne peccatum haberent potestatem (dimittendi et penitencias in)iungendi quam aliqui presbiteri vel monachi, et quod Cape Welsaw (invitav)it eum accedere ad confessionem heresiarce in domum suam.
11. a) quod sint *(8?)* vel 9 anni
    b) ubi *(= in domo Cape Welsaw)*
    c) —
12. b) secundo ibidem *(siehe 11b)*
13. a) quod sint iam 2 anno cum dimidio
    b) in domo senis Heyne Vilter
    c) —

94   *III. Die Quellen*

14. *(Interrogatus, an)* eciam audiverit predicaciones eorum, respondit, quod sic bis.
16. Interrogatus, an crediderit, sectam suam fuisse veram fidem christianam et nullum extra eam posse salvari, respondit, quod sic, et ideo omnes prelatos crediderit esse[a] dampnandos. *(siehe auch 10)*
17. Interrogatus, quociens fuerit coram inquisitorem citatus vel captus, respondit, quod in Colberch coram Burch, secundo ad prepositum de Gramsaw et semel ad capellanum in ecclesia beate Marie in Premslaw, et quod semel se expurgaverit cum tribus aliis, qui conpurgatores iuraverint, quod non scirent, nisi eum esse verum christianum, et ipse, quod non esset reus illorum, de quibus culpabatur, et omni heresi expers; conpurgatores sui et uxores sui fuerunt Jacob Junge, Petyr Wilken[b], Cůn Templyn *(?)*, Clus Clykebyel, Laurencius scultetus in Bietkaw, Clus Rastok.
18. 19. Interrogatus de complicibus et si quem induxerit, respondit, quod sic uxorem suam Mette. Item nominavit de secta suos amicos, Hans Meyer et alius Stephanus frater eiusdem de Cohstete et Mathias Peker in Gyrswalde, et uxores eorum.
21. presentibus fratre Nicolao, Georgio Buchhulcz[1] clerico, Nicolao Groskup, Jacobo Zacharie mercatoribus de Legnicz, Pragensis, Caminensis et Wratislawiensis diocesum.

[a] *HS:* de.
[b] *Vielleicht auch zu lesen:* Wolden.
[1] *Georg Buchholz*, clericus et notarius publicus, *nicht bei Hoogeweg, im* Repertorium Germanicum *und bei Heyden.*

19

Alte Nr. 36; altes fol. (43v). 44r; neue fol. 13v. 14r. — Fol. (43v) oben mit geringem Textverlust (Überschrift) beschädigt.

1. Anno etc., die 9. mensis Decembris *(1392 Dezember 9)*, hora quasi *(terciarum)*, in loco et coram quo supra.
2. Zacharias Welsaw
3. de Premslavia
6. in Kerkaw villa prope Angermunde[a]
7. et quod pater suus vocabatur Cåppe Jŏris ... et in Premslavia vocabatur Cappe Welsaw ... pater defunctus sit in secta et sepultus in cimiterio sancti Jacobi.
8. mater Tele vel Alheyt ... et nescit, an adhuc mater vivat, quia reliqueret eam valde infirmam[b]
9. *(seine Frau:* Katherina, *siehe 19)*

[a]/[b] *Randbemerkungen von der Hand des Numerators:*
[a] Natus in Kerkow.
[b] Pater et mater heretici deceptores.

10. et quod predicti parentes ipsum induxerint, quia pater multum ipsum castigavit contradicentem, ex quo iuvenis erat, et quod sic artatus per patrem primo confessus erat heresiarce
11. a) cum esset forte annorum 12
    b) in granario domus paterne in Welsaw
12. et quod deinceps omni anno aliquando semel, aliquando bis et eciam aliquando in duobus annis semel, secundum quod venissent, confessus est ipsis heresiarcis
13. a) quod sint iam duo anni
    b) in domo matris sue in Premslavia
    c) cuidam heresiarce dicto Clauss.
14. Interrogatus, an audiverit predicaciones eorum, respondit, quod sic, sed nescit quociens, et quod ipse eos in domo matris pluries audiverit.
17. Interrogatus, an prius unquam fuerit citatus ad aliquem inquisitorem propter sectam, respondit, quod sic semel in Colberch et semel in Stetyn, bis in Camyn et semel ad prepositum in Gremsaw, et quod coram ultimo iuraverit, quod de nulla fide sciret nisi de vera fide christiana etc.
18. 19. Interrogatus de complicibus et si quem induxerit, respondit, quod nullum, sed nominavit uxorem suam Katherinam esse de secta.
21. presentibus fratre Nicolao socio inquisitoris et Paulo de Ens layco, Pragensis et Pataviensis diocesum.

20

Alte Nr. 37; altes fol. 44v. 45r; neues fol. 14v. 15r.

1. Anno etc. ac die predictis *(1392 Dezember 9)*, hora terciarum, in loco et coram quo supra
2. Jacob Welsaw
3. de Premslaw
5. *(32 Jahre, siehe 11a)*
6. quod credat, se natum in Welsaw villa prope Angermunde[a]
7. quod pater suus vocabatur Cappyn Jǒris, et in civitate Premslaw vocabatur Cǎppe Welsaw . . . et pater defunctus in eadem *(secta)*[b]
8. mater Tele sive Alheyt vivens, ut sperat, licet miserat eam infirmam
9. frater predicti immediati (= Zacharias Welsaw)
10. quod ipsi predicti parentes ipsum induxerunt et quod dixerunt, quod debeat accedere ad homines denominatos heresiarcas, quia sint veri amici dei, et audire et facere ea, que sibi dicerent, et confiteri
11. a) et videtur sibi, quod tunc fuerat 10 vel 11 annorum, et sit iam 32 annorum
    b) —
    c) —

[a/b] *Randbemerkungen von der Hand des Numerators:*
[a] Natus in Welsaw villa prope Angermunde.
[b] pater suus de Premslavia hereticus.

III. Die Quellen

12. 13. et quod sic deinceps semper libenter confessus sit eis, quando eos habere potuit, et quod bene per duos annos iam non sit eis confessus, quamvis libenter voluisset.
14. Interrogatus, an eciam audiverit predicaciones heresiarcarum, respondit, quod sic, sed nescit quociens, attamen multum sibi placuerint ei sermones eorum, et quod semel iocose dixerat, quoniam non darent indulgencias, respondisset heresiarcas, quod dimittere peccare essent indulgencie ...
16. *(siehe auch 10 und 14)* Interrogatus, quales ipsos *(= heresiarcas)* reputaverit, respondit, bonos et sanctos homines, sanctissimos eciam in mundo, et reputaverit eos sanctiores presbiteris aliis et eciam specialiter plebano suo, attamen non crediderit eos ordinatos ab episcopis ... Nec oraverit pro defunctis, quia non cediderit prodesse, sicud equo mortuo pabulum proponere prodesse non posset ... Interrogatus, an crediderit, sectam suam fuisse veram fidem christianam, extra qua existens non possideret regnum celorum, respondit, quod sic, ymmo libenter multos adduxisset miserans eorum, quod sic deberent perire, si non timuisset persecuciones.
17. Interrogatus, quociens citatus fuerit propter sectam, respondit, quod semel in Colberg, inde missus in Stetyn et demum in Camyn bis, et ad prepositum in Gramsaw, cui seu coram quos se purgavit cum alio conpurgatore et iuravit, quod non haberet nisi veram fidem christianam et immunis esset ab hiis, de quibus culpabatur se adorare Luciferum etc.
18. Interrogatus an aliquem induxisset, respondit, quod nullum, sed quidam Clauss Scherp, famulus tunc eorum, matris sue et ipsius, voluit scire, sed ipse cum timens, ne fraudulenter queret, attamen veniret ad sectam, nescit tamen, ubi primo confessus sit.
21. presentibus quibus supra.

21

Alte Nr. 38; altes fol. 45v. (46r); neues fol. 15v. 16r. — Altes fol. (46r) am oberen Rand mit leichtem Textverlust beschädigt.

1. Anno etc., die 10. mensis Decembris *(1392 Dezember 10)*, hora nonarum vel quasi, in loco et coram quo supra
2. Zdeneke Rudeger
3. de Lindaw
4. agricola
5. *(30 Jahre — oder richtiger 42 Jahre? siehe 11a)*
6. in Lindaw[a]

a/b Randbemerkungen von der Hand des Numerators:
[a] Natus in Lyndow.

7. Herman Rudeger ⎫ , et quod fuerunt de secta Waldensium et de-
8. Katherina ⎬ functi in eadem et sepulti in cimiterio in Lyn-
 ⎭ daw[b]
9. *(seine Frau:* Mette, *siehe 18)*
10. Et quod *(parentes)* ipsum induxerint et quod dixerint sibi, quod non debeat iurare nec maledicere et tenere, quid sibi amici deambulantes iniungerent denominatas heresiarcas, et quod pater suus predictus faceret eum accedere ad confitendum heresiarce hospitato circa eum
11. a) et quod fuerit in 14. anno etatis sue, cum primo confitebatur, et iam sit 30 annorum in etate, ita quod habeat iam in secta 28 annos *(auch in der Überschrift:* an. 28*)*
    b) in domo paterna in quadam caminata
    c) —
12. 13. a) b) et quod sic deinceps omni anno semel confessus est eis et eciam aliquando per duos annos semel
13. c) unus eorum confessorum vocabatur frater Ulrich, alius magister Clauss, de aliorum nominibus non recordetur.
14. Interrogatus, quociens audiverit predicaciones eorum, respondit, quod ad maximum ter.
15. *(siehe 16 am Schluß)*
16. Interrogatus, quales eos (= heresiarcas) reputaverit, respondit, bonos homines et sanctos et melius potentes hominibus dimittere peccata quam presbiteri, et non reputaverit eos clericos presbiteros sicud plebanos suos in Lyndaw, quia non viderit eos habere tonsuras et quia de nocte veniebant et recesserunt, et quod ipse eos ad minus quater collegerit.
17. Interrogatus, an prius fuerit citatus, respondit, quod bis in Piricz ad prepositum sit citatus propter heresim primo, quod sint iam bene 10 anni, et secundo iterum, quod credidit 8 annos, et prima vice fuerant circa 6 schabini et unus scultetus, qui debebant testificare super ipsum et patrem suum, quod essent heretici, et quia ipsi rennuebant, et ipse dixerit, quod trwen esset bederwe man et non haberet nisi veram fidem katholicam, et sic permisitur ipsum recedere propter dominos eorum
18. 19. Interrogatus, an aliquem induxerit, respondit, quod nullum, sed uxor sua Mette fuit inducta per parentes eius.
20. *(ganz am Ende des Protokolls:)* Interrogatus, an sciat Ave Mariam, respondit, quod sic, et dixit: Ava Maria, gracia plena, benedicta tu in mulieribus, vruchtus fentenus[c] tui, genede got vnnd dy hymmeliche vrowe etc.
21. presentibus fratre Nicolao socio inquisitoris, Henrico Thome[1] et Petro Wolcyn[2] vicario et magistro ecclesie beate Marie in Stetyn, Pragensis et Caminensis diocesum.

[b] parentes eius de secta.
[c] *Statt:* ventris.
[1/2] *Vom Herausgeber nicht zu verifizieren.*

22

Alte Nr. (39); altes fol. (46v). 47r; neues fol. 16v. 17r. — Fol. (46v) am oberen Rand mit leichtem Textverlust beschädigt.

1. *(1392 Dezember 10)*
2. *(lutge?) Jacob*
3. *(de groten?) Mantyl*
5. *(50 Jahre, siehe 11a)*
6. in groten Wowiser[a]
7. grote Jacob } , et quod fuerunt de secta Waldensium et defuncti in
8. Tele } eadem ac sepulti in lutegen Wowiser[b]
9. *(seine Frau: Katherina, siehe 19)*
10. et quod predicti parentes sibi bene de secta dixissent, sed ipse ex stulticia non advertisset, sed quidam Heyne Soldyn in luttegen Wowiser, et quod dixerit sibi, an vellet accedere ad illos bonos homines et eis confiteri, et quod fecerit intrare civitatem Bernwalde, ubi primo confessus est.
11. a) et quod tunc fuerat 22 annorum, et quod 28 annos habeat in sectam
    b) *(in Bernwalde)* in domo Heyne Hukman in salario domus retro[c]
    c) —
12. et quod sic deinceps omni anno semel confessus sit ipsis heresiarcis
13. a) quod sit modico plus quam unus annos *(!)*
    b) in domo sua
    c) hospitato heresiarce
14. —
15. et quod bis vel ter hospitaverit eos
16. Interrogatus, quales eos (= heresiarcas) reputaverit, respondit, bonos homines tamquam apostolos missos a deo immediate et sic habentes auctoritatem dimittendi peccata, attamen non reputaverit eos presbiteros, quia nullam litteram ab eis audiverit ... Interrogatus, an oraverit pro animabus parentum suorum et aliorum defunctorum, respondit, quod sic, quando in ecclesia audiverit exhortaciones fieri pro defunctis, sed alias crediderit eis prodesse ex informacione heresiarcarum, quia non essent nisi due vie post hanc vitam et non purgatorium.
17. *(ganz am Schluß des Protokolls:)* Insuper interrogatus, an unquam in vita sua citatus vel vocatus fuerit ad aliquem propter heresim, respondit, quod non *(ad)* presentem inquisitorem in immediato heretico positum; et quod ullus exegerit aliquid muneris, quod sub occulta penitencia dimittentur, ipse cum infrascripto interrogatus coram eisdem, respondunt ambo et quilibet pro se, quod non
18. quod nullum induxerit

[a–c] *Randbemerkungen von der Hand des Numerators:*
[a] Natus in groten Wobiser.
[b] parentes de secta.
[c] Seductus in Berenwalde, confessus in domo Heyne Huckman.

19. Item nominavit uxorem suam Katherinam, item Gryte uxorem Clauss Newman, qui non est de secta, in groten Mantil.
20. Interrogatus, an sciat Ave Maria, respondit, quod sic, et dixit: Ave Maria, gracia blena, dominus decus, benedictatus a mulieribus fructus frentus tuus[d], genode vns der heymelisch frowe; ... et quod non habeat apostolum, sed inquisitor ei dedit Symonem et Judam pro apostolis.
21. presentibus ... Nicolao Welf, Hermano Clykaw vicariis in ecclesia beate Marie in Stetyn, Caminensis diocesis, et fratre Nicolao socio inquisitoris, Henrico[1] preposito antedicto ecclesie predicte eciam affuit etc.

[d] *Statt:* ventris tui.
[1] Heinrich Palborn, siehe oben, Nr. 1, Anm. 2.

23

Alte Nr. 40; altes fol. 47v. 48r; neues fol. 17v. 18r. — Altes fol. 48r ist unten in der Mitte wegen Wasserschaden kaum lesbar.

1. Anno et die ac hora terciarum etc. predictis *(1392 Dezember 10),* coram quo supra et loco.
2. Petyr/Peter Gossaw
3. de groten Wowiser[a]
6. in villa dicta Belyn prope Moryn[b]
7. Cûne Gossaw ⎫ , et quod fuerunt de secta et sepulti in eadem ac de-
8. Heyle ⎭ functi[c]
9. *(seine Frau:* Mette, *siehe 18)*
10. *(parentes)*
11. a) et quod fuerat tunc in 12. anno vel sic, ut sibi apparet
    b) in domo Hans Cremer in Bernwalde eciam defuncti[d]
12. et quod deinceps omni anno ad minus semel sit eis confessus
13. a) ante unum annum
    b) in domo sua propria
    c) Nicolao heresiarce converso iam in Praga
14. Interrogatus, an audiverit predicaciones eorum, respondit, quod sic octies vel novies
15. et quod ipsos bene ter hospitaverit, et hic plures hinc inde de villa homines sint confessi eciam in domo sua
17. Interrogatus, an unquam prius fuerit coram aliquo propter sectam citatus vel vocatus, respondit, quod non

[a—d] *Randbemerkungen von der Hand des Numerators:*
[a] Wobiser.
[b] Natus in Bellyn prope Morin.
[c] parentes de secta.
[d] in Berenwolde seductus in domo Hans Kremer.

18. Interrogatus de complicibus et si quem induxerit, respondit, quod nullum specialiter, licet bene perswaserit confitentibus in domo sua, primo quod esset rectum et verum, sed uxor sua nata sit in secta Mette nomine, que est filia Heyn Swet.
19. Inquilinum nominavit Clauss Gyrkaw, famulum suum Hans eciam natus in secta, filius Hennyk Wreyde defuncti in secta; item filia(m) Hans Grencz in Chochsteten famulam suam.
21. presentibus ... Johanne de Eckstede archidiacono Piricensi in ecclesia Caminense et canonico ecclesie beate Marie in Stetyn, Theoderico Sleychst (?)[1], Hermanno (?)[e] Kempe[1] vicariis in ecclesia beate Marie predicte et fratre Nicolao socio inquisitoris.

[e] HS verderbt.
[1] Vom Herausgeber nicht zu verifizieren.

24

Alte Nr. 41; altes fol. 48v. (49r); neues fol. 18v. 19r. — Altes fol. (49r) am oberen Rand mit Textverlust beschädigt.

1. Anno etc. et die predictis *(1392 Dezember 10)*, hora quasi vesperorum, in loco et coram quo supra.
2. Heyne Swet *(junge)*
3. de groten Wowiser[a]
4. —
5. *(wahrscheinlich über 30 Jahre, siehe 11a)*
6. in groten Wowiser
7. et quod pater suus eciam vocabatur Heyne Swet *(= alde)* ... et pater adhuc manet in secta Waldensium
8. Gryte ... est defuncta in secta
9. *(seine Frau:* (Sophia), *siehe 18)*
10. parentes
11. a) et quod hoc fuerit modico plus 20 annos
    b) in quodam salario domus paterne
12. et quod deinceps omni anno ad minus semel sit eis puta heresiarcis confessus et aliquando bis
13. a) quod sit iam circa festum nativitatis Christi unus annus
    b) in domo Petri Gossaw
14. Interrogatus, an audiverit predicaciones heresiarcarum et quociens, respondit, quod sic, sed nesciat quociens
15. et quod ipsos semel hospitaverit, sicud propriam habuerit domum ... — Interrogatus, quociens sit spaciatus cum heresiarcis et cum quibus, respondit, quod cum Conrado de Gemů(n)den videtur, et primo de domo sua huc et econverso extra in Erfordiam, quod sint iam circa decem annos, et

[a/b] *Randbemerkungen von der Hand des Numerators:*
[a] Wobiser.

ulterius in Herbipolim et inde converso cum Hans heresiarce in Plawen, et ipse solus reversus sit in patriam, et quod ideo ipsum receperunt, ut in fraternitatem ipsum reciperent[b]

16. ... attamen non reputaverit, eos (= heresiarcas) presbiteros potentes ministrare ecclesiastica sacramenta
18. Interrogatus de complicibus et si quem induxerit, respondit, quod nullum et quod uxor sua[1] sit a parentibus suis in secta et pater eius vocabatur Heyne Hukman *(alde)*
19. Item nominavit duos famulos suos Hans ambo nomine; item nominavit patrem suum predictum, et quod ipse pater suus predictus fuerat diffamatus cum filia plebani concubisse
21. presentibus ... fratre Nicolao, Nicolao Wolf vicario in ecclesia beate Marie in Stetyn, Pragensis et Caminensis diocesum.

[b] Spaciatus est cum heresiarcis in Erffordiam, in Herbipolim, in Plawen (Mi(s)nensis?).
[1] Vgl. unten, Nr. 125, alte Nr. 250.

25

Alte Nr. (42); altes fol. (49v). 50r; neues fol. 19v. 20r. — Altes fol. (49v) ist oben und an der Außenseite mit Textverlust beschädigt; altes fol. 50r ist oben und unten mit leichtem Textverlust beschädigt.

1. Anno etc. (et die) 13. men(sis Decembris) *(1392 Dezember 13)*, (hora) quasi terciarum, coram quo supra et loco
2. *(Clauss[?] Brant bzw. Ermgart, siehe 7 und 8)*
3. quod et habitet in groten Wowiser
6. in lutgen Wowiser natus et educatus
7. 8. quod pater suus secundum parentes suos vocabatur Clauss Ermgrat, sed secundum matris sui deponentis parentes vocabatur Clauss Brant, et mater Tele, et quod non fuerunt de secta Waldensium
9. *(siehe 19)*
10. et quod ipsum induxerit Jacob Hukman[a] in groten Wowiser, et quod quadam vice laborantes invicem narraverit, quoniam homines dicerent, eos habere spirituales confessores, et deponens dixerit: „Bone mittas me eciam scire, si est quid boni, quia eciam libenter bene facerem"; et sic veniente heresiarca in domum Hennyk Vischer[b] ipsum idem vocaverat, et sic primo confessus est in predicti domo in quadam camera
11. a) quod sint iam bene quinque anni
    b) *(siehe 10 am Ende)*

[a]/[b] *Randbemerkungen von der Hand des Numerators:*
[a] Jakob Hukman seductor.
[b] Hennig Visker hospes.

12. 13. Item secundo confessus est in domo Heyne Hukman, et tercia vice in domo Petri Gossaw, et quarta vice in domo Hennyk Jores, et quod ultimo, quod confessus sit eis, sit modico plus quam unus annos
14. Interrogatus, an audiverit predicaciones eorum puta heresiarcarum et quociens, respondit, quod sic et ter.
16. Interrogatus, quales ipsos (= heresiarcas) reputaverit, respondit, probos homines sibi et aliis pro bona perswadentes et litteratos, attamen non presbiteros potentes celebrare missas.
17. Interrogatus, an prius fuerit citatus vel vocatus propter heresim ad aliquem, respondit, quod non.
18. induxerit ... nullum
19. nominavit tamen Jacob Ermgart, patruum suum, et uxorem eius Tylss
21. presentibus (... im)mediate scriptis testibus.

26

Alte Nr. (4)3; altes fol. 50v. 51r; neues fol. 20v. 21r. — Altes fol. 50v ohne wesentlichen Textverlust beschädigt; altes fol. 51r mit leichtem Textverlust beschädigt.

1. Anno etc. et die ac hora predictis *(1392 Dezember 13)*, et coram quo s(upra) et loco
2. Andres Ermgart
3. de groten Wowiser
5. *(über 50 Jahre, vgl. 10)*
6. in lutgen Wowiser
7. Clauss Ermgart ... pater non fuerat de secta nec aliquid sciverit de ea
8. Sophia, et quod mater fuerit de secta et mortua in eadem et sepulta in lutgen Wowiser, et quod sciat sepulcrum eius
9. *(siehe 19)*
10. Interrogatus, quis primo ei dixerit de secta, respondit, quod Jacob Dermessel, quod sint iam bene 40 anni, et quod dixerat sibi, quod quidam essent in camera et homines sibi confiterentur; sed post hoc bene per 8 annos Heyne Hokman interrogaverat eum, an eciam confessus esset heresiarcis, quo respondente, quod non, adduxerat eum ad confitendum heresiarce in domo[a] sua, postquam de sero audiverat predicacionem eius in domo patris predicti secrete in quadam camera
11. a) b) *(siehe 10)*
12. et quod deinceps omni anno ad minus semel et eciam aliquando bis et eciam in duobus annis semel confessus sit eis.
13. a) quod sit unus annus cum dimidio
    b) in domo Petri Gossaw

[a] *Danach gestrichen:* patris sui puta inducentis dicti alde Hokman.

c) Nicolao heresiarce conversa
14. Interrogatus, an audiverit predicaciones eorum, respondit, quod sic, sed nescit quociens, sed a Nicolao heresiarca proxime converso ter audiverit.
18. 19. Interrogatus, an aliquem induxerit, respondit, quod nullum plus nisi unum dictum Peter Mens defunctum in secta. Item nominavit uxorem suam Grite nomine natam in secta et filium suum Thyde, quem induxit, et uxorem eius *(eciam[b])* natam de secte hominibus et inquilinam filii sui predicti Sophiam *(et famulum eius?[b])* Hans.
20. Interrogatus, an aliquis nomine suo aliquid muneris potuerit seu receperit, adque ambo et quilibet eorum respondit quod non[c].
21. presentibus ... Johanne Fricze et Johanne Alstete in artibus magistris vicariis in ecclesia sancti Jacobi in Stetyn et fratre Nicolao socio inquisitoris, coram quibus ambo precedentes heretici abiuraverunt.

[b] *HS verderbt.*
[c] *20 steht in der HS noch hinter 21.*

27

Alte Nr. 44; altes fol. 51v; neues fol. 21v. — Fragment: Anfang des Protokolls. Das Blatt ist oben und in der Mitte mit Textverlust beschädigt.

1. Anno et die etc. predictis *(1392 Dezember 13),* coram quo supra et loco
2. Jacob Philippus
3. de groten Wowiser
5. *(wahrscheinlich über 30 Jahre, vgl. 11a)*
6. in Chochsteten[a]
7. Philippus Smet ... de secta Waldensium, et quod pater natus sit in eadem
8. Gryte ... et mater inducta et defuncta in eadem *(secta)[b]*
10. quod pater suus primo ipsum induxerit in Wowiser luttygen et quod ipsum duxerit ad mulierem relictam Daneel, que ipsum primo ad confessionem heresiarce in domo sua in caminata prope domum *(duxerit)*
11. a) quod sint iam 20 anni
    b) *(siehe 10 am Ende)*
12. 13. et sic deinceps omni anno semel eis confessus est, et iam in decem annis nisi semel confessus est in domo Petri Gossaw[c] in groten Wowiser, quod sint iam quatuor anni.
14. Interrogatus, an audiverit predicaciones eorum, respondit, quod sic quater vel *(quinquies)*

[a—c] *Randbemerkungen des Numerators:*
[a] *Natus in Kokstede.*
[b] *parentes de secta.*
[c] *Peter Gosso hospes.*

28

Alte Nr. (45); altes fol. (53r); neues fol. 22r. — Fragment: Schluß des Protokolls; stark beschädigtes Blatt mit großem Textverlust.

1. *(1392 Dezember 13?)*
2. ?
17. Interrogatus, an unquam vocatus vel citatus fuerit *(ad aliquem inquisitorem propter)* sectam, respondit, quod non.
18. Interrogatus, an aliquem induxerit, respondit, quod sic ... *(Si)mon* Currebuch
19. et nominavit uxorem ... *(que a sua?)* nativitate fuit in secta
21. presentibus ... *(fratre Nicolao)* socio inquisitoris, Petro Rothe civi Stetinensi et Paulo de Ens laycis Pragensis, Caminensis et Pataviensis diocesum, et Georgio Buchhulcz clerico Caminensi.

29

Alte Nr. (46); altes fol. (53v); neues fol. 22v. — Fragment: Anfang des Protokolls; stark beschädigtes Blatt mit großem Textverlust.

1. *(Anno etc.)* die 14. mensis Decembris *(1392 Dezember 14)*, hora quasi ... *(in loco et)* coram quo supra
2. Jacob Smet
3. de Clems
4. faber
5. *(60 Jahre [in der Überschrift:] sexagenarius).*
6. in Moryn
7. Hans Crusse faber }, et quod fuerunt *(de secta Waldensium)* et de-
8. Grete } functi in eadem, et pater sepultus est in *(C)lems*
10. *(parentes)*
11. a) *(et quod fu)erat* annorum tunc forte 12
    b) in Moryn in domo paterna
12. 13. b) *(in)* domo Spigelman
14. Interrogatus, an audiverit predicaciones fratrum sive heresiarcarum, respondit, quod non.
16. nec habeat apostolum, nec sit confirmatus.

30

Alte Nr. (47); altes fol. (55r); neues fol. 23r. — Fragment: Ende des Protokolls. Das Blatt ist oben und an der Außenseite mit starkem Textverlust beschädigt. Die Rekonstruktionen beruhen im wesentlichen auf den Aussagen der alten Nummern 273, 274 und 276 (neu 147, 149, 151).

1. *(1392 Dezember 17?)*
2. *(Jacob Smed)*

3. *(de Wrech)*
4. *(faber?)*
6. *(in Clems?)*
7. *(Jacob Smed de Clems)*
8. *(Katherina)*
9. *(siehe 18)*
10. *(mater)*
17. Interrogatus, an unquam prius fuerit propter sectam *(citatus vel vocatus)*, respondit quod non
18. Interrogatus, an aliquem induxerit, respondit, quod nullum *(nisi uxorem suam)* Grite nomine, et quod mater[1] eiusdem mulieris n(on est de secta)
19. nominavit Hans Polan, qui habet eius soror[2] *(ad uxorem)*
21. presentibus hominibus quibus supra

[1] Katherina Tamme.
[2] Katherina.

31

Alte Nr. (48); altes fol. (55v). 56r; neues fol. 23v. 24r. — Altes fol. (55v) oben, unten und an der Außenseite mit stärkerem Textverlust beschädigt.

1. *(Anno etc. et)* die 18. mensis Decembris *(1392 Dezember 18)*, hora quasi ... *(in loco et coram quo)* supra
2. Mette uxor Deneke Rudeger
3. de Lindaw
5. *(vielleicht Mitte 20, siehe 11 a)*
6. in villa dicta War(nicz)
7. Hans Curaw ... patrem nesciat de secta nec sciat, an vivat
8. Alheyt ... defuncta in eadem et sepulta in cimiterio in ...
9. *(ihr Mann: Deneke Rudeger, siehe 2)*
10. *(mater?)*
11. a) quod sint iam bene anni 14
    b) *(in pre)dicta desolata villa*[1] in domo Henrich Schumeker in quadam camera
12. ... confessus sit, quando eos habere potuit
13. a) quod circa festum sancti Martini[2] fuerit
    b) in domo sua
    c) Nicolao
14. *(Interrogata, an audiverit)* predicaciones eorum, respondit, quod credit semel

[1] Warnitz.
[2] 11. November.

15. ... bene quater eos hospitaverit
16. Interrogata, an crediderit sectam suam fuisse veram fidem christianam, respondit, sic, attamen crediderit, quemlibet remunerari secundum opera sua
18. 19. Interrogata, an aliquem induxerit, respondit, quod nullum et quod nullum sciat in Lyndaw
20. Insuper absolvit eam e terminum statuit, quando revocatur ad penitenciam.
21. presentibus ... fratre Nicolao socio inquisitoris, Nicolao Groshûb et Georgio Armsmet mercatoribus de Legnicz, Pragensis et Wratislawensis diocesum, et Gregorio Buchholt clerico et notario publico Caminensis diocesis.

32

Alte Nr. 49; altes fol. 56v; neues fol. 24v.

1. Anno etc., die 20. mensis Decembris predicti *(1392 Dezember 20)*, in loco et coram supra
2. Jacob Ryman/Reyman
3. de Stetyn
4. laborator communis
6. hic in Stetyn
7. Hans Reyman
8. Gryte ... vivens de secta, licet iam expedita apud inquisitorem
10.—13. et quod primo Berssekyne iam defuncta in secta ipsam *(!)* induxerit, et quod sibi dixerit in quadam infirmitate, quod debeat confiteri heresiarce et adducto heresiarca in buda Batyn *(?)*, nunc vero manet ibidem Benkyn ante walvam Paskentorn[1] dictam, ubi confessus est primo et ultimo et interim numquam iuxta iuramentum suum, quod sint iam 12 anni.
21. presentibus fratre Nicolao socio inquisitoris, Gregorio Buchholt clerico et notario publico, Pragensis et Caminensis diocesum.

[1] *Wahrscheinlich identisch mit dem 1307 genannten Paschardi-Tor, das später als Passower oder Passauer bezeichnet wurde; vgl. Martin Wehrmann*, Geschichte der Stadt Stettin, *Stettin 1911, S. 54.*

33

Alte Nr. 50; altes fol. 57r.v; neues fol. 25r.v.

1. Anno etc., die 21. mensis Decembris *(1392 Dezember 21)*, hora terciarum vel quasi, in loco et coram quo supra.

2. Tyde Ermgart
3. de groten Wowiser
5. *(26 Jahre, siehe aber 11 a)*
6. in lutgen Wowiser
7. Andreas Ermgart ⎫
8. Gryte   ⎬ , et quod sint de secta Waldensium
                                   ⎭
9. *(seine Frau:* Katherina, *siehe 18)*
10. *(parentes)*
11. a) cum esset annorum forte 10, et sit iam 26 annorum, et sic fuerit in secta annis 18
    b) parentes adduxerunt eum ... in domum Heyne Peyer, ubi primo confessus est eis in quadam camera
12. et quod sic deinceps omni anno sit eis confessus, quando eos habere potuit, semel et aliquando bis et eciam aliquando plus quam per unum annum semel
13. a) ante unum annum
    b) in domo Heyncze Wegener in parvo commodo in ortu
    c) Nicolao heresiarce iam converso
14. Interrogatus, an audiverit eciam predicaciones eorum, respondit, quod sic, sed nescit quociens, sed tociens, quociens potuit, libenter audiverit
16. Interrogatus, quales ipsos (= heresiarcas) reputaverit, respondit, pro recte probatis hominibus, scientes multas bonas scripturas et potentes melius hominibus dimittere peccata quam presbiteros, et quod essent veri papen, non tamen quod possent missas celebrare.
18. Interrogatus, an aliquem induxerit in sectam, respondit, quod bene dixerit aliquibus, sed nullus pro hoc veniret ad sectam, attamen libenter fecisset, si potuisset, et quod uxor sua Katherina sit inducta per matrem suam.
19. Item nominavit famulum suum Hans Libental, item inquilinam suam Sophia Gerbers
20. Item dixit de matre sua Grite, quod nollet venire et eciam super ipsum fuisset irata, quod veniret ad inquisitorem, et dixerit, eum esse nuncium antichristi, et Heyne Beyer in Grefendorp prohibuerit eciam alios, ne venirent ad inquisitorem.
21. presentibus ... Johanne Grefensteyn[1] vicario in ecclesia beate Marie in Stetyn in artibus et medicine baccalario, fratre Nicolao socio inquisitoris, Gregorio Buchholt notario publico et Burchardo de Beberungen[2] clerico, Caminensis, Pragensis et Padebrunensis diocesum, et aliis pluribus etc.

---

[1] *Johannes Grevensteen, gest. 1403; vgl.* Repertorium Germanicum ..., 2, 1, *Sp. 805;* H. Heyden, Pommersche Geistliche ..., *S. 62, nennt zu 1365 einen Degenhard de Grevensteyn.*

[2] *Burchard von Beberungen nicht im* Repertorium Germanicum.

34

Alte Nr. 50(b); altes fol. (58r.v); neues fol. 26r.v. — Das Blatt ist oben, unten und an der Außenseite mit leichtem Textverlust beschädigt. Die Zählung der alten laufenden Nummer ist falsch, da schon das vorangegangene Protokoll die Nummer 50 hatte.

1. Anno etc. et die ac hora predictis *(1392 Dezember 21)*, loco et coram quo *(supra)*
2. Katherina vel Trina uxor Tyde predicti *(= Ermgart)*
3. De Magna Wobiser[a]
6. in villa dicta Bruche prope Soldyn[b] videtur desolata
7. Peter Cremer ⎫ , et quod fuerunt de secta Waldensium et defuncti in
8. Grite ⎭ eadem, et pater iacet in cimiterio ibidem in Bruche et mater in Grefendorp
9. *(ihr Mann, siehe 2; weiteres siehe 12)*
10. mater
11. a) ut credit, cum esset annorum 9 vel 10
    b) *(in domo Heyne Beyerss in Grefendorp)*[c]
12. et quod deinceps omni anno semel eis sit confessa, et eciam semel in domo Hennyk Wegener ibidem *(= Grefendorp)*, item in Gossaw in domo Jacob Hyldebrant, cuius uxor Geze est eius soror.
13. a) quod in autumpno erat annos *(!)*
    b) in domo Petri Gossaw[d] in groten Wowiser
    c) et solum novit dues *(!)* Nicolaos heresiarcas nominare
14. Interrogata, an eciam audiverit predicaciones eorum, respondit, quod sic et forte bis vel ter
18. Interrogata, an aliquem induxerit, respondit, quod nullum
19. sed nominavit inquilinam suam *(Sophiam Gerberss)*, item Hans Libental famulum suum.
20. Insuper absolvit eam et sub occulta penitencia dimisit
21. presentibus ... predictis sive quibus supra

[a] *In der Überschrift von der Hand des Numerators.*
[b—d] *Am Rand von der Hand des Numerators:*
[b] Nata in (Bruke) prope Soldin.
[c] Heyne Bir in Grevendorp.
[d] Peter Gosso.

35

Alte Nr. (51); altes fol. 60r; neues fol. 27r. — Fragment: Ende des Protokolls.

1. *(1392 Dezember 22?)*
2. ?
17. Interrogatus, an unquam fuerit coram aliquo propter sectam inquisitore, respondit, quod non, et si ipse fuisset citatus, eciam alii fuissent
20. Interrogatus, an nesciat plebanos duos habentes mulieres de secta, respondit, quod viderit bene duas mulieres de secta, que adherentes plebano, nescit tamen ubi
21. presentibus quibus supra.

36

Alte Nr. 52; altes fol. 60v; neues fol. 27v. — Fragment: Anfang des Protokolls.
Die Schrift ist zum Teil stark verblaßt.

1. Anno etc. ac die 23. mensis predicti *(1392 Dezember 23)*, hora quasi nonarum, in loco et coram quo supra
2. Geze Gotschalczss virgo
3. de Konegesperch
6. in villa dicta Allenkyrchen[1] 1½ miliari a Konegesperch
7. Gotschalk . . ., et quod pater suus cruger et iudex in opere non fuerit de secta Waldensium
8. Gyrdrud . . . sed mater sic, defuncta in secta ante tres annos et sepulta in cimiterio in Kȯnegesperch
9. *(siehe 10; in der Überschrift:)* soror Clauss de Brandenburch quondam heresiarce
10. et quod alde Thomissche hic in Stetyn ipsam induxerit in sectam, que eciam induxit fratrem suam Niclas Gotschalk, quondam heresiarcam nunc presbiterum katholicum habitantem in Wyenna, et matrem, et quod dixerit eis de hominibus mundanis denotans extraneos secte, quod pervenirent ad dyabolum, et quod ipsi puta ipsa deponens cum aliis animam suam deberent conservare pre illis maioribus, et sic fecerit eam accedere ad confitendam heresiarce.
11. a) quod sint iam bene 26 anni
    b) in domo inductricis in granario
12. et deinceps omni anno semel, aliquando bis et aliquando solum in duobus annis semel, sed nescit nominare eos, attamen dixit, se forte ter confessam fratri sue, cum fuisset heresiarca, semel in Konegesperch in capitulario fratrum sancti Augustini heremitarum et semel in Moryn et semel hic in domo Rudegers, et eciam uno heresiarce sit confessa in Konegesperch in ecclesia parrochiali, ubi sedisset cum eo sibi confitendo, attamen nescivit nomen eius.
13. a) ante unum annum
    b) in groten Wowiser in domo Pamillen in camera
    c) Nicolao eciam heresiarce iam converso
16. *(siehe auch 10)* Interrogata, quales ipsos (= heresiarcas) reputaverit, respondit, bonos homines *(habentes)* auctoritatem a deo post apostolos maiorem presbiteris dimittendi hominibus peccata; attamen non reputaverit eos consecratos presbiteros, nec crederit, sed quod bene confiterentur homines et melius quam presbiteris, et talem auctoritatem eciam reputaverit fratrem suum fuisse consecutum.

[1] *D. i. Altenkirchen.*

37

Alte Nr. (66); altes fol. 77r; neues fol. 28r. — Fragment: Ende des Protokolls; das Blatt ist unten im letzten Drittel mit stärkerem Textverlust beschädigt.

1. *(1392 Dezember Ende oder 1393 Januar Anfang)*
2. *?*
3. *(de Wilmersdorp?)*
9. *(seine Frau:* Grete, *siehe 10)*
14. Interrogatus, an eciam audiverit predicaciones eorum, respondit, quod sic semel in domo Welsaw et semel in domo sua propria
15. *(unmittelbar anschließend an 14),* ubi tunc eciam semel tantum eos hospitaverit
17. Interrogatus, an prius fuerit propter sectam coram aliquo prelato, respondit, quod sic huc ad officialem Darczow[1] in Stetyn cum illis de Guntersberg, ubi et per quem inculpati de *(...)* et obtento termino usque ad festum Galli[2] ab Augusto, in quo portantes *(litteras)* dominorum suorum continentes, quod nihil scirent, nisi quod essent christiani homines, *(...)* ipsos dimisisset in pacem dicens se ex rationibus hominum[a] ...
18. et quod nullum induxerit, licet aliquibus dixerit, de quibus tamen nullum scit, pervenisse ad sectam
19. sed nominavit uxorem suam Grete esse de secta; item Cůne Gyrswalde, cuius uxor non est de secta; item Mathiam Jǒrris cum uxore Grete et inquilinam eius, dicta Velthans, cum Hennynk Velthan; item Hennyk Panklicz[b] cum sorore Grete et maritum eius Peter Velthan et eius sorore Tylss virgo sibi commanens, sed dubitat, an sit de secta; tercia soror cum fratre tercio sunt trans Oderam, Ficke et Troll
21. presentibus ... Ambrosio Deynart[3] viceplebano ... ministro ecclesie beate Marie in Stetyn et Nicolao *(socio inquisitoris)*

[a] *Auf diese Begebenheit bezieht sich wohl auch die von der Hand des Numerators an den oberen Rand des Blattes gesetzte Bemerkung:* hic portavit excusacionis sue false a domino ville Wilmersdorp litteras, et tamen hereticus fuit in veritate.
[b] *Paläographisch möglich wäre auch:* Pauklicz.
[1] Nikolaus Darzow, *vgl. oben, Nr. 16, Anm. 2.*
[2] *Oktober 16.*
[3] Ambrosius Deynart *oder* Deynhard/Degenhart *war nicht zu verifizieren.*

38

Alte Nr. 67; altes fol. 77v; neues fol. 28v; Fragment: Anfang des Protokolls. Das Blatt ist unten mit Textverlust beschädigt.

1. Anno et die ac hora etc. predictis *(1302 Dezember Ende oder 1393 Januar Anfang)*
2. Tele sive Alheyt uxor Heyne Vilter dicti luttegen / uxor luttege Heyne Vilther

3. de Premslaw
5. *(etwa 35 Jahre, vgl. 11a)*
6. in villa dicta Eksan tribus miliarum a Wysmar*ᵃ*
7. Lamky Rosenaw
8. Katherina adhuc vivens secum manens, et quod non fuerunt nec sunt de secta Waldensium
9. *(ihr Mann, siehe 2)*
10. maritus suus
11. a) quod sint iam 17 anni in autumpno proxime futuro
    b) in domo Welsaws*ᵇ* ... in camera
    c) et videtur sibi, quod heresiarca vocabatur Hans antiquus debilis homo
12. et quod deinceps, quando eos habere potuit, confitebatur
13. a) quod iam sit annos
    b) in Grefendorp in domo Heyne Beyer in camera
14. Interrogata, an eciam audiverit predicaciones eorum, respondit, quod sic, sed nes(cit quociens)
15. et non hospitaverit eos
16. Interrogata, quales ipsos (= heresiarcas) reputaverit, respondit, bonos homines sicud apostolos Christi, qui transsirent et predicarent in mundo, et presumpsit eos presbiteros ex eo, quod bene litterati, attamen non credidit eos ordinatos ab episcopis, nec viderit eos deferre tonsuras.

ᵃ/ᵇ Am Rand von der Hand des Numerators:
ᵃ Nata prope Wismariam.
ᵇ Welso hospes.

39

Alte Nr. 72; altes fol. 83r.v; neues fol. 29r.v. — Das Blatt ist unten und an der Außenseite mit Textverlust beschädigt.

1. Anno etc. et die ac hora predictis *(1393 Januar Anfang)*, coram quo supra et loco
2. Katherina uxor Zacharie Welsaw
3. de Premslaw
5. *(22 Jahre, siehe 11a)*
6. in Wylmersdorp
7. Hennyk Pankelicz ⎫
8. Mechhylt ⎬ , et quod fuerunt de secta Waldensium et defuncti in eadem, et pater sepultus est in cimiterio sancti Jacobi in Premslavia et mater in villa predicta *(= Wylmersdorp)*
9. *(ihr Mann, siehe 2; weiteres siehe 19)*
10. Interrogata, quis ipsam induxerit, respondit, quod Geze Cleynsmedes in Wylmersdorp defuncta in secta et sepulta in campo, eo quod erat excommunicata propter sectam

11. a) cum esset annorum 13, et iam sit annorum 22
    b) in granario domus paterne
12. et quod in domo quinquies confessa sit eis
13. a) quod sit iam in tercio anno
    b) in domo Heyne alde Hutvilter
14. Interrogata, an eciam audiverit predicaciones eorum, respondit, quod sic, sed *(nescit)* quociens,
15. et quod hospitaverit eos in domo socrus sue, *(eo)* quod ei cohabitavit
17. *(Interrogata)*, an prius fuerit citata propter sectam et per quem, respondit, quod sic per prepositum *(de Gr)emsaw* et quod ibidem iuraverit, nullam haberet malam fidem, sicud *(. . .)* deus adiuvaret et sancti dei ewangelia
18. Interrogata, an aliquem induxerit, respondit, quod solum unam ancillam Mechhylt sororem Czabel de Holczendorp
19. Item nominavit Claus Hufener, filium sororis matris sue; item alios duos fratres et unam sororem: Hans Meyer, Stephan Meyer in Cochsteten et Margaretham uxorem Mathie Bekker in Gyrswalde; item fratrem suum Hennyk Pankelcz in Wylmersdorp; *(item so)rorem* suam Margaretham, uxorem Velthan; item Katherinam cognatam suam, famulam Wylken Gernk . . .
20. 21. presentibus primo venerabili viro domino Phylippo[1] preposito Caminensi, *(. . .)* inquisitoris requirenti dixit expresse *(. . . f)acienda* per eum et approbat, et Johanne Eckstede archidiacono Piri*(censi in)* ecclesia Caminense, Heynrico Usenk *(?)*[2] canonico Caminensis ecclesie *(et pluri)bus* aliis etc.

[1] *Philipp v. Helpte, siehe oben, Nr. 1, Anm. 1.*
[2] *Ein Kamminer Kanoniker mit diesem oder einem ähnlichen Namen war nicht auszumachen.*

40

Alte Nr. 90; altes fol. 96r.; neues fol. 30r. — Bis auf das Eschatokoll vom Inquisitor Peter Zwicker selbst geschrieben und deshalb hier ungekürzt wiedergegeben.

(Überschrift:) Jacob Hildebrant de Gossauw, natus in secta

Item anno et die *(1393 Januar 11?)* et hora vesperorum etc. predictis obtulit se Jacobus Hildebrant de Gossauw Caminensis diocesis, suspectus de heresi et infamatus et accusatus, iudicialiterque citatus et interrogatus, an velit iurare de dicenda veritate, respondit, quod sic, et iuravit tactis corporaliter etc. ut supra.

Iuratus igitur et interrogatus, ubi natus sit, respondit, quod de villa Schonenberg uno miliari de Soldyn. Pater suus vocabatur Kappe vel Jacob Hildebrant et mater Sophia, et quod fuerunt de secta Waldensium, defuncti in eadem et sepulti in cimiterio in Schonenberg, et quod frater suus, dictus Claus Hildebrand in Cunrsdorp, et quod primo confessus sit heresiarce in Schonenberg in domo fratris sui in horreo, et quod sint bene 20 anni et quod quolibet anno confessus sit ipsis heresiarchis, exceptis 4 annis, quibus fuit cum alienis, quos apud se vocant di fremden, denominando nos christianos; et quod confessus sit sex heresiarchis, et quod ultimo confessus sit in domo propria, et quod sit unus annus.

Interrogatus, quales eos reputaverit, respondit, quod ambulantes in terris vice apostolorum, habentes a deo potestatem dimittendi peccata ita bene sicut sacerdotes, et quod venirent ante paradisum, sed nesciret, quid ibi facerent, et quod tamen non reputaverit eos presbiteros ab aliquo episcopo consecratos.

Interrogatus, quid iniunxerint ei pro penitencia, respondit, quod 4, sex vel plures sextas ferias in pane et aqua et quartas ferias in Quadragesimalibus ad ieiunandum et ad orandum feriatis diebus 50 Pater noster et festivis centum, et non Ave Maria, et hanc penitenciam tenuit et se absolutum credidit et hanc penitenciam sibi proficere ad salutem.

Interrogatus, an eciam confessus sit presbiteris ecclesie et susceperit corpus Christi, respondit, quod sic, sed non revelaret, se fuisse de secta, quia fuit prohibitus.

Interrogatus, quociens hospitaverit heresiarcas, respondit, quod quater et quod eis fecerit melius quam potuit. De predicacionibus vero nescit, nisi quod aliquociens audiverit oraciones.

Interrogatus, an invocaverit beatam virginem et alios sanctos in patria et crediderit, quod orarent pro nobis et scirent, quid nobiscum agatur, respondit, quod non, quia pre plenitudine gaudiorum nec possent curare de nobis, et quod habeat apostolum sanctum Jacobum, et confirmatus in Belyn, et ieiunavit vigiliam apostoli sui ad laudem dei et eciam apostoli, quia ad hoc inducebatur per sermones plebani sui.

Interrogatus, an oraverit pro animabus parentum suorum et aliorum defunctorum, respondit, quod, quantum audivit a presbiteris, oravit pro eis, sed ex heresiarchis et sectariis non fecit, nec crediderit eis prodesse, et si quandoque obtulit in missis defunctorum, tamen non crediderit, hoc valere pro ipsis, et non crediderit, sepulturam ecclesiasticam quidquid proficere vel valere, item quod omne homicidium quantumcumque magni malefici esset peccatum.

Item interrogatus, an crediderit suam sectam esse veram fidem christianam, respondit, quod sic et quod extra illam nullus possit salvari, et ideo vocaverit nos christianos di fremden.

Interrogatus, an velit reverti ad veritatem fidei katholice sancte matris Romane ecclesie ex toto corde sine ficcione etc. et in eadem vivere, deo servire et mori et adhuc se suo iuramento astringere, item an velit abiurare sectarios et eos persequi pro posse manifestando, item an velit subire penitenciam etc., item se velit obligare ad penam relapsorum etc., item quod penitenciam etc., item quod se non vindicet, item an velit abiurare sectam Waldensium et omnem aliam heresym, respondit ad singula singulariter, quod sic, et abiuravit corporaliter tactis sanctis dei ewangeliis et signo crucifixi etc. Insuper absolvit eum et dimisit[a]. Acta sunt hec anno etc. quibus supra, presen-

[a] Der folgende Schluß von der Hand des Anonymus.

tibus quibus supra; scriptum per inquisitorem propter infirmitatem meam in hiis duobus foliis.

41

Alte Nr. 91; altes fol. 96v; neues fol. 30v. — Fragment: Anfang des Protokolls.

1. Anno etc., die 12. mensis Januarii *(1393 Januar 12)*, hora quasi nonarum, in loco et coram quo supra
2. Hans Steklyn
3. de Selchaw
5. *(30 Jahre, siehe 11 a)*
6. in Lindaw
7. Hans Steklyn ⎫ , et quod fuerunt de secta Waldensium et defuncti in
8. Heyle ⎬ eadem, et pater sepultus est in Warnicz villa desolata
   ⎭ et mater in Mersekaw in cimiterio
10. parentes
11. a) cum esset annorum 12, quod sint iam 18 anni
    b) in Bernwalde, ut sibi videtur, in domo Hans Hokman retro supra solariam
12. et quod sic deinceps omni anno semel et in duobus semel sit confessus eis
13. a) quod in autumpno fuit unus annos
    b) in groten Wowiser in domo Heycz alde Wegeners hus
    c) domino Nicolao heresiarcam denotens iam converso
14. Interrogatus, an eciam audiverit predicaciones eorum, respondit, quod sic tociens, sicud venerant et predicabant
15. et quod semel eos hospitaverit, et quod in domo sua audiverat confessiones suas, uxoris et aliorum extra domum
16. Interrogatus, quales ipsos reputaverit, respondit, quod tales, qui sibi melius dicerent[a], per que ad regnum celorum perveniret, et quod melius presbiteris possent dimittere peccata, non tamen quod essent presbiteri ordinati, licet ipsi dixerint, quod essent veri presbiteri ... — ... et quod tenuerit illam penitenciam, sicud melius potuit pre infirmitatibus suis, et crediderit se absolutum et penitenciam proficere ad salutem anime sue ...
— ... et quod habet apostolum Johannem ante messem, quem crediderit esse, cum esset sibi datus in iuventute.

[a] *HS:* dicerent deberent.

Zur Einordnung der laufenden Nummern 42—46 an dieser Stelle vgl. den ZWEITEN TEIL, *Bemerkungen ..., oben, S. 23.*

42

Alte Nr. ?; altes fol. ?; neues fol. 31r. — Erhalten sind nur wenige Worte der Schlußformel.

21. presentibus quibus supra

43

Alte Nr. ?; altes fol. ?; neues fol. 31v. 32r. — Erhalten sind jeweils nur wenige Zeilen, bei fol. 31v aus dem Bereich der Glaubensaussagen und bei fol. 32r aus dem Eschatokoll. Da beide Folien zusammen ein Doppelblatt bilden, ist es möglich, daß es sich um ein Protokoll handelt.

1. ?
2. ?
14. (Interrogatus, an audiverit predicaciones eorum, respondit), quod sic ter vel quater *(aus fol. 31v)*
16. nec crediderit, maleficos iudicialiter posse occidi sine peccato *(aus fol. 31v)*
21. presentibus ... fratre Nicolao socio inquisitoris, Hermanno Gossaw et Paulo de Ens ac Petro de Tuntdorp (?) laycis, Pragensis, Caminensis, Pataviensis et Eystedensis diocesum *(aus fol. 32r).*

44

Neues fol. 32v. — Fragment aus dem ersten Teil eines Verhörs, allgemeine Glaubensfragen betreffend, ohne Nennung von Personen oder Ortschaften.

45

Alte Nr.?; altes fol.?; neues fol. 33r.v. — Dieses Blatt enthielt ein vollständiges Protokoll, es ist jedoch oben und an der Außenseite mit so starkem Textverlust beschädigt, daß alte Nr., altes fol., Verhördatum und Name des Verhörten nicht überliefert sind und auch nicht erschlossen werden können.

1. ?
2. ?
6. ... uno m(iliari a ...?)
7. ?
8. et mater Gr(ete), (et quod fuerunt de secta Waldensium et defuncti) in eadem et sep(ulti in ...?...)
9. *(siehe 19)*
10. ...?... defuncta in ...
12. et quod deinceps s(emel in anno confess)us sit eis et aliquando bis et eciam (in) duobus annis se(mel)
13. a) quod fient duo anni in autumpno
    b) in domo Petri Gossaw
    c) Nicolao heresi(arce) iam converso, ut audivit
14. Interrogatus, an audiverit predicaciones eorum, respondit, quod sic, sed nescit quo(ciens)
15. et quod non collegerit eos
19. (... uxor?) sua Mette

20. Insuper absolvit eum et sub occultis ex multis causis animum suum moventibus sicud et alios dimisit
21. presentibus ... fratre Nicolao socio inquisitoris et Paulo de Ens layco, Pragensis et Pataviensis diocesum.

46

Alte Nr. ?; altes fol. ?; neues fol. 34r.v. — Das Blatt ist oben und außen mit Textverlust beschädigt.

1. —
2. *(Grite?)* uxor Jacob Danell
3. de groten Wowiser
5. *(wohl 20—25 Jahre, siehe 11a)*
6. in *(groten?)* Wowiser
7. Hennyk Premslaw } , et quod fuerunt de secta Waldensium et defuncti
8. ? } in ea(dem ...)
9. *(ihr Mann, siehe 2)*
10. *(pater?)*
11. a) quod sint iam bene 12 anni
    b) in domo p(aterna)
    c) discipulo, quia heresiarca infirmabatur
12. deinde omni anno
13. a) quod est plus q(uam unus annus?)
    b) in domo Petri Gossaw
    c) dicto Nicolao
14. Interrogata, an audiverit predicaciones eorum, respondit, quod n(on?)
16. Interrogata, an oraverit pro defunctis, respondit, quod sic in ec(clesia ...)
17. (interrogata, an un)quam prius fuerit coram aliquo inquisitore propter sectam, respondit *(quod non? ...)*
18. (interrogata, an) aliquem induxerit, respondit, quod nullum
19. item nominavit ancillam suam ...
21. *(presentibus)* quibus supra.

Die folgenden Nummern sind überliefert in Cod. Guelf. Helmst. 403.

47

Alte Nr. 174; altes fol. 187r.v; neues fol. 33r.v.

1. Anno etc. die 26. mensis Januarii *(1393 Januar 26)* predicti, hora quasi terciarum, in loco et coram quo supra
2. Margaretha uxor Koppesybe
3. de Moryn

5. *(40 Jahre, siehe 11a)*
6. in Bruke villa desolata
7. Hans Cremer . . . et quod pater sit in secta Waldensium defunctus
8. Margaretha vivens . . . mater adhuc manet in secta
9. *(ihr Mann, siehe 2; weiteres siehe 19)*
10. *(parentes)*
11. a) et sint iam 30 bene anni, et iam sit in etate 40 annorum
    b) in domo paterna in Moryn in salario
12. et inde omni anno, et quando venerunt, libenter eis confessus sit
13. a) sit unus annus
    b) in domo propria in Moryn in camerella
    c) Nicolao heresiarce iam converso
14. et quod audiverit libenter, quando venerunt, predicaciones eorum
15. et per 9 vel 10 annos eos hospitaverit, et quod dederit eis comedere et bibere, et quando non habuit, tunc mater eius fecerit, non tamen dederit eis nec obtulerit de pecunia
16. Interrogata, an invocaverit beatam Mariam et sanctos et crediderit, eos posse pro ipsa orare, respondit, quod non, quia essent ita pleni gaudiis, quod pro ipsa non possent orare, nec habet apostolum, nec est confirmata et non permiserit se confirmare, quia dixerint, quod non iuvaret eam nec esset sacramentum et quod satis esset de baptismo, et illud reputaverit troffam . . . — . . . et omne iuramentum crediderit esse mortale peccatum, et eciam propter verba trwen vel warlich crediderit se condampnari, nisi penituisset, et maleficos occidentes eciam iudicialiter reputaverit dampnandos, si non peniterent. Interrogata, an crediderit, sectam suam fuisse veram fidem christianam, respondit, quod sic, attamen extraneos bone conversacionis homines eciam crediderit posse salvari.
17. Interrogata, an citata fuerit propter sectam iam vel prius, respondit, quod non, sed audiverit a Heyne Beyer, quod dedisset nuncio Clauss 2 solidos, qui eum ex parte inquisitoris vocavisset.
18. et quod nullum induxerit
19. et quod maritus eius natus sit in secta Cappesybe, et nominavit matrem suam et aliam inquilinam Tele Tykyne et famulum suum Peter Wrede de Wowiser groten, item duas sorores Tele, que est uxor Heycze Wegener de groten Wowiser, et aliam Temel, viduam relictam Petri Reppyn; item filiam sororis, Trina nomine, cum quibus (?) in Gossaw, et amicas Trina et Geze, Tyde Ermgart de Wowiser et Jacob Hyldebrant de Gossaw, maritos earum.
21. presentibus . . . fratre Nicolao socio inquisitoris, Matheo Hyldebrandi[1] clerico et notario publico et Paulo de Ens layco, Pragensis, Caminensis et Pataviensis diocesum et aliis etc.

---

[1] *Matheus Hildebrand, siehe oben im* ZWEITEN TEIL, *Bemerkungen* . . ., *S. 24.*

48

Alte Nr. 175; altes fol. 189r.v^a; neues fol. 34r.v.

1. Anno et die ac hora etc. predictis *(1393 Januar 26)*
2. Margaretha relicta Hans Cremer defuncti in secta
3. de Moryn
5. *(66 Jahre, siehe 11 a)*
6. in villa dicta Bruke medio miliari a Soldyn
7. Hans Lochaw ⎱ , et quod non fuerunt de secta nec aliquis suorum ami-
8. Ermgart ⎰ corum
9. *(ihr Mann:* Hans Cremer, *siehe 2; weiteres siehe 18)*
10. maritus eius
11. a) et quod hoc sit statim factum, cum duxerit maritum, et habuerit eum 33 anni, et iam vidua fuerit 17 anni, et antequam duxerat maritum, erat 16 anni
    b) in domo Hans Vilter defuncti in secta in Bruke
    c) Conrad
12. et quod inde omni anno, quando venerunt, libenter eos pie susceperit et benefecerit, et eis confessa sit
13. a) —
    b) in domo filie sue in Moryn in quadam camerella retro in domo
    c) Clauss
14. Interrogata, an audiverit predicaciones eorum, respondit, quod sic, sed nescit quociens
15. et quod ipsos hospitaverit, sicud primo intraverit sectam, et fecerit eis, sicud unquam melius potuit et valeret, dedit eis aliquando tres septima(na)s vel quatuor vel quindenam, sicud volebant, comedere et bibere; et pecuniam dederit, et maximam nominavit summam quam 37 marcarum, et inde de tribus wynspelss korns, totam pecuniam trecentum (?) ad 5 et syligo ad quatuor exceptis 17 soldiis, et ex testamento mariti 11 marcas
16. Interrogata, an crediderit, sectam suam fuisse veram fidem christianam et extra illam nullum salvari, respondit, quod sic, et ideo timuerit parentes suos dampnatos
18. Interrogata, an aliquem induxerit, respondit nominando tres eius filias Grete^1 immediatam et Tele uxorem junge Heycze Wegener et Ermgart viduam habitantem cum Symonisse Tramburch in Moryn et Katherinam defunctam in secta^b
21. presentibus quibus supra.

---

^{a} *Müßte bei richtiger Zählung heißen: fol. 188.*
^{b} *Gestrichen:* item nominavit Hans Lochaw in Soldyn.
[1] Margarethe uxor Koppesybe, *siehe unter Nr. 47.*

49

Alte Nr. 176; altes fol. 190r.v; neues fol. 35r.v. — Fragment: Anfang und Mitte des Protokolls; der Schluß fehlt mit altem fol. 191r. — Der Text ist bereits von W. Wattenbach, Über die Inquisition gegen die Waldenser..., in: Abhandlungen der königl. Akademie der Wissenschaften zu Berlin, Phil.-hist. Kl. ..., S. 32—34, „als Muster" ediert worden, er wird hier deshalb ebenfalls vollständig abgedruckt, im Unterschied zu Wattenbach jedoch mit Auflösung sämtlicher Abkürzungen.

(*Überschrift:*) Sybe Hutvilter de Bernwalde, natus in secta, anni 20, hospitavit, conduxit

Item anno et die ac hora predictis *(1393 Januar 26)*, coram quo supra et loco[a] se obtulit Sybe sive Syfrid Hutvilter de Bernwalde Caminensis diocesis iudicialiter citatus et iuratus etc. ut supra. Iuratus igitur et interrogatus, ubi natus sit, respondit, quod in Wenczelaske villa desolata, et quod pater suus vocabatur Hennynk de Awen et mater Katherina, et quod fuerunt de secta Waldensium et defuncti in eadem, et sepulta mater in cimiterio in Soldyn parrochie, sed patrem nescit, ubi sepultus sit. Et ipsi dixerint ei de confessoribus heresiarcis, sed cognatus Otto Vilther in Tramburch defunctus[b] in cimiterio sancti Jacobi in Stetyn[c], et ibidem primo confessus sit in domo Conradi Polan eciam defuncti in secta in quadam camera, quod sint iam bene 26 anni, et inde, quando eos habere potuit, eis confessus est, et hic in Stetyn in domo, ubi iam Hans Rudigerss, et ultimo in domo Petri Beyer in Bernwalde in camera Nicolao heresiarce iam converso ante annum.

Interrogatus, quales ipsos reputaverit, respondit probos homines habentes auctoritatem[d] a deo audiendi confessiones et dimittendi peccata et presbiteros, sed non tales ut plebanos suos in Bernwalde ordinatos.

Interrogatus, quid iniunxerint ei pro penitencia, respondit, quod 50 Pater noster et dominicis centum et non Ave Maria, sed quod dixissent sibi, esse ewangelium et non esse peccatum, si diceret, et ad ieiunandum sextis feriis et 9 feriis quartis in tenui cervisia et pane, et quod tenuerit penitenciam, prout melius potuit, sed timuit, se non plene tenuisse, et crediderit, se absolutum, si posteriora non fuissent peiora prioribus, et sperasset, penitenciam sibi proficere ad salutem.

Interrogatus, an eciam confessus sit presbiteris et susceperit corpus Christi, respondit, quod sic, sed non dixerit, se confessum heresiarcis, quia prohibitus non audebat.

Interrogatus, an audiverit predicaciones eorum, respondit, quod sic, sed nescit quociens, et quod semel eos collegerit, et quod tunc in domo sua eciam ei cum familia sua et aliis extraneis sint confessi, et quod dederit ei comedere et bibere, et non dederit eis pecuniam, nisi ex testamento uxoris sue Tylss dederit pallium defuncti *(!)*, quod valuit 2 marcas, et quod conduxerit eos a Moryn in Soldyn et e converso et ad villas circumcirca et in Bernwalde etc.

[a] *W. (= Wattenbach, a. a. O.):* etc.
[b] *Zu ergänzen wohl:* et sepultus.
[c] *Zu ergänzen wohl:* induxerit eum.
[d] *W.:* autoritatem.

Interrogatus, quid fuerint doctrine eorum de invocacione sanctorum, respondit, quod fecerint eum ieiunare precepta ab altari sanctis ad laudem dei et ad recordacionem eorum et non adorare eos, sed solum deum, quia in celo nullus esset nisi deus, qui sciret corda hominum. Interrogatus, an invocaverit beatam Mariam et sanctos et crediderit, eos pro nobis posse orare et scire, quid nobiscum agatur, respondit, quod non et quod essent ita pleni gaudiis de deo, quod non possent scire nec orare pro nobis, et quod ieiunaverit apostolis suis Symone et Juda et aliis ad laudem solius dei et non sanctorum, et quod ideo eos elegerit, ne notaretur esse de secta, et sit confirmatus, credens bonum. — Interrogatus, an oraverit pro defunctis et crediderit eis prodesse, respondit, quod sic oraverit pro omnibus, qui digni sint dei consolacione, et crediderit, solum duas vias esse post mortem, attamen speraverit purgatorium, et quod obtulerit in missis defunctorum non ad salutem animabus sed ad honorem hominum, ne notaretur, et ad profectum plebani recipientis denarios.

Interrogatus, quid crediderit de aqua benedicta[e], sal, cineres etc., respondit, quod non crediderit, aliquid peccati sibi deleri, sed alias sit melius quam a natura[f], quia diucius conservetur et conservari possit incorrupte, et reprobaverit[g] hoc estimantes et super hoc peccantes, et reputaverit, ex hoc homines peccare. Interrogatus, an crediderit, excommunicaciones aliquid obesse, respondit, quod doctus sit et crediderit, quod non; de indulgenciis nichil crediderit.

Interrogatus, an crediderit, omne iuramentum esse peccatum, respondit, quod crediderit, trwin ad verum confirmandum dicere non esse peccatum, ad falsum sic etc.

Interrogatus, an crediderit, maleficos posse occidi sine peccato, respondit, quod crediderit, eos non per iudicem, sed per peccata sua occidi[h].

Interrogatus, an cantum ecclesiasticum crediderit magis valere quam simpliciter sub silencio celebrari, respondit, quod audiverit, quod melius esset sub silencio fieri. Interrogatus, an crediderit, sectam suam fuisse veram fidem[i], respondit, quod sic, attamen eciam nos non habentes eius fidem eciam reputaverit posse salvari; et interrogatus, an credat unam fidem christianam, respondit ad numerum capiendum (?) etc. et quemlibet reputatum christianum salvari per sua bona opera, et nos vocasset vremde. — Interrogatus, an aliquem induxerit, respondit, quod nullum, sed uxor sua Mette nata sit de secta. Item nominavit fratrem suum Ebel Vilter[k] de Selchaw; item cognatos suos Hertwart[l] et quod nunquam fuerit citatus propter sectam. Interrogatus, an velit reverti ad unitatem fidei katholice sancte matris Romane ecclesie etc., item an velit abiurare sectarios et eos persequi etc., respondit, quod sic.

[e] *HS:* benedictam.
[f] *W.:* alia.
[g] *W.:* reprobaret.
[h] *HS:* occidi eum.
[i] *HS gestrichen:* katholicam.
[k] *W.:* Ebelvilter.
[l] *W.:* Hertwert.

50

Alte Nr. (177); altes fol. 192r; neues fol. 36r. — Fragment: Schluß des Protokolls.

1. *(1393 Januar 26)*
2. — *(vielleicht ein Rorekyn wegen der in 18 und 19 angedeuteten Verwandtschaft)*
3. —
7. 8. — *(die Eltern waren nicht in der Sekte, siehe 16)*
9. *(siehe 18 und 19)*
16. Interrogatus, an crediderit, sectam suam fuisse veram fidem christianam et extra illam nullum salvari, respondit, quod sic, et ideo timuerit parentes suos dampnatos.
17. Interrogatus, (an) citatus sit propter sectam, respondit, quod non.
18. 19. Interrogatus, an aliquem induxerit, respondit, quod nullum, sed filium uxor induxerit Katherina nata de secta, et famulam Tylss; item Thydeke Tramburch filium sororis.
21. presentibus ... quibus supra

51

Alte Nr. 178; altes fol. 192v. 193r; neues fol. 36v. 37r.

1. Anno etc. et die *(1393 Januar 26)* et hora coram quo supra et loco ... — ... iuratus igitur et die 27. sequente immediate *(1393 Januar 27)* hora terciarum et interrogatus
2. Jŏris/Joris Buchult
3. de Guntersperch
5. *(40 Jahre, siehe 11a)*
6. in Kerkaw
7. et quod pater suus suo (nomine) nominatus fuerit *(= Joris Buchult)*
8. et mater Tele, et quod defuncti sint in secta, et mater sepulta in Guntersperch, pater vero in Kerkaw
9. *(seine erste verstorbene Frau:* Hyll, *siehe 19)*
10. et quod (parentes) ipsum induxerint, non memoratus tamen, an fratres sive sorores
11. a) quod tunc fuerit in 12. anno, ut sibi videtur, et iam sit 40 annorum
    b) nescit, an in domo paterna vel alibi
12. et deinde, quando eos habere potuit, eis confessus sit
13. a) quod sint bene 7 anni
    b) in Kerkaw in domo Hennyk Zacharie defuncti in secta in camera retro in domo
14. Interrogatus, an eciam audiverit predicaciones eorum, respondit, quod sic bis vel ter

15. et quod quater ipsos hospitaverit, et quod dederit eis comedere et bibere, et quod non dederit eis pecuniam, et conduxerit per quartale miliarum aliquando
17. Interrogatus, an sit citatus et an prius eciam fuerit citatus propter sectam, respondit, quod sic et ad officialem Darcz[1], quod in messe fuerat annus, et dimissus ab ipso sine iuramento, et iam ad inquisitorem sit citatus, secum fuerint 8, per plebanum, et dixerit sibi in domo plebani prius meridiem etc.
18. et quod nullum induxerit
19. et prima mulier defuncta in secta, Hyll, fuerit nata in ipsa
21. presentibus ... Johanne de Eykesteden archidiacono Pyricensi in ecclesia Caminense, Nicolao Heydenrici[2] vicario perpetuo ecclesie beate Marie in Stetyn, fratre Nicolao socio inquisitoris et Matheo Hyl/de/brandi notario publico et clerico, Caminensis et Pragensis diocesum, et aliis multis fidedignis.

[1] *Nikolaus Darzow, vgl. oben, Nr. 16, Anm. 2.*
[2] *Nikolaus Heidenreich; wohl nicht identisch mit dem gleichnamigen Mönch des Klosters Langheim, der im* Repertorium Germanicum ..., 2, 1, Sp. 901, *zu 1401 erwähnt wird.*

52

Alte Nr. 179; altes fol. 193v; neues fol. 37v.

1. Anno etc. et die 27. *(1393 Januar 27)*, hora quasi terciarum, in loco et coram quo supra
2. Hennyk Panklicz
3. de Wylmersdorp
5. *(19 Jahre, siehe 11a)*
6. in Wylmersdorp
7. Hennyk Panklicz *(weiteres unter 8)*
8. Mette, et quod fuerunt de secta et defuncti in eadem, et pater iacet in cimiterio sancti Jacobi in Premslaw et mater in Wylmersdorp
10. et quod pater ipsum fecerit accedere et confiteri heresiarce
11. a) sint 6 vel octo anni et sit iam 19 annis
    b) in domo Wolczaw in camera
12. et secundo in domo paterna in camera et tercio in Kerkaw
13. et ultimo ante triennium
16. et quod reputaverit, eos *(= heresiarcas)* melius dimittere peccata quam presbiteros, et primo reputaverit eos presbiteros, post vero non, cum secundo et tercio confitebatur.
17. Interrogatus, an sit citatus, respondit, quod sic sabbato proximo per plebanum suum.
21. presentibus quibus supra.

53

Alte Nr. 180; altes fol. 194r; neues fol. 38r.

1. Anno et die ac hora prescriptis *(1393 Januar 27)*
2. Grete uxor Petri Velthan
3. de Wylmersdorp
4. —
5. *(16 Jahre, siehe 16)*
6. in Wylmersdorp
7. (Hennyk Panklicz) ⎫ de parentibus dicit ut frater *(vgl. das vorige*
8. (Mette) ⎭ *Protokoll)*
9. soror inmediati*(= Hennyk Panklicz, siehe das vorige Protokoll)*
10. parentes
11.—13. ipsa primo confessa sit eis in domo paterna in commodo sive camera . . ., quod fuit in autumpno 2 anni, et amplius non sit eis confessa
16. Interrogata, qualem[a] reputaverit eum *(= heresiarcam)*, respondit verum presbiterum et dominum et rectorem et eciam ordinatum et melius presbiteris posse dimittere peccata, attamen non valuerit dicere differenciam inter eos et presbiteros, dicens, se esse iuvenem forte 16 annorum et nisi semel confessa *(sit)*.
19. et quod maritus suus habeat a matre sua, et nominavit sororem mariti sui Tylss; alios suos buliken[1] dixit nichil scire de secta.
20. Insuper absolvit eam et terminum statuit predictum. — Dimissa est propter preces domini Michaelis Bleyde[2].
21. presentibus quibus supra.

[a] *HS:* quales.
[1] *= Geschwister.*
[2] *Kanoniker zu St. Marien in Stettin, siehe unten, Nr. 148.*

54

Alte Nr. 181; altes fol. 194v. 195r; neues fol. 38v. 39r.

1. Die anni predicti et horis predictis *(1393 Januar 27)*
2. Grete uxor Mathie Jŏris/Joris
3. de Wylmersdorp
5. *(24 Jahre, siehe 11a)*
6. in villa dicta Strelaw uno miliari a Premslaw
7. Hans nunc habitans in Kerkaw
8. Grete, et quod fuerunt de secta, et mater defuncta in secta sit
9. *(ihr Mann, siehe 2; weiteres siehe 19)*
10. pater
11. a) quod sint 10 vel 11 anni, et iam sit 24 annorum
    b) in Fredewalde in domo paterna in celario

12. et quod inde, quando eos habere potuit, confessa sit
13. a) ante unum annum
    b) in [groten] Wowiser in domo Petri Gossaw in camera
14. et quod audiverit predicaciones eorum quater vel quinquies
16. Interrogata, an invocaverit beatam Mariam et sanctos et crediderit, eos posse pro nobis orare, respondit, quod beatam virginem bene, sed non sanctos ... Interrogata, an crediderit, maleficos posse occidi sine peccato, respondit, quod non, sed audiverit eciam suos complices dicere, quod vellent orare pro raptoribus eorum et non permittere puniri.
17. Interrogata, an sit citata, respondit, quod sic et quod maritus post unum miliare cum portasset puerum, reversus sit cum eo eciam, et prius non sit citata
18. et quod nullum induxerit.
19. et nominavit sororem patris sui Tylss relictam Petri Velthan inquilinam, item duas sorores Tele et Temmel, uxorem Hennynk Joris, et Tel maritus Storbeke (?)[a] nomine non sit de sectam (!); item patrinum eius Peter Smed de Selchaw et Cune Hulczendorp, Hans, fratrem sui, item Velthan Peter et Fikke, item Hans Waltherss de Kerkaw.
21. presentibus quibus supra.

[a] Oder: Scorbeke?

55

Alte Nr. 182; altes fol. 195v. 196r; neues fol. 39v. 40r.

1. Anno etc. et die ac hora predictis *(1393 Januar 27)*
2. Tylss uxor Hans Sleyke
3. de Fredewalde
5. *(etwa 20 Jahre, vgl. 11a)*
6. in Cochsteden
7. Tydeke Hennykes } , et quod fuerunt de secta Waldensium et de-
8. Walpurgis   } functi in eadem et sepulti in cimiterio in Coch-
                       steden
9. *(siehe 19)*
10. mater
11. a) quod sint 8 anni
    b) in domo alde Heycz Vilter in Premslaw in camera
12. et quod inde septies sit confessa
13. a) quod sint 2 vel 3 anni
    b) in Cochsteden in domo Philippus Grencz in camera
14. et semel audiverit predicaciones eorum in Kerkaw in domo Hennyk Molner defuncti in secta.
16. Interrogata de indulgenciis an crediderit esse utiles, respondit, quod non, quia dixerint excogitatum propter avariciam clericorum, et de excommunicacionibus similiter.

17. Interrogata, an fuerit citata, respondit, quod sic per plebanum in Vlyt, sed numquam prius, et quod exivit feriis sextis secundum iussum plebani, presumens se venire debita, quod tercia die, ante debuit, compararet
18. et quod nullum induxerit, nec marito sit locuta, quia prohibuisset eam, ne revelaretur.
19. Item nominavit sororem Geze uxorem Haniky Honover in Cochsteden; item aliam *(sororem?)* Grete virgo, Clauss Michel et Hans Walther in Kerkaw et illius uxorem essent de secta; item nominavit Walther Kunikers in Gyrswalde, Hannyke Smed in Kerkaw, et Velthan Peter et Vikke sint cognati sui, et Peter Smed in Selchaw et Cume Hulczendorp, et[a] Mewische in Selchaw relicta Mews Grete.
21. presentibus quibus supra.

[a] *Gestrichen:* fratrem matris.

56

Alte Nr. 183; altes fol. 196v. 197r; neues fol. 40v. 41r.

1. Anno et die ac hora predictis *(1393 Januar 27)*
2. Tele Doryncsch/Dorynche virgo
3. de Fredewalde
6. in Fredewalde
7. Clauss Dory(n)k ... et pater est defunctus in secta
8. Mette vivens ... et mater adhuc manet *(in secta)*
10. *(parentes)*
11. a) quod sint bene 20 anni
    b) in domo paterna in camera
12. et quod inde eis confessa sit, quando venerunt
13. et quod ultimo confessa est in domo Walther Bestir defuncti in secta ante unum annum
14. et quod audiverit predicaciones eorum tociens, sicut venirent
15. et ipsos hospitaverit per 20 annos, et dederit eis comedere et bibere, et quod mater ipsis eciam aliquando dederit pecuniam de vocacionibus eorum.
16. Interrogata, quales ipsos reputaverit, respondit, quod melius possent dimittere peccata presbiteris a deo et quod a paradiso venissent ... Interrogata, an crediderit sectam suam veram fidem, respondit, quod sic et quod alios ideo vocaverit dy vremden, quia condemnarentur.
17. Interrogata, an sit citata, respondit, quod sic per plebanum in Fredewalde et quod non potuerat venire in termino, quia non valuit laborare ambulando, quod venisset tercia die ante
18. et quod nullum induxerit
21. presentibus quibus supra.

57

Alte Nr. 184; altes fol. 197v. 198r; neues fol. 41v. 42r.

1. Anno et die ac hora etc. predictis *(1393 Januar 27)*, hora vesperorum vel quasi
2. *(In der Überschrift:)* Tele Hannss relicta Hans Repsleger / *(im Kontext:)* Tele sive Alheit Tele Hanns[a]
3. de Cochstede
6. in Cochstede
7. Hans Han
8. Tylss, et quod non fuerunt de secta Waldensium
9. *(siehe 19)*
10. Interrogata, quis ipsam ergo induxerit, respondit, Geze Cleynsmedes defuncta in secta, et quod dixerit sibi, quod, si vellet sequi, vellet eam docere, quod prodesset ad salutem anime
11. a) quod sint plus quam 20 anni
    b) in Cochstede in domo Heyne Beyer, qui cum sorore defuncti sint in secta
12. et quod inde in anno semel vel in secundo anno sit eis confessa
13. a) ante 2 annos
    b) in domo Hans Gererncz[b] in camera
14. et quod audiverit predicaciones eorum, sed nescit quociens
15. et quod nichil dederit eis, sed ipsa receperit semel unum cutellum ab uno et ab alio unum solidum denariorum
16. *(vgl. auch 10)* ... non crediderit, animabus proficere oraciones, missas etc., attamen dixerit, deus miserere omnibus animabus omnium christifidelium ... — ... Interrogata, an crediderit, sectam suam fuisse veram fidem et extra illam nullum salvari[c], et ideo timuerit parentes suos condemptos
17. et quod non sit citata
18. et nullum induxerit, quia non potuit
19. Item nominavit hospitem suum Stephan Huneuer[d] et uxorem suam Grete et fratrem suum Hans Han et eius uxorem Mette, item Cune Han, cuius filius est Mertyn Han.
21. presentibus ... Nicolao socio inquisitoris, Johanne Gadaw[1] plebano in Guntersperch et Paulo de Ens layco, Pragensis, Caminensis et Pataviensis diocesum.

[a] *W. Wattenbach, Über die Inquisition gegen die Waldenser..., S. 7:* Tele (sive Alheit) Hanuss relicta Hans Repsleger de Cochstede.
[b] *Wohl verschrieben statt:* Grencz.
[c] *Zu ergänzen:* respondit, quod sic,
[d] *Oder:* Huncner?
[1] *Johannes Gadaw war nicht zu verifizieren; H. Hoogeweg, Die Stifter..., Bd. 2, S. 212, nennt zu 1486 einen Balthasar Gadow.*

58

Alte Nr. 185; altes fol. 198v; neues fol. 42v.

1. Anno et die ac hora etc. predictis *(1393 Januar 27)* ... iurata igitur et interrogata die 28. mensis predicti *(1393 Januar 28)* ubi supra, hora terciarum
2. Tylls virgo filia Petri Velthan
3. de Wylmersdorp
5. *(12 Jahre, siehe 11a)*
6. in Vlyt
7. Peter Velthan ... sed pater sit defunctus extraneus
8. Tylss vivens debilis
10. mater
11. a) *(aus der Überschrift:)* 2 an(ni) / *(aus dem Kontext:)* et iam sit annorum forte 12
    b) in domo Soldyn in Cochstede in camera
12. 13. et quod non plus sit confessa heresiarcis
16. ... et iurare alias quam trwen pro vero confirmando esset peccatum
17. Interrogata, an sit citata, respondit, quod audisset, quod esset vocata
21. presentibus quibus supra.

59

Alte Nr. 186; altes fol. 199r; neues fol. 43r.

1. Anno etc. predictis *(1393 Januar 27)* se obtulit ... Interrogatus et iuratus die 28. predicta et hora *(1393 Januar 28)*.
2. *(in der Überschrift:)* Cŭne Gyrswalde / *(im Kontext:)* Cune Gursswalde
3. de Wylmersdorp
5. *(etwa 48 Jahre, siehe 11a)*
6. in Wylmersdorp
7. et quod pater suo nomine fuerit vocatus *(= Cŭne Gyrswalde)* ... et quod pater defunctus sit in secta
8. Mŏde ..., sed mater vivens est de secta
10. *(parentes)*
11. a) et nescit, quamdiu sit, quod sit ibi primo confessus, sed videtur sibi, quod prius semel confessus fuerit in ecclesia presbiteris, et apparet de 36 annis, sed ipse nescit
    b) in domo Hennynk Zacharie defuncti in camera
12. et secunda vice in Wylmersdorp, et quod in iuramento plus quam bis sit eis confessus

128 *III. Die Quellen*

13. et ultima sint iam bène 5 anni
16. Item crediderit solum duas vias post hanc vitam et non purgatorium, attamen oraverit pro defunctis, ut deus eorum misereretur[a].
17. Item quod citatus sit per plebanum suum et ante annum ad officialem Darczaw[1], ubi iurasset, quod diceret trwen, et sic dimissus sit ut probus homo
18. et nullum induxerit, nec uxori sue aliquid dixerit, que voluit auscultare
21. presentibus etc. quibus supra.

[a] *HS:* miseraretur.
[1] Nikolaus Darzow, siehe oben, Nr. 16, Anm. 2.

60

Alte Nr. 187; altes fol. 199v; neues fol. 43v.

1. Anno etc. predictis *(1393 Januar 27)* se obtulit ... Item die predicta sequenti et hora in iudicio sicud et alii interrogatus *(1393 Januar 28)*
2. Hans Han
3. de Cochstede
5. *(etwa 35 Jahre, vgl. 11a)*
6. in Cochstede
7. et quod pater suus suo nomine fuerit nominatus *(= Hans Han)*
8. Tylls, et quod non fuerunt de secta
9. *(seine Frau:* Mette, *siehe 18)*
10. quidam Wylke Newman in Polsnaw, cui servivit, ipsum induxit dicendo sibi, quod male stetisset, sed sibi melius vellet ostendere et quod confitere *(!)* debeat heresiarcis
11. a) quod sint 24 *(anni)*
    b) in granario eiusdem inductoris primo confessus est
12. et quod inde forte post 14 annos confessus sit eis, sed in toto vix quienquies sit eis confessus
13. a) quod sit in quarto anno
    b) in Cochstede in domo in Taczke vidue in camera
14. Item semel audiverit predicaciones eorum
17. et quod non fuerit nominatus in littera citatorum
18. et nullum induxerit, sed uxor sua Mette nata sit de secta
20. et quod expensionem $1/2$[a] cuilibet eorum tamen dederit Heyne Hutvilther[1]
21. presentibus quibus supra.

[a] *Zu ergänzen:* marcam?
[1] *Vgl. dazu das nächste Protokoll,* 20.

61

Alte Nr. 188; altes fol. 200r; neues fol. 44r.
1. Anno etc. predictis *(1393 Januar 27)* se obtulit... Iuratus igitur et interrogatus sequenti die *(1393 Januar 28)*
2. Tele vidua relicta Petri Fricze
3. de Cochstede
5. *(etwa 25 Jahre, vgl. 11a)*
6. in villa dicta Bischophagen
7. Hennynk Swarczkop ⎫
8. Grete ⎭ , et quod alicubi mortui sint non de secta
9. *(ihr verstorbener Mann:* Peter Fricze, *siehe 2)*
10. et quod ipsam maritus induxerit
11. a) quod sint 8 anni
    b) in domo Hennyk Grencz in Cochstede in granario
12. et quod inde sexies sit eis confessa
13. a) prope duos annos
    b) in *(domo)* Philippi Grencz
16. ... et alios vocaverit dy vremden, ideo quia condempnerentur, et parentes suos timuerit ideo condempnatos, quia non fuissent de secta
17. et nescit se citatam, quia non steterit in littera.
18. Item quod nullum induxerit.
19. Item nominavit Katherinam hospitam suam relictam Hans Kunykens.
20. Item Heyne Vilterss dederit sibi ½ marcam pro expensione.
21. presentibus eisdem.

62

Alte Nr. 189; altes fol. 200v. 201r; neues fol. 44v. 45r. — Wegen seines interessanten Inhalts wird dieses Protokoll ungekürzt wiedergegeben.

(Überschrift:) Katherina uxor Heyne Fricze de Guntersperch, anni 10.

Item anno etc. die 28. mensis Januarii predicti *(1393 Januar 28)*, predicta hora quasi nonarum se obtulit Katherina uxor Heyne Fricze de Guntersperch Caminensis diocesis suspecta de heresi et accusata iudicialiter, citata et iurata etc. Iurata igitur *(et)* interrogata, ubi nata sit, respondit, quod in Vrwenhagen et quod pater suus vocabatur Hans Lebenberch et mater Katherina, et quod non fuerunt de secta Waldensium, nec aliquem habeat amicum in secta; et Hennyk Zacharias dixerit sibi de heresiarcis, quod dicerent eis multa bona, et cum ipsa accessisset, dixerit sibi, quod non mentiri, iurare etc., si vellet venire ad regnum celorum; item quod fuisset eciam in domo alde Heyn Vilter in Premslavia, sed ipsa penitus nichil fuisset locuta, et quod tunc fuisset in camera sola secum, postquam exisset alde Vilther predictus, et assedisset heresiarce. Suscepta per eum et, cum ipse dixisset, quid boni diceret ei, ipsa dixerit, ‚Vellem a vobis audire.'

9 Kurze

Et inter cetera presumpserit eum timere ut maiorem per hoc verbum: ‚Vos estis desoluta mulier, recedite!' Et quod inde numquam nec prius fuerit coram eo, et quod in iuramento suo nulli sit confessa plus in tota vita sua nisi presbiteris et monachis in ecclesia, et contra quod fuerit coram ipsis bis non fuerit confessa sacerdotibus, quia non intellexit, an per hoc peccasset. Item dixit in iuramento eciam suo, quod nec sciverit illos homines, puta Vilter et alios, ut eis confiterentur. Acta sunt hec presentibus quibus supra.

Item die penultima mensis predicti *(1393 Januar 30)* hora quasi terciarum revocata Katherina predicta et interrogata, quid de salute sua cogitasset, an adhuc velit dicere veritatem iuxta iuramentum, quod de dicenda veritate prescitum, respondit narrando ut prius nichil ad(d)endo, nisi quod heresiarca, quando ad commodum alde Vilter intravit, dixerit sibi, si vellet confiteri, et ipsa dixerit, quod vellet libenter audire, si quid boni sibi dicere vellet, et nichil aliud, nec sit ei confessa nec postea unquam, nec sciat, maritum suum nec Hennyk Zacharias nec alde Hutvilter eis confiteri, sed ipsa (l)ibenter fuisset confessa, si fuisset perswasa per ipsum, sed tum non plura dixerit ei, nisi quod desideraret, quod aliquid boni ei diceret, respondit ei, quod esset mulier sine curis et repulisse a se. Acta sunt presentibus fratre Nicolao socio inquisitoris, Arnoldo Berss de Soltwedel, Johanne de Bebynhusen, Pragensis, Verdensis et Coloniensis diocesum.

Item anno etc. die 7. mensis Februarii *(1393 Februar 7)*, hora quasi terciarum reversa Katherina predicta sicut ille censurata (?) recesserat et interrogata, an adhuc deliberaverit dicere meram veritatem et quociens sit confessa heresiarcis, respondit, quod numquam nisi semel in Premslavia in domo alde Vilter in camera quedam de mane, cum adhuc tenebrosum esset, et vocata per luttegen Heyne et sic, postquam pervenisset ad domus alde Heyne, dixerit sibi: ‚Si vis, accede ad eum ibidem sedentem!' Et sic sit eis confessa, ut presbiteris solet confiteri, quod fuit iam 10 anni. Item quod tenuerit eum pro pape, sed non presbitero ordinato ab episcopo, quia ad camera(m) ivit ad confitendum. Item quod iniunxerit ei pro penitencia centum Pater noster et non Ave Maria, et quod illa deberet dicere de nocte et de die, sicud posset complere, et quod dixerit sibi, quod non debeat iurare, maledicere etc. Item quod tenuerit illam penitenciam sibi per totam vitam iniunctam per aliquot tempus, sicud potuit; et addidit, quod Michael Crus ipsam induxerit in Welsaw et quod crediderit se absolutam et penitenciam proficere ad salutem; item quod interim confessa presbiteris nichil dixerit eis, quod esset confessa heresiarcis, et sic susceperit corpus Christi, quia prohibita. Item solum semel ipsos audiverit predicare in domo Zacharie Hennyk circa ignem solum quatuor presentibus hominibus. Item quod ab inductoribus audiverit sibi dicentibus, an posset vivere sicud alii homines, an putaret, sanctos nos posse iuvare ad regnum celorum, et quod solum deum deberetur invocare et non sanctos, et hoc crediderit, et ideo multum dimiserit eos invocare. Item quod dixerit eciam ei, quod non iuvaret missas ordinare pro defunctis vel aliquid post mortuos facere, quia statym deus deduxisset eos, ubi manere deberent, in celum vel ad infernum, et hoc eciam crediderit. Item esse iuramentum dixerit peccatum et eciam trwen et propter hoc dampnari, et quod aqua benedicta, sal, cineres etc. esset infidelitas et quod presbiteri excogitassent, et hoc crediderit. Item cantum ecclesiasticum et pulsus dixerit, presbiteros per hoc pervertere mundum et melius facere sub silencio celebrare, et quod nullum esset orandum quam Pater noster, et hoc totum crediderit. Item quod dixerit sibi, et ipsa crediderit, sectam fuisse veram viam ad regnum celorum, et alios ideo vocasset dy vremden et dampnari putasset; et quod nullum induxerit, immo timuerit revelari ideo, quod eciam suis propriis pueris nec dixisset. Item quod fuerit citata per plebanum dominica die et quod ante dimisisset, eos citasse alia dominica, sed fuisset oblitus, et nunquam prius fuisset citata propter sectam.

Interrogata, an velit reverti ex toto corde sine ficcione ad veritatem fidei katholice sancte matris Romane ecclesie et in eadem etc., item an velit abiurare etc., respondit ad singula singulariter ei proposita, quod sic, et abiuravit corporaliter tactis etc. Insuper absolvit eam et terminum statuit predictum etc.

Acta sunt hec anno etc. presentibus *(quibus supra)*.

63

Alte Nr. 190; altes fol. 201v. 202r; neues fol. 45v. 46r.

1. Anno etc. predictis die 29. mensis Januarii predicti *(1393 Januar 29)* hora nonarum vel quasi, in loco et coram quo supra
2. Michael Huvener
3. de Premslaw
4. —
5. —
6. in Gyrswalde
7. Tydeke Huvener ⎫ , et quod non fuerunt de secta Waldensium, nec
8. Tylss ⎭ aliquis amicorum suorum sit de secte *(!)*
9. *(seine Frau:* Trude, *siehe 19)*
10. Clauss Octho
11. a) quod sint iam 7 anni
    b) in domo Heyne Hutvilter alde in Premslaw in solario domus
    c) —
12. et quod quinquies sit eis confessus in tota vita sua
13. a) quod sint duo vel tres anni
    b) in domo Welsaws eciam *(in)* solario
    c) —
14. Interrogatus, an audiverit predicaciones eorum, respondit, quod sic forte ter vel quater, semel in alde Heyn in Premslaw et bis in Philippus Grencz in Cochstede
16. ... et ideo alienos nos vocasset, alias dy vremden, quia crediderit nos dampnandos, et eciam timuerit parentes suos propter hoc dampnatos ... —

Interrogatus, an crediderit Luciferum esse deum de (celo) iniuriose detrusum et deo truso etc. an crediderit vel aliquem sciverit credidisse, respondit, quod non nec sciverit unquam talem.
17. Interrogatus, an unquam fuisset citatus propter sectam, respondit, quod non nisi nunc
18. et quod nullum induxerit
19. sed uxor Trude sive Gyrdrude secum fuerit inducta
21. presentibus ... Henrico preposito in Garmsaw et Henrico Volradi presbitero et fratre Nicolao socio inquisitoris, Caminensis et Pragensis diocesum, et aliis multis fidedignis etc.

64

Alte Nr. 191; altes fol. 202v. 203r; neues fol. 46v. 47r.

1. Anno etc. die penultima mensis Januarii predicti *(1393 Januar 30)*, hora quasi terciarum in loco et coram quo supra
2. Geze uxor Becke/Bekke Honover/Honeuer
3. de Cochstede
4. —
5, *(33 Jahre, siehe 11a)*
6. in Cochstede
7. Tyde Hennykenss ⎫ , et quod fuerint de secta Waldensium et de-
8. Walpurch ⎭ functi in eadem et sepulti in Cochstede in cimiterio
9. *(siehe 19)*
10. *(parentes)*
11. a) cum esset annorum 12, et sit iam 33 annorum, et sic sit in secta 21 anno*(!)*
    b) in eadem villa *(= Cochstede)*, nescit tamen in cuius domo
    c) —
12. et quod inde in anno vel duobus quando annis semel sit eis confessa, secundum quod venerint
13. a) quod sit iam in tercio anno
    b) in domo Philippus Grencz retro in camera
    c) —
14. Item quod semel audiverit predicaciones eorum in domo Grencz, cui servivit, iuxta ignem
17. Item quod sit citata per plebanum suum et quod prius non fuerit citata propter sectam
18. Item dixit, se nullum induxisset, nec marito eciam, cum semel pro eo percussa esset, noluit ei dicere, sed ipsum Hennyk Zacharias induxerit

19. Item nominavit sororem suam Tylss uxorem Sleyks in Fredewalde; item fratrem suum Hans Zebekaw in Kerkaw; item amicas suas Otche cum filia; item cognatos Walther Kunikenss cum uxore *(et)* cum duobus filiis
21. presentibus ... fratre Nicolao socio inquisitoris, Henrico de Aldenvelde et Alexandro Wyt de Wratislavia, Pragensis et Coloniensis diocesum et Wratislaviensis, Paulo de Ens layco Pataviensis *(diocesis)* et aliis etc., et Matheo Hyldebrandi notario publico et clerico Caminensis diocesis.

65

Alte Nr. 192; altes fol. 203v. 204r; neues fol. 47v. 48r.

1. Anno, die ac hora predictis *(1393 Januar 30)* coram quo supra et loco
2. Wendel relicta Tyde Slekaw
3. de Premslaw
4. — *(Frau eines* carnifex, *siehe 12)*
5. *(30 Jahre, siehe 11 a)*
6. in molendino iuxta Flyet dicta Hoenmol
7. Peter Velthan
8. Tylss

, et quod mater fuerit ante de secta quam pater, attamen inductus non diu ante mortem, defunctus sit in ea et sepultus in Steglicz in cimiterio, mater adhuc vivit.

9. —
10. uxor Philippi Gerencz in Cochstede
11. a) 14 vel 15 annorum, et iam sit 30 anni
    b) in domo Hennynk Grencz in camera
    c) —
12. et quod inde semper sit eis confessa, quando potuit eos habere, et propter maritum carnificem aliquando non audebat
13. a) quod sint iam tres anni
    b) in alde Hutvilter in Premslaw in solario
    c) —
14. non audiverit predicaciones eorum
16. Item quod equum bonum esse sepeliri mortuum in cimiterio et in campo.
17. Interrogata, an sit citata, respondit, non, nisi quantum sibi dixerint Welsaws; item quod ante numquam fuerit citata
18. Item quod nullum induxerit
20. ... et abiuravit, die ultima mensis predicti immediate sequenti, hora terciarum, inquisitori, presentibus fratre Nicolao socio inquisitoris et Arnoldo Berss layco, Verdensis diocesis
21. *(vgl. 20)* ... presentibus quibus supra.

66

Alte Nr. 193; altes fol. 204v. 205r; neues fol. 48v. 49r.

1. Anno eciam die et hora predictis etc. *(1393 Januar 30)*
2. Grite Hawersche vidua / Grite dy Hawersche vidua
3. de Cochstede
4. —
5. —
6. in villa dicta Rinsce *(?)*[a/1] prope Stargardiam
7. Johannes Custer ⎫
8. Grite ⎭ , et quod non fuerint de secta Waldensium
9. *(siehe 10, 18 und 19)*
10. sed ipsam induxerit maritus eius Herman Steyn sepultus in secta in Cochstede, qui sibi per se non voluit dicere, sed frater suus Matheus eciam defunctus in secta ex parte eius sibi *(induxerit)*, et dixerit sibi, si supervixeret post maritum et vellet manere in Cochstede, sibi revelarentur bona, et ipsam dixerit: ‚Quid scio, utrum supervivam' etc.; eo superviviente ipsa ex duccione fratris confessa sit primo heresiarce
11. a) quod sint iam 27 anni
    b) in domo sua propria iuxta ignem
    c) —
12. et inde, quando eos habere potuit, eis confessa sit
13. a) quod sit in tercio anno
    b) in domo sua propria in camera
    c) —
14. Interrogata, an audiverit predicaciones eorum, respondit, quod sic, sed nescit quociens
15. et quod hospitaverit eos, respondit, semel vivente marito, et iam sicud vidua fuerit 11 annis, et quod dederit eis libenter comedere et bibere, sicud melius potuit, et doluisset, quod non ita bene habuit, sicud libenter voluisset, et quod eis dederit pecuniam unam marcam et aliquando minus, secundum potuit.
16. Item quod (= heresiarce) iniunxerint ei pro penitencia, respondit, quod primus centum Pater noster et dominicis 200 et non Ave Maria, sed ipsa dixerit et conswetudine... — Item de cantu ecclesiastico nullum crediderit interim, quod fuit in secta, sed audiverit et crediderit, melius secrete orare et esse cantum sicud grynnitum porcorum ante portam... — ...et crediderit, se in ea (= secta), si mortua fuisset, ab terra•ad celum pervenisse et alios non illam fidem *(habentes)* dampnari

[a] *Lesung unsicher; W. Wattenbach,* Über die Inquisition gegen die Waldenser...*, S. 8, transkribierte:* Rusce, *doch gibt es mit diesem oder ähnlichem Namen kein Dorf bei Stargard.*
[1] *Vielleicht das wüste Rinskow im Land Stargard; vgl. H. Hoogeweg,* Die Stifter..., *Bd. 2, S. 759.*

17. Item quod sit citata per plebanum suum et prius non.
18. Item quod induxerit maritum suum Clauss Hewer defunctum in secta *(et sepultum)* in cimiterio in Cochstede, item mulierem Cristinam eciam defunctam in secta, et aliis pluribus dixerit, licet non sortita fuisset effectum, et duos pueros eciam defunctos in secta; item uxorem Michaelis Huvener.
19. Item nominavit Herman Templyn cum sorore, puerum fratris sui defuncti.
20. —
21. presentibus quibus supra.

67

Alte Nr. 194; altes fol. 205v. 206r; neues fol. 49v. 50r.

1. Anno, die, hora etc. predictis *(1393 Januar 30)*
2. Grite uxor Hennyke Becker
3. de Gyrswalde
4. —
5. *(38 Jahre, siehe 11 a)*
6. in Gyrswalde
7. Tyde Becker defunctus in secta
8. mater vivens in secta *(= Tele, siehe 19 unten und Nr. 191, 19)*
9. *(ihr Mann, siehe 2; weiteres siehe 19)*
10. *(parentes)*
11. a) cum esset annorum 15, et iam sit 38 annorum, et sic fuerit 23 annorum *(in secta)*
    b) in *(domo)* Hennynk Grencz in Cochstede in granario
    c) —
12. et quod inde in anno semel vel in duobus sit eis confessa, secundum quot venerunt
13. a) quod cito erunt tres anni
    b) ubi primo *(siehe 11 b)*
    c) —
14. Item quod audiverit predicaciones eorum forte non plus quam semel
15. et per unum diem ipsos collegerit dando comedere et bibere, sed semel solverit 3 marcas ex parte Hennynki Grencz, cui tenebatur.
17. Interrogata, an sit citata, respondit, quod sic per plebanum.
18. 19. Interrogata de complicibus et si quem induxerit, respondit, quod nullum, sed maritus suus[a] sit inductus per alios eius adiutores, Hennyk Becker et mater sua Tele, secum habitantes nominavit; item duos fratres suos nominavit, Mathias et Cune Becker; item filium fratris matris sue, Walther Cûne, et duos eius filios, Hans et Heyne.
21. presentibus quibus supra.

[a] *HS:* suos.

68

Alte Nr. 195; altes fol. 206v. 207r; neues fol. 51v. 52r.

1. Anno et die etc. predictis *(1393 Januar 30)*
2. Sophia relicta Hennyk Hagen
3. de Bernwalde
4. —
5. *(49 Jahre, siehe aber 11a)*
6. in Bernwalde
7. Hennyk Smet ⎱ , et quod fuerint de secta Waldensium et defuncti in
8. Katherine ⎰ ea et sepulti in cimiterio in Bernwalde
9. *(ihr Mann, siehe 2; Kinder, siehe 19)*
10. *(parentes)*
11. a) cum, sicud sibi videtur, fuisset annorum 12; 40 annos sit, iam in secta 37 annos *(in der Überschrift: an. 37)*.
    b) in quadam camera domus paterne
    c) —
12. et quod inde omni anno, quando ibi erant, eis confessa sit
13. a) in autumpno fuit unus annus
    b) in domo Petri Beyer in Bernwalde
    c) —
14. Item quod audiverit predicaciones eorum, sed nescit quociens
15. et quod libenter iuverit ei coqui, quando potuit, et eis serviret in hospicio hic eorum
16. —
17. Interrogata, an citata sit nunc vel prius unquam fuerit, respondit, quod non.
18. Interrogata ..., si quem induxerit, respondit ‚nullum'.
19. Item nominavit filium suum Heyne Hagen, agricolam in Conraddorp; item fratrem matris sue Heycze Wegener in groten Wowiser; item Örtwynen Sophiam, Clauss Mantyl, bulyken kynde.
21. presentibus quibus supra.

69

Alte Nr. 196; altes fol. 207v; neues fol. 51v. — Teile des Textes sind durch starke Verschmutzung nicht lesbar.

1. Anno etc. et die *(1393 Januar 30)*, hora quasi vesperorum vel quasi, coram quo supra
2. Tylss/Ylsebeth relicta Clauss Buchholt
3. de Cochstede
4. —
5. *(60 Jahre, vgl. aber 11a)*

6. in Cochstede
7. Hennyk Newman ⎫ , et quod eciam fuerint de secta Waldensium et
8. Alheyt ⎭ defuncti in eadem
9. *(ihr verstorbener Mann, siehe 2; ihr Bruder, siehe 19)*
10. *(parentes)*
11. a) cum fuisset circa 14 annos, et sit 50^a annorum, et sic fuerit *(in ea)* 46 annis *(Überschrift: 46 an.)*
    b) in Cochstede in domo paterna, granario, ubi nunc habitat Hennynk Honover
    c) —
12. et quod inde omni anno et, quando eos habere *(potuit)*
13. a) quod sint iam tres anni
    b) in domo Tacze
    c) —
14. et quod audiverit predicaciones eorum
16. Item sectam suam credidit esse veram fidem, et alios vocaverit dy vremden, sed nescit quare.
17. Interrogata, an sit citata, respondit, quod non, sed venerit 6 solidos habens a Heyne Vilther.
18. Item nullum induxerit.
19. Item nominavit fratrem suum Wylke Newman in Kerkaw.
21. presentibus quibus supra.

^{a} *Muß heißen:* 60.

70

Alte Nr. 197 (verschrieben: 167); altes fol. 208r; neues fol. 52r. — Teile des Textes sind durch starke Verschmutzung kaum lesbar.

1. Anno etc. predictis *(1393 Januar 30)*
2. Heyrich Schumeker
3. de Bernwalde
4. *(Schumacher wie sein Vater?)*
5. —
6. in villa dicta Babyn
7. Rudeger sutor ⎫ , et quod non fuerint de secta Waldensium, nec
8. Ertmut ⎭ aliquem habet amicum de secte *(!)*
9. *(siehe 10)*
10. et ipsum induxerit vero famula sua et filia^a Hennyk Valkenberch fabri, Mette
11. a) quod sint iam 20 anni
    b) in domo sua propria in Babyn in camera
    c) —

^{a} *HS:* famule sue et filie.

12. *(et)* deinde omni anno, quando eos habere potuit, eis confessus sit.
13. a) quod sint cito duo anni
    b) in domo Gerencz in camera
    c) —
14. Item quod audiverit predicaciones eorum in domo sua propria
15. et collegerit eos bene per 4, et dederit eis comedere et bis et conduxerit *(in der Überschrift:* hospes*)*
16. —
17. et sit citatus per plebanum
18. nullum induxit
21. presentibus quibus supra.

71

Alte Nr. 198; altes fol. 208v. 209r; neues fol. 52v. 53r.

1. Anno etc., die ultima mensis Januarii predicti *(1393 Januar 31)* hora quasi terciarum, coram quo supra
2. Heylewyg relicta Wylke Fricz
3. de Premslaw
4. —
5. *(70 oder 80 Jahre, siehe die widersprüchlichen Angaben in 11a)*
6. in Newenkonykendorp prope Angermŭ(n)de
7. Conrad Cymmerman
8. et mater suo nomine (= Heylewyg) } et quod pater suus natus fuerit de secta et mater inducta, defuncti ambo in eadem
9. —
10. sed ipsam induxerit Alheyt, uxor Hennynk Newman, eciam defuncta in secta
11. a) in 15. anno etatis sue, et iam sit 70 annorum, et sic fuerit in secta 65 annis *(Überschrift:* 65 an.*)*
    b) ubi *(bei der Verführerin)* primo in granario domus confessa est
    c) —
12. et quod inde omni anno et, quando eos habere potuit, confessa sit eis
13. a) quod est ultra duos annos
    b) in Premslavia in domo Welsawss
11.—13. c) primus Godeke, secundus Sibeke et Hans de Polonia, Conrad, Clauss de Brande(n)burch, Herman, alios nescivit nominare, quibus confessa sit.
14. Item quod audiverit predicaciones eorum, sed nescit quociens.
16. Interrogata, quales ipsos reputaverit, respondit, quod presbiteros veros, qui peccata melius possent dimittere presbiteris, sed non estimaverit eos tales, qui possent celebrare publice missas ... — ... et quod sit aspersa aqua benedicta, sed non crediderit aliquid peccati delere, et non adver-

terit sal et cetera pre benedicta, quamsi non essent consecrata, et apposuerit palmas ad ignem tempore tempestatis ut alii homines
17. et quod ipsa habuerit 6 solidos a Heyne Vilter; item quod non sit citata nec unquam prius.
18. Item quod nullum induxerit, sed maritus eius defunctus in secta natus fuerit.
19. Item alium nominavit Peter Holczendorp coinquilinum sua(!) circa Welsaws.
21. presentibus ... fratre Nicolao socio inquisitoris, Wylke von Groll[1] de Stetyn et Paulo de Ens laycis, Pragensis, Caminensis et Pataviensis diocesum etc.

[1] *Sicher aus der angesehenen Familie von Grolle/Grulle; vgl. M. Wehrmann, Geschichte der Stadt Stettin ..., S. 68, 75 und 77.*

72

Alte Nr. 199; altes fol. 209v; neues fol. 53v.

1. Anno etc., die ultima mensis Januarii predicti *(1393 Januar 31)*, hora quasi nonarum, in loco et coram quo supra
2. Gyrdrud uxor Tyde Cremer
3. de Bernwalde
4. —
5. —
6. in villa dicta Calencz
7. Tyde Kukeler[a] ⎫
8. **Sophia** ⎭ , et quod non fuerint de secta Waldensium
9. *(ihr Mann, siehe 2; weiteres siehe 17 und 18)*
10. sed ipsam maritus induxerit et Sibe Vilter, et quod dixerint sibi, illam esse viam ad regnum celorum
11. a) quod sint iam quatuor in dimidio anno
    b) in domo Petri Beyer in camera
    c) —
12. et quater sit eis confessa
13. et ultimo in domo propria sua in solario
14. Item quod audiverit eorum predicaciones ita sepe, sicud confessa est
15. et bis fuerint in domo sua, et semel dederit eis comedere et bibere
16. Item quod similiter crediderit solum duas vias post hanc vitam et non purgatorium, econtra tamen oraverit pro parentibus defunctis.
17. Interrogata, an sit citata, respondit, quod non, sed exiverit iam, cum littera fuisset prolata Clauss Kukeler in Belyn, de alio fratre Hans dubitat

[a] *W. Wattenbach, Über die Inquisition gegen die Waldenser ..., S. 8:* Bukeler.

18. sed nullum induxerit, ymmo fratrem suum Tyde Kukeler prohibuerit, ne intraret
19. *(siehe 17)*
21. presentibus quibus supra.

73

Alte Nr. (201); altes fol. 211r; neues fol. 54r. — Fragment: Zweite Hälfte des Protokolls; der erste Teil fehlt mit altem fol. 210v.

1. *(1393 Februar 1?)*
2. *(eine Frau, siehe 20)*
9. *(eine Tochter:* Tylss, *siehe 17—19)*
17.—19. ... Item quod induxerit Hans Herman Styn famulum, qui defunctus est in secta, et alios iuverit ad accedendum in domo sua, sed nescit quot. Item nominavit filiam Tylss, quam eciam induxerit, et alios duos pueros suos defunctos in secta. Interrogata, an sit citata, respondit, quod sic per plebanum suum in ecclesia, et quod in termino non potuit comparere, et prius nunquam. Item nominavit Cune et Mathias Becke(r) de Gyrswalde.
20. Insuper absolvit eam etc., terminum statuit etc.
21. presentibus ... fratre Nicolao socio inquisitoris, Nicolao Goltpeke[1], Hermanno Essen[2] clericis, et Nicolao Huen[a] layco, Caminensis et Pragensis diocesum, et aliis multis etc.

[a] *Oder:* Huon?
[1] *Nikolaus Goltpeke nicht identifiziert;* Goldbeck = *Dorf östlich Stargard.*
[2] *Ein Herman von Essen ist 1432 Konverse in Hiddensee; vgl. H. Hoogeweg,* Die Stifter..., *Bd. 2, S. 32, wohl nicht identisch mit hier genanntem Kleriker.*

74

Alte Nr. 202; altes fol. 211v; neues fol. 54v.

1. Anno, die et hora prescriptis *(1393 Februar 1?)*
2. Gyrdrud uxor Clauss Baldyken
3. de Voytdorp/Woytdorp
4. —
5. *(24 Jahre, siehe 11 a)*
6. in Warnicz
7. Cůne Lydeman ⎫
8. Heyleweg ⎭ , et quod parentes sint de secta

9. *(ihr Mann, siehe 2; ihre Schwiegermutter, siehe 19)*
10. parentes
11. a) cum fuisset circa 14 anni in etate, et sic 11 annos fuerit in secta, quia iam est 24 anni
    b) in Warnicz in domo Tyde Cremer in camera
    c) —
12. et inde, quando potuit advenire, confessa sit, sed nescit quociens
13. a) in autumpno fuit unus annus
    b) in domo Petri Beyer in Bernwalde in camera
    c) —
19. Item nominavit Mette matrem mariti
21. presentibus quibus supra.

75

Alte Nr. 203; altes fol. 212r; neues fol. 55r.

1. Anno etc., die ac hora prescriptis *(1393 Februar 1?)*, coram quo supra et loco
2. Mette uxor Hennynk Han/Hennyk Hans
3. de Cochstede
4. —
5. *(38 Jahre, siehe 11a)*
6. in Cochstede
7. Wylke Geyseler ⎱ , et quod fuerint de secta Waldensium et sepulti ac
8. Alheyt ⎰ defuncti in eadem in Cochstede in cimiterio
9. —
10. *(parentes)*
11. a) cum fuisset annorum 11, et iam sit bene 38 annorum, et sic sit in secta bene 27 annos
    b) in domo Hennynk Grencz in camera
    c) —
12. —
13. a) quod sit in tercio anno
    b) in domo Hawersche in camera
    c) —
14. Item quod audiverit predicaciones eorum, sed nescit quociens
15. —
16. Item non crediderit, beatam Mariam et sanctos pro peccatoribus posse orare, et ideo non invocaverit eos hac de causa, quia deus alcius honorasset matrem suam, quam quid hoc incommode habere deberet.
17. Item quod sit citata per plebanum suum, quod tercia feriis compareret.
21. presentibus quibus supra.

76

Alte Nr. 204; altes fol. 212v; neues fol. 55v.

1. Anno etc., die secunda mensis Februarii predicti *(1395 Februar 2)* hora quasi terciarum, in loco et coram quo supra
2. Hans Mólner
3. de Moryn
4. *(Müller?)*
5. —
6. interrogatus, ubi natus sit, respondit, quod nescit, quia (pater) suus hinc inde habitasset in molendinis
7. Hans Molner ⎫
8. Tele ⎭ , et quod non fuerint de secta Waldensium
9. *(sein Bruder, siehe 19)*
10. Tyde Hyldebrant in Gossaw
11. a) *(vor etwa 9 Jahren, siehe 12)*
    b) in domo inductoris in camera *(siehe 10)*
    c) —
12. et quod bene octies confessus sit in 9 annos
13. a) ante unum annum
    b) in domo Coppe Sybe in Moryn in quadam camera
    c) —
14. Item quod semel audiverit predicaciones eorum in Selchaw in domo Mews, et solum tres interfuerint.
16. Item sectam suam crediderit veram fidem et non habentes dampnari, et parentes suos ideo timuerit dampnatos, et nos appellaverit dy vremden.
17. Item quod sit citatus nec prius.
18. Item quod uxori nichil de hoc dicere voluisset, presumens eam tamen ex hoc dampnari, attamen addidit, quod ipsa noluisset propter hoc despici ab amicis.
19. Item nominavit fratrem suum Clauss Molner, qui transivit in Sehen[a], inde non viderit eum a sex annis.
21. presentibus infra proxime

[a] *Oder: Schen?; nicht identifiziert.*

77

Alte Nr. 205; altes fol. 213r.v; neues fol. 56r.v.

1. Anno, die et hora prescriptis *(1393 Februar 2)*
2. Coppe Sybe
3. de Moryn

4. —
5. *(gut 80 Jahre, siehe 11 a)*
6. in Wylmersdorp
7. Clauss by der Stege ⎫ , et quod fuerint de secta et defuncti in eadem
8. Tylss ⎬ et sepulti in groten et luttegen Wowiser
9. *(siehe 19)*
10. *(parentes)* ipsum in puericia induxerint ad confitendum heresiarce
11. a) cum fuisset annos 9 vel 10, et iam sit 80 bene annos in etate, et sic fuerit in secta 70 annos
    b) in domo paterna in quadam camera
    c) —
12. a) b) et inde, quando eos habere potuit, eis confessus sit
    c) inter alios nominavit Hermannum, et bene 20 heresiarcis sit confessus
13. a) ante unum annum
    b) in domo sua propria in camera
    c) Nicolao heresiarce nunc converso
14. Item quod audiverit predicaciones eorum
15. et hospitaverit eos per 9 annos, et quod dederit eis comedere et bibere, et quod conduxerit eos ab una villa ad aliam.
16. Interrogatus, quales ipsos *(= heresiarcas)* reputaverit, respondit, quod pro bonis hominibus et dominis, non presbiteris, attamen audiverit a quodam Nicolao parvo(?) inquirente, quod deum in siliginem panem[a] vellet producere ipse in terra, an posset. — ... Item indulgencias reputaverit valere, licet derisus fuerit ab heresiarcis, quod visitavit.
17. Interrogatus, an sit citatus, respondit, quod non, nec perceperit, ibi fore citaciones, et nunquam fuerit in vita sua citatus.
18. Interrogatus, an aliquem induxerit, respondit, quod nullum nisi Clauss fratrem inmediati antescripti heretici[1]
19. et quod tres eius uxores nate sint in sectam et Grite supervivens, que est filia Cremeryn; item inquilinam nominavit dy Obyne Tele; et quod omnes eius fratres quatuor et due sorores defuncti sint in secta.
20. Interrogatus, an velit reverti ad unitatem fidei katholice sancte matris Romane ecclesie ex toto corde sine ficcione et an eodem vivere, deo servire et mori et ad hoc se suo iuramento asstringere, item an velit abiurare sectarios et eos persequi, subire penitenciam publicam etc., prout in iuramento abiuracionis continentur singulariter proposita, respondit ad singula, quod sic, et abiuravit corporaliter tactis etc. Insuper absolvit eum et terminum statuit.
21. presentibus ... fratre Nicolao socio inquisitoris, Gyrhardo de Buke preposito beate Marie in Premslavia, et Gregorio Valke clerico, Pragensis et Caminensis diocesum, et aliis multis etc.

[a] *HS:* penam.
[1] *D. i. Clauss Molner.*

78

Alte Nr. 206; altes fol. 214r; neues fol. 57r.

1. Anno etc., die tercia mensis Februarii predicti *(1393 Februar 3)*, hora quasi terciarum, in loco et coram quo supra
2. Gyrte/Grite uxor Hans Tramburch
3. de Belyn
4. —
5. —
6. in Belyn
7. Hennynk Rorekyn ⎱
8. Grite ⎰ , et quod sint defuncti in secta
9. *(ihr Mann, siehe 2; Geschwister, siehe 18 und 19)*
10. et quod ipsam quedam mulier Heyne Welsaw cognata mortua in secta ipsam induxerit
11. a) quod sint 8 anni
    b) in domo Clauss Vischer in camera iuxta ignem ad sinistram in Belyn
    c) —
12. —
13. a) ante annum
    b) in Belyn in domo Hennynk Grabaw in quadam camera iuxta ignem
    c) —
17. et se esse eciam citatam.
18. 19. Item maritum suum dicit a parentibus suis esse de secta, et fratrem suum Hans non dicit confessum heresiarcis, licet non iuraverit; item sororem Anna nomine dicit non esse de secta; item dicit hospitem suum venisse, quando venerat citacio *(Fortsetzung siehe 17)*
21. presentibus quibus in quarto heretico sequente.

79

Alte Nr. 207; altes fol. 214v; neues fol. 57v.

1. Anno, die et hora etc. predictis *(1393 Februar 3)*
2. Mathias Joris[a]
3. de Wylmersdorp
4. —
5. —
6. in Wylmersdorp
7. Joris ⎱
8. Katherina ⎰ , et quod fuerint de secta et defuncti in ea

[a] W. *Wattenbach*, Über die Inquisition gegen die Waldenser..., S. 9 *irrig:* Jericz.

9. *(siehe 19)*
10. *(parentes)*
11. a) quod sint iam 7 anni
    b) ibidem in villa *(= Wylmersdorp)* in domo Cley(n)smedische in camera
    c) —
12. et secunda vice in domo Panklicz
13. a) et tercio et ultimo ... quod sit iam in tercio anno
    b) in domo Hennyk Zacharie in Kerkaw
    c) —
14. Item quod semel audiverit predicaciones eorum in domo Cleynsmedische predicte
15. et semel conduxerit eos in Kyrkaw
16. Item quod audiverit et crediderit, beatam Mariam et sanctos in celo ita plenos esse gaudiis, quod non orent pro peccatoribus, attamen crediderit, beatam Mariam pro se posse orare, dicit, se habere apostolum sanctum Petrum, et nescit, quando est eius festum[1], nec est confirmatus. Item an oraverit pro defunctis et crediderit eis prodesse, respondit, quod non multum crediderit eis prodesse, quia solum due vie essent, attamen crediderit purgatorium post mortem.
17. Item quod sit citatus, sed prius nunquam, per plebanum, et terminus sit lapsus.
19. Item nominavit Grite uxorem suam esse natam in secta; item inquilinam dictam Velthansche[2] ...; item nominavit fratrem suum Hennynk Joris in Kerkaw; item sororem suam Katherinam uxorem Hans Melsaw ibidem.
21. presentibus quibus infra.

[1] 29. Juni.
[2] D. i. Tylss, *siehe oben, Nr. 54, 19*.

80

Alte Nr. 208; altes fol. 215r; neues fol. 58r.
1. Anno et die ac hora etc. predictis *(1393 Februar 3)*
2. Sophia uxor Heyne Herwart
3. de Grevendorp
4. —
5. *(26 Jahre, siehe 11a)*
6. in lutgen Wowiser
7. Hans Reppyn ... pater vero defunctus in secta et sepultus in lutgen Wowiser
8. Katherina, vivens conversa
9. *(ihr Mann, siehe 2)*

10. *(parentes)*
11. a) cum fuisset annorum 12, et iam sit 26 annorum, et sic 14 annos *(in secta)*
    b) in domo Hennynk Werde defuncti in secta in granario derserto
    c) —
12. et inde, quando eos habere potuit
13. a) quod in autumpno fuit unus annus
    b) in Grevendorp in domo Heyne Beyer in Grevendorp in camera
    c) —
14. Item quod audiverit predicaciones eorum, sed nescit quociens.
17. Item quod sit citata per plebanum ad comparendum in die beate Marie hesterna[1].
18. Item quod unum induxerit, Clauss Flyetman famulum induxerit, qui cum Welsaw manet in luttegen Wowiser; item maritum suum dicit natum in secta.
21. presentibus quibus infra.

[1] 2. Februar: *purificationis Marie.*

81

Alte Nr. 209; altes fol. 215v; neues fol. 58v.

1. Anno etc., die et hora ut supra *(1393 Februar 3)*
2. Tylss uxor Hans Lyse
3. de Bernwalde
4. —
5. *(19 Jahre, siehe 11a)*
6. in luttegen Wowiser
7. Peter Newman ⎫
8. Grete   ⎭ , et ambo defuncti in secta
9. *(ihr Mann, siehe 2; Schwiegermutter und Geschwister, siehe 19)*
10. et ipsam induxerit Ŏrtwyne
11. a) cum fuisset annorum 11, et iam sit in 20. anno *(Überschrift:* an. 9*)*
    b) in Selchaw in domo Bercholt in camera super cel(l)arium
    c) —
12. et quater sit eis confessa
13. a) ante unum annum
    b) in domo Tyde Cremer in Bernwalde in solario
    c) —
16. et quod primo habuerit eos (= heresiarcas) pro presbiteris, sed iam annos ante non, percussa ideo a domino, cui serviret, propter hoc, qui dixerit de eis Crugeryne ...— Item Credo nescit.

17. quod sit citata per plebanum, ut compareret in festum purificacionis Marie[1].
19. Item dixit, maritum esse natum in secta; item nominavit matrem mariti sui Geze secum habitantem; item nominavit sororem suam Alheyt uxorem Hans Meyer de Gyrswalde vel Cochstede; item Katherinam sororem aliam sibi cohabitantem et fratrem Petrum scolarium in Premslaw nescit de secta.
21. presentibus quibus infra proxime.

[1] 2. Februar.

82

Alte Nr. 210; altes fol. 216r.v; neues fol. 59r.v.

1. Anno et die predictis *(1393 Februar 3)* hora quasi nonarum, coram quo supra et loco
2. Cŭne Hutvilther/Hutvilter alias Stolcebusc(?)[a]
3. de Bernwalde
4. *(wohl:* Hutvilter*)*
5. *(über 50 Jahre, wohl 62 Jahre, siehe 11 a)*
6. *(in)* Arnhawsen
7. Meyster Herman pannifex
8. Agnes

   }, et quod fuerint de secta Waldensium et defuncti in eadem et ibidem in cimiterio sepulti

9. —
10. *(parentes)*
11. a) cum fuisset annorum 14, et iam sit ultra 50 annos, et sic fuerit in secta 48 annos *(vgl. 5)*
    b) in domo paterna in argillario
    c) —
12. a) b) et quod inde, quando eos habere potuit, eis confessus sit in anno semel vel sic
    c) item nominavit Hans von Polon, Conrad, Herman, Clauss; alios nescivit nominare
13. a) quod in autumpno fuerit unus annus
    b) in domo Petri Beyer in Bernwalde in camera
    c) Nicolao heresiarce iam converso
14. Interrogatus, an audiverit predicaciones eorum, respondit, quod sic bis, ter vel quater
15. et bis hospitaverit et dederit eis comedere et bibere, et semel dederit eis 8 solidos.

[a] *Oder:* Stolcebuse?

16. Interrogatus, quales ipsos (= heresiarcas) reputaverit, respondit, quod tales, qui sibi peccata melius presbiteris possent dimittere, a deo et non a papa vel episcopis, nec habuerit eos pro presbiteris ... — Interrogatus, an crediderit sectarios et complices vel unquam perceperit tenere, quod sancti pro nobis non possint orare, respondit, quod ipse non sciat exquirere intellectus aliorum, et hoc idem replicatum, semper respondit, quod non sciret, quod ipsi crediderint. Item interrogatus, an unquam sciverit vel crediderit, quod magistri secte ideo non iniungerent Ave Maria pro penitencia, quia non esset invocanda beata virgo, respondit, quod ymmo dixissent et docuissent, quod deberet invocari, de aliis sanctis secus, et quod eis de hoc nichil dixerint, an essent invocandi vel non. Postea per inquisitorem ventilatus respondit, se audivisse et credidisse, sanctos in patria propter plenitudinem gaudiorum non posse advertere nos nec audire nec orare pro nobis. Apostolum habet sanctum Jacobum, et ex doctrinis eorum heresiarcarum ieiunaverit et celebraverit ad solius dei laudem et non sanctorum.

Interrogatus, an oraverit pro defunctis et crediderit, eis prodesse et missas et alia suffragia ecclesiastica pro eis, respondit, quod non, et quod obtulerit in missis defunctorum ex propria industria, quod animabus prodesset, et ex doctrinis heresiarcarum, ne notaretur, et ideo quia non prodesset eis, quia aut essent in celo, et sic non indigerent, et in inferno non posset iuvare, et quoniam non oportuit, eum credere eis, quod non esset purgatorium, et eciam crediderit, quod esset ex doctrinis illorum. Item aquam benedictam, sal, cineres etc. non crediderit magis quam materia valere, nec cantum ecclesiasticum putaverit esse ad laudem dei, sed ipse cantaverit, ne notaretur. Item omne iuramentum crediderit esse peccatum, eciam verbum trwn ad verum confirmandum, sed minus. Item an crediderit aliud orandum quam Pater noster, respondit, quod non.

17. Item dicit, se citatum per plebanum, ut in die Blasii[1] comparere deberet, et prius nunquam fuerit citatus.
18. Interrogatus, an aliquem induxerit[b] et uxor eius sit nata in secta antiqua debilis.
20. et abiuravit corporaliter tactis sanctis dei ewangeliis et signo crucifixi modo (et) forma consuetis; insuper absolvit eum et terminum statuit ferias sextas proximam ante dominicam Invocavit[2] sub pena relapsus et excommunicacionis late sentencie sicud et ceteris predictis conversis hereticis
21. presentibus ... fratre Nicolao socio inquisitoris, Gyrhardo de Buke preposito sancte Marie in Premslavia, Matheo Hyldebrandi notario publico, Gregorio Valke clerico, Pragensis et Caminensis diocesum, et aliis multis testibus ad premissos de tota tercia die ...

[b] *Zu ergänzen:* respondit, quod non.
[1] *3. Februar.*
[2] *Invoc. = 21. Februar 1393.*

83

Alte Nr. 211; altes fol. 217r.v; neues fol. 60r.v.

1. Anno etc., die 7. mensis Februarii predicti *(1393 Februar 7)*, hora quasi nonarum, coram quo supra et loco
2. Katherina uxor Hennynk Hockman[a]/Hocman
3. de Voytdorp
4. —
5. *(25 Jahre, siehe 11 a)*
6. in lutgen Wowiser
7. Tyde Bôldekyn..., sed pater sit defunctus in secta et in Voytdorp in cimiterio sepultus
8. Mette vivens
9. *(ihr Mann, siehe 2; ihr Bruder, siehe 19)*
10. *(parentes)*
11. a) quod sint iam 12, cum fuisset annorum 13, et sit 25 annorum
    b) in domo Petri Rothe in Bernwalde in solario alto
    c) —
12. 13. secunda vice in domo Petri Gerncz et tercio in Petri Beyer sit confessa in camera et semel in domo paterna, quod iam sit in secundo anno, quod sic ultimo confessa sit.
16. Interrogata, quales ipsos *(= heresiarcas)* reputaverit, respondit, quod pro secretis doctoribus, melius presbiteris potentes dimittere peccata a deo in paradiso suscepta auctoritate, attamen non reputaverit eos presbiteros ordinatos tales, qui possent publice celebrare missas.
17. Interrogata, an sit citata, respondit, quod non et quod ex nullo alio sciverit, nisi quia uxor fratris sui sibi dixerit
18. et quod nullum induxerit,
19. sed nominavit matrem Mette et fratrem Clauss Bolliken.
21. presentibus ... fratre Nicolao socio inquisitoris, Ambrosio[1] viceplebano beate Marie in Stetyn, et Paulo de Ens layco, Pragensis, Caminensis et Pataviensis diocesum.

[a] *In der Überschrift steht über Hockman von derselben Hand:* Thomas.
[1] *Ambrosius Deynart, siehe oben, Nr. 37.*

84

Alte Nr. 212; altes fol. 218r.v; neues fol. 61r.v.

1. Anno etc. predictis *(1393 Februar 7)*, coram quo supra
2. Mette relicta Tyde Ballyken/Balliken
3. de Voytdorp
4. —
5. *(über 50 Jahre, siehe 11 a)*

6. in luttegen Wowiser
7. Hennynk Norenberch ⎫ , et quod fuerint de secta Waldensium et
8. Tylss ⎭ defuncti in eadem
9. *(ihr Mann, siehe 2; ihre Kinder, siehe 18)*
10. *(parentes)*
11. a) et nescit, an prius confessa sit sacerdoti vel heresiarce, et quod sit iam ultra 50 annos
    b) in Wowiser luttegen, sed nescit in qua domo
    c) —
12. et quod inde, quando scire potuit, semper per annum sit eis confessa
13. a) in autumpno fuerit unus annus
    b) in Bernwalde in domo Petri Beyer in quadam camera
    c) —
14. Item quod audiverit predicaciones eorum tamen semel in domo alde Debeken defuncti in secta, quod sint iam 40 anni
15. et quod semel ipsos hospitaverit de nocte venientes, et eis confessa sit cum familia sua, et quod tunc venerant propter infirmitatem mariti sui.
16. Item omne iuramentum crediderit esse peccatum, et quod timuerit hoc iurando de dicenda veritate fore peccatum, sed iam tamen sit securata, quod non credit ... — Item crediderit iudices et scabinos peccare permittendo eciam iudicialiter occidi quantumcumque maleficum.
17. Item quod non sit citata.
18. Item et quod nullum induxerit nisi duos pueros suos Clauss Baldyken et filiam Katherinam.
21. presentibus quibus supra.

85

Alte Nr. 213; altes fol. 219r.v; neues fol. 62r.v.

1. Anno etc., die 8. mensis Februarii predicti *(1393 Februar 8)*, hora quasi terciarum, in loco et coram quo supra
2. Hennyng/Hennynk Smet sive/alias Welsaw
3. de Premslaw
4. *(Schmied?)*
5. *(25 Jahre, siehe 11 a)*
6. in villa dicta Stegelicz 2½ miliarium a Premslaw
7. Michael Smet ⎫ , et quod fuerint de secta Waldensium et defuncti in
8. Temmel ⎭ eadem et pater sepultus in cimiterio Vrowenhagen et mater in Co(n)radorp
9. *(siehe 19)*
10. et ipsum induxerint familia Welsaws, et quidam in groten Wowiser ipsum primo fecerit accedere et confiteri heresiarce

11. a) quod sint iam bene 16 anni, et iam habet in etate 25 annos
    b) ibidem *(in groten Wowiser)* in domo Gossaw in quadam camera
    c) —
12. et quod quater sit eis confessus, et secunda vice in Kerkaw in domo Hennyk Zacharie et tercia vice in domo patrui sui in Premslaw in domo Welsaw, quod sint iam bene 4 annos
13. *(siehe 12)*
14. Item quod semel audiverit in domo patrui sui predicti predicaciones eorum.
17. Interrogatus, an sit citatus, respondit, quod non.
18. Item quod nullum induxerit nec cooperatus,
19. sed nominavit tres sorores suas Tylss, Grete et Temmel, que ultima ex parte matris tamen sit eius soror; prime maritus vocetur Hans Hocman in luttegen Wowiser et *(secunde maritus vocetur Clauss)* Newman in groten Mantyl, et tercia manet in Dalczk prope Mantyl, cuius maritum nescit nominare. Item dixit, quod nesciret alios patruos suos quam Welsaws in Premslaw. Item nominavit in Angermunde Lawburch et Hoenwalt, alios non nesciret.
20. Insuper absolvit eum et dimisit sub occulta penitencia, quia statym, postquam sibi innotuerit, venit
21. presentibus .... fratre Nicolao socio inquisitoris et Paulo de Ens layco, Pragensis et Pataviensis diocesum.

86

Alte Nr. 214; altes fol. 220r.v; neues fol. 63r.v.

1. Anno etc., die 8. mensis predicti *(1393 Februar 8)*, hora quasi nonarum, in loco et coram quo supra
2. Katherina uxor Lencz Őrtwyn
3. de Gossaw
4. —
5. *(26 Jahre, siehe 11 a)*
6. in Bernwalde
7. Fikke Fredrich } , et quod fuerint de secta Waldensium et defuncti in
8. Mechtyld   } eadem, et quod pater sepultus sit in Bernykaw et mater in Gossaw
9. *(ihr Mann, siehe 12 und 19; ihre Schwester, siehe 19)*
10. et quod ipsam induxerit Vlytman eciam defunctus in secta in groten Wowiser
11. a) quod sint bene 12 *(anni)*, et quod sit[a] iam bene 26 annorum
    b) in domo Hans Engyl in granario domus
    c) —
12. et quod deinde per annum semel confessa sit eis, quando eos habere potuit

[a] *HS:* sint.

152　　　　　　　　　　*III. Die Quellen*

13. a) quod in autumpno fuerit unus annus
    b) in domo sua propria
    c) —
14. Item quod semel audiverit predicaciones eorum in domo Jacob Hyldebrant, quod sint iam 4 anni,
15. et solum semel per noctem hospitaverit eos, ubi sibi confessa sit cum aliis duobus, et quod dederit eis comedere et bibere.
16. Interrogata, an crediderit alios dampnari, qui veram fidem non haberent, respondit, quod sic, attamen crediderit alios pro bonis operibus suis premiari.
17. Item quod non sit citata, nisi quod maritus eius fecerit eam venire.
18. Item quod nullum induxerit.
19. Item nominavit maritum suum Lencze Ŏrtwyn, item sororem suam uxorem Tyde Peickehufe ante Moryn.
21. presentibus ... fratre Nicolao socio inquisitoris, Johanne plebano in ...[b] et Henrico fratribus dictis ...[c] presbiteris, Pragensis et Caminensis diocesum, et multis aliis fidedignis hominibus utriusque sexus etc.

[b] *Der über die Zeile geschriebene Ortsname ist nicht lesbar, er scheint mit* Bens... *zu beginnen.*
[c] *Unleserliches Wort mit* Tos... *anfangend.*

87

Alte Nr. 215; altes fol. 221r.v; neues fol. 64r.v.

1. Anno etc. et die ac hora predictis *(1393 Februar 8)*
2. Ertmut sive/vel Mŏde uxor Jacob Fricze
3. de Guntersperch
4. —
5. —
6. in villa dicta prope Penczelyn
7. Tydrich de Smerte ⎫
8. Yde   ⎭ , et quod mortui sint extra sectam
9. *(ihr erster Mann, siehe 10; ihr zweiter Mann, siehe 2; Kinder, siehe 19)*
10. Interrogatus, quis ipsam induxerit, respondit, quod primus eius maritus Cŭne Gyrswalde defunctus in secta in Kerkaw in cimiterio sepultus, et quod dixerit sibi, quod deberet mittere iurare et quod vellet eam adducere ad homines, qui sibi bene dicerent, quod veram esset anime salutem, et ipsa annuente fecerit eam ad confitendum heresiarce.
11. a) quod sint bene 30 annos
    b) in domo Wylke Newman in villa dicta Polssan in caminata.
    c) —
12. et 13es sit eis confessa.

13. a) quod in autumpno fuerint duo anni.
    b) in domo alde Vilter in Premslav.
    c) —
14. Item quod semel audiverit predicaciones eorum in Kerkaw in domo Hennynk Zacharie,
15. et quod eis non dederit pecuniam, sed unus eis dederit 2 marcas et 4 solidos pro vacca.
16. Item quod dixerint animas non indigere, ut pro ipsis oraretur, quia deus eo plus eis indignaretur, et quod dixerint, quod iuratores essent dampnati, et ideo parentes suos timuerit dampnatos, et ideo non oraverit pro ipsis parentibus suis, ne amplius turbularentur, et quod obtulerit in missis defunctorum ad laudem dei, non quod animas iuvaret... — Item omne iuramentum crediderit esse peccatum eciam de veritate dicenda, si non habuisset informacionem ab inquisitore. Item Credo et confessionem publicam non crediderit valere.
17. Interrogata, an sit citata, respondit, quod bene intrare debuerit prius, sicud presbiter eis dixisset, et non recordatur super qua die, et quod prius non fuerit citata.
18. Item quod nullum induxerit.
19. Item nominavit maritum suum, et dixerit, filium suum Heyne iuxta iuramentum suum non esse de secta nec confessum heresiarcis, sed bene iuravit, cessasse ita sepe ut prius de Mette filia fuerit natus.
21. presentibus quibus supra.

88

Alte Nr. 216; altes fol. 222r; neues fol. 65r. — Dieses Protokoll wird ganz wiedergegeben, weil der Verhörte sich vom Häresieverdacht reinigen konnte.

(Noch oberhalb der Überschrift steht:) se purgavit.

(Überschrift:) Heyne Gyrswalde de Guntersperch

Item anno, die et hora prescriptis *(1393 Februar 8)* se obtulit Heyne Gyrswalde de Guntersperch Caminensis diocesis citatus iudicialiter, citatus et iuratus quia suspectus de heresi.

Iuratus igitur et interrogatus, ubi natus sit, respondit, quod in Wylmer(s)dorp, et quod pater suus vocabatur Cune Gyrswalde, et quod mater vocatur Môde vivens, et quod pater matrem induxerit et sit sepultus, defunctus in secta, in cimiterio in Kerkaw, et quod ipsum volebant inducere per alios homines et ipse renunciabat volens stare contente in presbiteris, et quod Hennyk Panklicz sibi dixerit volens sibi intimare, quando venierint heresiarce, dicens, eos de deo scire, sed ipse non credidisset et noluisset accedere. Interrogatus, an tunc prius vel postea unquam in vita sua ibi vel alibi, ubicumque veniret ad eos puta tales, quod Panklicz sibi descripserit, respondit, quod non suo scire. Item quod in tota vita sua nunquam alteri quam presbiteris publice in ecclesia fuerit confessus in iuramento suo. Item quod, licet audiverit ab sectariis sanctos non invocandos, nunquam tamen in tota vita hoc crediderit. Item quod audiverit ab eis, quod illi de ista secta sive fide post mortem pervenirent sine dubio ad regnum celorum, sed non crediderit, et ideo eis se non as(s)ociaverit et eciam, quia non concepit, duplicem esse fidem, et presumpsit illam veritatem in ecclesia. Interrogatus, an se velit et possit purgare iuramento suo de predictis, quod nunquam in vita sua sit aliis quam presbiteris publice in ecclesia audientibus confessiones hominibus sit confessus et ceteris aliis predictis ac quod nunquam in vita sua habuerit aliam fidem quam katholicam sancte matris Romane ecclesie etc., locuto sibi plene et clare iuramento expurgacionis, prout ante continetur, et interrogatus[a], an velit et possit salva sua consciencia iurare et iuramento se suo purgare, respondit, quod sic, et iuravit ac iuramento predicto se expurgavit per omnia, prout continetur sequendo inquisitorem pronunciantem de verbo ad verbum etc. — Item nominavit sororem suam Mette uxorem Bernt in villa dicta Bryst.

Acta sunt hec anno etc., presentibus quibus supra.

[a] *HS:* respondit.

89

Alte Nr. 217; alte fol. 222v. 223r; neue fol. 65v. 66r.

1. Anno etc., die 9. mensis Februarii predicti *(1393 Februar 9)*, hora quasi terciarum, in loco et coram quo supra
2. *(In der Überschrift:)* Mette Dŏryngische / *(im Kontext:)* Mette relicta Clauss Dŏrynk
3. de Fredewalde
4. —
5. *(über 90 Jahre, siehe 11 a)*
6. in Valkenhagen
7. Hans Bŏdeker
8. Geze

   , et quod fuerint de secta Waldensium et defuncti in eadem et in Cochstede in cimiterio sepulti ante 60 annos
9. *(ihr verstorbener Mann, siehe 2; Kinder, siehe 18)*
10. et quod ipsam induxerint Gyseler et eius uxor Heze ipsam induxerint *(!)* iam defuncti et fecerint eam accedere et confiteri heresiarcis
11. a) cum esset annorum 16, et iam sit ultra nonagynta annos, adhuc tamen compos racionis *(Überschrift:* 74 annos in secta*)*
    b) in villa Reynbodenhagen in domo mulieris dicte dy Premslawsche
    c) —
12. et inde, quando eos habere potuit, eis libenter confessa sit
13. a) quod iam sint plus quam 7 annos

b) in domo Welsaws in Premslaw in camera
c) —
14. Item quod audiverit predicaciones eorum, sed nescit quociens
15. et quod ipsos hospitaverit forte sexies, et quod dederit eis comedere et bibere, et quod dederit eis semel 2 marcas, quia prius susceperit ab eis calcios, et filia sua de(derit) 11 solidos, quo eis per hoc volebat refundere.
16. Interrogata, quid iniunxerint ei pro penitencia, respondit, quod centum Pater noster feriis diebus et festivis magnis 200 et aliis festivis diebus minoribus 150 et non Ave Maria, et ad ieiunandum per totum annum sextas ferias et alias aliquando tres, 4 vel pluries sextas et quartas ferias in pane et aqua vel tenui vel cervisia, et quod invite non tenuisset illam penitenciam, et crediderit, se plene absolutam et penitenciam profitere ad salutem ... — Item quod oraverit pro defunctis, sicud et invocaverit sanctos, licet crediderit eos non iuvare, quia essent in celo vel in inferno, et nullum esse purgatorium post hanc vitam, quare ipsos suffragia non iuvare posse, attamen fecerit. Item quod obtulerit in missis defunctorum ad laudem dei pro salute sua propria, non quod animas iuvaret. Item aquam benedictam, sal etc. receperit et crediderit ad delecionem peccati valere, et ex doctrinis heresiarcarum, quod non, et addidit racionem, cum fuisset redarguta, qualiter duas fides habuisset, dicens, quia — proch dolor! — essent exce(ca)ti et iam quare illuminari gravibus expensis et laboribus. Item omne iuramentum crediderit esse peccatum. Item de indulgenciis non crediderit valere, sed consueverit, ne notaretur, ex doctrinis heresiarcarum. Item excommunicaciones non crediderit animabus nocere, attamen deberet sibi cavere, ne quam incarceret, propter homines. Item mortuum sepeliri in campo et cimiterio idem crediderit valere ...
17. Interrogata, an sit citata, respondit, quod sic et quod deberet comparere subito, quod fuerint 14 dies, per plebanum.
18. Item quod induxerit Mette et Tele, et Clauss filium iam defunctum induxerit, et alias nullum induxerit
21. presentibus .... fratre Nicolao socio inquisitoris, Gregorio Buchholt clerico et notario publico et Arnaldo Borst ac Corte Lepkyn[1] laycis, Pragensis, Caminensis et Verdensis diocesum etc.

[1] *Ratsherr von Wollin; vgl. unten, Nr. 95, 21.*

90

Alte Nr. 218; alte fol. 223v. 224r; neue fol. 66v. 67r.

1. Anno et die ac hora predictis *(1393 Februar 9)* etc. quibus supra
2. Heyne Beyer
3. de Grevendorp
4. —

5. *(etwa 50 Jahre, siehe 11a)*
6. in Cochstede
7. Hennynk Beyer ⎫ , et quod fuerint de secta Waldensium et defuncti
8. Alheyt ⎭ in eadem et sepulti in cimiterio in Cochstede
9. *(Kinder, siehe 18; Geschwister, siehe 19)*
10. parentes
11. a) et quod tunc erat quasi 12 annorum, et quod sint iam 30 annos, et quod sit adhuc in etate contra 50 annos
    b) in domo paterna in quadam camera
    c) —
12. et inde eis confessus sit tociens, quociens eos habere potuit
13. a) ultra unum annum
    b) in domo sua propria in camera
    c) Nicolao heresiarce iam converso
14. Item quod audiverit predicaciones eorum, sed nescit quociens
15. et quod hospitaverit eos bene per 14 vel 15 annos, quando venerunt, et quod libenter dederit eis comedere et bibere et non pecuniam, et sepe eos conduxerit de villa ad villam et Conradum de Saxonia a Moryn usque ad Nyppenweze prope Garcz, et alias hinc inde, quando optabant. Item quod tunc in domo sua eciam proxime heresiarce predicacionem audiverit et confessionem fecit cum familia sua et eciam extra domum complicium degencium.
16. Item melius reputaverit legi missas quam cantari. Item ornamentum sacerdotum et episcoporum reputaverit pompam. Item de indulgenciis nichil crediderit, nec peregrinaciones Romam etc., nec de excommunicacionibus crediderit quid, quod valerent sive nocerent animabus, sed quod artaverit propter homines. Item eque bonum crediderit sepeliri in campo et cimiterio. Item de deosculacione reliquiarum nichil crediderit expedire. Item in modo oracionis non crediderit aliud dicendum quam Pater noster. Item processiones cum reliquiis non crediderit valere et cantare den leyse . . .
17. Item quod sit citatus ad feriam terciam post purificacionem beate Marie[1], sed nescit se excommunicatum. Item quod nunquam prius in vita sua fuerit citatus propter sectam.
18. Item famulum suum Clauss induxerit de quadam villa circa Stargardiam, et filiam Tele et alios suos pueros non induxerit.
19. Item nominavit fratrem suum Peter Beyer, item sororem ex parte patris Mette, quam nescit ubi sit. Item nominavit cognatum suum Heyn Ernst.
20. Item quod petiverit dominum suum Heyne de Sydaw, quod protegeret eum et quod ipse ei dixerit, quod ante citacionem non deberet venire, alias se culpabilem redderet.
21. presentibus quibus supra.

---

[1] 5. Februar 1393.

91

Alte Nr. 219; alte fol. 224v. 225r; neue fol. 67v. 68r.
1. Anno etc., die 10. mensis Februarii predicti *(1393 Februar 10),* hora terciarum vel quasi, in loco et coram quo supra
2. Herman Herwart
3. de groten Wowiser
4. —
5. *(37 Jahre, siehe 11 a)*
6. ibidem in Wowiser
7. et quod pater suus vocabatur Herwart, et quod de Westfalia venisset, et mater Tylss, et quod fuerint de secta Waldensium et defuncti in eadem et ibidem in cimiterio sepulti.
8. *(Tylss, siehe 7; deren Vater, siehe 11b)*
9. *(seine verstorbene Frau, siehe 18; Brüder und Onkel, siehe 19)*
10. parentes
11. a) cum fuisset 12 vel sic annorum, et iam sit 37 annorum, et sic habet in secta 24 annos
    b) in domo avi sui alde Hokman
    c) —
12. et quod inde, quando eos habere potuit, eis confessus sit
13. a) ante unum annum
    b) in domo Petri Gossaw in camera
    c) nullum scivit nominare de heresiarcis, quibus confessus est
14. Item quod audiverit predicaciones eorum, sed nescit an sexies an pluries
15. et quod hospitaverit eos per modicum tempus, uxore sua existente infirma, et quod dederit eis 5 marcas ex testamento parentum suorum, et nescit, an plus fuerit, nec scit, an plus eis unquam dederit. Item conduxerit eos in domum suam ad uxorem debilem a Bernwalde, quod in messe fuit unus annus
16. Item aquam benedictam, sal etc. non crediderit plus valere quam aliam aquam etc., excepta aqua de baptismo, et quod se aspserserit propter homines, ne notaretur. Item cantum ecclesiasticum non crediderit esse ad laudem dei, nec ymagines venerandas crediderit, nec osculaverit reliquias sanctorum expositas in ecclesiis, nec crediderit eas debere venerari, nec indulgencias nec peregrinaciones crediderit valere, nec excommunicaciones crediderit nocivas animabus. Item mortuos crediderit ex sola consuetudine in cimiteriis sepeliri, alias ita bene posse sepeliri in campo.
17. Item dicit, se non citatum, nec perceperit, eos de villa sua citatos, nec unquam citatus propter sectam sit prius.
18. Item quod nullum induxerit, sed uxor sua Jerde nata sit in secta, et quod iacet in principerio.
19. Item nominavit inquilinam Heyle Pulsams. Item nominavit tres fratres

suos Andream, Kûne et Heyne, et patruum Clauss Walther, et Peter Thomas et Hennyk Thomas eius fratrem.
20. *(Noch über der Überschrift:)* Primus ad secundam sentenciam.
21. presentibus ... fratre Nicolao socio inquisitoris, Borkardo Bremis *(?)*[1] et Hermano Wartendorp presbiteris, Pragensis et Caminensis diocesum, et aliis multis hominibus utriusque sexus etc.

[1] D. i. Burkard Bremer, Vikar an St. Jakob zu Stettin, siehe unten Nr. 106, 21 und Nr. 161, 21.

92

Alte Nr. 220; alte fol. 225v. 226r; neue fol. 68v. 69r.

1. Anno eciam die ac hora etc. predictis *(1393 Februar 10)*
2. Andreas Herwart
3. de groten Wowiser
4. —
5. *(über 30 Jahre, siehe 11 a)*
6.
7. } = ut supra *(also wie im vorigen Protokoll, alte Nr. 219)*
8.
9. *(Frau und Bruder, siehe 18 und 19)*
10. *(parentes)*
11. a) cum fuisset annorum 15, et iam sit ultra 30 annos, et sic habet in secta 15 annos
    b) in granario Andreas Hokmann defuncti in secta
    c) —
12. et inde confessus est, quando eos habere potuit
13. a) quod sint iam unus annus cum dimidio
    b) in domo Petri Gossaw in granario sive camera
    c) —
14. Item quod audiverit predicaciones eorum quater et ultimo in domo Petri Gossaw, cui 12 vel 13 interfuerint
15. nec eis quicquam dederit nec conduxerit
16. ... non habet apostolum, sed est confirmatus in Moryn, et non crediderit, apostolum sibi esse utilem.
17. Item quod non sciat aliquid de citacione, nec sciat aliquem citatum, nec prius unquam fuerit citatus propter sectam.
18. 19. Item quod nullum induxerit, sed uxor sua inducta a parentibus Tylss, et fratrem suum Hans Swet.
21. presentibus quibus supra.

93

Alte Nr. 221; alte fol. 226v. 227r; neue fol. 69v. 70r.

1. Anno, die etc. predictis *(1393 Februar 10)*, hora nonarum vel quasi
2. Clauss Walther
3. de groten Wowiser
4. —
5. *(26 Jahre, siehe 11 a)*
6. in groten Czyten prope Newenstat
7. Heyne Walther } , et quod fuerint de secta Waldensium et defuncti
8. Mette } in eadem, et pater ubi supra *(= in groten Czyten)* sepultus, mater vero in groten Wowiser
9. *(Frau, Geschwister, Onkel, siehe 19)*
10. et quod ipsum induxerint Jacob Hokman et Hennyg Polan
11. a) quod sint bene 16 anni, et quod sit iam 26 annorum in etate
    b) in domo Hans Engyl in granario et camera
    c) —
12. et quod inde, quando potuit eos habere, eis sit confessus
13. a) quod in autumpno fuerit unus annus
    b) in domo Petri Gossaw ... retro in camera
    c) —
14. Item quod audiverit predicaciones eorum bis; semel in domo Heyne Swet et *(semel in domo)* Petri Gossaw
15. et quod non collegerit etc.
16. Interrogatus, quales ipsos *(= heresiarcas)* reputaverit, respondit, quod bonos sanctos homines, habentes auctoritatem a deo predicandi et confessiones etc. audiendi melius presbiteris et ante paradisum recipientes sapienciam, attamen non crediderit eos presbiteros missos a papa vel episcopis ... — Interrogatus, an invocaverit beatam Mariam et **sanctos** in patria et crediderit, eos pro se posse orare, respondit, quod sanctos non, sed bene ter in anno beatam Mariam invocaverit ... — Item solum Pater noster crediderit esse orandum, et quod dixerint sibi heresiarce, quod Ave Maria scire deberet propter invitos.
17. Interrogatus, an sit citatus vel aliquem in groten Wowiser perceperit citatum, respondit, quod non, nec prius unquam citatus sit propter sectam.
18. —
19. Item quod uxor sua Geze nata sit in secta. Item nominavit inquilinam bene centum annorum; item sororem suam Katherinam nescit de secta nec ubi sit, et aliam Tylss sororem mendicam, quam eciam nescit fore de secta. Item nominavit patruos suos dy Herwart; item nominavit duos fratres Clauss Walther in Czyten, et alius Hans in Newenstat; item Peter Thomas cum fratre Hennyg sive Hocman.
21. presentibus .... predictis.

94

Alte Nr. 222; alte fol. 227v. 228r; neue fol. 70v. 71r.

1. Anno, die et hora etc. prescriptis *(1393 Februar 10)*
2. Heyncze Wegener *(in der Überschrift dazugesetzt:)* alde dictus
3. de groten Wowiser
4. —
5. *(58 Jahre, siehe 11 a)*
6. in Gossaw
7. Heyncze Wegener ⎱ , et quod fuerint de secta et defuncti in eadem
8. Sophia ⎰ et sepulti in Dermessel 1½ miliarium a Costryn
9. *(seine Kinder, siehe 18)*
10. *(parentes)*
11. a) cum esset annorum 8 vel 10 annorum, et iam sit 58 annorum, et sic fuerit in secta 48 annos
    b) in Dermessel in domo paterna in camera
    c) —
12. et quod inde quasi omni anno, quando eos habere potuit, sit eis confessus
13. a) prope duos annos
    b) in domo sua propria in domo casei
    c) et solum unum sciverit nominare Clauss de Konegperch[1]
14. Interrogatus, an audiverit predicaciones eorum, respondit, quod sic a puericia
15. et quod tenuerit hospicium eorum bene per 4 annos, et quod tunc dederit eis comedere et bibere, et quod conduxerit eos bene de domo sua usque ad viam.
16. Interrogatus, an invocaverit beatam Mariam et sanctos et crediderit, eos pro posse suo orare, respondit, quod deum et beatam Mariam bene, sed quid, quod alios sanctos invocaret, quia, si deum haberet propicium, sufficeret sibi, et quid stulte prodesset, si deum haberet patrem; non habet apostolum, et quod quondam receperat, et dimiserit extra curam suam, nec Ave Maria scit ... — Item animam beati Nicolai crediderit in celo. Item quod obtulerit in missis defunctorum ad laudem dei, et quod ad utilitatem venirent presbiterum, non animarum. Interrogatus, an crediderit, aquam benedictam, sal, cineres etc. plus valere quam materia, respondit, quod non plene, et se asperserit aliquociens, ut refrigeraret sibi faciem in estate, non quod deleret peccatum aliquod. Item de indulgenciis nichil crediderit vel peregrinacionibus nec annum iubileum, sed, si posset, in miseris ante hostium suum velit mereri indulgencias. Item excommunicaciones non crediderit animabus nocere; deosculaciones sanctarum reliquiarum non adverterit.

---

[1] Sicher identisch mit Nikolaus Gotschalk; vgl. D. Kurze, Zur Ketzergeschichte..., in: Jahrbuch für die Geschichte Mittel- und Ostdeutschlands *16/17 (1968) S. 80 f.*

17. Item quod non sit citatus nec prius unquam propter sectam.
18. Item induxerit filium suum Heycze et Tyde et virginem filiam Grete; et Herman, qui est 8 annos; item duos pueros defunctos in secta induxerit, et dixit, an alios deberet eos relinquere, quam ipse sit.
21. presentibus quibus supra.

95

Alte Nr. 223; alte fol. 228v. 229r; neue fol. 71v. 72r.

1. Anno etc., die 11. mensis Februarii *(1393 Februar 11)* hora terciarum vel quasi, coram quo supra et loco
2. Tylss uxor Jacobi Ermgart / Jacob Ermgard
3. de groten Wowiser
4. —
5. *(40 Jahre, siehe 11 a)*
6. in Valkenburch
7. Heyrich Stokeprense ... et quod pater suus mortuus sit extra sectam
8. Tylss ..., sed mater manet in secta
9. *(ihr Mann, siehe 2)*
10. *(mater)*
11. a) cum esset annorum 10, et iam sit 40 annorum *(Überschrift: an. 30)*
    b) in domo Hennyk Gebyken in camera
    c) —
12. et quod inde in anno semel sit eis confessa
13. a) ante unum annum
    b) in domo Petri Gossaw in camera in groten Wowiser
    c) —
14. Item quod audiverit predicaciones eorum, sed nescit quociens, ... et quod ultimo audiverit in domo Petri Gossaw de nocte ante annum
15. et quod 13 annis bene, quando volebant ipsos venientes *(hospitaverit)* et quod dederit eis comedere et bibere.
16. Item quod non invocaverit beatam Mariam nec sanctos, quia non crediderit, se potuisse iuvare per oraciones eorum nec scire quid de nobis, quia non averterent faciem suam a deo et facie sancte trinitatis, et si deberent curare de nobis, quid tunc gaudii ipsorum esset, et hoc crediderit; habet apostolum sanctum Jacobum, nescit se confirmatam. Item quod ieiunaverit et celebraverit apostolo suo et alias beate Marie et sanctis, prout preceptum fuerit ab altari, ad laudem dei et non sanctorum ... Item de aqua benedicta etc. et cantu ecclesiastico katholice sapuit. ...
17. Interrogata, an sit citata, respondit, quod non, nec sciat de groten Wowiser aliquem citatum, nec prius unquam fuerit citata propter sectam

18. et quod induxerit maritum suum, item inquilinum Clauss Brant, et de famulo dubitat Hans
19. 20. —
21. presentibus hominibus et circumspectantibus viris dominis fratre Nicolao socio inquisitoris, Bernhardo Morynk, Hermano de Assen presbiteris vicariis ad sanctum Nicolaum in Stetyn, Matheo notario publico et clerico, Johanne Pamgarten magistro civium de Wolyn, Corte Lempky consule Wolynense, et Arnaldo Borst laycis, Caminensis et Verdensis diocesum, et aliis multis hominibus utriusque sexus ad premissa et sequencia, prout renuncciatur, vocatis et rogatis.

96

Alte Nr. 224; alte fol. 229v. 230r; neue fol. 72v. 73r.

1. Anno etc. predictis *(1393 Februar 11)*
2. Tylss uxor Cůne Hutvilther/Hutvilter
3. de Bernwalde
4. —
5. —
6. in Tůess oppido sito in der Hŏde
7. Clauss Wyldeberch ⎱ , et quod fuerint de secta et defuncti in ea, et
8. Geze ⎰ pater sepultus ubi supra, sed mater in Bernwalde
9. *(ihr Mann, siehe 2; Onkel, siehe 10; Tochter, siehe 18)*
10. (mater) et ipsam induxerit, et quod Thomas Scruter patruus suus ipsam fecerit accedere et confiteri heresiarce
11. a) b) et quod tunc, quando primo confessa sit in domo patrui, cum puer erat 5 vel 6
    c) —
12. et quod inde, quando potuit, eis confessa sit et eciam aliquando in 1^{1}/$_{2}$ anno semel
13. a) ante unum annum
    b) in Bernwalde ... in domo Petri Beyer
    c) —
14. Interrogata, an audiverit predicaciones eorum, respondit, quod sic, sed nescit quociens
15. et hospitaverit eos bene tribus annis, et quod tunc dederit eis comedere et bibere in der Heyde, et quod maritus eius semel dederit eis 8 solidos.
17. Interrogata, an sit citata, respondit, quod sic in ecclesia et quod comparere deberet in die sancti Valentini[1], et nunquam prius sit citata propter sectam.

---

[1] 14. Februar.

18. Item quod nullum induxerit, nisi filiam suam inmediatam[2], et patrem eius non defunctum in secta[3].
21. presentibus quibus supra.

[2] Siehe oben, Nr. 95 (alte Nr. 223).
[3] Siehe oben, Nr. 95, 7.

97

Alte Nr. 225; altes fol. 230v; neues fol. 73v.

1. Anno etc. *(1393 Februar 11)*
2. Grete uxor Cune/Cûne Holczendorp
3. de Selchaw
4. —
5. *(17 Jahre, siehe 11a)*
6. in Conradorp[1]
7. Heyne Tramburch
8. Tylss defuncta in secta
9. —
10. *(mater)*
11. a) cum esset annorum 11, et iam sit 17 annorum, et sic sint 6 annos
    b) in domo Petri Gossaw retro in camera
    c) —
12. 13. et quod secunda vice et ultima ubi supra ante unum annum
14. Item quod semel audiverit predicacionem eorum in domo Petri Gossaw de nocte sero.
17. Item quod non sit citata.
19. Item nominavit inquilinam suam dy Vynkyne.
21. presentibus quibus supra.

[1] W. *Wattenbach,* Über die Inquisition gegen die Waldenser..., S. 11, *las:* Teurdorp?, *das sich nicht identifizieren ließ.*

98

Alte Nr. 226; altes fol. 231r; neues fol. 74r.

1. Anno etc. *(1393 Februar 11)*
2. Grete relicta Hennyng Wegener
3. de Bernwalde

4. —
5. *(über 50 bzw. 60 Jahre, siehe 11a)*
6. in Schonenberg
7. Hans Vischer ⎫ , et quod fuerint de secta Waldensium et defuncti in
8. Ymme ⎬ eadem, et pater ubi supra *(= Schonenberg)* sepultus,
   ⎭ et mater in Bernwalde *(sepulta)*
9. *(ihr verstorbener Mann, siehe 2; Tochter, siehe 18)*
10. *(parentes)*
11. a) et quando primo confessa est, fuerit 12 annorum, et iam *(sit)* ultra 50 annos *(in der Überschrift:* 48 an.*)*
    b) in domo paterna
    c) —
12. et quod inde, quando eos habere potuit, eis confessa sit
13. a) ante unum annum
    b) in domo Petri Beyr in Bernwalde
    c) —
14. Item quod audiverit predicaciones eorum, sed nescit quociens.
15. Item quod hospitaverit eos et dederit eis comedere et bibere, sed nescit quamdiu.
16. Item quod habuerit eos *(= heresiarcas)* pro bonis hominibus et non presbiteris, et quod aliqui ex eis fuerint sutores et eciam aliqui litterati.
17. Item quod sit citata et excommunicata in ecclesia, et prius nunquam.
18. Item quod induxerit filiam suam Sophiam, Jacob Ortwynen Kŏne, defunctam semel confessam.
21. presentibus quibus supra.

99

Alte Nr. 227; alte fol. 231v. 232r; neue fol. 74v. 75r.

1. Anno, die et hora prescriptis *(1393 Februar 11)*
2. Heyne Tramburch
3. de Duchcz sive groten Wowiser
4. —
5. *(60 Jahre, siehe 11a)*
6. in Pamgarten ½ miliarium a Tramburch
7. Herman Gŏzke ... et quod pater non fuit de secta
8. Alheyt ..., sed mater sic defuncta in secta et sepulta in cimiterio in Pamgarten
9. *(Frauen und Kinder, siehe 18)*
10. et quod ipsam eam[a] induxerit, et quod Cŭne Grevendorp eum duxerit a

---

[a] *Wohl zu verbessern in:* ipsa *(=* mater*)* eum.

Gossaw in Bernwalde pro heresiarca in domum alde Debeken, et quod sic sibi[b] confessus sit in camera

11. a) quod sint iam 40 anni, quia tunc fuerit 20, et iam sit 60, et quod inde non multum curaverit usque iam in senio, firmiter adheserit secte per 34 annos
    b) *(siehe 10)*
    c) —
12. *(siehe 11a und 14)*
13. a) ante unum annum
    b) in groten Wowiser in domo Petri Gossaw
    c) —
14. Item quod audiverit predicaciones eorum, respondit, quod sic et maxime a Nicolao Gotschalg, qui inhibuit eis sal et aquam benedictam etc. et cum reliquiis cantare den leyse
15. et quod fuerint in domo sua, sed non de nocte propter infirmitatem, et quod dederit ei ad maximum 12 solidos Vinkenensium, et quod alias uxor sua plus dederit, ipso ignorante, et quod conduxerit eos a Bernwalde ad Conradorp equis suis.
16. *(siehe auch 11a, 14 und 15)*. Interrogatus, quales ipsos (= heresiarcas) reputaverit, respondit, quod tales, si dimitterent peccata, dimissa essent, et eciam melius presbiteris, attamen non crediderit eos presbiteros. Item quod iniunxerint ei pro penitencia semel propter oppressionem pueri 60 sextis feriis in pane et aqua et alias sex(ies) 8 sextis vel quartis feriis ad ieiunandum in pane et aqua vel tenui cervisia et 50 Pater noster commodo tempore valitudinis feriis diebus et festivis centum et non Ave Maria, et quod tenuerit penitenciam, prout melius potuerit, et firmiter crediderit se absolutum et penitenciam proficere ad salutem ... — ... item cantum ecclesiasticum, pulsus et ornamenta sacerdotalia et episcopalia non esse ad honorem dei ... — Item reliquias sanctorum non crediderit venerandas. Item crediderit, limina sanctorum mereri propter laborem corporalem non indulgencias ... — ... et alios appellaverit dy vremden, quia non pertinerent ad regnum celorum, et ideo timuerit eciam patrem suum dampnatum.
17. Interrogatus, an sit citatus, respondit, quod non, nec perceperit, eos ibi citatos, nec prius unquam sit vel fuerit citatus propter sectam.
18. Item quod nullum induxerit, et quod uxor sua prima ipsum coinduxerit, et secunda eciam sit nata de secta et defuncta in eadem; item duos pueros suos induxerit, Grete et Hans, cooblatos.
19. Item nominavit inquilinam suam dy Stegemanne; item quod cum Spygelman in Pamgarten sit consobrinus.
21. presentibus quibus supra.

[b] *HS:* sibi fuerit.

100

Alte Nr. 228; alte fol. 232v. 233r; neue fol. 75v. 76r.

1. Anno, die etc. predictis *(1393 Februar 11)*, hora quasi vesperorum, coram quo supra
2. Mette/Mechtyld uxor Sybe Vilter
3. de Bernwalde
4. —
5. *(31 Jahre, siehe 11a)*
6. in luttegen Wowiser
7. Hans Ryppyn... et pater defunctus in secta et ibidem in Wowiser in cimiterio sepultus
8. Katherina vivens
9. —
10. mater
11. a) cum fuisset annorum forte 14, et iam sit 31 anni in etate, et sic fuerit in secta bene 17
    b) in domo paterna in Wowiser in quadam camera de die
    c) —
12. et quod inde ita sepe, sicud eos habere potuit, eis confessa sit
13. a) quod in autumpno fuerit unus annus
    b) in Bernwalde in domo Tyde Cremer in solario
    c) heresiarce Nicolao iam converso
14. Item quod bis vel ter audiverit predicaciones eorum et ultimo, ubi ultimo eis confessa est, et credit sex vel 8 personas interfuisse, de sero in nocte
15. et semel hospitaverit et dederit comedere et bibere
16. Interrogata, an oraverit pro defunctis et crediderit eis prodesse, respondit, quod sic oraverit, quod deus propiciet omnibus, qui digni sint eius misericordia et desiderant, et quod non oraverit pro eis illa fide, ut defunctis posset iuvare; et quod audiverit et crediderit, solum duas vias fore post hanc vitam, attamen speraverit purgatorium. Item quod obtulerit in missis defunctorum ad amorem hominum, dei laudem et iuvamen presbiterorum, et nichil cogitaverit pro defunctis... — Item omne iuramentum crediderit esse peccatum eciam de veritate dicenda, antequam haberet informacionem ab inquisitore. Interrogata, an crediderit, fidem suam fuisse veram fidem christianam, respondit, quod sic, attamen eciam alios crediderit in suis fidibus(?), ut sic dicatur, salvari; et eciam alios vocaverit dy vremden
17. Item ut sit citata per plebanum, ut compareret in die sancti Valentini[1], et prius nunquam fuerit citata propter sectam.
18. Item quod nullum induxerit, et quod maritus natus sit in secta.
21. presentibus quibus supra.

[1] 14. Februar.

101

Alte Nr. 229; alte fol. 233v. 234r; neue fol. 76v. 77r.

1. Anno etc., die 12. mensis Februarii *(1393 Februar 12)*, predicti, coram quo supra et loco, hora terciarum
2. Gyrdrud uxor Cune Melsaw
3. de lutgen Wowiser
4. —
5. *(33 Jahre, siehe 11a)*
6. in lutgen Wowiser
7. Heyne Melsaw ⎫
8. Gyrdrud ⎬ , et quod fuerint de secta Waldensium et defuncti in eadem, et pater in Gossaw et mater in groten Wowiser sepulti sint
9. *(ihr Mann, siehe 2; Brüder, siehe 19)*
10. et quod ipsam induxerit vidua dicta Thomasyne hic in Stetyn
11. a) cum esset in duodecimo anno etatis, et iam *(in)* tricesimoquarto anno nunc sit, et sic fuerit in secta 22 annos
    b) in domo eiusdem *(= Thomasyne in Stetyn)* in granario domus
    c) —
12. et quod inde sexies sit confessa, in anno semel, et tociens, sicud eos habere potuit
13. a) quod in Jeiunio fiet unus annus
    b) in luttegen Wowiser in domo Hennyng Vischer in camera
    c) —
14. Item quod audiverit predicaciones eorum ... bis vel sic.
15. —
16. Item quod de aqua benedicta, sale, cineribus etc. nichil crediderit, attamen libenter habuerit candelam, sed non benedictam sicud benedictam, et mississet cremari ad honorem ...
17. Interrogata, an sit citata, respondit, quod non nisi dominica fuissent citati, nec unquam prius fuerit citata propter sectam *(Fortsetzung siehe 20)*
18. et quod nullum induxerit
19. Item nominavit famulum suum Clauss Flyetman; item nominavit fratrem suum Heyne Melsaw in Grevendorp, item consanguineum Hans Mews; in Gossaw Grete uxor Tyde Grevendorp, Mette uxor Heyne Smed, qui non est de secta; item in Valkenwalde sartorem cum uxore, item et Heyne Melkaw, quem nescit de secta esse; item in groten Wowiser Mette famulam Heyne Swet iunioris.
20. Interrogata, qui et quot sint, qui homines inpediunt, quod non veniunt ad penitenciam, respondit, quod tres[a] Sybecura, uxor Petri Mews Mette et Tyde Rudelbeke, qui dixerint, quod vellent currere ad dyabolum et vellent eis permittere spoliare corpore et anima. Item quod Sculte Ycsculte in Moryn eciam dixerit, quod deberent sedere et sanctissimum *(?)* orare *(?)*

[a] *Danach gestrichen:* amici*(?)*

deum, bene posset et deberet[b] eos tuere. Item dixit, quod, postquam maritus eius fuisset reversus, Sibicura dixerit ei volenti hunc venire, quod vellet, quod esset corpore et anima apud monachum, et quod deberet sibi puerum generari[1] et deberent fieri sanctos ultra omnes amicos et episcopos[c], et animata fuerit viro proicere, cum laudans inquisitorem reversus fuit[d]

21. presentibus infra proxime scriptis

[b] *HS:* deberent.
[c] *Statt:* apostolos(?)
[d] *Diesen schwer verständlichen und „fast unleserlich" geschriebenen Abschnitt über das Gerede in Klein Wubiser und Mohrin hat auch W. Wattenbach,* Über die Inquisition gegen die Waldenser..., *S. 26, wiedergegeben. Er las:* „Interrogata qui et quot sint, qui homines inpediant, quod non veniunt ad penitenciam, respondit quod tres, Sybecura, uxor Petri Mews, Mette, Reyde (?) Rudelbecke, qui dixerunt quod vellent currere ad dyabolum et vellent eis permittere spoliare corpore et anima. Item quod Stulte *(Sculte?)* Itstulte *(?)* in Moryn eciam dixerit, quod deberent sedere et se nubere: deum *(deus?)* bene posset et deberet eos tuere. Item dixit quod postquam maritus ejus fuisset reversus, Sibicura dixerit ei volenti huc venire, quod vellet quod esset corpore et anima apud monachum, et quod deberet sibi puerum generari et deberet fieri sanctos ultra omnes amicus et episcopus et..."

[1] Vgl. dazu unten, Nr. 195 (alte Nr. 443).

102

Alte Nr. 230; alte fol. 234v. 235r; neue fol. 77v. 78r.

1. Anno et die ac hora predictis etc. *(1393 Februar 12)*
2. Anna uxor Hans Mews
3. de groten Wowiser
4. —
5. *(35 Jahre, siehe 11a)*
6. in Clode prope Lyndaw
7. Sybe Smed... et pater mortuus sit in secta, in Selchaw sepultus
8. Katherina..., sed mater non fuerit de secta et sic mortua
9. *(ihr Mann, siehe 2; Onkel, siehe 19)*
10. et quod ipsam induxerit Sophia dicta Ortwynesch in Bernwalde, et ipsa eidem serviens iussa fuerit accedere et confiteri, in Wowiser tunc habitans primo confessa sit heresiarce
11. a) quod sint 15 anni, et iam sit 35 annorum in etate
    b) in domo Hennyng Rôrenkess defuncti in secta in camera
    c) —
12. et quod inde omni anno eis sit confessa exceptis duobus, in quibus reputaverit non fore beatam
13. a) ante unum annum

b) in alde Heycze Wegener sit confessa in granario
c) —
14. Item semel audiverit predicaciones eorum iam ultimo ubi supra de nocte.
15. —
16. Item quod invocaverit beatam Mariam, et non crediderit, nec sanctos pro nobis posse orare, sed fecerit ex sola consuetudine, et quod ad laudem solius dei ieiunaverit, et celebraverit beato Matheo apostolo suo et aliis, et non sanctorum. — Item quod se asperserit aqua benedicta non credens aliquid facere ad delecionem peccati, sed ex consuetudine.
17. Interrogata, an sit citata, respondit, quod nescit nec prius.
18. Item quod nullum induxerit, sed maritus per alios sit inductus
19. Item nominavit patruum suum Sybelyn in Belyn.
21. presentibus ... fratre Nicolao socio inquisitoris, Bernhardo Smalt presbitero, Matheo Hyldebrando notario publico, et Hermano de Essen clerico, Pragensis, Swerinensis et Caminensis diocesum, et multis aliis hominibus utriusque sexus.

103

Alte Nr. 231; altes fol. 235v; neues fol. 78v.

1. Anno etc. predictis *(1393 Februar 12)*
2. Grete uxor Heyne Hokman
3. de luttegen Wowiser
4. —
5. —
6. in Brukowe iuxta Grifenberch
7. Hennyng Gosbaw ⎫
8. Mechtyld ⎭ ,et quod defuncti sint extranei secte
9. *(ihr Mann, siehe 2; Schwester, siehe 19)*
10.—14. et quod ipsam induxerit Hennyng Vischer et fecerit eam accedere et confiteri heresiarce, et quoniam sibi bonum ostendere vellet, respondit ea, quod sequi vellet, respondit, quod deberet eciam libenter sequi, quia vera esset via ad salutem, et quod sic primo confessa sit et ultimo in domo inductoris in camera retro, quod ultra unum annum sit, et quod ibidem solum semel audiverit predicaciones eorum et tenuerit eum pro apostelbruder non presbitero.
15. —
16. *(siehe auch 10—14)* ... — Interrogata, an crediderit, sectam suam fuisse veram fidem, respondit, quod sic, et dubitaverit alios possent salvari extra eam, attamen abhorruit alios nominare dy vremden.
17. Item quod nescit se citatam, sed bene perceperit, ibi duas fuisse litteras, nec unquam fuerit citata propter sectam.
18. —

19. Item nominavit sororem suam Mechtyld relicta Hennyng Hutvilter in Angermunde.
20. Interrogata, qui et quot sint, qui homines impediunt venire homines ad penitenciam de luttegen Wowiser, respondit, quod Sybecura voluit recipere litteram executorum, Rudebeke et uxor Petri Mews, et quod videret, Sybicuram habere lapidem contra plebanum etc.[1]
21. —.

[1] Vgl. dazu W. Wattenbach, Über die Inquisition gegen die Waldenser..., S. 26.

104

Alte Nr. 232; altes fol. 236r; neues fol. 79r.

1. Anno, die etc. predictis *(1393 Februar 12)*
2. Katherina uxor Hennyng Rutlinger/Rutlynger
3. de luttegen Wowiser
4. —
5. —
6. in luttegen Wowiser
7. Peter Mews   ⎫
8. Katherina   ⎬ , et non fuerint de secta Waldensium et defuncti sic
9. *(ihr Mann, siehe 2; Stiefmutter, siehe 10; Brüder, siehe 19)*
10. et quod ipsam induxerit noverca[1]
11. a) quod sint tres anni
    b) in domo Hennyng Vischer in camera
    c) —
12. 13. et ter sit eis confessa ibidem et ultimo, quod in autumpno fuerat unus annus
14. et semel predicacionem audiverit
15. —
16. ... et apostolo suo sancto Petro celebraverit etc.; item quod oraverit pro defunctis et non crediderit nisi duas vias nec purgatorium... — Interrogata, an crediderit, sectam suam fuisse veram fidem, respondit, quod sic et alios non habentes dampnari, et ideo parentes suos timuerit dampnatos propter hoc.
17. Interrogata, an sit citata, respondit, quod sic per plebanum in groten (Wowiser) et per capellanum[a] in Bernwalde in Moryn.
19. Item quod maritus eius secum eundem sit inductus. Item nominavit tres fratres suos Peter Mews in luttegen et Hans et Tyde in groten Wowiser.
21. presentibus quibus supra.

[a] *Darüber geschrieben:* per plebanum.
[1] Katherina relicta Petri Mews; *vgl. unten, Nr. 185 und 194.*

105

Alte Nr. 233; altes fol. 236v; neues fol. 79v.

1. Anno et die etc. predictis *(1393 Februar 12)*
2. Heyne vel Fekte/Fecte Hocman
3. de luttegen Wowiser
4. —
5. *(40 Jahre, siehe 11a)*
6. in Northusen prope Konegesperch
7. Hennyng Hocman } , et quod fuerint de secta Waldensium et defuncti in eadem, et pater iacet in Liezejorken et
8. Geze } mater in Redorp prope Konegesperch
9. *(siehe 17—19)*
10. *(parentes)*
11. a) quod sint 26 annorum, et sit iam 40 annorum
    b) in luttegen Wowiser in domo cuiusdam, cuius nomen ignorat
    c) —
12. et quod in 25 annis nisi bis sit eis confessus
13. a) circa tres vel quatuor annos
    b) in domo Hennyng Vischer
    c) —
14. et semel audiverit predicaciones eorum
15. et semel conduxerit per medium miliare
16. ... non confirmatus, sed apostolo suo sancto Andree ieiunaverit ad laudem dei... — et alios vocaverit dy vremden, non volens tamen ex hoc eos dampnari... — et quod confessus sit presbiteris, se confiteri interim aliis, nesciens quales habentes libertates, et quod pro eo correptus ab heresiarcis et ideo deseruit.
17. Item quod sit citatus primo per plebanum in groten *(Wowiser)* et in Moryn, et primo volebant executoris laniare litteram Sybecura et Rudebeke, et quod Jacob Hocman compulerit Fike ponere fideiussorem, et quod predicti nolunt venire, et Hans Heckman patruus suus.
18. Item quod nullum induxerit, ymmo Tylss uxor sit per alios inducta.
19. Item nominavit sorores suas Mette uxor Petri Mews et Geze, que Mette non vellet venire.
20. *(siehe 17)*
21. presentibus quibus supra.

106

Alte Nr. 234; alte fol. 237r.v. 238r; neue fol. 80r.v. 81r.

1. Anno etc., die 13. mensis Februarii predicti *(1393 Februar 13)*, hora terciarum vel quasi, coram quo supra et loco

2. Petyr/Peter Beyer
3. de Bernwalde
4. —
5. *(annähernd 40 Jahre, siehe 11)*
6. in villa dicta Cochstede
7. Hennyng Beyer ⎫ , et quod fuerint de secta Waldensium et defuncti
8. Alheyt ⎭ in eadem et ibidem in cimiterio sepulti
9. *(siehe 10, 15, 17 und 18)*
10. et quod ipsum induxerint *(parentes)* et frater suus Heyne Beyer in Grevendorp
11.—13. et quod sic primo confessus sit heresiarce in Wykigman*(?)* domo in quadam camera in Cochstede, cum esset annorum 14, et iam sit prope 40, et quod fuerit in secta 26 annos; et quod inde omni anno ad minus semel vel *(in)* 2 annos semel sit eis confessus, et ultimo in domo sua propria in Bernwalde, quod in autumpno proximo fuerit unus annus, heresiarce Nicolao iam converso, Herman Reymburch, Nicolao de Polonia, Conrad de Saxonia, quem audiverit eciam conversum, Heynrico, Hans de Polonia, Ulrich, Nicolao de nova regione, Herman, Conrad de Gemü(n)den, alios nescivit nominare.
14. Interrogatus, an eciam audiverit predicaciones eorum, respondit, quod sic, sed nescit quociens; et ultimo in domo Grenczyne in Bernwalde, et quod sex vel sic interfuerint de nocte in sero
15. et quod hospitaverit eos per tres annos, quando veniebant; et quod tunc audiebant ipsum et alios secte homines confessiones, et quod non audebant ibi predicare propter vicinos extraneos secte; et quod dederit eis tunc eciam comedere et bibere, et quod dederit eis semel ad magnum 5 marcas et semel 2 marcas et unum solidum grossorum; et quod eis tenetur adhuc ex testamento fratris sui defuncti Herman 20 marcas, de quibus miserit procuratrice 4 marcas, quas Nicolaus ultimus heresiarca iam predictus ei dicebat teneri, et 4, postquam audiverit, disturbacionem fieri inter sectarios, dederit marcas pauperibus propter deum. Item quod receperit a Hans Ryppyn 9 marcas, de quibus miserit cum Petro Rothe sex Nicolao heresiarce converso predicto, et quod in toto fuerint, missis sex predictis, 20, et de illis dederit Tylss et propter deum 8, et sic maneant solum 12 marcas. Item quod nesciat thesaurum eorum absconditus *(!)*, nisi quantum latum scivit cum Hermanno Gossaw, sed nescit, quantum ibi fuerit, nec sciat, an sint recepti vel non.
16. Interrogatus, quales ipsos reputaverit, respondit, quod honestos probos homines, a deo et unus ab alio haberent auctoritatem audiendi confessiones et predicandi, et quod crediderit, eos melius prebiteris posse dimittere peccata et non presbiteros ordinato(s), vero quantum unus alteri tribueret benediccionem et auctoritatem . . . — Item quod non invocaverit nec oraverit, sanctos pro se orare, quia non crediderit, eos posse orare pro nobis, quia nullus in celo sciret cor hominis nisi solus deus, et ideo non deberent

eos invocare, et quod non scirent invocaciones nostras etc. Item quod non habet apostolum, ideo et non est confirmatus. Item quod ieiunaverit et celebraverit beate Marie et apostolis ad laudem dei et ne notaretur ab hominibus. Item nichil credidit de aqua benedicta, sale etc., quod plus valerent quam materia, et se asperserit etc. propter homines. Item de indulgenciis et peregrinacionibus, anno jubileo et excommunicacionibus nichil crediderit, et quod eciam nichil crediderit de reliquiis sanctorum, nec eas sit deosculatus; et secrete in cordibus melius, reputaverit, esse deo serviendum quam cum cantu ecclesiastico. Item quod non oraverit pro defunctis nec crediderit eis prodesse, quia in celo non indigerent et in inferno non iuvaret; et non crediderit nisi hic in terra adversitates et suam captivitatem sibi fuisse purgatorium et post hanc vitam nullum; et quod obtulerit in missis defunctorum propter amicos, non quia animas iuvaret, et eque putaverit mortuos in campo vel cimiterio sepeliri; et nichil suffragiorum ecclesiasticorum crediderit eis prodesse, quia prohibitus. Item omne iuramentum crediderit esse peccatum propter dictum salvatoris ‚Nolite omnino iurare'[1]. Item maleficos non crediderit occidi posse sine peccato. — Interrogatus, an crediderit, sectam suam fuisse veram fidem, respondit, quod sic et cum hoc crediderit, quemlibet in sua fide salvari, et quod ideo appellaverit nos dy vremden, quia non haberemus ita bonas secretas doctrinas, et operibus noticiores essent deo.

17. Item sit et fuerit citatus in die Blasii[2], et alias vocatus fuerit litteratorie sine citacione, quod totum non curaverit presumens malum, eum a secta recedere, et eciam timuerit maliciam inquisitoris. Nec sit verum, Mette eius soror sit iuxta Stargardiam cum quodam presbitero, sed nescit veritatem.
18. Item quod tres induxerit Clauss Vischer in Belyn, et Tyde Kukeler fratrem eius, et Heyncze Hebe in Bernwalde.
19. *(siehe 17 am Ende)*
20. *(über der Überschrift:)* in prima sentencia mansit
    (bei der Namensangabe:) productus est de carcere
    (im Kontext:) Interrogatus, an velit reverti ad veritatem fidei katholice sancte matris Romane ecclesie ex toto corde sine ficcione etc., item an velit se obligare ad penam relapsorum et subire penitenciam et illam non abicere etc., per omnia singulariter ei proposita singula, prout in iuramento abiuracionis continentur, respondit, quod sic, et abiuravit corporaliter tactis etc. Insuper absolvit eum et terminum statuit etc.
21. presentibus ... fratre Nicolao socio inquisitoris, Conrado Hagemeyster[3]

---

[1] *Matth. 5, 34.*
[2] *3. Februar.*
[3] *Konrad Hagemeister, 1410 bis 1417 Dekan des Stettiner Marienstifts; siehe H. Hoogeweg, Die Stifter . . ., Bd. 2, S. 517.*

canonico, Hermanno Clynkaw altariste in beate Marie ecclesia, Borkardo Bremer vicario in sancti Jacobi ecclesia in Stetyn et aliis multis fidedignis etc.

107

Alte Nr. 235; altes fol. 238v; neues fol. 81v.

1. Anno, die et hora etc. predictis *(1393 Februar 13)*
2. Hennyng Stymer
3. de groten Wowiser
4. piliator[1]
5. *(30 Jahre, siehe 11a)*
6. in Melsaw
7. Clauss Stymer defunctus in secta
8. Tele vivens
9. *(seine Frau Katherina, siehe 18)*
10. *(mater)*
11. a) cum fuisset circa 10 vel 11 annos, et iam sit 30 annos, et sic 20 habet in secta.
    b) in Cochstede in domo Ottysche in camera
    c) —
12. et quod inde nunquam dimiserit, quando eos habere potuit, eis confessus sit
13. a) in secundo anno
    b) in domo Hennyg Joris in groten Wowiser in granario
    c) —
14. Item quod audiverit predicaciones eorum, sed nescit quociens
15. et fere bis eos conduxerit, semel a Wowiser in Stetyn, et a Wytteberg in Lydericz (?)[a], intendentes ipsum habere in fraternitatem.
16. Item sectam suam crediderit esse veram fidem et alios eciam posse salvari, et quod ex conswetudine vocaverit nos dy vremden.
17. Item nescit se citatum, sed audiverit, citacionem fuisse in Moryn.
18. Item quod nullum induxerit, et quod uxor sua Katherina nata sit in secta.
21. presentibus quibus supra.

[a] *Lesung unsicher, paläographisch möglich wäre auch Lybvitz o. ä.*
[1] *D. i. Filzkappenmacher.*

108

Alte Nr. 236; altes fol. 239r; neues fol. 82r.

1. Anno etc. *(1393 Februar 13)*, hora quasi nonarum vel quasi

2. Gyrdrud sive Geze relicta Clauss Brotwyn
3. de groten Wowiser
4. —
5. *(circa 50 Jahre, siehe 11a; in der Überschrift:* nata in secta ex patre an. 42*)*[1]
6. ibidem *(=* groten Wowiser*)*
7. Cappen Clode ⎱ ... et quod pater fuerit de secta et defunctus in ea,
8. Mette ⎰ sed mater non.
9. *(ihr Mann, siehe 2; Schwester, siehe 19)*
10. et quod ipsam induxerint pater et Roryken eciam defunctus in secta
11. a) cum esset annorum 18, et iam sit circa 50 annorum, et sic esset 25 annos in secta
    b) in domo coinductoris
    c) —
12. et quod inde, quando eos habere potuit, ad eos venit eis confitendo
13. a) cum fuisset infirma, quod in messe fuerit unus annus
    b) in domo Hans Mews hospitis sui
    c) —
14. Item quod audiverit predicaciones eorum bene ter et ultimo in domo Petri Gossaw de sero in nocte.
15. —
16. Interrogata, an crediderit sectam suam fuisse veram fidem, respondit, quod sic et alios dampnari, et alios appellaverit dy vremden, et timuerit patrem suum[a] ideo dampnatum.
17. Item quod sit citata, quod compareat contra dominicam[2]
18. et quod nullum induxerit, sed filia per alium sit inducta.
19. Item nominavit sororem suam Katherinam inquilinam antiqui Tramburch.
21. presentibus quibus supra.

[a] *Muß heißen:* matrem suam, *siehe 7 und 8.*
[1] *Die zur Berechnung des Lebensalters verfügbaren Zahlenangaben widersprechen sich hier wie auch in anderen Protokollen.*
[2] *Vermutlich 10. Februar 1393.*

Alte Nr. 237; altes fol. 239v; neues fol. 82v.

1. Anno etc. quibus supra *(1393 Februar 13)*
2. Katherina/Trina relicta Hans Rytappel
3. de groten Wowiser

4. —
5. —
6. in Bortwyn
7. Clauss Staffelt, et quod non fuerit de secta
8. —
9. *(ihr verstorbener Mann, siehe 2)*
10. et quod ipsam induxerit Geze Walteryne
11. a) quod fuerit in die palmarum *(ante)* 7 *(annos)*
    b) in camera domus Petri Gossaw
    c) —
12. 13. secundo in domo Heycze Wegener, quod sint iam tres anni
14. Item semel audiverit predicaciones eorum in domo alde Heyncze de sero in nocte, presentibus bene 14.
16. ... et quod iniunxerint ei pro penitencia, eo quod per adulterum conceperat, per tres annos omni septimana duos dies ad ieiunandum, feriis sextis in pane et aqua, et quartis quadragesimalibus cibis, et centum Pater noster omni die et festivis 300; et quod tenuerit penitenciam et crediderit se absolutam ... — Interrogata, an crediderit, sectam suam fuisse veram fidem, respondit, quod sic et alios ideo dampnari, et patrem timuerit ideo dampnatum, quia non fuerit de secta
17. et quod sit citata in Moryn et sibi mandatum et consilium factum a Herman Gossaw, a quo eciam munus susceperit solidos sex pro expensione.
18. Interrogata, an aliquem induxerit, respondit, quod nullum.
19. 20. —
21. presentibus quibus supra.

110

Alte Nr. 238; altes fol. 240r.v; neues fol. 83r.v.

1. Anno etc., die 14. mensis predicti *(1393 Februar 14)*, hora quasi terciarum, in loco et coram quo supra
2. Katherina uxor Heyne Spygelman
3. de Selchaw
4. —
5. —
6. in Warnicz
7. Heyncze Rosendal } , et non fuerint de secta Waldensium
8. Hedwyg
9. *(ihr Mann, siehe 2)*
10. Hennyng Wegener et eius uxor
11. a) et quod sint iam bene 10 anni
    b) in domo inductoris in solario vel camera

c) —
12. et quod inde in anno semel vel duobus semel
13. a) quod sint bene 4 anni
    b) in groten Wowiser in domo Petri Gossaw retro in camera
    c) —
14. non audiverit predicaciones eorum
15. et quod bis dederit eis comedere et bibere in domo sua, sed non permanserint per noctem.
16. Item quod non crediderit, beatam (Mariam) et sanctos pro nobis posse orare, quia essent ita pleni gaudiis, quod de nobis non cogitarent, ex relatibus complicium, et eciam eos invocaverit secundum doctrinas katholicorum; nec est confirmata, nec habet apostolum, et quod ieiunaverit et celebraverit sanctis ex consuetudine ... — Item indulgencias et peregrinaciones ac excommunicaciones non crediderit valere animabus nec nocere, sed solum presbiteros excogitasse, ut homines allicerent et artarent ad eis obedienciam, et ymagines crediderit ydolatriam etc. Item quod reliquias sanctorum non sit venerata nec ex antiqua consuetudine. Item omne iuramentum crediderit esse peccatum, non tamen trwn. Interrogata, an sectam suam crediderit esse veram fidem, respondit, quod sic et alios non habentes ideo dampnari, et ideo eos appellaverit dy vremden, et timuerit parentes propter hoc dampnatos.
17. Interrogata, an sit citata, respondit, quod nesciat se citatam nec prius unquam.
18. —
19. Item quod maritus eius sit sive fuerit prius de secta, et quod nullum habet amicum sive consanguineum de secta. Item nominavit cooblatam Geze Crugeryn, et maritum eius credit et habet pro eo, quod sit de secta, et nominavit Ebelvilther hospitem heresiarcarum.
21. presentibus ... Johanne Sescraw(?)[a] vicario in ecclesia sancti Jacobi in Stetyn, Nicolao Voystdorp, Bertoldo de Hyldesmen laycis, Matheo Hyldebrandi clerico et notario publico, ac fratre Nicolao socio inquisitoris, Caminensis et Pragensis diocesum, testibus ad premis(s)a fidedignis et sequencia cum multis hominibus utriusque sexus etc.

[a] *Oder: Seseraw? Bei Hoogeweg, Wehrmann und im Repertorium Germanicum kommt dieser oder ein ähnlicher Name nicht vor.*

111

Alte Nr. 239; altes fol. 241r.v; neues fol. 84r.v.

1. Anno et die ac hora predictis *(1393 Februar 14)*
2. Geze uxor Hans Rudaw/Rodaw cruger
3. de Selchaw

4. *(Frau eines Krügers, siehe 2)*
5. *(29 Jahre, siehe 11 a)*
6. in groten vel luttegen Wowiser
7. Hennyg Bucholcz ⎫ , et quod fuerint de secta, et pater suus suo
8. Grete ⎭ videre, Waldensium
9. *(ihr Mann, siehe 2 und 19; Geschwister, siehe 19)*
10. mater
11. a) in anno duodecimo, et iam sit 29
    b) in domo Hennyng by der Stegen defuncti in secta in camera, et quod dederit sibi 4 denarios
    c) —
12. et secunda vice in domo Hennyg Grall in Gossaw in camera
13. et tercia et ultima vice in domo Petri Gossaw in groten Wowiser, quod sint duo anni.
14. —
15. —
16. Interrogata, an invocaverit beatam Mariam et sanctos et crediderit, eos pro nobis posse orare, respondit, quod sic crediderit de beata Maria, sed non *(de)* sanctis, quia audiverit *(et)* crediderit, eos non posse etc. Item quod non sit confirmata, sed habet sanctum Andream apostolum, quem nescivit, quando esset in anno[1], et quod ieiunaverit et celebraverit beate Marie et sanctis ac apostolo suo ad solius dei laudem. — *(Siehe auch 19).*
17. Item quod non sit citata, sed audiverit, quod plebanus dixerit, quod illi, qui scirent se reos, deberent venire; et nunquam prius etc.
19. Item dixit maritum suum esse natum in secta, sed audivisse a matre, quod nunquam fuerit confessus, nec potuerit eum inducere, et quod eciam ipsum pro tali non habuerit, quia dixerit, quod non possit tenere, quid ei iniungerent, et quod ipsum adhortata fuisset volens ipsum accedere, et ipse renuebat dicens, quod pro se curet et ipse pro se ipso velit curare, nec unquam perceperit, eum fuisse coram ipsis. Item nominavit sororem suam Mette uxorem fabri in groten Wowiser, et fratrem ex parte matris Tyde Ermgart, et alii Ermgart sint fratres vitrici sui.
21. presentibus quibus supra.

[1] 30. November.

112

Alte Nr. 239 (b, weil verzählt); altes fol. 242r.v; neues fol. 85r.v.

1. Anno, die et hora etc. predictis *(1393 Februar 14)*
2. *(*Hennyng*)* Fricze[1]
3. de groten Wowiser

4. —
5. *(über 50 Jahre, siehe 11 a)*
6. in villa dicta Melsaw
7. Hennyng Fricze ... et quod pater fuerit de secta
8. Heyle ... sed mater aliter defuncta
9. *(Schwester, siehe 19)*
10. et quod ipsum Hennyng Grencz induxerit in Cochstede, et iussus per uxorem suam dominam tunc ibidem confessus sit primo,
11. a) cum fuisset annorum 20, et iam sit ultra 50, et sic fuerit in secta ad minus 30
    b) *(siehe 10)* ... in camera iuxta stabulum equorum
    c) —
12. et quod inde omni anno, quando eos habere potuit, eis confessus sit
13. a) ante unum annum
    b) in Wowiser in domo Petri Gossaw
    c) —
14. Item quod audiverit predicaciones eorum, sed nescit quociens
15. Item quod dederit eis quando duas, tres marcas, et semel in anno dederit eis ex testamento uxoris 8 marcas, quia legaverat ei, ut deum pro ea oraret
16. ... et nichil aliud orandum quam Pater noster, nec scit Ave Maria nec Credo, sed, quod bene possent scire Ave Maria, audiverit, quod non noceret ... — Interrogatus, an crediderit, sectam suam fuisse veram fidem, respondit, quod sic et non habentes dampnari, et ideo nos appellaverit dy vremden, et quod matrem suam doluerit propter hoc dampnatam.
17. Item quod nescit se citatum, sed habuerit litteram ab inquisitore. Item quod nunquam prius fuerit citatus propter sectam.
18. Item quod nullum induxerit, et quod uxor defuncta in secta nata fuerit.
19. Item nominavit hospitem suum Otto Pamill alden et uxorem eius Kône. Item nominavit sororem suam Tele uxorem Cune Han eciam de secta.
21. presentibus quibus supra.

[1] *Die HS hat nur:* Fricze filius Hennyng Fricze, *doch ist der Vorname wohl auch* Hennyng, *siehe oben, Nr. 17, 19.*

113

Alte Nr. 240; altes fol. 243r.v; neues fol. 86r.v.
1. Anno etc. predictis *(1393 Februar 14)*
2. Heyle mulier filia Thomas Hokman
3. de Belyn
4. —

5. *(über 40 Jahre, siehe 11 a)*
6. in lutegen Wowiser
7. Thomas Hokman ⎫ , et quod fuerint de secta et defuncti in ea ac sepulti
8. Grete ⎭ in cimiterio in luttegen Wowiser
9. *(Brüder, Onkel, Nichten, siehe 19)*
10. quidam Danel eciam defunctus
11. a) quod sint 20 anni, et iam sit ultra 40 annos,
    b) apud eundem *(= Danel)* in domo et camera
    c) —
12. et quod inde semel et bis aliquando in anno fuerit eis confessa, quia commansit hiis, qui eos tenebant, Petro Rothe in Bernwalde 4 et Royken[a] 3 annos, qui eos colligebant, et in hospicio suo Clauss Kukeler
13. a) in autumpno unus annus
    b) in Hennyng Grall in camerella
    c) —
14. Item quod audiverit predicaciones eorum, sicud veniebant ad hospicia predicta
15. *(vgl. 12)*
17. Item quod non sit citata nec unquam prius fuerit propter sectam
18. —
19. Item nominavit duos fratres suos Peter Thomas et Hennyng Hokman; item patruos suos Herwat et Walther; item virginem Grete famulam Wegenyn dy Tylss viduam et Heyle eciam virginem filias sororis, Heyne Herwart in Grevendorp.
21. presentibus quibus supra.

[a] *Wohl = Roryken.*

114

Alte Nr. 241; altes fol. 244r; neues fol. 87r.

1. Anno etc. predictis *(1393 Februar 14)*
2. Katherina virgo filia Ertmar Currebuch
3. de groten Wowiser
4. —
5. *(etwa 18 Jahre, siehe 11 a)*
6. ibidem *(= groten Wowiser)*
7. Ertmar Currebuch
8. Grete
9. et pater eius[1] Peter Smerwykel defunctus in secta et sepultus ibidem *(= groten Wowiser)* in cimiterio; *(Vetter, siehe 17)*.

10. mater
11. a) quod sint iam 10 vel 11 anni, et sit iam circa 18 annorum
    b) in domo Petri Gossaw retro in domo in camera
    c) —
12. et quod inde decies sit confessa, semel in uno anno, bis et alias semel
13. a) quod ante Michaelem[2] fuerit unus annus
    b) in granario domus alde Heycze Wegenerss
    c) —
14. Item quod forte ter audiverit predicaciones eorum
15. et semel susceperit ab eis tres et semel 4 nummos
17. Item quod non sit citata, et quod audiverit, quod in Moryn fuisset citata *(!)* Heyne Smerwylkel filius patrui sui.
19. *(siehe 9 und 17)*
21. presentibus quibus supra.

[1] *Gemeint ist wohl der Großvater mütterlicherseits.*
[2] *29. September.*

115

Alte Nr. (ist nicht angegeben, müßte 241b sein); altes fol. 244v; neues fol. 87v.

1. Anno et die etc. predictis *(1393 Februar 14)*
2. *(in der Überschrift:)* Alheyt Tele Molbuk / *(im Kontext:)* Alheyt vidua Hans Swyner relicta
3. de Belyn
4. —
5. —
6. in Dulczyk prope Mantyl
7. Cune mit der mûne ⎫ , et quod non fuerint de secta, sed alteri de-
8. Mette   ⎭   functi
9. *(ihr verstorbener Mann, siehe 2)*
10. Hennyng Rŏryken
11. a) quod sint 18 vel 19 anni
    b) in groten Wowiser retro in camera *(wohl im Hause des Hennyng Rŏryken)*
    c) —
12. et quod inde octies sit eis confessa
13. a) quod in autumpno fuerit unus annus
    b) in domo Hennyng Grall super cel(l)arium
    c) —
14. Item quod audiverit ter vel quater predicaciones eorum

16. et quod bene doluerit, quod parentes eius essent dampnati, quia extra sectam
17. non sit citata.
18. Item quod nullum induxerit, nec aliquem habeat amicum in secta.
21. —.

116

Alte Nr. 242; altes fol. 245r; neues fol. 88r.

1. Anno, die etc. predictis *(1393 Februar 14)*
2. Hans Swet
3. de groten Wowiser
4. —
5. *(30 Jahre, siehe 11 a)*
6. ibidem *(= groten Wowiser)*
7. Hans Swet ⎱ , et quod fuerint de secta et defuncti in eadem et sepulti
8. Tylss ⎰ ibidem in cimiterio
9. *(ihr Onkel, siehe 11 b)*
10. *(parentes)*
11. a) cum fuisset quasi annorum 15, et iam sit 30 annorum
    b) in domo alde Swet patrui sui
    c) —
12. 13. et quod inde semper eis confessus sit usque novissime per quatuor annos in domo Petri Gossaw retro in camera
14. Item quod semel audiverit predicaciones eorum, et quod commanet Andrea Herwart servo suo
17. Interrogatus, an sit citatus, respondit, quod non audiverit se citatum.
19. *(siehe 14)*
21. presentibus quibus supra.

117

Alte Nr. 243; altes fol. 245v; neues fol. 88v. — Fragment: Anfang des Protokolls; Rest fehlt mit fol. 246.

1. Anno etc., die 17. mensis Februarii predicti *(1393 Februar 17)*, hora nonarum vel quasi, coram quo supra et loco
2. Margarethe relicta Thome/Thomas piscatoris
3. de Konegesperch
4. *(Frau eines Fischers, siehe 2)*
5. *(40 Jahre, siehe 11 a)*
6. in Moryn

7. Clauss Czapel ⎫ , et quod fuerint de secta Waldensium et defuncti in
8. Margarethe   ⎬ eadem, et pater sepultus in monasterio in Coryn, et
                 ⎭ mater in Moryn
9. *(siehe 20)*
10. et quod ipsam induxerit Schymmelpennische vidua in Premslaw domina sua
11. a) cum esset annorum 11 ..., et iam sit 40 annorum, et sic sit in secta 29 annis
    b) in domo sua *(siehe 10)* ... in camera
    c) —
12. 13. *(siehe 20)*
14. Item quod audiverit predicaciones eorum forte ter in domo patrui predicti *(siehe 20)* hic in Stetyn, 12 personis aliquando presentibus
16. et quod ieiunaverit apostolis et sancto Bartholomeo suo apostolo ad laudem dei et ipsi, licet audiverit soli deo serviendum esse, et quod sancti soli vix meruerint regnum celorum, quod et crediderit.
20. *(als Fortsetzung von 11)* et quod nunquam in vita sua per iuramentum suum plus eis sit confessa, et quod tenuerit eum (= heresiarcam) pro bono homine presbitero etc. Item postea deliberata et ventilata sufficienter dixit, quod hic in Stetyn in domo in Rosmolstrate[1] Thomas Valkeberch patrini sui eciam bis vel ter eis sit confessa, et ultimo ibidem ante 20 annos, et inde nunquam sit eis confessa.

[1] W. *Wattenbach*, Über die Inquisition gegen die Waldenser..., S. 37, *las irrig:* Romolstrazz; *gemeint ist die Roßmühlenstraße; vgl.* M. *Wehrmann,* Geschichte der Stadt Stettin..., S. 88.

118

Alte Nr. (fehlt, müßte sein 244 b); altes fol. 247r; neues fol. 89r.

1. Anno etc., die 18. mensis Februarii predicti *(1393 Februar 18)*, hora quasi terciarum, coram quo supra et loco
2. Grete uxor Clauss Dame
3. de Valkenwalde
4. —
5. *(44 Jahre, siehe 11 a)*
6. in Bernykaw prope Konegesperch
7. Hennyg Tanneberch ⎫ , et mater de secta, pater vero extraneus, de-
8. Cristina   ⎬ functi sint
9. *(ihr Mann, siehe 2)*
10. et quod ipsam induxerit Heyne alde Hockman in groten Wowiser, cui servivit tunc
11. a) cum esset annorum forte 17 ..., et iam sit 44 annorum
    b) in granario *(siehe 10)*
    c) —

12. 13. et secunda vice in Bernwalde in domo Petri Rothe eciam defuncti in secta, quod sint quasi 8 annorum, et quod inde nunquam sit eis confessa, licet libenter fecisset, si commode potuisset.
14. Item quod non audiverit predicaciones eorum.
15. —
16. Item quod pro defunctis oraverit et crediderit aliqualiter ex doctrinis hominum secte, non eos iuvare in celo nec in inferno nec esse purgatorium ... Item sectam suam crediderit esse veram fidem, attamen reputaverit, vicinum suum non de secta eciam salvari posse.
17. Item quod non sint citati
18. et nullum induxerit
21. presentibus ... fratre Nicolao socio inquisitoris, Alberto Heukendorp[1] vicario ad sanctum Jacobum in Stetyn, et Matheo Hyldebrandi clerico et notario publico, Pragensis et Caminensis diocesum, et multis aliis hominibus utriusque sexus etc.

[1] *H. Hoogeweg, Die Stifter..., Bd. 2, S. 470, kennt nur einen Lambert Hoykendorp, Altarist der Jakobikirche in Stettin, zum Jahr 1380; Repertorium Germanicum ... 2, 1, Sp. 441, nennt zu 1380 einen Henricus Hoykendorp, cler. Camin.*

119

Alte Nr. 245; altes fol. 247v; neues fol. 89v.

1. Anno, die et hora prescriptis *(1393 Februar 18)*
2. Clauss Innyke/Innike
3. de Tramburch
4. pannifex
5. 28 annorum in etate *(aus der Überschrift)*
6. in Arnhusen
7. Cristen Innike ⎫ , de matre nescit, sed patrem dicit defunctum in secta
8. Mette ⎭ et sepultum in Arnhusen in cimiterio
9. *(seine Frau:* Tylss, *siehe 18)*
10. (pater)
11. a) cum fuisset annorum 9 vel sic
    b) in domo Corte Heyne in Arnhusen in solario domus
    c) —
12. et quod inde iterum semel confessus sit in puericia
13. et quod inde tercia vice in Tramburch in Kůne Waldeberch, quod sint iam 10 vel 9 *(anni)*,
14. Item non audiverit predicaciones eorum
16. *(anschließend an 13:)* quando qui ipsum interrogaverit de oracionibus, quas faceret, et ipso respondente, quod de deo et beata Maria, ipse heresiarca sibi dixerit, quoniam male esset, et sic altercans secum in ira reli-

querat, et quod in iuramento suo plus non fuerit apud eos, nec noverit seu sciverit quidquid de heresiarca, qui novissime fuerit apud patrinum suum.
17. Item quod nescit se citatum in iuramento suo,
18. nec uxori sue Tylss aliquid dixerit de secta.
21. presentibus quibus supra.

120

Alte Nr. 245 (b, weil Doppelzählung); altes fol. 248r; neues fol. 90r.

1. Anno etc. *(1393 Februar 18)*
2. Heyne Melkaw
3. de Valkenwalde
4. —
5. *(30 Jahre, siehe 11 a)*
6. in groten Wowiser
7. Herman Melkaw } , et quod pater non fuerit de secta, sed mater
8. Wunne seu Wuneclich } defuncta sit cum patre per eam inducto in secta
9. *(seine Frau, Tylls, siehe 18; sonstige Verwandte, siehe 19)*
10. *(parentes)*
11. a) in decimo anno etatis sue . . ., et iam sit 30 annorum
    b) in domo paterna in Bernwalde in solario
    c) —
12. 13. et secundo et tercio et ultimo ibidem in camera, sed primis duabus vicibus in solario anno sequente, et quod ultimo postea dixit in domo Debekyne in Bernwalde eciam confessus sit, quod sint iam 16 anni, et inde nunquam, quia libencius ivisset ad cervisiam quam ad confitendum eis
16. *(siehe auch 12 und 13 am Ende).* Item de invocacione sanctorum nichil dicere potuit, nisi quod ipsos invocaverit. Item nescivit, quis esset eius apostolus, et dixit una vice Johannem baptistam et alia Bartholomeum. Item similiter nec scivit aliud dicere de suffragiis mortuorum, nec unquam perceperit, purgatorium post hanc vitam non esse; item semper crediderit iuste iurando non peccare. Interrogatus, an crediderit, sectam suam fuisse veram fidem, respondit, quod sic, et vocaverit alios dy vremden nesciens quare, nisi quia non deo noti essent.
17. nescit se citatum nec prius unquam
18. Item nullum induxerit, nec uxori unquam aliquid dixerit Tylss.
19. Item nominavit consanguineos Hennyng Grabaw et Mews de groten Wowiser; item secum oblatos nominavit de secta de Valkenwalde, et in iuramento suo non sint plures ibidem.
21. presentibus quibus supra.

121

Alte Nr. 246; altes fol. 248v; neues fol. 90v.

1. Anno, die et hora predictis *(1393 Februar 18)*
2. Tylss uxor Heyne Smet
3. de Valkenwalde
4. —
5. —
6. in Czelyn iuxta Oderam
7. Hans Trwtwyn ⎫ , et quod non fuerint de secta Waldensium, nec
8. Tele ⎭ aliquem habet amicum de secta
9. *(ihr Mann, siehe 2; Patin, siehe 10).*
10. et quod ipsam induxerit commater sua Hans Lenczyne[1] in groten Wowiser
11. a) quod sint sex anni
    b) in domo Petri Gossaw
    c) —
12. 13. et secundo et ultimo in domo Heyne Swet ubi supra, quod sibi apparent 4 anni
14. et quod semel audiverit predicaciones eorum in domo Petri Gossaw de sero, 20 bene presentibus
16. et quod audiverit, eos *(= heresiarcas)* esse ex toto bonos homines, non presbiteros, sed reputaverit expedire duobus dominis, qui ipsi precipiebant, nulli servire nec invocare nisi solum deum, et presbiteri aliud etc. Item quod iniunxerint ei pro penitencia 50 Pater noster festivis diebus et dominicis et feriatis 200, et non Ave Maria, et addidit, quod libencius deberet vigilare vigilias apostolorum ieiunando quam sextis feriis. Item quod tenuerit penitenciam, et aliqualiter crediderit se absolutam, quia secreti fuerint, ideo dubitaverit et penitenciam valere similiter ad salutem ... — Item quod non invocaverit bene duobus annis beatam Mariam et sanctos, quia dixerint, maxime peccare invocantem, quia essent ita pleni gaudiis, quod non scirent quid de nobis, sed post hoc non adverterit invocando; non habet apostolum, sed est confirmata in Moryn; et quod interim, quando inhesit secte, ieiunaverit et celebraverit sanctis ad laudem dei et non sanctorum; item quod non oraverit pro defunctis medio tempore, quia solum due vie essent et non purgatorium post hanc vitam, quod tunc crediderit
17. non sit citata nec prius unquam
18. nullum induxerit nec maritum
21. presentibus quibus supra.

---

[1] *D. i. Geze; vgl. unten, Nr. 154, 19.*

122

Alte Nr. 247; altes fol. 249r; neues fol. 91r.

1. Anno, die et hora predictis *(1393 Februar 18)*
2. Tylss relicta Heyne Blumvelde
3. de Bernwalde
4. —
5. *(25 Jahre, siehe 11 a)*
6. in Gossaw
7. Hennyg Steyn ⎫ , et quod fuerint de secta et defuncti in eadem et se-
8. Alheyt ⎭ pulti in Warnicz
9. *(ihr verstorbener Mann, siehe 2; Brüder, siehe 19)*
10. parentes
11. a) cum bene esset annorum 12, et iam sit in 26.
    b) in domo Tyde Cremer ibidem in Warnicz ... in quadam camera
    c) —
12. 13. et solum ter sit eis confessa, secundo in domo Heyne Beyer, et tercio ibidem in Grevendorp ante unum annum
14. et semel audiverit predicaciones eorum in domo patris sui iuxta ignem de sero, sex personis presentibus
16. et quod ieiunaverit et celebraverit beate Marie et apostolo suo sancto Andree, nesciens an ante vel post festum esset nativitatis Christi[1], ad laudem dei, non sanctorum, nesciens, quare se non permisitur(!) confirmari.
17. Item quod sit citata et excommunicata.
18. —
19. Item nominavit fratrem suum Hans Steyn; item dixerit, quod Grete famulam Petri Newman secum noluit[a] venire, et Hennynk Lysyn in Bernwalde.
21. presentibus quibus supra.

[a] *Oder:* voluit?
[1] ante, — *nämlich am 30. November.*

123

Alte Nr. 248; altes fol. 249v; neues fol. 91v.

1. Anno, die etc. predictis *(1393 Februar 18)*, hora quasi nonarum
2. Tylss uxor Hans Hokman
3. de luttegen/lutgen Wowiser
4. —
5. *(30 oder richtiger 40 Jahre, siehe 11 a)*
6. in Vukern[1] in villa Steglicz prope Premslaw
7. Michael Smed ⎫ , et quod fuerint de secta et defuncti in eadem, et pater
8. Temel ⎭ suus defunctus in Vruvenhagen et mater in Conradorp

[1] = *Uckermark.*

9. *(ihr Mann, siehe 2)*
10. et quod ipsam induxerit mulier dicta Kappe Ermgarcz in groten Wowiser, cui serviens primo confessa est
11. a) cum fuisset annorum forte 13, et iam sit in 31. *(anno)*, et sic fuerit in secta 27 *(in der Überschrift:* an. 26*)*
    b) in camera domus inductricis tunc in luttegen Wowiser
    c) —
12. et quod inde, quando venerint, eis confessa sit excepto semel, quia inimicabatur Heyne alde Swet
13. a) quod in autumpno fuerit unus annus
    b) in domo Hennyng Vischer
    c) et nominavit Clauss et Conrad
14. Item quod sepe audiverit predicaciones, et ultimo, ubi ultimo confessa sit.
16. Item quod oraverit pro mortuis in secta, aliis non, quia dixerint, eos non salvari posse, quod crediderit, quia non crediderit purgatorium.
17. Item quod sit citata.
18. nullum induxerit.
21. presentibus quibus supra.

124

Alte Nr. 249; altes fol. 250r; neues fol. 92r.

1. Anno et die ac hora predictis *(1393 Februar 18)*
2. Temel seu Ermgart relicta Petri Reppyn
3. de Moryn
4. —
5. *(etwa 37 Jahre, siehe 11 a)*
6. in Brug circa Soldyn
7. Hans Cremer..., et quod pater defunctus sit in secta *(et sepultus)* in cimiterio in Moryn
8. Grete vivens
9. *(ihr verstorbener Mann, siehe 2)*
10. *(parentes)*
11. a) cum fuisset 12 annorum, et iam sit circa 37 annorum
    b) in domo paterna in Moryn in solario
    c) —
12. et quod inde, quando venerint, sit eis confessa
13. a) ante unum annum
    b) ibidem *(siehe 11 b)*
    c) —
14. Item quod audiverit predicaciones, sed nescit quociens.
15. —
16. ... et alios appellaverit dy vremden, credens eos ignotos deo.
17. Item nescit se citatam, nec antea unquam propter sectam fuerit citata.
21. presentibus quibus supra.

125

Alte Nr. 250; altes fol. 250v; neues fol. 92v.

1. Anno etc., die 19. mensis Februarii predicti *(1393 Februar 19)*, hora terciarum vel quasi
2. Sophia uxor junge / iunioris Heyne Swet
3. de groten Wowiser
4. —
5. *(25 Jahre, siehe 11 a)*
6. ibidem *(= groten Wowiser)*
7. Heyne Hokman ⎫ , et quod fuerint de secta, et sint defuncti in secta,
8. Ymme ⎭ et mater in luttegen, pater vero in groten Wowiser sepulti sint.
9. *(ihr Mann, siehe 2)*
10. *(parentes)*
11. a) in 12. anno, et iam sit 25 annorum
    b) in domo Hennyng Jŏris in granario
    c) —
12. et quod inde, quando eos habere potuit, eis confessa est
13. a) quod in autumpno fuerit unus annus
    b) in domo Petri Gossaw
    c) —
14. Item quod audiverit predicaciones, sed nescit quociens
15. et collegerit bis vel ter; item tunc dederit eis comedere et bibere
17. Item quod audiverit se citatam in Moryn.
19. Item nominavit famulam suam Mette.
21. presentibus ... Nicolao socio inquisitoris, Hermanno de Essen et Matheo Hyldebrandi de Stetyn clericis et notario publico, Pragensis et Caminensis diocesum, et aliis multis fidelibus hominibus utriusque sexus etc.

126

Alte Nr. 251; altes fol. 251r; neues fol. 93r.

1. Anno etc., die ac hora prescriptis *(1393 Februar 19)*
2. Petyr Rutlyng
3. de lutgen Wowiser
4. —
5. *(14 Jahre, siehe 11 a)*
6. ibidem *(= lutgen Wowiser)*
7. Hennyng Rutlyng ⎫ fuerint de secta iam conversi..., sed parentes sui
8. Katherina ⎭ solum uno anno ante eum fuerint inducti
9. —
10. lange Heyne

11. a) quod sint duo anni, quod fuerit apud sectam, et sit iam in 15. anno
    b) in domo Hennyng Vischer in camera
    c) —
12. 13. et secundo in domo Petri Gossaw in groten Wowiser in camera retro
16. Item quod tenuerit eos *(= heresiarcas)* pro bonis hominibus, non presbiteris potentibus celebrare missas. Item quod fecerint eum dicere tot Pater noster, quot posset, non Ave Maria, et quod crediderit se absolutum et penitenciam proficisse ad salutem. Item quod confessus sit presbiteris se confessum heresiarcis, et quod dixerit presbiter, quid tunc iuvaret, quod sibi confiteretur et nichil plus etc. Item dixit, se solum unum purgatorium audivisse, quod esset in inferno, et non plura, et hoc credidisset; et quod nullo orasset nisi pro se ipso, et quod in secta nati non consueverint iurare trwen nec ad verum confirmandum
17. Interrogatus, an sit citatus, respondit, se ita bene citatum sicud alium.
20. Interrogatus, an velit reverti ad veritatem fidei katholice sancte matris Romane ecclesie et subire penitenciam publicam etc. et se obligare ad penam relapsorum etc. per omnia, ut in iuramento abiuracionis continentur, singulariter et vulgariter ei proposita, respondit ad singula, quod sic et abiuravit etc. Insuper absolvit eum et terminum statuit etc. . . . dimissus est.
21. presentibus quibus supra.

127

Alte Nr. 252; altes fol. 251v; neues fol. 93v.

1. Anno, die ac hora prescriptis *(1393 Februar 19)*
2. Heyne Wegener
3. de groten Wowiser
4. *(famulus Heycze Wegener iunioris, siehe 19)*
5. *(21 Jahre, siehe 12, 13)*
6. in Zebys prope Coryn
7. Heyncze Wegener ⎫
8. Mette ⎬ , et quod fuerint de secta Waldensium et defuncti in eadem, et pater ubi supra sepultus et mater in Vruenhagen
9. *(sein Pate, siehe 19)*
10. et quod Heyne Beyer in Grevendorp ipsum induxerit, et quod tunc sibi serviens in domo sua primo confessus sit in quadam camera
11. a) et quod ante duos annos primo confessus sit heresiarcis
    b) *(siehe 10)*
    c) —
12. 13. et secundo ibidem ante unum annum, et iam sit 21 anni
14. et quod audiverit semel predicaciones eorum
15. —

XIII. Protokolle von Waldenserprozessen in Stettin 1392—94   191

16. Item omne iuramentum crediderit esse peccatum, et quod iurasset de veritate dicenda.
17. Item quod sit citatus ex parte inquisitoris.
19. Item nominavit patrinum suum Otto Pomill et cofamulam suam Heycze Wegener iunioris Grete nomine.
21. presentibus quibus supra.

128

Alte Nr. 253; altes fol. 256r.v; vgl. dazu die Bemerkung auf altem fol. 251v unten (von der Hand des Registrators): hic factus est saltus in numero foliorum, debuit enim scribi in principio carte sequentis 252, et scriptum *(est)* 256; hoc scripsi, ne putetur hic aliquam subtractam fuisse cartam. — *Neues fol. 94r.v.*

1. Anno etc., die 20. mensis predicti *(1393 Februar 20)*, hora quasi terciarum, in loco et coram quo supra
2. Grete virgo filia Heyne Polczman
3. de groten Wowiser
4. famula junge Heyncze Wegener
5. *(19 Jahre, siehe 11 a)*
6. in Warnicz
7. Hennyng *(siehe aber 2!)* Polczman
8. Temel

, et quod fuerint de secta et defuncti in eadem, et pater in Castrinyken iacet sepultus, et mater in Rygenwalde in cimiterio

9. *(Schwestern und weitere Verwandte, siehe 19)*
10. Katherina alde Bercholt
11. a) quod sint circa 12 annos *(in der Überschrift steht aber:* an. 10.*)*, et iam sit in etate in 20. anno
    b) in domo alde Jon defuncti in secta in quadam camera
    c) —
12. secundo in Tyde Ermgard et tercio in Copesybe in Moryn
13. et ultimo in domo Petri Gossaw in groten Wowiser, quod in autumpno fuerit unus annus.
14. Item quod semel tantum audiverit predicaciones heresiarcarum in domo Petri Gossaw de sero proxime, quando ei ibidem confitebatur.
15. Item quod dederit ei semel sex et semel 4 denarios in iuventute.
17. Item quod non perceperit se citatam, et quod dudum libenter venisset, si potuisset.
18. Item non induxerit aliquem,
19. sed nominavit duas eius sorores Heyle virginem et Tylss cooblatam sororem relictam Hans Reppyn; item cognatum Hennyng Hokman et Peter Domus[a] eius fratrem et sororem eorum Heyle.

[a] *Wohl zu berichtigen in:* Thomas; *vgl. oben, Nr. 93, 19 und 113, 19.*

21. presentibus ... Nicolao socio inquisitoris, Gheardo Westval[1] presbitero, et Matheo Hyldebrandi clerico et notario publico, Pragensis et Caminensis diocesum, et aliis multis testibus hominibus utriusque sexus ...

[1] *H. Hoogeweg*, Die Stifter..., Bd. 2, S. 814, nennt zu 1345 einen Gerhard Westfal, Vikar in Treptow a. T.; Identität scheint unsicher.

129

Alte Nr. 254; altes fol. 257r; neues fol. 95r.

1. Anno etc. predictis *(1393 Februar 20)*
2. Tylss relicta Hans Ryppyn/Ryppen
3. de groten Wowiser
4. —
5. *(25 Jahre, siehe 11 a)*
6. in Warnicz
7.—9. et est soror inmediate anteposite, eciam ut soror de parentibus deposuit[1]
10. et quod noverca ipsam adduxerit ad confitendum heresiarce
11. a) cum esset annorum forte 14, et iam sit in 26. (anno) *(in der Überschrift:* an. 11*)*
    b) in domo Heyne alde Swet in granario
    c) —
12. et quod inde, quando eos habere potuit, confessa est
13. a) ante unum annum
    b) in domo Petri Gossaw
    c) Nicolao converso heresiarca(!)
14. Item quod audiverit predicaciones eorum, nescit quociens.
16. Item quod essent (= heresiarce) doctores sanctarum scripturarum, melius presbiteris potentes dimittere peccata, sed non putaverit eos ordinatos presbiteros. Item quod iniunxerint ei pro penitencia ad ieiunandum nescit quantum et dominicis 50 et feriis diebus 25 (Pater noster), non Ave Maria, sed ultimus non mandans dixerit, quod omni die vellet eos 4 dicere ... — Interrogata, an crediderit, sectam fore veram fidem, respondit, quod sic et alios eciam posse salvari, attamen appellaverit eos dy vremden sicud alii.
17. Item quod non sit citata, quia petivit per Hans Cungybyne(?)[a], quod libenter cicius venisset.
18. Item nullum induxerit,
19. sed nominavit Heyne Gyrdrudyne Katherinam et aliam sororem Heylewig inquilinam Herman Herwart.
21. presentibus quibus supra.

[a] *Oder:* jungen Kyne/Byne?
[1] Vgl. oben, Nr. 128, 7 und 8.

130

Alte Nr. 255; altes fol. 257v; neues fol. 95v.

1. Anno, die, hora etc. predictis *(1393 Februar 20)*
2. Katherina relicta Heyne Gyrdrud
3. de groten Wowiser
4. —
5. *(47 Jahre, oder etwa 60 Jahre? siehe 11 a mit Anm. 1)*
6. in villa dicta Brughe prope Soldyn.
7. Hans Vilther ⎫ et quod fuerint (de) secta (et) defuncti[a] in eadem et
8. Jutte ⎭ sepulti ibidem in cimiterio.
9. *(ihr verstorbener Mann, siehe 2)*
10. *(parentes)*
11. a) cum esset circa 12 annos, et iam sit circa 50 annos[1]
    b) in domo paterna in camera
    c) —
12. et quod inde libenter, quando potuit, eis confessa sit
13. a) ante unum annum
    b) in domo Petri Gossaw
    c) —
14. Item quod audiverit predicaciones eorum, et ultimo, ubi ultimo supra confessa de sero in nocte.
16. Item oblita fuerit Ave Maria, quare nescivit dicere... — Item sectam crediderit veram fidem et alios eciam posse salvari, attamen appellaverit eos dy vremden, quia nescirent, quod ipsi.
17. Item nescit se citatam.
18. Item quod induxerit uxorem Hennyng Jŏris[2]; item duos suos pueros defunctos in secta.
21. presentibus quibus supra.

[a] *HS:* sepulti.
[1] *In der Überschrift steht: 47 an., das kann sich entweder auf das Lebensalter beziehen oder, was dem überwiegenden Protokollgebrauch entspräche, auf die Dauer der Sektenzugehörigkeit; wenn letzteres richtig wäre, müßte 'circa 50 annos' verbessert werden in: circa 60 annos.*
[2] *Temmel, vgl. oben, Nr. 54, 19.*

131

Alte Nr. 256; altes fol. 258r; neues fol. 96r.

1. Anno, die et hora prescriptis *(1393 Februar 20)*
2. Kŏne relicta Heyne Kŏnekens/Konekens
3. de groten Wowiser
4. —
5. —
6. in Belicz

7. Hans Nôlleken ⎫ , et quod non fuerint de secta nec aliquis amicorum
8. Katherina   ⎭ eius
9. *(ihr verstorbener Mann, siehe 2)*
10. Clauss Geyrekens[a]
11.—13. et quod sit ei confessa sit*(!)* in domo Petri Gossaw ante unum annum et quod nunquam prius nec post apud aliquem heresiarcam.
14. Item quod bis audiverit predicaciones eorum et ambabus vicibus in domo Petri Gossaw de sero in nocte.
15. —
16. Item de invocacione sanctorum nichil senserit contrarium katholice fidei, quamvis audiverit ab hominibus secte, quod solus deus esset adorandus et invocandus, et ab eisdem, quibus crediderit, quod heresiarca ipsam posset absolvere; item similiter audiverit de purgatorio et suffragiis mortuorum et non crediderit, et de aqua benedicta etc.; item similiter de iuramento, et vitaverit omne iuramentum etc. Interrogata, an crediderit, sectam suam fuisse veram fidem, respondit, quod sperabat, secundum quod sibi dicebatur, quod est melior alia.
17. Item nescit se citatam.
21. presentibus quibus supra.

[a] *Statt:* Gerkens? *vgl. unten Nr. 181.* W. Wattenbach, Über die Inquisition gegen die Waldenser ..., *S. 14, liest nur:* Gey...

132

Alte Nr. 257; altes fol. 258v; neues fol. 96v.

1. Anno, die et hora prescriptis *(1393 Februar 20)*
2. Katherina seu Trina relicta Clauss Schermer
3. de groten Wowiser
4. —
5. —
6. in Rosental prope Soldyn
7. Hans Schoter[a] ⎫ , et quod non fuerint de secta nec aliquis amicorum
8. Tylss   ⎭ suorum
9. *(ihr verstorbener Mann, siehe 2)*
10. Hennyng Swetyn
11. a) quod sint 10 vel 11 anni
    b) in domo Hennyng alde Joris in granario
    c) —
12. 13. in Petri Gossaw ter, in Heyne Swet bis et Hennyng Joris semel et alde Wegenerss eciam semel, et ultimo ante annum
15. *(siehe 16)*

[a] *Vielleicht auch zu lesen:* Schroter.

16. et quod reputaverit *(= heresiarcas)* non presbiteros, sed apostolos. Item quod iniunxerint ei aliquando 10 vel 12 quartis feriis in pane et aqua et centum Pater noster et festivis ducentum et non Ave Maria; et quod ieiunaverit, nec credidisset se absolutam, sed accessisset propter nutrimentum suum, non valens se aliter nutrire. Item quod confessa presbiteris non revelaverit se confessam heresiarcis, quia prohibita. Item quod dederit ei(s) bene 18 marcas. Item quod audiverit, quod sancti non essent invocandi, sed solus deus, et idem non unquam crediderit; et quod audiverit solum duas vias post hanc vitam, et hoc crediderit, et quod utique crediderit purgatorium post hanc vitam. Item omne iuramentum crediderit esse peccatum eciam in iudicio. Interrogata, an crediderit sectam veram fidem, respondit, quod non, licet audiverit, quod dixerint alios, quod tamen nunquam crediderit, sed accesserit propter paupertatem.
17. Item quod non sit citata, nisi quod Herman Gossaw fecerit eam venire et dederit sibi unum solidum pro subsidio.
21. presentibus quibus supra.

133

Alte Nr. 258; altes fol. 259r; neues fol. 97r.

1. Anno, die et hora prescriptis *(1393 Februar 20)*
2. Mechtyld uxor Hennyng Cappens
3. de Conraddorp/Conradorp
4. —
5. —
6. in groten Wowiser
7. Hennyng Hokman ⎫
8. Katherina ⎭ , et quod fuerint de secta et defuncti in eadem
9. *(ihr Mann, siehe 2 und 18; Pate, siehe 19)*
10. Grete Scroterss
11. a) quod sint bene 16 anni
    b) in domo Petri Rothe in Bernwalde in solario
    c) —
12. 13. et sepcies sit eis confessa, semel in Gossaw alde Heyncze Wegenerss, semel ultimo heresiarce Nicolao converso, quod in autumpno fuerit unus annus.
16. Item quod non crediderit, plene sanctos pro nobis posse orare, quia audiverit, quod tantum gaudium haberent, quod non possent, nec[a] crediderit, animas sanctorum Martini et Nicolai esse in celo, quia non esset prohibita. Item crediderit, apostolum suum sanctum Bartholomeum et non alios pro se posse orare. Item quod audiverit et crediderit, non esse orandum pro

---

[a] *Statt:* et *bzw.* tamen?

defunctis, quia solum due vie essent et non purgatorium, et eciam oraverit pro animabus parentum, ideo ut iuvaret eos.
17. Item quod non sit citata.
18. Item quod nullum induxerit, et quod maritum eius natum *(in)* secta
19. Item nominavit Katherinam uxorem Clauss Hyldebrand, item Herman Hokman patrinum.
20. *(am Schluß steht:)* dimissa est cum marito Clauss de Vluyet *(vgl. aber 2!)*
21. presentibus quibus supra.

134

Alte Nr. 259; altes fol. 259v; neues fol. 97v.

1. Anno etc., die 21. mensis predicti *(1393 Februar 21)*, hora quasi nonarum, in loco et coram quo supra
2. Arn / Arnold Engyl
3. de groten Wowiser
4. —
5. —
6. in groten Wowiser
7. Hans Engyl
8. et nomen matris nescit an Geze vocabatur, et quod fuerint de secta et defuncti in eadem
9. *(ein Bruder, siehe 10; seine Frau und weitere Geschwister, siehe 19)*
10. et quod ipsum frater suus Peter primo induxerit
11. a) quod sint iam 8 anni
    b) in domo junge Heyne Swet
    c) —
12. secundo in domo Petri Gossaw
13. tercio et ultimo in Selchaw in domo Ebyl, quod ante festum Michaelis[1] fuerat unus annus.
14. Item quod ter vel quater audiverit predicaciones eorum.
17. Item quod non sit citatus.
18. Item quod induxerit Hans Mews de Selchaw.
19. Item dixit, uxorem suam Grete esse natam in secta, et cohabitet Hans Stymer et eius uxorem nominando; item duos fratres nominavit Hans et Peter; item duas sorores ex patre tantum Tele et Tylss; item Hans et Heyne Smerwylker, qui Heyne fugerit inquisitorem, filios Petri Czacher in Moryn.
21. presentibus ... fratre Nicolao socio inquisitoris, Matheo notario publico predicto, Alberto Grypes[2] clerico, Pragensis et Caminensis diocesum, cum multis etc.

[1] 29. September.
[2] Albert Gripel/Gripes, 1432—1449 Dekan des Marienstifts in Stettin; vgl. H. Hoogeweg, Die Stifter ..., Bd. 2, S. 960.

135

Alte Nr. 260; altes fol. 260r; neues fol. 98r.

1. Anno etc., die ac hora predictis *(1393 Februar 21)*
2. Anna uxor Hans Tramburch
3. de groten Wowiser
4. —
5. —
6. in Belyn
7. Hennyng Rurekyn ⎫ , et quod fuerint de secta Waldensium et de-
8. Grete ⎭ functi et sepulti ibidem
9. *(ihr Mann, siehe 2; Geschwister, siehe 19)*
10. maritus *(= Hans Tramburch)*
11. a) quod sit in tercio anno
    b) in domo Petri Gossaw in camera
    c) —
12. 13. et secundo et ultimo ibidem ante unum annum
14. et quod ultimo confitens audiverit predicacionem heresiarce ibidem
16. et non se multum asperserit, sed miserit pro plebanum aliquando propter homines.
17. Item dixit se citatam.
18. Item quod nullum induxerit,
19. sed nominavit Grete uxorem Hans Tramburch in Belyn; item aliam sororem Mette famulam Heyne Melkaw in Valkenwalde; item fratrem Hans commanentem sororem in Belyn.
20. *(am Schluß als Marginalie:)* an (di)missa sit, nescio ex c ... *(Rest ist abgeschnitten, wohl:* certa informatione.*)*
21. predictis testibus quibus supra presentibus.

136

Alte Nr. 261; alte fol. 260v. 261r; neue fol. 98v. 99r.

1. Anno etc., die 23. mensis Februarii predicti *(1393 Februar 23)*, hora nonarum vel quasi, coram quo supra et loco
2. Grete/Margaretha uxor Clauss Dǒrynk
3. de Gossaw
4. —
5. —
6. quod in Gossaw nata et educata sit usque in hanc horam
7. Cristyn ... et quod pater non fuerit de secta
8. Tele cooblata ... sed mater sic *(de secta)*
9. *(ihr Mann, siehe 2; weiteres, siehe 19)*
10. et quod ipsam induxerint Katherina Grabyn in Belyn et Mette New-

manyne in[a] Bernwalde, et quod vellent eam adducere ad homines, qui melius quam presbiteri, ita quod fieret, sicud ex utero nata esset, munda a peccatis; et quod primo sic confessa sit

11. a) quod sint iam bene 7 anni
    b) in domo Petri Newman in Gossaw nunc habitantis in Bernwalde in camera
    c) —
12. et quod solum quater[b] sit eis confessa, et quod bis in domo Gralaw[c] et bis in Newman et semel in Heyncze Wegener in Gossaw nunc in groten Wowiser habitantis
13. et ultimo in domo Newman, quod in autumpno fuerat unus annus
16. Item quod reputaverit eos (= heresiarcas) clericos, qui melius presbiteris possent dimittere peccata et ita mundarent, sicud post baptismum fuerit, non tamen reputaverit eos presbiteros. Item quod iniunxerint ei pro penitencia ... et dixerint, quod hoc diligenter deberet servare et quod mundaretur tunc, sicud ex utero provenisset ... — ... et quod non sit purgatorium post hanc vitam, et hoc crediderit, attamen dixit, se orasse pro defunctis. Item quod prohibuerint eam aquam benedictam, sal etc. recipere, quia non iuvarent, et hoc non crediderit de aqua, sed de sale sic. Item excommunicaciones non crediderit nocere animabus, sed de indulgenciis nichil dixerint sibi. Item cantum ecclesiasticum et leyse dixerint eam non debere cantare, quia esset peccatum, et cum reliquiis non transire, et hoc crediderit. Item Credo post sermonem non debere dicere Confiteor. Item quod prohibuerint eam dicere trwn et omne iuramentum, quia esset peccatum malum. Item quod non deberet ire peregrinatum ad Romam an Aquisgranum etc., et qui transsiret et moreretur in hiis viis, dampnaretur, et hoc ex multitate sermonum ipsorum crediderit.
17. Item quod non sit citata, et diu non venerit propter pueros 12 septimanarum.
18. Item quod nullum induxerit, nec maritum deberet scire, prohibita fuerit, et ideo sibi nichil dixerit de hoc.
19. Item nominavit duos fratres suos Clauss Mantyl et Clauss Cristen in Bernwalde et in Gossaw, et quod uxores eorum eciam sint de secta. Item fratrem suum iuniorem Hennyng Cristen dixit non esse de secta. Item sororem suam Alheyt uxorem Hans Dǒrynk in Belyn; item fratrem Andream Ermgart in groten Wowiser et Tyde filium eius, et Andream famulum Herman von Elgen in Belyngen filium sororis matris; item Cůne Helt pastorem cum uxore eciam in Gossaw.
21. presentibus ... fratre Nicolao socio inquisitoris, Ottone Jagenduvyl[1] magistro civium in Stetyn et aliis pluribus viris et mulieribus ad premissa etc.

[a] *Danach gestrichen:* Gossaw.
[b] *Müßte heißen:* quinquies.
[c] *Wohl statt:* Grabaw.

[1] Otto Jageteuffel, gest. 1412; vgl. H. Hoogeweg, Die Stifter ..., Bd. 2, S. 452, 503, 514.

137

Alte Nr. 262; alte fol. 261v. 262r; neue fol. 99v. 100r.

1. Anno etc., die 24. mensis Februarii predicti *(1393 Februar 24),* hora quasi nonarum, in loco et coram quo supra
2. Tylss relicta Cůne Woldenberch pannificis
3. de Tramburch
4. *(Witwe eines Tuchmachers, siehe 2)*
5. *(48 Jahre, siehe 11a)*
6. in Tramburch
7. Herman Becker
8. Grete   } , et quod defuncti sint extra sectam Waldensium
9. *(ihr Mann, siehe 2)*
10. et quod maritus suus ipsam induxerit, et quod defunctus sit in secta *(vgl. auch 13)*
11. a) et quod erat tunc annorum 20, et sit 48 annorum in etate, et quod sic sit in secta 28 *(annorum)*
    b) in domo sua propria in quadam camera
    c) —
12. et quod inde omni anno, vel quando eos habere potuit, eis confessa est
13. et quod ultimo post mortem mariti sui quasi tribus septimanis eis confessa sit eciam in domo sua propria, quod sit iam in tercio anno.
14. Item quod audiverit bis hic in Stetyn in domo Thomasyne et bis in Tramburch in domo sua propria, et quod ultimo in domo propria, quod sint iam bene 7 *(annorum),* homines 5 presentibus, Jacob Tramburch et Schonenvelt, iam defuncti in secta et inducti per maritum suum
15. et quod bene 20 vel 18 annis tenuerit hospicium eorum in Tramburch, et quod dederit tunc eis comedere et bibere. Item quod dederit maritus eius bis per 90 marcas, et quod de ultimo 90 marcas receperit econverso mediam partem, quia duplum dederat, quia ipsa irascente sic factum fuerat.
16. Item quod confessa presbiteris interim et susceperit corpus Christi non dicendo se confessam heresiarcis, quia prohibita a marito... — Interrogata, an invocaverit beatam Mariam et sanctos in celo et crediderit, eos pro nobis posse orare, respondit, quod bene per 4 annos vel sic non crediderit ex doctrinis eorum, sed, postquam melius cepit fruten[a], crediderit ut prius et eos invocaverit, quod prius dimiserit, et quod tunc iuraverit apostolo suo sancto Jacobo et alias beate Marie et sanctis ad laudem solius dei, et non sanctorum. Item quod crediderit solum duas vias esse et non purgatorium post hanc vitam, attamen oraverit pro defunctis... — Item ymagines, reliquias sanctorum non crediderit venerandas nec cantandum den leyse, ymmo esset peccatum et ydolatria.

[a] fruten *wohl* = mhd. vruhten, *hier im Sinne von reifen.*

17. Item quod non sciat se citata, nec prius unquam fuerit citata.
18. Item quod nullum induxerit,
19. sed nominavit Heyle uxorem Bucholt, qui non est de secta, Cûne Crenczynss, Ruremunt fabrem in Tramburch, et quod inter amicos suos nullum habeat de secta.
21. presentibus ... fratre Nicolao socio inquisitoris, Johanne Wynman[1] civi in Stetyn, et Andree dy Koke eciam civi ibidem, Pragensis et Caminensis diocesum, et aliis multis hominibus utriusque sexus ad premissa etc.

[1] Hans Winmann beteiligte sich 1427/28 am Aufstand gegen den Stettiner Rat; vgl. M. Wehrmann, Geschichte der Stadt Stettin..., S. 77.

138

Alte Nr. 263; altes fol. 262v; neues fol. 100v. — Fragment: Anfang des Protokolls, der Schluß fehlt mit altem fol. 263r.

1. Die anni etc. predictis *(1393 Februar 24)*
2. Cecilia/Sysilye relicta Hennyng Bukeman
3. de Tramburch
4. —
5. *(wohl etwa 50 Jahre, siehe 11a)*
6. in villa dicta Vyrchaw desolata prope Valkenburch
7. Heyne Goltbeke ..., sed pater mortuus sit extra sectam
8. Jutte ... sed quod mater, defuncta[a] in secta, sepulta iacet in cimiterio predicte ville desolate
9. *(ihr Mann, siehe 2)*
10. mater
11. a) quod sint prope 40 anni
    b) in domo materna in camera
    c) —
12. et quod inde tociens, quociens eos habere potuit, confessa sit eis, et doluerit, quod sepius habere non valuerit
13. a) quod sit ultra unum annum
    b) in domo Woldenberg in Dramburch ... in solario
    c) —
14. Item quod non audiverit predicaciones eorum
15. —
16. Item quod tenuerit eos (= heresiarcas) pro bonis hominibus plus presbiteris, et non presbiteros, posse a deo dimittere peccata, et quod, cui loquerentur semel in anno, non posset dampnari ... — Interrogata, an unquam crediderit, homines secte non invocare beatam Mariam nec sanctos in patria, respondit, se nescire, nec unquam sibi dictum sit, quod ipsos invocare non deberet; sed audiverit bene, eos tunc non habere gaudium, si

[a] *HS:* sepulta.

pro nobis orare deberent, sed nunquam crediderit. Item apostolus suus sanctus Bartholomeus[1] sit, quando ferine asature veniunt. Interrogata, an oraverit pro defunctis et crediderit eis prodesse, respondit, quod audiverit et crediderit solum duas vias et non purgatorium, attamen oraverit pro defunctis.

[1] 24. August.

139

Alte Nr. 265; altes fol. 264r.v; neues fol. 101r.v.

1. Anno etc., die 26 mensis Februarii predicti *(1393 Februar 26)*, hora quasi nonarum, in loco et coram quo supra
2. Mechtyld uxor Jacob Philippus fabri
3. de groten Wowiser
4. *(Frau eines Schmiedes, siehe 2)*
5. *(34 Jahre, siehe 11a)*
6. in groten Wowiser
7. Hennyng Buchho(l)t
8. Margaretha

, et quod fuerint de secta, et mater adhuc vivens, pater vero sepultus in lutgen Wowiser in cimiterio

9. *(ihr Mann, siehe 2; Sohn, siehe 18; weiteres, siehe 19)*
10. mater
11. a) cum fuisset annorum forte 13, et iam sit in 35. anno, et sic fuerit in secta 22
    b) in domo Hennyng Stegeman . . . in granario
    c) —
12. et quod inde, quando potuit eos habere, eis confessa sit
13. a) quod in autumpno fuerint duo anni
    b) in domo Heyne Spygelman in Selchaw supra cel(l)ario in camera
    c) *(Nicolaus, siehe 14)*
14. Item quod audiverit predicaciones eorum ita sepe, sicud potuit accedere, et ultimo, ubi ultimo confessa est, de sero in nocte circa ignem, et quod bene 12 persone interfuerint, et quod heresiarca vocabatur Nicolaus, et quod portasset crucem, dixit, se audivisse,
15. et quod nunquam eis aliquid dederit nec hospitaverit, nisi aliquando unum bonum piscem vel cancrum cum cervisia.
16. Item quod non oraverit pro defunctis nec crediderit eis prodesse nec aliqua alia suffragia etc. ecclesiastica, quia in celo non indigerent et in inferno non prodesset, et quod nullum esset purgatorium, quia hec solum presbiteri excogitassent ex avaricia sua . . . — et quod eciam prohibuerint eam, ne diceret generalem confessionem, et ideo dimiserit; item cantum ecclesiasticum, leyse et organorum reputaverit peccatum, et non condormiret

marito suo, et quod sic bene 12 annis non multum coniacuerit suo marito... — Item ymagines hinc in ecclesiis crediderit ydolatriam. Item omne iuramentum crediderit esse peccatum, nec maleficos posse occidi eciam iudicialiter sine peccato. Item omnes iudices spirituales et temporales crediderit dampnandos propter iusticiam, quam faciunt, et potestatem.

17. Item dixit se non fuisse citatam nec prius unquam.
18. Item quod Mechtyl(d) Hans Grabawsche induxerit et filium suum Zachariam.
19. Item nominavit sororem suam Gyrdrud uxorem Rudaw cruger in Selchaw, et quod habuerit eum pro hominem de secta, et quod ideo sibi soror sua credita[a] fuerit; item Tyde Ermgart fratrem ex matre, item patrinos suos Mews in Selchaw et Hennyng Mews in Conradesdorp.
20. Item quod bene dixerit, invite se velle venire, attamen optasset melius scire, quod esset, et audiverit, quod dy Wustehubesche inquilina Petri Engil vellet ire in Magdeburg, ubi prius fuerat.
21. presentibus... fratre Nicolao socio inquisitoris, Paulo de Ens et Petro de Tontdorp laycis, Pragensis, Pataviensis et Eystedensis diocesum.

[a] *Oder:* tradita(?)

140

Alte Nr. 266; altes fol. 265r.v; neues fol. 102r.v.

1. Anno, die et hora, etc. prescriptis *(1393 Februar 26)*
2. Margaretha uxor Heyne Ekhardus/Eckardus
3. de Czeden
4. —
5. *(36 Jahre, siehe 11a)*
6. quod nesciat, an in Arnhusen vel in Vyrchaw
7. Philippus Smed ⎫ , et quod fuerint de secta et defuncti in eadem et
8. Margaretha ⎬ sepulti in groten Wowiser, ubi frater suus habitat
   ⎭ Jacob Smet
9. *(ihr Bruder, siehe 7 und 8; weiteres 18 und 19)*
10. Heycze Wegeneryne in Zerwis defuncta in secta prope Angyrmunde
11. a) et tunc fuerit circa 13 annorum, et iam sit 36 annorum, et sic fuerit 23 annis in secta
    b) ibidem *(= Angyrmunde)* in domo cuiusdam domini... in quadam camera
    c) —
12. et quod inde, quando potuit, eis confessa sit
13. a) quod est circa duos annos
    b) in Selchaw in domo Spygelman in camera
    c) —

14. Item quod plus audiverit predicaciones eorum, et ultimo, ubi ultimo confessa est, et quod forte 12 interfuerint
16. et quod tenuerit eos (= heresiarcas) pro fratribus non presbiteris, quia non fuissent ordinati... — Item quod, confessa presbiteris et communicata corpore Christi, non dixerit, se confiteri eciam heresiarcis, licet ei non fuerit prohibitum... — Item quod sanctos et beatam Mariam non invocaverit, quia non crediderit, se per eos posse iuvari, quia beata Maria nullam haberet potestatem nec sancti... — Item quod oraverit pro anima sua propria non defunctis... — Item indulgencias non crediderit utiles esse ad salutem anime nec nocere excommunicaciones, quia solum artarent sic sacerdotes etc., nec peregrinaciones et iubileum valere, sed merere indulgencias iuxta portam dando elimosinam pauperibus melius... — Item maleficos non posse occidi sine peccato eciam iudicialiter, ymmo iudices et scabinos propter hoc dampnari. Item sectam suam crediderit veram fidem, et alios dampnari exceptis parvulis.
17. Item quod non sit citata etc., et quod maritus libenter viderit, quod exspectasset, sed propter multa convicia eam permiserit venire.
18. Item marito suo non dixerit, quem solum in secundo anno habet; quia prius habuerit Heyne Screter defunctum, natus fuerit in secta.
19. Item nominavit sororem Katherinam uxorem Hennyng Wideman in Valkenwalde, et fratrem Ottonem predictum et alios duos Ottones fabros in Wrech et in Clemss, item Gyrdrudyne ancillam.
21. presentibus quibus supra.

141

Alte Nr. 267; alte fol. 266r.v. 267r; neue fol. 103r.v. 104r. Dieses Protokoll wird wegen seines interessanten Inhalts mit seinen sprachlich-grammatikalischen Unebenheiten ungekürzt übernommen.

(Überschrift:) Hans Rudaw de Selchaw cruger

Item anno etc., die penultima mensis Februarii predicti *(1393 Februar 27),* hora quasi terciarum, coram quo supra et loco se obtulit Hans Rudaw cruger de Selchaw, Caminensis diocesis, suspectus de heresi, accusatus et infamatus, iudicialiter citatus et iuratus etc. Iuratus igitur et interrogatus, ubi natus sit, respondit, quod in Warnicz et quod pater suus vocabatur Tyde Rudaw et mater, ut sibi videtur, Heyle, et quod fuerint de secta Waldensium et defuncti in eadem et sepulti ibidem in cimiterio in Warnicz, et quod fuit bene 20 annorum, cum mater moriebatur, et 8 vel sic, cum pater moriebatur, et quod tunc[a] matris ei commansit per 5 quartalia anni, cum esset quasi 10 annorum, et tunc serviverit per annum Clauss Scultendorp, qui non fuit de

---

[a] *Danach gestrichen:* ante mortem.

secta, ut inde audivi. Inde in Rygenwalde Betke vom Bornne, cui servivit per 1½ annum, qui non eciam fuit de secta. Inde dixit se fuisse, sed nescit quando, cum Cope Sybe in Moryn, et nescit, quamdiu apud eum fuerit, et Herman Mantyl in Bernwalde nescit eciam, quando vel quantum vel quem senex tunc fuerit, sed de aliis, quibus serviverit, bene recordetur; de illis autem non, quod dixit ex se ipso, postea tamen dixit, quod fuisset cum Herman Mantyl per unum annum et cum Cappe Sibe per medium, quod hoc nescivit debite.

Interrogatus, an sciverit, uxorem suam, ante et postquam duxerit, esse de secta, respondit, quod sic, et sciverit ex hoc, quia non libenter iuravit, et ipse dimiserit ex consuetudine eciam iurare, et adhuc bene vellet iurare, sed swasum sibi esset, ne coram inquisitorem.

Interrogatus, an uxorem suam et alios homines de secta Coppe Sibe et Herman Mantyl, qui culpati sint habere occultam fidem, quod ipsi, antequam eam duxerit et post, confiterentur heresiarcis, quos fratres inter se appellant, respondit, quod sibi fuerat revelatum per patruum suum Hennyng Polsman in Costrinyken tunc in Rygenwalde, cum servivisset predicto nobili, et quod dixerit sibi cum increpando, de mala vita serviendo nobili, ducendo clypeum, sed pocius deberet se tenere secundum vitam amicorum suorum, et nominavit patrem suum et matrem, et sororem Grete virginem famulam Petri Newman in Bernwalde, et Katherinam uxorem Hans Poczelaw sibi commanentem, qui est de secta, et ipsum prius nescivit de secta, sed iam bene. Et inquisitor, audiens eum protervire et hinc inde se vertere et nebulose dicere, misit eum in carcerem ad deliberandum; presentibus quibus supra.

Item die ultima mensis predicti *(1393 Februar 28),* hora terciarum productus de carcere Hans predictus. Interrogatus, ubi plus serviverit in iuventute, respondit, quod in lutgen Wowiser cuidam dicto Hennyng bey der Stegen, qui fuerit de secta, sed nichil sciverit de hoc, nisi quod non iuraret.

Interrogatus, an unquam in vita sua confessus sit heresiarcis, respondit, quod non, quamvis patruus eius predictus et uxor ex instinctu matris attemptaverint eum inducere ad confitendum, et quod mater predicta, que est uxor Andree Ermgart in groten Wowiser, quotquot vicibus ad ipsum venerit, nunquam ipsum, ut confiteretur, attemptare presumpserit, et addidit, quod Cappe Sibe nunquam conabatur eum inducere, et quod Herman Mantyl per se fuerat ita inordinatus, quod heresiarcis non confiteretur. Item addidit, quod, quia audivit hereticos illius secte a catholicis horribiliter inclamari, ideo solis presbiteris, sicud alii katholici communiter faciunt, sit confessus. Item addidit, quod uxorem eius non prohibuit a confessione heresiarcarum, quia non crediderit, eam male facere, et ipsemet non ideo dimisit, quia malum credidit, sed quia quilibet sectariorum inclamatus fuit, et sic non vitavit propter culpam sed propter confessionem. Item quod illos heresiarcas non reputavit presbiteros ordinatos, quibus uxor sua Geze et parentes cum aliis complicibus sint confessi, et quamvis non crediderit, heresiarcas posse absolvere, noluit tamen uxorem prohibere sed apud ritus paternos manere.

Item quod in vita sua nunquam ab aliquo audiverit sanctos et beatam Mariam non esse invocandos. Item apostolum non habet, et crediderit nisi solum deum et beatam Mariam matrem suam ipsum posse iuvare, quia sancti essent ita pleni gaudiis, quod nos non possent iuvare, et hoc crediderit, quare eos non invocaverit, et cetera tenuerit cum hereticis excepta confessione, et quod ieiunaverit et celebraverit sanctis ad solius dei laudem, non sanctorum. Item quod oraverit pro defunctis, credens tamen solum duas vias esse post hanc vitam, et non purgatorium, et quod eos in inferno non iuvaret, et in celo non indigerent, quod audiverit et crediderit; et quod obtulerit in missis defunctorum propter homines, non ad iuvamen animabus; et predicaciones eorum nunquam audiverit, nec aliquem sociari viderit heresiarcas; et quod bene cogitaverit, quod, si non haberent auctoritatem dimittendi peccata, ipsi, puta uxor et patruus ac alii, eos non sequerentur etc.

Item aquam benedictam, sal etc. bene crediderit meliores quam a natura, sed non ad delecionem peccati; et se asperserit, ne notaretur, propter homines. Item indulgencias, peregrinaciones esse utiles animabus et excommunicaciones nocivas anime, nunquam audiverit nec crediderit, nec equam sepulturam ecclesiasticam et in campo etc. Item quod confessus presbiteris et corpus Christi susceperit non dicendo quicquam de secta, quamvis interrogatus fuerit. Interrogatus, an crediderit, sectam illam, in qua parentes et uxor sua ac alii complices secte Waldensium, cum quibus tenuerit certos articulos, habere veram fidem christianam, et propter hoc illa cum ipsis tenuerit, respondit, quod sic, et arriserit, quando appellabant alios dy vremden. Item nominavit sorores suas Mette defunctam uxorem Petri Newman, item Grete virginem famulam predicti, et Tele uxorem Clauss Poczelaw, item Katherinam uxorem fratris predicti sibi commanentis, que sint de secta, quam(?) prius habuerit Cluss Schumeker, quem nescit vivere, et sic dederit eam illi etc. Item cognatum suum nominavit Peter Thomas de Wartenberch. — Interrogatus, quare prius non venerit, respondit, quod multa mala sibi dicta erant de inquisitore, nec sit citatus, nisi quod Herman Gossaw sibi in campo dixerit, quod deberet venire. Interrogatus, an velit reverti ad unitatem fidei katholice matris ecclesie Romane, in qua non creduntur tales articuli, quales ipse cum sectariis premissios crediderit, et in eadem ex toto corde sine ficcione manere et deo servire usque ad mortem et ad hoc se suo iuramento asstringere, respondit, quod sic. Item interrogatus, an velit se purgare suo iuramento, quod non sit confessus heresiarcis, respondit, quod sic; item an velit abiurare sectarios et eos persequi manifestando, subire penitenciam et obligare ad penam relapsorum etc. per omnia, ut in iuramento abiuracionis continentur, singulariter proposita, respondit ad singulam, quod sic, et abiuravit corporaliter tactis, ac expurgavit signo sancte crucis et ewangeliis, modis et formis prescriptis. Insuper absolvit eum et terminum statuit predictum sub formis predictis etc. Acta sunt hec anno etc., presentibus fratre Nicolao socio inquisitoris, Paulo de Ens et Petro de Tuntdorp, Pragensis et Pataviensis ac Eystedensis diocesum.

142

Alte Nr. 267 (b, weil Doppelzählung); altes fol. 267v; neues fol. 104v.

1. Anno etc. et die penultima etc. predictis *(1393 Februar 27),* hora quasi vesperorum, in loco et coram quo supra
2. Mette virgo filia Heyne Truteler / Mette Trutelerss virgo
3. de groten Wowiser
4. famula iunioris Heyne Swet
5. *(23 Jahre, siehe 11a)*
6. in Warnicz
7. Heyne Truteler ⎫ , et quod fuerint de secta Waldensium et defuncti in
8. Katherina ⎭ eadem et sepulti in Gossaw
9. *(Geschwister und Pate, siehe 19)*
10. Hennyng Wegener in Grevendorp
11. a) quod sint bene 13 anni, et quod in festo sancte crucis[1] post pascam fiat 24 annorum
    b) in ipsius domo *(siehe 10)* in granario
    c) —
12. et quod inde omni anno, excepto semel per duos annos, semel sit eis confessa
13. a) ante unum annum
    b) in domo Hennyng Vischer in lutgen Wowiser in camera
    c) —
14. Item quod multum audiverit predicaciones eorum et ultimo in domo Petri Gossaw de sero in nocte.
15. —
16. Item den leyse cantare crediderit peccatum
17. Item quod sit citata.
18. Item quod nullum induxerit,
19. et nominavit Jacob Truteler famulum Otto Pomille; item sororem Geze, quam nescit ubi sit; item patrinum Heyne Melkaw in Valkenwalde, et Herman Czabel; item in Gossaw Heyne Smedess et uxorem Tyde Grevendorp; et in Wowiser Hans Mewssche et uxor Heyne Melsaw in lutgen (Wowiser); item in Grevendorp Heyne Melsaw et Hennyng Belyn.
21. presentibus ... fratre Nicolao socio inquisitoris, Tyde Wykelman civi in Stetyn et Conrado Glem clerico, Pragensis et Caminensis diocesum.

[1] 3. Mai.

143

Alte Nr. 268; altes fol. 268r; neues fol. 105r.

1. Anno, die et hora predictis *(1393 Februar 27)*
2. Tylss uxor Hans Steckelyn
3. de Selchaw
4. —

5. *(31 Jahre, siehe 11a)*
6. in villa Pamgarten in Heyde
7. Heyne Spygelman ⎫ , et quod fuerint de secta et defuncti in eadem et
8. Tylss ⎭ sepulti mater in Moryn et pater in cimiterio in Conradorp
9. *(ihr Mann, siehe 2; Bruder, siehe 13b und 19; Onkel, siehe 19)*
10. *(parentes)*
11. a) quod sint 18 vel 19 anni, et iam sit 31 anni
    b) in domo Hennyng Wegener in solario
    c) —
12. et quod inde, quando eos habere potuit, eis confessa *(sit)*
13. a) quod in autumpno fuerit unus annus
    b) in domo fratris sui Heyne Spygelman in Selchaw in camera a dextra
    c) —
14. Item quod semel vel bis audiverit predicaciones eorum
15. et quod per unum diem habuerit eos hospicio, dando eis semel comedere et bibere
16. Item quod tenuerit eos *(= heresiarcas)* pro dominis bonum eos docentibus, non presbiteris; item quod prohibuerint eam mentiri, maledicere, iurare et malefacere.
17. Item non sit citata nec prius unquam propter sectam.
18. Item quod nullum induxerit, et quod maritus eius natus sit in secta.
19. Item nominavit fratrem suum Heyne Spygelman predictum, et tres patruos Claus, Hennyng et Arnt Spygelman in Pamgarten et Tramburch *(et)* in groten *(Wowiser)*
21. presentibus quibus supra.

144

Alte Nr. 269; alte fol. 268v. 269r; neue fol. 105v. 106r.

1. Anno etc., die prima mensis Marcii *(1393 März 1)*, hora quasi terciarum, in loco et coram quo supra
2. Beater seu Beata uxor Tyde Ruerbeke
3. de luttegen Wowiser
4. —
5. *(etwa 45 Jahre, siehe 11a)*
6. in Schyldensdorp
7. Heyne Kate[a] ⎫ , et quod non fuerint de secta
8. Katherina ⎭
9. *(ihr Mann, siehe 2; Geschwister, siehe 19)*
10. et quod ipsam induxerit Jacob Hokman, et primo dixerit sibi de heresiarcis, et quod Hennyng Vischeryne eam primo ad heresiarcam adduxerit

---

[a] *W. Wattenbach,* Über die Inquisition ..., *S. 15, las — wohl irrig —: Bate.*

11. a) et quod fuit iam in 40., 5 anni *(in secta) (Überschrift:* an. 5*).*
    b) eiusdem *(siehe 10)* camera
    c) cuius nomen nescit
12. secunda vice in domo Heyne Hokmans, ubi non fuit confessa, sed ei plura bona dixerit, ita quod sperabat bonum, sed secunda vice in domo Petri Gossaw et *(Fortsetzung siehe 13)*
13. tercia in Heyne Swet in granario, quod fuit in autumpno unus annus
14. Item quod semel audiverit predicaciones eorum in domo Heyne Hokman, bene 12 personis presentibus, in nocte in quadragesimis.
15. Item quod nichil eis dederit nec ipsi ei nisi semel unum pannum ...
16. Item quod tenuerit et reputaverit eos (= heresiarcas) pro veris et rectis homines*(!)*, et quod semel in anno venirent ad paradisum duo ex ipsis, et reciperent ibi a deo auctoritatem melius presbiteris dimittendi peccata, et non crediderit eos presbiteros, quia non viderit, eos celebrare missas ...
    — Interrogata, an oraverit pro defunctis et crediderit eis prodesse, respondit, quod non crediderit eis prodesse, quia esset perditum pro eis orare, quia illi homines, qui iurarent, essent dampnati, et de secta essent in celo, quod non indigerent; et purgatorium non crediderit post hanc vitam ... —
    ... et quod aqua pluvialis ita utilis esset ad aspergendum sicud alia ... — Item plus acceptam deo crediderit missam locutam quam cantatam, et peccatum crediderit cantare den leyse ... — Item omne iuramentum crediderit esse peccatum, eciam, quod iuraverit de dicenda veritate, habuerit pro peccato antea, sed non nunc, quia intendit, se per hoc meliorare. Item quod crediderit, sectam suam fuisse veram fidem et alios dampnandos, et ideo appellaverit eos dy vremden, et timuerit parentes ideo dampnatos.
17. Item quod sit citata et non perceperit se excommunicatam
18. et quod nullum induxerit
19. soror Tylss non sit de secta nec 2 fratres, nec aliquem amicum habet de secta,
20. sed maritus eius natus sit in secta, et quod ipsam non induxerit et per se in novem annis non sit confessus, quia semel iniunxerint sibi 24 quintis feriis ad ieiunandum in pane et aqua etc. Item quod audiverit, sibi indignari inquisitorem de litteris, quod ipsi[b] tamen soli non fecerint[c] Sybe et ipsa[b]. Item quod dixerit de inquisitore, quod esset dyabolus et induceret Antichristum et quod esset nequam. Item quod nesciat, ubi sit, sed bene dixerint ipsi, quod vellent ire ad monachum ante 13 dies, et quod, si non venirent infra 8 dies, deberent facere, sicud vellent. Inde audiverit, eum esse in Frienwalde, quod dixerit secrete quidam dictus Creter de Costriniken, et quod tunc ei receperit bona et equos etc.
21. presentibus ... fratre Nicolao socio inquisitoris, magistro Conrado apothecario in Stetyn, Gosswyn Gammilatore et Hans Grabesprache civibus de Stetyn, Pragensis et Caminensis diocesum.

[b] *HS:* ipse.
[c] *HS:* fecicerint.

145

Alte Nr. 270; alte fol. 269v. 270r; neue fol. 106v. 107r.
1. Anno, die ac hora prescriptis *(1393 März 1)*
2. Katherina uxor Tyde Sachze weber
3. de Moryn
4. *(Frau eines Webers, siehe 2)*
5. *(wahrscheinlich 48 Jahre, siehe 11a)*
6. in Valkenberch prope Pyricz
7. Wylke Smet ⎫ , et quod fuerint de secta et defuncti in eadem, et
8. Tele ⎬ mater cum fratre Clauss eciam in secta defuncto iacet
   ⎭ in Valkenwalde et pater in Bernwalde
9. *(ihr 2. Mann, siehe 2; Tochter, siehe 18; Verwandter, siehe 11b).*
10. *(parentes)*
11. a) cum esset annorum forte 8 *(dazu in der Überschrift:* nata in secta, 40 an.*)*
    b) in domo cognati sui Hennyng Smet in Bernwalde et retro in secreta camera
    c) —
12. et quod inde tociens confessa est, sicud potuit, quia duos maritos habuerit, secundus non de secta, sed primus fuerat de secta[1]
13. a) ante unum annum
    b) in Wowiser in molken husen Heyncze Wegenerss
    c) —
14. Item quod audiverit predicaciones eorum et in domo Petri Rothe in Bernwalde de nocte; et quod tunc Tylss, procuratrix inquisitoris, habuerit flasculam cum vino et ipsum interdum refocillaverit dicendo sibi bibere; et alias in domo Cappe Welsaws in Premslaw, et quod tunc cum maxime ad devocionem concitaverat semper post in sermone dicendo, quod solum in dilectum deum deberent credere.
15. *(vgl. 14)*
16. Item quod tenuerit eos *(= heresiarcas)* pro sanctis hominibus a deo habentibus auctoritatem dimittendi omnia peccata, et quod eis confitens ab ore veniret ad celum, meliores presbiteris, a deo se invicem ordinantes et iusticiam melius docentes presbiteris, non tamen tales esse, quales plebanus suus sit ... et quod multum doluerint, quando unus multa peccata confitebatur, et quod tenuerit penitenciam, nisi maritus prohibuisset eam a ieiunio, quod tamen libenter tenuisset, et quod crediderit se absolutam ... — ... et communicata sit semper in Pascha corpore Christi, non dicendo presbiteris aliquid de secta, quia prohibita, ne dampnaretur; et quod Rome semel fuerit et ter Aquis, bis ad sanguinem domini[2] etc., et quod ipsam propter hoc reprehenderent dicentes interim, quod sic curreret,

---
[1] D. i. Jacob Clode, *siehe unten, Nr. 147 (alte Nr. 272), 7.*
[2] *In Wilsnack.*

non firmaretur in celo*a*, et quod melius domi deo servire debuerit... — Item quod crediderit, beatam Mariam in terra fuisse occupata passionibus filii sui, itaque iam in celo habere deberet gaudia, et si pro nobis deberet orare et alii sancti, quid tunc gaudii haberent; et ideo solum deum invocaverit tunc secundum doctrinas eorum, et quod apostolis suis Symone et Jude[3] ante festum Michaelis[4] ieiunaverit et celebraverit ad laudem dei, non sanctorum, quia dominus deberet invocari, non sancti. Item quod non esset orandum pro defunctis, quia in inferno non prodesset et in celo non indigerent, et sic orandum pro eis esset perditus ludus, et quod non esset purgatorium, nisi qui hic purgare(ntur) lingwis iniquis hominum. Item quod se asperserit aqua benedicta, non credens, ad delecionem peccati aliquid facere, sed si alios iuvaret eciam ipsam, et si non, eam non inpediret propter homines. Item indulgencias crediderit, quando homo sineret peccata, alias non valere. Item quod esset pompa transire cum reliquiis et cantare. Item quod osculaverit reliquias in Roma non attendendo in hoc heresiarcas, et illam peregrinacionem patri suo commiserit pro liberacione anime sue... — Item iudices et assistentes morantes in officio crediderit esse dampnandos. Item sectam suam crediderit esse veram fidem et iuratores dampnandos, et ideo eos appellaverit dy vremden, attamen crediderit eos non habentes sectam eciam salvandos, si bene facerent.

17. Item quod non sit citata, et diu libenter venisset, si audisset ante maritum.
18. Item quod nullum induxerit, nisi filiam Katherinam cooblatam, et quod alii pueri*b* mortui sint; nec maritum induxerit, nec aliquid dixerit de secta, et quod sit malus et iurator et eam dixerit hereticam.
19. Item nominavit Dorotheam, que prius habuerit maritum dy Unvorvit(?); item nominavit Smedekyne cum 2 filiis et una filia iam maritata et Sybekyne
21. presentibus quibus supra.

a HS: culo.
b HS: aliis pueris.
[3] Festtag: 28. Oktober.
[4] 29. September.

146

Alte Nr. 271; alte fol. 270v. 271r; neue fol. 107v. 108r.

1. Anno etc. et die predictis *(1393 März 1),* hora quasi nonarum
2. Grete relicta Herman Wegener
3. de groten Wowiser
4. —
5. —
6. in Conradesdorp

7. Heyne Schumeker..., et quod pater sepultus in Rudenicz in cimiterio defunctus in secta
8. Grete
9. *(ihr verstorbener Mann, siehe 2)*
10. maritus *(siehe 2)*
11. a) quod in hyeme fuerant 19 anni
    b) in domo Heyne Swet antiqui in granario de die
    c) —
12. et quod in illo tempore bene quindecies sit eis confessa, quando eos habere potuit
13. a) quod circa festum Martini[1] fuerit unus annus
    b) in domo Petri Gossaw retro in camera
    c) et quod audiverit, quod sit conversus Clauss[2] nomine
14. Item quod bis audiverit predicaciones eorum,
15. et nunquam eis aliquid dederit nisi 15 ova uni semel heresiarce.
16. —
17. Item quod non sit citata, sed ex propria sua voluntate veniret, nec prius unquam.
18. Item quod nullum induxerit, nisi cuidam mulieri Cûne inquiline Wolter dixerit aliqua verba.
21. presentibus quibus supra.

[1] 11. November.
[2] Nikolaus Gotschalk.

147

Alte Nr. 272; altes fol. 271v; neues fol. 108v.

1. Anno etc. predictis *(1393 März 1)*
2. Katherina relicta Hans Stegeman
3. de groten Wowiser
4. —
5. *(30 Jahre, siehe 11a)*
6. ibidem *(= groten Wowiser)*
7. Jacob Clode..., et quod pater eciam fuerit de secta et defunctus in eadem et sepultus in Warnicz
8. Katherina ante inmediata[1]
9. *(ihr verstorbener Mann, siehe 2; Schwester, siehe 19)*
10. mater
11. a) et quod tunc fuerat bene 14 annorum, et iam sit in 31. anno
    b) in domo Petri Rothe in Bernwalde in stuba
    c) —
12. et quod inde, quando eos habere potuit, eis confessa est

[1] Siehe oben, Nr. 145 (alte Nr. 270).

13. a) ante unum annum
    b) in groten Wowiser in domo Otto Pomyll in caminata
    c) —
14. et quod forte ter audiverit predicaciones eorum
15. et semel hospitaverit eos et dederit 30 solidos, quos in pallio legaverat precedens uxor mariti sui
16. Item quod tenuerit eos (= heresiarcas) pro bonis iustis hominibus, ab angelo in paradiso recipientibus auctoritatem melius presbiteris, non presbiteros, posse dimittere peccata ... — ... et leyse cantare crediderit pompam esse.
17. Item quod sit citata.
18. Item quod nullum induxerit.
19. Item nominavit sororem Geze relictam Clauss Brotwin.
21. presentibus quibus supra.

148

Alte Nr. 273; altes fol. 272r; neues fol. 109r.

1. Anno etc., die quarta mensis Marcii predicti *(1393 März 4)*, hora terciarum vel quasi
2. Grete uxor Jacob Smed
3. de Wrech
4. —
5. —
6. in eadem villa *(= Wrech)*
7. Hennyng Tamme }
8. Katherina ... vivens } , et quod non fuerint de secta Waldensium
9. *(ihr Mann, siehe 2)*
10. maritus
11. a) quod sint 4 anni et iam in 5.
    b) in domo Herman Gossaw retro in quadam camera
    c) —
12. 13. et post hoc ter in quadam alia domo ibidem in Wowiser, et quod sint iam quasi duo anni
14. —
15. Item quod semel dederat eis bene 4 solidos.
16. Item quod iniunxerint ei pro penitencia 50 Pater noster sex diebus et festivis centum et non Ave Maria, nisi, cum interrogaverat, dixerint ei, quod, si posset, debeat dicere Ave Maria. ... Item apostolo suo sancto Bartholomeo ieiunaverit et celebraverit, credens eum, quia antequam ad sectam venerat, ipsum elegerat, pro se orare posse, sed non alios sanctos ... Item solum dimittere peccata essent indulgencie, alias non ... — Item sectam suam crediderat esse veram et alios dampnandos, et patrem de-

functum propter hoc, quia non fuerat de secta, et quod mater dixerit, quam recusasset.
17. et quod non sit citata,
18. et quod nullum induxerit, nec aliquem amicum habeat in secta
21. presentibus ... fratre Nicolao socio inquisitoris, domino Michaele Bleyde[1] canonico beate Marie in Stetyn, et Paulo de Ens layco, Pragensis, Caminensis et Pataviensis diocesum.

[1] *Michael Blide/Blyde/Blida/Bliden/Blyden, bis 1404 oft erwähnt im* Repertorium Germanicum ..., *Bd. 2.*

149

Alte Nr. 274; altes fol. 272v; neues fol. 109v.
1. Anno, die et hora etc. predictis *(1393 März 4)*
2. Katherina uxor Hans Polan
3. de Wrech
4. —
5. *(21 Jahre, siehe 11 a)*
6. in Clems
7. Jacob Smed   }
8. Katherina   }   , et quod fuerint et sint de secta Waldensium
9. *(ihr Mann, siehe 2; weiteres, siehe 19)*
10. *(parentes)*
11. a) cum fuisset annorum 10 vel sic, et iam sit 21 anni
    b) in Wrech in fabrica et ibidem in stuba
    c) —
12. et quod inde, quando eos habere potuit, eis confessa est
13. a) ante unum annum
    b) in domo Hennyng Joris in groten Wowiser in camera
    c) Nicolao heresiarce iam converso
14. et quod semel audiverit predicaciones eorum
15. —
16. ... et firmiter crediderit sicud et alia predicta cantare den leyse esse peccatum
17. Item quod non sit citata.
18. Item quod nullum induxerit, et maritus ex matre[a] sit natus in secta.
19. Item nominavit sororem suam Grete uxorem Otto Nesel in Belin; item fratrem Jacob Smed in Wrech; item Grete cognatam suam uxorem Jacob Hokman; item aliam Grete[1] nomine in Czeden; item duas Katherinam[2]

[a] *Muß wohl heißen:* ex patre; *vgl. das nächste Protokoll.*
[1] *Wahrscheinlich* Margarethe uxor Heyne Eckard; *vgl. oben, Nr. 140 und unten, Nr. 163, 10.*
[2] *Wahrscheinlich* K. uxor Henninghi Widemann; *vgl. unten, Nr. 163 und oben, Nr. 140, 19.*

et Grete[3] in Valkenwalde; item tres patruos Hans Lencze, Hans Smet in Garcz, Jacob Smet in groten Wowiser.
21. presentibus quibus supra.

[3] *Wahrscheinlich* G. uxor Clauss Dame; *vgl. oben, Nr. 118.*

150

Alte Nr. 275; altes fol. 273r; neues fol. 110r.

1. Anno, die, hora etc. predictis *(1393 März 4)*
2. Hans Polan
3. de Wrech
4. —
5. *(etwa 40 Jahre, siehe 11 a)*
6. in Pomgarten
7. Herman Polan ... et quod pater defunctus sit in secta et sepultus in groten (Wowiser) *(in der Überschrift:* natus ex patre in secta*)*
8. Tele ..., sed mater extranea defuncta est
9. *(Pate, siehe 19)*
10. pater
11. a) cum fuisset circa annos 11, et sit circa 40, et sic sit in secta prope 29 annos
    b) in domo Hans Cremer in Moryn in caminata superius in solario
    c) —
12. et quod inde, quando eos habere potuit, eis confessus sit
13. a) ante unum annum
    b) in groten Wowiser in domo Hennyng Joris
    c) et nullum sciverit nominare de heresiarcis.
14. Item forte ter vel quater audiverit predicaciones eorum
15. —
16. ... et non reputaverit eos *(=* heresiarcas*)* presbiteros, nec sciverit, eos aliquid legere scire nisi noviter ... — Item quod non oraverit pro defunctis, quia quilibet transsiret ad locum suum post mortem, et sequeretur, quod ipse meruisset ... — Item osculatus sit crucem ex mandato plebani, et crediderit sibi ex humilitate valere, alias non ... — Item iurando scabinos et alias qualitercunque iurare crediderit esse peccatum, eciam si verum iuramento confirmasset.
17. non sit citatus
18. Item quod nullum induxerit,
19. et nominavit Tyde Tramburch in Wrech dicens, eum habere propositum veniendi conscriptum *(?)* patrini sui Tramburch.
21. presentibus predictis.

151

Alte Nr. 276; altes fol. 273v; neues fol. 110v.

1. Anno, die et hora etc. predictis *(1393 März 4)*
2. Katherina uxor Jacob Smed
3. de Clemss
4. —
5. *(60 Jahre, siehe 11)*
6. in civitate Camicz
7. Stylle *(?)* Herman ⎫
8. Geze ⎬ , et quod fuerint de secta Waldensium et defuncti in eadem et sepulti in Arnhusen in cimiterio
   ⎭
9. *(ihr Mann, siehe 2; Kinder, siehe 18)*
10. *(parentes)*
11. et quod primo confessa sit in Arnhusen, nescit, quamdiu sit vel in cuius domo, et quod sit iam 60 *(in der Überschrift hinsichtlich der Dauer der Sektenzugehörigkeit: 50 an.)*
12. et quod inde in 10 annis non sit confessa, quia tenebatur ei 1 marcam
13. a) quod sint cito duo anni
    b) in domo Hennyng Jŏris in groten Wowiser
    c) —
14. et quod non audiverit predicaciones eorum
15. —
16. et habet apostolum sanctum Petrum, quem nescivit, quando eius festum esset[1].
17. Item quod non sit citata, nec prius unquam fuerit propter sectam.
18. Item quod tres pueros eius induxerit Katherinam, Jacob et Grete uxorem Otto Nesel in Belyn.
19. Item nominavit Grabyne[2] et Hans Kyndyne.
21. presentibus quibus supra.

[1] *29. Juni.*
[2] *Wahrscheinlich Katherina G.; vgl. oben, Nr. 136, 10.*

152

Alte Nr. 276 (b, weil Doppelzählung); altes fol. 274r; neues fol. 111r.

1. Anno etc., die 5. mensis predicti *(1393 März 5)*, hora quasi nonarum
2. Tylsabethe/Tylss uxor Clauss Otton/Otto
3. de Cochstede
4. —
5. *(23 Jahre, siehe 11a)*
6. in Cohstede
7. Wylke Newman ... et pater vivens eciam de secta

8. Katherina, et quod fuit de secta et defuncta in eadem *(et sepulta)* in Kerkaw in cimiterio
9. *(ihr Mann, siehe 2; weiteres, siehe 18)*
10. *(parentes)*
11. a) cum fuisset in anno 13, et iam sit 23 annorum, et quod sic fuerit annis 12 in secta.
    b) in domo Hennyng Grencz in quadam camera
    c) —
12. et quod inde omni anno sit eis confessa, quociens venerint
13. a) quod sit iam in tercio anno
    b) in domo Helsuynt Ottische in Cochstede eciam in camera retro
    c) —
14. —
15. Item quod prima vice solidum vinkensium ab eis receperit, sed ipsa eis nichil dederit.
16. Item quod non habuerat apostolum nec confirmata, quia non crediderit, eum pro se posse orare, et eciam crediderit, sufficere baptisma.
17. Item quod sit citata.
18. Item nominavit duos sorores Alheyt et Grete suas, et duas fratres **Hennyng** et Peter in Kerkaw; item 4 cognatas Tylss Buchultisch, Ottische, Hans Kunekysche et Peter Friczysche, et 8 patruos, Peter et Hennyng Joris et alii duo eisdem nominibus, Zacharias, Clauss et Heyne et Mews.
21. presentibus fratre Petro Menkyn de Garcz et fratre Johanne Bogomyl ordinis heremitarum sancti Augustini[1], ac fratre Nicolao socio inquisitoris, Caminensis et Pragensis diocesum.

[1] *Zum Augustiner-Eremiten-Kloster in Gartz vgl. H. Hoogeweg, Die Stifter..., Bd. 1, S. 576—580.*

153

Alte Nr. 277; altes fol. 274v; neues fol. 111v.

1. Anno etc. predictis *(1393 März 5)*
2. Alheyt uxor Hans Meyers
3. de Cochstede
4. —
5. *(21 Jahre, siehe 11a)*
6. in Cochstede
7. Peter Newman ⎫ , et quod fuerint de secta Waldensium et defuncti
8. Grete ⎭ in eadem..., et quod pater iacet in cimiterio in Cochstede et mater in lutgen Wowiser
9. *(ihr Mann, siehe 2; weiteres, siehe 19)*
10. *(parentes)*

11. a) cum fuisset in 14. anno, et iam sit in 22. anno, et quod sic iam habeat in secta 9 annos
    b) in domo Ottische vicine sue in camera
    c) —
12. et quod inde sexies vel quinquies
13. a) quod sit iam in tercio anno
    b) ubi primo confessa sit *(siehe 11 b)*
    c) —
14. et semel audiverit predicaciones eorum in domo Heyne antiqui Hutvilter de sero, forte 7 presentibus.
17. Item quod non sit citata nec prius unquam.
18. Item quod nullum induxerit,
19. et nominavit inquilinam dy Buchholczche; item nominavit Tylss sororem suam uxorem Hans Lyse in Bernwalde, aliam sororem et fratrem non dicit de secta; item in Kerkaw Wylke Newman patruum suum; item cognatos dy Grencz etc.
21. presentibus quibus supra.

154

Alte Nr. 278; altes fol. 275r; neues fol. 112r.

1. Anno etc. predictis *(1393 März 5)*
2. Clauss Posselaw/Poczelaw
3. de Selchaw
4. —
5. —
6. in Cochstede
7. pater suo nomine nominatus fuerit (= Clauss Poczelaw), defuncti in secta, et mater sepulta in Cochstede in cimiterio, et patrem nescit ubi
8. et mater Mette
9. *(siehe 18 und 19)*
10. Hennyng Grenczyne
11. a) quod sint bene 8 anni
    b) in ipsius *(= Hennyng Grenczyne)* seu filii sui domo ... in granario retro
    c) —
12. et quod inde, quando eos habere potuit, eis confessus sit
13. a) quod sint bene 2 anni
    b) in Selchaw in domo Spygelman in camera super cellarium
    c) —
14. Item quod quater audiverit predicaciones eorum et ultimo in domo Ebyl Vilter, quod sint bene 3 anni.
17. Item quod non sit citatus.

18. uxorem suam, sororem Rudaw cruger Tele de secta, cum fratre fuisse de secta ante unum annum, sicud eam duxerit.
19. Item nominavit fratrem cooblatum Hans et duas sorores suas Tylss uxorem Clauss Jon in Selchaw, et Tele uxorem Clauss Vischer in Belyn; item Mews Newman, Hennyng Newman, Hans Walter in Cherker, duos filios Clauss Zebekaw, Clauss et Michel, de Cho(ch)stede, et duas cognatas Mette uxorem Heycze et Geze uxorem Hans Lencz in Conradorp.
21. presentibus quibus supra.

155

Alte Nr. 279; altes fol. 275v; neues fol. 112v.

1. Anno etc., die 6. mensis Marcii predicti *(1393 März 6)*, hora quasi terciarum
2. Katherina/Trina virgo filia Tyde Wegener
3. de Gossaw
4. famula Jacob Hyldebrand ibidem *(Gossaw)*
5. *(14 Jahre, siehe 11a)*
6. in Warnicz
7. Tyde Wegener ⎫
8. Katherina ⎭ , ambo defuncti in secta, sepulti in cimiterio in Gossaw
9. *(siehe 10 und 19)*
10. ava sua Hans Cremeryne[1]
11. a) et quod tunc erat annorum 10, et iam sit 14, et sic 4 annis fuerit in secta
    b) in Moryn in domo Coppe Sybe in camera
    c) —
12. 13. et secundo ibidem *(siehe 11b)*
14. Item quod semel audiverit predicaciones eorum in domo Coppe Sybe de sero
17. nescit se citatam
19. Item nominavit fratrem suum Heyncze nomine; item nominavit patruum suum Heyncze Wegener[a] in groten Wowiser et filium eiusdem; item tres sorores matris sue Tele uxorem junge Heyncze Wegener predicti, item Temel relictam Petri Ryppyn in Moryn, Grete uxorem Coppe Sybe ibidem.
21. presentibus fratre Nicolao socio inquisitoris, Paulo de Ens et Petro de Tuntdorp, Pragensis, Pataviensis et Eystedensis diocesum.

[a] *Darüber steht ein völlig unleserliches Wort, wahrscheinlich:* alde *oder* antiquum.
[1] *Margaretha; deren Verhör siehe oben, Nr. 48.*

156

Alte Nr. 294; alte fol. 288r.v. 289r; neue fol. 125r.v. 126r. — Ungekürzte Wiedergabe dieses ersten bis auf das Eschatokoll vom Notar Matheus geschriebenen Protokolls. — Zur Einordnung siehe oben, in der Einleitung S. 26.

(Ohne Überschrift)

Item nona die mensis Februarii *(1394 Februar 9)*, hora primarum, loco predicto, coram quo supra obtulit se Sophya de villa Vlite accusata de heresi, citata per plebanum et oretenus per inquisitorem, et iuravit ut supra in forma. Iurata[a] igitur et interrogata[b], respondit, de Gereswalde, pater eius vocabatur Otto, mater eius Mechtildis, et fuerunt de secta et sunt mortui in secta, et mater eius est sepulta in Prempzslaw, et de patre ignorat. Interrogata, quis eam induxit ad sectam, respondit, quod quedam mulier nomine Kunne, que est combusta propter sectam. Et primo confessa[c] est heresiarchis in Anghermunde, et bene 50 annis fuit in secta; et quociens venerunt heresiarche, tociens est eis confessa, aliquando semel in anno, aliquando semel in duobus annis, et ultimo est eis confessa in villa Kokstede, et est ultra annum elapsum; et iniunxerunt ei pro penitencia, dummodo erat sana, ad ieiunandum aliquando 4 vel 5 quartas ferias in tenui potu et pane et sic aliquando 4 vel 5 sextas ferias in tenui potu et pane, et ad orandum diebus dominicis centum Pater noster et diebus feriatis 50 Pater noster et non Ave Maria.

Interrogata, quales eos reputavit, respondit, quod bonos sanctos a deo in terris missos, apostolorum vice habentes auctoritatem predicandi, confessiones audiendi, a peccatis absolvendi, penitenciam iniungendi melius quam sacerdotes, et credidit, eos esse presbiteros, sed non rite ab episcopo Caminensi consecratos et non ab episcopo missos; et respondit, quod tenuit penitenciam sibi iniunctam, quantum melius potuit, et credidit, istam penitenciam sibi proficere ad salutem anime sue, et credidit per istam penitenciam se a peccatis suis absolutam.

Et medio tempore omni anno est confessa presbiteris ecclesie, sed non revelavit sectam suam, quia ei fuit prohibitum, quia timuit, si revelasset sectam, posset conburi; et quolibet anno medio tempore accepit corpus Christi in secta; et audivit predicacionem tociens, quociens posset habere eos; et primo audivit predicacionem ab heresiarchis in Angermunde in domo sua propria, et magister vocabatur Andreas, et fuit tempore noctis crepusculi, et ultimo audivit predicacionem ibidem; et hospitavit heresiarchas omni tempore, quando venerunt ad eam, et non dedit eis pecuniam, et conduxit eos nuncquam. Interrogata, an invocavit beatam virginem Mariam et ceteros sanctos in patria celesti, respondit, quod non, quia essent repleti tantis gaudiis, quod non possent pro nobis orare. Apostolum habet sanctum Jacobum, et celebravit festa apostolorum, et ieiunavit vigilias sanctorum solum ad laudem dei. Confirmata est.

[a] *HS:* Iuratus.
[b] *HS:* interrogatus; *zu ergänzen:* ubi et unde nata sit.
[c] *HS:* confessus.

Interrogata, an oravit pro animabus progenitorum suorum et aliorum defunctorum, respondit, quod non, quia nec habuit aliquam intencionem ad orandum pro eis, nec credidit, oracionem suam eis proficere ad salutem anime, et non credidit, esse purgatorium post hanc vitam transitoriam. Interrogata, an obtulit in missis defunctorum, respondit, quod bene obtulit aliquando propter amorem defunctorum, sed non propter salutem anime defuncte.

Item de aqua benedicta, sale, palmis, herbis, candelis, de pulsu campanarum nichil credidit, quod plus sanctitatis in se haberent, quam si non essent consecrata. Item de indulgenciis ecclesie et excommunicacione nichil credidit. Item credidit, omne iuramentum, quocumquemodo fuerit factum iudicialiter, esse[d] peccatum mortale; et credidit, suam sectam esse veram katholicam christianam, et nos katholicos alienos, id est de vremeden nominavit. Et maritus eius Hans Myndeke erat combustus in Angermunde, et ipsa tunc eciam debuisset comburi, sed evasit, quia fuit tunc impregnata, et fuit spoliata omnibus rebus suis, et fuit accusata de heresi in Angermunde. Interrogata, an velit reverti ex toto corde ad veritatem fidei katholice et Romane ecclesie et in eadem vivere et mori et persequi eos et manifestare et abiurare sectam Waldensium, quocumque nomine censeatur, et facere omnia, que in iuramento abiuracionis lucidius continentur, respondit ad singula, quod sic, et abiuravit corporaliter tactis ewangeliis dei sanctis et signo crucifixi. Insuper absolvit eam et terminum statuit predictam ad suscipiendam penis sub eisdem. Acta sunt hec anno, mense, die, hora et loco quibus supra. [e]Presentibus honorabilibus viris dominis fratre Nicolao socioinquisitoris, Gregorio Buchholt clerico et notario publico, Arnoldo Borst ac Corte Lempky laycis, Pragensis, Caminensis et Verdensis diocesum; scriptum per Matheum notarium publicum, me vidente et audiente iurare tam de dicenda veritate quam abiurare ipsam.

[d] *HS: esset.*
[e] *Jetzt von der Hand des Anonymus.*

157

Alte Nr. 295; alte fol. 289r. 290v; neue fol. 126r. 127v. — Fragment: Anfang und Mitte des Protokolls, der Schluß fehlt; ungewöhnlich ist auch, daß zwischen dem Anfang des Protokolls auf fol. 289r und der Mitte des Protokolls auf fol. 290v — auf fol. 289v. 290r — das alte Protokoll Nr. 296 steht.

1. Item 11. die mensis Februarii *(1394 Februar 11)*, hora primarum quasi, in loco predicto, coram quo supra
2. Alheid uxor iunioris Hincze Wegener
3. de villa groten Vubiseren
4. —
5. —
6. in villa Brugghe ¹/₂ miliare a Zoldyn

7. Hannes Cremer ... et pater eius fuit de secta et mortuus in ea et sepultus in cimiterio in Moryn
8. Grete ... et mater est de secta
9. *(ihr Mann, siehe 2)*
10. parentes
11. in Moryn in domo patris sui in laqueari tempore diei ante prandium
12. et quociens heresiarche ad eam venerunt, tociens est eis confessa in quolibet anno aliquando
13. et ultimo est eis confessa in Vubiseren in domo olde Hincze Wegener in domo mulkenhus tempore diei domino Nicolao et est ultra annum.
14. Interrogata, an eciam audivit predicacionem ab eis, respondit, quod sic et primo in domo patris sui in Moryn circa ignem tempore noctis crepusculi, et ultimo audivit predicacionem eorum in Wubiseren in domo olde Hinczen *(Wegener)* circa ignem tempore noctis, et quociens potuit, audivit tociens predicacionem ab heresiarchis,
15. et hospitavit multociens heresiarchas et dedit eis pecunias, scilicet 1 marcam, propter deum proprio motu, quia fuit infirma, et ideo, ut deum pro ea rogaret pro sanitate acquirenda; et semel eos conduxit de Moryn usque ad Zoldin.
16. Apostolum non habet, sed confirmata est ab episcopo in Moryn ... — ... et aliquando obtulit in missis defunctorum propter amorem defuncti, sed credidit eis non proficere ad salutem.

158

Alte Nr. 290 (muß heißen: 280); altes fol. 276r.v; neues fol. 113r.v.

1. Item 14. die mensis Februarii *(1394 Februar 14)*, hora nonarum in loco predicto, coram quo supra
2. Clawes Levendal *(unter der Überschrift von anderer Hand:* Clawes Lyvendal*)*
3. de lutteken Vubiser *(andere Hand:* de parva Wobiser*)*
4. —
5. —
6. de villa Kokstede
7. Ghereke Levendal }
8. Berta   } , et sint de secta
9. —
10. et quedam mulier nomine Veldhaninne in villa Wilmerstorp eum induxit primo ad sectam taliter, quod ipsa interrogavit, iam utrum eciam fuit circa dominos suos, ipse respondit, quod non, et sic ipse interrogavit tandem, quod devenit ad eos
11. a) et sint bene 6 anni elapsi

b) in villa predicta Kokstede in domo Henninghi Grencze defuncti in secta in camera tempore noctis

c) —

12. et 4 vicibus est eis confessus in secreto, et secundario ibidem est confessus, et tercio confessus est in domo Petri Gossow in groten Vubiser
13. et quarta vice in lutteken Vubiser in domo Henninghi Vischer in camera tempore diei
14. Interrogatus, an audivit predicaciones ab eis, respondit, quod 2 vicibus, primo in domo Grencze in Kokstede et circa ignem tempore noctis et ultimo in lutteken Vubiser in domo Vischer in camera
16. Interrogatus, quales eos (= heresiarcas) reputavit, respondit, quod bonos homines in terris a deo missos apostolorum vice, habentes potestatem predicandi, confessiones audiendi, a peccatis absolvendi, penitencias iniungendi melius quam sacerdotes, et credidit, eos esse presbiteros, sed non consecratos nec ab episcopo missos, et quod de septennio ad septennium venirent ante paradisum ad audiendum ibidem sapienciam ab apostolis dei ... — Interrogatus, an oravit pro animabus progenitorum suorum et aliorum defunctorum, respondit, quod non, quia credidit esse inutile et, si aliquis hic bene egerit, bene habebit in celo, et si male egerit, male sibi erit, et tantum due essent vie, una ad celum bonorum, alia ad infernum dampnatorum, et quod esset purgatorium aliquod. Item de sale et aqua benedicta, herbis, candelis, palmis, cineribus, pulsu campanarum, organis et cantu ecclesiastico nichil credidit, quod aliquid sanctitatis in se haberent et quod essent proficuum. Item de indulgenciis ecclesie et excommunicacionibus ecclesie nichil credidit alicui proficere sive nocere ad salutem animarum. Item non credidit, peregrinaciones ad loca sancta esse proficuum ad salutem animarum.
17. et nuncquam prius fuit coram alio inquisitore vel quocunque alio iudice sive seculari sive spirituali, et sic modo a primo venit citatus per plebanum *(in der Überschrift:* citatus litteraliter*)*.
21. presentibus testibus supradictis.

159

Alte Nr. 281; altes fol. 277r.v; neues fol. 114r.v.

1. Item 14. die mensis Februarii *(1394 Februar 14)*, hora post nonas, coram quo supra, loco predicto
2. Grete uxor Jacobi Beyer
3. de Bellyn
4. —
5. —

6. in lutteken Vubiser
7. Clawes Dermyczel ... pater est defunctus in secta et est sepultus in cimiterio in villa Retorp
8. Mette ... et mater vivit et est de secta
9. *(ihr Mann, siehe 2)*
10. et primo eam induxit ad sectam uxor Coppe Zyue in Moryn, taliter quod benignior quam sacerdos ecclesie esset heresiarcha unus
11. a) et sint bene 12 anni elapsi
    b) in domo Coppe Zyue in laqueari in Moryn
    c) —
12. et quinquies est eis confessa
13. a) et fuit unus annus transactus circa festum Michaelis[1] preteritum
    b) in Bellyn in domo Henninghi Gralen in camera tempore diei
    c) —
14. et semel audivit predicacionem ab eis in villa Grevendorp in domo Heyne Beyer circa ignem tempore noctis, et sint 10 anni elapsi, et postea non audivit eos predicare
15. —
16. Interrogata, quales eos (= heresiarchas) inputavit, respondit, quod essent orti ab hoc, quod dominus dixit: Ite[a] in universum mundum[2], et quod haberent potestatem predicandi, confessiones audiendi, a peccatis absolvendi et penitencias iniungendi melius quam sacerdotes, et quod meliores essent presbiteris ecclesie, et quod de septennio ad septennium venirent ante paradisum ad audiendum ibidem sapienciam, et quod per diversas tribulaciones, per campum, per spinas semper ibi duo venerunt ... — ... item quod non esset purgatorium, sed sacerdotes ecclesie dicerent, esse purgatorium ... — ..., sed dixit de aqua benedicta, quod maneret recencior alia aqua propter consecracionem, ut credidit fore factum ... — Item credidit, omne iuramentum, quocumque modo fuerit factum iudicialiter, fore peccatum, et ita audivit ab heresiarchis, quod ita possibile est, iuratores possidere regnum celorum, sicut unus camelus posset pertransire foramen alicuius acus[3].
17. et non est citata per plebanum litteraliter, sed oretenus per inquisitorem ... — Item interrogatus, an prius fuit coram alio inquisitore sive quocumque alio iudice sive seculari sive spirituali, respondit, quod non, sed modo venit primo citata oretenus.
18. Item neminem induxit ad sectam.
20. dimissa est[b].
21. presentibus testibus quibus supra.

[a] *HS:* Item.
[b] *Von der Hand des Anonymus ganz am Ende des Protokolls.*
[1] 29. September.
[2] Marc. 16, 15.
[3] Vgl. Matth. 19, 24; Marc. 10, 15.

160

Alte Nr. 282; altes fol. 278r.v; neues fol. 115r.v.

1. Anno etc., 14. die mensis Februarii *(1394 Februar 14)*, loco predicto, hora quasi vesperorum, coram quo supra
2. Tilze relicta Hannes Enghel
3. de groten Vubiser
4. —
5. —
6. in villa Kokstede
7. Mathias, et est defunctus et non fuit de secta
8. Alheid, et est defuncta in secta et sepulta in Kokstede in cimiterio
9. *(ihr verstorbener Mann, siehe 2; Töchter, siehe 18)*
10. Henningh Grencze de villa Kokstede
11. a) *(wahrscheinlich vor gut 24 Jahren, siehe 14)*
    b) in villa Kokstede in domo Henninghi Grencz in quadam granario tempore diei
    c) —
12. et nescit, quociens est confessa eis
13. a) et sint quasi duo anni elapsi circa autumpnum proximo modo venturum
    b) in lutteken Vubiser in domo Petri Gossow in camera
    c) —
14. Interrogata, an audivit predicacionem ab eis, respondit, quod primo in domo Grencze circa ignem tempore noctis, et sint bene 24 anni elapsi, et ultimo audivit predicare in domo Hermanni Gossow in villa groten Vubiser circa ignem tempore noctis, et sint duo anni elapsi, ut credidit.
15. Item hospitavit quinque annis heresiarchas, quandocumque venerunt ibi, et dedit eis comedere.
16. ... et audivit, quod de septennio ad septennium venirent ante paradisum ... — Item de pulsu campanarum, cantu ecclesiastico et organis ecclesiarum nichil credidit, sed esset quedam superbia.
17. Interrogata, an prius fuit coram alio inquisitore seu iudice quocunque seculari seu spirituali, respondit, quod non, sed modo venit et dixit, se non esse citatam.
18. Interrogata, an aliquem induxit ad sectam, respondit, quod filias suas ambas Tilzen et Telen, et neminem induxit.
20. dimissa est[a].
21. Testibus presentibus quibus supra positis.

[a] *Von der Hand des Anonymus.*

161

Alte Nr. 283; altes fol. 279r.v; neues fol. 116r.v.

1. Anno etc. 17. die mensis Februarii *(1394 Februar 17)*, hora nonarum, loco predicto, coram quo supra
2. Tyde Mewes
3. de groten Vubiser
4. —
5. —
6. in lutteken Vubiser
7. Peter Mewes ... pater natus est in secta et sepultus in villa Selchow in cimiterio
8. Katherina ... et mater eius non fuit de secta.
9. *(siehe 10)*
10. et noverca sua nomine Katherina Schowenberges eum induxit primo ad sectam taliter, quod deberet confiteri heresiarchis
11. a) et sint bene quinque anni elapsi
    b) in villa lutteke Vubiser in domo Stegeman defuncti in secta circa horam primarum in camera
    c) —
12. et quolibet anno interim confessus est heresiarchis
13. a) et sint quasi duo anni elapsi circa autumpnum proximo venturum
    b) in villa groten Vubiser in domo Petri Gossow et in camera quadam tempore diei
    c) —
14. Interrogatus, an audivit predicacionem ab heresiarchis, respondit, quod bene tribus vicibus, primo in domo Stegeman predicti circa ignem tempore crepusculi, et sint bene quinque anni elapsi, et secundo in domo Heyne Hokman in villa lutteken Vubiser circa ignem, et ultimo audivit predicacionem ab eis in groten Vubiser in domo Hyncze Wegener circa ignem tempore crepusculi, et sint bene 2 anni elapsi.
16. ... sed non credidit, eos (= heresiarchas) esse presbiteros rite consecratos, et credidit, quod de septennio ad septennium venirent ante paradisum ad audiendum ibidem sapienciam[a] ... — Et confirmatus non est, quamvis credidit esse unum sacramentum ... — Item peregrinaciones ad sancta loca, videlicet ad Romam, trans mare et ad alia loca non credidit proficere ad salutem ... — Interrogatus, an credidit, suam sectam esse veram katholicam et alios non posse salvari, qui non sint de secta, respondit, quod sic, et ideo nos katholicos alienos, id est di vromeden, nominavit, et aliam racionem assignavit, quia nos ignoramus sectam suam Waldensium.
17. Interrogatus, an prius fuit coram alio inquisitore ..., respondit, quod non, sed modo venit citatus litteraliter per plebanum suum.

[a] *Danach gestrichen:* ab angelis.

21. presentibus ... Borchardo Bremer, Johanne Heykendorp vicariis perpetuis ecclesie sancti Jacobi Stetinensis, et Hermanno de Essen clerico testibus.

162

Alte Nr. 284; altes fol. 280r.v; neues fol. 117r.v.

1. Item 18. die, anno predicto, mensis Februarii *(1394 Februar 18)*, hora primarum, loco prefato, coram quo supra
2. Ghertrud uxor Claws Wolter
3. de groten Vubiser
4. —
5. —
6. in villa predicta *(siehe 3)*
7. Goricz ⎫ , et sint defuncti in secta et sepulti in villa prefata *(siehe*
8. Ghertrud ⎭ *3)* in cimiterio
9. *(ihr Mann, siehe 2)*
10. pater
11. a) et sint bene 14 anni elapsi
    b) in villa predicta *(siehe 3)* in domo patris sui in granario tempore diei
    c) —
12. et quolibet anno interim est confessa eis
13. a) et est annus unus elapsus circa autumpnum transactum
    b) in villa predicta in domo Petri Gossow in camera
    c) —
14. Item ipsa audivit predicacionem ab heresiarchis tribus vicibus, primo in domo alde Hincze Wegener in dicta villa circa ignem tempore noctis, et ultimo in domo Petri Gossow, et est unus annus elapsus eciam tempore noctis circa ignem
15. Item dedit heresiarchis semel ex parte alicuius 6 solidos.
16. ... et quod de 7 annis venirent ante paradisum ... — ... quod beatam virginem bene invocavit continue, sed non sanctos
17. Interrogata, an prius fuit coram alio inquisitore ..., respondit, quod non, sed modo venit primo citata litteraliter per plebanum.
18. Item induxit unum puerum nomine Ticzeken filium Henninghi Gellen ad sectam et nullum alium.
20. dimissa est[a].
21. presentibus ... Nicolao socio inquisitoris Pragensis dyocesis, Lamberto Heykendorp presbitero vicario perpetuo ecclesie sancti Jacobi Stetinensis, Andrea Petri notario publico, Wratslaviensis dyocesis, testibus premissorum.

[a] *Von der Hand des Anonymus.*

163

Alte Nr. 285; altes fol. 281r.v; neues fol. 118r.v.

1. Item 18. die, anni predicti, mensis Februarii *(1394 Februar 18)*, hora terciarum, loco predicto, coram quo supra
2. Katherina uxor Henninghi Wideman
3. de villa Valkenwolde
4. —
5. —
6. in villa Virchow
7. Philippus Smed ⎱ , et sunt ambo defuncti in secta et sepulti in cimi-
8. Grete ⎰ terio in groten Vubiser
9. *(ihr Mann, siehe 2; Schwester, siehe 10)*
10. soror sua Grete in villa Ceden uxor Heyne Eggherd
11. a) et sunt bene elapsi 20 anni
    b) in Berenwolde in domo Petri Roden in camera
    c) —
12. et bene vicesies est eis confessa
13. a) et sunt bene elapsi 2 anni circa autumpnum proximo venturum
    b) in villa groten Vubiser in domo Petri Gossow in camera
    c) —
14. Item primo audivit predicacionem in Berenwolde in domo Petri Roden in camera tempore die(i), et sunt bene 20 anni elapsi, et ultimo in villa groten Vubiser in domo Petri Gossow in camera tempore diei, et sunt bene duo anni elapsi circa autumpnum preventurum.
15. —
16. Interrogata, an invocavit beatam virginem Mariam et ceteros sanctos, respondit, quod in necessitate bene invocavit beatam virginem Mariam, sed non invocavit sanctos, quia ei fuit prohibitum ab heresiarchis, quod non esset utile eos invocare. *(Siehe auch 20.)*
17. Interrogata, an prius fuit coram alio inquisitore..., respondit, quod non, sed modo venit primo ex inductione alicuius presbiteri et ex iussu dominorum temporalium.
20. et dixit tale Ave Maria: Ave Marge gracia plene domine deken ey benedictus Jesus Cristus amen.
21. presentibus testis *(!)* quibus supra.

164

Alte Nr. 286; altes fol. 282r.v; neues fol. 119r.v.

1. Anno etc. 18. die mensis Februarii *(1394 Februar 18)*, hora nonarum, loco predicto, coram quo supra
2. Matheus Berebom

3. de villa Valkenwolde
4. —
5. —
6. in villa Selchow
7. Herman Berebom ⎫
8. Tele   ⎬ , et sunt defuncti, sed non fuerunt de secta
9. —   ⎭
10. et quod primo eum induxit ad sectam Henningh Dibbeken de Berenwolde taliter, quod deberet bene agere usque ad finem vite sue, et eciam familia eius Dibbeken eum induxit per hunc modum, ne duceret uxorem, que iuraret; et secutus est informacionem eius.
11. a) et sunt bene 21 anni elapsi
    b) in Moryn in domo Hannes Cremer
    c) —
12. et bene novies est eis confessus
13. a) et sunt bene 12 anni elapsi[a]
    b) in domo Heyne Beyer in villa Grevendorp in camera
    c) —
14. Item audivit predicacionem ab eis duabus vicibus, primo in domo Heyne Swed in groten Vubiser circa ignem tempore noctis, et ultimo audivit predicacionem ab eis in domo Heyne Beyer in villa Grevendorp circa ignem tempore noctis, et sunt bene 13 anni elapsi,
15. et conduxit eos de Bellyn usque ad Moryn.
16. ... et quod (= heresiarche) essent occulti discipuli domini nostri Jesu Christi ... — Apostolum non habet ideo, quia credidit, quod non posset sibi ita bene servire sicud racionabile esset. Confirmatus est.
17. Interrogatus, an prius fuit coram alio inquisitore ..., respondit, quod non, sed modo venit benivolus et non citatus
21. presentibus testibus quibus supra

[a] *Dazu von derselben Hand eine Marginalie am oberen Blattrand:* a 12 annis non intendebat secte.

165

Alte Nr. 289; altes fol. 283r.v; neues fol. 120r.v.

1. Item 18. die mensis Februarii *(1394 Februar 18),* hora quasi vesperorum, loco predicto, coram quo supra
2. Tilze ... relicta Jacobi Goricze
3. de lutteken Vubiser
4. —
5. —
6. in villa Grabow ½ miliare a Koninghesberge

7. Kuone Henczel } , et sunt defuncti in secta, ubi sunt sepulti, respondit,
8. Grete   } quod mater eius in lutteken Vubiser in cimiterio et
                       pater eius in villa Hansberch eciam in cimiterio
9. *(ihr Mann, siehe 2)*
10. et primo quedam virgo nomine Katherina modo de grote Jacobynne de villa lutteken Mantel taliter, quod deberet visitare heresiarchas et confiteri eis
11. a) et sunt bene 18 anni elapsi
    b) in villa lutteken Vubiser in domo Zyveke Curow in laqueari tempore diei
    c) —
12. et interim quod fuit in secta decies est eis confessa
13. a) et est bene annus iam elapsus circa festum sancti Michaelis[1] proximo transactum
    b) in villa lutteken Vubiser in domo Grabow in quadam camera
    c) —
14. ... audivit predicacionem ... bene sexies, et primo audivit ante opidum Stetinensem in domo, in qua modo moratur Hannes Rudingher, in laqueari tempore diei, et sunt bene 18 anni elapsi, et ultimo audivit predicacionem in villa lutteken Vubiser in domo Hannes Grabow circa ignem tempore noctis, et est bene annus elapsus
15. Item hospitavit eos bina vice, et bis dedit eis comedere
16. ... et quod *(= heresiarche)* essent presbiteri, sed non consecrati ab episcopo nec ab episcopo missos, et quod de septennio ad septennium venirent ante paradisum ad audiendum ibi sapienciam ... — Apostolum habet, scilicet sanctum Thomam. Confirmata non est, et non credidit esse sacramentum ... — Item non credidit genuflectiones ... — Item credidit, papam non habere maiorem auctoritatem quam simplex sacerdos.
17. *(aus der Überschrift:)* non citata
18. Item neminem duxit ad sectam suam.
20. dimissa est[a]
21. presentibus testibus quibus supra.

[a] *Von der Hand des Anonymus.*
[1] 29. September.

166

Alte Nr. 290; altes fol. 284r.v; neues fol. 121r.v.

1. Anno etc. 19. die mensis predicti *(1394 Februar 19)*, hora primarum, loco predicto, coram quo supra
2. Grete filia alde Wegener virgo
3. de groten Vubiser
4. —
5. —

6. in villa prefata *(siehe 3)*
7. Hincze Wegener *(alde)* ⎫
8. Katherina ⎬ , et sunt de secta
9. —
10. parentes
11. a) et sunt bene 10 anni elapsi
    b) in domo lacticiniorum patris sui
    c) —
12. et bene 4 vicibus est confessa eis
13. a) et est unus annus elapsus circa festum Michaelis[1] transactum
    b) in loco prefato *(siehe 11b)*
    c) —
14. Interrogata, an audivit predicacionem ab eis, respondit, quod primo in domo patris sui, ut credidit, tempore noctis circa ignem, et sunt bene 10 anni elapsi, et 4 vicibus audivit predicacionem, et ultimo audivit predicacionem ab eis in domo Petri Gossow in groten Vubiser.
16. ... et quod *(= heresiarche)* de septennio ad septennium venirent ante paradisum ad audiendum ibidem sapienciam ... — Apostolum non habet, nec est confirmata, licet credidit esse unum sacramentum ... — ... et credidit, omnes iuratores non posse venire ante conspectum dei
21. presentibus ... Nicolao fratre et socio inquisitoris, Andrea Petri notario publico Wradslaviensis dyocesis, et Hermanno de Essen[a] clerico Caminensis dyocesis, et aliis quam pluribus testibus fidedignis ad premissa vocatis.

[a] *Gestrichen:* Osenbrugghe.
[1] 29. September.

167

Alte Nr. 291; alte fol. 284v. 285r.v; neue fol. 121v. 122r.v. — Der Anfang des Protokolls steht noch auf altem fol. 284v unter dem Schluß von alter Nr. 290, während sonst für jedes Protokoll eine neue Seite angefangen wurde.

1. Anno etc., 19. die mensis Februarii *(1394 Februar 19)*, hora terciarum, loco predicto, coram quo supra
2. Claws Zevecow
3. de Kokstede
4. —
5. —
6. in villa Kywe
7. Merten ⎫
8. Grete ⎬ , et non fuerunt de secta
9. —
10. et primo eum induxit ad sectam Geze Cleynesmedesche de villa Kokstede, et taliter, quod sua secta esset melior secta katholica

11. a) et sunt bene 14 anni elapsi
    b) in villa Kokstede in domo Otto Lodeborch in camera tempore diei
    c) —
12. et quociens eos habere potuit, tociens est eis confessus
13. a) et sunt bene 2 anni elapsi
    b) in villa Kokstede in domo Howersche in camera
    c) —
14. Interrogatus, an audivit predicacionem ab heresiarchis, respondit, quod bene septies in secta, et primo audivit in domo Otto Lodeborch in villa Kokstede circa ignem tempore noctis, et sunt bene 14 anni elapsi, et ultimo audivit predicacionem in domo sua propria circa ignem tempore noctis crepusculi, et sunt bene 6 anni transacti.
15. Interrogatus, an hospitavit eos, respondit, quod semel per unam noctem hospitavit eum, et conduxit semel unum usque ad Vredewolde per $1/2$ miliare
16. ... et quod (= heresiarche) essent a deo in terris missi apostolorum vice, et quod de septennio ad septennium venirent ante paradisum ad audiendum sapienciam ... — Apostolum habet, scilicet sanctum Thomam. Confirmatus non est, licet credidit esse unum sacramentum ... — Item obtulit in missis defunctorum ad amorem defuncti ... — Item credidit, omne homicidium, qualitercunque fuerit, eciam factum iudicialiter, fore peccatum, et quod iudex et scabini peccantur mortaliter et salvari non possent.
17. Interrogatus, an prius fuit coram alio inquisitore sive quocunque alio iudice seculari sive spirituali, respondit, quod non, sed modo a primo venit citatus per plebanum.
21. presentibus quibus supra.

168

Alte Nr. 292; altes fol. 286r.v; neues fol. 123r.v.

1. Anno etc., 19. die mensis Februarii *(1394 Februar 19)*, hora missarum, loco predicto, coram quo supra
2. Ilsebee/Ilzebee/Ilsebe (Otto) virgo
3. de Kokstede
4. —
5. *(wahrscheinlich etwa 40 Jahre, vgl. 11a)*
6. in villa Kokstede
7. Otto
8. Tilze }, et sunt defuncti in secta et sepulti ibidem in cimiterio
9. —
10. parentes
11. a) et sunt bene 30 anni elapsi
    b) in domo patris sui defuncti in quadam camera tempore diei
    c) —

232 *III. Die Quellen*

12. et omni anno medio tempore eis est confessa, exceptis tribus annis proximo transactis
13. a) et sunt bene 3 anni elapsi
    b) in domo sua propria in quadam camera tempore diei
    c) —
14. Item 3 vicibus audivit predicacionem ab eis, primo in domo Henninghi Grencze defuncti in secta in villa predicta circa ignem tempore noctis, et sunt bene 18 anni elapsi, et ultimo est confessa in domo sua propria et audivit tunc ibidem predicacionem circa ignem tempore noctis, et sunt bene 10 anni preteriti.
15. *(in der Überschrift:)* hospitavit
16. ... et quod de septennio ad septennium venirent *(= heresiarche)* ante paradisum ad audiendum ibi sapienciam ab eis... — Apostolum non habet, nec est confirmata, et non credidit esse sacramentum... — Item peregrinaciones ad loca sancta, videlicet ad Romam, ad sanctum Jacobum, trans mare nichil credidit.
18. Item neminem induxit ad sectam.
20. *(Nach den Worten:* interrogata, an prius fuit *[zu ergänzen:* coram alio inquisitore] *bricht der Text ab, es folgt nur noch die Bemerkung:)* Et quia per simplicitatem suam iam secundo se fecerat examinari et primo fuerat coram domino inquisitore, ergo presens inquisicio nulla.[1]

[1] *Ihr erstes und eigentliches Verhör ist nicht überliefert; vgl. auch oben, im* ZWEITEN TEIL, *Bemerkungen..., S. 25.*

169

Alte Nr. 293; altes fol. 287r.v; neues fol. 124r.v.

1. Item 19. die mensis Februarii *(1394 Februar 19),* hora nonarum, loco predicto, coram quo supra
2. Tilze/Tylze uxor Vette Heyne Hokman
3. de lutteken Vubiser
4. —
5. —
6. in villa Schultendorp
7. Peter Vischer } , et non sunt de secta
8. Grete
9. *(ihr Mann, siehe 2)*
10. mulier nomine Peter Mewesche
11. a) et sunt 8 anni elapsi
    b) in domo Grabow iam defuncti in secta in villa lutteken Vubiser in camera tempore crepusculi
    c) —

12. et sexies est confessa
13. a) —
    b) in villa predicta in domo Henninghi Vischer defuncti in secta
    c) —
14. ... et primo audivit in villa dicta in domo Grabow circa ignem tempore noctis, et sunt bene 7 anni elapsi, et ultimo audivit predicacionem in domo Vischer in groten Vubiser circa ignem tempore crepusculi, et est iam unus annus elapsus.
16. *(das Übliche, einschließlich alle 7 Jahre vor dem Paradies)*
17. Interrogata, an prius fuit coram alio inquisitore ..., respondit, quod non, sed modo primo venit citatus et oretenus per dominum inquisitorem.
21. presentibus testibus supradictis.

Marginalie am unteren Blattrand: Audiam, quid loquatur in me dominus deus, quoniam loquetur. — *Offenbar ein Stoßseufzer des Notars über den Irrglauben der Waldenser, denn dieses Zitat aus Psalm 84 Vers 9 muß fortgesetzt werden:* pacem in plebem suam, et super sanctos suos, et in eos, qui convertuntur ad cor.

170

Alte Nr. 296; alte fol. 289v. 290r; neue fol. 126v. 127r. — Das ganze Protokoll ist bereits von W. Wattenbach, Über die Inquisition gegen die Waldenser..., S. 28 bis 30, abgedruckt, es wird deshalb auch hier — mit leichten Verbesserungen — wiedergegeben.

(Überschrift:) Jacob Hokman reversus propter recidivam

Item anno domini 1394, die secunda mensis Marcii *(1394 März 2)*, hora quasi nonarum, productus de carcere Jacob Hokman de lutgen Wowiser coram quo supra seu commissario ipsius[a] et interrogatus, an velit fateri puram veritatem iuxta interrogacionem de commissis contra auctoritatem domini inquisitoris in iuramento ipsius prius prestito de dicenda veritate, vel an velit iurare de novo, respondit, quod secundum iuramentum prius per eum prestitum libenter velit dicere omne, quod sibi constet.

Iuxta igitur iuramentum suum pretactum interrogatus, quid actum sit et qualiter ad eum venerit de littera domini inquisitoris missa plebano suo per Fikke de groten Wowiser, respondit, quod dominica quadam die, cum ipse de mane sedisset in domo sua secans crines, missum fuerat pro eo, ut veniret ad cimiterium, ubi circumdederant nunccium predictum, non permittentes eum intrare ecclesiam, ubi ipsum petebant, ut eis iudicium faceret de eo, et quod ipse ex parte dominorum ipsum Fikke deberet arrestare[b], quia portaret litteras ex parte inquisitoris, et quod ipse deponens ad relacionem predictorum, qui nunccium circumdederant in cimiterio, puta Ruderbeke, Sybecura, Heyne Hokman patruus suus, Peter Mews et eius uxor, Clauss Livendal, Hans Gra-

[a] *Danach gestrichen:* se obtulit.
[b] *Gestrichen:* ex parte dominorum.

baw, et quod, ipso petente fideiussorem pro 30 sexagenis, Fikke dederit fideiussorem fratrem suum Cune Melssaw et Peter Mews, usque quo prestaret Clauss Gyrken, qui sibi litteras dedisset, et quod inde nesciente Henning Ygen a plebano direxerat nuncium ad deponentem, quod nuncium teneret, et quod sic inde nichil factum sit ulterius nec petitum a nunccio vel fideiussoribus, nisi quod sic stet cum veniente termino, et ipse constituisset Sibecuraw iudicem et petivisset ex parte dominorum coram eo pro 30 sexagenis predictis, et venientibus fideiussoribus et dicentibus, quod stare vellent, ipse dimisisset eos sic et recessisset dicens: Non possum amplius etc. Tamen fideiussores non dimiserit seu liberaverit. Item quod Sybe Cavraw tunc sciverit hereticum et non penitenciatum seu coram inquisitore expeditum, cum ipsum constituerat loco sui iudicem et coram eo proposuit pro 30 sexagenis, et quod prestaretur ille, pro quo prestando fideiussores positi sint.

Item de secundis litteris citatoriis inquisitoris laceratis per plebanum de groten Wowiser, quod postquam ipsum legerat vel legere volebat iuxta altare, Sybe Curaw ipsas sibi rapere conabatur, et ipse volens eum tuere, quod audirentur littere, sustinuisset mala verba a fratre suo fette Heyne Hokman, Sybe Curaw, Ruderbeke, Hans Hokman et multis aliis, et sic ipse abivit in domum suam, et ante cimiterium ipsum securavit, et plebano coram presentibus dixerat et legerat dicens, eos esse hereticos, ita quod omnibus audientibus tunc legerat et ipsum eciam ibi positum et eciam in secundis litteris citatoriis in Moryn executis, et quod plebanus interim eis divina celebraverit et coram eisdem.

Interrogatus, qui et quot sint rustici seu homines, qui recusaverint expresse venire citati, respondit, quod Sybe Caraw et Ruderbeke et Clauss frater suus, et Heyne Smerwykel, et Hans Hokman patruus suus, et soror sua uxor Petri Mews Mette nomine, que recessit, antequam maritus venerat ad inquisitorem, et postea reversa, postquam revenerat, et iterum evasit cum Hans Hokman marito nolente eam tenere, et quod bene ante quatuor vel quinque diebus sciverat, quod dixerant, se velle recedere, et quod hoc intimaverat sculte Hennyng Eygener, qui dixerat sibi, quod, qui nollet manere, recedere posset.

Item dixit iuxta idem iuramentum suum, Hans Rudaw cruger de Selchaw eciam eum semper habuisse pro uno de secta sua, et quod audiverat ab eo in carcere, quod semel in iuventute heresiarcis confessus fuisset in domo patrui sui in Rygenwalde Polsman, qui eum induxerat, et semel coram eo fuerit in infirmitate sua, sed non tunc valuisset ei confiteri.

Interrogatus, an adhuc[c] velit reverti ad unitatem fidei katholice sancte matris Romane ecclesie sine ficcione ex toto corde et doleat toto corde de commissis contra suum iuramentum et adhuc inantea in fide katholica vivere, deo servire et mori, qualitercunque deus secum disposuerit, respondit, quod sic, sed quia prius iuramentum suum factum non tenuit, ut apparet ex predictis, ideo in carcerem rediit, donec inquisitor deliberet, quid secum acturus sit.

[c] *HS:* adhunc.

Acta sunt hec anno etc. presentibus Paulo et Petro famulis inquisitoris et aliis pluribus.

Item die quinta mensis predicti *(1394 März 5)*, hora quasi nonarum, iterum productus Jacob predictus[d] productus de carcere et interrogatus, an velit adhuc penitere et facere omnia, que sibi per ipsum vel suum superiorem et successorem mandanda *(essent)*, respondit, quod sic, et inquisitor sibi exposuit penitenciam crucis publice gestacionem perpetue, donec perfuges, qui suo scitu et cum superioribus essent loco in villa, prout iuravit, non obstitit etc. adque se astrinxit[e]; presentibus quibus supra et fratre Nicolao socio inquisitoris, et coram eisdem promisit, se non vindicare ut supra. — crucem portavit.

[d] *Danach gestrichen:* se obtulit.
[e] *W. Wattenbach,* Über die Inquisition gegen die Waldenser ..., S. 30, *liest:* ... donec per superiores (?) de suo scitu et cum superioris esset loco in villa pro··· juravit non obstitit etc. *(sic)* ad que se astrinxit ...

171

Vorbemerkung und alte Nr. 428; alte fol. (394r.v.) 395r; neue fol. 21r.v. 22r. — Vorbemerkung und Eschatokoll von der Hand des Anonymus, sonstiges Protokoll von der Hand des Inquisitors; Vorbemerkung auch bei W. Wattenbach, Über die Inquisition gegen die Waldenser ..., S. 68 u. 69. — Altes fol. 394 ist oben außen leicht beschädigt mit geringem Textverlust.

(Vorbemerkung:)

In nomine domini amen. Anno nativitatis eiusdem 1394 die 12. mensis Marcii *(1394 März 12)*, indictione secunda, p*(ontificatus)* sanctissimi in Christo patris et domini nostri domini Bonifacii divina provid*(encia)* noni anno quinto, in Stetyn, et ibidem in domo domini .. [a] decani b*(eate)* Marie, hora quasi nonarum, frater Petrus provincialis fratrum ordin*(is)* Celestinorum per Alamaniam, inquisitor pravitatis heretice a reverendis in Christo patribus et dominis, Pragensi, Lubucensi et Caminensi, archiepiscopo et episcopis constitutus: Quia in diocesi Caminensi plures quam 400 hereticos utriusque sexus de secta Waldensium reperit, examinavit, convicit et penitenciavit, inter quos quatuor infrascripte persone reperte sunt non illius predicte sed Posnaniensis diocesis, et considerans, non esse securum tam predictarum personarum animabus quam orthodoxe fidei katholice communiter, eo quod propter[b] vicinitatem diocesum predictarum faciliter possent iam conversi relabi in abiuratam heresim, si heresiarce hereticos vicine diocesis visitarent, ideo coram fratre suo Nicolao de Wartenberch, professo[c] ordinis Celestinorum, Augustino Nicolao de Tanglyn, clerico et notario publico Caminensis diocesis, ac pluribus aliis

[a] *Die beiden Punkte in der Handschrift; der fehlende Name ist zweifellos Johannes Papendorp, siehe oben, Nr. 3, Anm. 1.*
[b] *W. Wattenbach,* Über die Inquisition gegen die Waldenser ...: per.
[c] *W. Wattenbach,* a. a. O.: professore.

hominibus utriusque sexus, nec non me notario suo et officii inquisicionis iurato, nullam predicto domino episcopo, eius inquisitori seu alii cuicquam derogacionem seu preiudicium (voluit) facere seu quomodolibet attemptare, solum ut animarum saluti et universali ecclesie suo officio provideatur. Insuper testabatur, quod si episcopus Poznaniensis eam nolit habere ratam, quod velit eam habere pro nullam, cum sub spe illa hanc inquisicionem fecerat[d].

Inprimis igitur se obtulit non citatus sed spontanea sua voluntate[e]
1. (1394 März 12, siehe oben)
2. Hans Spigilman
3. de villa dicta Bowmgarden medio miliari a Tramburch
4. —
5. —
6. ibidem in villa Bowmgarden
7. Hans Spigilman
8. Margaretha

, et fuerunt de secta Waldensium et defuncti in ea et sepulti, pater eius in Karwis, et modo deserta est villa ista, mater in Jhericho[f] uno miliari a Valkenburch in cimiterio.

9. (siehe 15, 18 und 19)
10. et ipsum non induxerunt parentes in sectam, sed quedam mulier textrix in Bowmgarden inquilina domus ipsius deponentis, et dixit ei de secta, quod essent quidam homines in terra, qui loquerentur verbum dei in iusticia, denotans heresiarchas
11. a) et sunt citra 40 annos
    b) in domo duorum couterinorum dictorum Kunad Polen et Geze (vir)-ginis, in granario in pomerio stanti
    c) —
12. Interim confessus est eis tociens, quociens ipsos potuit habere, quandoque per unum annum quandoque per duos semel
13. a) et fuit ante autumpnum preteritum unus annus
    b) in Tramburch in domo Kune W(ol)denburchssen in laqueari domus
    c) —
14. Interrogatus, quociens ipsorum scilicet heresiarcharum predicaciones audivit, respondit, quod vigesies vel citra,
15. et quod bis hospitavit ipsos, et ibi confitebatur sibi, et uxor eius Elizabeth, que eciam per inductricem referentis inducta fuit in sectam, et mortua in eadem, et sepulta in Bowmgarden in cimiterio. Item dixit, quod ad iussum Kune Woldenberch venit in Stetyn ad adducendum heresiarcas de domo Hans Rodegers in Tramburch, et inde conduxit ipsos bina vice in Arnhusen.

[d] W. Wattenbach, a. a. O.: fecerit.
[e] *Jetzt folgt von der Hand Peter Zwickers das normale Protokoll:* Hans Spigilman de villa dicta Bowmgarden ...
[f] *Am Rand:* Wirchow.

16. Interrogatus, quales ipsos reputavit, respondit, quod bonos et sanctos homines, ieiunantes multum et se castigantes, vicarios apostolorum, habentes potestatem a deo predicandi, confessiones audiendi, penitencias iniungendi et a peccatis absolvendi melius quam sacerdotes ecclesie; non tamen reputavit eos presbiteros consecratos, nec a domino Posnaniense ad predicta facienda missos. — ... et bene scivit Ave Maria ... — Interrogatus, an invocaverit beatam virginem Mariam et alios sanctos in patria, respondit, quod bene crediderit, beatam virginem esse castam puerperam, sed ipsam et sanctos non invocavit ... — Et si quandoque in missis defunctorum obtulit, hoc ad complacenciam hominum, sed non ad defunctorum salutem fecit ... — et quod crediderit, quando heresiarcis suis confiteretur, quod illo anno non posset comdempnari morte perpetua.
17. Item nunquam prius fuit coram inquisitore vel alio iudice propter sectam *(vgl. auch Vorbemerkung am Ende)*.
18. et quod filios suos Claus et Thideman induxerit in sectam, qui defuncti sunt in ea et sepulti, unus in luttige Mellen, alius submersus est in puteo in Czochan et ibidem sepultus in cimiterio.
19. Interrogatus de complicibus, dixit, quod aliqui iam essent conversi in Stetyn, de Marchia. Item nominavit duos fratres eius cooblatos, Arnd et Claus, et Tele consobrina sua, filia fratris patris sue; item nominavit uxorem fratris eius Berthe, que adhuc durat in secta.
20. Interrogatus, an ex toto corde et fide non ficta converti velit ad unitatem sancte matris ecclesie katholice et Romane et hoc ipsum iurare et abiurare sectam Waldensium et omnem aliam heresym et omnem conversacionem sectariorum et se presentare suo episcopo[g] et facere penitenciam publicam et occultam et obligare se ad penitenciam relapsorum, si relapsus fuerit in hanc abiuratam heresym vel in aliam quamcunque, et quod penitencia ipsum iuvare non debeat, si in sua inquisicione non dixerit lucidam veritatem, et quod se non velit de inquisitore suo vindicare et eius cooperatoribus, et se subiacere omnibus mandatis domini nostri pape et sui episcopi, sui prepositi, sui plebani in omnibus iustis, licitis et honestis, respondit ad omnia, quod sic, et iudicialiter abiuravit tactis corporaliter signo crucifixi et ewangeliis dei sanctis, sequendo inquisitorem Caminensem de verbo ad verbum in omnibus clausulis in iuramento abiuracionis conprehensis[h]. Insuper absolvit eum sub eisdem protestacionibus et sub spe ratihabitacionis in fidem katholice sancte Romane ecclesie favorem et securitatem, et terminum sicud cicius statuit ad se presentandum reverendo in Christo patre episcopo predicto pro ratificacione et auctorizacione predictis.
21. presentibus fratre Nicolao socio inquisitoris professo ordinis Celestinorum, Hans Cernaw civi et Hans Clyczaw famulo civitatis in Stetyn, et aliis pluribus etc.

[g] *Dazu am Rand von der Hand des Anonymus:* litteris inquisitoris.
[h] *Jetzt von der Hand des Anonymus.*

172

Alte Nr. 429; alte fol. 395v. 396r; neue fol. 22v. 23r.

1. Anno et omnibus quibus supra *(1394 März 12)*
2. Arnd Spigilman
3. de Bomgarden Posnaniensis diocesis
4. —
5. —
6. in Bowmgarden
7. Hans Spegilman ⎫ , et fuerunt de secta Waldensium et defuncti in ea
8. Grete ⎭ et sepulti, pater in Karwis, mater in Wirchow
9. —
10. Kune Woldenberch pannifex in Tramburch. Interrogatus, quibus perswasionibus, respondit, quod non fuerit in bona vita, sed debeat inchoare vitam meliorem
11. Interrogatus, ubi primo confessus heresiarchis, respondit, quod in domo Kune predicti; interrogatus, quo loco domus vel qua parte, respondit, quod in quadam camera superiori; interrogatus, quam diu sit, respondit, quod 18 anni.
12. Interrogatus, quociens sit ipsis confessus, respondit, quod non recordetur amplius quam quinquies.
13. Interrogatus, ubi sit ipsis ultimo confessus, respondit, quod in Bowmgarden in domo Claus Wadepul; interrogatus, in qua parte domus, respondit, quod super granarium; interrogatus, quam diu sit, respondit, quod sint bene quinque anni.
14. Interrogatus, quociens ipsorum predicaciones[a] audivit, respondit, quod quinquies.
15. Numquam ipsos hospitavit; nichil ipsis dedit, quia pauper fuit, libenter tamen dedisset, si habuisset; numquam ipsos conduxit de loco ad locum.
16. Interrogatus, quales ipsos reputaverit, respondit, quod bonos et sanctos homines, qui haberent rectam scripturam, et quod essent vicarii apostolorum permansuri usque in finem ab inicio, et quod haberent potestatem a deo predicandi hominibus, sed non omnibus, et hoc habuerint ab ore dei, et quod haberent potestatem a deo absolvendi a peccatis ita pure, sicut quando quis nascitur de ventris matris, et qui semel confiteretur eis in anno, et si moreretur ipso anno, statim evolaret ad celum; non tamen reputavit eos presbiteros consecratos, nec a domino episcopo Posnaniense ad premissa missos. — Interrogatus, quid sibi iniunxerint pro penitencia, respondit, quod in feriis 50 Pater noster, in dominicis centum, et non Ave Maria, et omnes ferias sextas per annum dimidium in pane et aqua, et hoc in hyeme, quia oportuit ipsum laborare graviter in estate; hanc penitenciam implevit, prout melius potuit, et se per ipsos a peccatis credidit absolutum . . . — Apostolum habet sanctum Andream, sed non ex consilio

[a] *HS:* confessiones.

magistrorum i.e. heresiarcharum ... Confirmatus est in Tramburch ... — Interrogatus, an oraverit pro animabus parentum suorum et aliorum fidelium defunctorum, respondit, quod non potuerit dimittere tempore elevacionis corporis Christi in missa, sed tamen non credidit suffragia ecclesie pro defunctis nec purgatorium post hanc vitam; et quando semel Kune Woldenberg in secta defunctus dixit, ‚bonum esset, si purgatorium esset', cuius oppositum nostri magistri dicunt, tunc ipse incepit dubitare, an esset, an non.

17. Se obtulit spontanea voluntate. — Interrogatus, an unquam prius fuerit coram aliquo inquisitore vel alio iudice quocunque propter sectam, respondit, quod nunquam; — hoc interrogatur propter investigandum relapsos.
18. Nullum tamen hominem induxit in sectam.
21. presentibus quibus supra.

173

Alte Nr. 430; altes fol. 396v; neues fol. 23v.

1. Anno etc.[a] et omnibus aliis quibus supra *(1394 März 12)*
2. Claus Spigilman
3. de Bowmgarden Posnaniensis diocesis
4. —
5. —
6. in villa dicta Karwis
7. Hans Spigilman
8. Margreta

, et fuerunt de secta Waldensium et defuncti in ea, et sepulti pater in Karwis, ubi moriebatur scultetus, mater in Wirchouw

9. *(seine Frau, siehe 19; Bruder, siehe 20)*
10. Hennyng Wegener de Berenwolde eciam defunctus in secta, huic ipse servivit
11. a) et sunt 21 anni
    b) in Berenwolde in domo Hennyngi predicti in laqueari cuiusdam domus curruum super hostium domus
    c) —
12. et solum ter confessus est ipsis, quia omnino pretendebat a secta desistere
13. a) et sunt quasi 6 anni
    b) in Bowmgarden in domo Claus Wadepul in granario
    c) —
14. Item predicacionem heresiarce semel audivit in domo Wadepul predicti de sero prope ignem, et fuerunt presentes fratres sui et hospes cum sua familia
15. nichil ipsis dedit, quia pauper fuit
16. ... sed bene scivit Ave Maria ... — Apostolum habet sanctum Michaelem,

[a] *Danach gestrichen:* die 13. mensis Marcii.

et postquam testes de hoc risissent, ipse dixit, quod haberet sanctum Petrum; et nescivit, quot apostolos Christus habuerit. — In aliis articulis ipse fuit stolidus, rudis et ignarus.
19. Item nominavit suam uxorem Bertham nomine, que semel solum confessa est heresiarchis, de qua videat dominus Posnaniensis.
20. Interrogatus, an ex toto corde et fide non ficta reverti velit ad unitatem sancte matris ecclesie katholice et Romane, et hoc ipsum iurare, et abiurare sectam Waldensium et omnem aliam heresym et omnem conversacionem sectariorum, et servare omnia et singula, qua prius fratri suo Hans proposita et tunc sibi, respondit ad omnia et singula, quod sic, et iudicialiter abiuravit, servatis omnibus et singulis ad abiuracionem necessariis superius assignatis. Insuper[b] absolvit eum, et terminum statuit predictum ad se presentandum cum littera sua etc.
21. ut supra.

[b] *Ab* Insuper *von der Hand des Anonymus.*

174

Alte Nr. 431; alte fol. 397v. 398r; neue fol. 24v. 25r. (altes fol. 397r ist nicht beschrieben).

1. Anno et omnibus aliis quibus supra *(1394 März 12)*
2. Aleyd uxor Thyde Takken
3. de Bowmgarden Posnaniensis diocesis
4. —
5. —
6. in Bowmgarden
7. Claus Lambrecht ⎫
8. Katherina ⎬ , et tantum mater ipsa fuit de secta et non pater, et mater eius predicta defuncta est in secta et sepulta in Tramburch in cimiterio parrochie
9. *(ihr Mann, siehe 2)*
10. Jacob Bardyn de Bowmgarden defunctus in secta et sepultus in cimiterio ibidem
11. a) et sunt 16 anni
    b) in domo Bardyn predicti in quodam loco domus habente intersticium, ubi ab hominibus nec ipsa nec heresiarcha confessor videri poterant
    c) —
12. et interim confessa eis quater, et sic in tota vita sua quinquies eis est confessa[a]
13. et ultimo in Tramburch *(in domo)* vidue Kune Woldenbergssche, que conversa est nuper in Stetyn ad fidem Romane ecclesie, et fuit illa confessio ultima facta in laqueari domus.
14. Item predicaciones ipsorum quinquies audivit in Bawmgarden in domo

[a] *HS immer:* confessus.

Bardyn predicti et Wadepul; postea de hoc emendavit se, quia putavit, quod fuisset interrogata de confessione, et dixit, quod nullam predicacionem ab ipsis audivit, nisi sicut confessa est, tunc audivit verba eius.

15. Nichil ipsis dedit, nec hospitavit, nec conduci fecit.
16. et reputavit ipsos (= heresiarchas)... melius quam sacerdotes ecclesie, et dixit, se audivisse a quadam muliere et hoc ipsam credidisse, quod duo de fratribus illis apostolicis et heresiarchis venissent ante infernum et audivissent miserabiles clamores et vidissent dyabolos inferentes animas in infernum et dicentes: ‚illa fuit adultera, ista usuraria, illa thabernaria', et sic de aliis generibus viciosarum animarum, et quod postea venissent ante paradisum et audivissent vocem domini dei dantis ipsis sapienciam et doctrinam, quibus in terris deberent homines sibi commissos informare; non tamen reputavit ipsos presbiteros consecratos. Et iniunxerunt sibi pro penitencia 4 vel quinque sextas ferias in pane et aqua et totidem ferias quartas in estivis quadragesimabus et 50 Pater noster in feriis et centum in dominicis, non Ave Maria; iusserunt tamen ei scire Ave Maria propter sacerdotes de hoc fortasse quesituros... — Apostolum habet sanctum Johannem, cuius festum est in estate[1], quando homines[b] solent noctis tempore cum luminibus et ignibus vigilare; et hunc, ut dixit, dedit sibi quidam plebanus, qui fortasse est mortuus... — Item suam sectam credidit fore veram fidem christianam, et nos katholicos vocavit alienos, i.e. de fremden, sed tamen dixit, quod nos ita libenter salvaremur sicut ipsa et alii de secta.
17. Se sua spontanea voluntate obtulit.
19. Interrogata de complicibus, nominavit Bertham uxorem Claus Spigilman.
20. Et inquisitor, audiens, eam esse simplicem nec fortiter in aliis articulis secte Waldensium hereticorum radicatam, ipsos pertransiit et se ad reversionem ipsius ad fidem convertit... — Insuper[c] absolvit eam et terminum statuit ad se presentandum cicius, sicud poterit, episcopo suo Posnaniensi.
21. presentibus quibus supra.

[b] *HS:* hominibus.
[c] *Ab* Insuper *von der Hand des Anonymus.*
[1] *Also Johannes der Täufer, 24. Juni.*

175

Alte Nr. 432; altes fol. 398v; neues fol. 25v.

1. Anno etc., die 14. mensis Marcii *(1394 März 14)*
2. Petir Scherer alias Petir Hutvilther
3. de Falkenberg Posnaniensis diocesis
4. —
5. —

6. in Arnhusen, ut sibi videtur, quia pater eius cito post nativitatem suam transtulit se in Kolberch
7. Hans Pennyng, frater Petri Inneken de Schyvelbeyn, *(siehe auch 6)* ... pater fuit de secta ... et pater taliter defunctus est in secta et sepultus in Arnswolde, ut sibi videtur
8. et mater Gotslawa, que fuit schlava ..., sed de matre nescit *(an fuit de secta)*
9. *(sein Onkel, siehe 7 und 10)*
10. ipsum induxit patruus eius Thyde Inneke
11. a) et sunt bene 12 anni
    b) in Arnhusen in domo Kurthe Heyns in camera superius retro in domo
    c) —
12. 13. et secunda vice confessus est in domo Hans Rudigers extra muros Stetyn in granario per inductorem Claus Grassaw pileatorem modo in Anklem, et tercia vice in Tramburch in domo Kune Woldenberch eciam in laqueari domus, et sunt iam circa 4 annos
14. predicaciones ipsorum bis audivit, semel in Tramburch, semel in Schivelbeyn
15. semel conduxit eos de Stetyn in Schyvilbeyn, et de Schyvelbeyn in Kolberch, propter Hans Scherren, qui tunc morabatur ibidem et iam defunctus est.
16. Et reputavit ipsos bonos et sanctos homines ... melius quam sacerdotes ecclesie, et quod venirent ante paradisum ad audiendam vocem dei et accipiendam sapienciam a deo ... — De invocacione sanctorum katholice sensit, fortiter et per suum iuramentum ventilatus; apostolum tamen non habet, confirmatus est in nova Stetyn; postea tamen, cum inquisitor forcius et forcius instaret, extorsit ab eo, quod fatebatur, se audivisse, solum deum habere potestatem iuvandi nos, et non sancti, et sic solus deus invocandus et non ipsi, et hoc credidit, et quod non oporteret festa sanctorum ita constanter celebrare sicud diem dominicam ... — Item suam sectam credidit fore fidem christianam, sed non vocavit nos katholicos alienos, nec credidit, nos esse condempnandos.
17. 20. se sua spontenea voluntate obtulit ... et protestatus est coram inquisitore, notario publico et testibus ydoneis Caminensis diocesis, se non venisse per contemptum sui episcopi, prepositi vel plebani, sed quia sperabat, quod inquisitor haberet auctoritatem sedis apostolice, ideo venit ad ipsum. Et inquisitor in spe et fiducia illa, quod dominus episcopus Posnaniensis ratum et gratum ex postfacto habiturus sit suam diligenciam, et ideo acceptavit Petrum predictum, qui citatus ab eo iudicialiter iuravit de veritate dicenda modo et forma conswetis[a] ... — Insuper absolvit eum et terminum statuit sicud cicius possit cum littera sua domino episcopo Posnaniensi sub ratihabitacione ut supra.

[a] *Bis hier aus dem Anfang des Protokolls, das Folgende aus dem Schlußteil von der Hand des Anonymus.*

21. presentibus hominibus Henrico Beyer, Theoderico Brunaw[1] plebano in Tanglym presbiteris, ac fratre Nicolao socio inquisitoris et multis aliis ad premissa etc.

[1] Dietrich Brunow/Theodoricus Bruno, Pfarrer an St. Marien in Anklam; zwischen 1397 und 1405 wiederholt erwähnt im Repertorium Germanicum..., zu 1400 bis 1409 auch bei H. Heyden, Pommersche Geistliche..., S. 41.

Zur Überlieferung und Einordnung der neuen laufenden Nummern 176 bis 183 siehe oben, ZWEITER TEIL, Bemerkungen..., S. 26 f.

176

Alte Nr. 390; altes fol. 363r; neues fol. 35r (Novi).

1. Anno eciam die et hora prescriptis *(1394 März 14?)*
2. Geze virgo filia Hans Grencz
3. de groten Wowiser
4. commanens cognata uxori Petri Gossaw[1]
5. *(14 Jahre; in der Überschrift: 14 an.[2])*
6. in Kerkaw prope Angermunde
7. Hans Grencz
8. Grete defuncta in secta et sepulta in Welsaw
9. *(siehe 4 und 19)*
10. pater
11. a) nescit, quamdiu sit
    b) in domo paterna in granario
    c) —, et quod dederit ei 4 nummos
14. Item quod semel eciam tunc audiverit eum predicantem, sed non intellexerit eum.
15. *(siehe 11c)*
16. et quod tenuerit eum *(= heresiarcam)* pro secreto confessore non presbitero
19. Item nominavit novercam suam Geze nomine.
20. dimissa est
21. presentibus quibus supra.

[1] famula Petri Gossaw; vgl. oben, Nr. 23, 19.
[2] Das bezieht sich wegen 11a wohl nicht auf die Dauer der Sektenzugehörigkeit.

177

Alte Nr. 391; altes fol. 363v; neues fol. 35v (Novi).

1. Anno etc. die 15. mensis predicti *(1394 März 15)*, hora quasi terciarum
2. Tylss relicta Symonis Tramburch
3. de Moryn
5. *(etwa 50 Jahre, siehe 12)*
6. in Conraddesdorp

7. Fredrich Myldepennyng ... patrem nescit fuisse de secta
8. Tele, et mater fuerit de secta in lutgen Wowiser
9. *(ihr Mann, siehe 2; weiteres siehe 18 und 19)*
10. mater
11. a) cum fuisset annorum 16
    b) nescit ubi
12. sed secunda vice in domo Hennyng by der Stegen, quod sint 20, et iam sit circa 50, et quod inde, quando eos habere potuit, eis confessa sit.
13. a) quod sit circa 2 annos
    b) in domo Coppe Sybe in Moryn
14. Item audiverit predicaciones eorum in domo Heyne Swet
16. nec sit confirmata, quia crediderit, sufficere baptisma
17. item nescit, se citata
18. et Clauss filium eius cooblatum induxerit,
19. et sororem nominavit Katherinam uxorem Bertholt in Bernwalde; item 4 fratris filias Katherinam uxorem Lencze Ortwyn, Geze uxorem Penkem, item sorores 2 Katherinam et Tylss.
21. presentibus quibus *(supra).*

178

Alte Nr. 392; altes fol. 364r; neues fol. 36r (Novi).

1. Anno, die et hora etc. predictis *(1394 März 15)*
2. Grete relicta Hennyng Smedyken molendinarii
3. de Moryn
4. *(Witwe eines Müllers, siehe 2)*
6. in Trompoltesmoel[a]
7. meyster Jacob ⎫
8. Katherina   ⎬ , et non fuerunt de secta Waldensium
9. *(ihr verstorbener Mann, siehe 2)*
10. item quod ipsam induxerint Wůstenhube et Clauss Engelss in groten Wowiser defuncti in secta *(vgl. auch 19)*
11. a) quod sint iam 9 vel 10 anni
    b) in domo Hans Cremer in Moryn
12. et quod forte quater sit eis confessa
13. a) quod sint bene sex anni
    b) in domo Coppe Sybe in camera
16. item quod sectam suam crediderit veram fidem ... et parentes suos ex hoc timuerit dampnatos
17. item nescit, se citatam
19. item dixerit, quod maritus inductus fuerat per inductores suos prius et ipse cooperatus tunc fuerit ad induccionem ipsius, et nullum amicum habeat in secta.

[a] *Oder:* Crompoltesmoel?

20. insuper absolvit et cruce signavit ad penitenciam publicam.
21. presentibus quibus supra.

179

Alte Nr. 393; altes fol. 364v; neues fol. 36v (Novi). — *Geschrieben von der Hand des Inquisitors.*

1. Anno etc. die 16. mensis Marcii *(1394 März 16)*, hora primarum vel quasi
2. Herman Wegener
3. de groten Wubiser
4. famulus Hennyngi/Hennik Grabaw
6. in groten Wubiser
7. Hermann Wegener... pater eciam fuit de secta et defunctus[a] in ea et sepultus in groten Wubiser in cimiterio
8. Grete, que conversa est in Stetyn[1]
9. *(Schwester, siehe 19)*
10. a parentibus
11. a) et sint 4 anni
    b) in domo paterna prope hostium domus, sed tamen locus fuit satis occultus
12. et solum bina vice confessus est eis
13. a) et fuit in autumpno unus annus
    b) in domo Petri Gossaw ibidem in groten Wubiser in camera
16. pro anima patris eius non oravit, quia purgatorium post hanc vitam non credidit; aquam benedictam et sal sacratum accepit, sed nichil credidit.
19. et soror eius Geze in domo alden Heyncz Wegener nondum penituit.
20. sed quia stolidus fuit et simplex, ideo inquisitor alios articulos pertransiit... —[b]Insuper absolvit eum et dimisit sub occulta etc.
21. presentibus fratre Nicolao socio inquisitoris et Petro de Tuttdorp ac Hans Rudaw laycis, Pragensis et Eystedensis et Caminensis diocesum.

[a] *HS:* sepultus.
[b] *Ab* Insuper *von der Hand des Anonymus.*
[1] *Vgl. oben, Nr. 146.*

180

Alte Nr. 398; altes fol. 367r; neues fol. 37r (Novi). — *Bis auf das Eschatokoll von der Hand des Inquisitors.*

1. Anno et omnibus quibus supra, die 16. mensis Marcii *(1394 März 16)*, hora vesperorum vel quasi
2. Katherina uxor Heyncz Hagen
3. de Cunradsdorp

6. in groten Wubiser
7. Petir Gellen
8. Grete } , et non fuerunt de secta Waldensium
9. *(ihr Mann, siehe 2; weiteres, siehe 10)*
10. ipsam induxit Mette uxor Hennyng Gellen de groten Wubiser fratris deponentis defuncta in secta et sepulta ibidem
11. a) et sunt 14 anni
    b) in groten Wubiser in domo Johan Vischer, defuncti in secta, in camera
12. interim tociens est eis confessa, quociens ipsos potuit habere
13. a) et in autumpno fuit unus annus
    b) in Berenwolde in domo Petri Beyer eciam in quadam camera
14. predicaciones ipsorum audivit in domo Petri Gossauw in groten Wubiser bina vice de sero prope ignem, et multi fuerunt presentes
16. ... et quod (= heresiarce) ante paradisum venirent et vocem domini dei audirent ... — ... iusserint (= heresiarce) tamen ei scire Ave Maria propter sacerdotes de hac forsitan quesituros ... — ... et quod doluerit propter parentes defunctos extra sectam
17. Item numquam prius fuit ante inquisitorem vel alium iudicem propter sectam.
20. Insuper absolvit (= inquisitor) eam et terminum statuit etc. et die sequente hora terciarum primo abiuravit[a].
21. presentibus fratre Nicolao socio inquisitoris, Paulo de Ens layco, Pragensis et Pataviensis diocesum, et pluribus aliis.

[a] *Am unteren Rand des Blattes — außerhalb des eigentlichen Protokolls — steht noch von der Hand des Inquisitors:* nota Tilse relicta Willike Wustehufe fugit de groten Wubiser in Zelchaw et inde in Kerkauw.

181

Alte Nr. 399; altes fol. 367v; neues fol. 37v (Novi). — Bis auf das Eschatokoll von der Hand des Inquisitors.

1. Anno et omnibus quibus supra *(1394 März 16)*
2. Katherina uxor Hennyng Gerkens/Girkens
3. de Cunradsdorp
6. de Dŏlcik villa prope Wubiser
7. Claus *(Dame[1])* et non est de secta
8. Grete et conversa est in Stetyn[2]; *(Überschrift:* nata ex matre heretica*)*
10. ipsam induxit Hans Lenczyne *(= Geze[3])*

[1] *Der Zuname des Vaters ist erschlossen aus Nr. 118 (alte Nr. 244b).*
[2] *Vgl. oben, Nr. 118.*
[3] *Vgl. oben, Nr. 154 (alte Nr. 278), 19.*

11. a) et fuit in autumpno unus annus, prius ante hoc quesivit eos in Berenwolde et non invenit
    b) in groten Wubiser in domo Otto Pomellis in granario
12. 13. *(in der Überschrift:)* unico anno[4]
16. et reputavit ipsos *(= heresiarcas)* bonos et sanctos homines, apostolorum vicarios, habentes potestatem a deo predicandi, confessiones audiendi, penitencias iniungendi, a peccatis absolvendi melius quam sacerdotes ecclesie, et quod ante paradisum venirent et vocem domini dei **audirent**, et quod confitentes ei illo anno dampnari non possent, non tamen reputavit eos pro presbiteros consecratos ... — ... et ideo nos katholicos nominavit alienos, i.e. di fremden, ymmo proprium patrem.
17. Item numquam prius fuit coram inquisitore vel alio iudice propter sectam.
20. Insuper absolvit eam et dimisit eam.
21. presentibus ... fratre Nicolao socio inquisitoris, Matheo Wolther plebano in Samityn *(?)*[5] Caminensis diocesis et Gerhart Stynwech consule in Stetyn, Pragensis et Caminensis diocesum.

[4] *D. i. Dauer ihrer Sektenzugehörigkeit.*
[5] *Lesung unsicher, gemeint vielleicht* Sammenthin?

182

Alte Nr. 400; altes fol. 368r; neues fol. 38r (Novi). — *Bis auf das Eschatokoll von der Hand des Inquisitors.*

1. Anno etc. die 17. mensis Marcii *(1394 März 17)*
2. Hans Kukeler
3. de Berenwolde
4. famulus Claus Kracht
6. Kolenczk villa prope Kastryn 1 miliari
7. Thide Kukeler ⎱
8. Grete ⎰ , et non fuerunt de secta Waldensium
9. *(Schwester, siehe 13b)*
10. ipsum autem induxit Heyne Grencz de Berenwolde defunctus in secta et sepultus in Berenwolde in cimiterio
11. a) et sint 4 anni
    b) in domo predicti Grencz in camera
12. et bis confessus est eis
13. a) in autumpno unus annus
    b) in domo Thide Kremer conversi in Stetyn habentis sororem[1] deponentis in laqueari domus
14. predicaciones ipsorum audivit semel in domo Grencz, secundo in Thyde Kremers, de secreto prope ignem, et fuerunt multi presentes.

[1] Gyrdrud, *siehe oben, Nr. 72.*

15. heresiarcha primus confessor deponentis dedit sibi 1 grossum, sed numquam deponens ad ipsos dedit.
16. ... sanctam virginem et alios sanctos in patria invocavit et oppositum numquam audivit, apostolum tamen non habet, confirmatum se esse non meminit; pro animabus parentum suorum et aliorum fidelium defunctorum oravit, nec unquam oppositum faciendum percepit; de aqua benedicta et aliis katholice sensit... item suam sectam credidit fore veram fidem christianam, sed tamen non credidit, alios de secta non existentes dampnari, licet nos katholicos nominaverit alienos et de fremden.
21. presentibus fratre Nicolao socio inquisitoris et Paulo de Ens layco, Pragensis et Pataviensis diocesum, et aliis pluribus etc.

183

Alte Nr. 401; altes fol. 368v; neues fol. 38v (Novi). — Bis auf das Eschatokoll von der Hand des Inquisitors.

1. Anno et omnibus quibus supra *(1394 März 17)*
2. Thyde Tramburch
3. de Wreech
6. de Bowmgarden prope Tramburch 1 miliari
7. pater eius vocabatur Symon Tramburch, cum erat in Moryn, tum in Bowmgarden vocabatur Symon Gôskyn *(weiteres siehe 8)*
8. matris nomen ignorat, et fuerunt de secta Waldensium et defuncti in secta et sepulti pater in Moryn, mater in Cunradsdorp.
9. *(Schwester, siehe 19)*
10. pater
11. a) et sint quasi 12 anni
    b) in Zelchow in domo Heyne Berchholt in camera
12. et solum ter ipsis confessus est, quia sex annis absens fuit extra patriam et in iuventute nimis indomitus fuit, ut non presumerent complices, sectam ei revelari.
13. a) et fuit in autumpno unus annus
    b) in Zelchauw in domo Heyn Spigilman in camera super cellarium
16. et reputavit ipsos (= *heresiarcas*) bonos et sanctos homines, apostolorum Christi vicarios... et quod ante paradisum venirent et vocem domini dei audirent, et quod, quicumque ipsis confiteretur, illo anno nullatenus dampnaretur... *(siehe auch 12)*
17. item nunquam prius fuit coram inquisitore vel alio iudice propter sectam
19. item soror eius Geze vel Girdrud uxor Hans Grawaw de luttigen Wubiser nondum conversa est; item nominavit Claus Vleetman de Wreech.
21. presentibus quibus supra.

184

Alte Nr. 433; altes fol. 399r; neues fol. 26r.

1. Anno etc., die 19. mensis Marcii *(1394 März 19)*, hora quasi terciarum etc. quibus supra
2. Clauss Flyetman
3. de Wrech Caminensis diocesis
4. —
5. —
6. in Flyet prope Premslaw
7. Hans Flyetman }
8. Lucia } , et quod non fuerint de secta Waldensium
9. —
10. et quod ipsum induxerint socii sui et uxores eorum Peter Smed et Hans Slekaw in Welsaw
11.—13. et quod in ultimi *(= Hans Slekaw)* domo in camera ibidem primo et ultimo confessus sit heresiarce, quod sint bene 12 anni.
16. Item quod sectam ipsam crediderit veram viam ad patriam tempore, quo penitenciam tenuit, sed post nunquam, et tunc eciam timuerat parentes propter hoc dampnatos et nos dampnandos, et ideo nos dy vremden nominaverit etc.
17. Item dixit se non citatum, sed per amicos dictum, quod venire deberet, aliquando propelleretur de patria, et presertim per Petrum Smed, qui ipsum induxerat.
21. presentibus... Francisco Kuenow cantore ecclesie beate Marie, et magistro Johanne Fricze vicario ad sanctum Jacobum in Stetyn in decretis baccalareo, et Johanne Alstede vicario ibidem in artibus magistro, et Heynrico Owbyrmyn[1] proconsule in Stetyn, Caminensis diocesis, cum multis aliis etc.

[1] *Heinrich Owbyrmin gehört sicher zu der angesehenen Familie Wobbermin.*

185

Alte Nr. 434; altes fol. 399v; neues fol. 26v. — Das Protokoll wird hier — trotz seiner Unebenheiten — ungekürzt wiedergegeben, da es sich um das Verhör einer Unschuldigen handelt.

(Überschrift:) Katherina uxor Hans Mews de Selchaw

Item anno etc., die 20. mensis Marcii *(1394 März 20)*, hora quasi terciarum, Katherina se obtulit uxor Hans Mews de Selschaws Caminensis diocesis, suspecta de heresi, infamata, iudicialiter citata et iurata etc. Iurata igitur et interrogata, ubi nata sit, respondit, quod in Wylmersdorp, et quod pater suus vocabatur Hans Grifenberch et mater Katherina, et quod non fuerint de secta Waldensium, et quod ipsam adduxerat ad predicacionem heresiarce Mette uxor

Hans Bertoldi, que sibi et marito suo veniens ad domum eorum dixerat, quod si vellent boni homines, amici dei et apostoli, et quod haberent plenissime dimittere peccata, et cui ipsi non dimitterent, dampnarentur, et, quod ipsi dimitterent, esset ratum, sicut deus proprio suo ore dimitteret; et accersita ad domum Ebyl Hutvilter in Selchaw per uxorem[1] Petri Mews, ut veniret et audiret verbum dei, et ipsa avida verbo dei accessisset et audisset de nocte verbum (d)ei; et post hoc adducta in commodum, ut ei confiteretur; et ipsa accedens assedens ei, et ipse heresiarca dixerit ei, quod diceret; et ipsa audivisset prius a quodam sacerdote, quod secundum verbum eorum non deberet facere, et quod candelas benedictas non liceret habere, docerent; quare ipsa interrogaverit, an eciam bonum esset habere huiusmodi candelas, et ipse: non; et quia timuerat, tremens dixit ei, an plus sciret, qua tacente dixit[a], et quod in castrum (?) reverteretur, et, si ei non placeret, deberet tacere et nullum tradere nec animam eius, et post annum forte melior veniret, et quod hoc ante festum sancti Michaelis 14 dies erunt duo anni. Item quod credens perswasionibus adductricis accesserit audiens eius sermonem et demum ad confitendum, licet non perfecerit, quamvis intrudebatur; et sibi confessa fuisset, si dies fuisset, sed in nocte maxime perterrebatur propter ablacionem luminis in commodo, ubi sedebat; et quod sic inde nunquam nec ante nec post apud aliquem fuerit talem heresiarcam, et quod nunquam alii vel aliis sit confessa quam presbiteris et monachis in ecclesia. — De invocacione sanctorum, aqua benedicta et duabus viis et non purgatorio post hanc vitam audiverit, sed nunquam aliquo momento crediderit alias quam catholice. Item quod eciam crediderat secundum dictam perswasionem suam, antequam accessit, quod illa esset vera fides et via ad celum, sed statym, postquam audiverat, eos non esse presbiteros, resiliens et non confitebatur etc. etc.

Interrogata, an velit et possit se purgare suo iuramento, quod nunquam aliam fidem habuerit quam catholicam nec confessa sit presbiteris aliis quam (catholicis), respondit, quod sic clare velit salva consciencie illusione, et sic se expurgavit, et abiuravit, propter quod tamen scivit de secta. Insuper absolvit eam ad cauthelam et dimisit modo et forma prescriptis. Acta sunt hec anno etc., presentibus fratre Nicolao socio inquisitoris, et Paulo de Ens socio layco, Pragensis et Pataviensis diocesum.

[a] qua tacente *steht kaum entzifferbar über* dixit; *vgl. diese schwer verständliche Passage auch bei* W. Wattenbach, Über die Inquisition gegen die Waldenser..., *S. 40.*
[1] *Mette; vgl. unter anderem oben, Nr. 101, 20.*

186

Alte Nr. 434 (b, weil Doppelzählung); altes fol. 400r; neues fol. 27r.
1. Anno, die et hora prescriptis *(1394 März 20)*
2. Peter/Petyr Ȯstyrricher
3. de lutgen Mantyl
4. —

5. *(über 60 Jahre, siehe 11 a)*
6. in Dermessel
7. Claus Dermessel ⎱ , et quod fuerunt de secta et defuncti in eadem et
8. Katherina ⎰ sepulti in cimiterio in lutgen Wowiser
9. *(siehe 12, 13, 18 und 19)*
10. et quod sic pater eum induxerat ad serviendum alde Debekyn in Bernwalde, ubi primo tunc confessus fuerat heresiarce
11. a) cum fuisset annorum 16, et iam sit ultra 60 annos in etate, et sic fuerit in secta plus quam 40 annos
    b) *(siehe 10)*
    c) —
12. 13. et quod inde quasi in 20. anno secunda et ultima vice confessus sit in domo Katherine Reppinische in Grevendorp sororis sue *(nunc)* in lutgen Wowiser ad induccionem ipsius, et quod sint iam bene 23 anni.
16. Item quod tenuerit eos pro melioribus presbiteris, non tamen presbiteris, et quod sic melius possent pervenire ad deum. Item quod iniunxerit ei secundus heresiarca per medium annum quartis et sextis feriis in pane et aqua ad ieiunandum, 20 Pater noster omne die et dominicis quantocunque magis posset. Item quod tenuerit illam penitenciam et crediderit, se absolutum et penitenciam proficere ad salutem. Item confessus presbiteris et communicatus corpus Christi non dixerit de secta aliquid, et nescit sibi prohibitus. Item quod dimiserit sectam propter dissolucionem suam et quia multum penitencie iniunxerant ... — Sanctum Laurencium habet apostolum, postea sibi nominatus sanctus Jacobus dixit, quod ille esset. Item quod oraverit pro defunctis et in inferno existentibus, quia in celo non indigerent, et alias vias non crediderit, et purgatorium consciverit, quoniam possit esse, et quod in inferno crediderit esse purgatorium ... — Item quod iuraverit multum trwen, ne inclamaretur.
17. Item quod sit citatus ad presentem terminum.
18. Item quod nullum induxerit, nec *(filius?)* Martinus nec uxor Heylewyk sint de secta.
19. Item nominavit fratrem Jacob Dermessel et sororem Reppische predictam, et dixit fratrem manere in quadam villa prope Coryn, et nullum plus scit in lutgen Mantyl.
21. presentibus quibus supra.

187

Alte Nr. 435; altes fol. 400v; neues fol. 27v.

1. Anno, die etc. predictis *(1394 März 20)*, hora quasi nonarum, in loco et coram quo supra
2. Sophia uxor Clauss Grassaw piliatoris
3. in Tanglym

4. *(Frau eines Hutmachers, siehe 2)*
5. —
6. hic in Stetyn
7. Cůne Kystenmeker } , et quod non fuerunt de secta Waldensium, nec
8. Tele   aliquem habeat amicum in secta
9. *(siehe 2, 17, 18 und 19)*
10. et quod ipsam induxerint Mechtyld et grote Tylss hic in Stetyn ex induccione mariti sui
11. a) quod sint bene 7 anni
    b) in domo Rudynger ante civitatem in spyker retro
    c) cuidam heresiarce Nicolao
12. et quod inde, quando eos habere potuit, eis confessa sit
13. a) ante vel circa 2 annos iam in pasche
    b) ibidem *(siehe 11 b)*
    c) —
14. Item quod audiverit forte sexies predicaciones eorum,
15. et semel eos *(= heresiarchas)* hospitaverit in Grifenhagen dando ei comedere et bibere, quando venit cum Clauss famulo Andree Rymsnyder, et quod tunc eciam, que alia mulier eis confessa fuerit.
16. Item quod sectam crediderit veram fidem, et ideo timuerit parentes suos dampnatos.
17. Item maritum miserit in domo, et audiverit, eum velle ire ad amicos suos, quia non possit venire propter proscripcionem, et manserit propter litteram, quam quidam presbiter procuraverat, ut asseverasset ab inquisitore, et per plebanum suum expediretur; quam litteram domo miserit; et quod citata fuerat; de excommunicacione ignorat.
18. 19. Item quod nullum induxerit, et quod maritum suum crediderit natum in secta de Kerkaw, et ibidem habere amicos Clauss, Hans et Dyterich, nec filie Tele aliquid dixerit.
20. *(siehe 17)* Insuper absolvit eam et dimisit.
21. presentibus quibus supra.

188

Alte Nr. 436; altes fol. 401r.v; neues fol. 28r.v.

1. Die 21. mensis Marcii *(1394 März 21)*, hora terciarum vel quasi, in loco et coram quo supra *(Fortsetzung siehe 20)*
2. Petrus Lavburch
3. de Angermunde Brandenburgensis diocesis
4. —
5. —
6. in Angermů(n)de
7. Arn Lavburch } , et quod non fuerint de secta Waldensium
8. Jutte

9. *(siehe 10 und 19)*
10. et quod ipsum induxerit Hennyng Schutte in Grifenhagen defunctus in secta, qui habuit sororem matris sue adhuc viventem, et illis perswasionibus, quia dixerat de heresiarcis, quod essent homines, qui veram haberent fidem christianam, ambulantes in terre*(!)* in forma apostolorum, melius presbiteris potentes dimittere peccata, et quod credens super illo sermone, accesserit ad heresiarcam
11. a) quod sint bene 16 anni
    b) in domo Hans Rudeger in solario
    c) —
12. 13. et secunda et ultima vice in Angermů(n)de in domo Hoenwalde uno anno post; et quod inde nunquam nec prius fuerit eis confessus.
14. Item quod semel audiverit predicacionem primi in loco ut supra.
15. —
16. *(siehe auch 10)* Item quod nunquam habuerit eos pro presbiteris. Item quod iniunxerint ei pro penitencia centum Pater noster dominicis, et feriis diebus 50, et non Ave Maria, et 10 dies in tenui cervisia et pane ad ieiunandum. Item quod tenuerit illam penitenciam primo et secundo susceptam ab eis, et speraverit, se absolutum, et ideo penitenciam tenuerit et crediderit sibi valere ad salutem, et de hoc gloriatus fuerit semel coram inductorem, quod esset absolutus ab eis. Item quod confessus presbiteris medio tempore et susceperit corpus Christi, non revelando se confessum heresiarcis, nisi noviter ante 4 annos cuidam presbitero capellano her Jon in Angermů(n)de habenti auctoritatem episcopi, qui et ipsum increpando absolvisset, iniungendo sibi penitenciam, nisi artasset eum, ut iuraret amplius non facere vel promitteret ... — Item quod tunc temporis, quando sperabat, se absolutum, et penitenciam tenuit, crediderit, esse veram fidem sectam et sic confiteri, attamen non putaverit errare, et quod de multis articulis secte sepe sibi dictum per amicos fuerit, nunquam tamen adverterit, quamvis eos tenere crediderit talia.
19. Item nominavit Andream et Petrum Rymsnyder in Stetyn consobrinos suos, et Otto Rudaw rusticum in Můraw iuxta Angermů(n)de, et Tylss Schuttyne in Grifenhagen; item in Angermů(n)de nominavit Hoenwalde hospitem heresiarcarum; de aliis nescit; item relictam Bucholt Hultviltyryne.
20. *(anschließend an oben 1:)* eciam inquisitore heretice pravitatis per diocesim Brandenburgensem et adhuc non revocato etc., quem dominus inquisitor predictus receperit ad examen suum sub protestacionibus conswetis supradictis ... — *(Am Ende:)* Insuper absolvit eum auctoritate, quia non revocatus suo scire, et eciam spe ratihabitacionis per episcopum nunc existentem, ad quem pro auctoritate iam eciam nunccium direxit, et eciam quia verisimile venit sub spe convertendi, ipsum sub occulta penitencia dimisit.
21. presentibus quibus supra.

189

Alte Nr. 437; altes fol. 402r; neues fol. 29r.

1. Anno, die et hora prescriptis *(1394 März 21)*
2. Swene uxor Clauss Wyttenvelt
3. de Clebaw uno miliari a Stetyn
4. —
5. *(gut 30 Jahre, siehe 11 a)*
6. in Dytdrichdorp, sed alii sui buliken[1] in Valkenwalde
7. —
8. Tele, et quod non fuerint[2] de secta nec amici
9. *(siehe 2, 6 und 19)*
10. et Hennyng Zacharias submersus in aqua dominus suus in Kerkaw ipsam induxerit
11. a) quod sint bene 12 anni, et iam sit bene 30 annorum
    b) in ipsius *(siehe 10)* domo ... in granario
    c) —
12. et in Lyndaw in domo Herman Rude(ge)r bis, et sexies sit eis confessa
13. a) quod sint iam sex anni
    b) in domo Heyne Hokman in lutgen Wowiser
    c) —
14. Item quod bene ter vel quater audiverit predicaciones eorum.
15. —
16. Item quod tenuerit eos pro bonis, iustis, litteratis doctoribus non presbiteris ... — Item sectam crediderit veram fidem ..., et parentes timuerit ideo dampnatos.
17. Interrogata, an sit citata, respondit, quod sic.
18. Item dixit, se induxisse quendam famulum Peter, qui cum heresiarcis recessit, sed marito suo nichil dixerit, quia nullo dixerit alteri, nisi securum sciverit.
19. Item nominavit Katherinam uxorem Tydeke Volrer de Moryn cognatam; et fratrem et sororem, Laurencz et Katherina, non sint de secta.
21. presentibus quibus supra.

[1] = Geschwister.
[2] *Bezieht sich auf Geschwister und Mutter sowie auf die Freunde.*

190

Alte Nr. 438; altes fol. 402v; neues fol. 29v.

1. Anno etc., die 23. mensis Marcii *(1394 März 23)*, hora terciarum vel quasi
2. Geze uxor Wolther Kůnekess/Cunekenss
3. de Gyrswalde
4. —

5. *(gut 50 Jahre, siehe 11 a)*
6. in Welsaw
7. Wylke Nevman ⎫ , et quod fuerint de secta Waldensium et defuncti
8. Mette ⎭ in eadem, et in cimiterio in Polsan sepulti
9. *(siehe 2 und 18)*
10. *(parentes)*
11. a) cum fuisset puer in 12. anno forte, et iam sit bene 50 annorum
    b) in domo paterna ..., ubi eos sollebant colligere
    c) —
12. et quod inde, quando eos habere potuit, eis confessa sit
13. a) quod sint iam 3 anni
    b) in Gyrswalde in domo sua propria in camera
    c) —
14. Item audiverit predicaciones eorum, quando venerant,
15. et eos hospitaverit, nescit quamdiu, et quod tunc eciam alii in eius domo sint eis confessi et predicaciones audiverint; et dederit eis tunc comedere et bibere.
16. Item quod beate Marie et sanctorum virtutes deberemus imitari, quia homines fuissent, et in solo deo figere fidem. Item quod audiverit, beatam Mariam et sanctos non posse orare pro nobis, et hoc post longum ventilata dixit se credidisse; et quod ieiunaverit et celebraverit ac invocaverit beatam Mariam et sanctos propter deum et sanctam christianitatem, nec apostolum habet, nec confirmata sit; et cicius vel pluries interrogata, an invocaverit sanctos, ideo ut pro ea orarent, respondit, quod crediderit Christum ex pura virgine natum et alia diversimode se palliando etc. Item quod oraverit pro illis, qui sequi deberent, quod deus esset eis propicius. Interrogata, an oraverit pro defunctis et an esset purgatorium, dixit, confessio(nem) et penitenciam audivisset esse purgatorium, sed nullo modo voluit dicere, an crediderit, hoc esse purgatorium et non aliud post hanc vitam. Item quod purgatorium non iuvaret, sed penitencia et confessio, et hoc crediderit; et post hoc longe dixit, se non credidisse purgatorium. Item quod sectam suam crediderit esse veram fidem, et dy vremden, si secundum hoc facerent, possent salvari, nec potuit dicere seu voluit, quod salvarentur.
17. Item quod sit citata, sed non excommunicata.
18. Item quod filios Heyne et Hans induxerit.
19. —
20. —
21. presentibus ... fratre Nicolao socio inquisitoris, Heynrich Malchyn, et Arnt Czagemeyster laycis, Pragensis et Caminensis diocesum.

191

Alte Nr. 439; altes fol. 403r; neues fol. 30r.

1. Anno eciam et die, hora etc. predictis *(1394 März 23)*
2. Walter Cune / Cůne
3. de Gyrswalde
4. —
5. *(etwa 80 Jahre, siehe 11 a)*
6. in Cochstede
7. Cune von Schyten ⎫ , et quod defuncti sint in secta et ibidem sepulti
8. Gyrdrud ⎭ in cimiterio
9. *(siehe 18 und 19)*
10. et quod nescit, *(quis)* ipsum induxerit
11. a) cum fuisset annorum 20, et sit quasi 80 annorum
    b) —
    c) —
12. et quod inde eis confessus sit, nescit quociens
13. a) ante biennium
    b) in domo Welsaws in Premslaw
    c) —
14. 15. Item quod bene bis audiverit predicaciones heresiarcarum, et in domo sua eis confessus sit propria, et quomodo tunc de die poterit predicare[a]
16. Item quod iniunxerint ei pro penitencia centum Pater noster festivis diebus et feriis 50 et 20 Ave Maria, attamen nesciverit Ave Maria ... — Item quod deus ita bene posset sibi graciam dare pro sua capacitate, sicud sanctis dedisset ... — Item quod sectam suam crediderit esse veram fidem christianam, et quomodo *(?)* alii vremden esse possent, ex quo opus dei essent, et alii eciam remunerarentur pro suis bonis.
17. Item quod non sit citatus, sed iussus sit venire per dominum Heynricum Volrot.
18. et Hans et Heyne filios suos uxor induxerit
19. Item nominavit sororem suam Tele relictam Tyde Becker.
21. presentibus quibus supra.

[a] *Zu ergänzen:* heresiarca?

192

Alte Nr. 440; altes fol. 403v; neues fol. 30v.

1. Anno etc., die 24. mensis Marcii predicti *(1394 März 24)*, hora quasi terciarum *(vgl. auch 20)*
2. Tele uxor Herman Hokman
3. de Conradorp / Conradesdorp
4. —
5. —

6. in Dobyr 4 miliarium a Stargardia
7. Hans Bůnger ⎫ , et quod non fuerint de secta, nec aliquem habeat ami-
8. Geze ⎭ cum de secta
9. *(ihr Mann, siehe 2)*
10. et quod Peter Gossaw in groten Wowiser ipsam induxerit prohibendo eam iurare, et quod facere deberet sicud ipse, et ipsa annuente adduxerit eam ad commodum, ubi heresiarca fuit, et ei ibidem in camera primo confessa est
11. a) quod sint bene sex anni
    b) *(siehe 10)*
    c) —
12. 13. et amplius non sit confessa eis.
16. Item quod iniunxerit ei bene per ½ annum quartis feriis ad ieiunandum in pane et tenui cervisia et 50 Pater noster et dominicis centum, et, ut sibi apparet, eciam Ave Maria; et quod tenuerit penitenciam pro posse, et crediderit se absolutam et ita mundam, sicud nata de matre esset, iuxta verbum heresiarce ... — et quod marito suo non dixerit, quod esset confessa heresiarce, ne compelleret eam amplius accedere, quod ipsam tunc de corde miserit; et quod primo ei dixerit, cum iam venire *(= ad inquisitorem)* volebat, et sic veniret non citata.
17. *(siehe 16 am Schluß)*
18. et quod nullum induxerit,
19. nec amicum aliquem habeat de secta
20. *(am Anfang des Protokolls:)* coram fratre Nicolao de Wartenberch subdelegato domini Petri inquisitoris, facta die 24., hora quasi eadem, coram domino Nicolao Darczaw et magistro notario publico et me notario infrascripto, in loco etc. conswetis.
21. presentibus Johanne Smolentyn et Heynrich Scheveke *(?)*[a] concivibus in Stetyn et mercatoribus etc.

[a] *Lesung sehr unsicher; zu 1420 wird ein Peter Scheveken als Bürger von Stettin erwähnt; vgl. M. Wehrmann, Geschichte der Stadt Stettin..., S. 614.*

193

Alte Nr. 441; altes fol. 404r; neues fol. 31r.

1. Anno, die etc. predictis *(1394 März 24)*, hora quasi nonarum
2. Heyne Smerwylkel / Smerwynkel
3. de lutgen Wowiser
4. —
5. *(21 Jahre, siehe 11 a)*
6. in lutgen vel groten Wowiser
7. et quod pater suus vocabatur suo nomine *(= Heyne Smerwynkel)* ..., et quod pater defunctus sit in secta et sepultus in Kerkaw in cimiterio

8. Mette, in fuga inquisitoris *(vgl. unten 19 und 20)*
9. *(Schwester, Onkel, siehe 19 und 20)*
10. *(parentes)*
11. a) quod sint bene 11, et iam sit 21 anni
    b) in domo lange Heyne Hokman in lutgen Wowiser in camera
    c) —
12. 13. et secundo et ultimo ibidem in domo Hennyng Vischer uno anno post
16. Item quod confessus presbiteris et susceperit corpus Christi non dicendo se de secta, quia semel propter quod dixit de secta coetaneis, a patre fuerat percussus ... — Item quod aquam benedictam, sal etc. receperit propter homines, non credens aliquid valere. Item indulgencias, peregrinaciones non crediderit esse utiles nec excommunicaciones nocivas animabus. Item cantus ecclesiasticos non reputaverit valere, sed melius secretas celebrare missas etc., et leysen cantari peccatum, et habere ymagines ydolatriam, et osculatus reliquias fecerit propter homines.
17. Item quod sit citatus et excommunicatus.
18. —
19. 20. nec scit, ubi mater sua sit, quia ipsam dimiserit iuxta Bernaw, quando ipsa in fuga fuit. Item nominavit sororem suam Katherinam, uxorem Andree Ermgard, item Hokman, Engyl eciam patruos suos; et quod ... fuerint in fuga Tyde et Clauss Ruderbeke, ipse et Sybe Curaw ... — Insuper absolvit eum et terminum statuit ad 8 dies ad suscipiendum penitenciam.
21. presentibus Mathia Brant notario publico et clerico, et Conrad Rast civi in Stetyn, Caminensis diocesis.

194

Alte Nr. 442; altes fol. 404v; neues fol. 31v.

1. Anno, die et hora etc. prescriptis *(1394 März 24)*
2. Katherina relicta Petri Mews
3. de Grunenberch prope Selchaw
4. —
5. *(über 30 Jahre, siehe 11 a)*
6. in groten Wowiser
7. Hennyng Schowenburch ⎫ , et quod fuerint de secta et defuncti in
8. Grete ⎭ eadem et sepulti in groten Wowiser
9. *(ihr Mann, siehe 2; weiteres, siehe 10 und 19)*
10. Hennyng bey der Steyge cognatus suus
11. a) tum fuisset annorum forte 13, et iam sit plus vel ultra 30 annos *(Überschrift: an. 18)*
    b) in domo inductoris *(siehe 10)* ... in camera vel granario
    c) —

12. et quod inde, quando venerint, eis confessa sit
13. a) quod sit ultra unum annum
    b) in domo Ebyl Vilter in Selchaw in camera
    c) —
14. Item quod bis vel ter audiverit predicaciones eorum, sed nescit ubi, sed videtur in domo Heyne Hokman.
16. Item quod beatam virginem bene invocaverit, sed non sanctos ... — Item solum duas vias et non purgatorium crediderit post hanc vitam, attamen oraverit pro defunctis ... — Item omne iuramentum crediderit esse peccatum; item maleficos non posse occidi sine peccato, et iudices in hoc peccare, ita quod dampnarentur pro eo, si non peniterent, et ipsa timuerit, se peccare potando cum schabinis potum.
17. Item quod non sit citata.
18. Item quod nullum induxerit nisi propinquam suam Katherinam uxorem Hennyng Rutlyng
19. Item dixit, fratrem suum Hans non esse de secta nec filia Tylss.
21. presentibus quibus supra.

195

Alte Nr. 443; altes fol. 405r.v; neues fol. 32r.v. — Bereits bei Wattenbach, Über die Inquisition ..., S. 30—32 ediert, deshalb auch hier — mit kleinen Berichtigungen — wiedergegeben.

(*Überschrift:*) Sybert Curaw de lutgen Wowiser, natus in secta an. 16

Item anno etc., die 25. mensis Marcii *(1394 März 25)*, hora quasi nonarum, coram quo supra et loco se obtulit Sybecuraw sive Sybert Curaw de lutgen Wowiser Caminensis diocesis, suspectus de heresi, accusatus et iuratus etc. ut supra.

Iuratus igitur et interrogatus, ubi natus sit, respondit, quod in Warnicz, et quod pater suus vocatur Hans Curaw iam conversus, et mater Alheyt et defuncta in secta Waldensium et sepulta in cimiterio in Schawenfleyt, et quod parentes ipsum induxerint, et quod in Warnicz in domo Heynrik Schumeker sit confessus in camera, cum fuisset annorum 13 vel 14, et iam sit 29 annorum; et quod inde, quando eos habere potuit, eis confessus sit; et ultimo in domo Hennyng Vischer in groten Wowiser in camera, quod sit circa 2 annos, heresiarce Nicolao iam converso et Nicolao Gotschalg sit confessus; alios non scivit nominare.

Item quod tenuerit eos pro confessoribus melius presbiteris, potentibus dimittere sibi peccata, et non reputaverit eos ordinatos presbiteros. Item quod iniunxerint ei pro penitencia sex vel 8 quartis et per quartale anni sextis feriis in pane et aqua ad ieiunandum; item ad orandum 50 Pater noster et dominicis centum, et non Ave Maria; et quod tenuerit penitenciam et crediderit se absolutum et penitenciam proficere ad salutem. Item quod confessus presbiteris et susceperit corpus Christi, non dicendo de secta, quia prohibitus. Item quod audiverit predicaciones eorum forte quater. Item quod non invocaverit beatam Mariam et sanctos, quia non crediderit, eos pro se posse orare pre gaudiis, et si deberent orare pro nobis, quid tunc gaudii haberent? Et quod habeat apostolos Petrum et Paulum, quia sibi sacerdotes[a] mandassent, non quod pro eo orarent; et quod ieiunaverit et celebraverit apostolis suis et beate Marie ad laudem dei, non sanctorum. Item quod non oraverit pro defunctis, quia non crediderit eis prodesse, nisi quantum premisissent ante se, quia in celo non indigerent et in inferno non prodesset; et quod non esset purgatorium post hanc vitam; et quod obtulerit in missis defunctorum, non quod animas iuvaret, sed propter deum fecerit. Item quod se asperserit aqua benedicta, non quod crediderit delere venialia, sed propter homines. Item quod sal, cineres, palmas etc. non crediderit meliora benedicta quam alia a natura. Item indulgencias, peregrinaciones et annum iubileum non crediderit valere ad anime salutem, nec excommunicaciones nocere animabus, sed bene corpori, quia viderit, excommunicatum non potuisse putrescere. Item melius crediderit, legi quam cantari missas[b]. Iuramentum crediderit esse peccatum. Item sectam suam crediderit fuisse[c] veram fidem et alios aliquando dampnari et aliquando aliter, et ideo eos dy vremden appellaverit. Item quod nullum induxerit. Item sit citatus et presumit se excommunicatum. Item quod cum tribus aliis recessit, ne venirent ad inquisitorem, et solum super est Clauss Ruderbeke. Item quod appellaverit inquisitorem precursorem antichristi sicud alii, et alias in ioco dixisset Melsawyne, quod ei puerum generaret; et quod uxor sua ipsum induxerit ad veniendum, postquam venerat ad domum. Item nominavit Mette uxorem Zdeneke Rudegerss. Item nominavit amicos Sybe Hutvilter in Bernwalde et Mette Tramburche.

Interrogatus, an velit reverti ad unitatem fidei, eciam abiurare sectam et subire penitenciam et obligare ad penam etc., respondit, quod sic, et abiuravit corporaliter etc. Insuper absolvit eum et terminum statuit etc. Acta sunt hec[d] presentibus honorabilibus viris Ambrosio[1] plebano beate Marie in Stetyn, Petro Rogaw[e] plebano in lutgen Wowiser, Johanne Fricze in artibus magistro et baccalareo in decretis vicario in ecclesia sancti Jacobi in Stetyn, Caminensis diocesis, et pluribus aliis fidelibus ad premissa etc.

(Darunter von späterer Hand[2]:)

Hic liber, sive registrum istud, practicatum[f] est et collectum per reverendum patrem fratrem Petrum inquisitorem, provincialem ordinis Celestinorum,

---

[a] *HS:* sibi a sacerdotes.
[b] *Danach gestrichen:* et alia officia ecclesiastica.
[c] *HS:* crediderit sectam fuisse.
[d] *HS:* Acta statuit.
[e] *HS:* Rogchaw, *doch scheint das* ch *gestrichen zu sein.*
[f] *HS:* practicatus.
[1] D. i. Ambrosius Deynart, *siehe oben, Nr. 37.*
[2] *Vgl. dazu den* ZWEITEN TEIL, Bemerkungen..., *oben, S. 28.*

ad partes Almanie et dyocesim Caminensem specialiter destinctum[g] per sedem apostolicam. Qui anno domini 1393 in mense Ianuario incepit et per sequentem annum in predicta dyocesi continuavit usque ad mensem Februarium. Et suprascriptum diligenter collectum registrum in conventu Prymslaviensi apud fratres predicatores anno domini[h] 1394 deposuit et custodiendum reliquit.

[g] *HS:* destinctus.
[h] *Gestrichen:* 1432.

XIV

Pseudo-Pilichsdorf (Peter Zwicker?) über die Bekehrung märkischer Waldenser, 1395

Aus: Cod. Seitenstettensis 188, *fol. 14v. 15r; vgl. oben, S. 31 f.*

Numerus electorum[a]

Audite[b], numerum electorum eciam nomine multitudinis in scripturis exprimi ...

...

Sed licet tu Waldenses[c] heretice minimos credentes / habeas ad eternam dampnacionem[d], ostendam[e] tibi tamen gentes, tribus et populos et ligwas[f], ubi per dei graciam sunt omnes katholici[g] et omnes homines sunt immunes a tua secta penitus conservati, scilicet Anglyam[h], Flammigiam[i], Flandriam, Brabanciam, Garlandriam, Westfalyam[k], Daciam, Sweciam[l], Norweygiam[m], Prussiam et regnum Cracovie, pene nullos habent[n] Waldenses. Qualiter ergo poteris esse discipulorum domini successor, cuius doctrina per dei graciam in tot partibus est incognita, cum de apostolis dicatur[1]: „In omnem terram exivit sonus et[o] in fines orbis terre verba[o] eorum". Non es ergo tu pastor bonus ille, de quo dominus dicit Jo. X[2]: „Bonus pastor animam suam ponit pro ovibus suis". Quare non perstitisti cum ovibus in Thurigia[p], Marchia, Bohemia, Moravia,

14 v

15 r

[a—s] *Abweichende Lesarten bei Gretser (siehe oben, S. 31):*
[a] De multitudine saluandorum; contra eosdem Waldenses loquitur.
[b] Aduerte eciam.
[c] Waldensis.
[d] damnationem.
[e] offendam.
[f] linguas.
[g] Catholici.
[h] Angliam.
[i] Flammingiam.
[k] Westphaliam.
[l] Sueciam.
[m] Norvveigiam.
[n] habens.
[o] et — verba *fehlt.*
[1] *Ps. 18, 5.*
[2] *Jo. 10, 11.*

ubi ex dei gracia iam infra spacium duorum annorum circa mille personas, heretici Waldenses, ad fidem katholicam*q* sunt conversi? Quare non venis ad Austriam et Ungariam, ubi spes est inquisitoribus*r* heretice pravitatis, plures iterum quam mille tuorum credencium fore de faucibus Leviathan extrahendos? Nullibi compares, semper fugis, et pauperes simplices in suis tribulacionibus relinquis. Audacter dico*s*, si tua foret iusta doctrina, facile tibi esset in locis omnibus predicanda. Nunc falsarie monetam tuam utpote falsam oportet te caucius occultare.

p Turingia.
q Catholicam.
r inquisitionibus.
s Dico audacter.

XV

Aus einer Bulle Papst Bonifaz' IX. an den Provinzialprior der Dominikaner der Provinz Sachsen über die Einsetzung von Inquisitoren unter anderem auch für das Magdeburger und Kamminer Gebiet. — Rom, 1400 Juni 5.

Druck: Paul Fredericq (Hrsg.), Corpus documentorum inquisitionis haereticae pravitatis Neerlandicae. Verzameling van stukken betreffende de pauselijken bisschoppelijke inquisitie in de Nederlanden *(= Hoogeschool van Gent. Werken van den practischen leergang van vaderlandsche geschiedenis, 1, 5, 8—10), 5 Bde., Gent u. s'Gravenhage 1889—1906, Bd. 1, S. 258 f., Nr. 243*[1].

... Dilecto filio priori provinciali ordinis fratrum praedicatorum provinciae Saxoniae secundum morem dicti ordinis ... Attento, sicut veridica relatio ad nostri apostolatus perduxit auditum, quod in tua supradicta provincia, non modo propter multitudinem haeresium et haereticorum, verum etiam propter numerositatem civitatum et locorum longe lateque nimis ad invicem distantium pravitate hujusmodi infectorum per unum aut paucos dictae Inquisitionis officium nequaquam possit commode exerceri, tenore praesentium tibi committimus et mandamus, quatenus sex dicti ordinis fratres ad hoc idoneos, in lege Domini profunde eruditos, quorum honesta conversatio exemplum tribuat honestatis et doctrinam fundant crudita labia salutarem, inquisitores hujusmodi pravitatis haereticae in Moguntinensi, Coloniensi, Magdeburgensi, Bremensi, Rugensi civitatibus, dioecesibus et provinciis, in quantum infra terminos praedictae provinciae secundum morem dicti ordinis fore noscuntur, necnon in civitate et dioecesi Caminensi et universaliter in omnibus locis dictae provinciae auctoritate apostolica deputes et assignes, eosque, quotiens tibi videbitur, absolvas et amoveas et in locum amotorum alios, ut praemittitur,

[1] *Der Druck durch Fredericq war unsere einzige Vorlage. Er ist hier buchstabengetreu, also mit dem durch Fredericq normalisierten Lautstand — zum Beispiel* ae *statt* e *— übernommen.*

idoneos substituas perpetuis futuris temporibus, quotiens fuerit opportunum, qui simul vel separatim, prout negotii suadebit utilitas, sub spe mercedis aeternae, in provinciis, civitatibus, dioecesibus ac locis praedictis contra quoscumque haereticos seu de haeresi infamatos aut suspectos ipsorumque credentes, fautores, receptatores et defensatores juxta sacrorum formam canonum et stilum hujusmodi officii hactenus observatum necnon secundum privilegia, indulgentias et statuta per praedecessores nostros Romanos pontifices ac Romanorum imperatores, in favorem fidei Christianae, pro officio Inquisitionis et inquisitoribus quarumcunque aliarum provinciarum edita et concessa, quae omnia et singula tenore praesentium ad hujusmodi inquisitores provinciae Saxoniae, quos per te aut successores tuos pro tempore, sicut praemittitur, deputari contigerit, extendi specialiter volumus et declaramus, efficaciter et districte procedant et ipsum officium auctoritate apostolica qua supra fideliter et libere exequantur, nullum super hoc a quoquam, cujuscunque conditionis, status, ordinis vel dignitatis existat, etiamsi dignitate patriarchali, archiepiscopali, episcopali, imperiali vel regali aut alia quacunque fulgeat, impedimentum quomodolibet habituri; nulli ergo, ...

Datum Romae apud s. Petrum, non. Junii[2], pontificatus nostri anno decimo.

[2] *Bei Fredericq irrtümlich als „Juni 13" bezeichnet.*

XVI

Berichte über Verfahren gegen einen ketzerischen Priester zu Stralsund und gegen andere Häretiker in Wismar und Rostock zum Jahr 1403.

a

Aus: Die Cronica novella des Hermann Korner, *hrsg. von Jakob Schwalm, Göttingen 1895; vgl. oben, S. 33 f.*

HS a *(a. a. O., S. 100)*

Magister Eylardus inquisitor ordinis fratrum Predicatorum condempnavit ac iudicio seculari tradidit quandam mulierem hereticam pertinacem in civitate Rostoccensi, que ibidem extitit combusta.

Similiter quendam Beggardum pertinacem hereticum nomine Bernhardum in Wysmaria.

HS A *(a. a. O., S. 100)*

Frater Eylardus supradictus inquisitor degradavit et condempnavit quendam hereticum nomine Nicolaum de Ville presbiterum secularem in civitate Sundensi. Quem sic degradatum et depositum tradidit iudicio seculari propter suam contumaciam et pertinaciam, per quod ibidem fuit incineratus.

Circa idem tempus prenominatus magister Eylardus inquisitor ordinis Predicatorum quandam mulierem examinavit in Rostok tanquam hereticam sibi delatam. Et eam inveniens pertinacem et impersuasibilem, tradidit iudicio seculari, a quo ad ignem iudicata periit.

Similiter et in Wismaria civitate eodem anno quendam Beggardum nomine Bernhardum pertinacem hereticum iudicio predicto seculari tradidit. Et crematus est ab eodem in civitate prefata Wismariensi.

HSS B und D (a. a. O., S. 365 f.)

Presbiter quidam Nicolaus Ville[a] dictus, delatus inquisitori magistro Eylardo ordinis Predicatorum, in urbe Sundensi captus est et per eum examinatus coram multis prelatis, clericis, religiosis et laicis et inventus hereticus pertinax et induratus nec ad graciam ecclesie reverti volens, degradatus est in publico foro per inquisitorem predictum et iudicio seculari traditus ad conburendum. Quod eodem die factum est.

Eodem anno idem inquisitor quandam mulierem sibi delatam examinavit in civitate Rostoccensi. Quam eciam hereticam inventam pertinacem et induratam nec ad gremium ecclesie reverti volentem iudicio seculari tradidit conburendam; que[b] cum igni astaret iam proicienda in eum, filius suus uterinus, frater ordinis Cisterciensis, eam ad penitenciam exhortatus est verbis dulcibus et devotis. Quem contumeliose reprehendens dixit: ‚Taceas tu, adulterine fili. Nunquam meis gestatus es visceribus'. Quod audiens frater confusus et merens abcessit.

Similiter et in urbe Wismariensi dictus inquisitor pro eodem tempore quendam Beggardum (socium Wilhelmi in Lubeke incinerati) Bernhardum nomine examinatum et hereticum inventum induratum[c] conburi fecit.

[a] *Statt* Ville dictus *in B:* de Ville.
[b] *Statt* que — abcessit *in B:* a quo igni tradita periit, filio suo astante viro religioso de ordine beati Bernhardi et conventu Doberanensi, eam exhortante ad fidem profitendam, sed non proficiente.
[c] complicum suorum plures dicto inquisitori patefaciens, *siehe zu B in anderer Konstruktion.*

b

Aus Hermann Korners deutscher Fassung (H); HS: Hannover Stadtbibliothek XIII 757, fol. 203r; vgl. oben, S. 33 f.

1403 ...

Uppe de sulve tyd wart vorclaget to den Sunde eyn prester, Nicolaus Ville genomet, to deme kettermeystere, meyster Eylarde vorgenomet, dat he erredom den luden predekede und lerede. Den leet do de sulve kettermeyster vangen unde vorhorede ene mennich werne unde leet to hope scriven sine dwelinge, de he openbar bekande vor den prelaten unde der stad ratluden. Des wart he ghevunden vor enen ketter, unde do he der artikle nicht wedderropen wolde noch vortien, do wart he beruvet al siner wiginge unde wart van dem warliken richtere ghebrant. Des sulven iares wart vor dem sulven kettermeyster vorclaget eyn vrouwe wonafftich in de stad Rostocke van erdomes weghene. De wart ok gevangen unde vorhoret dikke vor den prelaten der stad unde den ratmannen unde wart gevunden eyn bose ketterische, dar se nenerleye wyß wolde aflaten. Darumme wart se ghegeven in dat werlike richte unde wart ghebrant. Also de vrouwe by dem vüre stunt gebunden, do quam to er gande ere sone, de was eyn monnik van Dobbern, unde sprak to ere lefliken unde sede: Herteleve moder, bidde den barmhertigen god, dat he di vorgheve al dine sunde unde al dine dwelinge unde laet se dy leet wesen. Do sprak de moder to ereme sone: Swich, du unechte bose wicht, du wordest ny van mynem live boren. Do schemede sik de gude broder unde gink van dan. Des gelik wart to der Wismer ok eyn baggerd vor deme sulven kettermeystere vorclaget, de Bernard gheheten was, unde de wart ok dar vorhoret unde wart eyn ketter gevunden, wante he broder Wilhelmes scoler was, de to Lubeke brant was. Desse enwolde ok sik nicht bekeren, un darumme wart he dar gebrant.

c

Aus: Der sog. Rufus-Chronik zweiter Theil von 1395—1430, hrsg. von Karl Koppmann, in: Die Chroniken der niedersächsischen Städte. Lübeck, *Bd. 3 (= Die Chroniken der deutschen Städte vom 14. bis ins 16. Jahrhundert, Bd. 28), Leipzig 1902; Nachdruck: Göttingen 1968, S. 31; vgl. oben, S. 34.*

To der sulven tiid brande de vorschrevene kettermester broder Eylard enen papen to deme Stralessunde, dat eyn apenbar vorwunnen unde vorhardet ketter was; ok in deme sulven jare worden vorhoret unde ghebrand van deme sulven kettermestere to Rostock en vrowe unde to der Wysmer en beggherd: alle umme zwaren unloven, den se nicht vorlaten wolden.

d

Aus: Chronik Johann Berckmanns vom Jahre 1124 bis 1560. Druck: Johann Berckmanns Stralsundische Chronik und die noch vorhandenen Auszüge aus alten verloren gegangenen Stralsundischen Chroniken nebst einem Anhange, urkundliche Beiträge zur Kirchen- und Schulgeschichte Stralsunds enthaltend. *Aus den Handschriften hrsg. von Gottlieb Christian Friedrich Mohnike und Ernst Heinrich Zober (= Stralsundische Chroniken, Th. 1), Stralsund 1833, S. 5 f.*

Anno 1402 vor dem vastelauende, do wurtt Er N i c o l a u s v a n n d e r W i l m e , einn prester, gebrantt butenn vor der Franckenn singell, der vrsakenn haluen, he wolde nicht lidenn, datt de fruwenn edder megede scholdenn rode scho dragenn; wo he dath sach, so hadde he ein stucke tawes vann repe jnn der handtt, dar schloch he ße mede, vnde waß jegenn denn louenn, den se dann hedden; woll, dath he guth recht heft gehatt, dar / schach nichtes vmme; so muth de warheitt allerwegenn vndergan, vnde werth nicht gewrakenn.

e

Aus der Storch'schen Chronik; vgl. oben, S. 50 f.; Druck: Johann Berckmanns Stralsundische Chronik ... *(wie unter d), S. 168.*

Anno 1404 entstunden m e n n i g e r l e y s e c t e n an der seekante, beyde manck fruwen vnd mannes, de ene sunderlicke hilligkeit vorgeuen. Vnder welken the L ü b e c k vornemblick einer was, mit nahmen b r o d e r W i l h e l m ; desulue ging in witten kledern vnd gaff sick vor einen apostel vth.

Tho Wismar was einer, de hete b r o d e r B e r n h a r d. Tho R o s t o c k was ene fruwe ock in einer sonderlichen menung vnd hilligkeit. Desuluigen wurden alle vorbrandt. Hier thom S u n d e was auermahl ein ander; dat was ein priester, vnd nomede sick N i c o l a u s v a n d e m W o l l e m e. Desuluige — wie etliche willen — hedde nicht bewilliget gantz vnd gar in der lehre, so tho der tidt vam paweste vnd sinem anhange was angerichtet; hedde ock sehr gestrafet, dat men des sondages nicht scholde handeln edder wandeln; strafede ock de junckfruwen vnd fruwen, de r o d e s c h o e drogen; vnd wenn se na siner lehre nicht sohn wolden, hedde he ein stück thawes by sick, darmit plach he exequeren vnd strafe geuen denen, so he beschlog in ouertreding siner lehre. Ock strafede he sehr einen erbaren rath, dat se åuer sine lehre nicht helden vnd desuluige hülpen vortreden vnd confirmeren. Disse sulue wurde vorbrandt buten der Franken zingele.

f

Aus: Albert Krantz, Wandalia, in qua de Wandalorum populis, et eorum patrio solo, ac in Italiam, Galliam, Hispanias, Aphricam, et Dalmatiam, migratione: et de eorum regibus, ac bellis domi, forisque gestis, *Köln 1519*, S. G i (L. XC cap. 9).

Iam per Wandalicas urbes diffusa erant Uenena sacrilegarum heresum, que se paulatim ostendere, atque prodere coeperunt, ad multorum perniciem. Iam hoste maligno uindicante, quod dudum pulsus his regionibus, fidei catholice cedere cogeretur. Sundis repertus est presbyter, qui pertinaciter errores noxios tueretur ab inquisitore conuictus, monitusque, ut resipisceret, in errore perdurauit. Quo circa curie traditus seculari, poenas dedit per ignem: antea ad iuris normulam degradatus. Rostockii inde comperta est mulier simili pertinacia, in erroribus indurata: et cum nequaquam resipisceret, igni concremenda damnatur. Iam stabat supplicio proxima ad ignem: cum filius eius frater ordinis Cisterciensis, cum lachrymis et singultibus matrem moneret, rogaret et obsecraret: ne se temporali et aeterno traderet incendio, resipiscens, dum tempus sit. Indignabunda in eum mulier respiciens toruis oculis: Abi, inquit, deterrime mortalium: nunquam tu hoc utero portatus, his es lactatus mamillis, pro uero suppositus es adulterinus. Sic etiam suos diabolus martyres, ad supplicia fortes facit. Abiit ille tristis, et lachrymis infusus. Illa igni iniecta concrematur. Et ne uicina Wismaria foelicius ageret, comperit transiens idem inquisitor, Bernardum quendam, socium Lubicani Wilhelmi, eadem uanitate pertinaciter delirantem, ut quondam ille. Monitum, conuictum, damnatum, nihil emendatum, iussit curie prouenire seculari: que illum digno consumpsit exitio concrematum.

A—D Randbemerkungen:
A: Sundis presbyter haereticus.
B: Mulier heretica.
C: Responsio notanda.
D: Wismariae alius hereticus.

XVII

Über einen Ketzer in Stettin zum Jahre 1411.

Aus: Die Magdeburger Schöppenchronik, *hrsg. von Karl Janicke (= Die Chroniken der niedersächsischen Städte. Magdeburg, 1. Band. Die Chroniken der deutschen Städte, Band 7), Leipzig 1869, S. 330 f.; vgl. oben, S. 14.*

Dar na in dem sulven jare quam ein ketter to Stettin, de hadde vele erdomes und vele stucke bi sik, de wedder den cristen loven weren. he sprak, he were godes sone openbarliken. to dem quam ein mester der hilgen schrift, de ok der ketter mester was, ein vorhorer. he konde den man nicht bekeren van dem ungeloven. he sprak, he were jo godes sone. do he van dem ungeloven nicht laten wolde, de meister heit on bernen laten. de ketter sprak ‚ik bin godes sone, ik kan nicht bernen'. man bereidede eine kopen und stote en dar in. do sprak de mester to dem kettere ‚sprikstu noch dat du godes sone sist?' he sprak, he weret. de meister leit upholden dat hilge sacrament und sprak ‚dit is de ware godes sone, den men hir uphevet. also warliken motestu bernen'. do lede men vur an unde vorbrande on genzliken to aschen. also sterkede god den cristen geloven wedder des duvels craft.

XVIII

Hinrichtung des Jakob Schröder, alias Bitelolle, der dem waldensischen Irrtum des Tötungsverbotes anhing, im Bistum Brandenburg, 1411.

Aus: Stephan Bodecker, De decem preceptis, *HS: Berlin [West], Staatsbibliothek, MS theol. lat. 2° 118, fol. 160v bis 161r; auch in: (Stephan Bodecker,)* Continuatio cimboli apostolorum, *HS: Berlin [West], Staatsbibliothek, MS theol. lat. 2° 81, fol. 294v; vgl. oben, S. 34—37.*

Preceptum quintum
. . .

De secundo errore, qui est circa hoc preceptum, scilicet quod non debent homines peccatores vel malifici occidi, et erroris improbacio, cap. VI.

Alius error circa preceptum istud est dicencium, quod illud preceptum simpliciter est intelligendum, patet[a] nullum hominem sine peccato posse occidi, et in isto errore sunt heretici Waldenses et Crucifratres[1]. Cum enim isti nullam nec verbera nec tallionem, utputa qui se ipsos flagellant, timent neque eciam

---

[a] *HS 118:* iacet; *vielleicht auch zu korrigieren:* utputa.
[1] *Mit* Crucifratres *sind, wie auch aus dem nächsten Satz hervorgeht, offensichtlich Geißler gemeint. Bodecker wird sie aus dem benachbarten thüringisch-sächsischen Raum kennen. Vgl. (ohne Hinweis auf Bodecker) Siegfried Hoyer,* Die thüringische Kryptoflagellantenbewegung im 15. Jahrhundert, in: *Jahrbuch für Regionalgeschichte 2 (1967), S. 148—174.*

divicias curant[b], utpote[c] quibus omnis mundus patria est, merito sibi hoc firmiter prestiterunt et statuerunt tanquam sue pelli, et illud unum solum scilicet mortem timentes dicunt[d], nullum sine peccato posse[e] occidi. Unde novissime anno domini 1411 sub pie recordationis Henningo[2] predecessore[f] in Brandenburg, quidam dictus Jacobus Scroder alias Bitelolle existens de hoc errore, et pro eodem et aliis quibusdam combustus est[f]. Cum enim inquisitor interrogasset dictum Jacobum de hoc, an homo licite posset occidi et sine peccato, respondit, quod melius esset furem suspendi, quam quod permissus in vita maiora mala perpetraret. Sed cum inquisitor instaret, quod non directe responderet ad quesitum, post longas cavillaciones tandem aperte fatebatur, se tenere et credere, neminem posse alium sine peccato[g] occidere, et addidit, quod forefactores essent aliis penis citra mortem emendandi et non occidendi. Inducunt autem isti ad sui erroris fulcimentum, quod dicitur Exo. XX „Non occides"[3]; quod dicitur Mt. V[4], resumi; inducent / eciam Math. XIII, quod dominus ministris volentibus zizaniam colligere tritici respondit: Sinite...[5] / Peccatores ergo et maleficos occidere licet iuxta auctoritatem supradictam.

[b]—[g] *Textvarianten in* MS theol. lat. 2° 81, *fol. 294vb:*
[b] curant *fehlt.*
[c] utputa *(bessere Lesart).*
[d] dicunt *fehlt.*
[e] posse *fehlt.*
[f] predecessore nostro in Brandeborch quidam dictus Jacobus Schroder alias Bitelolle existens de hoc errore convictus et pro eo et aliis quibusdam combustus est.
[g] peccato neminem.
[2] Henning von Bredow, Bischof von Brandenburg 1406 bis 1414.
[3] Exod. 20, 13.
[4] Matth. 5, 21.
[5] Matth. 13, 30.

XIX

Verbrennung von sechs Hussiten in Jüterbog, 1417 Mai[1].

a

Aus: Carl Johann Brandt, Geschichte der Kreisstadt Jüterbogk und ihrer Umgegend von den ältesten bis auf die neuesten Zeiten nach zuverlässigen Nachrichten entworfen, *T. 1, Torgau 1826, S. 128.*

1416[2] wurden hier 6 Hussiten verbrannt.

[1] *Vgl. oben, S. 32 f.*
[2] *Die Jahreszahl ist vermutlich nach Heffter zu berichtigen in 1417.*

b

Aus: Carl Christian Heffter, Urkundliche Chronik der alten Kreisstadt Jüterbock und ihrer Umgebungen, namentlich des Klosters Zinna, der Fabrikstadt Luckenwalde, der Herrschaft Baruth, der vormaligen Herrschaft Dahme, des Ländchens Beerwalde und auch der Stadt Treuenbrietzen, *Jüterbog 1851, S. 200 f.*

Im Mai 1417 hielt der bischöfliche Official aus Brandenburg hier geistliches Gericht und ließ 6 Ketzer, welche der hussitischen Lehre sich zugeneigt / hatten, auf dem Markt verbrennen, ohne nachher Sühnegeld zu zahlen.

XX

Hinrichtung des Stralsunder Priesters und Hus-Anhängers Johannes Buchholz, etwa 1417.

a

Aus: Des Thomas Kantzow Chronik von Pommern in hochdeutscher Mundart. Letzte Bearbeitung, *hrsg. von Georg Gaebel, Bd. 1, Stettin 1897, S. 237, Anm. 1; vgl. oben, S. 48 f.*

Umb diese Zeit ist auch ein Priester zum Sunde gewest ein Hussite, den hat man verprant.

b

Aus: Thomas Kantzow, Chronik von Pommern *(Nachlaßfassung); HS: Kopenhagen, Samling Thott Nr. 644 Fol., fol. 286r; vgl.* Pomerania. Eine pommersche Chronik aus dem sechzehnten Jahrhundert, *hrsg. von Georg Gaebel, Bd. 1, Stettin 1908, S. 330, und oben, S. 49 f.*

Und umb diese Zeit seint auch zum Sunde gefunden worden, die Hussen lere nach seinem totte verteidingten, darunter ein Priester, er Johan Buchholz geheissen, der heftig daruber gehalten, und sich auch daruber verprennen hat lassen.
Hernach im iar 1419 ...

c

Aus: Das Grosse Pomrische Kirchen Chronicon *D. Danielis Crameri. Das ist, Beschreibung vnd auszführlicher Bericht, was sich fürnemblich in Religions Sachen, von Enderung der Heydenschafft her, im Land zu Pomren und Fürstenthumb Rügen ... biss auff kegenwertige Zeit, begeben vnd zugetragen hat ..., Buch 2, Alten Stettin 1628, S. 87 ff.; vgl. oben, S. 55.*

Das XXXVI. Capittel.
Wie die Hussitische Lehr / auch nach Stralsund gekommen / was die für eine Lehr sey / vnd wie es damit ergangen.
...

S. 87

S. 90
A   Nun solche Johannis Husses Lehre / kam auch kurtz nach dem er verbrandt war / gen Stralsundt / welche etliche Priester allda verthedigten / vnter welchen einer mit Nahmen Herr Johan Buchholtz war / der für andern hefftig darüber hielte / aber endlich auch darüber zum Fewr verdammet ward / vnd neben einem Weybe zu Rostock verbrandt wurden. Solches Glück bekam diese Lehr in Pommern / welche hiemit vnterdruckt ward / dagegen aber führete man allerley Menschliche Satzungen von newen ein / wie dann kurtz hernach im
B   Jahr 1419. die Procession / das Sacramenthäußlein vmb zutragen / in Seestädten / vnd also auch im Pommern erst angefangen worden ist / zweifels ohne auß der gelegenheit / das nunmehr / zu Costnitz auffm Concilio der gebrauch des Sacraments / in einerley gestalt mehr war bekrafftiget worden: Zu welches vnterhaltung dienen solte / das man die Hostien also bloß / allein herumb truge.

Randbemerkungen:
A: Ann. 1417. Herr Johan Buchholtz verthediget Hussy Lehr zum Stralsunde. Wird zu Rostock verbrandt.
B. Ann. 1419. Sacramentshäußlins anfang.

XXI

Berichte über den sogenannten Putzkeller zu den Jahren etwa 1438 ff.

a

Aus: Des Thomas Kantzow Chronik von Pommern in hochdeutscher Mundart. Letzte Bearbeitung, hrsg. von Georg Gaebel, Bd. 1, Stettin 1897, S. 271, Anm. 2; vgl. oben, S. 48 f.

1438 hat Hertzog Barnim von Bart Qwick uber der Uker geholt. — Umb diesse Zeit sol der Putzkeller im Land zu Bart genge gewest sein, darin ein Datenbergin, eine Junckfrawe, wegkgekhomen.

b

Aus: Thomas Kantzow, Chronik von Pommern (Nachlaßfassung); HS: Kopenhagen, Samling Thott Nr. 644 Fol., fol. 307v. 308r; vgl. Pomerania. Eine pommersche Chronik aus dem sechzehnten Jahrhundert, hrsg. von Georg Gaebel, Bd. 1, Stettin 1908, S. 363 f., und oben, S. 49 f.

Putzkeller in dem Landt zu Bart[a]
Auch ist zu diesen zeiten, wie man sagt, der Putzkeller im Land zu Bart gewest, unbewust, woher er erstanden. Das ist eine Teufflische lehre gewest, schyr auff die Art wie die Adamiter und Gartenbruder seint, haben gehalten, das nach dem Jungsten tag der Teuffel solle Christum aus dem himel vertreiben, und er sampt seinen glewbigen widder in den himel khomen, und so lange

[a] *Die in der HS neben den Text gesetzte Überschrift von der Hand des Niklas von Klempzen.*

darinne regiren, als Christus regiret hat. Und seint des iares ein mal an einem sondern ort zusamen khomen, daselbst sie auff die nacht etliche Ceremonien und gebete getrieben. Und hat yre Vaterunser angegangen: Vater use, hulder buse, zuvor werstu uber uss, nhu bistu unter uss etc. / Und wen sie alles gethan, haben sie sich verschworen, die Ceremonien und den glawben nicht zu ubergeben, und darnach hat dan der Obrist die lichte alle ausgeslagen und gesagt: Wachst und vermehret euch. Und seint also durcheinander gefallen Man, Weib, gesellen und Junckfrawen, wie sie ungeferlich bey einander gestanden, und haben es darvor gehalten, wer in dem glawben were, das der nymer khonte arm werden. Und ire abzeichen gegen einander war, wan[b] sie sunst bey andern Christen in der Kirche weren, wan man in der Messe das Sacrament auffhielt, das sie sich umbkereten oder ia sunst nicht darnach sahen. Und war diese abgotterey unter dem Adel allein, und hielten es so heimlich, das es nymands erfharen khonte, bis das der Teuffel einmall den Zehe(n)den dar von nham und eine Edeliungfrawe von der Datemberge geslechte, do sie also einmal zusamen weren, wegkfhurete. Daruber die sach begunte auszubrechen, und also das Convent verstoret wurt. Und derselbigen ketzer seint auch viele umb Newen Angermund in der Marke gewest, darumb heisst die Stat auch noch Ketzer-Angermund. Diesse[c] Secte ist bei menschen gedencken nicht gar erloschen gewest, dan hernach 1500 ungefer, alss jderman solche unchristliche Secte tadelte und dennoch viel darin bestendig pleiben wolten, ist einer, Marqward Behre von Forkenbeke, auss diesen landen in Pickhardien ein jar furgewichen, und nach ausgang des jares ist er wider khomen und hat Metzkowen von dem Grellenberge nachgelassen wittwe, Margrete Lesten, ein junkfraw, und noch mehr junkfrawen mit sich wegfhuret, hat vier reisige pferde und einen verdeckten wagen gehapt, darin ehr die frawen und Junkfrawen wegfueret, und niemandt weiss auff diessen tag, wohin: werden noch von den lewten, die sie gekhant, beklagt.

308 r

[b] *Gestrichen:* sich.
[c] *Der mit* Diesse *beginnende Abschnitt ist von Kantzow offenbar als Nachtrag auf fol. 308r geschrieben, aber durch Verweiszeichen dem ersten Abschnitt zugeordnet worden.*

c

Aus: Matthias Flacius Illyricus, Catalogus testium veritatis, qui ante nostram aetatem reclamarunt Papæ. Cum praefatione M. Flacii Illyrici, *Basel 1556, S. 1015; vgl. oben, S. 9 Anm. 17.*

Soliti enim sunt Rostochium ex Bohemia uenire certi homines, haud dubie Vualdensium concionatores, qui cum ipso et aliis suae doctrinae hominibus proprios conuentus habuerunt. Sed excitata est ab impiis contra eos persequutio, multique ciues sunt propterea expulsi. Nam praeter alia, etiam illud contra eos commenti sunt, solere illos noctu conuenire, et in illis suis conuenticulis promiscuas libidines exercere. Quare uulgo dictitatum est, conuenire eos in poßkeller, id est osculorum cellario.

d

Aus: Das Grosse Pomrische Kirchen Chronicon *D. Danielis Crameri.* Das ist, Beschreibung vnd auszführlicher Bericht, was sich fürnemblich in Religions Sachen, von Enderung der Heydenschafft her, im Land zu Pomren und Fürstenthumb Rügen ... biss auff kegenwertige Zeit, begeben vnd zugetragen hat..., *Buch 2, Alten Stettin 1628, S. 104; vgl. oben, S. 55.*

Das XXXXI. Capittel.
Von der Sect der PutzKeller / so im Lande zu Bahrt entstanden: Vom Synodo vnd Todt Bischoff Siegfried / auch vom König Erichs Kirchenschåtzen.

A   VMb diese zeit vngefehrlich / ist im Lande zu Bahrt ein Sect / die PutzKeller genant / entstanden / die zwar durch deß Teuffels eingeben / sehr vngeschlieffen / vnd grobe Lügen fürgegeben haben / (wo es nur nicht etwan Hussiten gewesen sind / vnd mit Vnwarheit / also von den Geistlichen / bey dem gemeinen Mann verhasset gemacht / wie sonsten viel geschehen ist.) Es sey aber
B   wie ihm wolle / so schreibet man von ihnen / das sie der meinung gewesen seyn / das nach dem Jüngsten Tage / der Teuffel vnd seine angehöringen in den Himmel kommen / vnd von den HErren Christum darauß verstossen würden. Item / sie haben auch dafür gehalten / das wer ihres Glaubens were / künte nicht in Armuth gerahten: Ihre Vater Vnser / haben sie also zubeten angefangen: Vader Vse / hulder buse / to vorne werestu baven Vs / nu bistu vnder Vs / etc. Ihre Zusammenkunfft / haben sie bey Nachtschlaffender zeit / an einem besondern Orth gehalten: Mit dem Ehestande / haben sie es auff gut Wiedertåuffrisch / in gemeiner Vermischung / wie das Wilde Vieh gehalten: Nach verrichtung ihrer Ceremonien / haben sie sich gegen einander / bey solchen Glauben zu bleyben / vnd nimmermehr davon abzustehen / verschwohren: Wann sie aber bey Christlichen Ceremonien / in der öffentlichen Kirchen gewesen sind / bey der ‚Elevation' des Sakraments / so haben sie das Angesichte davon gewendet / dabey einer den andern hat kennen können. Haben
C   solches Wesen ihres Vnglaubens / vber 30. Jahr so heimlich getrieben / das es fast niemand / oder ja wenig Leute erfahren haben. Alß aber GOtt nicht lenger zusehen können / sol der Teuffel eine Jungfraw auß ihrem Mittel / vnter der verrichtung ihrer Ceremonien / weggeführet haben / dadurch der handel lautbahr / vnd endlich der Convent zerstöret worden ist.

A—C Randbemerkungen:
A: Ann. 1440.
B: Was die Putzkeller für Irrthumb gehabt.
C: Putzkeller vber 30. Jahr geweret.

XXII

Literarische Auseinandersetzung des Brandenburger Bischofs Stephan Bodecker (1421 bis 1459) mit der Häresie und besonders mit dem Waldensertum (etwa 1440 bis 1450); *vgl. oben, S. 34-37.*

a. Allgemeines zur Häresie und zur Ketzerbekämpfung

Aus: De decem preceptis, *HS: Berlin [West], Staatsbibliothek* MS theol. lat. 2° 118, *fol. 96ra bis 98vb.*

Preceptum secundum

...

De heresi quid sit et quis dicatur hereticus, capitulum XV.

Quamvis autem heresis sit species infidelitatis et sic contrariatur primo precepto vel saltem ei, quod preambulum est ad precepta, ut est actus fidei, quia tamen, qui disseminat malam doctrinam sicut heretici vel heresiarche, nomen dei in vanum sumit[1]. Ideo placuit hic de ea de heresi aliquid pro forma colligere, de ea habetur Deutro. XIII[2], ubi dicitur, si frater vel soror vel amicus specialis alicuius / persuaderet alicui et ad cultum ydolorum inducere vellet eundem, quod non occultaret talem, sed convictum vel confessum populus obrueret lapidibus etc., ut ibidem, quod tamen meo iudicio magis ad apostasiam pertineret quam ad heresim, de qua hic loqui volumus, nisi large capiendo heresim prout divisionem importat; heresis enim grece divisionem importat. Unde secundum Ysidorem[3] diuretica divisma dicuntur, heretici enim divisi sunt ab unitate fidei. Vel eciam secundum, quod dicitur[4] „Hereticus est, qui falsas et novas opiniones vel gignit vel sequitur", sic illi, quo novos deos sequi vellent, heretici dici possunt, sed, ut dixi, magis tales apostate dicuntur, sicut illi, de quibus Joh. VI[5]: „Multi de discipulis eius abierunt retrorsum", sed secundum quod nunc loquimur de heretici(s) importat corruptionem fidei cristiane, et de ista Augustinus contra Manicheos[6]: „Qui in ecclesia Christi morbidum

96 ra

96 rb

---

[1] *Vgl. Exod. 20, 7.*

[2] *Vgl. Deuteron. 13, 6—11.*

[3] *Isidori Hispanensis Episcopi* Etymologiarum sive Originum *libri XX. Recognovit brevique adnotatione critica instruxit Wallace Martin Lindsay (= Scriptorum Classicorum Bibliotheca Oxoniensis), tom. 1 et 2, Oxford 1911; litogr. Nachdruck: Oxford 1957, bringt keine solche Formulierung; vgl. bes.* Etym. VIII, 3 ff.

[4] *C. 24, 2, 28;* Corpus Iuris Canonici. Ed. Lipsiensis 2., *post Aemilii Ludovici Richteri curas ad librorum manuscriptorum et ed. Romanae fidem recogn. et adn. critica instruxit Aemilius Friedberg. [Unveränd. Nachdruck der 1879 in Leipzig ersch. Ausg.], p. 1 u. 2, Graz 1955 [Im folgenden* Friedberg, 1, bzw. 2, zitiert*], 1, S. 998.*

[5] *Joh. 6, 67.*

[6] *Bodecker hat hier wie auch an anderen Stellen nicht unmittelbar die von ihm genannten Autoren benutzt, sondern aus dem* Corpus Iuris Canonici *geschöpft; es wird deshalb in diesen Fällen in den Anmerkungen unmitelbar auf das* Corpus Iuris Canonici *verwiesen.*

aliquid pravumque quid sapiunt, si correcti, ut sanum rectumque sapiant, resistunt[a] contumaciter, suaque pestifera et morbida dogmata emendare nolunt, sed defensare persistunt, heretici sunt", XXIV q. III c. Qui in ecclesia[7]. Vel dicamus, „heresis dicitur ab eligendo quasi elesis, quia unusquisque eligit sibi disciplinam, quam putat esse meliorem", XXIII. q. IV, / Heresis[8]. Et quia in electione fit divisio unius ab altero, electio[b] pro heresi dicitur, ut patet in primo Ethicorum[9]. Divisio autem contingit parti per recessum a voto. Prima autem congregacio, que est in hominibus, est per viam cognicionis, quia ex hac omnes alie oriuntur. Unde heresis consistit in singulari opinione preter communem opinionem, unde et philosophi, qui quasdam opiniones habebant preter communem sentenciam aliorum, sectas proprias vel hereses constituebant. Sed quia nullus denominatur ab eo, quod sibi inest imperfecte, sed solum quod hoc ipsum firmatur in illo, sicut non dicitur iracundus, cui inest passio ire, sed quia passibilis est de facili ab ira, neque, qui habet disposicionem ad sanitatem, dicitur sanus, neque hereticus nominatur, nisi qui in singulari opinione firmam habet stabilitatem. Unde et competit nomen heresim, secundum quod in electione sonat, quia, quod ex electione fit, quasi ex habitu firmato procedit. Vel dicitur heresis ab herendo latine, quia nimis hoc vicium inheret, vel quia hereticus sue opinioni vehementer inheret. Et quia congregacio corporis Cristi mistici per unitatem vere fidei primo constituitur, ideo hereticus secundum nos dicitur, qui a communi fide, que katholica dicitur, discedit contrarie opinioni vehe/menter inherens per electionem. „Qui autem querunt cauta[c] sollicitudine veritatem, corrigi parati, cum invenerint, nequaquam sunt inter hereticos deputandi", XXIV q. III c. Dixit[d/10], et De sum. trini., Damnamus[e/11], et

[a] *HS:* resistant.

[b] *HS:* electo.

[c] *HS:* capta.

[d] *HS:* dicit.

[e] *HS:* dampnamus.

[7] *C. 24, 3, 31;* Friedberg, *1, S. 998.*

[8] *Richtig: C. 24, 3, 27;* Friedberg, *1, S. 997. — Das Zitat ist nicht ganz korrekt.*

[9] *Aristoteles erwähnt im 1. Buch der Nikomachischen Ethik die prohairesis nur in Aufzählungen, thematisch geht er auf sie erst im 3. Buch ab Kap. 4 (1111 b 4 ff.) ein. W. Hübener (Berlin), dem ich diesen Hinweis ebenso wie die in Anm. 16 und 17 verdanke, bemerkt, daß Moerbeke* prohaeresis *mit* electio *übersetzt; wenn also unsere HS paläographisch nicht* proheresis, *sondern* pro heresi *hat, dann liegt dem eine Umdeutung bzw. ein Mißverständnis von seiten des Schreibers oder der Zwischenträger zugrunde — veranlaßt durch Isidor, Etym. VIII, 3, 1 oder durch C. 24, 3, 27;* Friedberg, *1, S. 997. — Der gesamte Absatz von* Et quia in electione *bis* inherens per electionem *ist dem Sentenzenkommentar des Thomas von Aquin entnommen; vgl. Thomae Aquinatis* Scriptum super quarto libro Sententiarum, *d. 13, q. 2, a. 1* Responsio, *in: Thomas von Aquin,* Scriptum super Sententiis magistri Petri Lombardi, *recognovit atque iterum edidit R. P. Maria Fabianus Moos, T. 4, Paris 1947, S. 564 f.*

[10] *C. 24, 3, 29;* Friedberg, *1, S. 998.*

[11] *X, 1, 1, 2;* Friedberg, *2, S. 6.*

Augustinus contra Faustum[12], „qui[f] nam sentenciam, licet falsam, nulla pertinaci obstinacione defendunt, sed emendare parati sunt, nequaquam sunt inter hereticos condempnandi", sed solum qui maiorum patrum contempta sentencia suorum errorum perfidia contendunt toto posse defendere, parati magis mori quam corrigi. Unde ad racionem heresis duo concurrunt: Unum est error in racione, quod est heresis initium. Alterum pertinacia in voluntate, quod est heresis complementum, secundum Pe. super IV sentenciarum dis. XIII[13]. Sciendum tamen, quod in fide sunt aliqua, ad que explicite cognoscenda tenetur omnis homo. Unde, si in hiis aliquis errat, hereticus reputatur et infidelis, si pertinaciam adiungat. Sunt eciam aliqua, ad que explicita credenda homo non tenetur. De quibus supra in symbolo apostolorum in prohemio c. XVII. Et in hiis errans non efficitur hereticus, ut si aliquis simplex credit, credat Jacob fuisse patrem Abrahe, quod est contra veritatem, quam fides profitetur, quousque sibi innotescat, quod fides ecclesie contrarium habet. / Quia non discedit per se loquendo de fide ecclesie ille, qui nescit hoc, a quo recedit, de fide ecclesie esse. Et quia quedam sunt, que in fide ecclesie implicite continentur, ut conclusiones in principiis, ideo in hiis diverse opiniones sustinentur, quousque per ecclesiam determinatum fuerit, quod aliquid eorum contra fidem ecclesie est, quia scilicet ex eo sequitur aliquid contrarium fidei directe. In dubiis ergo, de quibus inter doctores sunt opiniones tenentes alteram opinionum, quousque per ecclesiam sit determinatum, non est hereticus. Et quia Judei et pagani numquam fuerunt pars huius tocius, quod est ecclesia, non reputantur heretici, licet perversam fidem habeant, nisi largo sumpto vocabulo prout omnis, qui non tenet articulos fidei, dicatur hereticus. Nota XXIII q. I, Illi qui[14].

97 ra

Quomodo heresis sit maximum peccatum, capitulum XVI.

Est autem heresis inter omnia peccata maximum peccatorum, ut XXXII q. VII, Quid in omnibus[15]. Et est peccatum in spiritum sanctum, in quantum est impungnacio veritatis agnite et est racio. Quia unumquodque dicitur malum, quia nocet, unde, cum heresis plus noceat quam aliquid aliud peccatum, quia subvertit fundamentum omnium bonorum, sine quo nichil bo/ni remanet, ideo heresis est ex genere suo maximum peccatorum, quamvis ex accidenti aliquod aliud peccatum possit esse gravius, sicut si multum cresceret contemptus dei in aliquo, quod ex genere esset veniale, sed de eo, quod est secundum

97 rb

---

[f] *HS:* quis.
[12] *Vgl.* C. 24, 3, 29; Friedberg, 1, S. 998.
[13] *Vgl. Petri Lombardi* libri IV sententiarum *studio et cura PP. Collegii S. Bonaventura in lucem editi ... Secunda editio, ad fidem antiquiorum codicum Mss. iterum recognita, tom. 1 et 2, Ad Claras Aquas 1916, IV, 13, 2.*
[14] C. 24, 3, 25; Friedberg, 1, S. 997. — *Vgl. auch zu diesem Absatz den Sentenzenkommentar des Thomas von Aquin,* Scriptum super quarto libro sententiarum, *d. 13, q. 2,*[a.] *2, in: ders.,* Scriptum super Sententiis magistri Petri Lombardi ..., *ed. R. P. M. F. Moos, T. 4, S. 565.*
[15] C. 32, 7, 16; Friedberg, 1, S. 1144. *Vgl. zum folgenden Abschnitt auch Th. Aquinatis* Scriptum super quarto libro sententiarum, *d. 13, q. 2, a. 2, in: ders.,* Scriptum super Sententiis magistri Petri Lombardi ..., *ed. R. P. M. F. Moos, T. 4, S. 567 f.*

accidens, non est curandum in arte, ut Philosophus dicit in Ethicis[16]. Etsi obicitur, quare ergo non computatur inter principalia vicia, dicimus, quod sicut bestialitas ponitur extra aliarum humanarum maliciarum numerum, quia humanum modum transcendit, secundum Philosophum VII Ethicis[17], ita a sanctis heresis ponitur extra numerum peccatorum, que in fidelibus inveniuntur, quasi gravius eis, et ideo non computatur inter vicia capitalia neque inter eorum filias, quia vicia capitalia, secundum Ysidorum[g] in glo. Deutro. VII[18], signantur per VII populos, quia in terra promissionis [non] remanserunt. Tamen si heresis ad aliquod de septem capitalibus reduci debeat, poterit ad superbiam reduci, ut patet ex diffinicione heretici, quam dat beatus Augustinus[19], ut recitat magister sentenciarum in IV di. XIII[19], cum dicit: „Hereticus est, qui alicuius temporalis commodi et maxime glorie principatusque sui gracia falsas ac novas opiniones gignit vel sequitur". Illi enim, qui heresim confingunt de novo, constat, quod aliquod commodum / spectant saltem principatum, volunt enim habere sectatores. Hoc eciam in omnibus ex superbia procedit, que est amor proprie excellencie, quod a comuni via discedit animi levitate aut perversitate. Et vide, quod diffinicio predicta dicit, „novas opiniones gignit vel sequitur". Nam si gignit, sic est heresiarcha puta Arrius, Sabellius[20] et hodie in regno Anglie Wickleff et in regno Bohemie Huß. Si vero sequeretur, sic sunt alii, qui heresiarcham imitant velut Arriani et Sabelliani[20], Wickleviste et Hussite. Etsi preterea obicitur, quod secundum mensuram peccati est mensura pene, quia dicit beatus Jeronimus[21]: „Quis iam dubitat, hoc sceleracius esse commissum, quod est gravius vindicatum?" XXIV q. I, Non afferramus[21]. Sed peccatum scismatis est magis punitum quam aliquod aliud peccatum. Quia Dathan et Abyron vivi absorbti sunt a terra, ut patet Num. XVI[22], prout enim beatus Jeronimus[23] ista tria peccata, scilicet ydolatriam factam per filios Israhel, de quo Exo. XXXII[24], et contemptum regi(s) Joachim in eo, quod combussit librum prophecie Jeremie, de quo Jere. XXXVI[25], et scisma, quod fecerunt Chore, Dathan et Abiron, de quo Num. XVI[26], et dicit, quod „ydolatria gladio punita est, exustio libri bellica cede et peregrina captivitate,

---

[g] HS: Ysiderum.
[16] Vgl. Aristoteles, Nikomachische Ethik, *Buch 5 am Ende, bes. 1138 a 30 ff.*
[17] Vgl. Aristoteles, Nikomachische Ethik, *Buch 7, Kap. 1 ff., 1145 a 18 ff.; dazu den Kommentar des Thomas von Aquin zu 1145 a 25.*
[18] Isidor, In Deuteronomium *c. 16, 2;* Migne PL *83, Sp. 366.*
[19] Augustinus, De utilitate credendi *1, 1, in:* Migne PL *42, Sp. 65; Petri Lombardi libri IV sententiarum, IV, 13, 2; vgl. C. 24, 3, 28;* Friedberg, *1, S. 998.*
[20] Vgl. Svmma S[ti] *Raymvndi de Peniafort . . . de poenitentia, et matrimonio cvm glossis Ioannis de Frivrgo . . . nvnc primvm in lvcem edita . . ., l. 1, De haereticis,* § *1, Rom 1603 (Nachdruck: Farnborough, Hants, England 1967), S. 38.*
[21] C. 24, 1, 21; Friedberg, *1, S. 974.*
[22] Num. 16, 30—34.
[23] C. 24, 1, 21; Friedberg, *1, S. 973 f.*
[24] Exod. 32, 4.
[25] Jer. 36, 22.
[26] Num. 16, 1 ff.

scisma hyatu terre, sepultis autoribus vivis et ceteris igne consumptis", ubi aperte / videtur sentire, quod hoc peccatum sit gravius heresi et omni peccato, ut in preallegato canone Non afferamus[h/23]. Ad quod dicimus, quamvis scisma fuerit gravius punitum quantum ad novitatem pene, quod expediebat, ut prelati ecclesie non contempnerentur, tamen infidelitas est magis punita quantum ad multitudinem punitorum, quia quasi XXIII milia hominum exinde puniti sunt. Vel dicamus, quod omne scisma habet heresim annexam, maxime ex quo perseverat. Vel dic, quod, licet heresis sit maius crimen in sui natura quam scisma, tamen ex maiore contumacia et contemptu peccaverunt isti scismatici quam illi heretici, qui ydolum adoraverunt, cum illi prompciores essent ad hoc, quia in Egipto consueverant videre ydola ab Egiptiis adorare, sed Chore, Dathan et Abiron non peccaverunt ex aliqua imbecillitate vel assuetudine, sed tamen ex contumacia vel scienter, sed „hoc sceleracius erit adverbium, nam quanto maior est contemptus, tanto magis scelerate peccatur"[27], XXIV q. I, Non afferamus[28], et ibi glo.[29]. Idem Ray. III Extra de scisma[27].

Quod heretici nullo modo sunt sustinendi et de ipsorum pena, capitulum XVII.

Dum enim heresis infectivum vicium sit, dicitur enim 2 ad Thimo. 2[30], quod he/retici „multum proficiunt ad impietatem, et sermo eorum ut cancer serpit", hinc est, quod ecclesia excommunicat hereticos cum omnibus receptatoribus, defensoribus[i] et fautoribus suis, ut „De hereticis", „Excommunicamus", scilicet Credentes[31] et c. Excommunicamus II[32]. Unde, ne simplices per eorum vicium de facili possunt corrumpi, expedit, ut non tam mente quam corpore segregantur, quia „corrumpunt mores bonos colloquia mala", I. Chor. 15[33], et ne videamur doctrine ipsorum perverse aliquem sensum prestare, et ergo dicitur in secunda canonica Jo.[34]: „Si quis venit ad vos, et hanc doctrinam non affert, nolite recipere eum in domum, neque ave ei dixeritis, qui enim dicit illi ave, communicat operibus eius malignis". Sed et hii, qui iam firmi sunt in fide, non debent eis communicare, ne ex illarum conversacione detur infirmis occasio erroris. Unde dicit quedam glo.[35] ibidem: „Etsi vos decepti forte non estis, alii forsitan per talem vestram familiaritatem possent decipi, qui crederent illos

---

[h] *HS:* offeramus.
[i] *HS:* defensionibus.
[27] Svmma S[ti] *Raymvndi de Peniafort*..., *l. 1,* De schismaticis, § 4, S. 46.
[28] *C. 24, 1, 21;* Friedberg, *1, S. 973 f.*
[29] Glossa ordinaria *s. v. Sceleratius, in:* Decretum *Gratiani, emendatum et notationibus illustratum una cum glossis, Gregorii XIII. Pont. Max. iussu editum. Ad exemplar Romanum diligenter recognitum, Lugduni 1584, Sp. 1393.*
[30] *2. Tim. 2, 16. 17.*
[31] *X, 5, 7, 13 § 5;* Friedberg, *2, S. 788.*
[32] *X, 5, 7, 15;* Friedberg, *2, S. 789.*
[33] *1. Cor. 15, 33.*
[34] *2. Joh. 10. 11.*
[35] Glossa ordinaria *zu 2. Joh. 10;* Migne *PL 114, Sp. 706.*

placere vobis, etsi non crederent illis". Hoc tamen intelligendum licet, nisi loqueremur alicui propter eius salutem, quia tunc corporaliter possumus eis conversari, non tamen in divinis, quia excommunicati sunt, ut iam dictum est. Punitur ergo hereticus excommunicatione, item deposicione, si clericus est, rerum omnium oblatione et militari persecucione, de / quibus per canonicas in ti. De hereticis per totum[36], 23 q. 4 et 5 et 6 etc.[37]. Possunt ergo heretici iudicio seculari licite occidi et bonis suis spoliari, etiamsi alios non corrumpant, quia sunt blasphemi in deum et fidem falsam observant, unde magis possunt puniri iuste quam illi, qui sunt rei crimine lese maiestatis, et illi, qui falsam monetam cudunt, satis probatur hoc Extra, De hereticis, Vergentis[38]. Etsi obicitur de parabola zizaniorum Math. 13[39], ubi paterfamilias dixit messoribus „sinite utraque crescere usque ad messem", „messis autem est consumacio seculi", ut ibidem[40] dicitur. Cum ergo per zizaniam intelligantur heretici, videtur, quod heretici sunt tolerandi usque ad diem iudicii, et sic nec excommunicandi nec persequendi nec occidendi. Ad hoc dicendum, quod illud preceptum patrisfamilias de non eradicandis zizaniis intelligitur dupliciter: uno modo, ut exponatur preceptum in universali separacione malorum, et hoc accipitur ex ipsa questione messorum dicencium[41] „vis, imus et colligimus ea". Hoc enim non erit ante diem iudicii; et sic per zizaniam intelliguntur non solum heretici, sed universaliter omnes mali, ad hoc XI q. III, Nolite[42]. Secunda exposicio, ut intelligatur preceptum, quando mali sine periculo bonorum extirpari non possunt, et hoc patet / ex racione patrisfamilias, qui dixit[43]: „Ne forte colligentes zizania, eradicetis simul cum eis et triticum". Quod tribus modis contingere posset. Uno modo, quod aliquis prescinderetur, antequam de eius malicia constaret, unde dicit glo.[44], quod „monet dominus, ne ambigue iudicemus"; et ideo hoc preceptum habet locum in illis, de quibus non constat, utrum sint

---

[36] X, 5, 7; Friedberg, 2, S. 778 ff.
[37] C. 23, 4 ff.; Friedberg, 1, S. 899 ff.
[38] X, 5, 7, 10; Friedberg, 2, S. 782 f. — Der Vergleich der Häresie mit der Falschmünzerei steht nicht im Corpus Iuris Canonici, er findet sich jedoch bei Vincenz von Beauvais und bei Thomas von Aquin; vgl. Bibliotheca mundi. Vincentii Bellovacensis Speculum quadruplex; naturale, doctrinale, morale, historiale. ... Omnia nunc accurate recognita. ... opera et studio theologorum Benedictinorum collegii Vedastini in alma Academia Duacensi, 4 tom., Duaci 1624, tom. 3us qui Speculum morale inscribitur (Nachdruck: Graz 1964), Sp. 1128; Thomae Aquinatis Summa theologica. 2. 2. q. 11, a. 3, 3. Editio altera Romana ad emendatiores editiones impressa et noviter accuratissime recognita, vol. 1—6, Rom 1894, S. 111; ders., Scriptum super quarto libro sententiarum, d. 13, q. 2, a. 3, in: ders., Scriptum super Sententiis magistri Petri Lombardi ... ed. R. P. M. F. Moos, T. 4, S. 569.
[39] Matth. 13, 30.
[40] Matth. 13, 39.
[41] Matth. 13, 28.
[42] C. 11, 3, 22; Friedberg, 1, S. 649 f.
[43] Matth. 13, 21.
[44] Glossa ordinaria zu Matth. 13, 30; Migne PL 114, Sp. 132.

heretici vel non. "Ubi enim peccatum evidens non est, eicere de ecclesia neminem possumus", ut dicit beatus Jeronimus[45]. Secundo, si talis esset in malicia obstinatus, unde semper monicio debet precedere. Nullum enim excommunicatur, nisi propter contumaciam et monicione premissa, 11 q. 3, Certum est[46], et c. Episcopi[47] et ibi glo.; unde et glo. Math. XIII[48] dicit: "Monemur non cito amputare, quia, qui hodie errat, cras forsitan veritatem defendet". Et ideo ad Titum III[49] dicitur, "Hereticum hominem post unam et secundam correctionem devita, quia subversus est qui huiusmodi est". Tercio, si simul boni cum malis involvantur, maxime cum peccantes, "sociam habent multitudinem", quia cum "idem morbus plurimos occupaverit, nichil aliud restat quam gemitus et dolor", XIII q. IV, Non potest[50]; propter quod glo. Math. XIII[51] dicit, "quod princeps et multitudo non sunt excommunicandi". Ad hoc De sen. ex., Romana, § In universitatem, L. V[52], alias enim collectis zizaniis simul posset eradicari et triticum. Hiis / autem cessantibus utique debent mali prescindi secundum illud I. Chor. V[53]: "Auferte malum ex vobis ipsis". Quia tamen ecclesia nulli claudit gremium sicut nec Christus, qui de se dicit[54], "Eum, qui venit ad me, non eiciam foras". Et quia, quamdiu status huius vite durat, non potest aliquis totaliter obstinatus in peccato esse. Dicit enim Augustinus in libro De verbis domini, et habetur in glo. ad Rom. II[55]: "Ista inpenitencia vel cor inpenitens, quamdiu quisque in hac carne vivit, non potest iudicari. De nullo enim desperandum, quamdiu paciencia dei ad penitenciam ducit"; hoc enim erit in dampnatis post mortem. Et ideo quilibet, quantumcumque delinquat vel in moribus vel in fide, est ab ecclesia recipiendus ad penitenciam, et contrarium dicere heresis est Novacianorum. Unde et dicit concilium generale, Extra, De sum. tri., Firmiter[56]: "Et si post suscepcionem baptismi quisquam prolapsus fuerit in peccatum, per veram potest semper penitenciam reparari". Qualiter autem recipi debent, legitur et notatur e ti. Ad abolendam § Illos[57] et e ti. penultimum[58]; ibi vide.

98 vb

---

[45] *C. 9, 3, 22;* Friedberg, *1, S. 650.*
[46] *C. 11, 3, 43;* Friedberg, *1, S. 656.*
[47] *C. 11, 3, 9;* Friedberg, *1, S. 645.*
[48] Glossa ordinaria *zu Matth. 13, 29;* Migne PL *114, Sp. 132.*
[49] *Tit. 3, 10. 11.*
[50] *C. 23, 4, 32;* Friedberg, *1, S. 914.*
[51] *Vgl.* Glossa ordinaria *zu Matth. 13, 29;* Migne PL *114, Sp. 132.*
[52] *VI°, 11, 5;* Friedberg, *2, S. 1095.*
[53] *1. Cor. 5, 13.*
[54] *Joh. 6, 37.*
[55] *Augustinus,* De verbis domini *11 (= Sermo 71), c. 13,* Migne PL *38, Sp. 456. — In der* Glossa ordinaria *zu Rom. 2,* Migne PL *114, Sp. 474 ff., findet sich kein einschlägiges Zitat.*
[56] *X, 1, 1 § 4;* Friedberg, *2, S. 6.*
[57] *X, 5, 7, 9;* Friedberg, *2, S. 781.*
[58] *X, 5, 7, 15;* Friedberg, *2, S. 789.*

b. Allgemeines über die Lehre der Waldenser

Aus: Continuatio cimboli apostolorum, *HS:* Berlin [West], Staatsbibliothek MS theol. lat. 2° 81, *fol. 296ra—297rb; vgl. oben, S. 37.*

296ra Capitulum XXIX. De errore et ritu hereticorum Waldensium
    Ex premissis igitur patet error et heresis Waldensium hereticorum, qui, ut
296rb iam dictum est, inter ceteros errores omne / iuramentum prohibent, neminem quoque occidendum affirmant; propter quod et alios eorum errores et ritus placuit, ut evitari possint, hic inserere. Incepit autem hec secta et heresis circa annum domini millesimum centesimum LXX, que alias dicitur secta pauperum de Lugduno. Cuius actor et inventor fuit civis Lugdunensis nomine Walden, qui, cum dives esset, relictis omnibus paupertatem ewangelicam servare voluit ut apostoli, et scribi fecit sibi ewangelia et aliquos libros biblie in vulgari cum nonnullis sanctorum auctoritatibus, quas minus sane intelligens suo inflatus sensu apostolorum officium sibi usurpavit, per vicos et plateas predicando suosque complices ad predicandum destinando. Qui, cum illiterate essent, multos errores seminabant. Moniti vero per archiepiscopum desistere noluerunt, dicentes deo magis debere obedire quam hominibus, qui precepit apostolis ewangelium omni creature predicare. Quorum apostolorum successores et imitatores se ficta sanctitatis ymagine profitebantur clericos et prelatos aspernendo, sicque inobedientes tandem excommunicati a patria sunt expulsi. Demum
296va vocati ad concilium Rome / pertinaces et scismatici et tandem heretici fuere iudicati; horum excommunicacionem habes in c. Excommunicamus II, De hereticis[1]. Ritus autem et conversacio ipsorum Waldensium est: Primo, quod quatuor dies in ebdomada ieiunant, videlicet feriam secundam, quartam, sextam et sabbatum, et unum illorum in aqua et pane, scilicet feriam sextam, nisi in itinere vel in aliquo gravi labore sive alia causa racionabili impediantur. Item sepcies in die orant, et non orant aliud nisi Pater noster, sed simbolum et Ave Maria non orant. Item in orando non habent numerum determinatum, sed senior inter eos incipit oracionem et facit eam prolixam vel brevem, secundum quod sibi videtur expedire. Item pro maiori parte sunt illiterati et scripturam in corde retinentes; in verbis sunt sibi cauti, mendacia voluntaria et verba turpia solent evitare, vestimentis utuntur vilibus, diligenter subditos suos informant ad exercendum virtutes et cavendum a viciis, et quia ut sic eorum conversacio apparet subditis conmendabilis, ideo subditi eorum ex hoc multum confortantur fidem eis in omnibus exhibendo. Articuli vero fidei, dicamus pocius erroris illius secte, sunt: Primo purgatorium et mortuorum suffragia
296vb non credunt. Item non credunt, sanctos posse / intercedere pro nobis, sive pro vivis sive pro mortuis. Item omne iuramentum prohibent indifferenter. Item

---

[1] X, 5, 7, 15; Friedberg, 2, S. 789.

nullum morte puniendum*a* affirmant. Item dicunt, quod apostolici, epischopi, religiosi et clerici non debent habere proprium sive possessiones. Item indulgencias ecclesie non admittunt, nec peregrinaciones curant. Item dicunt propriam non habere iurisdictionem in temporalibus nec posse quemcumque exercere. Item dicunt, quod ipse papa et omnes clerici propter malam vitam, quam ducunt, auctoritate ordinaria priventur et per consequens non possunt subiectis conferre ecclesiastica sacramenta. Item quod omnes clerici ordinati sunt equalis virtutis sive auctoritatis in absolvendo peccata hominum confitencium, scilicet quod papa non habeat in hoc et in aliis sacramentis maiorem auctoritatem conferendi quam simplicissimus clericus sive presbiter. Item dies festivas non celebrant nec honorant utputa festa beate Marie virginis, omnium apostolorum etc. excepta dominica. Item reputant sacerdotes sive ecclesie ministros esse deceptores et ypocritas propter horarum canonicarum lectiones. Item dicunt, quod quilibet sacerdos in qualibet missa plura quam XXX peccata mortalia facit, eo quod in canone facit / mencionem de sanctis. Item dicunt, quod boni layci possunt absolvere penitentes melius quam mali sacerdotes. Item dividunt unitatem ecclesie, credentes hominem virtuose viventem solum in eorum fide salvandum, et ex consequenti non credunt, quod aliquis hominum a tempore Silvestri Romani sit sanctificatus nisi in eorum fide. Et sic non credunt sanctum Gregorem, Nicolaum, Martinum etc. esse sanctos. Sequitur ordinacio presbiterorum eiusdem secte. Et nota, quod, quando volunt aliquem sumere ad eorum habitum, prius per aliquod tempus examinant eum, et tempore ordinacionis faciunt eum confiteri omnia peccata, que potest habere in memoria a iuventute sua, quia nullus suscipitur alias, nisi sit castus ab omni consorcio mulierum immunis quoad opera carnalia. Item tempore ordinacionis examinatur et interrogatur de septem articulis fidei, scilicet utrum credat unum deum in trinitate personarum et unitate essencie. Secundo quod idem deus sit creator omnium visibilium et invisibilium. Tercio quod tradidit Moysi legem in monte Synay. Quarto, quod misit filium suum ad incarnandum de virgine incorrupta. Quinto, quod elegit sibi creaturam inmaculatam. Sexto, carnis resurrexionem. Septimo, quod iudicaturus est vivos et mortuos, et sic de aliis articulis fidei nullam faciunt mencionem. Item inter/rogatur de septem sacramentis, scilicet de baptismo etc. Et sic per imposicionem manuum semel et non plus ordinatur.

Vota ordinandorum. Primo, quod promittant obedienciam deo et ordini suo. Secundo castitatem. Tercio, quod non redimant vitam suam in captivitate constituti vel quocumque mortis periculo preventi falsa iuramenti vel aliquo peccato mortali. Quarto nullam habeant spem seu sustentacionem de laboribus manuum suarum, sed voluntariam paupertatem imitentur. Quinto, quod non habeant maiorem confidenciam de consangwineis suis de aliis eiusdem secte.

Capitulum XXX. De heresi Wiclevistarum et Hussitarum et de comparacione illius heresis ad alias

a HS: puniendi.

c. Zur waldensischen Eidesverwerfung

Aus: De decem preceptis, *HS:* Berlin [West], Staatsbibliothek MS theol. lat. 2° 118, *fol. 61ra—62rb, und:* Continuatio cimboli apostolorum, *HS:* Berlin [West], MS theol. lat. 2° 81, *fol. 292r—293r; vgl. oben, S. 37.*

Primum preceptum
. . .

61 ra *a*De errore hereticorum dicencium iuramentum omnino esse illicitum, cap. XXV.

Quasi opposito modo heretici quidam calumpniantur verba premissa Christi et apostoli*a*, qui dicere voluerunt omne iuramentum esse illicitum non solum per creaturam sed eciam per*b* deum. Et hec*c* fuit et est posicio Manicheorum*d* et sequacium illorum, ut sunt hodie Crucifratres et Pauperes de Lugduno seu Waldenses et forte quidam alii, scilicet heretici isti sicut et Judei blasphemi. Premissas auctoritates male intellexerunt dupliciter. Primo quia crediderunt, quod dominus omne*e* iuramentum prohibet tanquam de se malum. Secundo quia intellexerunt per hoc, quod dicitur[1] „Non iurabis omnino", quod dominus omne iuramentum prohibet. Et in*f* primo erraverunt, quia lex ewangelica non prohibet, nisi quod esset malum de se. Iuramentum autem per deum et adducere ipsam veritatem in testimonium nec est contra ipsam racionem rectam nec contra consuetudinem nec contra legem, maxime cum lex divina dicat[2]:„Reddes domino iuramenta tua." Quam legem ipsi impii Manichei dicunt a malo deo esse latam*g*. Unde et vetus respiciunt testamentum, ex quo, ut ipsi dicunt, dominus in novo testamento iuramentum prohibet. Secundo errabant, quia cre-

61 rb debant, / precepta ewangelii repugnare*h* preceptis legis veteris, repugnare*h* eciam racioni recte et moribus bonis. Illorum errorem elidens beatus Augustinus*i*, quod iuramentum non fuit prohibitum propter se, sed propter vitandum periurium, ait enim ad Publicolam[3]: „In novo testamento dictum est, ne om-

---

a—h Textvarianten in MS theol. lat. 2° 81:
a Capitulum XXVI. Contra heresim illorum, qui omnino negant esse iurandum. Ex premissis verbis salvatoris, Ego autem dico vobis non iurare omnino. Math. V[1], et ex verbis Iacobi in canonica sua c. V[14] supserunt occasione [!] erroris sui heretici ...
b per ipsum.
c hec *fehlt.*
d monacheorum.
e omne *fehlt.*
f in *fehlt.*
g latum.
h repugnare.
i Augustus dicit.
[1] *Matth. 5, 34.*
[2] *Matth. 5, 33.*
[3] C. 22, 1, 3; Friedberg, *1, S. 862; vgl. Augustinus ep. 47 (= Corpus Scriptorum Ecclesiasticorum Latinorum 34, S. 131).*

nino iuremus. Quod michi quidem propterea dictum videtur, non quia iurare peccatum sit, sed quia periurare inmane peccatum est, a quo longe esse voluit, qui, omnino ne iuremus, ammonuit", XXII q. 1, In novo³. In alio eciam errabant, in racionem^k esse prohibitum^l, et iste error venit ex manifesta ignorancia, quia nescierunt^m intelligere, quod alium sensum facit negacio preposita signo universali^n, alium sensum facit postposita. Preposita enim facit equipollere particulari negative, sed postposita equipollere facit suo contrario. Unde differt dicere, non omnis homo currit, et omnis homo non currit. Dominus autem non dixit, omnino non iurabis, sed non omnino iurabis. Unde omnino non prohibuit omnem iuracionem, sed prohibuit, quod non esse omnimodo et sine causa iurandum. Nam^o ex frequencia iurandi, ex iuramento incauto labitur quis in iuramentum falsum et iniquum. Quod autem subditur^4: „Sit sermo vester: Est, est; non, non", et simul affirmando veritatem, / et negando falsitatem, intelligendum est, nisi necessitas plus exigat, et, quod hoc intelligatur de communi modo loquendi inter homines, patet per hoc, quod dicitur^4: „Sermo vester [...], quod autem amplius est, malo est". Non dicet, hoc esse malum, sed ‚a malo', nam omne iuramentum est a malo culpe vel pene. Iuramentum enim falsum et iniquum et incautum est a malo culpe iurantis. Iuramentum autem licitum est a malo pene ex parte requirentis iuramentum. Ex humana namque fragilitate, que pena quedam est inflicta humano generi propter peccatum primorum parentum, procedit, quod homines sibi mutuo non credunt simplici verbo absque iuramento^o. Et ideo isto errore abiecto, tanquam irracionabili et pernicioso, concedendum est, quod licitum est iurare per dominum; et hoc conmuniter tenet universitas fidelium et fides katholica^p. Alias^q enim periret veritas iusticie in multis. Quilibet enim tenetur superiori requirenti dicere veritatem. Quia^q tamen non sic est licitum, quin aliquo modo posset esse illicitum? Dubium est inter doctores, utrum iurare per deum dicat actum bonum in genere aut^r actum indifferentem, et aliquibus visum est, quod iurare per deum est actus bonus in genere, racione tamen pronitatis ipsius iurantis / malus est per occasionem. Dicunt enim, illum actum esse in genere bonorum pro eo, quod actus transit super materiam debitam, quia invocare deum in testimonium recte transit super veritatem. Aliis autem videtur, quod ipsum iurare per deum de se sit indifferens, quia divina veritas potest invocari in testimonium falsitatis, et unum est bonum, et alterum est malum, quia in uno sit reverencia, in altero iniuria. Unde nota, quod quidam

61 va

61 vb

^{k} iuracionem (wohl die bessere Lesart).
^{l} prohibitam.
^{m} nesciunt.
^{n} universalium.
^{o} Nam ex frequencia — absque iuramento fehlt an dieser Stelle; der Wortlaut findet sich jedoch am Ende von c. 25 auf fol. 291v. 292r.
^{p} catholica
^{q} Alias enim — veritate. Quia fehlt.
^{r} ac (statt: an).
4 Matth. 5, 37.

sunt actus, qui pertinent ad divinum cultum, ut laudare deum, et isti sunt boni per se et secundum se. Quidam vero sunt actus, qui sunt ad oppositum, et isti sunt per se mali, ut blasphemare deum. Quidam autem sunt medio modo, sicut sunt[s] actus iurandi, qui si fiat reverenter et ad cultum dei, est bonus, si autem fiat irreverenter, est ad oppositum. Et ideo dicunt, quod iurare per deum licitum est, sicut indifferens, quia potest fieri bene et male, et quia indifferens diversis ex causis potest esse occasio cadendi[t] in malum et vitandi malum. Hinc est, quod aliquando dominus monet et inducit homines ad iurandum, aliquando retrahit. In veteri testamento[5] inducebat ad iurandum per deum, ut per hoc revocarentur a iuramento ydolorum, cum dicebat[6], „redde domino iuramenta / tua". Unde dicit Jeronimus[7] super Matheum, „hoc quasi parvulis fuit legi[u] concessum, ut, quomodo immolabant[v] victimas deo, ne eas immolarent[v] idolis, sic et iurare permitterentur[w] in deum, non quod racione hoc facerent, sed quod melius esset[x] id deo exhibere quam demoniis", et habetur causa et q. supra allegata c. Considera[7]. In novo testamento retrahit, ut ostendat periurium esse vitandum. Unde dicit Augustinus in sermone domini in monte[8]: „Ita ergo intelligatur precepisse dominum, ne iuraretur, ne quisquam sicut bonum appetat iusiurandum[y], et assiduitate iurandi ad periurium per consuetudinem dilabatur." Vide in c. Ita, causa et q. supra allegatis[8]. Et pro tanto iuxta hunc modum dicendum satis racionabiliter videtur, quod iurare per deum sit licitum tanquam indifferens, sive autem sit indifferens sive bonum in genere, quia utrumque potest satis probaliter[z] dici[aa]. Hoc pro certe tenendum est, quod licitum est per deum iurare. Unde Augustinus de verbis apostoli[9]: „Si peccatum esset iuracio, non in veteri lege[bb] diceret[cc]: Non periurabis; reddes domino iuramenta tua. Non enim peccatum precipitur[dd] nobis," XXII q. 1, Si peccatum[9]. Preterea si peccatum esset, Christus per se non iurasset, cum tamen sepe in ewangelio dicat: Amen, amen / dico vobis, nec apostolus, qui

[s] sunt *fehlt*.
[t] credendi.
[u] lege.
[v] ymmolabant *bzw.* ymmolarent.
[w] permitterent.
[x] esse.
[y] ius iurandum.
[z] probabiliter.
[aa] dici *fehlt*.
[bb] lege *fehlt*.
[cc] diceretur.
[dd] preciperetur.
[5] Vgl. C. 22, 1, 14; Friedberg, 1, S. 864.
[6] Matth. 5, 33.
[7] C. 22, 1, 8; Friedberg, 1, S. 863.
[8] C. 22, 1, 5; Friedberg, 1, S. 862.
[9] C. 22, 1, 14; Friedberg, 1, S. 864.

aliquociens dicit[10]: „Testis est michi deus" etc.; et[ee] Apoc.[11] „angelus iurat per viventem in secula" etc.[ee] Per hoc patet error non tantum Iudeorum dicencium novam legem in hoc contrariam veteri lege, quam hereticorum illorum, qui hoc idem dicunt et omnino iurandum esse negant. De materia vide plene per magistrum in sentenciis li. III d. XXXIX[12] et in decretis XXII q. 1 per totum[13] et ibi per doctores.

Qualiter[ff] licitum sit iurare per creaturas, cap. XXVI.

. . .

[ee] et Apoc. — secula etc. *fehlt.*
[ff] Capitulum XXVII. Quomodo pena tallionis vel vindicta in nova lege prohibetur et quomodo in veteri condicetur.
[10] *Rom. 1, 9.*
[11] *Apoc. 10, 6.*
[12] *Petri Lombardi* libri IV sententiarum . . ., *S. 725 ff.*
[13] *C. 22, 1;* Friedberg, *1, S. 861—866.*
[14] *Jac. 5, 12.*

d. Zum waldensischen Tötungsverbot

Aus: Continuatio cimboli apostolorum, *HS:* Berlin [West], MS theol. lat. 2° 81, *fol. 294r.v; vgl. oben, S. 37.*

Capitulum XXVIII. Contra illos, qui negant licitum fore reis inferre penam mortis eciam per iudicem.

Ex premissis colligitur, quod, si quandoque vindicta est inferenda, numquam tamen preter autoritatem iudicis, sed nec tunc est inferenda amore ipsius vindicte, sed zelo iusticie; ut non odium exerceatur, sed ut pravitas corrigatur. Sed cum vindicta aliquando inferatur dampnis rerum, aliquando flagellis, aliquando morte: queritur, an sit peccatum iudici vel ministro reos morti tradere? Cum enim multi sint heretici, qui hoc pertinaciter negant, ut statim dicetur, merito hec / questio hunc locum sibi vendicat. Sic enim introducit Gratianus q. V post quartam, ca. XXIII.[1] Pro isto ergo ulterius sciendum, quod vindicacio in tantum licita est, in quantum tendit ad cohibicionem malorum. Cohibentur autem aliqui a peccato, qui affectum virtutis non habent, per hoc, quod timent amittere aliqua, que plus amant quam illa, que[a] peccando adipiscuntur; alias timor[b] non compesceret peccatum. Et ideo per subtraccionem omnium, que homo maxime diligit, scilicet vita, incolumitas corporis, libertas sui et bona exteriora, puta divicias, patriam et gloriam. Et ideo, ut Augustinus refert XXI De civitate dei[2], octo genera penarum esse scribit Tullius, scilicet mortem, per quam tollitur vita; verbera et tallionem, ut scilicet oculum pro

[a] *HS:* qui.
[b] *HS:* timos.
[1] *C. 23, 4, 5;* Friedberg, *1, S. 928.*
[2] *Vgl. Augustinus,* De civitate dei, *l. 21, c. 11.*

oculo perdat, per quam tollitur incolumitas corporis; servitutis^c vincula, per que perditur libertas; exilium, per quod perditur patria; dampnum, per quod perduntur divicie; ignominia, per quam perditur gloria. Et notantur per Archidiaconum[3] XXIII q. V Circumcelliones[4]. Cum vero heretici, qui hoc pertinaciter defendunt nullum sine peccato posse occidi, ut sunt Waldenses et Crucifratres, neque verbera neque tallionem utputa qui se ipsos flagellant, timent[5] . . .

[c] *HS:* servitute.
[3] *D. i. Guido de Baysio (gest. 1313).*
[4] *Guidonis de Baysio Archidiacono bonon.,* Lectura vel lectio super decreto, quam ipse Rosarium appellavit, *Trient 1523, fol. 261r; vgl. C. 23, 5, 1;* Friedberg, *1, S. 928.*
[5] *Fortsetzung, siehe oben, S. 267, Nr. XVIII.*

XXIII

Heinrich Toke und Heinrich Zolter[1] über Wilsnack und die waldensische Häresie, 1446 April 6.

Aus: Berlin [Ost], Staatsbibliothek Ms. Boruss. Fol. 980, *fol. 321r—322r; vgl. oben, S. 38.*

fol. 321 r   Articuli oblati domino^a episcopo Havelbergensi[2] per dominos doctores in theologia magistrum Heinricum Tocke^b et magistrum Heinricum Zolter^c nomine archiepiscopi Magdeburgensis[3] anno domini 1446 feria tercia post dominicam Judica.

. . .

fol. 322 r   Decimonono^a. Sapit ydolatriam colere creaturam pro deo aut colere deum aliter, quam colendus est^a.

Vicesimo^a. Confortat hereticos, presertim eos, qui detrahunt eukaristie sacramento, ut Waldenses et flagellatores.

[a—c] *Andere Lesarten in Wolfenbüttel, Herzog-August-Bibliothek, 83, 5 Aug. fol., fol. 276v und 277r:*
[a] *Fehlt.*
[b] *Hynricum Toke.*
[c] *Hinricum Zolte.*
[1] *Zu Toke und Zolter siehe oben, S. 38, Anm. 1 u. 2.*
[2] *Konrad von Lintorff, 1427—1460.*
[3] *Friedrich von Beichlingen, 1445—1464.*

XXIV

Schreiben des Hochmeisters des Deutschen Ordens an den Vogt der Neumark, betreffend Ketzereien im Gebiet von Bärwalde, 1447 November 22.

Aus: Staatliches Archivlager Göttingen, Staatsarchiv Königsberg, OF 16, S. 773 f.; Druck: —; Regest: Paul van Niessen (Hrsg.), Repertorium der im Kgl. Staatsarchive zu Königsberg i. Pr. befindlichen Urkunden zur Geschichte der Neumark, bearb. von E. Joachim (= Schriften des Vereins für Geschichte der Neumark, H. 3), Landsberg/W. 1895, Nr. 1207; vgl. oben, S. 38 f.

Voithe der Neuwenmarcken[1]

Her With[2] der erwelte bisschoff zcu Camyn hat zcu uns geschicket Micks Massauwen seynen rath und hat uns lassen underrichten, wie eyne nuwe ketczerey und irsall in den czwen unsern stetzchen als Barenwaldt und Moryn und den dorffern dorumb gelegen sey entstanden vaste wachße. Dach so hat her uns nicht gesaget, wie sotane artikel und sachen semlichs irsals und ketczerey lewten. Also haben wirs mit demselben Micks Massaw also gelassen, das wir euch hievon schreiben und mit euch bestellen wellen, das in dem genanten erwelten bisschoffe eynen nemlichen tag sollet legen und verschreiben; uff den selben tag wirt her czu euch etliche seyner thumherrn und gelarten senden mit sampt den czwen pfarrern von Barenwalt und Moryn. Und darumb bevelen wir euch, das ir eynen kortczen tag demselben erwelten bisschoffe verschribt und leget und yo vor allen dingen daruff seit gewarnet, das ir denn daselbst ouch bey euch habet den probst van Soldyn[3] und darczu eynen adir / czwene die gelarsten, die ir da gehaben mogt und darczu gut seyn erkennet. So ir denne alle also zcusampne komet, so verhoret under euch allen in eyner geheyme dieselben czwene pfarrer van Barenwalde und Moryn und lasset euch satane artikel in schrifften und eigentlich obirantwurten und dirfaret denn, ap es auch in der warheit also sey, als die artikel lawten, die obirantwurtet werden. Und sendet uns denn dieselben artikel in eurem briffe verslossen und schreibet uns dabey, was euch und den, die ir darczu nemen werdet, davon wissentlich ist und vor worhafftiges erfarn habt und auch der thumherrn rath; und beleitet yo disse sachen also heymlich und mit sotaner bequemen weise und gestalt, das yo davon keyn geschrey adir die sachen und artikel sotanes irsals offenbar werden, uff das nicht meh boses und fordere ergerung daruß entstehen adir komen bedurffen. So ir nun sotane artikel senden werdet, wellen wir mit unsern herrn alhie im lande, prelaten daruß,

---

[1] Georg v. Egloffstein, 1441—1448.
[2] *Wahrscheinlich verschrieben statt:* Wich. *Dann wäre gemeint Bischof Wichmann von Bir Seba, der 1447 bis 1449 im Bistum Kammin als Weihbischof tätig war; vgl. Martin Wehrmann,* Kamminer Weihbischöfe, *in:* Monatsblätter. Hrsg. von der Gesellschaft für pommersche Geschichte und Altertumskunde 50 (1936), *S. 97—101; Hans Bütow,* Zu den Kamminer Weihbischöfen, *in: a. a. O.* 52 (1938), *S. 116—123, bes. S. 119 f.*
[3] *1442—1452 war Propst von Soldin Johann Zorges (Czorges, Czorghis, Sorges); vgl. P. van Niessen (Hrsg.),* Repertorium ..., *S. 305.*

ratslagen und wellen euch denn nach irem rathe wol schreiben, wie mans mit den sachen forder halden solle; und saget des bisschoffs thumherrn, das ir uns die sachen schreiben wellet und fordern rath daruß haben und das sie sotane sachen in gutter gedolt steen und bis zcu unser wedirantwurt in gedolt bleiben lassen wellen.

Geben zu Beutaw[4], am mitwach nach Elisabeth im XLVIII[en] Jare[5].

[4] *Bütow in Hinterpommern.*
[5] *1447 November 22.*

XXV

Inquisitionsakten über die Verfahren gegen Matthäus Hagen und andere in Berlin vom April 1458 sowie gegen Einwohner des Dorfes Kerkow in Angermünde vom Juni 1458.

Aus: Herzog-August-Bibliothek Wolfenbüttel, Cod. Helmst. 403, fol. 1r—20v. — Druck (teilweise): Wilhelm Wattenbach, Über die Inquisition gegen die Waldenser in Pommern und der Mark Brandenburg, in: Abhandlungen der königl. Akademie der Wissenschaften zu Berlin, Phil.-hist. Kl. . . . 1886 III, Berlin 1886, S. 73—87; vgl. oben, S. 39 f.

a. Der Berliner Prozeß vom April 1458

1 r   Processus inquisitionis cuiusdam heresis, de qua quidam Matheus Hagen de Selchow, Johannes Grentz de Czellin, Johannes Gortz de parva Cziten, Brandburgensis diocesis, et Georgius Bomherr de districtu Fledenitz, puri layci, reverendo in Christo patri et domino domino Stephano, dei et apostolici sedis gratia episcopo Brandburgensi[1], necnon venerabili et religioso viro domino Johanni Canneman[2], ordinis sancti Francisci, sacre theologie professori eximio inquisitorique heretice pravitatis huiusmodi et aliarum quarumcumque per civitatem et diocesim Brandeburgensem ab eodem domino Stephano episcopo spetialiter deputato, publica fama deferente et clamorosa insinuatione precedente delati fuerunt coram iamdictis dominis Stephano episcopo et Johanne professore et inquisitore, habitus atque factus in hunc sequitur modum.

In nomine domini amen. Anno a nativitate eiusdem millesimoquadringentesimoquinquagesimooctavo, indictione sexta, die vero Veneris, vicesimaprima
1 v   mensis Aprilis[3], pontificatus sanctissimi in Christo patris / et domini nostri domini Calisti[4], divina providentia pape tertii, anno tertio, in mei notarii publici testiumque infrascriptorum ad hoc vocatorum specialiter et rogatorum
A   presentia. Prenominati Matheus Hagen de Selchow, Johannes Grentz de Czel-

[1] *Stephan Bodecker, Bischof von Brandenburg 1421—1459, vgl. oben, S. 34—37.*
[2] *Johannes Kannemann, gest. nach 1463; vgl. L. Oliger, Johannes Kannemann . . .,* in: Franziskanische Studien 5 (1918), S. 39—67.
[3] *1458 April 21.*
[4] *Calixtus III., 1465—1458 August 6.*

lin, Johannes Gortz de parva Cziten et Georgius Bomherr de districtu Fledenitz de villagio Selchow, in quo noctis tempore infrascriptas perpetrarunt hereses et idolatrias, capti, ut publica testificabatur fama, et de mandato illustrissimi principis et domini domini Friderici[5], marchionis Brandburgensis sacrique Romani imperii principis electoris et archicamerarii ac burggravii Nurembergensis etc., ad opidum Berlin, dicte Brandburgensis diocesis, adducti, antefato reverendo in Christo patri et domino Stephano, episcopo Brandburgensi, tamquam loci ordinario, cui incumbit ex debito pastoralis officii per diocesim suam Brandburgensem hereses extirpare fructusque honoris et honestatis in populum sibi creditum serere et complantare, ob defectum inquisitoris heretice pravitatis a sede apostolica /[6] deputandi, presentabantur. Qui prefatum illustrissimum principem et dominum, dominum Fridericum, marchionem Brannndburgensem etc., necnon prudentes et honestos viros Wilkinum Blankenfelde et Petrum Garnkoper, proconsules opidi Berlin[7] antedicti, ut sibi carceres, qui essent pro custodia supradictarum quatuor personarum de heresi erga ipsum delatarum, consignarent, in quibus eosdem detineri absque tamen gravi et enormi lesione corporum eorumdem aut membrorum mutilatione custodirique per nuntios suos iuratos (facerent), requisivit. Qui quidem illustrissimus princeps et dominus Fridericus, marchio Brandeburgensis etc., Wilkinus Blankenfelde et Petrus Garnkoper proconsules memorati ad requisitionem prefati domini Stephani, episcopi Branndburgensis, supranominatos Matheum Hagen, Johannem Grentz, Johannem Gortz et Georgium Bomherr de heresi infrascripta, ut premittitur, delatos et denuntiatos per nuntios suos iuratos incarcerari et custodiri fecerunt, subsecuto iuramento de non loquendo aut disputando de fide aut perfidia eorum cum eisdem, quod quilibet eorum erectis digitis sacrosancte et religiose se ita facturum iuravit.

Die Sabbati, vicesimasecunda mensis Aprilis predicti[8], prefatus reverendus in Christo pater et dominus Stephanus, episcopus Branndburgensis, Berlin in curia sua episcopali constitutus, asseruit, se inquisitioni heresis infrascripte et aliarum quarumcumque per diocesim suam propter corporis sui debilitatem viriumque suarum naturalium impotentiam ac examini personarum de heresi huiusmodi sibi delatarum personaliter interesse non posse. Idcirco omnibus modo, via, iure, forma et causa, quibus potuit et debuit, melioribus fecit,

[5] Friedrich II., 1440—1470.
[6] Fol. 2r.v ist nicht beschrieben.
[7] Wilke Blankenfelde und Peter Garnkoper werden noch 1465 als Berliner Bürgermeister (proconsules) erwähnt; vgl. (Das) Berlinische(s) Stadtbuch (aus dem Ende des XIV. Jahrhunderts). Neue Ausgabe, veranstaltet bei der Feier des 25jährigen Hochzeits-Jubiläums... des Kronprinzen Friedrich Wilhelm und der Kronprinzessin Victoria... im Auftr. der Städtischen Behörden Berlins, Berlin 1883, S. 255.
[8] 1458 April 22.

A—FF Randbemerkungen:
A: nomina illorum, qui de heresi sunt suspecti
B: nomen principis, de cuius mandato capta fuerunt
C: nomen episcopi, cui presentati fuerunt
D: constitutio inquisitionis per dominum episcopum Brandburgensem

E constituit, creavit et sollempniter deputavit et ordinavit prenominatum dominum Johannem Canneman, sacre theologie professorem, presentem et onus huiusmodi in se sponte suscipientem, de cuius fidei, constantia, fidelitate et diligentia plurimum confidebat, in inquisitorem heretice pravitatis infrascripte et aliarum heresum per totam diocesim suam, dans et concedens eidem domino Johanni Canneman doctori et inquisitori plenam et liberam facultatem ac mandatum generale et speciale de hereticis pravitatibus quibuscumque inquirendi, personas quascumque per totam diocesim suam constitutas et hereticis pravitatibus contaminatas capiendi et incarcerandi, brachium seculare
4r super / hoc invocandi, processus inquisitionis contra easdem et earum quamlibet coniunctum et divisum instituendi, eas examinandi et interrogandi ac contra easdem usque ad sententiam dampnationis heresum, quibus irretite comperientur inclusive, procedendi, dictasque personas, que de heresibus convincerentur et penitere recusaverint, foro seculari tradendi aliasque et alia faciendi, que in premissis et circa ea necessaria fuerint seu quomodolibet oportuna et que ipsemet dominus Stephanus episcopus diceret, faceret, gereret et exerceret, si premissis omnibus et singulis presens et personaliter interesset. Etiam si talia forent, que mandatum exigerent magis speciale, et maiora essent, quam presentibus est expressum, cum aliis ratihabitationibus et protestationibus, prout et quemadmodum in quodam inquisitionis instrumento publico, sigilli prelibati domini Stephani episcopi appensione iniuncto, et per me, in huiusmodi negotio notarium publicum atque scribam infrascriptum, subscripto et signato ac in formis apud acta cause huiusmodi registrato, cuius
4v tenor inferius describitur, plenius continetur et habetur, presentibus / ibidem religioso et honorabili viris dominis Johanni Gotstich[9], lectore in monasterio opidi Coln cis Sprevam ordinis sancti Dominici, et Joachim Lamprecht[10], clerico Brandeburgensis diocesis, testibus ad premissa vocatis specialiter et rogatis.

Tenor itaque inquisitionis mandati publici, unde supra fit mentio, sequitur et est talis.

F Stephanus, dei et apostolice sedis gratia episcopus Branndburgensis, venerabili et religioso viro domino Johanni Cannemann ordinis sancti Francisci, sacre theologie professori, nobis sincere dilecto, salutem et in commissis firmam diligentiam adhibere. Quoniam uno peccante ira dei super omnem populum venit, ut ayt Jeronimus[11], sacer ille ecclesiastice discipline moderator et custos, hoc accidit illo modo, quando episcopi et sacerdotes, qui populo presunt, nimis

[9] Zu *Joh. Gotstich, der 1443 in Leipzig studierte und 1460 seine Sermones herausgab,* vgl. Germania Sacra..., *1, 1, S. 406;* Fritz Bünger, Zur Mystik und Geschichte der märkischen Dominikaner *(= Veröffentlichungen des Vereins für Geschichte der Mark Brandenburg), Berlin 1926, S. 111 f.*

[10] *Joachim Lamprecht war als Generalvikar auch Mitglied der Angermünder Inquisitionskommission, siehe unten, S. 304;* vgl. Germania Sacra..., *1, 1, S. 59 u. 62.*

E: nomen inquisitoris
F: mandatum inquisitionis

benivoli videri volunt erga delinquentes, et verentes delinquentium linguas[a], ne forte de eis male loquantur, sacerdotalis severitatis immemores, nolunt implere id, quod scriptum est[12]: „Peccantem coram omnibus argue, ut ceteri metum habeant", et iterum[13]: „Aufferte malum / de vobis ipsis", nec zelo dei succensi imitantur apostolum dicentem[14]: „Tradidi huiusmodi hominem Sathane in interitum carnis, ut spiritus salvus fiat", nec illud Ewangelii[15] implere student, ut, si viderint quempiam peccantem, primo secrete eum conveniant, et post, duobus vel tribus adhibitis testibus, qui si audire contempserit et post ecclesie correctionem non fuerit emendatus, de ecclesia expulsum veluti gentilem habeant et publicanum. Nam dum uni parcunt, universe ecclesie moliuntur interitum. Que enim est ista misericordia, que bonitas, uni parcere et omnes in discrimen adducere? Polluitur enim ex uno peccatore universus populus. Nam sicut ex contagione unius ovis morbide totus grex inficitur, sic uno heresim committente totus populus similem capit corruptelam. Quamobrem necessario nos oportet, si eterne atque temporalis vite dispendium formidamus, ut obnoxii sumus, summo studio, diligentia atque cura advertere, ne quis subditorum nostrorum culpa atque desidia nostra de ecclesia tamquam sponsa nobis condonata pereat. Si autem quis ultro et crimine suo perierit, nos in die iudicii non[b] inculpatos futuros credimus, quia eorum consuluimus saluti: illos solos in penis remansuros, qui noluerint consilii nostri salubritate salvari.

Nec nos movere debent convicia peccatorum, securi cum apostolo dicente[16]: „Si hominibus placerem, Christi servus non essem." Grave igitur onus et vix tollerabile pondus pastorum humeris impositum est, quibus celestis seminis dispensatio est iniuncta, si vel ad custodiendas oves sibi commissas ignavi vel ad dispensandum divini seminis verbum negligentes inveniantur. Quod vas electionis Paulus cavens, cum ad Ephesios[17] scriberet, „Munde sunt", inquit, „manus mee a sanguine omnium vestrum. Non enim subterfugi, quominus annuntiarem vobis omne consilium dei." Quas ob causas summa ope supremaque diligentia et solertia pastoribus elaborandum est, ut super gregem dominicum sibi commissum vigilent, ne, quod absit, eis contingat, quod dominus

---

[a] *HS:* ligwas.
[b] *HS:* nos.

[11] *D. 45, c. 17; Friedberg, 1, S. 166. — Der Satz stammt nicht, wie schon Gratian behauptet, von Hieronymus, sondern aus der von Rufin ins Lateinische übertragenen 7. Josua-Homilie des Origenes (in:* Lib. Iesu Nave Homilia VII, 6); *siehe* Origenes, Werke, *hrsg. im Auftr. der Kirchenväter-Commission der Preußischen Akademie der Wissenschaften ..., Bd. 7:* Homilien zum Hexateuch in Rufins Übersetzung, *hrsg. von* Wilhelm Adolf Baehrens, T. 2: Die Homilien zu Numeri, Josua und Judices *(= Die griechischen christlichen Schriftsteller der ersten drei Jahrhunderte ...), Leipzig 1921, S. 332.*
[12] *1. Tim. 5, 20:* Peccantes ...
[13] *1. Cor. 5, 13:* Auferte ...
[14] *1. Cor. 5, 5:* Tradere ...
[15] *Vgl. Matth. 18, 15—17.*
[16] *Gal. 1, 10.*
[17] *Richtig: Act. 20, 26. 27.*

per Ezechielem prophetam comminatur dicens[18]: „Ve pastoribus Israel, qui pascebatis vosmetipsos, lac commedebatis et lanis cooperiebamini; quod crassum erat occidistis, gregem autem meum non pascebatis; quod infirmum erat non consolidastis, quod egrotum non sanastis, quod abjectum non reduxistis, quod perierat non quesivistis, et disperse sunt oves mee, quas requiram de manibus ipsorum, et cessare eos fatiam, ne ultra pascant gregem meum." Has autem comminationes et alias ante oculos nostre considerationis ponentes, volentes omnem curam, / diligentiam et sollicitudinem nobis possibiles more boni pastoris, ne quis subditorum nobis commissorum de ecclesia nostra pereat, adhibere, hereses et errores suggestione nephandissimi humani generis inimici inter eos quomodolibet exortos radicitus evellere et in eorum precordiis illa spargere semina, que fructus fidei orthodoxe et virtutis producere queant pariter et honestatis. Sane cum quidam Matheus Hagen de Selchow nostre Branndburgensis diocesis publica fama deferente et clamorosa insinuatione precedente tamquam hereticus et heretica pravitate depravatus nobis delatus sit, et quod plures suo venefico telo intoxicavit, adeo quod per eos sanctorum patrum institutis spretis, sue dogmatisationi perverse adhere(re) et acquiescere prochdolor dicuntur, nos cupientes de illa aliisque heresibus per totam nostram diocesim inquirere et eundem Matheum ac alios in tenebris ambulantes ad viam vere lucis reducere pro posse sperantes; sed quia propter marcescentis etatis nostre confectam senectutem et varias infirmitates, quas secum tediosa trahit senectus, eisdem personaliter semper intendere nequeamus, vos dominum Johannem Canneman supradictum, de cuius / fidei constantia, probitate et prudentia plurimum confidentes, omnibus modo, via, iure, forma et causa, quibus possumus et debemus, melioribus facimus, constituimus, creamus et sollempniter ordinamus inquisitorem heretice pravitatis, qua dictus Matheus Hagen contaminatus dicitur et aliarum quarumcumque per civitatem et eciam diocesim nostras Branndburgenses, dantes et concedentes vobis plenam et omnimodam potestatem ac mandatum generale et speciale, ita quod generalitas specialitati non deroget, nec econtra de heresibus huiusmodi inquirendi, personas quascumque de heresibus suspectas capiendi et incarcerandi ac in firma custodia tenendi, brachium seculare super illis invocandi, processus quoscumque tam inquisitionis quam alios contra easdem personas et earum singulas instituendi ac ipsas interrogandi et examinandi, iuramenta desuper necessaria et oportuna prestari faciendi et recipiendi etiam easdem, ut heresis errore dimisso ad gremium sancte matris ecclesie redeant, amovendi, impenitentesque et redire recusantes de foro ecclesiastico iaciendi et potestati seculari tradendi, / sententias dampnationis heresum et personarum et dogmatum in scriptis ferendi et promulgandi, necnon quascumque personas hereticis pravitatibus irretitas ad sancte matris ecclesie gremium convolare et de peractis criminibus et heresibus penitere volentes recipiendi, et penitentiam debitam pro modo culpe iniungendi, aliasque et alia dicendi, faciendi, gerendi, exercendi et peragendi, que in premissis et circa ea necessaria fuerint et quomodolibet oportuna, et que nos Stephanus episcopus diceremus, faceremus, gereremus, exerceremus et perageremus, si premissis omnibus et singulis presens et personaliter interessemus, eciam si talia forent, que exigerent mandatum magis speciale, et maiora essent, quam presentibus est expressum. Promittentes in et ad manus notarii publici infrascripti tamquam publici et auctentici persone rite et legitime stipulanti vice et nomine omnium et singulorum, quorum interest vel intererit quomodolibet in futurum, nos ratum, gratum atque firmum perpetuo habituros, quicquid per vos in huiusmodi negotio actum, factum, dictum gestumve / fuerit in premissis sive aliquo premissorum, et protestamur, quod per quemcumque actum, quem nos in huiusmodi inquisitionis negotio verbo vel in scriptis dicere, facere sive exercere contigerit, non intendimus vos in aliquo revocare, nisi de revocatione ipsa specialem et expressam in nostris litteris fecerimus mentionem; in quorum omnium et singulorum fidem atque testimonium premissorum presentes litteras sive presens publicum instrumentum huiusmodi nostrum inquisitionis mandatum publicum in se continentes sive continens exinde fieri et per notarium publicum atque in huiusmodi negotio scribam infrascriptum subscribi et publicari mandavimus nostrique iussimus et fecimus sigilli appensione communiri. Datum et actum Berlin nostri Brandeburgensis diocesis in curia nostre solite residencie sub anno a nativitate domini millesimoquadringentesimoquinquagesimooctavo, indictione sexta, die vero Sabbati vicesimasecunda mensis Aprilis[19], pontificatus sanctissimi in Christo patris et domini nostri domini Calisti divina providentia pape tertii anno tertio, presentibus ibidem religioso et honorabili viris dominis Johanne Gotstich, lectore in monasterio opidi Coln / cis Sprevam, et Joachim Lambrecht, clerico dicte nostre Branndburgensis diocesis, testibus ad premissa vocatis specialiter et rogatis. Et quia ego Henricus Bawerungk, clericus Lubucensis diocesis, publicus imperiali auctoritate notarius, dicti domini inquisitoris heretice pravitatis constitutioni, ordinationi et deputationi, facultatis dationi, ratihabitioni et protestationi omnibusque aliis et singulis premissis, dum sic, ut premittitur, per dictum reverendum in Christo patrem et dominum dominum Stephanum episcopum Branndburgensem agerentur et fierent, unacum prenominatis testibus piis interfui, eaque sic fieri vidi et audivi, ideo hoc presens publicum instrumentum manu mea propria scriptum per me prius in notam receptum exinde confeci, subscripsi et publicavi signoque et nomine ac cognomine meis solitis et consuetis unacum prelibati domini Stephani episcopi sigilli appensione consignavi, rogatus et requisitus in fidem et testimonium omnium et singulorum premissorum.

Eadem die, videlicet Sabbati, vicesimasecunda mensis Aprilis[19], Matheus Hagen sepedictus coram prefatis dominis Stephano, episcopo Branndbur-

[18] Ez. 34, 2—10.
[19] 1458 April 22.

G: clausula ratihabitationis
H: clausula protestationis
I: datum
J: subscriptio mei notarii

gense, et Johanne Canneman inquisitore ad castrum in opido Coln cis Sprevam dicte Brandburgensis diocesis adductus et ibidem per eosdem in presentia prelibati illustrissimi principis et domini Friderici, marchionis Branndburgensis etc., necnon reverendi patris domini Arnoldi, abbatis monasterii in Lenyn[20] ordinis Cisterciensis, Brandburgensis diocesis pretacte, et Pauli Wulff[21], sacre

K theologie professoris egregii, ac Johannis Gotstich, lectoris supranominati, quos desuper adhibuerunt et sibi adiunxerunt, interrogatus et examinatus. Recepto primitus per prefatum dominum Johannem Canneman inquisitorem ab eodem Matheo Hagen debito et consueto iuramento de dicenda veritate super omnibus et singulis, super quibus eum interrogari et examinari contigerit. Qui Matheus Hagen, tacto per ipsum ambabus manibus suis sacrosanctorum ewangeliorum libro coram se posito, iuravit et dixit, se velle dicere et deponere puram, meram et omnimodam veritatem super omnibus et singulis, super quibus interrogaretur, qualibet sinistra machinatione dempta penitus et remota.

9 r Deinde interrogatus et examinatus respondit prout in articulis infrascriptis.
L Primo dictus Matheus Hagen de Selchow, purus laycus et sartor, dixit et affirmavit, se fore presbiterum ordinatum per quendam, qui vocatur Fridericus Ryß[22], in secta eorum episcopus, vulgo die truwen Bruderen appellata, et ab eodem subdyaconatus et dyaconatus ordines successive recepisse, presente quodam Nicolao etiam episcopo in eorum secta, in habitu laycali sine vestibus sacris, non servatis sollempnitatibus in talibus observari consuetis, de sero, in una domo in opido Satzk in Bohemia, per manus impositionem, dumtaxat extra tempora a iure statuta.

Item firmiter credit, quod, postquam ita ordinatus fuit, se posse conficere sacramentum eukaristie, missas celebrare in vulgari Alamanico in habitu laycali, confessiones audire, populum de secta sua communicare sub utraque specie, quod sepius hiis in partibus fecit extra ecclesias et in domibus, stuphis, sive latibulis, diluculi tempore.

Item communionem sub utraque specie credit esse de necessitate salutis.

9 v Item interrogatus de potestate ecclesie et domini nostri pape, dubius est, dicens vulgariter illa verba: Das laß ich syn, als es ist; non plus dicendo.

Item confessus est, sectam suam aliam esse in ritu et moribus ac administratione sacramentorum a Romana ecclesia, referendo se ad libros suos erroribus plenos.

Item confessus est, se numquam facere confessionem suam nisi superiori suo, videlicet Friderico Ryß, pretenso episcopo antedicto in Bohemia, nec horas orare.

Item de potestate presbiterorum existentium in peccato mortali, an possint

---

[20] *Arnold v. Monkedam, Abt von Lehnin 1456—1467; gest. 1490; vgl. Germania Sacra..., 1, 1, S. 269.*
[21] *Paul Wulf (Wolf), nicht identifiziert.*
[22] *Friedrich Reiser, siehe oben, S. 7 f.*

K: nomina dominorum doctorum, coram quibus dicti heretici examinabantur
L: depositio Mathei Hagen heretici

ligare, absolvere, sacramentum eucaristie conficere etc., dubius est, etiam dicendo similia verba prout superius de potestate ecclesie et domini nostri pape.

Item de indulgentiis male sentit, dicens, eas modiis et sextariis vendi et pretio pecuniarum comparari.

Item sperat, Wickleff[23], Johannem Huß[24] et Jeronimum[25], dudum propter hereses et ydolatriam a sacrosanctis generalibus conciliis ad ignem dampnatos, esse in vita beata.

Item, quod missus esset a prelibato Friderico / Ryß, pretenso episcopo suo, ad has partes ad predicandum quatuor ewangelistarum ewangelia, sicuti apostoli a Christo missi fuerunt, quando dixit eis[26]: „Ite in orbem universum" etc.

Item requisitus et interrogatus, an errores suos premissos et falsam suam doctrinam, quam predicavit, revocare et se ritui sacrosancte Romane ecclesie conformare vellet, dixit, se nullatenus revocare, sed potius desuper mori velle. Nichilominus tamen datum fuit sibi spatium penitendi triduo per dominos episcopum et Johannem Canneman inquisitorem memoratos cum mansueta admonitione et exhortatione, ut ab istis heresibus, in quibus stetit et stat, resiliret et animam suam lucrifaceret altissimo creatori suo, et sic ad locum, in quo custodiebatur, reductus fuit.

Deinde adductus fuit coram dominis Stephano episcopo et Johanne Canneman inquisitore, presentibus domino illustrissimo principe domino marchione etc. et dominis abbate in Lenyn, Paulo professore et Johanne Gotstich lectore predictis, Johannes Grentz de Czellin supranominatus, qui, postquam delatum fuit sibi iuramentum per dominum inquisitorem iamdictum, iuravit in forma sicut Matheus Hagen antetactus. Postmodum interrogatus et examinatus, de decem preceptis quid sentiret, respondit secundum litteram in Exodo cap. XIX[27], et hoc in vulgari Alamanico.

Item interrogatus, quot annis stetisset cum Matheo Hagen, magistro suo, respondit, in Carnisprivio proxime preterito[28] venisse ad eum, et datus fuit sibi ad discendum alphabetum per patrem suum, et promisit obedientiam dicto magistro suo.

Item confitetur, se vidisse dictum Matheum Hagen, magistrum suum, celebrantem in habitu suo laycali, in quo incedit, diluculi tempore; calicemque vidisse, cum quo celebravit, qui plumbeus sive stanneus fuit, ipsiusque missam audivisse.

Item confitetur, se fuisse cum dicto magistro suo Matheo Hagen in villagiis

---

[23] *John Wiclif, gest. 1384.*
[24] *Jan Hus, gest. 1415.*
[25] *Hieronymus von Prag, gest. 1416.*
[26] *Vgl. Marc. 16, 15.*
[27] *Richtig: Exo. 20.*
[28] *1458 Februar 12 (= Estomihi).*

M: depositio Johannis Grentz de Czellin

subscriptis, videlicet in Grevendorp, in Grunenberg, in parva Wobyser, in magna Wobyser, in Clemczo, in Berenwalde, in Selchow, in Czeden et in Czellin, ubi interfuit missis et predicationibus suis, et vidit, plures communicare de manibus suis sub utraque specie.

Item confitetur, sibi iniunctum esse a parentibus suis, ne dicat truwen, nec iurare debet per deum. Interrogatus, quare iurare non debet aut non dicere truwen, tacuit. Cui similiter datum fuit spatium penitendi triduo cum ammonitione et exortatione quibus supra. Et sic ad locum, in quo custodiebatur, etiam reductus fuit.

Postmodum adductus fuit coram dominis episcopo et inquisitore prefatis, presentibus dominis quibus supra, / Johannes Goreß, schultetus de parva Cziten predicte Brandenburgensis diocesis, qui post delatum sibi iuramentum per dominum Johannem Canneman inquisitorem antedictum iuravit modis et formis, quibus Matheus Hagen pretactus iuravit. Consequenter interrogatus, de decem preceptis quid sentiret, respondit similiter prout Johannes Grenß secundum litteram in Exodo c. XIX[27].

Item confitetur, se sepedictum Matheum Hagen heresiarcham, magistrum suum, habuisse in domo sua a die dominica proxime preterita usque ad sextam feriam[29], qua capti fuerunt, et quod alternatis diebus fecit predicationes et sermones crepusculi tempore in domo sua; sed negat, eum vidisse celebrare missam presenti anno, sed anno preterito, quando idem Matheus Hagen etiam secum fuit, tunc audivisse missam diluculi tempore et communicatum esse ab eo sub utraque specie. Item interrogatus, an sit eiusdem perfidie, cuius est magister suus Matheus Hagen prefatus, et servat ea, que dogmatisavit et predicavit, creditque, illa omnia esse de salutis necessitate, respondit: ita.

Item interrogatus, quot annis stetisset in illa perfidia, respondit primo duobus. Sed postea, cum ulterius interrogabatur, dixit, se, parentes et progenitores suos in illa perfidia / stetisse multis annis. Item confitetur, quod aliis annis sepius fuerunt ipse et alii, qui sunt eiusdem perfidie, visitati per presbiteros illius secte, a quibus audiverunt celebrari missas, feceruntque eis confessiones suas, et communicati sunt ab eis sub utraque specie.

Item credit communionem sub utraque specie magis salutiferam quam sub una tantum.

Item dixit, quod magister suus Matheus Hagen prenominatus semper celebraret missam suam ante diem et communicaret populum de secta, et de sero predicavit sedendo in una sede; sed geniculando missam celebraret, et quod iniungeret eis, ut orent fideliter pro existentibus in secta, ubicunque locorum existerent[c].

Item interrogatus, quomodo tamen noscerent presbiteros suos, qui eis mitterentur a superiore suo de Satzk, respondit, quando aliquis presbiterorum

[c] *Gestrichen:* et sic non plus dicens etiam ad locum suum, quo custodiebatur, dimissus fuit. *Über der Streichung steht:* vacat.
[29] *1458 April 16—21.*

N: depositio Johannis Goreß de parva Cziten

de secta eorum veniret ad eos, tunc interrogaret aliquem in uno villagio de secta precipuum, quando ultimo fratres de secta ipsorum fuerunt simul; et cum idem presbiter interrogatur, an etiam sit de secta eorum, si dicit ita, interrogatur de intersigno ipsis dando; tunc nominat priorem presbiterum, qui immediate ante ipsum fuit hic in partibus, quo audito admittitur, et aliis per illum, cui se prius ostendebat, denuntiatur.

Postremo adductus fuit coram dominis episcopo Brandeburgensi et Johanne Canneman inquisitore prefatis Georgius Bomherr de districtu Fledenitz[d] supranominatus, qui prestito prius iuramento modo quo alii interrogatus per dominum inquisitorem iam dictum, quid sentiret de decem preceptis, respondit sicut ceteri supradicti secundum litteram in Exodo c. XIX[27].

Item confitetur, se fuisse cum magistro suo Matheo Hagen in Bohemia, et stetisse fere per annum secum, eumque vidisse missam celebrare in habitu laycali, et communicatum esse ab eo semel sub utraque specie in opido Morin Caminensis diocesis in stupha cuiusdam civis, cuius nomen ignorat.

Item credit in omnibus et per omnia sicut alii prenominati, videlicet Johannes Gorß et Johannes Grentz, in articulis suis.

Dominica, Lune, Martis et Mercurii diebus continue sequentibus[30] Matheus Hagen, Johannes Gorß, Johannes Grentz et Georgius Bomherr prenominati coram prelibatis dominis Stephano episcopo et Johanne Canneman inquisitore adducti et per eos interrogati, an in confessatis articulis per eos et coram quemlibet perseverare vellent vel revocare errores suos, dixerunt, et quilibet eorum dixit, et primo Matheus Hagen, / quod articulos per eum confessatos nequaquam revocare, cum essent de fide sua, quam ipse firmiter credit esse fidem rectam catholicam et formatam, in qua se salvari sperat, et dictis articulis firmiter inherere vellet; subiungens, quodvis supplicium potius subire animo constanti, quam revocare articulos per ipsum confessatos aut aliquem prodere aut denunciare, qui sit de secta sua. Cumque idem Matheus Hagen magna cum mansuetudine per predictos reverendum patrem dominum Stephanum episcopum Branndburgensem et magistrum Johannem Canneman inquisitorem per pretactos quatuor dies rogaretur, quod errores suos, qui essent et sunt contra dogmata sancte Romane ecclesie, revocaret salutique anime sue consuleret et preceptis salutaribus sancte matris ecclesie obediret, respondit, se nullatenus facere velle, sed in per eum confessatis constanter permanere. Iterum et iterum requisitus et rogatus, ut revocaret errores suos, penitus facere rennuit et contradixit animo pertinaci et indurato. Alii vero, videlicet Johannes Gorß, Johannes Grentz et Georgius Bomherr antefati, postquam interrogati fuissent, an in illa perfidia, in qua stetissent, perseverare vellent aut se moribus et

---

[d] HS: Fledenitque.
[30] April 23—26.
O: depositio Georgii Bomherr de districtu Fledenitz
P: interrogati dicti heretici, an in confessatis articulis perseverare vellent vel eos revocare
Q: Matheus Hagen respondit ut hic
R: alii tres interrogati responderunt ut hic

ritui sacrosancte Romane ecclesie conformari, dixerunt, et quilibet eorum
dixit, se in illa perfidia / alterius stare non velle, sed ita credere et se habere, sicut sancta mater ecclesia precipit atque mandat, ad cuius gremium convolare aspirarent. Et penitentiam eis ab eisdem dominis Stephano episcopo et Johanne Canneman inquisitore pro excessibus et heresis crimine iniungendam ultro servare velle dixerunt, et quilibet eorum dixit publice et expresse.

Die Veneris vicesimaoctava mensis Aprilis[31] supradicti honorabilis vir Joachim Lamprecht, clericus Branndburgensis diocesis, nuntius ad hoc iuratus, retulit mihi presentis negotii atque cause scribe atque notario publico supra et infrascripto, se de prefatorum dominorum episcopi et Johannis Canneman inquisitoris mandato sibi de supra, ut asseruit, legitimo facto, heri personaliter citasse Matheum Hagen, Johannem Goreß, Johannem Grenß et Georgium Bomherr supradictos ad videndum et audiendum contra eos in scriptis ferri et promulgari sententiam Berlin ante ecclesiam beate Marie virginis in novo foro hodie circa horam tertiarum, prout et quemadmodum idem Joachim Lamprecht nuntius iuratus habuit, ut asseruit, ab eisdem dominis Stephano episcopo et Johanne Canneman inquisitore specialiter et expresse mandatis. /

Relatione facta reverendus in Christo pater et dominus Stephanus episcopus Branndburgensis prefatus una cum clero suo ac religiosis amborum monasteriorum in dicto opido Berlin sanctorum Francisci et Dominici ordinum, quos ad hoc per prius convocari mandaverat, processionem sollempnem fecit de ecclesia beate Marie virginis antedicte usque ad novum forum pretactum, in quo sententia contra Matheum Hagen, Johannem Gorß, Johannem Grentz et Georgium Bomherr de heresi, ut premittitur, suspectos et in ea repertos in scriptis legi et promulgari debebat, cum vexillis et crucifixo, que immediate sepedicti Matheus Hagen, Johannes Gorß, Johannes Grentz et Georgius Bomherr sequebantur, subsequenter religiosi dictorum duorum monasteriorum, deinde seculares presbiteri, demum prefatus reverendus pater et dominus Stephanus episcopus Branndburgensis cum mitra episcopali et baculo pastorali necnon cum decantatione responsorii: „Ite in orbem universum" etc. Quo finito supranominatus dominus Johannes Canneman inquisitor presentibus dictis Matheo Hagen, Johanne Gorß, Johanne Grentz et Georgio Bomherr coram copiosa populi multitudine, invocata / per prius gratia spiritus almi, fecit sermonem in vulgari de potestate et auctoritate sancte Romane ecclesie et summi pontificis, de sacramento eucaristie cum declaratione, quid sit sumere sub una et quid sub utraque speciebus; etiam tetigit de indulto Bohemis a sacrosancto olim generali concilio Basiliensi dudum super communicatione sub utraque specie concesso[32], etiam alias materias huic negotio inservientes. Deinde finito sermone incepit publice recitare coram toto populo utriusque sexus articulos per sepefatos Matheum Hagen, Johannem Gorß, Johannem

[31] *1458 April 28.*
[32] *Prager Kompaktaten von 1433 November 30.*

S: nuntius ad hoc iuratus retulit, heri citasse dictos quatuor hereticos ad audiendam sententiam ad hodie circa horam tertiarum

Grentz et Georgium Bomherr confessatos, eosque plenos erroribus esse, sacris scripturis evidentissime edocuit, admonens et ex(h)ortans predictum Matheum Hagen[e] presentem et audientem primo, secundo et tertio cum magna mansuetudine et pia exhortatione, ut adhuc resipisceret[f] et errores suos revocando convolaret[g] ad gremium sancte matris ecclesie, que prona et parata esset suscipere quemcumque peccatorem de peccatis et erroribus suis penitere volentem. Et postquam dictus Matheus Hagen post dictam trinam monitionem et piam exhortationem errores suos revocare noluerat, sed / illis firmiter inherere volebat animo pertinaci et indurato, dum Stephanus episcopus et Johannes inquisitor prefati contra eundem Matheum Hagen ad sententiam suam in scriptis ferendam et promulgandam procedendum duxerunt atque processerunt. Eamque per ea, que viderunt et audiverunt, de consilio supradictorum dominorum Arnoldi abbatis, Pauli Wulff doctoris et Johannis Gotstich lectoris prenominatorum in scriptis tulerunt et promulgarunt in hunc, qui sequitur, modum.

Tenor itaque sententie, unde supra fit mentio, sequitur et est talis. Nos, Stephanus, dei et apostolice sedis gratia episcopus Branndburgensis, et Johannes Canneman, ordinis sancti Francisci, sacre theologie professor inquisitorque heretice pravitatis infrascripte et aliarum, quarumcumque ab eodem domino Stephano episcopo per civitatem et diocesim suas Brandburgenses specialiter deputatus, attendentes, quod quidam Matheus Hagen de villa Selchow, Johannes Gorß de parva Cziten, Brandburgensis diocesis iamdicte, Georgius Bomherr, oriundus in districtu vulgariter appellato Fledenitz, et Johannes Grenß de Czellin / fuerunt nobis delati publica fama deferente et clamorosa insinuatione precedente de heretica pravitate, qui propterea de assensu illustrissimi principis et domini nostri graciosi, domini Friderici marchionis Branndburgensis, sacri Romani imperii principis electoris ac burggravii Nurembergensis etc., in cuius principatu, dominiis et ditionibus infrascriptis perpetrarunt idolatria et hereses capti et de eius iussu et mandato ad opidum Berlin prefate Branndburgensis diocesis coram nobis adducti ac per nos cum mansuetudine interrogati et examinati, quilibetque seorsum et ad partem interrogatus et examinatus; receptis primo ab eis et eorum quolibet per nos debitis iuramentis de dicenda super interrogandis veritate, qui tactis sacrosanctis ewangeliis dixerunt, et quilibet eorum dixit, se velle dicere et deponere puram, meram et omnimodam super omnibus, de quibus interrogarentur et quilibet eorum interrogaretur, veritatem. Et primo Matheus Hagen interrogatus et examinatus asserebat et affirmabat, se fore presbiterum ordinatum per quendam, qui vocatur Fridericus Ryß de secta eorum episcopus, vulgo di trwen Bruder / appellata, et ab eodem subdyaconatus et dyaconatus ordines succes-

[e] *Danach gestrichen:* Johannem Gorß, Johannem Grenß et Georgium Bomherr presentes et audientes.
[f] *HS:* resipiscerent.
[g] *HS:* convolarent.
T: Sententia condempnationis contra Matheum Hagen lata

sive recepisse, presente quodam Nicolao etiam episcopo in eorum secta, in habitu laycali, sine vestibus sacris, non servatis sollempnitatibus secundum
U ritum sancte Romane ecclesie in talibus observari consuetis, de sero in una domo in opido Satzk in Bohemia per manus impositionem dumtaxat extra tempora a iure statuta. Item credit, quod, postquam ita ordinatus fuit, se posse conficere sacramentum eucaristie, missas celebrare in vulgari Alamanico in habitu laycali, confessiones audire, populum de secta sua communicare sub utraque specie, quod sepius habens in partibus fecit extra ecclesias et in domibus, stuphis sive latibulis diluculi tempore. Item communionem sub utraque specie credit esse de necessitate salutis.

Item de potestate ecclesie et domini nostri pape dubius est, dicens vulgariter illa verba, „das laß ich sein, als es ist", non plus dicendo.

Item confessus est, sectam suam aliam esse in ritu et moribus ac administratione sacramentorum a Romana ecclesia, referendo se ad libros suos erroribus plenos.

Item confessus est, se numquam facere confessionem suam nisi superiori /
16 r suo, videlicet Fridericus Ryß, pretenso episcopo antedicto in Bohemia, nec orare horas. Item de potestate presbiterorum existentium in peccato mortali, an possunt ligare, absolvere, sacramentum conficere etc., dubitavit. Etiam dicendo similia verba prout superius de potestate ecclesie et domini nostri pape. Item de indulgentiis male sentit. Item sperat, Wickleff, Johannem Huß et Jeronimum dudum propter hereses et ydolatria a sacrosanctis generalibus conciliis ad ignem dampnatos, esse in vita beata. Item requisitus et interrogatus, an errores suos premissos et doctrinam, quam predicavit, revocare vellet, dixit se nullatenus revocare, sed potius desuper mori velle. Item quod missus esset a prelibato suo pretenso episcopo ad has partes ad predicandum quatuor evangelistarum evangelia, sicuti apostoli a Christo missi fuerunt ad predicandum, quando dixit eis[26]: „Ite in orbem universum" etc.

Alii vero, videlicet Johannes Gorß de parva Cziten, Georgius Bomherr et Johannes Grentz de Czellin, mediis eorum iuramentis per eos prestitis dixerunt, et quilibet eorum dixit et affirmavit, se prenominato Matheo Hagen
16 v pretenso presbitero / adhesisse, missas diluculi et predicationes suas crepusculi temporibus in domo dicti Johannis Gorß de parva Sciten aliisque prophanis locis sepius audivisse et eum pro presbitero habuisse acquievisseque dictis et predicationibus suis ac ab eo communicatos fuisse sub utraque specie, quam magis credunt esse salutiferam quam communionem sub specie panis tantum. Nosque Stephanus episcopus, cui ex debito pastoralis officii, et Johannes Canneman inquisitor, cui ex officio iniuncto incumbebat, prout incumbit, pravitatem hereticam per diocesim Branndburgensem extirpare volentes, ut tenebamur et tenemur in et super hiis certius informari, videlicet an in tenebris an in luce ambularent, diligenter inquisivimus de predictis, ipsos efficaciter interrogantes, reperimus eos infectos predicta heretica pravitate, quam Matheus Hagen prenominatus defensavit coram nobis animo pertinaci. Sane cum pre cunctis nostre mentis nil desiderabilius insideat cordibus nostris,

quam fidem sanctam catholicam in populorum precordiis complantare, eradicata heretica pravitate, modos diversos varios et congruos tam per nos quam alios sacre theologie magistros adhibuimus, quatenus resilirent ab heresibus et erroribus antedictis, / in quibus steterant, prout adhuc idem Matheus Hagen stat contumaciter ac pertinaciter animo indurato, verum cum humani generis inimico suis precordiis assistens ipsumque in dictis erroribus volvens noluerit, neque velit a predictis heresibus resilire. Magis eligeret mortem anime incurrere gehennalem et corporis temporalem quam antefatas hereses abiurare ac gremium ecclesie advolare et animam suam lucrifacere in reprobum sensum datus, eapropter cum sint ab ecclesia sancta dei excommunicati et excommunicationis vinculo innodati et merito in numero a grege dominico separati, ac participatione bonorum ecclesie privati, et ecclesiam contra dictum Matheum non habeat ultra, quid faciat, cum ad eum convertendum fecerit iuxta posse, nos Stephanus episcopus et Johannes inquisitor in causa fidei pretacta pro tribulani secundum more iudicum iudicantium sacrosanctis evangeliis coram nobis positis, ut de vultu dei iudicium nostrum prodeat et oculi videant equitatem, habentes pre oculis solum deum et sancte fidei veritatem ac extirpationem heretice pravitatis, hac die, hora et loco ipsis in antea assignatis, ad audiendam nostram contra eos in scriptis / ferri et promulgari sententiam. Itaque eos presentes, audientes et intelligentes de consilio et assensu plurimorum sacre theologie professorum condempnavimus ac sententialiter iudicavimus, prout condempnamus et sententialiter iudicamus, esse veraciter hereticos.

Et Matheum Hagen sepedictum hereticum impenitentem, et ut talem tradendum et relinquendum brachio seculari, et ut hereticum impenitentem per hanc nostram sententiam de foro nostro ecclesiastico proicimus et tradimus seu relinquimus brachio seculari ac potestati curie secularis. Dictam curiam efficaciter deprecantes, quatinus circa ipsum citra sanguinis effusionem et mortis periculum suam sententiam moderet et mitius secum agat.

De aliis vero, videlicet Johanne Gorß, Georgio Bomherr et Johanne Grentz, qui se in dictos errores lapsos ex intimis dolent, volentes nostris salutaribus monitis ultro obtemperare et ad sancte matris ecclesie gremium convolare pie considerantes, quod sancta mater ecclesia nulli claudit gremium redeunti, ipsos de peccatis heresibus et idolatriis penitere volentes, in nomine domini suscipimus et in signum penitentie has presentes vestes crucesignatas per ipsos deferendas et portandas / assignamus et donamus, diebus, locis et diuturnitate temporis cum abiuratione de non redeundo ad perfidiam, in qua steterunt, sub penis in iure expressis et iniunctione penitentie, quam nobis imposterum reservamus.

Lecta, lata et in scriptis promulgata fuit preinserta sententia per dominos Stephanum episcopum et Johannem Canneman inquisitorem sepedictos coram copiosa populi multitudine, sub anno, indictione et pontificatu quibus supra, die vero Veneris proxime dicta[33], presentibus ibidem generosis et strenuis[h]

[h] *HS:* strenuo.   [33] *1458 April 28.*
U: articuli per Matheum Hagen confessati et hic inserti

viris dominis Ludevico de Oettingen[34] et Godfredo de Hoenloch[35] comitibus ac Paulo de Conrestorff[36], magistro curie supradicti illustrissimi principis et domini Friderici marchionis etc., testibus ad premissa vocatis specialiter et rogatis.

Henricus Bawerungk

notarius ad premissa rogatus et requisitus.

[34] *Graf Ludwig v. Öttingen. Nach Auskunft von U. Schumm (Hohenlohisches Archiv) vermutlich Ludwig XIII. von Öttingen-Altwallerstein, gest. 1486.*

[35] *Graf Gottfried v. Hohenlohe. Nach Auskunft von U. Schumm (Hohenlohisches Archiv) vermutlich Gottfried IV. von Hohenlohe-Schillingsfürst-Weickersheim, gest. 1497.*

[36] *Paul v. Kunersdorf, seit 1452 als Hofrichter und seit 1456 als Vogt bzw. Amtmann erwähnt; gest. vor 1482; vgl. Riedel, A 18, S. 497; M. Liebegott,* Der brandenburgische Landvogt..., *S. 16 f.*

b. Das Angermünder Verfahren vom Juni 1458

18 v

V   Anno insuper et indictione pontificatuque quibus immediate supra, die vero Mercurii vicesimaoctava mensis Junii[37], que fuit vigilia Petri et Pauli apostolorum, in prepositura opidi Nove Angermunde, citati omnes et singuli incole seu villani ville Kerkow, dicte Brandeburgensis diocesis, suspecti ac infamati de heretica pravitate suprascripta coram venerabili et religioso viro domino Johanne Canneman, ordinis sancti Francisci, sacre theologie professore, inquisitore memorato, hora vesperorum vel quasi comparuerunt, recepto primitus per prefatum dominum Johannem Canneman inquisitorem a quolibet ipsorum debito et consueto iuramento de dicenda veritate super omnibus et singulis, quibus inquirantur, singuli singulariter in presentia illustris principis et domini domini Friderici senioris marchionis Brandenburgensis, sacri Romani imperii principis electoris etc., suorumque consiliariorum et familiarium ac mei notarii publici infrascripti, modo infrascripto sunt examinati.

W   Primo itaque interrogatus et requisitus quidam Hinrik Zevekow, ut diceret medio suo iuramento, an aliquando conversatus fuisset cum Matheo Haghen heresiarcha suprascripto et ad mortem, ut supra prefertur, propter eius falsa dogmata condempnato, respondit quod non, licet hoc alii post ipsum, prout infra tangetur, publice affirmarunt. — Item dixit, se precepta domini et 12 articulos fidei penitus ignorare, natum se tamen in huiusmodi secta ex utroque parente, sponte affirmavit.

Idem dimissus et iussus exire e conclavi, et iterum post examen suorum consectaneorum revocatus, medio suo iuramento requisitus, an aliquando fuerat in predicationibus Mathei Haghen, respondit, quod ymmo interfuit, et hoc tempore serotino.

[37] *1458 Juni 28.*

V: *Inquisitio facta in nova Angermunde contra villanos ville Kerkow et aliarum circumiacentium, ut infra patebit*

W: *Deposicio Hinrik Zevekow, qui sepius in ipsius deposicione periurus est repertus*

XXVb. Verfahren gegen Bewohner v. Kerkow u. Kl.-Ziethen, Angermünde 1458 303

Item interrogatus, an Matheo Haghen confessionem fecerat aut ab eo communionem receperat, respondit affirmative. De purgatorio, an sit vel non, dubitavit; pro maxima tamen parte ipsum esse negabat. Item requisitus, an plures in villa Kerkow haberet consectaneos, respondit, quod Clawes Zevekow, Peter Smedt, Clawes Smedt, Hinrik Smedt et non plures, quamquam hoc ex aliorum confessionibus falsissimum sit postea repertum.   19 r

Post hunc vocatus quidam Peter Schulte et medio suo iuramento astrictus, ut veritatem sibi de hac re notam non negaret, respondit, se casualiter venisse ad domum cuiusdam Clawes Smedt, ubi quidam Thomas Wachelin, Hanß Smedt et quamplures alii heretica pravitate infecti, non sine eorum liberis et uxoribus, cum eorum magistro Matheo Haghen fuerant congregati; et mox eo intrante omnes tamquam confusi, nichil ammodo loquentes, recesserunt. Hec et non plura de huiusmodi heresi sibi constare, medio iuramento suo asserebat. Qui quidem dimissus, est postea ex aliorum relatione non fidelior quam aliquis ipsorum repertus, quod et per se tandem publice confitebatur.   X

Rursum vocatus Hanß Lodewich dixit, se in secta tali citra septem annos perstitisse, et inductum fuisse a duobus pueris, qui ipsum ducentes ad uxorem Zevekow, a qua plenius in errore heretico informabatur. Item predicationibus Mathei Haghen interfuit, missas ipsius audivit, confessionem ei fecit, ac communionem sub utraque specie recepit ab eodem. Item dixit, quod fidem hanc, quam Matheus Haghen predicabat, estimavit esse meliorem ac magis salutiferam quam fidem catholicam, quam sacrosancta Romana ecclesia predicat et dogmatizat.   Y

Insuper quidam Clawes Zevekow vocatus et interrogatus ut supra, dixit, se natum in secta. In aliis concordat cum Hanß Lodewich, et ambo, quendam Hinrik Zevekow memoratum cum eis predicacionibus Mathei Haghen interfuisse et communionem ab eo recepisse, affirmant.   Z

Deinde vocatus quidam Hans Smedt dixit, se in secta natum ex utroque parente. Articulos fidei dicit se ignorare. Predicacionibus Mathei Haghen interfuit. Confessionem ei fecit, ac communionem ab eo quampluries recepit.   19 v AA

Domeß Wachelin et Jost Lodewich, fratres uterini, cum dicto Hanß Smedt omnino concordant, nisi quod ex parte unius parentis, utpote matris, in secta heretice pravitatis se natos fatebantur. Et omnes tres dicunt, Peter Schulte et Hinrik Zevekow cum eis communicasse ac predicationes audivisse. Et quod ipse Hinrik Zevekow sit tamquam magister in hac secta reputatus.   BB

Vocatus denique Hinrik Smedt dicit, se ex antiquis in secta natum. Predicaciones Mathei Haghen audivit, confessus ei fuit, communionem ab eo recepit,   CC

X: Deposicio Peter Schulten periuri
Y: Depositio Hanß Ladewig
Z: Deposicio Clawes Zevekow
AA: Deposicio Hanß Smedt
BB: Deposicio Domeß Wachelin et Jost Lodewig
CC: Depositio { Hinrik / Clawes / Peter } Smedt

ac omnia, que ad hanc dampnatam sectam pertinent, plenarie adimplevit. Cum quo quidam Clawes Smedt et Peter Smedt omnino concordant.

Postremo vero instante noctis crepusculo alii remanserunt inexaminati. Nichilominus tamen iniunctum est ipsis omnibus, tam examinatis quam non, quatenus se die sequenti ad monasterium fratrum minorum in dicta Angermunde situatum statim prandio peracto sine ulla retardacione aut excusacione personaliter presentarent. Ubi eciam ad eandem horam omnes villani ville Parvacziten nuncupate, etiam prochdolor de heretica pravitate infamati et suspecti, citabantur ad examinandum.

Die itaque Jovis immediate sequente[38], hora et loco prenarratis, venerabilis ac religiosus dominus Johannes Canneman, inquisitor sepetactus, coassumptis

DD sibi commendabilibus viris dominis Joachim Lambrecht[39], canonico ecclesie sancti Sebastiani Magdeburgensis, vicario reverendi in Christo patris et domini domini Stephani episcopi Brandeburgensis ac locum ipsius in hac parte tenente, reverendoque in Christo patre et domino domino Tobia[40], abbate monasterii in Corin ordinis sancti Bernardi, religioso ac devoto patre domino Johanne Dannenwolde[41], gardiano monasterii fratrum minorum ordinis sancti Francisci in Angermunde, necnon et honorabili viro domino Georgio[i] Kemnater[41], pre-

20 r posito / Angermundensi. Primo omnes et singulos villanos Kerkowienses vocavit, et ipsos medio suo iuramento per eos et quemlibet ipsorum prestito, de consilio et ex suasione illustris principis et domini domini Friderici, marchionis Brandeburgensis, dictorumque dominorum, cum nimis prolixum esset singulos

EE singulariter examinare, iussit atque mandavit, quatenus lepra heretica infecti a sanis et veris christifidelibus tamquam schoria ab argento separarentur[42], uti inter eos tamquam inter bonos et malos verius iudicium haberetur.

Quo mandato per dictum venerabilem dominum Johannem Canneman, doctorem et inquisitorem, sic[k], ut premittitur, facto et expleto, aliis intrepide persistentibus et capita eorum honorifice levantibus, infrascripti tamquam erroneis articulis seducti et lepra heretice pravitatis vexati, capitibus inclinatis et vultibus non modicum scandalosis ad unum cumulum nominatim se mutuo

FF conclamarunt, videlicet Hinrik Zevekow, Clawes Zevekow, et Clawes Zevekow, Hanß Lodewich, Domeß Wachelin, Hanß Smedt, Jost Lodewich, Peter

---

[i] *HS:* Georrio.
[k] *HS:* sit.
[38] *Juni 29.*
[39] *Siehe oben, S. 290, Anm. 10.*
[40] *Tobias, Abt von Chorin etwa 1441—1463; gest. nach 1467; vgl.* Germania Sacra..., *1, 1, S. 310.*
[41] *Nur an dieser Stelle bezeugt.*
[42] *Vgl. Isai. 1, 22.*

DD: Nomina prelatorum, coram quibus sunt examinati
EE: Mandatum separacionis malorum a bonis
FF: Nomina hereticorum in Kerkow

Schulte, Hinrik Smedt, Clawes Smedt, Peter Smedt, Peter Nieman et Henningk Nyeman.

Quibus sic in unum congregatis, medio suo iuramento sunt interrogati, ut veritatem dicerent, si adhuc aliqui de eorum secta in alio cumulo existerent, ut istos proderent, bonos vero et innocentes nequaquam aliquo rancoris aut odii fomite accusarent. Qui omnes unanimi voce, se solos in errore ipsorum fuisse, alios autem christiane religionis existere, confitebantur. Eapropter omnes suprascripti tamquam infideles et heretici convicti ex eorum confessionibus sunt reputati, ceteri vero tamquam innocentes et veri christicole sunt dimissi. Interrogati insuper dicti heretici, an aliqui de ipsorum secta in villa Kerkow morantes se aliquatenus absentassent et an eorum uxores et liberi cum ipsis in dicto errore perstitissent, responderunt, tam uxores quam liberos cum ipsis eiusdem esse perfidie et erroris; nullum autem absentem, quam quendam Michaelem Zevekow ex senio et corporis infirmitate, omnes unanimiter iuramento medio affirmabant.

Dimissis itaque predictis hereticis, et e conclavi, in quo examinati sunt, exire iussis, intromissi et vocati sunt villani ville Parvacziten, qui ibidem, ut premittitur, ad prefatam horam vocati fuerant ad examinandum. Quibus sic intromissis, sepedictus dominus inquisitor, iuramento de veritate dicenda ab eis recepto, omnes simul interrogavit, an heretica pravitate suprascripta, de qua infamati sunt, forent suspecti et an aliqui ex ipsis de ea immunes possent reperiri. Qui omnes unanimi voce, se tales huiusque fuisse et esse, profitebantur, et in tali errore ab eorum infantia perstitisse: duobus tantummodo exceptis, videlicet Ydel Joreß et Jurghen Smedt, qui, licet diu cum ipsis in heresi steterint, penitentia tamen ducti ad longa tempora ab heresi huiusmodi resilierunt et annis non modicis cum ipsis quoad hanc fidem erroneam non participarunt, tamquam boni christicole diu se gerentes[l]. Infrascripti autem ex eorum confessionibus heretico errore sunt commaculati, ut sunt Jacob Haghen, Hanß Goreß, Philippus Goreß, Tewes Buckow, Olde Hannover, Joreß Smedt, Betke Hannover, Hanß Ditmer, Marten Zevekow, Jacob Schulte, Peter Goreß, Laurentz Herbelt, Peter Stangendorp, Hanß Zager, Peter Prentzlow et relicta Hanß Vischerß, singuli cum ipsorum uxoribus et liberis, heretici sunt manifesti.

20 v

Demum ipsis sic examinatis ac eorum auditis confessionibus, illi de Kerkow prius examinati iterato iussi sunt intrare. Quibus ex ambabus villis supradictis convocatis, sepe mentionatus religiosus dominus et frater Johannes Canneman etc. post diuturnam ammonicionem et instructionem, quam de fide christiane religionis et confusione heretice pravitatis ibidem ad ipsorum emendacionem perfecerat, omnes et singulariter singulos premonuit et exhortabatur, quatenus ab erroribus discederent et dyabolo abrenunciantes creatori suo animas ipsorum lucrifacerent. Interrogati itaque, an in premissa heresi persistere vellent, aut se ritui sacrosancte Romane ecclesie conformare: qui unanimiter se de hac per-

---

[l] HS: regentes.

fidia avolare et ad gremium sancte matris ecclesie convolare ac penitenciam salutarem pro eorum excessibus sibi iniungendam iuxta eorum posse perficere velle, palam responderunt.

XXVI

Hinweis auf das Berliner Verfahren vom April 1458 in einer Polemik gegen Georg Podiebrad durch Nikolaus Tempelfeld vom selben Jahr.

Aus: Johann Loserth, Die Denkschrift des Breslauer Domherrn Nikolaus Tempelfeld von Brieg über die Wahl Georgs von Podiebrad zum König von Böhmen. Ein Beitrag zur Kritik der Husitengeschichte des Johannes Cochlaeus, in: Archiv für österreichische Geschichte 61 (1880), S. 156; Separatdruck, S. 68; vgl. oben, S. 40 f.

... Claret enim ad experienciam in Bohemia et in Moravia multos atque dampnatos fore hereticos, quorum quidam practicant communionem utriusque speciei non secundum moderacionem compactatorum, eciamsi viribus subsisterent, sed ad suam intencionem tanquam ad salutem necessariam, quod est heresis absolute.[a] ...
Quidam dignitatem sacerdotis et probitatem laici quoad consecracionem et sacramentorum dispensacionem equiparant, quod est heresis. Huius heresis evidencia patet ex gestis et practicatis isto anno in opido Berlyn, Brandenburgensis diocesis, infra conductum Pasce[1], ubi iudicabatur ad ignem quidam hereticus[2] illius terre, qui irreducibiliter asseruit, se ordinatum in sacerdotem per imposicionem manuum cuiusdam Fredrici[3] laici sutoris morantis in Satcz, Pragensis diocesis, magistri sui, nec quovis modo potuit ad revocandum illum errorem reduci. Cuius opinionis et erroris idem fatebatur esse plures in pluribus mundi partibus. ...

[a] *(Randbemerkung:)* Jersziko fovet multas sectas hereticorum in Bohemia. Exemplum, quomodo sutor in Bohemia ordinavit rusticum in sacerdotem de marchia.
[1] 1458 April 9.
[2] *Matthäus Hagen, siehe oben, S. 288 f.*
[3] *Friedrich Reiser, siehe oben, S. 7 f.*

XXVII

Feuertod eines Häretikers, der sich das Priestertum anmaßte, in Berlin im Jahr 1478 (statt wahrscheinlich richtig: 1458).

Aus: Johannes Aquensis (Jan Vodňanský), Annihilatio triplicis funiculi; HS: Prag Nationalmuseum XV G 4, fol. 96v. 97r; Prag Universitätsbibliothek Cod. XI. E. 1, fol. 75v. Druck: —; vgl. oben, S. 42—44.

Nam sicut oves sine pastore erratis, et quot ecclesie vestre tot capita, et quot capita tot secte, nam unusquisque, prout vult, ita credit et docet. Ex quo igitur a capite vivo et corpore (de quo apostolus dicit[1], quod in illo diversa sunt membra non eundem actum habencia*a*), sicut tu audes diffinire, vos separastis, non modo ad errores sed ad ydolatriam quoque*b* declinastis. Plerique enim ex vestris sacerdotes non esse comperti sunt ac tamen sacramenta quamvis ydolatrica populo ministrasse. Et hoc totum — o tocius fontis lacrimarum habundancia lugendi! — vestra ex pestifera et erronea provenit doctrina. Nam et ipsi layci*c* in tantam ambicionis proterviam ausi sunt prorumpere, ut contento (sicut et vos facitis) omni ecclesiastico ordine sibi ipsis nomen sacerdotale usurpaverunt et aliis eciam ruralium artificibus propria auctoritate dignitatem sacerdocii contulerunt. Huius evidencia ex gestis et practicatis anno domini 1478 in Berlin, dyocesis*d* Brandeburgensis, claret, ubi iudicabatur / ad ignem quidam*e* hereticus[2] illius terre, qui irrevocabiliter asseruit, se ordinatum in sacerdotem per imposicionem manuum cuiusdam Friderici[3] layci sutoris morantis in Zacz, Pragensis dyocesis, sui magistri. Nec quovis modo potuit ad revocandum illum errorem induci. Cuius opinionis et erroris idem*f* fatebatur esse plures ab eodem ordinatos. Non igitur mirum, quod tanta inter vos eveniant scismata. Nam qui rite non ordinatur, ritum ordinarium, necesse est, ut relinquat. Aliqui enim vestrum Bohemie*g* exeuntes metas, nec sue amencie scisma confiteri presumentes aut periuri aut symoniaci*h* aut alias deceptive suscipientes ordines vel eciam non ordinati sacerdotale usurpantes officium, sacramentum conficere attemtarunt. Nec putes, scripto vel auditu sed certa experiencia illa me didicisse, scio enim, inter vos fuisse nunc quoque esse tales, quos non expedit nominare. Nec solum illi calosi ribaldi talia per vestram pestiferam inducti doctrinam attemptarunt, sed eciam femine sacerdotale officium sibi usurpaverunt, ut patet*i* de quadam nobili, quam dicunt quidam virginem apostatam cuiusdam ordinis, que pueros baptisavit*k*, predicavit, confessiones audivit et cetera ad sacerdotes pertinencia patravit, que usque hodie superest dierum malorum inveterata.

a—k Abweichungen der HS Prag XI. E. 1, *fol. 75v:*
a habentia.
b quoque *fehlt.*
c laici.
d diocesis.
e quidam hereticus ad ignem.
f idem *fehlt.*
g Boemie.
h simoniaci.
i videlicet.
k baptizavit.
[1] *Vgl. Rom. 12, 4.*
[2] *Gemeint ist offenbar der 1458 verurteilte Matthäus Hagen, siehe oben, S. 288 ff.*
[3] *D. i. Friedrich Reiser, siehe oben, S. 7 f.*

XXVIII

Dramatisch-pikante Aufdeckung „begardischer" Ketzer in Berlin und Feuertod zweier „begardischer" Bischöfe daselbst im Jahr 1478 (statt wahrscheinlich richtig: 1458).

Aus: Johannes Aquensis (Jan Vodňanský), Locustarium; HS: Rom Biblioteca Vaticana, Cod. Ottob. lat. 1518, fol. 41r—42v; vgl. oben, S. 46 f.

41 r   Nunc ad facta certissima et exempla procedendum. Primum factum est in dyocesi Brandeburgensi, a quo iam novem lustra temporum cum dimidio sunt peracta, me tunc in illis vitam trahente partibus. Duo ex Bohemia begardorum episcopi venerunt in Marchiam et, ut in tortura fassi sunt, a quodam sacerdote Sacensis civitatis, artis sutorie mechanico, inposicione manuum ordinati. Hii plerosque in civitate Berlinensi inficientes et conciliabula noctu more suo facientes, inter ceteros quandam iuvenculam non diu maritatam seduxerunt. Hec omni nocte viri thoro dimisso recedebat. Interrogata a marito, quidnam id presignaret, quod eo semper tempore surgeret, respondit, se religiosorum more
41 v   nocte media ad confitendum domino surgere deumque precibus exorare. / At maritus astutus rogat eam, ut ea postponat, tum quia sue iuventuti sit importabile, tum quia cura plurima occupata partem noctis oporteret in labore expendere. Et quamvis bonum non vituperaret, lassis tamen et defessis viribus capitis dolorem poterit incurrere. Dimittit eam et interim explorat temporum vices, quo exierit, ut cercior redderetur. Quadam igitur nocte, cum solito obscurior esset, post euntem exivit et interim explorat paulatim gradiens, quam domum intratura sit. Cumque, strepitu facto, ad ianuam verba proloquerentur, attendit ille et servat verba prudenter et misteria. Revertiturque quantocius ad proprium cubile, acsi nichil de facto foret. Altera item nocte eque obscura nuptam sequens eadem verba et signa, ne dubitaret, attente considerat. Intromissa femina, post paululum pulsat ianuam. Interrogatur abintus, quis sit; respondit, sicut audivit, quod a spiritu duceretur. Interrogatur rursus, an purum sit exterius, hoc est, si non sit ibi alienus. Respondit: tamquam oculus corvi, hoc est nullus alius nisi unus ex illis. Illa enim signa, ne deprehenderentur, habebant inter se. Intromissus igitur, signat bene clausuram domus, ut, cum placuerit, exire poterit. Intrat in conciliabulum, et quia modicum quid luminis iuxta predicantem tantum stabat, non perpendebant, quis fuerit. Ipse tamen bene contoralem suam altera ex parte notavit, deo sic disponente. Duobus namque ordinibus divisi sedebant femine ex opposito
42 r   virorum. Finita itaque / predicacione, monet ille lumine extincto Veneri quoque sacrificium offerre. Itur in Venerem tensis velis, fessamque iam navigio Cytheream occurrens maritus, abscidit nupte auriculas clamque recedit; et parvam voluptatis morulam in magnam vertit sollicitudinem. Fit namque turbacio et, unde hoc provenerit, ingens inquisicio; nec comparet actor facinoris. Insurgit inde non modica turbacio et fuge omnis meditacio. Sistitur iuxta posse vulneribus exiliens cruor et, que modicum ante venerea delectaba-

tur dulcedine, sentit novi doloris et dedecoris intensiorem amaritudinem. Revertitur tandem et thorum maritalem suspirans ingreditur. At maritus quasi e gravi somno evigilans sciscitatur, quare non dormiret, cur tam gravia suspiria attraheret. Sed illa capitis simulat dolorem. Iubetur interim quiescere et decetero religiosis nocturnas synaxes committere. Sequenti luce solemne convivium paratur et amici utrique, eius videlicet et uxoris, invitantur magna inportunitate, ut omnibus omissis venirent. Mirantur omnes advenientes, quid sibi velit tantus epularum apparatus. Recumbentibus itaque et convivantibus invitatur domina ad prandium, sed recusat inpotenciam allegans. Vocatur vice altera, rennuit. Ante ultimum tandem ferculum intrat ad eam maritus, iubet eam amiciri, ut decet, et inducens eam inter amicos, iubet ultimum ferculum ad mensam dare. Ponitur bene conditum non antea visum huiusmodi. / Perspiciunt singuli et contrectant miranturque, quidnam sit: boletene an certe humane aures, nescire se, fatentur. Detractis tamen ipse uxoris peplis, cunctis inspicientibus et stupescentibus, sciscitatur, ubinam aures dimisisset, quas eam obtruncasset. Obrigescenteque ea pre admiracione et timore, narrat ipse coram omnibus, illa se nocte fuisse inter begardos et huiusmodi facta, de quibus nedum pudendum, verum et horrendum dicere perspexisse. Veriusque quo sibi crederetur, nesciens ostendere signum, hoc, uxore sua ibi reperta, coram eis attulisse, ut et aures abscisas viderent et sine auribus caput viderent pariter et contrectarent. Perquiruntur igitur seductores et, ceteris iam fuga elapsis, predicti duo eorum episcopi questionantur, et confessi igni sentenciantur, et tandem incinerantur. De uxore autem eius, quid factum sit, nondum compertum habeo. Aliud factum est in Bohemia ...

42 v

XXIX

Erwähnungen des Dominikaners Clemens Lossow als Inquisitor für die Mark Brandenburg, 1478 bis 1491.

a. 1478 Mai 6

Aus: Codex diplomaticus Brandenburgensis. Sammlung der Urkunden, Chroniken und sonstigen Quellenschriften für die Geschichte der Mark Brandenburg und ihrer Regenten, *hrsg. von Adolph Friedrich Riedel, A 25, Berlin 1863, S. 81, Nr. 106 (Urkunde betr. Kaland in der Diözese Havelberg).*

Reverendissimis venerabilibusque dominis, domino episcopo Havelbergensi, dignissimis prepositis, decanis ecclesiarum, rectoribus earum vel vices gerentibus necnon omnibus et singulis sacerdotibus, clericis atque laicis utriusque sexus, in Christo Jesu devotis fratribus et sororibus Calendarum de Merica in diocesi Havelbergensi, ubilibet constitutis, frater Clemens Lossow, ordinis predicatorum ac sacre theologie humilis professor atque heretice pravitatis per prefatam dioecesin specialis et alias per totam provinciam Saxonie generalis inquisitor, necnon conventuum nationis Marchice, videlicet Ruppinensis, Brandenburgensis, Sehusensis, Prentzlaviensis, Strutzbergensis, Soldinensis, Berlinensis, Tangermundensis inmeritus vicarius, corrector et reformator, salutem et continuum gratie salutaris incrementum. . . . Datum Seehusen, anno domini millesimoquadringentesimoseptuagesimooctavo, die vero mensis Maii sexto.

b. 1483 Februar 16

Aus: Clemens Lossow, Sermones rosati [= Rosarius], o. O. u. J. [Leipzig bei Moritz Brandes]; vorhanden in der Staatsbibliothek Berlin [West]: Inc. 1291, 7.

1 r Universis et singulis christicultoribus et virginis gloriose laudatoribus honoremque sanctorum scientibus fidelibus, frater Clemens Losow, ordinis predicatorum, sacre theologie humilis professor hereticeque pravitatis inquisitor Brandenborgensis . . . compilavi sermones rosatos.

14 v Explicit rosarius beate virginis collectus per fratrem Clementem Lossow . . . Sequitur . . . sermo . . . de conceptu virginali . . .

15 r Reverendissimo in Christo patri illustrissimoque principi ac domino, domino Ernesto, tocius Almanie primati episcopo administratori ecclesiarum Magdeburgensis et Halberstadensis . . . frater Clemens Lossow, ordinis predicatorum, sacre theologie humilis professor heretice pravitatis inquisitor necnon alme ecclesie Halberstadensis inutilis lector et predicator . . .

20 v Ex Halberstad XVI Februarii, anno domini MCCCCLXXXVI hunc sermonem presentavi domino Magdeburgensi . . .

c. 1483 Februar 24

Aus: P. Gabriel M. Löhr O. P. (Hrsg.), Registrum litterarum pro provincia Saxoniae. Leonardi de Mansuetis 1474—1480, Salvi Cassettae 1481—1483, Barnabae Saxoni 1486 (= Veröffentlichungen des Historischen Instituts der Albertus-Magnus-Akademie der Dominikaner in Walberberg, Bez. Köln = Quellen und Forschungen zur Geschichte des Dominikanerordens in Deutschland. 37. Hrsg. von Hieronymus Wilms), Köln u. Leipzig 1939, S. 81.

. . .

Magister Clemens Losson conv. Brandenburgensis, heretice pravitatis inquisitor, habuit confirmacionem domus et celle, quam inhabitat, cum omnibus pertinenciis et appendiciis, quas potest habitare toto tempore vite sue absque contradictione alicuius inferioris . . .

Datum Argentine 24. februarii 1483.

d. 1483 April 30

Aus: G. A. Meijer, Het Jacobijnenklooster te Groningen, 2, in: Archief voor de Geschiedenis van het Aartsbisdom Utrecht, Utrecht, 32 (1906), S. 319 f. (Urkunde Nr. 5, betr. Übereignung einer Reliquie an das Groninger Dominikanerkloster durch den Berliner Dominikanerkonvent, Soldin 1483 April 30).

. . . magister noster Clemens Sosflir (= Lossow), sacre theologie professor . . ., inquisitor, conventus Brandenburgensis.

e. 1486 Juli 15

Aus: Urkundenbuch der Stadt Halberstadt, hrsg. von der Historischen Commission der Provinz Sachsen, bearb. von Gustav Schmidt, Bd. 2 (= *Geschichtsquellen der Provinz Sachsen und angrenzender Gebiete, 7, 2*), Halle 1879, S. 364 f., Nr. 1126 (Urkunde, betr. Klagesache des Dominikanerklosters in Halberstadt, Halberstadt 1486 Juli 15).

... Fuimus pro parte prefatorum prioris et fratrum monasterii s. Pauli, ordinis Predicatorum civitatis Halb., et presertim — domini Clementis, sacre theologie professoris, heretice pravitatis inquisitoris, vicariique nationis Saxonie dicti ordinis professi, — requisiti ...

f. 1486

Aus: P. Raimundi Bruns Ord. Prae. Annales Conventus Halberstadiensis. Eine Chronik der Militärseelsorge und Missionstätigkeit der deutschen Dominikaner in Brandenburg-Preußen im 18. Jahrhundert, hrsg. von P. Maternus Heinrichs O.P. (= *Quellen und Forschungen zur Geschichte des Dominikanerordens in Deutschland. 8*), Leipzig 1913, S. 7.

1486. Fr. Clemens de Lossaw, O.P.S. Theol. Magister, per Marchiam Brandeburgensem inquisitor, Summae Aedis Halberstadiensis Praedicator. Scripsit de Rosario et aliis. Vir doctus et fidei Zelator.

g. 1490 Februar 12

Aus: P. Gabriel M. Löhr O.P. (Hrsg.), Registrum litterarum pro provincia Saxoniae Joachimi Turriani 1487—1500, Vincentii Bandelli 1501—1506, Thomae de Vio Caietani 1507—1513 nebst Fortsetzungen aus den Jahren 1524—1551 *[2]* (= *Quellen und Forschungen zur Geschichte des Dominikanerordens in Deutschland. 40*), Köln u. Wiesbaden 1952, S. 37 f.

...

Committitur magistro Clementi Lossonn, inquisitori, conv. Brandeburgensis, causa, que vertitur inter conv. Erfordensem et conv. Lipczensem super nonnullis libris et bonis quondam mag. Cunradi de Wallenfels. Rome eodem die (d.i. Rome 12. februarii).

h. 1491 April 29

Aus: A. F. Riedel, (siehe oben, a.), A 9, Berlin 1849, S. 242, Nr. 315 (Urkunde, betr. den Konvent des Klosters Wanzka).

Honorabilibus atque devotis religiosis dominabus Anne Senckens abbatisse, Margarete Passowes, priorisse Margarete de Helpten ceterisque omnibus et singulis virginibus, sororibus atque famulis monasterii sancti Benedicti in Wandsche, frater Clemens Lossow, sacre theologie professor, hereticeque pravitatis inquisitor ac monasteriorum in Marchia vicarius et reformator ordinis predicatorum ... Ex nostro monasterio sepedicto vulgariter Antiquum Brandenburch nominato, datum anno domini MCCCCXCI, mensis vero Aprilis, die penultima.

XXX

Kurfürst Albrecht Achilles erwähnt in seiner Korrespondenz Ketzer, 1480 und 1481.

a

Aus dem Brief des Kurfürsten Albrecht Achilles an seinen Sohn, den Markgrafen Johann; Ansbach, 1480 Februar 1.
Aus: Politische Correspondenz des Kurfürsten Albrecht Achilles, *hrsg. u. erl. von Felix Priebatsch, Bd. 2: 1475—1480 (= Publicationen aus den königl. preußischen Staatsarchiven 67), Leipzig 1897, S. 583 f.*

Lieber sone! ir schreibt uns, dorauf wir antworten. zum ersten ... das sibend, der ketzer halben, das gefelt uns wol. ... datum Onolczpach an unser lieben frauen abend lichtmeß anno etc. LXXX^{ten}.

b

Aus dem von Albrecht Achilles an Johann geschickten Entwurf eines Schreibens an den Papst betr. den Kamminer Stiftsstreit. Berlin, 1481 August 27.
Aus: Politische Correspondenz..., *hrsg. von F. Priebatsch, Bd. 3: 1481—1484 (= Publicationen aus den königl. preußischen Staatsarchiven 71), Leipzig 1898, S. 94, Anm. 1.*

... *(Wegen der zwiespältigen Bischofswahl:)* clerus et precipue prelati illius dioecesis in nonnullos errores prolapsi sunt, pars etiam populi communi heresi illaqueata est, ita ut clerus et populus sui cura et medicina pastorali indigeant. — ex opido meo Berlin, XXVII die augusti, anno dni. etc. LXXXI.

XXXI

Bartholomäus Curt und andere Einwohner von Königsberg/Nm. und Wubiser schwören der Ketzerei ab, 1483 Januar 14 bzw. März 19.

Aus: Codex diplomaticus Brandenburgensis continuatus. Sammlung ungedruckter Urkunden zur Brandenburgischen Geschichte, *hrsg. von Georg Wilhelm von Raumer, Bd. 2, Berlin u. Elbing 1833, S. 77 ff., Nr. 79; vgl. oben, S. 42.*

Ick Bartolomeus Curt versake und vertyhe my allent dat weder den hiligen Cristen geloben iß, wu ick met willen oder met unwillen mit infall enniges gedancken darinn gekomen oder gefallen were, darto alles gewalts des dewfels syner geselschap to fallung und navolgen, geve den selvigen keynen glowen noch bestendigkeit, byn den weder na allen mynen vermogen und wedderspreke alle und iglicke artikel, wu die in menschenn synne komen oder syn mogen, als einem fromen Cristen menschenn to geberet und verplicht iß, unnd glewe in den allmechtigen got, die hylige Cristliche kercken, gemeynschap der hiligen, afflattung der sunde unnd aller ander artickel und gebot, wu die sulvi-

gen die hilige Romische Cristliche kercke uthgesettet und geboden hett to hol-
denn, die wil ick alle und iglicke als eyn frommer Cristen mensche halden und
darweder noch daran keinen twifel hebben, sunder solchs alls und iglichs und
den hiligen Cristenlichen glowen, als einem Cristenlichen fromen menschen to
gehort, vorfechten, verteidingen biß in myn tode und ewiglich holden, als my
got helpe und syn hiligen. Actum an Dinstag nach Octavas Epiphanie 1483[1].

Deßglicken hat er auch ein urfehd getan auch fur sein frund, geborn und un-
geborn, mit oder an recht, nymmer mehr darauff zu sachen in keinem wegk.

Fur solch urfehd, die vast und stette zu halten, hat sein herr Michel Verbelow
gelobt, wo der anders erfunden wurd, in wider ein zu stellen, als er ytzunt in
hefft gewest ist.

Hennigk Grensingk, beruchtigt von ketzerey wegen, hat gesworenn in sol-
cher maß und solchen eyd gethan, wie Bartolomeus Curt oben berurt, und
orphede gethan und des burgen gesatzt, solchs alles zu halten, nemlich meister
Symon Hußler kannengieser, wonhafftig zu Konigßberg, Peter Grensingk zu
Grosen Wobeyser gesessen und Bartolomeus Smet auch zu Grossen Wobeysen.
Actum am Midwoch nach Iudica im 83sten Jar[2]. Die selbe borgen haben gelobt,
wie obstett, in praesencia domini Lubucensis[3] et Weymar hußvoyt[4].

[1] *1483 Januar 14.*
[2] *1483 März 19.*
[3] *Friedrich (III.) Sesselmann, Bischof von Lebus 1455—1483 September 21.*
[4] *Vermutlich identisch mit Hans Meinimer, der 1491 als Amtmann von Liebenwalde bezeugt ist; vgl. Gerhard Schapper, Die Hofordnung von 1470 und die Verwaltung am Berliner Hofe zur Zeit Kurfürst Albrechts im historischen Zusammenhange behandelt (= Veröffentlichungen des Vereins für Geschichte der Mark Brandenburg [11]), Leipzig 1912, S. 284.*

XXXII

Der Bischof von Kammin, Benedikt von Waldstein, verweist in einer
Urkunde für die Stadt Königsberg/Nm. auf die (dortige) Häresie; Stettin,
1486 Dez. 1.

Aus: A. F. Riedel, A 19, Berlin 1859, S. 413, Nr. 329[1].

Benedictus[2], dei gratia ecclesie Caminensis electus et confirmatus, circum-
spectis viris proconsulibus et consulibus opidi Koningesberghe. Quatenus sine
cura perpetuam vicariam in capella incliti martyris sancti Georgii per prede-
cessores opidanosque vestros fundatam et erectam, cuius ius patronatus ad
vos dinoscitur pleno iure pertinere, sindicatui seu offitio prothonotariatus opidi

[1] *Riedel vermerkt: Nach dem Originale des Königsberger Stadtarchives No. 284. Da die Bestände des Stadtarchivs Königsberg im Zweiten Weltkrieg nicht verlagert worden sind, ist es zur Zeit nicht möglich, das Original, falls es erhalten geblieben sein sollte, einzusehen.*
[2] *Benedikt von Waldstein, Bischof von Kammin 1485—1499.*

vestri incorporare et in futurum appropiare dignaremur, ita quod post datam presentium, quandocumque et quodcienscunque vacaverit illa vicaria, sindico vestro aut notario, quem duxeritis eligendum, et nulli alteri eadem vicaria esset assignanda et conferenda in titulum perpetuum, attento quod viris literatis propter hereticorum perfidiam repellendam circa lares vestros permaxime indigetis, qui alias stipendiati negotiis vestris pro gubernanda republica et catholica fide tuenda adesse recusarent. Nos, Benedictus, confirmamus. — Datum et actum Stettyn, anno domini 1486, indictione quarta, die prima mensis Decembris.

XXXIII

Ernennung des Dominikaners Johannes Botzin zum Inquisitor für die Diözesen Brandenburg, Kammin, Lebus und Havelberg, 1491 Mai 12.

a

Aus: Acta capitulorum generalium ordinis Predicatorum, *vol. 3:* Ab anno 1380 usque ad annum 1498 *(= Monumenta ordinis Fratrum Minorum Historica, tom. 8), recensuit Fr. Benedictus Maria Reichert, Rom 1900, S. 393 ff.*

S. 393   Hec sunt acta capituli generalis ordinis fratrum Predicatorum apud Cenomanum celebrati die XII. mensis Maii, anno domini M°. CCCC°. XCI°.

...

S. 406   Item. Denunciamus, reverendissimum magistrum ordinis[1] fecisse ac in publico diffinitorio creasse fratrem Iohannem Botzyn, magistrum heretice pravitatis inquisitorem in Brandenborgensi ac Caminensi, Lubucensi ac Havelbergensi diecesibus. ...

b

Aus: P. Gabriel M. Löhr O. P. (Hrsg.), Registrum litterarum pro provincia Saxoniae Joachimi Turriani 1487—1500, Vincentii Bandelli 1501—1506, Thomae de Vio Caietani 1507—1513 nebst Fortsetzungen aus den Jahren 1524—1551 [2] (= Quellen und Forschungen zur Geschichte des Dominikanerordens in Deutschland, 40), Köln u. Wiesbaden 1952, S. 44.

...

Magister Joannes Botzyn diffinitor capituli generalis, fit heretice pravitatis inquisitor in diocesibus Brandeburgensi, Lubicensi, Havelbergensi et Caminensi cum graciis. Eodem die [d. i. Cenomannis 29. maii].

c

Aus: Vincentius Maria Fontana O. P., Monumenta Dominicana breuiter in synopsim collecta, de fidis obserqviis ab ordine praedicatorvm sanctae Dei Ecclesiae vsque modò praestitis..., Rom 1675, S. 389; vgl. oben, S. 55.

S. 389   Ex latebris latitantes haeretici noviter erumpentes in septentrionalibus regionibus catholicam fidem plurimum inficiebant. Quare Ioachinus Turrianus magister ordinis[1] annuente Innocentio VIII.[2] eorum audaciam compressurus, generalem inquisitorem in diocesibus Brandeburgensis, Lubucensis, Havelbergensis[a] et Caminensis creavit p/atrem/ magistrum Ioannem Botzyn, in capitulo generali, hoc anno celebrato, diffinitorem, cum voto totius capituli; qui zelo zelatus pro domino deo exercituum, ad exequendam praefecturam sibi commissam gradu festino properavit, tanto cum catholicae fidei incremento, ut multis haereticis condignis suppliciis affectis, aliis perterrefactis, nullus esset, qui se haeresi inquinatum dicere auderet.

...

[a] *Fontana:* Harel. Gergen.
[1] *Joachim Turrianus de Venetiis (Torriani), 1487 bis 1500 Generalmeister des Predigerordens.*
[2] *Papst Innozenz VIII. (1484—1492).*

XXXIV

Aus der Geschichtsschreibung der Böhmischen Brüder über die Verfolgung märkischer Waldenser und deren Flucht zu den Böhmischen Brüdern, zu etwa 1478 bis zur ersten Hälfte des 16. Jahrhunderts.

a
Brief märkischer Waldenser an die Böhmischen Brüder über die Verfolgungen in der Mark, 1480

Aus: Historia Fratrum Bohemicorum; *HS: Prag, Universitätsbibliothek, XVII. F. 51. a, S. 83—90; vgl. oben, S. 41 f.*

Letha panie 1480 — S. 83
Naleza se psanij toho leta o Bratrzich kderziż byly w Marchij yak se tam miely, a gaka pokussenij snassely, a to psanij bylo poslano Bratrzim do Cziech, a tak znij, / Milost wam a pokog w panu nassem Krystu Gezissy, — S. 84
Bratrzi mily, A yakoż ste zadost miely zwiediety kterak se stalo z Bratrzimy w Marczych. Wiezte zie prwe pr̃zed czasem kdiż gest stary Margkrabie niegakuu walku wedl tehdy przigel do niegakyho miesta blysko Bratrzi, y sebraly se przeden kniezy a mnissy a vczinily sau zalobu na Bratrzi. Pritom prosyly sau geho aby gim powolyl k odsauzenij Bratrzi. A pan gim rziekl aby gim daly vslyssenij a budauly sczestny aby oprawily, a pakly by nebyly a hrzich a pokogi nechaly, aż do lepssiho vptanij, a kniezy pak z te prziczyny wzaly mocz yakoby gim pan powolyl, hledicz aby ge zgimaly s niekteroymi miest/any/ y mluwily s purgkmistrem w miestie gednom aby ge kazal gimaty, y ne powolyl gim ten pur/gmistr y rzekly k niemu kniezy, zie magi powolenij — S. 85
od pana, a poniewadż ne chczess powolyty, tehdy budem psaty panu, zie sy s tiemi kaczirzy a drziss s nimy. Y gel ten purgkmistr hledal pana a pan stary odgel byl prycz do zemie swe, a w tom kniezy obeslaly niektere Bratrzi, aby

ge samy slyssely, y tazaly se gich tolyko, kterak wierzi o zlych kniezich rozlicznymy otazkamy aby prziczinu k nim miely, ale o wirzie gich ne tazaly, a w tom niekterzi Bratrzi ssli sau ku panu Margkrabi mlademu a on p/an/ mlady dal gim lysty k wyzssim kniezim k probosstum officialum gleytowny aby gich nechaly, aż do geho przigezdu, a kdiż kniezy ty lysty przeczyly z te prziczyny wicze se rozlytily na Bratrzi a tak niektere zgimaly, a giny Bratrzi

S. 86   widaucze to vstaupily prycz. To se dalo v prwnim / pokusseni. — Potom pak dwa Bratrzi przissly zadagicze gleytu od panuw aż do czasu obeslanij a wyslyssenij a daly gim gleyth ale y ten gim nemohl postaczity aż sau na nie przipadly, hledagicze gich ale vssly gim s pomoczy Bozy. A w tom sem ga take vssel tam k nim, Bratrzi mily, yakż wite, y s tim pak lystem kteryż gest psan o wirże, vkazal ten lyst Bratrzim, rzekl sem gim aby to s pilnostij opatrowaly aby je ten lyst nedostal kniezim ani lydem nerozumnym y żadaly sau Bratrzi aby ten lyst byl vkazan gednomu panu y powolyl sem gim podle gich sprawy, y slybil gest se tomu panu welmy dobrże a protoż rzekl, nalezly Bratrzi prawy zaklad prwnich S./vatych/ krzestanuw. Potom take pozadaly

S. 87   toho psanij radda miesta gednoho a kdiż mi to prżedlozily Bratrzi / powolyl sem gim podle gich sprawy, prżedlozie gim tauż opatrnost yak y prwe y daly gey ti pany przepsaty pisarzi, gessto giż swietil na kniezstwij a giz byl prwny mssy a byl prwe pisarzem miest/skym/ a ten pisarz tynie dodal geho kniezim aneb przepsal, a kdiż geho pany vpomenuly, z lystu przepsanij, rziekl gim zie se gemu nehody geho przepisowaty pro geho kniezstwy. Potom kniezy ten lyst s/au/ sfalssowaly yakz se gim zdalo, y dodaly ho biskupu, biskup dal gey Markraby, a z toho wzaly sau przyczynu zie gim Markrabie powolyl trapity Bratrzi. Takz sau gednoho dne rano przipadly na nie a zgimaly a z nich ssest muzuw vpalyly a sstýry żeny. Potom Petra a druheho s nim Bratra wedly do miesta zase zie se byl odwolal k Markraby, y nedal gim ku panu

S. 88   dogity, / a kderyż koliw pan o swe lydi stal, nebo czim kterżiż se za nie przimlauwaly, napsaly se w też przi s Bratrzimi za kaczirzie, aby se gich sstitily. Neż pak Petra podaly prżed gednoho doktora mnicha genż se pisse doktor sedmera vmienij. Ten wyslyssaw gey y mluwil potom na kazanij zie ty lyde blaudy proty swate czyrkwy rzimske proti kniezim a proty swatostem to przed lydmy wyswiedczowal, a potom y prżed Markraby. Potom rżekly Petrowy chtiel lyby odwolaty a k tiem lydem gity ktere gest vczil, a od toho ge wysty zie by gey chtiely propustity y rżekl gim Br/atr/ Petr, neż bych to vczinil, radiegi bych se dal na kusy roztrhaty, a kdiż geho westi miely na

S. 89   smrt tazaly se ho zadaly przigimaty Tielo Bozy / a rżekl Petr zie wy geho mnie nemate a nemuzete daty a kdiż bylo v hranicze rżekly gemu aby mluwil dobre wieczy a kdiz poczal mluwity k lydu, tehdy kniezy a mnissy zaczaly spiwaty aby geho nemohly lyde slyssety.

    Potom ti Bratrzi kterziz sau vssly żeny gegich zawazaly slybem prisahau, kdiz by do mnie przissly muzy aby ge zradily kniezim a ginde na nie take zasazowaly kdez by ge koliw podskoczily zie by tahly z krage aby ge zgimaly a tak sau v welikych vskoztech musyly tu zymu se po lesych kreyty a w lesych leziety, y gesstie. Awssak tak se k tomu magy s pomoczy Bozy nezly by gim powolyly, a proti panu B/ohu/ czo vczinily radiegi chty trpiety czoż pan Buh dopusty. A w tom zadagy raddy a pomoczy wassy nemo/hauly trpiny chty aby aspoń pusstienij byty mohly z toho krage, a kdez by gim bylo vkazano s raddau wassy aneb kterak by se miely mity zie by to radi chtiely vczinity, zato prosy w sweych welykych zarmutczych. Protoż, mily Br/atrzi/, gestly zie bysste gim czo chtiely psaty pisstez gim niemeczkau rzeczy k rozumu nebt neynij zadneho v nas gesso by cziesstinu w niemczinu prżelozil, to se dalo leta 1480.

S. 90

[Übersetzung]

Im Jahr des Herrn 1480

Aus diesem Jahr gibt es ein Schreiben über die Brüder, welche in der Mark waren, wie es ihnen dort erging und welche Verfolgungen sie erduldeten. Und dieses Schreiben war an die Brüder nach Böhmen geschickt worden und lautet so:

Gnade Euch und Friede in unserm Herrn Christus Jesus.

Liebe Brüder, da Ihr Verlangen danach hattet zu erfahren, wie es den Brüdern in der Mark erging, wisset, daß zuvor vor einiger Zeit, als der alte Markgraf einen Krieg führte[1], er damals zu einer Stadt in die Nähe der Brüder kam. Und es versammelten sich vor ihm die Priester und Mönche und erhoben Klage gegen die Brüder. Dabei baten sie ihn, er möge ihnen die Erlaubnis geben zur Verurteilung der Brüder. Und der Herr sagte ihnen, sie sollten ihnen Gehör schenken, und falls sie vom rechten Weg abgewichen wären, mögen sie sie zurechtweisen, und wenn sie das aber nicht wären, von der Sünde ablassen bis zur besseren Erkundigung. Und die Priester leiteten davon ihre Vollmacht ab, als habe der Herr es ihnen erlaubt, dafür zu sorgen, sie mit einigen Bürgern gefangenzunehmen. Und sie sprachen mit dem Bürgermeister in einer Stadt, damit er befehle, sie gefangenzunehmen. Dieser Bürgermeister aber erlaubte es ihnen nicht. Und die Priester sagten zu ihm, daß sie die Erlaubnis vom Herrn dazu hätten, „und da du es nicht erlauben willst, so werden wir dem Herrn schreiben, daß du bei diesen Ketzern bist und mit ihnen hältst". Und der Bürgermeister fuhr aus und suchte den Herrn; aber der alte Herr war in sein Land fortgereist[2]. Und unterdessen luden die Priester einige Brüder vor, um sie selbst zu hören, und sie fragten sie nur mit mannigfaltigen Fragen, was sie über schlechte Priester glaubten, um einen Grund gegen sie zu haben, aber über den Glauben befragten sie sie nicht. Und unterdessen waren einige Brüder zum Herrn, dem jungen Markgrafen[3], gegangen. Und er, der junge Herr, gab ihnen Geleitbriefe an die höheren Priester, an die Pröpste und die Offizialen, daß sie sie bis zu seiner Ankunft in Ruhe lassen sollten. Nachdem aber die

---

[1] *Vermutlich: 1478/79 Albrecht Achilles und Johann Cicero gegen Pommern; vgl.* Johannes Schultze, Die Mark Brandenburg, Bd. 3, Berlin 1963, S. 142—146.

[2] *Ende August 1479 reiste Albrecht Achilles wieder nach Franken; vgl. J. Schultze,* Die Mark Brandenburg..., Bd. 3, S. 153.

[3] *Johann Cicero.*

Priester diese Briefe durchgelesen hatten, wurden sie davon noch wütender auf die Brüder. Und so nahmen sie einige gefangen; andere Brüder aber, als sie das sahen, entflohen. Das ereignete sich während der ersten Verfolgung. Danach kamen dann zwei Brüder und verlangten Geleit von den Herren bis zur Zeit der Vorladung und des Verhörs. Und sie gaben ihnen das Geleit, aber auch dieses konnte ihnen nicht genügen, als sie über sie herfielen, als sie sie suchten; aber die entkamen ihnen mit Gottes Hilfe. Und dabei entkam auch ich zu ihnen, liebe Brüder, wie Ihr wißt, mit jenem Brief, der über den Glauben geschrieben ist[4]. Ich zeigte jenen Brief den Brüdern und sagte ihnen, sie sollten ihn mit Eifer hüten, damit der Brief nicht in die Hände der Priester oder unvernünftiger Menschen gelange. Und die Brüder verlangten, daß der Brief einem Herrn gezeigt werde, und ich erlaubte es ihnen gemäß ihrer Regel. Und er gefiel jenem Herrn sehr gut, und deshalb sagte er: Die Brüder haben die wahre Grundlage der ersten hl. Christen gefunden. Dann ersuchte ebenso der Rat einer Stadt, dieses Schreiben zu erhalten, und als mir das die Brüder vortrugen, erlaubte ich es ihnen ihrer Regel gemäß, wobei ich ihnen die gleiche Vorsicht vorschlug wie zuvor. Und jene Herren gaben ihn einem Schreiber zum Abschreiben, der schon zum Priestertum geweiht war und die erste Messe gefeiert hatte. Und er war zuvor Stadtschreiber. Und dieser Schreiber übergab ihn heimlich den Priestern oder schrieb ihn ab. Und als ihn die Herren wegen der Abschrift des Briefes mahnten, sagte er ihnen, es schicke sich nicht für ihn wegen seines Priestertums, ihn abzuschreiben. Dann haben die Priester diesen Brief nach ihrem Gutdünken gefälscht und übergaben ihn dem Bischof[5]. Der Bischof gab ihn dem Markgrafen, und das schützten sie als Grund vor, der Markgraf habe ihnen erlaubt, die Brüder zu quälen. So überfielen sie sie eines Tages morgens und nahmen sie gefangen und verbrannten von ihnen 6 Männer und 4 Frauen. Dann führten sie den Peter und mit ihm einen anderen Bruder zur Stadt zurück, weil er sich auf den Markgrafen berufen hatte und ihnen nicht erlaubte, zum Herrn zu gelangen. Welcher Herr aber auch immer sich um seine Leute kümmerte oder womit welche sich für sie einsetzten, von denen schrieben sie, sie seien in demselben Streit mit den Brüdern wie Ketzer, damit man sie verabscheue. Dann aber übergaben sie den Peter einem Doktor, einem Mönch, der sich Doktor der sieben Künste nennt[6]. Dieser hörte ihn aus und sagte dann in der Predigt, daß diese Leute irren gegen die heilige römische Kirche, gegen die Priester und gegen die Sakramente, das bezeugte er vor den Leuten und dann auch vor dem Markgrafen. Dann sagten sie dem Peter, ob er widerrufen und zu den Leuten gehen wolle, welche er gelehrt hat, und sie davon abbringen wolle, dann wollten sie ihn freilassen. Und der Bruder Peter

---

[4] *J. Th. Müller*, Geschichte der Böhmischen Brüder..., Bd. 1, S. 179, Anm. 1, vermutet „eine Art Glaubensbekenntnis, vielleicht den vierten Brief der Brüder an Rokyzana"; dieser Brief füllte jedoch — vgl. J. Th. Müller, a. a. O., S. 154 ff. — mehr als siebzig Blätter.

[5] *Vielleicht dem Bischof von Lebus, Friedrich (III.) Sesselmann (1455—1483); vgl. oben, S. 313.*

[6] *Vielleicht Clemens Lossow; vgl. oben, S. 309—311.*

sagte ihnen: Bevor ich das machen würde, ließe ich mich lieber in Stücke zerreißen. Und als sie ihn zum Tode führen sollten, fragten sie ihn, ob er verlange, den Leib des Herrn zu empfangen. Peter aber sagte: Ihr habt ihn nicht und könnt ihn mir nicht geben. Und als man beim Scheiterhaufen war, sagten sie ihm, er möge nur gute Dinge sagen. Als er aber zum Volke zu reden begann, da fingen die Priester und Mönche an zu singen, damit die Leute ihn nicht hören könnten.

Dann aber nahmen sie jenen Frauen der Brüder, deren Männer geflüchtet waren, unter Eid das Versprechen ab, wenn die Männer zu ihnen kommen würden, sie den Priestern zu verraten. Und wo sie auch auf sie trafen, sprangen sie herbei, um, wenn sie aus dem Lande zögen, sie gefangenzunehmen. Und so mußten sie sich in großen Ängsten den ganzen Winter hindurch in den Waldgebieten verbergen und in den Wäldern liegen, und /müssen es/ noch. Aber sie ertrugen das mit Gottes Hilfe. Ehe sie ihnen nachgeben und gegen Gott den Herrn etwas tun würden, wollten sie lieber erdulden, was Gott der Herr zuläßt. Und unterdessen ersuchen sie um Euren Rat und Hilfe. Wenn sie nicht geduldet werden können, wollen sie, daß sie wenigstens aus diesem Lande gelassen werden könnten, und wo ihnen mit Eurem Rat gezeigt würde, oder wie sie sich verhalten sollten, daß sie das gern machen wollten, dafür bitten sie in ihren großen Ängsten.

Deswegen, liebe Brüder, falls Ihr ihnen etwas schreiben wollt, so schreibt ihnen zum Verständnis in deutscher Sprache, denn bei uns ist niemand, der Böhmisches ins Deutsche übersetzen könnte.

Das ereignete sich im Jahre 1480.

b

Aus: Nikolaus von Schlan (Slanský), Listové a jednáni Bratři s Luterem/Luteryany (Briefe und Verhandlungen der Brüder mit den Lutheranern); HS: Herrnhut, Archiv der Brüderunität, AB II R 1. 8, fol. 3v, vgl. oben, S. 47 f.

Mimo to dwoge pokussenj, y toto třetj sslo, že yz Marek nemalý lid pro tauž wjru a prawdu Bozj wytissten a wypuzen byl. Nebo předtjm vslyssewsse tam o Bratrjch některj z Waldenských, prissli odtud dwa wyslaná k Bratrjm do Cěch, aby spatrili, wyptali se a wyrozuměli včenj a nábozěnstwj Bratrskému, pobywsse tu mezy námi někaký čas. A wyptawsse se, y také shlědsse wsse, welmi sobě obljbili předsewzetj y smysl a nábozěnstwj Bratrské, znamenawsse že se podle prawdy Pisem S. děge. Y wyžádawsse na Bratrjch gednoho Bratra (kterýž ač Cěský dobře věl, wssak byl Němec prirozeny) nawrátili se spolu do Marek. Když pak tam byli a počali zbory zgewněgssj mjwati, kazanj w njch činiti, mnoho lidu zjzniwého slowa prawdy od bluduw a modl swých odcházelo, a ku Pánu Krystu slyssjc slowo ctenj se obracelo. Toho nenáwidě dábel, zbudil mnohé protiwnjky, kterjž widauce y slyssjce to, naramně se rozhněwali, a zbaurili. Na ně se y na ten wssecken lid tajným vkladem obořili, mnohé zgjmali, mordowali, pálili, topili, stjnali rc. Prjcinau podpalenjm a ponuknutjm k tomu zlobiwého kněžstwa y giné pak tjm priljssným tyranstwjm rozplássili a rozehnali: Tak zė gjch odtud z Marek několik set do Čėch a do Morawy prisslo, a k Bratrjm pristaupilo: Z njchżto mohl by gesstė drahny počet ziwých, giz starých nalezen byti na swėdectwj.

[Übersetzung]

Außer diesen zwei Verfolgungen *[gegen die Brüder]* erging noch eine dritte, durch welche aus der Mark nicht wenig Leute um desselben Glaubens und der göttlichen Wahrheit willen bedrängt und vertrieben wurden. Denn nachdem zuvor einige von den dortigen Waldensern von den Brüdern gehört hatten, kamen von dort zwei Abgesandte zu den Brüdern nach Böhmen, um die Lehre und den Gottesdienst der Brüder zu sehen, aufzuschreiben[a] und kennenzulernen. Nachdem sie hier unter ihnen[b] einige Zeit verweilt und alles sich aufgeschrieben[a] und auch untersucht hatten, wollten sie sehr gern den Sinn und Gottesdienst der Brüder annehmen, und bezeugten, daß er nach der Wahrheit der heiligen Schrift wäre. Und sie baten die Brüder um einen Bruder, welcher zwar gut Böhmisch verstand, aber doch ein geborener Deutscher war, und kehrten mit diesem in die Mark zurück. Als sie dann dort waren und anfingen, öffentlichere Zusammenkünfte zu halten und in denselben zu predigen, wandte sich viel Volks, das nach dem Worte der Wahrheit durstig war, von den Irrtümern der Götzen ab und bekehrte sich zu dem Herrn Christus, nachdem es das Wort des Evangeliums gehört hatte. Darüber erzürnte sich der Teufel und erweckte ihnen viele Gegner, welche, als sie das sahen und hörten, sich unmäßig ereiferten und Lärm schlugen. Gegen sie und gegen dieses ganze Volk richteten sie ihre listigen Angriffe, nahmen viele gefangen, mordeten, verbrannten, ertränkten, enthaupteten usw. Durch Anstiftung und Aufhetzung der boshaften Geistlichkeit, sodann durch diese übermäßige Tyrannei verscheuchten und vertrieben sie dieselben, so daß einige Hundert von ihnen aus der Mark nach Böhmen und Mähren kamen und sich den Brüdern anschlossen, von denen noch jetzt eine ziemliche Anzahl schon hoch Betagter am Leben ist und dies bezeugen kann.

[a/b] *Korrekturvorschläge von W. Schich (Berlin) an dieser durch J. Th. Müller (siehe oben, S. 48) angefertigten Übersetzung:*
[a] *Wörtlich:* sich unterrichten, erkundigen.
[b] *Wörtlich:* uns.

c

Aus: Johann Blahoslav, Summa quaedam brevissima...; *HS: Herrnhut, Archiv der Brüderunität, A VIII; Druck: Jaroslav Goll,* Quellen und Untersuchungen zur Geschichte der Böhmischen Brüder, *Bd. 1, Prag 1878, S. 114—128, hier: S. 120—123; vgl. oben, S. 50.*

S. 120   Waldenses autem, quorum valde pauci hisce temporibus in Boëmia degunt, paulatim sese subducunt hinc, Stephanus, unus de senioribus eorum, Viennae igne perimitur[1]. Confluunt tandem in Marchiam, ubi socii eorum aliqui sunt, lucrantur non paucos istic, sed post aliquot annos persecutionem movent papistici sacrificuli atrocissimam; plurimi Waldensium seu aqua, seu igni aut gladio pereunt. Interea quidam ex Marchia venit in Boëmiam, ubi cum inveniret ecclesiam Fratrum nostrorum, adscribitur / in album illorum et manet cum illis. Post aliquot annos suos amicos visitare volens in Marchiam it, atque ibi narrat, quales reperit Fratres in Boëmia. Hac ratione rumor ac fama certa venit in Marchiam de nostris Fratribus, quod a quibusdam baronibus defendantur, ita ut licet non admodum libere convenire, tamen libere vivere sub dominio ipsorum possint.

S. 121

Multi igitur Waldensium aut eorum, qui Waldensibus isthic adhaeserant, relinquunt patriam et deveniunt in Moraviam in civitatem Fulneckam et alias. Hos commendarunt Waldenses nostris, recipiunter ergo a fratribus et fiunt membra per istas civitates dispersarum ecclesiarum nostrarum, quorum filii et nepotes manent illic hunc usque diem. Caeteri autem, qui in Marchia remanserunt, perierunt in istis persecutionibus. Hoc modo ecclesia Waldensium sublata est in his regionibus nostris.

Nostri vero creverunt in istis turbis in Boëmia et Moravia, semper enim dominus addebat, qui sese piis patribus adiungerent. Sed ad priora revertar.

S. 122

. . .

Defunctis Georgio rege[2] ac Rochezana[3] et regnante Vladislao[4] inquirunt nostri diligenter, an sint alicubi homines in orbe, qui Christum profiteantur, papae autem non obediant. Suadent igitur quidam, ut mittantur aliqui in longinquas regiones, ac pervestigent mores et religiones varia/rum gentium. Comprobatur omnibus consilium. Erant quidam iam adiuncti Fratribus, non ex nobilibus saltem, sed ex baronibus etiam Boëmiae, opulenti homines. Ii legatis impensas se subpeditaturos pollicentur. Maxime dominus Bohusche Kostka, baro a Postupicz, Lithomysliensis dominus[5] etc. Eliguntur quatuor viri

S. 123

    Lucas Baccalaureus Pragensis,
    Maress Kokowecz,
    Martinus Kabatnik,
    Casparus ex Marchia.

Isti pergunt una Constantinopolim. Hinc Lucas pergit ad peragrandas regiones Graeciae, Maresch Moschovitas et aliarum adiacentium regionum oras petit, Martinus Hierosolimam et Egiptum nacto quodam Judaeo contendit, Caspar Constantinopoli relinquitur, ut eos expectet, donec revertantur. Reversi tandem omnes domum, nec, quod quaerebant, invenerunt. . . .

---

[1] *1467 August 19; vgl. J. Th. Müller*, Geschichte der Böhmischen Brüder . . ., *Bd. 1, S. 123.*
[2] *Georg Podiebrad, gest. 1471 März 22.*
[3] *Johann Rokycana, gest. 1471 Februar 22.*
[4] *Wladislaw II., 1471—1516.*
[5] *Bohuš Kostka von Postupic, seit 1486 Herr von Leitomischl; vgl. J. Th. Müller,* Geschichte der Böhmischen Brüder . . ., *Bd. 1, S. 241.*

d

Aus: Joachimi Camerarii Papenbergensis Historica narratio; de fratrum orthodoxorum ecclesiis in Bohemia, Moravia et Polonia; *nunc primum edita... ex bibliotheca Ludovici Camerarii, Heidelberg o. J. (1605), S. 116 f. und 119 f.; vgl. oben, S. 52.*

S. 116   Regina tunc quidem Iohanna[1] in eo perseveravit, ut Fratres quocunque modo delerentur. Et de ea re concilium habuit Benessovii[2], ubi dissensione inter proceres orta, nihil est definitum. Erant id temporis, ut iam dictam est, in Bohemia Valdensium haud multi. In Austria aliqui degebant, qui sunt suppliciorum crudelitate et terrore sublati et eiecti; Stephano, uno ex illorum senioribus, igni Viennae cremato[3]. Magna pars horum, cum dilaberentur, in Marchiam Brandeburgensem venerunt, quo ante tempus etiam illud aliqui ex ipsis abierant. Sed non diu post et ibi sunt gravissime afflicti et inde expulsi, multis ex eorum numero gladio, aqua, igni interemtis. Paulo ante hanc cladem quidam ex Valdensium coetu, Petrus Textor nomine, et Marchia in Bohemiam venit. Is, cum Landiscronae reperisset Fratrum ecclesiasticum conventum, magnopere laetatus cum illis sese coniunxit, et est in ipsorum coetum receptus. Nonnulli

S. 117   autem tunc ex baronibus Bohemicis quoque, praeter Moravicos, / concedebant Fratribus, in suae ditioni subiectis locis, liberas duntaxat sedes, in quibus habitarent, cum nondum palam ad religionis exercitationes convenire auderent. Post annos igitur aliquot Textor reversus gratia visitandi suos in Marchia, narrat, quam praeclaram congregationem veram puramque religionem colentium in Bohemia invenisset. Et commovit multos Valdensium et cum his coniunctorum, ut ipsi quoque Marchia relicta ad illos in Bohemia ac Moravia commigrarent. Hi domicilia pararunt in his fere oppidis: Landiscronae, Fulneccii, Hraniczii. Fuerant autem literis eorum, qui in Marchia remanserant, Fratribus commendati, a quibus in suam communitatem admissi, in illa permansere, et ipsi et posteri ipsorum, ex diversis in locis coetum eum accessione sua auxerunt. Neque postea in Bohemia ac Moravia ullus Valdensium ecclesiasticus coetus fuit, sed tantummodo Fratrum congregationes. Quae ipsae in dies creverunt, non solum multitudine et numero, sed pietatis quoque et religionis studio et progressionibus: Quamvis et maxima ubique afflictionum pericula eis impenderent, et variis quasi in fluctibus adversorum casuum ipsi iactarentur.

Fiebat autem et diligentia doctrinae ipsorum et vitae integrae morumque honestorum exemplo, ut plurimi invitarentur ad coniugendum sese cum illis. Id quod causam dedit novarum accusationum et animadversionum, quibus Fratrum coetus exagitarentur et vexarentur. — Atque anno Christi MCCCCLXXXI...

S. 119   Venit tunc Fratribus in mentem, recte et utiliter ipsos facturos esse, si

[1] *Johanna, zweite Gemahlin König Georgs Podiebrad.*
[2] *Beneschauer Landtag 1473 Mai 28 — Juni 9; vgl. J. Th. Müller,* Geschichte der Böhmischen Brüder..., *Bd. 1, S. 166 ff.*
[3] *Vgl. oben, S. 320, Anm. 1.*

studiose indagarent investigarentque: Essentne alibi etiam in orbe terrarum congregationes ecclesiasticae, expertes superstitionum et corruptelarum papalium. Ad hoc ipsum cognoscendum visum est operae precium ablegari aliquos, qui peregrinando proficiscerentur in regiones quam longissime etiam distantes ac remotas. Erant iam tum multi, non solum ex nobilitate communi, sed alii quoque proceres, barones appellati, opibus atque potentia excellentes in Bohemia atque Moravia, amici et benevoli Fratribus, atque adeo socii religionis ipsorum. Eo igitur peregrinationis consilio comprobato, pollicentur hi ad illud iter sumtuum necessariorum impensas se esse suppeditaturos. Fuit autem insignis liberalitas hac in parte Bohussae Kostcae[a] baronis Postupicii[4], domini Lytomyslensis, magistri eo tempore rei nummariae in regno Bohemico: Qui, cum gratia autoritateque valeret apud regem, impetravit literas regias, quibus Fratrum illi peregrinatores exteris regibus principibusque et civitatibus commendarentur. Delecti fuere ad iter istud quatuor ex Fratribus; Lucas Pragensis, vir doctus; Maressa Cocobicius, nobilitate generis clarus; Martinus Kabatnicius Lytomyslensis, prudentiae laude celebris, et Caspar quidam Marchicus. Hi ingressi viam simul pervenere Constantinopolin omnes. Inde itineribus divisis, Lucas peragraturus regiones Graeciae, discessit; Maressa Moscobiticas et vicinas / regiones petiit; Martinus comitem nactus Judaeum quendam, in Judaeam et Aegyptum contendit; Caspar vero Constantinopoli remansit, lustraturus Thraciae et vicina loca, dum illi reverterentur, ut rursum omnes, sicut erat constitutum, Constantinopoli convenirent.

S. 120

[a] *Die Vorlage hat irrtümlich* Kosteae.
[4] *Bohuš Kostka von Postupic; siehe oben, S. 321, Anm. 5.*

e

Aus: Johannes Lasicius (Lasicki), De origine et rebus gestis Fratrum Bohemorum, quos ignari rerum Waldenses, mali autem Picardos vocant, libri octo. *HS: A im Archiv der Brüderunität zu Herrnhut, AB II, R 1, 7, S. 74, 92, 93; B ebda., AB II, R 1, 6, S. 76, 96—98; G in Univ.-Bibliothek Göttingen, Cod. Ms. theol. 208, S. 57, 70, 71; Teildruck: J. Goll,* Quellen und Untersuchungen zur Geschichte der Böhmischen Brüder *..., Bd. 1, S. 136 f.; vgl. oben, S. 53 f.*

§ 15 Fratres de Waldensibus propinquis audiunt[a]

Porro, rebus omnibus in ecclesia constitutis, perlatum est ad Fratres, habitare Valdenses prope Austriam, qui etiam doctrinam Christi puram conservarent, simoniam vitarent et utrumque gradum tam episcopalem quam sacerdotalem simul conferrent. Ita enim scriptum de illis reperio. Nam Valdenses furore Antichristi per varias Europae regiones multoties dissipati, latitabant metu papalis violentiae etiam in nonnullis Bohemiae, Austriae Marchiaeque Brandeburgensis locis, ubi episcopus illorum cum duobus sectae suae viris a sanguinariis pontificiis combustus est; quin multo plures olim ita extincti[b] alibi sunt.

A, S. 74
B, S. 76
G, S. 57

[a] *Die Überschrift steht nur am Rand der HS B — nicht vom Schreiber der HS, sondern wohl von der Hand Jablonskis — sowie am Rand der HS G; HS A hat am Rand:* XV. 60.
[b] *G:* exstincti.

De his enim intelligenda illa Flacii Illirici[c] verba, non bene Fratribus Bohemicis ab eo tributa, epistola ad quendam[d] seniorem Fratrum kalendis[e] Aprilis anno 1550 Magdeburgi scripta: Vestrae, inquit, ecclesiae potissimum fuerunt illa septem hominum millia, qui hisce quadringentis annis, ex quo ortae sunt, nunquam[f] genua sua Antichristo incurvarunt. De quibus sic quidam papista[g] Reinerius, opinor ante annos trecentos, cuius liber manuscriptus passim in bibliothecis reperitur[1]: ...

A, S. 92
B, S. 96
G, S. 70

Iis diebus Valdenses, qui tum non multi latebant in Bohemia, viso Fratrum inquieto statu, verentesque, ne series adversorum ipsos quoque attingeret, paulatim[h] se alio subduxere. Et episcopus quidem illorum Stephanus Viennae testulatus[i] est. Alii autem e Bohemia egressi, abierunt in Marchiam Brandeburgensem, ubi tum[k] complures degebant, virtutumque suarum exemplis non paucos e papatu ad se pertrahebant. Verum postea, quae furia Fratres in Bohemia, eaedem etiam Valdenses in Marchia infestarunt. Etenim excitata a malis adversus se atrocissima persecutionis[l] procella, hic aqua, ille igne, alius ferros periit. Quo tempore quidam[m] ex eis Petrus, artificio textor, ut venit Lanscoronam, vidit Fratrum ecclesiam in mediis afflictionibus[n] florentem. Ea quippe natura est verae ecclesiae, ut in angustiis crescat, in adversis floreat, deserta tutior sit, damnata gaudeat, castigata sapiat, prostrata stet, occisa vivat. Allexere Petrum ad Fratres hae virtutes, ita ut membrum unitatis eorum fieri expetierit. Quare examinatus ab illis in canonibus fidei et veritatis, dignus

B, S. 97

visus est, qui more recepto / adscriberetur albo ceterorum[o].

Deinde post aliquot annos (Petrus)[p] revisis suis, quales sint Fratres, utque

[c] *G:* Illyrici.
[d] *G:* quemdam.
[e] *A:* Calendis.
[f] *G:* numquam.
[g] *G:* Baptista; *A:* Bapista.
[h] *G:* paullatim.
[i] *A, G:* ustulatus.
[k] *A:* tunc.
[l] *G:* persequutionis.
[m] *A:* quidem.
[n] *G:* adflictionibus.
[o] *A, B:* caeterorum.
[p] *In B von anderer Hand; fehlt in A.*

[1] Vgl. auch M. *Flacius,* Catalogus testium veritatis..., S. 724 ff. — *Zu Pseudo-Reiners im letzten Drittel des 13. Jahrhunderts verfaßtem Traktat und dessen handschriftlicher Überlieferung vgl. u. a.:* Antoine *Dondaine,* Le Manuel de l'Inquisiteur (1230—1330), *in:* Archivum Fratrum Praedicatorum *17 (1947), S. 173 ff.;* Margaret *Nickson,* The „Pseudo-Reinerius" Treatise. Final Stage of a Thirteenth Century Work on Heresy from the Diocese of Passau, *in:* Archives d'Histoire Doctrinale et Littéraire du Moyen Age *42 (1967), S. 255—314;* Alexander *Patschovsky,* Der Passauer Anonymus. Ein Sammelwerk des 13. Jahrhunderts gegen Ketzer, Juden, Antichrist aus der Mitte des 13. Jahrhunderts *(= Schriften der MGH 22), Stuttgart 1968, bes. S. 6 ff.*

patronos e nobilitate habebant, licet conventus publicos exercendi cultus divini causa*q* impedientibus sacrificulis non agant, enarrat.

Haec ratio fuit, qua primum nomen Fratrum in Marchia in/notuit, quae adeo laeti audivere Valdenses, ut multi, accepto a senioribus ecclesiae fidei probatisque suae testimonio, commigrarint Fulnecum in Moraviam ad Fratres inque alia oppida, sedes veterum Marcomannorum, quo*r* ritu solemni*s* admissi in communionem ecclesiae, abiecta priori simulatione, domicilia sibi inter eos compararunt manentque tam diu*t* ibi posteri illorum, unum cum illis corpus ecclesiae facti. Ceterum illi, qui remanserunt in Marchia, deleti sunt, saepe renovatis persecutionibus*u*, nec in Bohemia Moraviaque ab eo tempore auditi sunt alii Valdenses praeter eos, qui hoc pacto transierunt ad Fratres. Cum*v* autem ille Petrus textor, revisens identidem patriam, studio christiano ad eius veri notitiam, qua ipse praeditus erat, complures adduceret, tenebris pontificiis omnia occupantibus, ita ut auctus sectatorum eius numerus bonis Valdensibus, multis malis fractis, haud mediocriter animos adderet; passim id increbruit, magnum iam in Marchia numerum Picardorum Valdensiumque nequaquam tolerandorum inveniri. Ad quem rumorem commodum pontificium vulgus, usque eo omni crudelitatis genere in utrosque ferebatur*w*, ut abstractos ab agricolatione aliisque opificiis, struibus congestis, comburerent, uxoribus quorumdam*x* viso inevitabili hominum impetu unanimiter*y* viros suos in ignem sponte sequentibus. Ardentibus mediis in flammis progenitoribus, lactantes quoque una cum cunabulis adiiciebantur. Ipse etiam Petrus cum Fratribus duodecim*z*, abreptus a textrina, tractus est ad idem supplicium; qui, spe vitae hac conditione sibi proposita, ut damnaret ea, quae aliis persuaserat, respondit: malle se membratim dis/secari quam verum falsum dicere. Instantibus autem monachis, ut vel moriturus aliquid boni ad populum diceret, coepit de veritate evangelica, iis, in quibus homines versarentur, tenebris, et Antichristo, has tantas Christi/anorum caedes edente, verba facere, sed sublatus cucullatorum clamor vocem dicentis oppressit. Verum neque illi ignem evitare potuerunt, qui metu supplicii religionem eiurabant, dicentibus Cainianis, nunquam*aa* eos fideles futuros, qui semel perfidiae crimen incurrissent.

Pauci per varia discrimina elapsi, anno salutis humanae 1480 cum literis*bb* suorum presbyterorum de his adversis ad Fratres venerunt. Nos ad superiora revertamur ...

A, S. 93

G, S. 71

B, S. 98

q G: caussa.
r G: qui.
s A: sollenni.
t A: tamdiu.
u G: persequutionibus.
v G: Quum.
w B: serebatur.
x A: quorundam.
y A: immani.
z Am Rand von B und G: Petrus cum XII Fratribus combustus.
aa G: numquam.
bb G: litteris.

f

Aus: Jafet, Hlas strážného (Die Stimme des Wächters); *HS: Prag, Nationalmuseum,* IV. A. 6, S. *167—169 u. 197—199; Druck: —; vgl. oben, S. 326.*

S. 167   Ostatkové pak jejich, kteříž kde blízko těchto krajin byli z lidu obecného i kněží někteří v nemalém množství k bratřím a jednotě jejich se připojili, a i z
A   Marek se těch časův vybravše do Moravy se přibrali a tu se osazovali zvláště v městě a přiměstě Fulneku a Landškrouně němci jsouce, jejíchž potomkové
S. 168   podnes tu zůstávají. Nebo / bratří k nim příchylnost majíce, byli k nim do Marek vyslali své poselství v mnohých osobách s knězem svým jedním bratrem Tůmou landškronským němcem, kterýž povědom byl těch Valdenských a ten jich mnoho získal a k tomu přivedl, že vybravše se z Marek do Moravy se obrátili a k jednotě bratrské se připojili.

A ti vysláni na místě všech bratří s nimi o to jednali, aby se s bratřími spojili však s touto znamenitou vyminkou totiž aby opustili škodlivé vády, kteréž jim bratří z lásky křesťanské hodné k napravení předložili skrze své posly:

I. že učení svého a vyznání zjevného víry své již těch časův pro bázeň souženi od papezencův ukrývali, nýbrž že pro pokoj těla a bezpečnost do kostelů papežských chodili, při nichž (totiž papezencích) že všecky věci odporné jsou křesťanské pobožnosti viděli, což jest škodlivě kulhati, poněvadž srdcem se věří k spravedlnosti a usty děje se vyznání k spasení.

II. Že starší jejich bohatství shromážďovali a poklady sobě skládali z těch peněz, kteréž jim od lidu almužnou dávány bývaly k chování a opatrování chudých; poněvadž taková převrácenost jest kořen byliny smrtedlného jedu, totiž žádosti lakomé. Kterýžto věci slyšíce Valdenští a předložené sobě v poselství bratrském majíce, odpověděli, že vůle bratrská, co se spojení a sjednocení jejich s nimi tkne, jest jim velmi vděčná, a že to chtí svým jednomslně oznámiti, vády pak ty škodlivé jejich, jim od bratří předložené, že nejsou jim neznáme, a nýbrž že se k tomu znají že jsou od celosti a čistoty učení apoštolského i od příkladu dobrého předkův svých odešli; však že o napravení své podlé ukázaní pomýšlejí. Podlé čehož počali o nich bratří
S. 169   dobrou naději míti a žádostiví byli sjednocení s nimi. Ale než k tomu / přišlo, vyjevili někteří Valdenští úmysl svůj kněžím papežským, kteříž ustrašeni od nich jsouce nebezpečenstvím a hrůzami od svého úmyslu pustili, ano i bratří
B   jejich přičinou v nebezpečenství veliké uvedeni. Potud Kamerarius. Pobožnější pak z nich ntš. k bratřím se připojili, a což jich ještě zde i onde v krajinách německých zůstávalo, ti když Luter povstal, k němu se připojili, a již od toho

A—C Randbemerkungen:
A: ... B. v. Krasonic*[ký]* své knize — B. v. Krasonicky in seinem Buch.
B: ... B. Jan B. u větčím kapit. 4 příčiny pokládá proč B. k Valdenským nepřistoupili ani k jiným — B*[ruder]* Jan B. Kapitel 4 legt die Gründe dar, warum die B*[rüder]* sich weder den Waldensern noch anderen anschlossen.

času ne Valdenští, ale Luteriani nazýváni byli. O čemž Kronika polská o mučedlnících list 59. ...

Těch časův jeden z Valdenských jménem Petr tkadlec z markrabství z Brandemburského přišel do Čech. Ten našed bratří v Landškrouně připojil se k nim; nebo tehdáž také nejedni z panstva českého i moravského bratřím dovolili svobodného bytu na gruntech svých. Po několika pak letech ten tkadlec navrátiv se pro navštivení svých do markrabství i vypravoval jim o bratřích a spůsobu jejich náboženství a posloužil mnohým že se do Čech a do Moravi obrátili a k bratřím se připojili osadivše se někteří v Landškrouně a jiní v Fulneku, jiní v Hranicích, a již odtud i v Čechách i v Moravě žádného více shromáždění Valdenských nebylo, než bratrští sborové toliko. ... S. 197

Potom pak za králování Vladislava, ačkoli nepřestali nepřátelé ssužovati bratří; však věci jejich v mírnějším spůsobu postaveny byly proto, že král Vladislav byl milovný pokoje. V těch časích bratří vyslali z sebe čtyři k hledání takových lidí s nimižby jednomyslnost i v učení svatem i v obcování pobožném míti mohli, by pak takový i v nejdalších krajinách všeho křesťanstva nalezeni býti mohli. A byli již tehdáž mnozí z panstva připojeni k jednotě bratrské, kteříž se v tom ohlásili, že chtí pomoc a fedrun'k k takovému poselství a poslům učiniti a zvláště pan Albrecht Kostka z Postupic a na Litomyšli, kanclíř toho času království českého, kterýž jsa vzácný králi Vladislavovi zjednal poslům bratrským u krále fedrovní list na tu cestu. I vysláni byli tito: Lukáš bakalař z Prahý, Mareš Kokovec rodu slavného a vznešeného / Martin Kabatník Litomyšlský, v opatrnosti slovútný Kaspar z Marek. Ti vyšedše šli spolu až do Konstantinopole, odkudž rozdělili se, Lukaš aby prohledl krajiny řecké, Mareš do Moskevských a jiných k nim přiležících, Martin obrátil se s nějakým židem do židovských a Egypta, Kaspar pak zůstal v Konstantinopolim a odtud aby prošel Thracii a k ní příležitá místa, dokudž by se tito nenavrátili, aby se zase všichni, jakž bylo nařízeno v Konstantinopolim shledali. Avšak tím poselstvím nic potěšeného zjednáno není, o čemž vydána knížka od Martina Kabatníka svedčí. S. 198 C. S. 199

C: O poselství bratrském do krajin — Über die Gesandtschaft der Brüder in die Länder.

[Übersetzung]

Die Überreste von ihnen (d.i.: der durch die grausame römische Tyrannei weitgehend ausgerotteten Waldenser), die irgendwo in der Nähe dieser Gegenden waren — eine nicht geringe Menge aus dem gemeinen Volk und auch einige Priester —, vereinigten sich mit den Brüdern und ihrer Unität. Und auch aus der Mark machten sie sich damals auf, begaben sich nach Mähren und ließen sich dort hauptsächlich in der Stadt Fulnek und in deren Umgebung sowie in Landskron nieder, da sie Deutsche waren. Ihre Nachkommen sind da bis auf den heutigen Tag. Denn / die Brüder waren ihnen zugeneigt, und sie hatten zu ihnen in die Mark eine Gesandtschaft geschickt, bestehend aus vielen Personen S. 167 A S. 168

mit einem ihrer Priester, dem Bruder Thomas, einem Landskroner Deutschen, welcher die Waldenser kannte. Und der gewann viele von ihnen und bewog sie, die Mark zu verlassen, sich nach Mähren zu begeben und sich mit der Brüderunität zu vereinigen. Und diese Abgesandten verhandelten an Stelle aller Brüder mit ihnen darüber, daß sie sich mit den Brüdern vereinigten, doch unter diesem bedeutenden Vorbehalt: nämlich, daß sie schädliche Streitigkeiten unterließen, was ihnen die Brüder aus guter christlicher Liebe durch ihre Boten zur Besserung vorlegten:

I. daß sie schon damals, von Angst gequält, ihre Lehre und das klare Bekenntnis ihres Glaubens vor den Papisten verbargen, daß sie vielmehr um der Ruhe des Leibes und um der Sicherheit willen zu den papistischen Kirchen gingen und daß sie bei denen (nämlich den Papisten) alle ekelhaften Dinge als christliche Frömmigkeiten angesehen haben. Und gar schädlich ist es zu hinken, weil man — zwecks Gerechtigkeit — mit dem Herzen glaubt und — zwecks Rettung — mit den Lippen ein Bekenntnis ablegt.

II. daß ihre Ältesten Reichtümer anhäuften und sich Schätze zusammenlegten von den Pfennigen, welche ihnen das Volk als Almosen zur Bewahrung und Pflege der Armen zu geben pflegte; weil eine solche Verkehrtheit die Wurzel der Pflanze eines tödlichen Giftes, nämlich der habsüchtigen Gier, ist.

Als die Waldenser diese Dinge gehört und das ihnen in der Botschaft der Brüder Vorgetragene aufgenommen hatten, antworteten sie, daß der Wille der Brüder — was ihre Verbindung und Vereinigung mit ihnen betreffe — ihnen sehr angenehm sei und daß sie dies den Ihren einmütig mitteilen wollten, weiterhin, daß die schädlichen Streitigkeiten, die ihnen von den Brüdern vorgetragen worden waren, ihnen nicht unbekannt seien, und daß sie sich vielmehr dazu bekennen, sich von der Ganzheit und Reinheit der apostolischen Lehre und von dem guten Beispiel ihrer Vorfahren entfernt zu haben; daß sie jedoch auf Besserung — gemäß Anleitung — bedacht seien. Demgemäß begannen die Brüder über sie gute Hoffnung zu haben, und sie verlangten nach Vereinigung mit ihnen. Aber bevor es dazu / kam, offenbarten einige Waldenser ihr Vorhaben den papistischen Priestern. Von diesen durch Gefahr und Drohungen eingeschüchtert, ließen sie [die Waldenser] von ihrem Vorhaben ab, wobei sie durch ihre Schuld sogar die Brüder in große Gefahr brachten. Soweit der Kamerarius. Die Frömmeren von ihnen schlossen sich dann den Brüdern an, und diejenigen, die noch hier und da in den deutschen Landen verblieben, schlossen sich, als Luther auftrat, diesem an, und schon seit der Zeit wurden sie nicht Waldenser, sondern Lutheraner genannt. Darüber die polnische Chronik über die Märtyrer, Blatt 59.

...

Damals kam einer von den Waldensern mit Namen Peter Tkadlec (= Weber) aus der Markgrafschaft Brandenburg nach Böhmen. Als dieser die Brüder in Landskron antraf, schloß er sich ihnen an; denn damals gewährten auch manche aus dem böhmischen und mährischen Adel den Brüdern freie Wohnung auf ihren Gütern. Nach einigen Jahren kehrte dann dieser Weber in die

Markgrafschaft zurück, um die Seinen zu besuchen, und er erzählte ihnen von den Brüdern und von der Art ihres Glaubens und half vielen, daß sie sich nach Böhmen und Mähren wandten und sich den Brüdern anschlossen. Einige ließen sich in Landskron, andere in Fulnek und wieder andere in Hranice nieder, und schon von da an gab es sowohl in Böhmen als auch in Mähren keine Versammlungen der Waldenser mehr, sondern nur Brüdergemeinden . . .

Während der Herrschaft Vladislavs dann — obgleich die Feinde nicht aufhörten, die Brüder zu quälen — wurden ihre Angelegenheiten in friedlicherer Weise geregelt, und zwar deswegen, weil König Vladislav friedliebend war. In dieser Zeit sandten die Brüder 4 von sich aus, um solche Menschen zu suchen, mit denen sie Einmütigkeit sowohl in der heiligen Lehre als auch in frommen Beziehungen haben könnten, auch wenn solche in den entferntesten Ländern der ganzen Christenheit gefunden werden könnten. Und es waren schon damals viele aus dem Adel mit der Brüderunität verbunden, welche sich dazu meldeten, daß sie einer solchen Botschaft und den Gesandten Hilfe und Förderung erweisen wollten, und besonders Herr Albrecht Kostka von Postupic und auf Leitomischl, zu der Zeit Kanzler des Königreichs Böhmen, den der König Vladislav sehr schätzte, verschaffte den Boten der Brüder beim König einen Gunstbrief für diese Reise. Und die Gesandten waren diese: Lukas, ein Bakkalaureus aus Prag, Mareš Kokovec aus berühmtem und vornehmem Geschlecht, / Martin Kabatnik (= Rockschneider) aus Leitomischl, der umsichtige Kaspar aus der Mark. Diese gingen zusammen bis nach Konstantinopel, wo sie sich trennten: Lukas, um die griechischen Lande zu durchsuchen, Mareš zu den Moskovitern und den dabei gelegenen Landen, Martin begab sich mit irgendeinem Juden in die jüdischen Lande und nach Ägypten, Kaspar schließlich blieb in Konstantinopel zurück, um von dort aus Thrakien und die dabei gelegenen Orte zu durchziehen. Sie wollten solange nicht zurückkehren, bis alle, wie es beschlossen war, wieder in Konstantinopel zusammengekommen waren. Jedoch durch diese Gesandtschaft wurde nichts Erfreuliches bewirkt, worüber ein Büchlein des Martin Kabatnik Zeugnis ablegt.

S. 198

C

S. 199

XXXV

Zeugnisse über ehemalige märkische Waldenser im ältesten Fulneker Stadtbuch, 1515 ff.

Aus: Egon Oppl, Geburtsbriefe der märkischen Waldenser von Fulnek, *in:* Die Neumark. Mitteilungen des Vereins für Geschichte der Neumark *15 (1938), S. 52—54; vgl. oben, S. 51.*

1515 (S. 137): Valten Buck von Stolp/Krusow — Richter und 4 altgesessene Männer des Dorfes *Gelnersdorff* — Caspar Berckholth — Merten Barckholth und Elizabeth rechter deutscher Art — Leynenweber.

1545 (S. 137, b): Hanns Schonbeck zu Ringenwalde in der Neyen Marck — Jürgen Wuler, Richter, Petter Andrewes, Peter Bucholt, Peter Hagen, Kirstein Bucholt, Peter Sperling Schöffen altgesessen des Dorfes *Greffendorff* — *Benedictus Hagen* ein Leyneweberknecht — Merten Hagen und Elizabet Rutlinges auch deutscher Art entsprossen.

1557 (S. 138, b): Petter von Sydaw zu Gossaw — George Wuehlen, Trebes Buchalde, Petter Drebes und Petter Sperling Untertanen zu *Greffendorff* — *Andreas Hagenn* seines Handwerks ein Schuster — Petter Hagen und Anna Bucholtz.

1563 (S. 139): Hartwig von Vorhawer Hauptmann zu Gosze — Georg Wuehler, Petter Andreas, Mathis Hagenn und Petter Hagenn als Richter und Schöffen zu *Grewendorff* — *Simon Hagen* — Petter Hagenn und Anna Bucholtzin in einem rechten Ehebette deutscher und frommer Art geboren ist.

1564 (S. 139, b): Hanns Belick, Peter Herbart und Benedic Hage haben vor Bürgermeister und Rat bekannt, daß Peter Hage mit seiner Hausfrauen Anna in einer christlichen Kirchen zur Ehe gegeben worden ist und vier Söhne zu *Greffendorff* gezeugt haben mit Namen Mertenn Hage, Joachim Hage, Paulus Hage und Peter Hage.

1564 (S. 139, b): Peter Herbortt und Benedic Hage haben vor Bgm. und Rat bekannt, daß Jost Belick mit seiner Hausfrau Barbara in dem Dorfe zu *Ffrich* in einer christl. Kirchen zur Ehe ist geben worden und zwei Söhne gezeugt haben mit Namen *Tomas* und *Lucas Belicken*.

1564 (S. 140, b): Peter Obentrott, Michel Thammer, Hanns Herbort, Hanns Greffendorffer — vor Bgm. u. R. — Jockel *Gebauer* mit Cristina in einer christl. Kirchen getraut worden sind und einen Sohn *Thobias* gezeuget haben.

1544 (S. 150): Michell Berkholcz, Hans Lawff, Hanns Schmyd, Gleczell gnow..., Macz Sybwe — *Peter* und *Jokell Rhude* leibliche Brüder — Symme Rhude und Anna.

— die obengenannten — *Andres Lawff* — Jokoß Lawff und Christina.
— die erstgenannten Männer — *Hans Schmydt* — Bartell und Christina.
— die mehrgenannten Männer — *Hans, Merten* und *Peter Herwart*, 3 Brüder — Macz Herwart und Katharina.
— die ersten vier Männer — *Pawel Czabell* — Jakell und Christina.
— die obgenannten — *Hans* und *Peter Bellyn*, 2 leibliche Brüder — Benedict und Elizabett.
— die obgenannten — *Hans Jhuesch* — Peter und Katharina.
— Michel Birkholtz, Hans Lawff, Merten Philipp, Hans Schmydt, Gleczel, Matz Sihwe, Hans Schmydt — *Merten Jhuesch* — Hans und Elizabeth.
— die obgenannten und nachgemelten Jockell Mülner, Georg Wuler, Hans Schmydt — *Peter* und *Macz Sihwe*, 2 Brüder — Peter Sihwe und Katharina.

1544 (S. 150): die erstverschriebnen Gezeugen — *Peter* und *Jokell Syhwen*, 2 Brüder — Macz Syhwe und Drothea.

— die vielgeschriebnen Männer — *Hans* und *Matz Syhwe*, 2 Brüder — Peter Syhwe und Katharina.

1544 (S. 150, b): Hanns Schmydt, Pawell Czabell, Merten Kunradt, Matz Syhwe, Peter Syhwe, Hans Hage — *Hans Schneyder* — Hans *Schucz* und Anna.

1547 (S. 151): Hans Schmydt, Matz Syhwe, Merten Kunradt, Hans Berkholtz — *Merten Philip* — Merten Philip und Gerle.

1547 (S. 151): Hans Schmyd, Macz Syhwe, Merten Kunradt, Hans Bergholcz — *Macz Hage* — Christ. Hage und Anna.

1547 (S. 151): Michel Berkholt zur Weiszkirchn, Merten Pffilip, George Wueler — *Peter Juesch* — Hans Juesch und Christina.

1543 (S. 151, b): Christoffel Werblaw zu Withstok dem Bgm. und Rat, sowie dem Zechmeister der Schuster — Richter und Schöffen des Dorfes *Wrech* — *Richtsteyg Thomas Ortwein* — Michel Orthwein und Anna nicht windischer, noch pffeypfer, noch Scheffer Art geboren ist.

1554 (S. 152, b): Merten Pffilip, Kwba Rhude, Merten Herbart, Hans Jahn, Peter Boellick — *Jockell Puppisch* — Jan Puppisch und Anna.

1557 (S. 153, b): Michell Bergholcz, Pawl Zabel, Peter Juesch — *George Wuler* mit *Margareta* ehel. getraut sind. Von der Geburt haben sie nichts gezeugt!

1556 (S. 154, b): Merten Kwnradt, Walten Schwarcz — *Hans Grefendorff* — Burghardt Grefendorff und Anna.

— Mattawß Syhwe, Hans Jahn, Peter Boellyk, Hanns Herwart, Greger Boeldike, Peter Schweisz, George Hage — *Isayas* — Hans *Grefendorff* und Anna.

1558 (S. 155): Heinrich Schmitt von Seyttendorff (b. Fulnek!) — Bgm. und Rat — Matz Herbarth und seine Hausfrau Anna zu *Wrich* in der Mark nach christl. Brauch und Ordnung in den ehelichen Stand getreten und *Rotthanns Her(ber)bartt* und *Andres Herbartt* gezeugt haben.

1543 (S. 161, b): Hans Schneyder, Matz Sihwen, Hans Gleczell, Merten Kunradt, Jokell Melczsch, Burchardt Greffendorff, Michell Bergholcz, Hans Laube, Thomas Jahn — vor Bgm. u. R. — *Valten* und *Burchardt Schwarcz*, leibl. Brüder — Peter Schwarcz und Katharina zu *Botterfeldt* in der Mark. (S. 162): haben ehgedachte Gezeugen wie oben — *Georg Seweko* — Merten Seweko und Gerdrud.

— Burchardt Greffendorff und Hanns Ffisscher — *Hans Lehber* — Hans Lehber und Katharina.

1545 (S. 163): George Wueler, Merten Kunrat, Burghart Grefendorff, Christell Hage — *Valten* und *Hans Obentrot*, Brüder — Michel Obentrot und Katharina.

1534 (S. 164): Wir Bgm. u. R. der Stad Konigszberg in der Newe Mark, Merten Schmerwinkell, Jakob Herczeberg, Simon Deneke und Asmus

Mattys Richter und Scheppen unsers Dorfs Allenkyrchen — *Peter Boeldicke* — Andres Boeldicke und Christina rechter deutscher Art geboren ist. An die Leinweberzeche u. Bgm. u. Ratmannen der Stadt Lupenik (Leipnik i. Mähren).

1547 (S. 167): Jokopß Melszo Mülner zu Gerlsdorf (b. Fulnek) hat einen Pergament-Brief vorgelegt vom Edlen und gestrengen Herrn Degenherdt Schanenbegh Erbsasse des Eigens *Steynwer*, der besagt, daß er guter deutscher Art von Peter und Christina geboren ist.

XXXVI

Eintragung des Michael Tham aus märkischem Geschlecht in das Nekrologium der Unitätsgeistlichkeit zum Jahr 1571.

Aus: Totenbuch der Geistlichkeit der Böhmischen Brüder; *HS: Wien, Staatsarchiv, Boh. 52; Druck:* Fontes rerum Austriacarum. Oesterreichische Geschichtsquellen. Hrsg. von der Historischen Commission der k. Akademie der Wissenschaften in Wien, 1. Abth., Bd. 5, Wien 1863, ed. Joseph Fiedler, S. 255; vgl. oben, S. 51 f.

Téhež Létha vmřel B. Michal Tham w Fulneku Němec (Waclawa Lucjna, o němž wýss, wlastnj vgec), muž gistě sslechetný a pobožný, y welmi pracowitý, przikladný, Kněz starý, zpráwcým byl mnoho let w Fulneku, odtud y do Landsskrauna przicházel německého zboru zprawowati. Potom byl w Boleslawi, potom w Polsstě, potom naposledy zase w Fulneku. A tu vmřel 27. dne Měsýce Srpna okolo 2. hodiny na noc, zymnice ho nąpadla a na zegtrzj poctiwě na Bratrském krchowě pohřben (i : m : w Boleslawi) rzjzen byl na Kněžstwj, léta 1534. Knězem byl 37 let. Z Mareckého pokolenj byl.

[Übersetzung]

Im Jahr 1571 starb Bruder Michael Tham in Fulnek, ein Deutscher (ein rechter Oheim des frommen Diakons Wenzel Lucýn), ein gewiß rechtschaffener und frommer Mann und sehr arbeitsam, musterhaft, ein alter Priester, war viele Jahre Vorsteher in Fulnek, von wo er auch nach Landskron kam, um die deutsche Gemeinde zu leiten. Dann war er in Bunzlau, dann in Polen, dann zuletzt wieder in Fulnek. Und dort starb er, den 27. Tag des Monats August um 2 Uhr in der Nacht; ein Fieber ergriff ihn, und wurde den Tag darauf feierlich auf dem Brüderfriedhof begraben (= in Bunzlau); zum Priester geweiht im Jahr 1534. Er war 37 Jahre lang Priester. Er war von märkischem Geschlecht.

XXXVII

Namen ehemaliger märkischer Waldenserfamilien in Fulnek zwischen etwa 1560 und 1618.

Aus: Gustav Beck, Zur Geschichte der mähr. Brüdergemeinde in Fulnek, *in:* Das Kuhländchen 7 *(1926), S. 22; vgl. oben, S. 52 f.*

Andris *Schneider,* Esayas *Grabendorff,* Tobias *Gebauer,* Hans *Grantz,* Ezechiel *Syw,* Daniel *Syw,* Jonathan *Syw,* Peter *Syw,* Peter *Zobel,* Thomas *Richtsteig,* Hans *Sieb* (Schiep), David Brugmann, Tobias Hofmann, Mathes *Syw* (Schiep), Hans *Fischer,* Abraham Proksche, Hans Krautmann, Bortel Thyl, Hans *Belin,* Lorenz *Schmied,* Briktzi Lang, Hans Klein, Mathes Zinz, Hans Mudrack, Hans *Zobel,* Paul *Hag,* Andreas *Schmidt,* Mertten Agneter, Andreas Graff, Hans Gisch, Elias Gall (Gallus), Thomas *Siw,* Merten Leist, Hans *Herbortt,* Peter *Herbortt* (war Schuhmacher, † 1622), Hans *Melcz,* David Kreisell, Weinke *Siw,* Mathes *Barckholtt,* Joachim *Siw,* Sebastian Kreuz, Lukas *Belke,* Bortel Absky, Peter *Siw* († 1617), Martin Kopejtko, Johann *Hysch,* Albrecht Seiler, Hans Schellner, Peter *Siw* († 1622), Balthazar Teichmann, Gottlieb Strakosch, Johann Macha, Adam Rsihola, Johann Fastnacht.

REGISTER

(Bei der Herstellung des Registers hat Christian Schädlich [Berlin] wesentliche Mitarbeit geleistet. Das gilt nicht zuletzt für die Bestimmung und Identifizierung von Ortschaften und Personen, die über die in den Anmerkungen angebotenen Hinweise hinaus hilfreich sein werden. — Als ungewöhnlich mag auffallen, daß bei insgesamt mehr als 30 herausgegebenen Quellen die Personen- und Ortsnamen einer Quelle — nämlich die der Inquisitionsprotokolle von 1392 bis 1394 — gesondert ausgeworfen wurden. Damit soll der Nutzen des Registers erhöht werden. Die Stettiner Verhörniederschriften bilden einen großen, von der Zeit und vom historischen Raum her relativ einheitlichen Block, dessen Namensgut bei einem Gesamtregister einerseits auseinandergerissen und das andererseits das Namensgut der anderen Quellen erdrücken und schwerer auffindbar machen würde. Die benutzten Abkürzungen — z. B. EB für Erzbischof, Nm. für Neumark, Um. für Uckermark, L.Kr. für Landkreis, Krst. für Kreisstadt usw. — dürften dem Benutzer ohne weiteres verständlich sein.)

I. Historische Übersicht, Bemerkungen zu den einzelnen Autoren und Quellen, Quellen (außer Inquisitionsverfahren gegen Waldenser in Stettin, 1392 ff.)

PERSONEN
(ausgenommen Waldenser und Böhmische Brüder)

Albert III. v. Querfurt, EB v. Magdeburg (1382—1403) 72

Albrecht Achilles, Kf. v. Brandenburg (1470—1486) 9, 312, 317

Aquensis, Johannes (= Vodňanský, Jan) OFM (1460—nach 1534) 9, 12, 42, 43, 44, 46, 47

Aristoteles (384/383—322/21 v. Chr.) 274

Arius (Arrius) (um 260—336) 276

Augustin, Aurelius (354—430) 273, 275, 276, 278, 279, 282, 284, 285

Barnim VIII., Hzg. v. Pommern (um 1406—1451) 270

Baronius, Caesar (1538—1607) 70

Bawerungk, Heinrich/Henricus (Notar, Geistlicher, Diöz. Lebus, Mitte 15. Jh.) 39, 40, 293, 302

Benedikt I. v. Waldstein, Bf. v. Kammin (1485—1499) 9, 313, 314

Berckmann/Berchmann/Bergkmann/Bergmann, Joh. (Chronist, † 1560) 50, 51

Bernhardus (Begarde in Wismar, † 1403) 263, 264, 265, 266

Bitelolle siehe unter Schröder/Schroder/Scroder, Jacob/Jacobus, alias Bitelolle.

Blankenfelde, Wilke/Wilkinus, Berliner Bürgermeister (1458/1465) 289

Bodecker siehe unter Stephan Bodecker.

Bonifaz IX., Papst (1389—1404) 262

Botzin/Botzyn, Joannes/Johannes, OP (Inquisitor, um 1500) 9, 55, 314, 315

Buchholtz/Buchholz, Johann/Johannes (hussitischer Priester aus Stralsund, um 1417) 269, 270

Bugenhagen, Johannes (Reformator, 1485—1558) 49

Burchard III. von Schraplau, EB v. Magdeburg (1307—1325) 12, 72

Busch, Heinrich, Bürgermeister von Stralsund († 1577) 50

Bzovius, Abraham, OP (Kirchenhistoriker, 1567—1637) 2, 17

Calixt III., Papst (1455—1458) 288, 293
Camerarius/Kamerarius (= Kammermeister), Joachim (1500—1574) 10, 52, 53, 326, 328
Canneman, Johannes, siehe unter Kannemann, Johann(es).
Cicero (Tullius) (106—43 v. Chr.) 285
Clemens VI., Papst (1342—1352) 16
Closener, Fritsche (Friedrich) (Straßburger Chronist, † nach 1384) 3, 13
Cramer, Daniel (luth. Geistlicher u. Kirchenhistoriker, 1568—1637) 55

Dannenwold(e), Johannes, OFM (Guardian zu Angermünde, M. 15. Jh.) 304
Datemberg/Datenberg v. (ein Edelfräulein, Putzkeller) 270, 271
Dietrich, brandenb. Offizial (um 1336) 61
Dinnies, Johann Albert (Stralsunder Schreiber, um 1769) 50

Egloffstein, Georg v., Vogt der Neumark (1441—1448) 38, 287
Erich I. (urspr. Bogislaw), Hzg. v. Pommern-Stolp, Kg. v. Norwegen, Dänemark u. Schweden (1381/82—1459) 272
Erlichshausen, Konrad v., Hochmeister des DO (1441—1449) 38
Ernst II. v. Sachsen, Bf. v. Halberstadt (1479—1513) = Ernst v. Sachsen, EB v. Magdeburg (1476—1513) 310

Faustus v. Mileve, (Manichäer, † vor 400) 275
Flacius Illyricus, Mathias (luth. Theologe u. Kirchenhistoriker, 1520—1575) 28, 29, 40, 324
Fontana, Vincentius Maria, OP (Kirchenhistoriker, † um 1677) 55
Forkenbek, Marqward Behre v. (Putzkeller) 271
Friedrich III. v. Beichlingen, EB v. Magdeburg (1445—1464) 286
Friedrich (III.) Sesselmann, Bf. von Lebus (1455—1483) 313, 318
Friedrich II., Kf. v. Brandenburg (1440—1470) 8, 289, 294, 299, 302, 304

Garnkoper, Peter, Berliner Bürgermeister (1458/1465) 289
Georg Podiebrad, Kg. v. Böhmen (1458—1471) 9, 40, 41, 306, 321, 322
Godefridus bzw. Gotfridus OF u. OSB (um 1345) 35, 36
Godefridus, Bf. v. Lausanne (1342—1346) 36
Gotstich, Johannes, OP (Lektor in Coelln a. d. Spree, um 1458) 290, 293, 294, 295, 299
Gottfried IV. von Hohenlohe-Schillingsfürst-Weickersheim († 1497) 302 (s. auch u. Hohenlohe, Gottfried Graf v.)
Gratian OSBCam (Kirchenrechtler, Mitte 12. Jh.) 285, 291
Gregor XI., Papst (1370—1378) 2, 12, 15, 16, 17, 68, 69, 71
Grellenberg, Metzkow von dem (Putzkeller) 271
Gretser, Jakob, SJ (1562—1625) 31, 32
Guido de Baysio (Kanonist, † 1313) 286

Heinrich/Henricus de Agro OP (Inquisitor, 2. Hälfte 14. Jh.) 2, 64, 65
Henning v. Bredow, Bf. v. Brandenburg (1406—1414) 6, 37, 268
Hermann v. Hettstedt OP (Inquisitor, 2. Hälfte 14. Jh.) 3, 71
Hieronymus (Kirchenvater, um 347—420) 276, 279, 284, 290
Hieronymus v. Prag (1365—1416) 8, 295, 300
Hohenlohe, Graf Gottfried v. (Godfredus de Hoenloch) 302 (siehe auch unter Gottfried IV. von Hohenlohe-Schillingsfürst-Weickersheim)
Hus, Johannes (Jan), (tschechischer Reformator, 1370/71—1415) 4, 8, 28, 270, 276, 295, 300

Innozenz VI., Papst (1352—1362) 15 f., 16
Innozenz VIII., Papst (1484—1492) 315
Isidor v. Sevilla (um 560—633) 273, 274, 276

Jersziko siehe unter Georg Podiebrad.

Johann, Mgf. v. Brandenburg, nachm. Johann Cicero, Kf. v. Brandenburg (1455—1499, Kf. seit 1486) 312, 317
Johanna v. Rozmital (1450 2. Gemahlin Georg Podiebrads, † 1475) 322
Johannes XXII., Papst (1316—1334) 2, 59, 60
Johannes II. v. Lichtenberg, Bf. v. Straßburg (1353—1365) 65
Johannes II. Schadland OSD, Bf. v. Hildesheim (1363—1365) 65
Johannes Angelus, Herzog von Altaemps, († 1620) 46, 47
Johann(es) de Moneta OP (Inquisitor, 2. Hälfte 14. Jh.) 2, 64, 65
Jordan/Iordanus OESA (Inquisitor, 1. Hälfte 14. Jh.) 12, 61

Kamerarius siehe unter Camerarius.
Kammermeister siehe unter Camerarius.
Kannemann, Johann(es), OFM (Inquisitor, Mitte 15. Jh.) 7, 8, 39, 288, 290, 292, 294, 295, 296, 297, 298, 299, 300, 301, 302, 304, 305
Kantzow, Thomas (Pomm. Historiker, † 1542) 9, 48, 49, 271
Karl IV., dtscher Kaiser u. König (1346—1378) 2, 15, 70, 71
Kemnater, Georg/Georgius/Georrius (Propst in Angermünde, um 1458) 304
Konrad v. Lintorff, Bf. v. Havelberg (1427—1460) 286
Konstantin (Begarde aus Erfurt) 12
Korner, Hermann, OP (Verf. d. Cronica novella, etwa 1365—1438) 33, 34, 46
Klempzen, Niklas v. (pomm. Landeshistoriker, etwa 1504—1552) 49, 64, 270
Kostka (Kostca) v. Postupic, Albrecht 327, 329
Kostka (Kostca) v. Postupic, Bohuš/Bohusch/Bohuss 321, 323
Krantz, Albert (norddeutscher Diplomat u. Historiker, 1448—1517) 45, 46
Kufstein, Zacharias v., Landvogt der Uckermark (um 1362) 61
Kunersdorf/Conrestorff, Paul v./Paulus de, Hofrichter (um 1452), Amtmann bzw. brandenb. Vogt (1456) 302

Lammespringe, Heinrich v. (Verf. d. Magdeburger Schöppenchronik von 1360—1372) 14
Lambrecht/Lamprecht, Joachim (Inquisitor, 1458) 290, 293, 298, 304
Lesten, Margrete (Putzkeller, um 1500) 271
Lossow/Losow/Lossaw/Losson/Lossonn/Sosflir, Clemens, OP (Inquisitor, 2. Hälfte 15. Jh.) 9, 309, 310, 311, 318
Ludovicus/Ludwig de Caliga OP (Inquisitor, 2. Hälfte 14. Jh.) 2, 64, 65
Ludwig (Lodewicus) Schenk v. Neindorf, Bf. v. Brandenburg (1327—1347) 61
Ludwig XIII. von Öttingen-Altwallerstein († 1486) 302 (siehe auch unter Öttingen, Ludwig Graf v.)
Luther, Martin (1483—1546) 326, 328

Martin v. Amberg (auch v. Prag) OP (Inquisitor, 2. Hälfte 14. Jh. u. Anf. 15. Jh.) 67
Massauwen, Micks (Rat des Bf. v. Kammin, 1447) 287
Meinimer/Weymar, Hans, Hausvogt (um 1483), Amtmann von Liebenwalde (um 1491) 313
Mohamed/Machumet (um 570—632) 36
Monkedam, Arnold v., Abt von Lehnin (1456—1467) 294, 295, 299
Mosheim, Johann Lorenz v. (Kirchenhistoriker, 1694—1755) 54

Nicolaus s. u. Ville/Wilme/Wolleme.
Nicolaus OFM (Guardian in Berlin, um 1336) 61
Nikolaus v. Pilgram (taboritischer Bf., um 1430) 7

Öttingen, Ludwig Graf v. (Ludevicus de Oettingen) 302 (s. auch u. Ludwig XIII. von Öttingen-Altwallerstein)
Origenes (etwa 185—etwa 254) 291

Petrus Engelhardi v. Pil(l)ichsdorf (Wiener Theologieprof., 2. Hälfte 14. Jh.) 31, 32, 261

Philipp I., Hzg. v. Pommern-Wolgast (1531–1560) 50
Pseudo-Reiner siehe unter Reiner.
Podiebrad siehe unter Georg Podiebrad.

Raymundus de Peñaforte OP (Kanonist, etwa 1180—1275) 277
Raynaldus, Odoricus (Kirchenhistoriker, 1595—1671) 2, 17
Reiner/Reinerius (angebl. Verf. eines Traktats über die Inquisition, † 1262/63) 324
Rokycana/Rochezana/Rokyzana, Johannes (hussit. Theologe, etwa 1390/92–1471) 318, 321
Ronen, Hinrik van den (Mitverf. d. Magdeburger Schöppenchronik bis 1411) 14
Rožmitál, Zdeněk Leo v. (Zdenko Leo de Rosevalle) (s. 1508—1530 als Oberstburggraf böhm. Landesverweser) 47
Rudolf I., Hzg. v. Sachsen-Wittenberg (Rolef van Sassen, hertoch) (1298—1356) 63
Rufinus (lat. Kirchenschriftsteller, um 345—410) 291
Rufus, Johann, OFM (angebl. Verf. der Lübecker sog. Rufus-Chronik, Mitte 15. Jh.) 33, 34
Rutze, Nikolaus (Rostocker Magister, um 1460—nach 1510) 9

Sabellius (Häretiker, um 215) 276
Schönefeld, Eylard, OP (Inquisitor, Mitte 15. Jh.) 3, 34, 263, 264
Schröder/Schroder/Scroder, Jacob/Jacobus, alias Bitelolle († 1411) 267, 268
Sigfried (Siegfried) II. v. Bu(o)ck, Bf. v. Kammin (1424(22)—1449) 272
Sosflir siehe unter Lossow.
Stephan Bodecker, Bf. v. Brandenburg (1421—1459) 7, 12, 34, 35, 36, 37, 267, 273, 288, 289, 290, 292, 293, 295, 297, 298, 299, 300, 301, 304
Storch, Niclas Hinrich (Stralsunder Worthalter) 50, 51

Tempelfeld v. Brieg, Nikolaus (Breslauer Domherr, um 1400—nach 1471) 9, 40, 41, 43, 306
Thomas von Aquin (1225/26—1274) 274, 275, 278
Tobias, Abt von Chorin (etwa 1441—1463) 304
Toke/Tocke, Heinrich/Heinricus/Hynricus (Theologe, Magdeburger Domherr, etwa 1390—1455) 38, 286
Turre/Turrianus, Joachim/Joachimus/Joachinus, OP, Generalmeister (1487—1500) 56, 314, 315

Urban V., Papst (1362—1370) 2, 15, 16, 64, 65, 70

Ville/Wilme/Wolleme, Nicolaus de/vann der/van dem (ketzer. Priester in Stralsund, um 1403) 263, 264, 265, 266
Vincenz von Beauvais OP (1184/94–1264) 278
Vodňanský, Jan, s. u. Aquensis, Johannes.

Wladislaw (Vladislav)/Vladislaus II., Kg. v. Böhmen u. Ungarn (1471—1516) 321, 327, 329
Walter/Weltherus[!] Kerlinger OP (Inquisitor, 2. Hälfte 14. Jh.) 2, 64
Weck, Anton (1623—1680, Archivar u. Verf. einer Dresdener Chronik) 67
Weydnian, Johannes de, OFM in Horažd'ovice (um 1500) 43
Weymar siehe unter Meinimer.
Wichmann von Bir Seba, Weihbischof des Bistums Kammin (1447—1449) 287
Wilhelm(us) (Begarde in Lübeck, um 1400) 264, 265, 266
Wyclif/Wickleff/Wiclef/Wicleff/Wiclif/Wiklif, John/Ioannes (etwa 1320—1384) 8, 67, 70, 276, 281, 295, 300
Winthertur, Johann von, OFM (Chronist, etwa 1300—1349) 4, 13
Wolf/Wulf/Wulff, Paul(us) (Theologieprofessor, um 1450) 294, 295, 299
Wolfgang, OFM, Kurat von Kadov (um 1511) 43
Wusterwitz, Engelbert († 1433, Verf. der Magdeburger Schöppenchronik von 1411—1421) 14

Žerotin, Karl v. (Schutzherr der Böhm. Brüder, 1564—1636) 53
Zolter/Zolte, Heinrich/Heinricus/Hinricus, OSEA (Mitte 15. Jahrhundert) 38, 286
Zwicker, Peter, Coelestiner (Inquisitor, 2. Hälfte 14. Jh.) 5, 6, 7, 8, 17, 18, 24, 25, 28, 30, 31, 32, 67, 73, 261
Zorges/Czorges/Czorghis/Sorges, Johann, Propst von Soldin (1442—1452) 287

WALDENSER, BÖHMISCHE BRÜDER
und deren Verwandte, Freunde und Bekannte

(Bei Angehörigen einer Familie ist zunächst der Familienname in alphabetischer Reihenfolge seiner in den Quellen vorkommenden Varianten aufgeführt, es folgen alphabetisch die Personennamen. Die in Klammern gesetzten Zahlen bedeuten in der Regel die Jahre, zu denen die einzelnen Personen in den Quellen genannt werden.)

Absky, Bortel (ca. 1600) 333
Agnes (Waldenserin aus Wittenberg, 1366) 67
Agneter, Mertten (ca. 1600) 333
Andreas/Andrewes, Petter (1545 u. 1563) 330

Barckholth/Barckholtt/Berckholth/ Bergholcz/Berkholcz/Berkholt/Berkholtz/ Birkholtz
    Caspar (1515) 329
    Elizabeth (1515) 329
    Hans (1547) 331
    Mathes (ca. 1600) 333
    Michel/Michell (1544, 1547, 1557) 330, 331
    Merten (1515) 329
Belick/Belicken
    Barbara (1564) 330
    Hanns (1564) 330
    Jost (1564) 330
    Lucas (1564) 330
    Tomas (1564) 330
Belin/Bellyn
    Benedict (1544) 330
    Elizabett (1544) 330
    Hans (1544) 330
    Hans (ca. 1600) 333
    Peter (1544) 330
Belke, Lukas (ca. 1600) 333
Berckholth siehe unter Barckholth/Bergholcz.
Blahoslav, Johann, Senior d. Brüderunität (Chronist) 10, 41, 50, 52, 53

Boeldicke/Boeldike
    Andres (1534) 332
    Christina (1534) 332
Boellick/Boellyk, Peter (1554, 1556) 331
Bomherr, Georg (1458) 288, 289, 297, 298, 299, 300, 301
Brugmann, David (ca. 1600) 333
Buchalde, Trebes (1557) 330
Bucholt/Bucholtz
    Anna (1557) 330
    Kirstein (1545) 330
    Peter (1545) 330
Buck, Valten (1515) 329
Buckow, Tewes (1458) 305

Caspar(us)/Kaspar (ex Marchia, Marchicus, z Marek) (ca. 1490) 10, 50, 321, 323, 327, 329
Černý, Johann, Senior der Brüderunität († 1565) 41, 42
Cocobicius siehe unter Kokovec.
Comenius, Johann Amos (1592–1670) 53, 54
Curt, Bartholomäus/Bartolomeus (1483) 42, 312, 313
Czabell (vgl. auch Zabel/Zobel)
    Christina (1544) 330
    Pawel/Pawell (1544) 330, 331

Deneke, Simon (1534) 331
Ditmer, Hanß (1458) 305
Drebes, Petter (1557) 330

Fastnacht, Johann (ca. 1600) 333

Fischer/Ffisscher/Vischer
  Hanns (1543) 331
  Hans (ca. 1600) 333
  Hanß (dessen Witwe) (1458) 305

Gall/Gallus, Elias (ca. 1600) 333
Gebauer
  Christina (1564) 330
  Jockel (1564) 330
  Thobias (1564) 330
  Tobias (ca. 1600) 333
Gisch, Hans (ca. 1600) 333
Gleczel/Gleczell, Hans (1543, 1544) 330, 331
Goreß/Gorß/Gortz
  Hanß (1458) 305
  Johannes (1458) 288, 289, 296, 297, 298, 299, 300, 301
  Peter (1458) 305
  Philipp (1458) 305
Grabendorff (vgl. auch Grefendorf), Esayas (ca. 1600) 333
Graff, Andreas (ca. 1600) 333
Grantz (vgl. auch Grenß/Grentz), Hans (ca. 1600) 333
Grefendorff/Greffendorff/Greffendorffer
  Anna (1556) 331
  Burchardt/Burghardt/Burghart (1543, 1545, 1556) 331
  Hanns/Hans (1556, 1564) 330, 331
  Ysayas (1556) 331
Grensingk
  Hennigk/Henning (1483) 42, 313
  Peter (1483) 313
Grenß/Grentz, Johannes (1458) 288, 289, 295, 296, 297, 298, 298 f., 299, 300, 301

Hag/Hage/Hagen/Hagenn/Haghen
  Andreas (1557) 330
  Anna (1547) 331
  Anna (1563, 1564) 330
  Benedic/Benedictus (1545, 1564) 330
  Christ./Christell (1545, 1547) 331
  George (1556) 331
  Hans (1544) 331
  Jacob (1458) 305
  Joachim (1564) 330

Macz (1547) 331
Matheus/Matthäus (1458) 7, 8, 288, 289, 292, 293, 294, 295, 296, 297, 298, 299, 300, 301, 302, 303, 306, 307
Mathis (1563) 330
Merten (1545) 330
Mertenn (1564) 330
Paul (ca. 1600) 333
Paulus (1564) 330
Peter/Petter (1545, 1563) 330
Peter/Petter (1557, 1563, 1564) 330
Peter (1564) 330
Simon (1563) 330

Herbart/Herbarth/Herbartt/Herbort/Herbortt (vgl. auch Herwart)
  Andres (1558) 331
  Anna (1558) 331
  Hanns (1564) 330
  Hans (ca. 1600) 333
  Matz (1558) 331
  Merten (1554) 331
  Peter (1564) 330
  Peter († 1622) 333
  Rotthans (1558) 331
Hannover
  Betke (1458) 305
  Olde (1458) 305
Herbelt, Laurentz (1458) 305
Herczeberg, Jakob (1534) 331
Herwart (vgl. auch Herbart)
  Hanns/Hans (1544, 1556) 330, 331
  Katharina (1544) 330
  Macz (1544) 330
  Merten (1544) 330
  Peter (1544) 330
Hofman, Tobias (ca. 1600) 333
Hußler, Simon/Symon (1483) 313
Hysch, Johann (ca. 1600) 333

Jablonski, Daniel Ernst (Bf. der Brüderunität, Hofprediger in Berlin, 1660—1741) 54, 323
Jafet (Angehöriger der Brüderunität, um 1600) 10, 54
Jahn
  Hans (1554, 1556) 331
  Thomas (1543) 331

Jhuesch/Juesch
  Christina (1547) 331
  Elizabeth (1544) 330
  Hans (1544) 330
  Hans (1547) 331
  Katharina (1544) 330
  Merten (1544) 330
  Peter (1544) 330
  Peter (1547, 1557) 331
Joreß, Idel (1458) 305
Kabatník/Kabatnicius, Martin (ca. 1490) 321, 323, 327, 329
Kaléf, Jan (Senior der Brüderunität, † 1588) 42
Kaspar siehe unter Casparus
Klein, Hans (um 1600) 333
Kokovec/Cocobicius/Kokowecz, Mareš/Maressa/Maress (ca. 1490) 321, 323, 327, 329
Kopejtko, Martin (ca. 1600) 333
Krasonický, Laurentius (Angehöriger der Brüderunität, † 1532) 10, 54
Krautmann, Hans (ca. 1600) 333
Kreisell, David (ca. 1600) 333
Kreuz, Sebastian (ca. 1600) 333
Kunradt/Kunrat/Kwnradt, Merten (1543, 1544, 1547, 1556) 331

Ladewig/Lodewich/Lodewig
  Hanß (1458) 303, 304
  Jost (1458) 303, 304
Lang, Briktzi (ca. 1600) 333
Lasicius, Johannes (Lasicki) (poln. Historiker d. Brüderunität, 1534—etwa 1602) 10, 53, 54
Laube/Lawff
  Andres (1544) 330
  Christina (1544) 330
  Hans (1543, 1544) 330, 331
  Jokoß (1544) 330
Lehber
  Hans (1543) 331
  Hans (1543) 331
  Katharina (1543) 331
Leist, Merten (ca. 1600) 333
Lodewich/Lodewig siehe unter Ladewich.
Lucjin/Lucýn, Waclaw/Wenzel (1571) 332

Lucas/Lukas (Bakkalaureus Pragensis) (= Lukáš bakalář) (ca. 1490) 321, 323, 327, 329

Macha, Johann (ca. 1600) 333
Margaretha (Waldenserin „aus der Marck", 1366) 67
Margaretha (Waldenserin aus Wittenberg, 1366) 67
Margarethe (Waldenserin aus Wittenberg, 1391) 67
Mattys, Asmus (1534) 331 f.
Melcz/Melczsch/Melszo
  Christina (1547) 332
  Hans (ca. 1600) 333
  Jokell (1543) 331 (vgl. auch Mülner, J.)
  Jokopß (1547) 332
  Peter (1547) 332
Mudrack, Hans (ca. 1600) 333
Mülner, Jockell (1544) 330 (identisch mit Melczsch, Jokell?)

Nicolaus (Sektenbf. in Saaz, ca. 1450) 294, 300
Nieman/Nyeman
  Henningk (1458) 305
  Peter (1458) 305

Obentrot/Obentrott,
  Hans (1545) 331
  Katherina (1545) 331
  Michel (1545) 331
  Peter (1564) 330
  Valten (1545) 331
Orlik, Laurentius (Geistlicher d. Brüderunität, † 1586) 51, 52
Orthwein/Ortwein
  Anna (1543) 331
  Michel (1543) 331
  Richtsteyg Thomas (1543) 331

Peter/Petr/Petrus Textor/Tkadlec/Weber (märk. Waldenser u. Angehöriger der Brüderunität, 1480) 10, 316, 318, 322, 324, 325, 326, 328, 329
Philip/Philipp/auch Pffilip
  Gerle (1547) 331
  Merten (1544, 1547) 330, 331
  Merten (1547) 331

Prentzlow, Peter (1458) 305
Proksche, Abraham (ca. 1600) 333
Puppisch
    Anna (1554) 331
    Jan (1554) 331
    Jockell (1554) 331
Reiser/Ryß, Friedrich/Fredricus/Fridericus (Waldenserbf., 1401/2—1458) 7, 294, 295, 299, 300, 306, 307
Rhude
    Anna (1544) 330
    Jokell (1544) 330
    Kwba (1554) 331
    Peter (1544) 330
    Symme (1544) 330
Richtsteyg, Thomas (ca. 1600) 333 (siehe a. u. Orthwein, Richtsteyg Thomas)
Rsihola, Adam (ca. 1600) 333
Rutlinges, Elizabet (1545) 330
Ryß siehe unter Reiser.

Schanenbegh, Degenherdt (Dienstherr in Steinwehr, 1547) 332
Schellner, Hans (ca. 1600) 333
Schlan, Nikolaus v. (Slanský) (Historiker der Brüder-Unität, † 1542) 10, 47, 48
Schmerwinkell, Merten (1534) 331
Schmidt/Schmied/Schmitt/Schmyd/Schmydt
    Andreas (ca. 1600) 333
    Bartell (1544) 330
    Christina (1544) 330
    Hanns/Hans (1544, 1547) 330, 331
    Hans (1544) 330
    Heinrich (1558) 331
    Lorenz (ca. 1600) 333
Schneider/Schneyder
    Andris (ca. 1600) 333
    Hans (1543) 331
    Hans (1544) 331
Schonbeck, Hanns (1545) 330
Schucz
    Anna (1544) 331
    Hans (1544) 331
Schulte
    Jacob (1458) 305
    Peter (1458) 303, 304 f., 305
Schwarcz
    Burchardt (1543) 331
    Katharina (1543) 331
    Peter (1543) 331
    Valten/Walten (1543, 1556) 331
Schweisz, Peter (1556) 331
Seiler, Albrecht (ca. 1600) 333
Seweko
    Georg (1543) 331
    Gerdrud (1543) 331
    Merten (1543) 331
Sieb/Sihwe/Sihwen/Siw/Syhwe/Syhwen/Syw
    Daniel (ca. 1600) 333
    Drothea (1544) 331
    Ezechiel (ca. 1600) 333
    Hans (1544) 331
    Hans (ca. 1600) 333
    Joachim (ca. 1600) 333
    Jokell (1544) 331
    Jonathan (ca. 1600) 333
    Katharina (1544) 330, 331
    Macz (1544) 330
    Macz (1544) 331
    Macz/Matz (1543, 1544, 1547) 330 f.
    Mathes (ca. 1600) 333
    Mattawß (1556) 331
    Peter (1544) 330
    Peter (1544) 330, 331
    Peter (1544) 331
    Peter (ca. 1600) 333
    Peter († 1617) 333
    Peter († 1622) 333
    Thomas (ca. 1600) 333
    Weinke (ca. 1600) 333
Smedt/Smet
    Bartholomäus/Bartolomeus (1483) 313
    Clawes (1458) 303, 304, 305
    Hans/Hanß (1458) 303, 304
    Hinrik (1458) 303, 305
    Joreß (1458) 305
    Jurghen (1458) 305
    Peter (1458) 303, 304, 305
Sperling, Peter/Petter (1545, 1557) 330
Stangendorp, Peter (1458) 305
Stephan(us) (Waldenserbf., † Wien 1467) 320, 322, 324
Strakosch, Gottlieb (ca. 1600) 333
Sydaw, Petter von (1557) 330

Syhwe, Syw siehe unter Sieb/Sihwe ...

Teichmann, Balthazar (ca. 1600) 333
Textor siehe unter Peter
Tham/Thammer
  Michael/Michal/Michel (1564, 1571) 11, 52, 330, 332
  Thomas (Tůma) (Geistlicher der Böhm. Brüder, ca. 1480) 10, 326, 328
Thyl, Bortel (ca. 1600) 333
Tkadlec siehe unter Peter.

Verbelow, Michel (Dienstherr, 1483) 313
Vorhawer, Hartwig von (Hauptmann zu Gosze, 1563) 330

Wachelin, Domeß/Thomas (1485) 303, 304
Waldes/Walden († bald nach 1205) 280

Weber siehe unter Peter.
Werblaw, Christoffel (1543) 331
Wuehler/Wuehlen/Wueler/Wuler
  Georg/George/Jürgen (1544, 1545, 1547, 1557, 1563) 330, 331
  Margaretha (1557) 331

Zabel/Zobel (vgl. auch Czabell)
  Hans (ca. 1600) 333
  Peter (ca. 1600) 333
  Pawl (1557) 331
Zager, Hanß (1458) 305
Zevekow
  Clawes (1458) 303, 304
  Hinrik (1458) 302, 303, 304
  Marten (1458) 305
  Michael (1458) 305
Zinz, Mathes (ca. 1600) 333
Zobel siehe unter Zabel.

ORTE

(Bei der Anordnung des Ortsregisters wurde von den in Deutschland gegenwärtig bzw. vor dem zweiten Weltkrieg gebräuchlichen Namensformen ausgegangen. Die in den Quellen davon abweichenden Namensformen oder Schreibweisen sind jeweils in Klammern gesetzt. Erläuternde Hinweise auf die Kreiszugehörigkeit beziehen sich auf die 1939 gültige Kreiseinteilung.)

Ägypten 321, 323, 327, 329
Alt-Bulach siehe unter Bulach, Alt-.
Altenkirchen, L.Kr. Königsberg/Nm., (Allenkyrchen) 332
Angermünde/Um., Krst., (Angermund/Newen Angermund/Nova Angermunde) 4, 5, 8, 9, 12, 39, 40, 61, 271, 288, 290, 302, 304

Bärwalde, L.Kr. Königsberg/Nm., (Barenwalde/Barenwaldt/Barenwalt/Berenwalde) 5, 7, 38, 287, 296
Bamberg
— Diözese 64, 66
Barth, hist. Land i. Pom., L.Kr. Ribnitz-Damgarten, (Bahrt/Bart) 9, 270, 272
Basel
— Diözese 64, 66
— Konzil 298
Bechyně/ČSR (Franziskanerkloster zwischen Budweis und Tabor) 43

Beneschau (Benčšov)/ČSR (Benessovium) 322

Berlin (Berlyn) 7, 8, 9, 39, 40, 41, 43, 46, 47, 61, 288, 289, 293, 298, 299, 306, 307, 308
— Dominikanerkl. (conv. Berlinensis) 310
— Marienkirche 298
— Neuer Markt 298

Böhmen (Behmen/Boemia/Bohemia/Čechy, auch Pickhardien) 2, 6, 10, 11, 28, 29, 50, 59, 60, 63, 261, 271, 276, 294, 295, 297, 306, 307, 308, 309, 315, 317, 319, 320, 321, 322, 323, 324, 325, 327, 328, 329

Brabant (Brabancia/Brabantia) 68, 70, 261

Brandenburg, Mark, bzw. Diözese, wurde nicht in das Register aufgenommen.

Brandenburg/Havel
— St. 269
— Dominikanerkl. (conv. Brandenburgensis) 310, 311
Bremen
— Erzdiözese 64, 65, 66, 68, 69, 70, 71, 262
Breslau
— Diözese (dioc. Wratislaviensis) 69
— St. 9
Budweis/ČSR 42, 43
Bulach, Alt- bzw. Neu-, sw. Calw/Württemberg, (Bůlach) 62
Bunzlau/ČSR (Boleslaw) 332
Bütow/Pom., Krst., (Beutaw) 288
Butterfelde, L.Kr. Königsberg/Nm., (Botterfeldt) 331
Burgund (Burgundia) 36

Calw/Württemberg (Kalwe) 62
Cammin/Pom. siehe unter Kammin.
Chorin, Kr. Eberswalde, (Corin), Zisterzienserkl. 304
Clemzow, L.Kr. Königsberg/Nm., (Clemczo) 296
Coelln a. d. Spree (Coln cis Sprevam) 290, 293, 294
Crüssow, Kr. Angermünde/Um., (Krusow) 329

Dabrun b. Wittenberg a. d. Elbe (auch Derbrim/Dobreium/Dorbran/Dorbray/Dorbrim) 67
Dänemark (Dacia) 261
Deutschland wurde nicht in das Register aufgenommen.
Doberan, Kr. Rostock/Mecklenburg, (Dobbern/conv. Doberanensis), Zisterzienserkl. 264, 265
Dramburg/Pom., Krst. V, 5
Dürren-Selchow siehe unter Selchow, Dürren-.

Eisenach/Thür. (Ysenach) 62
Elsaß (Alsatia/Elsas) 14, 29, 62
England (Anglia/Anglya/Engeland) 67, 261, 276
Eßlingen a. Neckar (Eßelingen) 62
Erfurt 12, 311
Europa 323

Ffrich siehe unter Wrechow, L.Kr. Königsberg/Nm.
Flandern (Flammigia/Flammingia/Flandria) 68, 261
Fledenitz (Distrikt in der Uckermark oder Neumark) 288, 289, 297, 299
Franken 3, 317
Frankreich (Gallia) 29
Fritzlar
— Synode 1244 2
Fulnek, Bez. Nový Jičín/ČSR, (Fulneccium, Fulnecka, Fulnecum) 10, 11, 51, 52, 53, 321, 322, 325, 326, 327, 329, 331, 332

Garlandria (Raum Trier-Luxemburg) 261
Gelmersdorf, Kr. Angermünde/Um., (Gelnersdorff) 329
Gerlsdorf b. Fulnek/ČSR 332 (siehe auch unter Fulnek)
Gossow, L.Kr. Königsberg/Nm., (Gossaw/Gosze) 330, 331
Gräfendorf, L.Kr. Königsberg/Nm., (Greffendorff/Grevendorp) 296, 330, 331
Griechenland (Graecia/Řecko) 321, 323, 327, 329
Groß-Wubiser siehe unter Wubiser, Groß-.
Grüneberg, L.Kr. Königsberg/Nm., (Grunenberg) 296

Halberstadt
— Diözese 71, 310
— St. 311
Halle siehe unter Schwäbisch Hall.
Havelberg
— Diözese 9, 38, 55, 72, 286, 309, 314, 315
Helmstedt 29
Herrenberg/Württemberg 62
Hessen (Hassia) 68, 69, 71
Hildesheim
— Diözese 64, 66, 71
Holland (Hollandia) 68, 70
Horažd'ovice/ČSR (Franziskanerkloster zwischen Budweis und Pilsen) 43

Hranice (= Mährisch Weißkirchen), Nordmähren/ČSR (Hranicich/Hranicium/Weiszkirchn) 322, 327, 329, 331

Italien (Italia) 29, 70

Jerusalem (Hierosolima) 321
Judäa (Judaea/Židovské) 323, 327, 329
Jüterbog, Kr. Jüterbog-Luckenwalde, (Iuterbog) 3, 4, 32, 63, 268, 269

Kadov/ČSR 43
Kalwe siehe unter Calw.
Kammin/Pom.
— Diözese 2, 9, 15, 55, 59, 64, 66, 71, 262, 287, 297, 312, 313, 314, 315
Kerkow, Kr. Angermünde/Um. 8, 288, 302, 303, 304, 305
Klein-Wubiser siehe unter Wubiser, Klein-.
Klein-Ziethen siehe unter Ziethen, Klein-.
Köln
— Erzdiözese 64, 65, 66, 262
Königsberg/Nm., Krst., (Konigßberg/Konigszberg/Koningesberghe) 5, 9, 42, 312, 313, 331
Konstantinopel (Constantinopolis) 321, 323, 327, 329
Konstanz (Costnitz) 4, 270
Krakau/Polen, (Krackǒwe/regnum Cracovie) 62, 261
Krusow siehe unter Crüssow, Kr. Angermünde/Um.
Ktiš b. Chvalšiny (sw. von Budweis)/ ČSR 43
Küstrin a. d. Oder 5

Landskron (= Lanškroun)/ČSR (Landiscorona/Landiscrona/Landškrouné/ Landsskrauna) 10, 11, 322, 324, 326, 327, 328, 332
Lausitz (Lusitz(e)) 63
Lebus
— Diözese (dioc. Lubucensis) 9, 55, 293, 313, 314, 315, 318
Leipnik i. Mähren (Lupenik)/ČSR 332
Lehnin (Lenyn), Zisterzienserkl., (Diöz. Brandenburg) 294, 295

Leipzig, Dominikanerkl. (conv. Lipczensis) 311
Leitomischl (Litomyšl)/ČSR (dom. Lithomyslienis/Lytómysliensis) 321, 323, 327, 329
Lichtenau/Baden (Lichtenǒwe) 62
Lübeck (Lubek(e)) 33, 264, 265, 266
Lyon (Lugdunum) 29, 31, 280, 282

Mähren (Morava/Moravia) 10, 11, 261, 320, 321, 322, 323, 325, 326, 327, 329
Magdeburg
— Erzdiözese 38, 61, 64, 65, 66, 68, 69, 70, 71, 262, 286, 310
— Provinzialsynode 1261 1
— Synodalstatuten
— — 1261 59
— — 1386 2, 72
— St. 14, 324
— St. Sebastian 304
Mainz
— Erzdiözese 64, 65, 66, 71, 262
— Synode 1233 2
— Synode 1310 2, 72
Meißen
— Diözese 72
— Mark 3, 67
Merseburg
— Diözese 72
Mohrin, L.Kr. Königsberg/Nm., (Moryn) 5, 7, 38, 287, 297

Naumburg (Nuenberg)
— Diözese 72
Neu-Bulach siehe unter Bulach, Alt- bzw. Neu-.
Neumark (Neuwenmarcke/Newe Mark/ Neye Marck) V, 7, 9, 38, 287, 330, 331
Neuruppin, Kr. Ruppin/Brandenburg
— Dominikanerkl. (conv. Ruppinensis) 310
Niederlande 3
Norwegen (Norvveigia/Norweygia) 261

Österreich (Austria) 6, 10, 17, 29, 322, 323

Paderborn
— Diözese 71

Passau (Passaw)
— Diözese 17, 75, 76
Pickhardien siehe unter Böhmen.
Pillichsdorf/Österreich 31
Polen (Polonia) 2, 16, 29, 59, 60, 69, 332
Pommern wurde nicht in das Register aufgenommen.
Postupice, Bez. Benešov/ČSR (Postupic/Postopicium/Postupicz) 321, 323, 327, 329
Prag (Praha)
— Diözese 306, 307
— St. 42, 43, 298, 321, 327, 329
Prenzlau/Um.
- St. (civitas Prentzlaviensis) 5
— Dominikanerkl. (conv. Prymslaviensis) 28, 29, 310
Preußen (Prussia) 261

Rhein, Fl., (Rin) 62
Rheinland 8
— circa Rhenum 29
— partes Reni 68
— partes Rhenanae 70
— provincia, quae Rhenus alluit 70
Riga
— Diözese (dioc. Rigensis/Rugensis) 64, 66, 262
Ringenwalde, L.Kr. Soldin/Nm. 330
Rostock (civ. Rostoccensis/Rostochium/Rostockium/Rostok) 33, 46, 263, 264, 265, 266, 270, 271
Rottenburg/Württemberg (Rotenburg) 62

Saaz i. Böhmen/ČSR (civ. Sacensis/Satcz/Satzk/Zacz) 294, 296, 306, 307, 308
Sachsen (Saxonia) 28, 67, 68, 69, 71, 262, 263, 309, 311
Salzburg
— Erzdiözese 64, 65, 66
Schlesien (Slesia) 16, 29, 69
Schwäbisch Hall (Halle) 62
Schweden (Suecia/Swecia) 261
Seehausen, Kr. Angermünde/Um., (Seehusen/Sehusen)
— St. 61

— Dominikanerkl. (conv. Sehusensis) 310
Selchow, Dürren-, L.Kr. Königsberg/Nm. 7, 288, 289, 292, 294, 296, 299
Seitendorf b. Fulnek/ČSR (Seyttendorff) 331
Sizilien 14, 62
Soldin/Nm., Krst., (Soldyn)
— St. 287
— Dominikanerkl. (conv. Soldinensis) 310
Stettin/Pom.
— Herzogtum 2, 68, 69, 70
— St. V, 4, 5, 6, 15, 17, 18, 20, 23, 28, 48, 55, 267
Steinwehr, L.Kr. Greifenhagen/Pom., (Steynwer) 332
Stolpe, Kr. Angermünde/Um., (Stolp) 329
Stralsund/Vorpom. (civ. Sundensis/urbs Sundensis/Stralessund(e)/Stralsundt/Sund(e)/Sundis) 4, 33, 34, 46, 49, 50, 51, 55, 263, 264, 265, 266, 269, 270
Straßburg
— Diözese 64, 66
Strausberg, Kr. Oberbarnim
— Dominikanerkl. (conv. Strutzbergensis) 310

Tabor/ČSR 43
Tangermünde, Kr. Stendal/Altm.
— Dominikanerkl. (conv. Tangermundensis) 310
Thrakien (Thracia/Thrácie) 323, 327, 329
Thüringen (Thuringia/Turingia) 2, 3, 4, 67, 68, 69, 261
Torgau a. d. Elbe (Torgow(e)) 3, 63
Trier
— Erzdiözese 64, 65, 66
Tübingen (Tůwingen) 62

Uckermark V, 7
Uecker, Fl. i. d. Uckermark u. i. Vorpommern (Uker) 270
Ungarn (Ungaria/Ungern) 62, 262

Verden a. d. Aller
— Diözese 71
Vodňany/ČSR 42

Wanzka b. Stargard/Vorpom. (Wandsche)
— Benediktinerinnenkl. 311
Weiszkirchn siehe unter Hranice.
Westfalen (Westfalya/Westphalia) 261
Wien (Vienna) 31, 320, 322, 324
Weil im Schönbuch oder Weil der Stadt/ Württemberg (Wile) 62
Wilsnack, Kr. Westprignitz 38, 286
Wismar (civ. Wismariensis/Wismaria/Wismer/Wysmaria/Wysmer) 33, 46, 263, 264, 265, 266
Wittenberg a. d. Elbe (Wittenberch) 3, 63, 67
Wittstock, L.Kr. Königsberg/Nm., (Withstok) 331
Wrechow, L.Kr. Königsberg/Nm., (Ffrich/ Wrech/Wrich) 330, 331

Würzburg (Wůrtzeburg) 62
Wubiser, Groß- bzw. Klein-, L.Kr. Königsberg/Nm. 42, 312
Wubiser, Groß-, L.Kr. Königsberg/Nm., (Wobeysen, Grossen/Wobeyser, Grosen/Wobyser, magna) 5, 9, 296, 313
Wubiser, Klein-, L.Kr. Königsberg-Nm., (Wobyser, parva) 5, 296

Zehden, L.Kr. Königsberg/Nm., (Czeden) 296
Zellin, L.Kr. Königsberg/Nm., (Czellin) 288, 288 f., 295, 296, 299, 300
Ziesar, Kr. Jerichow I/Sachsen-Anhalt 38
Ziethen, Klein-, Kr. Angermünde, (Parvacziten/parva Cziten/ parva Sciten) 8, 288, 289, 296, 299, 300, 304, 305

RELIGIÖSE UND/ODER HÄRETISCHE GRUPPEN
(außer Waldenser)

Adamiten (Adamiter) 270
Arianer (Arriani) 276

Begarden (auch Bachardi/baggerd, eyn/Bechardi/Begardi/begardi/Beghardi/Beggardi/beggherd, en/Bobechardi/Picardi) 2, 4, 15, 16, 43, 46, 47, 68, 69, 70, 72, 263, 264, 265, 308, 309, 325
Beginen (auch Beghine/Beginae/Begine/Beguinae) 1, 2, 15, 59, 68, 69, 70, 72
Böhmische Brüder (auch Brüderunität/Fratres Bohemici) 4, 10, 11, 29, 41, 43, 47, 50, 51, 52, 53, 54, 324, 326, 327, 328

Crucifratres 267, 282, 286 (siehe auch unter Geißler)

Eberhardiner (auch Eberdini/Ebirhardini/ Everhardini) 1, 2, 59, 72

flagellatores 286 (siehe auch unter Geißler)
Fraticelli (a Ioanne Wiclefo) 70
Freigeister 3

Gartenbrüder (von Garde; das sind vagierende ehemalige Soldaten) 270
Geißler 3, 13, 14, 38, 49, 62, 267 (siehe auch unter Crucifratres und flagellatores)

Hussiten 3, 32, 49, 55, 269, 272, 276, 281

Katharer 2

Lutheraner 46, 327, 328
Luziferianer 4, 5, 9, 12, 13, 61, 88, 91, 92

Manichäer 273, 282

Novacianer (Novaciani) 279

Picardi siehe unter Begarden.
Putzkeller 9, 49, 55, 270, 272

Sabellianer 276

Taboriten 10

Utraquisten 10, 42, 43

II. Inquisitionsverfahren gegen Waldenser in Stettin (1392—1394)

INQUISITOREN UND ZEUGEN

(Die Namen bzw. Vornamen identischer Personen sind in den Quellen oft uneinheitlich angegeben. Die verschiedenen Formen sind unabhängig von der Häufigkeit ihrer Benutzung in alphabetischer Reihenfolge bei der betreffenden Person verzeichnet. Beinamen bzw. Familiennamen sind durch ein Komma von den Vornamen getrennt. Kursiv gesetzt sind Namensformen, die nicht aus der Quelle stammen, sondern nur in Verbindung mit ihr genannt sind, kursiv in Klammern gesetzt sind Hinweise auf Beruf, Stand, örtliche Herkunft usw.)

Aldenvelde, Henricus de *(Diöz. Köln)* 133

Alstede/Alstete, Johannes *(Vikar in St. Jakob, Stettin)* 78, 103, 249

Armsmet, Georgius *(Kaufmann aus Liegnitz)* 106

Assen/Essen, Herman/Hermanus/Hermannus de *(Vikar in St. Nikolaus, Stettin)* 140, 162, 169, 189, 226, 230

Beberungen, Burchardus de *(Kleriker, Diöz. Paderborn)* 107

Bebynhusen, Johannes de *(Diöz. Köln)* 130

Berser, Bernhard *(Domthesaurar, Kammin)* 80

Berss/Borst, Arnaldus/Arnoldus *(Laie aus Salzwedel, Diöz. Verden)* 130, 133, 155, 162, 220

Beyer, Henricus *(Priester)* 243

Bleyde/*Blida/Blide/Bliden/Blyde/Blyden*, Michael *(Kanoniker zu St. Marien, Stettin)* 123, 213

Bogomyl, Johannes *(Augustinereremit in Gartz)* 216

Borst, Arnaldus/Arnoldus, siehe unter Berss, Arnoldus.

Brant, *Matheus*/Mathias *(Notar, Vikar an St. Marien, Stettin)* 24, 258 (siehe aber auch Hildebrand, Matheus)

Bremer/Bremis, Burkard/Borchardus/Borkardus *(Vikar in St. Jakob, Stettin)* 158, 174, 226

Brunaw/*Bruno*/Brunow, Dietrich/*Theodericus*/*Theodoricus* *(Pfarrer an St. Marien, Anklam)* 243

Buchholz/Buchholt/Buchhulcz, Georg/Georgius/Gregorius *(Notar u. Kleriker, Diöz. Kammin)* 94, 104, 106, 107, 155, 220

Buke, Gyrhardus de *(Propst zu St. Marien, Prenzlau)* 143, 148

Burch *(Archidiakon von Stolp)* 89, 92, 94

Cernaw, Hans *(Bürger in Stettin)* 237

Clauss *(nuncius inquisitoris)* 117

Glyczaw, Hans *(famulus civitatis in Stettin)* 237

Clykaw/Clynkaw, Hermannus *(Vikar in St. Marien, Stettin)* 99, 174

Conradus *(Apotheker in Stettin)* 208

Czagemeyster, Arnt *(Laie, Diöz. Kammin)* 255

Darcz/Darczaw/Darczow/*Darzow*/ Draczaw, Clauss/Nicolaus/*Nikolaus* *(Offizial, Dekan zu Stettin)* 90, 92, 110, 122, 128, 257

Degenhart/Deynart/Deynhard, Ambrosius *(Pfarrer bzw. Vizepleban zu St. Marien, Stettin)* 110, 149, 260

Eckstede/*Eickstedt*/Eychstede/Eykesteden/ Eykstete/Eyksteten, Johann/Johannes de/v. *(Archidiakon von Pyritz und Kanoniker zu St. Marien, Stettin)* 78, 80, 100, 112, 122

Ens, Paulus de *(Laie, famulus Peter Zwickers aus der Diöz. Passau)* 79, 83, 85, 93, 95, 104, 115, 116, 117, 126, 133, 139, 149, 151, 202, 205, 213, 218, 235, 246, 250

Essen, Herman/Hermannus de, *siehe unter* Assen

Folrad/Volradus/Volrot, Henricus/Heynricus *(Priester in Prenzlau)* 90, 132, 256

Fricze/Fritze, Johannes *(Vikar in St. Jakob, Stettin)* 78, 81, 103, 249, 260

Gadaw, Johannes *(Pfarrer in Guntersberg, Diöz. Kammin)* 126

Gammilatore, Gosswyn *(Bürger in Stettin)* 208

Glem, Conradus *(Kleriker, Diöz. Kammin)* 206

Goltpeke, Nikolaus *(Kleriker, Diöz. Kammin)* 140

Gossaw, Hermannus *(Laie, Diöz. Kammin)* 115

Grabesprache, Hans *(Bürger Stettins)* 208

Grevensteen/Grefensteyn, Johannes *(Vikar in St. Marien, Stettin)* 107

Gripe/Gripes/Grypes, *Albert*/Albertus *(Dekan zu St. Marien, Stettin)* 196

Groll, Wylke von *(Bürger in Stettin)* 139

Groshûb/Groskup, Nicolaus *(Kaufmann aus Liegnitz)* 94, 106

Greifenhagen/Gryfenhagen, Matheus *(Altarist in St. Marien, Stettin)* 83, 84

Hagemeister/Hagemeyster, Conradus/*Konrad (Dekan St. Mariens, Stettin)* 173

Heidenreich/Heydenricus, Nicolaus/*Nikolaus (Vikar zu St. Marien, Stettin)* 122

Helpe/Helpt/Helpte/*Helpten*, Philipp/Philippus/Phylippus (de)/*v. (Dompropst zu Kammin)* 78, 112

Henricus *(Kleriker, Diöz. Kammin)* 152

Henricus *(Propst von Gramzow, Kr. Prenzlau)* 132

Heukendorp, Albertus *(Vikar in St. Jakob, Stettin)* 184

Heykendorp, Johannes *(Vikar in St. Jakob, Stettin)* 226

Heykendorp/*Hoykendorp*, Lambert/Lambertus *(Vikar und Altarist in St. Jakob, Stettin)* 184, 226

Huen (Huon?), Nicolaus *(Laie, Diöz. Kammin)* 140

Hildebrand/Hyldebrand/Hyl*/*de*/*brand, Matheus, aber auch nur Matheus *(Kleriker und Notar, Stettin)* 24, 26, 27, 117, 122, 133, 148, 162, 169, 177, 184, 189, 192, 196, 220

Hyldesmen, Bertoldus de *(Laie, Diöz. Kammin)* 177

Jagenduvyl/*Jageteuffel*, Otto *(Bürgermeister in Stettin)* 198

Johannes *(Pleban, Diöz. Kammin)* 152

Jon *(Kaplan in Angermünde)* 253

Jůttricz *(Offizial des Propstes von Gramzow, Kr. Prenzlau)* 92

Kempe, Hermannus (?) *(Vikar in St. Marien, Stettin)* 100

Koke, Andreas dy *(Bürger in Stettin)* 200

Kuenow, Franciscus *(Kantor in St. Marien, Stettin)* 249

Lempky/Lepkyn, Corte *(Ratsherr von Wollin)* 155, 162, 220

Lobeze, Borke de, *siehe unter* Burch.

Malchyn, Heynrich *(Laie, Diöz. Kammin)* 255

Matheus/Mathias *siehe unter* Brant, *Matheus*/Mathias u. *Hildebrand*/Hyldebrand/Hyl*/*de*/*brand, Matheus

Menkyn, Peter *(Augustinereremit in Gartz)* 216

Morynk, Bernardus *(Vikar in St. Nikolaus, Stettin)* 162

Nicolaus, Augustinus *(Notar und Kleriker, Anklam)* 235

Owbyrmin/Owbyrmyn, Heinrich/Heynricus *(Bürger in Stettin)* 249

Palborn/Paleburn, Heinrich/Henricus (auch nur Henricus) *(Propst von St. Marien, Stettin)* 78, 84, 85, 99

Pamgarten, Johannes *(Bürgermeister von Wollin)* 162

Papendorf/Papendorp/Pappendorp, Johannes *(Dekan zu St. Marien, Stettin)* 81, 93, 235

Paulus *(famulus inquisitoris) siehe unter* Ens, Paulus de.
Perserus *(Dekan zu Kammin)* 80 *(siehe auch unter Berser, Bernhard)*
Petrus *(famulus inquisitoris)* 235
Petrus, Andreas *(Notar, Diöz. Breslau)* 226, 230

Rast, Conrad *(Bürger in Stettin)* 258
Rogaw/Rogchaw, Petrus *(Pfarrer in Kl. Wobiser, L.Kr. Königsberg/Nm.)* 260
Rothe, Petrus *(Bürger in Stettin)* 104
Rudaw, Hans *(Laie, Diöz. Kammin)* 245

Scheveke, Heynrich *(Bürger in Stettin)* 257
Sescraw *(?)*/ Seseraw *(?)*, Johannes *(Vikar in St. Jakob, Stettin)* 177
Sleychst*(?)*, Theodericus *(Vikar in St. Marien, Stettin)* 100
Smalt, Bernardus *(Priester, Diöz. Schwerin)* 169
Smolentyn, Johannes *(Bürger in Stettin)* 257
Stynwech, Gerhart *(Ratsherr in Stettin)* 247

Thomas, Henricus *(Vikar in St. Marien, Stettin)* 97
Tontdorp/Tuntdorp/Tuttdorp, Petrus de *(Laie, Diöz. Eichstätt)* 115, 202, 205, 218, 245
Tyl, Johannes *(Offizial, Diöz. Kammin)* 90
Tylss *(procuratrix inquisitoris)* 209

Usenk *(?)*, Heynricus *(Domherr in Kammin)* 112

Valke, Gregorius *(Kleriker, Diöz. Kammin)* 143, 148
Voystdorp, Nicolaus *(Laie, Diöz. Kammin)* 177

Wartenberg/Wartenberch, *Nikolaus*/ Nicolaus, *v.*/de, *(Coelestinermönch,* socius inquisitoris*)* 23, 81, 83, 84, 85, 93, 94, 95, 97, 99, 100, 101, 103, 104, 106, 107, 110, 115, 116, 117, 122, 126, 130, 132, 133, 139, 140, 143, 148, 149, 151, 152, 155, 158, 162, 169, 173, 177, 184, 189, 192, 196, 198, 200, 202, 205, 206, 208, 213, 216, 218, 220, 226, 230, 235, 237, 243, 245, 246, 247, 248, 250, 255, 257
Wartendorp, Hermanus *(Priester, Diöz. Kammin)* 158
Welf/Wolf, Nicolaus *(Vikar in St. Marien, Stettin)* 99, 101
Westfal/Westval, Gheardus/Gerhard *(Priester, Diöz. Kammin)* 192
Winmann/Wynman, Hans/Johannes *(Bürger in Stettin)* 200
Wobbermin *siehe unter* Owbyrmin/Owbyrmyn, Heinrich/Heynricus.
Wolcyn, Petrus *(Vikar in St. Martin, Stettin)* 97
Wolf, Nicolaus, *siehe unter* Welf.
Wolther, Matheus *(Pleban, Diöz. Kammin)* 247
Wykelman, Tyde *(Bürger in Stettin)* 206
Wyt, Alexander *(aus Breslau)* 133

Zacharias, Jacobus *(Kaufmann aus Liegnitz)* 94
Zwicker, Peter/Petrus *(Inquisitor, Coelestinerprovinzial)* 5, 6, 7, 24, 25, 28, 78, 79, 112, 235, 236, 257, 260

HÄRESIARCHEN

Andreas 219

Clauss *siehe unter* Nicolaus.
Conrad *(soweit nicht identifiziert)* 118, 138, 147, 188
Conrad/Conradus *(von Sachsen)* de Saxonia 67, 156, 172

Conrad/Conradus *(von Schwäbisch Gmünd)* de Gemů(n)den/Gemunde/ Gemunden 81, 89, 100, 172
Conrad *(von Thüringen)* de Dǒryngen/ Toryngia 81, 89

Godeke 138

(Gottfried von Ungarn) Gotfridus de Ungaria 89
Gotschalg/Gotschalk *siehe unter Nicolaus Gotschalk von Brandenburg.*

Hans 111
Hans in Plawen *(Plauen)* 101
Hans *(von Polen)* de/von Polan/Polon/Polonia 89, 138, 147, 172
Henricus/Heynricus 89, 172
Herman/Hermann/Hermannus *(soweit nicht identifiziert)* 138, 143, 147, 172
Herman(n) *(von Mistelgau)* de Mustelgen 89
Herman Reymburch 172

Nicolaus/Niclos/Clauss *(soweit nicht identifiziert)* 84, 85, 87, 95, 97, 105, 108, 118, 147, 188, 201

(Nikolaus Gotschalk von Brandenburg/Königsberg) Clauss/Niclas/Niclos/Nicolaus/Nikolaus Gotschalg/Gotschalk de Brandenburch/Brandenburg/de Konegperch, iam conversus 79, 81, 89, 99, 103, 107, 109, 114, 115, 116, 117, 119, 138, 143, 147, 156, 160, 165, 166, 169, 172, 192, 195, 211, 213, 259
Nicolaus de nova regione 172
(Nicolaus) Nicols/Claus de/von *(Plauen)* Plaven/Plawen 67, 89
Nicolaus *(von Polen)* de Polonia 172
Nicolaus *(von Solothurn)* de Soltern/Solotorna 81, 89
(Nicolaus) Niclos *(von Wien)* de Wyenna 70

Sibeke 138
Ulrich von Heydeck *(d. i. Hardegg)* 89, 97, 172

WALDENSER
und deren Verwandte, Freunde, Bekannte und Dienstherren

(Allgemein gilt das für die anderen Personenregister oben S. 335, 339 und S. 348 Gesagte. — Dank der zahlreichen Aussagen über verwandtschaftliche Beziehungen, Lebensalter, Wohnorte usw. war es in vielen Fällen möglich, einerseits die Nichtidentität namensgleicher Personen und andererseits die Identität von Personen festzustellen, die in verschiedenen Protokollen entweder nur mit dem Nachnamen oder nur mit dem Vornamen oder auch mit unterschiedlichen Namensformen — z. B. Alheyt/Tele, Geze/Gyrdrud, Katherina/Trina — auftauchen. In das Register ist in der Regel jede Person nur einmal aufgenommen worden. Namensgleiche Personen werden getrennt aufgeführt, wobei die ältere vor die jüngere geordnet ist. Verheiratete oder verwitwete Frauen stehen unter dem Familiennamen ihres Mannes. Die besonders bei Witwen in den Quellen verwendeten weiblichen Formen der Familiennamen — z. B. Doryn*sche* oder Rudynger*yne* — sind nicht in das Register aufgenommen. Weibliche Personen, die nicht oder nicht nachweisbar verheiratet waren, stehen unter dem Familiennamen des Vaters mit dem in Klammern gesetzten Zusatz *(geb.).* Die halbfett gedruckten Ziffern bedeuten, daß auf den damit bezeichneten Seiten das Verhör der betreffenden Person zu finden ist.)

Awen
    Hennynk de 119
    Katherina de 119

Baldyken/Balliken/Ballyken/Bôldekyn/

Bolliken
    Claus 140, 149, 150
    Gyrdrud 140
    Mette 141, **149**
    Tyde 149

Bardyn, Jacob 240, 241
Batyn (?), — 106
Becker/Bekker/Peker
    Cune 135, 140
    Grete 199
    Grite 135
    Hennyk 135
    Herman 199
    Margarethe 112
    Mathias/Matthias 94, 112, 135, 140
    Tele 135, 256
    Tyde 135, 256
Belyn, Hennyng 206
Benkyn, — 106
Bercholt/Berchholt/Berthold/Bertold
    Hans 250
    Heyne 146, 248
    Katherina alde 191
    Katherina 244
    — *(deren Mann)* 244
    Mette 249 f.
Berebom
    Herman 228
    Matheus 227
    Tele 228
Bernt, Mette 153, 154
Berssekyne, — *(eine Frau)* 106
Bestir, Walther 125
Beyer/Beyr/Bir/Peyer
    Alheyt 156, 172
    Grete '222
    Hennyng/Hennynk 156, 172
    Herman 172
    Heyne 107, 108, 111, 117, 146, **155**, 172, 187, 190, 223, 228
    Heyne 126
    Jacob 222
    Mette *(geb.)* 156, 173
    Peter/Petyr 119, 136, 139, 141, 147, 149, 150, 156, 162, 164, **172**, 246
    Tele *(geb.)* 156
Blumvelde
    Heyne 187
    Tylls 187
Bŏdeker
    Geze 154
    Hans 154
Bŏldekyn *siehe unter* Baldyken.

Bolliken *siehe unter* Baldyken.
Bornne, Betke vom *(Dienstherr in Ringenwalde, L.Kr. Königsberg/Nm.)* 204
Brant, Clauss 162
Brant/Ermgart/Ermgrat
    Clauss 21, 101, 162
    Clauss *(?)* **101**
    Tele 101
Brotwin/Brotwyn
    Clauss 175, 212
    Geze/Gyrdrud **175**, 212
    (filia *der* Geze) 175
Buchholcz/Buchholt/Bucholcz/Buchult
    Clauss 136
    Grete/Margarethe 178, 201
    Hennyg/Hennyng 178, 201
    Heyle 200
    (Ehemann der Heyle) 200
    Hyll 121, 122
    Joris **121**
    Joris *(Vater)* 121
    Tele 121
    Tylls/Ylsebeth **136**, 216, 217
Bŭnger
    Geze 257
    Hans 257
Bukeman
    Cecilia/Sysilye **200**
    Hennyng 200

Cappens
    Hennyng 195
    Mechtyld **195**
Cappesybe *u. ä. siehe unter* Sibe.
Caraw/Cavraw *siehe unter* Curaw.
Cernaw
    Katherina 80
    Peter 80
Cleynsmed/Cleynsmet
    Geze 111, 126, 145, 230
    Hans 92
Clode
    Cappen/Jacob 175, 209, 211
    Katherina 211 *(siehe auch unter* Sachze, Katherina*)*
    Katherina *(geb.)* 175
    Mette 175
Clykebyel, Clus 94

Cochsteten, Arnold 92
Conradi
  Cůne/Cune 79
  Elizabeth 79
  Henyk 79
  Lucia 80
Copesybe *siehe unter* Sibe.
Cremer/Kremer
  Ertmar 89, 93
  Grete/Margarethe 117, **118**, 188, 218, 221
  Grite 108
  Gryte 89
  Gyrdrud **139**, 247
  Hannes/Hans 88, 99, 117, 118, 188, 214, 218, 221, 228, 244
  Peter 108
  Thide/Tyde 82, 139, 141, 146, 166, 187, 247
Crenczynss, Cůne 200
Creter, — 208
Cristen/Cristyn
  — *(Vater der* Grite Dŏrynk*)* 197
  Clauss 198
  — *(dessen Frau)* 198
  Hennyng 198
  Tele 197
Crugeryn, Geze, *siehe unter* Rodaw/Rudaw, Geze/Gyrdrud.
Crus, Michael 130
Crusse
  Grete 104
  Hans 104
Cůne/Cune/Cunekenns/Kůnekess/Kunikenss/Kunikers/Kunykens
  Geze 133, **254**
  Hans 133, 135, 255, 256
  Hans 129, 216
  Heyne 133, 135, 255, 256
  Katherina 129, 216
  Walter/Walther/Wolther 125, 133, 135, 254, **256**
  — (inquilina) 211
Cune mit der můne 181
  Mette *(dessen Frau)* 181
Curaw/Curow/ *auch:* Caraw/Cavraw
  Alheyt 105, 259
  Hans 105, 259

Sybe/Sybert/Zyveke, *auch:* Sibecuraw/Sibicura/Sybecura/Sybecuraw/Sybicura 167, 168, 170, 171, 208, 229, 233, 234, 258, **259**
Currebuch
  Ertmar 180
  Grete 180
  Katherina **180**
  Simon 104
Custer
  Grite 134
  Johannes 134
Cymmerman
  Conrad 138
  Heylewyg 138
Czacher, Peter 196
Czabel/Czapel
  Clauss 183
  Hermann 206
  Margarethe 183

Dame
  Clauss/Claus 183, 214, 246
  Grete **183**, 214, 246
Daneel/Danel/Danell
  Grite *(?)* 116
  Jacob 116
  — *(ein Mann)* 180
  — *(eine Witwe)* 103
Debeken/Debekyn/Debyken/Dibbeken
  Gryte 83
  Henningh/Hennyk *(auch:* alde*)* 83, 150, 165, 185, 228, 251
  Katherina 78, **83**
Dermessel/Dermyczel
  Claus/Clawes 223, 251
  Jacob 102, 251
  Katherina 251
  Mette 223
Dibbeken *siehe unter* Debeken.
Dŏrynk/Dorynk
  Alheyt 198
  Clauss 125, 154
  Clauss 155
  Clauss 197
  Grete/Margaretha **197**
  Hans 198
  Mette 124, **154**

Mette *(geb.)* 155
Tele **125**, 155
Domus *siehe unter* Thomas.

Ebelvilter *siehe unter* Vilter.
Eckard/Eckardus/Eggherd/Ekhardus
    Grete **202**, 213 *(?)*, 277 *(siehe auch unter* Schoter/Schroter, Grete*)*
    Heyne 202, 213 *(?)*, 227
Elgen, Herman von *(Dienstherr in Bellinchen, L.Kr. Königsberg/Nm.)* 198
Engelss, Clauss 244
Enghel/Engyl
    — 258
    Arn/Arnold **196**
    Geze 196
    Grete 196
    Hannes/Hans 151, 159, 196, 224
    Hans 196
    Peter 196, 202
    Tele *(geb.)* 196, 224
    Tilze **224**
    Tilze/Tylss *(geb.)* 196, 224
Ermgarcz/Ermgard/Ermgart
    — 178
    Andreas/Andres 20, **102**, 107, 198, 204
    Andreas 258
    Clauss 102
    Clauss *siehe unter* Brant, Ermgart
    Grite/Gryte 103, 107, 204 *(siehe auch unter* Buchholcz, Grete*)*
    Jacob/Kappe 20, 102, 161, 188
    Katherina/Trina 103, 107, **108**, 117, 258
    Sophia 102
    Thyde 103, **107**, 108, 117, 178, 191, 198, 202
    Tylls/Tyls 102, **161**, 188

Flyetman/Vleetman/Vlytman
    Clauss 146, 167
    Claus/Clauss 248, **249**
    Hans 249
    Lucia 249
    — 151
Fredrich
    Fikke 151
    Mechtyld 151

Fricz
    Heylewyg **138**
    Wylke 138
Fricze
    Ertmut/Mȯde 152 *(verwitwete* Gyrswalde, *siehe dort)*
    Hennyng/Hennynk 93, **178**
    Hennyng *(Vater)* 179
    Heyle 179
    Heyne 26, 129
    Jacob 152
    Katherina 26, **129**, 130
    Peter 129, 216
    Tele **129**, 216

Garnemeyster
    Geze 93
    Heyne 93
Gebyken, Hennyk 161
Gellen
    Grete 246
    Henningh/Hennyng 226, 246
    Mette 246
    Petir 246
    Ticzeken 226
Gerbers/Gerberss, Sophia 103, 107, 108
Gerencz/Gererncz/Gerncz/Grencz
    — 138, 172, 217
    Geze 100, **243**
    Geze 243
    Grete 243
    Hans 100, 126, 243
    Henningh/Hennyk/Hennyng/Hennynk 129, 135, 141, 179, 216, 217, 222, 224, 232
    Heyne 247
    Peter 149
    Philippus 124, 129, 131, 132, 133
    — *(dessen Frau)* 133
Gerkens/Geyrekens/Girkens
    Clauss 194
    Hennyng 246
    Katherina **246**
Gerncz *siehe unter* Grencz.
Gernk, Wylken *(Dienstherr)* 112
Gerolt, Wylke *(Dienstherr)* 93
Geyrekens *siehe unter* Gerkens.

Geyseler
  Alheyt 141
  Wylke 141
Gǒskyn, Symon, *siehe unter* Tramburch, Symon.
Gǒzke
  Alheyt 164
  Herman 164
Goltbeke
  Heyne 200
  Jutte 200
Goricz/Goricze
  Ghertrud 226
  — *(deren Mann)* 226
  Jacob 228
  Tilze **228**
Gosbaw, Mechtyld 169
Gossauw/Gossaw/Gosso/Gossow
  Cůne 88, 99
  Herman/Hermann **87**, 88, 172, 176, 195, 205, 212, 224
  Heyle/Heyll *oder* Heylewyk 88, 99
  Mette 99, 100
  Peter/Petyr 89, **99**, 100, 102, 103, 108, 115, 116, 124, 151, 157, 158, 159, 161, 163, 165, 175, 176, 177, 178, 179, 180, 182, 186, 190, 191, 192, 193, 194, 196, 206, 208, 211, 222, 224, 225, 226, 227, 230, 243, 245, 246, 257
Gotschalk
  — 109
  Geze **109**
  Gyrdrud 109
Grabaw/Grabow/Grawaw
  Geze/Girdrud 248
  Hans 202, 232, 233
  Hans 229, 233, 248
  Hennik/Hennyng 185, 245
  Hennynk 144
  Mechtyld 202
Grabyn, Katherina 197, 215 *(?)*
Gral/Grall, Henningh/Hennyg/Hennyng 178, 180, 181, 223
Grasaw/Grassaw
  Claus/Clauss 83, 242, 251
  Sophia 82, **251**
  Tele 252

Grawaw *siehe unter* Grabaw.
Grencz *siehe unter* Gerencz.
Grevendorp
  Cůne 164
  Grete 167, 206
  Tyde 167, 206
Grifenberch
  Hans 249
  Katherina 249
Gursswalde *siehe unter* Gyrswalde.
Gyrdrud
  Heyne 192, 193
  Katherina 192, **193**
  — *(ancilla)* 203
Gyrkaw/Gyrken
  Clauss 100, 234
Gyrswalde/Gursswalde
  Cůne 127, 152, 153
  Cuene/Cune 110, **127**
  Heyne **153**
  Mǒde 127, 153 *(siehe auch unter* Fricze, Ertmut/Mǒde*)*
Gyseler
  Heze 154
  — *(deren Mann)* 154

Hagen
  Hennyk 136
  Heyne 136
  Heyncz 245
  Katherina **245**
  Sophia 136
Han/Hans
  Cune 126, 179
  Hans 126, 128
  Hans 126, **128**
  Hennyk/Hennynk 141
  Mertyn 126
  Mette 126, 128, **141**
  Tele 179
  Tylls 126, 128
Hawer/Hewer/Hower
  Clauss 135
  Grite *(verw.* Steyn, Hermann*)* **134**, 141, 231
Hebe, Heyncze 173
Heckman *siehe unter* Hokman.

Helt
    Cůne 198
    — (dessen Frau) 198
Henczel
    Grete 229
    Kuone 229
Hennykenss/Hennykes
    Grete (?) 125
    Tyde/Tydeke 124, 132
    Walpurch/Walpurgis 124, 132
Herman
    Geze 215
    Hans 140
    Stylle (?) 215
Hertwart (Hertwert)
    — (Verwandte von Sybe Hutvilter)
        120
Herwart/Herwat
    — 157, 158, 159, 180
    Andreas 158, 182
    Herman 157, 192
    Heyne 145, 158, 180
    Jerde 157
    Kůne 158
    Sophia 145
    Tylls 157, 158
    Tylls 158
Hewer *siehe unter* Hawer.
Heyne/Heyns *siehe unter* Hockman.
Hildebrand/Hildebrant/Hyldebrand/
Hyldebrant
    Claus/Clauss 112, 196
    Geze 108, 117
    Jacob/Kappe 112
    Jacob 108, **112**, 117, 152, 218
    Katherina 196
    Sophia 112
    Tyde 142
Hockman/Hockmann/Hocman/Hocmann/
Hokman/Huckman/Hukman/Hukmann
    Andreas 158
    Gesse 83
    Geze 171
    Geze (geb.) 171
    Grete **169**
    Grete 180
    Grete 213
    Hans 151, 171, 187, 234

Hans 114
Hennyng 171
Hennyng 195
Hennyng/Hennynk 149, 180, 191
Hennyng 180, 192 *(siehe auch unter*
    Thomas/Hocmann, H.)
Herman 196, 256
Heyle **179**, 191
Heyne 88, 98
Heyne, alde 101, 102, 157, 183, 189
Heyne, Corte/Kurthe 184, 242
Heyne, Fecte/Fekte/fette/Vette **171**,
    232, 234
Heyne, junge 83
Heyne, *(auch)* lange 102, 169, 189,
    208, 225, 233, 254, 258, 259
Jacob 101, 159, 171, 207, 213, **233**, 235
Katherina 195
Katherina 149, 150
Tele **256**
Thomas 179
Tilze/Tylls 171, **232**
Tylls 151, **187**
Ymme 189
Hoenwald/Hoenwalt, — 151, 253
Hokman *siehe unter* Hockman.
Holczendorp/Hulczendorp
    Cůne/Cume/Cune 124, 125, 163
    Czabel de 112
    Grete **163**
    Hans 124
    Mechhylt de 112
    Peter 139
Honeuer/Honover
    Becke/Bekke/Haniky/Hennynk 125,
        132, 137
    Geze 125, **132**
Hower *siehe unter* Hawer.
Hubener/Hufener/Huvener
    Claus 90, 91, **93**, 112
    Elisabeth/Tylss 93, 131
    Gyrdrude/Trude 93, 131, 132, 135
    Mette 93, 94
    Michael 26, 93, **131**, 135
    Tydeke 93, 131
Hukman/Hukmann *siehe unter* Hockman.
Hulczendorp *siehe unter* Holczendorp.

Huneuer *(Huncner?)*
  Grete 126
  Stephan 126
Huter/Hutter
  Fricze 87
  Katherina **87**
Hutvilter *siehe auch unter* Vilter *und unter* Scherer.
Hutvilter/Hutvilther/Hutvylter
  Agnes 147
  Bucholt 253
  — *(dessen Frau)* 253
  alias Stolcebusc *(?)*/Stolcebuse *(?)*, Cůne **147**, 162
  Fricz 78
  — *(dessen Frau)* 78
  Hennyk 78
  Hennyng 170
  Hermann 147
  Mechtyld 170
  Tylls 119
  Tylls 148, **162**
  — *(deren Tochter)* 162
Huvener *siehe unter* Hufener.
Hyldenbrand *siehe unter* Hildebrand.

Inneke/Inneken/Innike/Innyke
  Clauss **184**
  Christen 184
  Mette 184
  Peter 242
  Thyde 242
  Tylls 184, 185

Jacob
  —, grote 98
  (dessen Frau) Tele 98
  —, grote, Katherina 229
  —, lutge *(?)* **98**
  (dessen Frau) Katherina 98, 99
  —, meyster 244
  (dessen Frau) Katherina 244
Jŏris *siehe auch unter* Welsaw.
Jŏris/Jŏrris/Joris
  Grete/Grite 110, **123**, 145
  Hennyg/Hennyng/Hennyk/Hennynk
    (auch: alde*)* 102, 124, 174, 189, 193, 194, 213, 214, 215

Hennyng/Hennynk 145, 216
Katherina 144
Mathias 110, 123, **144**
Peter 216
Peter 216
Temmel 124, 193
Tylls 124
— 144
Jon
  — alde 191
  Clauss 218
Junge, Jacob 94

Kate
  Heyne 207
  Katherina 207
  Tylss *(geb.)* 208
Kŏnekens/Konekens
  Heyne 193
  Kŏne **193**
Koppesybe *u. ä. siehe unter* Sibe.
Kracht, Claus 247
Kremer *siehe unter* Cremer.
Kukeler
  Clauss *(siehe auch unter* Vischer, Clauss*)* 139, 180
  Grete 247
  Hans 139, **247**
  Sophia 139
  Thide/Tyde 139, 247
  Tyde 140, 173
Kynd
  Hans 215
  — *(dessen Frau)* 215
Kunykens *siehe unter* Cůne.
Kystenmeker
  Cůne 252
  Tele 252

Lambrecht
  Claus 240
  Katherina 240
Laurencius *(Schulze von Bietikow, Kr. Prenzlau/Um.)* 94
Lavburch/Lawburch
  Arn 252
  Jutte 252
  Peter 151, **252**

Lebenberch
  Hans 129
  Katherina 129
Lencz/Lencze
  Geze 186, 218, 246
  Hans 186, 214, 218, 246
  Heycze 218
  Mette 218
Levendal/Livendal/Lyvendal
  Berta 221
  Clauss/Clawes **221**, 233
  Ghereke 221
Libental, Hans 103, 107, 108, 162
Lichtenberg, Clauss 93
Lochaw
  Ermgart 118
  — *(geb.)* *(eine Witwe)* 118
  Hans 118
  Katherina *(geb.)* 118
Lodeborch, Otto 231
Lydeman
  Cûne 140
  Heyleweg 140
Lyse
  Hans 146, 217
  Geze 147
  Tylss **146**, 217
Lysyn, Hennynk 187
Lyvendal *siehe unter* Levendal.

Mantyl
  Clauss 136, 198
  — *(dessen Frau)* 198
  Herman 204
Mathias
  — *(Vater der* Tilze *verw.* Hannes Enghel) 224
  Alheid *(dessen Frau)* 244
Melkaw
  Herman 185
  Heyne 167, **185**, 197, 206
  Tylls 185
  Wunne *oder* Wuneclich 185
Melsaw/Melssaw
  Cune 146, 167, 234
  Gyrdrud 167
  Gyrdrud 146, **167**
  Hans 145

Heyne 167
Heyne 167, 206
— *(dessen Frau)* 206
Katherina 145
— *(eine Frau)* 260
Mens, Peter 103
Merten
  — 230
  Grete 230
Mewes/Mews
  Anna **168**, 206
  Grete 125, 142
  Hans 167, 168, 170, 175, 185, 206
  Hans 196, 202, 249
  Hennyng 202
  Katherina 170, 225
  Katherina 170, **258**
  Katherina 249
  Mette 167, 168, 170, 171, 232, 233, 234, 250
  Peter 167, 168, 170, 171, 232, 233, 234, 250
  Peter 170, 225, 258
  Tyde 170, **225**
  Tylss 259
Meyer
  Alheyt 94, 147, **216**
  Hans 147, 216
  Stephan 94, 112
  — *(dessen Frau)* 94
Michel, Clauss 125
Molbuk, Alheyt/Tele, *siehe unter* Swyner, Alheyt.
Mølner/Molner
  Clauss 142, 143
  Hans **142**
  Hans 142
  Hennyk 124
  Tele 142
Myldepennyng
  Fredrich 244
  Katherina *(geb.)* 244
  Tele 244
  Tylss *(geb.)* 244
Myndeke
  Hans 220
  Sophya **219**

Nesel
  Grete 213, 215
  Otto 213, 215
Nevman/Newman
  Alheyt 137, 138
  Alheyt *(geb.)* 216
  Clauss 99, 151, 216
  Grete/Gryte 99, 151
  Grete 146, 216
  Grete *(geb.)* 216
  Hennyk 137, 138
  Hennyk/Hennynk 216, 218
  Heyne 216
  Katherina 216
  Katherina *(geb.)* 147
  Mette 255
  Mette 197 f., 205
  Mews 216, 218
  Peter 146, 216
  Peter 216
  Peter 147
  Peter 187, 198, 204, 205
  Wylke 128, 152, 255
  Wylke 137, 215, 217
  Zacharias 216
Nŏlleken
  Hans 194
  Katherina 194
Norenberch
  Hennynk 150
  Tylss 150
Nyman
  Heyne 93
  — *(dessen Frau)* 93
  — *(dessen Sohn)* 93

Obyne, Tele 143
Oertwyn/Ortwyn
  Jacob 164
  Katherina 151, 244
  Lencz/Lencze 151, 152, 244
  Sophia 136, 146, 164, 168
Oestyrricher
  Heylewyk 251
  — *(?)* Martin 251
  Peter/Petyr 250
Octho/Otto/Otton/Ottysche
  — *(faber in Clemss)* 203

— *(faber in Wrech)* 203
— *(de Gereswalde)* 219
— *(dessen Frau)* Mechtildis 219
— *(de Kokstede)* 231
— Tilze *(dessen Frau)* 231
— Ilsebe/Ilsebee/Ilzebee *(dessen Tochter)* 231
Clauss 131, 215
Helsuynt 133, 174, 216, 217
— *(deren Tochter)* 133
Tylsabethe/Tylss **215**

Pamill/Pamillen/Pomellis/Pomill/Pomille/Pomyll
  Kŏne 179
  Otto *(auch:* alde) 109, 179, 191, 206, 212, 247
Pankelicz/Pankelcz/Panklicz
  Hennynk/Hennyk 93, 111, 122, 123, 145, 153
  Hennyk 110, 112, **122**, 123
  Mechhylt/Mette 111, 122, 123
Peickehufe
  Tyde 152
  — *(dessen Frau)* 152
Peker *siehe unter* Becker.
Penkem
  Geze 244
  — *(deren Mann)* 244
Pennyng
  Gotslawa 242
  Hans 242
Peyer *siehe unter* Beyer.
Philippus
  Jacob 20, 21, 22, **103**, 201
  Mechtyld/Mette 178, **201**
  Zacharias 202
Poczelaw/Posselaw
  Clauss 217
  Clauss 205, **217**
  Hans 204, 205, 218
  Katherina 204, 205
  Mette 217
  Tele 205, 218
Podbusch
  Claus von 87
  Grete von 87

Polan/Polen
  Conrad/Kunad 119, 236
  Geze 236
  Hans 22, 105, 213, **214**
  Hennyg 159
  Herman 214
  Katherina 105, **213**, 215
  Tele 214
Polczman/Polsman/Polsmann/Pulsams
  Grete **191**, 192
  Hennyng/Heyne 191, 192, 204, 234
  Heyle/Heylewig 157, 191, 192
  Temel 191, 192
  — *(eine Frau)* 192
Pomellis/Pomill *u. ä. siehe unter* Pamill.
Posselaw *siehe unter* Poczelaw.
Premslaw
  Hennyk 116
  — *(eine Frau)* 154
Pressyne, — *(eine Frau)* 86
Pulsams *siehe unter* Polczman.

Rastok, Clus 94
Reppin/Reppyn/Ryppen/Ryppyn
  Ermgart/Temel 117, 118, **188**, 218
  Hans 145, 166, 172, 191, 192
  Katherina/Tylls 145, 166, 191, **192**, 251
  Peter 117, 188, 218
  Temel *siehe unter* Ermgart
  Trina *(geb.)* 117
  Tylls *siehe unter* Katherina
Repsleger
  Alheit/Tele **126**
  Hans 126
Reyman/Reymann/Ryman
  Gryte 106
  Hans 106
  Jacob 20, 21, 22, **106**
Rodaw/Rudaw
  Geze/Gyrdrud (Crugeryn) 146, **177**, 202, 204
  Grete 187, 204
  Hans 177, 202, **203**, 218, 234
  Heyle 203
  Otto 253
  Tyde 203
Rǫrekyn/Rǫryken/Rorekyn/Rurekyn/

Rǫrenkess
  — 121, 180
  Grete/Grite 144, 197
  Hans 144, 197
  Hennyng/Hennynk 144, 168, 175, 181, 197
  Katherina 121
  Mette *(geb.)* 197
Rosenaw
  Katherina 111
  Lamky 111
Rosendal
  Hedwyg 176
  Heyncze 176
Rudaw *siehe unter* Rodaw.
Rudeger/Rudiger/Rudingher/Rudynger/
auch: Rodeger
  Deneke/Zdeneke 80, **96**, 105, 260
  Hannes/Hans 79, 80, 81, 84, 85, 86, 87, 109, 119, 229, 236, 242, 252, 253
  Herman 84
  Herman 97, 254
  Jutta **81**, 84
  Katharina 97
  Mette 21, 22, 80, 97, **105**, 260
  Zdeneke *siehe unter* Deneke
  — *(eine Witwe)* 80
Rudebeke/Rudelbecke/Rudelbeke/
Ruerbeke
  Beata/Beater **207**
  Clauss 234, 258
  Tyde 167, 168, 170, 171, 207, 233, 234, 258
Rudiger/Rudingher/Rudynger *siehe unter* Rudeger.
Ruremunt, — 200
Rutlinger/Rutlyng/Rutlynger
  Hennyng 170, 189, 259
  Katherina **170**, 189, 259
  Petyr **189**
Ryman *siehe unter* Reyman.
Rymsnyder
  Andreas/Andres **78**, 252, 253 *(siehe auch unter* Vredewalde/Vredewald, Andres)
  Peter 253
Ryppen/Ryppyn *siehe unter* Reppyn.

Rytappel
    Hans 175
    Katherina/Trina **175**

Sachze
    Katherina **209** *(siehe auch unter* Clode, Katherina*)*
    Katherina *(geb.)* 210
    Tyde 209
Sance
    Hans 80
    — *(dessen Frau)* 80
Scherer/Hutvilther, Petir **241**, 242
Schermer
    Clauss 194
    Katherina/Trina **194**
Scherp, Clauss 96
Scherren, Hans 242
Schonenvelt, — 199
Schowenburch
    Grete 258
    Hans 259
    Hennyng 258
Schowenberges, Katherina 225 *(siehe auch unter* Katherina Mews*)*
Schoter/Schroter/Screter/Scrǫter/Scrǫther
    Conrad 85
    Elss 78
    Grete 195 *(siehe auch unter* Eckard, Grete*)*
    Hans 194
    Heyne 203
    Lucia **85**
    Thomas 162
    Tylls/Tyls 194
Schumeker
    Cluss 205
    Ertmut 137
    Grete 211
    Henrich/Heynrik 105, 259
    Heyne 211
    Heyrich **137**
    Rudeger 137
Schutte
    Hennyng 253
    Tylss 253
Schymmelpennische, — *(eine Witwe)* 183

Schyten
    Cune von 256
    Gyrdrud von 256
Scorbeke *(?)*/Storbeke*[?]*
    Tele/Tel 124
    — *(deren Mann)* 124
Scultendorp, Clauss *(Dienstherr in Warnitz, L.Kr. Königsberg/Nm.)* 203
Sibe/Sybe/Zyve
    Cappe/Coppe/Koppe *(auch:* Cappesybe/Copesybe/Koppesybe*)* 116, 117, **142**, 191, 204, 218, 223, 244
    Grete/Grite/Margaretha 116, 118, 143, 218, 223
Sibecuraw *u. ä. siehe unter* Curaw, Sybe.
Slekaw
    Hans 249
    — *(dessen Frau)* 249
    Tyde 133
    Wendel **133**
Slekuss, — *(eine Witwe)* 93
Sleyke/Sleyks
    Hans 124, 133
    Tylss **124**, 133
Smed/Smet
    Clauss 209
    Grete/Grite 105, **212**
    Grete/Gryte/Margaretha 103, 202, 227
    Hans 214
    Hannyke/Hennyk/Hennyng 125, 136, 209
    Hennyng/Hennynk *(alias* Welsaw*)* **150**
    Heyne 167, 206
    Heyne 186
    Jacob 21, 22, **104**, 105, 213, 215
    Jacob **104**, 212, 213, 215
    Jacob 202, 214
    Katherina 105, 213, **215**
    Katherina 168
    Katherine 136
    Mette 167, 206
    Michael 150, 187
    — *(?)* Otto 203
    Peter 124, 125, 249
    — *(dessen Frau)* 249
    Philippus 103, 202, 227

Sybe 168
Tele 209
Temel/Temmel 150, 187
Temmel *(geb.)* 151
Tylss **186**
Wylke 209
Smedyken/Smedekyn
Grete 210, **244**
Hennyng 244
Smerte
Tydrich de 152
Yde de 152
Smerwykel/Smerwylkel/Smerwylker/
Smerwynkel
Hans 196
Heyne 257
Heyne 181, 196, 234, **257**
Mette 258
Peter 180
Smet *siehe unter* Smed.
Soldyn
— 127
Heyne 98
Spegilman/Spigilman/Spygelman
Arnd/Arnt 207, 237, **238**
Bertha/Berthe 237, 240, 241
Claus 237
Claus 207, 237, **239**, 241
Elizabeth 236
Grete/Margaretha/Margreta 236, 238, 239
Hans 236, 238, 239
Hans 25, 165, **236**, 240
Hennyng 207
Heyn/Heyne 104, 176, 201, 202, 207, 217, 248
Heyne 207
Katherina **176**
Tele *(geb.)* 237
Thideman 237
Tylls 207
Steckelyn/Steklyn
Hans 114
Hans **114**, 206
Heyle 114
Tylls **206**
Staffelt, Clauss 176

Stege/Stegen/Steyge/bey/by der
Clauss 143
Hennyng 178, 204, 244, 258
Tylls 143
Stegemann
— 225
Hans 211
Hennyng 201
Katherina 165, 175, **211**
Steklyn *siehe unter* Steckelyn.
Steyge *siehe unter* Stege.
Steyn/Styn
Alheyt 187
Hans 187
Hennyg 187
Herman 134, 140
Matheus 134
Stokeprense
Heyrich 161
Tylls 161
Stolcebusc(?)/Stolcebuse?, Cůne, *siehe unter* Hutvilter/Hutvilther/ *auch* alias Stolcebusc(?)/Stolcebuse?, Cůne.
Storbeke[?], Tele/Tel, *siehe unter* Scorbeke(?)/Storbeke[?], Tele/Tel.
Stymer
Clauss 174
Hans 196
— *(dessen Frau)* 196
Hennyng **174**
Katherina 174
Tele 174
Suczyne, — *(eine Witwe)* 80
Sutor *siehe unter* Schumeker.
Swarczkop
Grete 129
Hennynk 129
Swed/Sweet/Swet
Gryte 100
Hans 182
Hans 158, **182**
Heyn/Heyne 89, 100, 159, 186, 194, 208, 228, 244 *(siehe auch unter* Heyne alde *bzw.* junge)
Heyne alde/antiquus 100, 101, 182, 188, 192, 211
Heyne junge/iunior 20, 21, **100**, 167, 189, 196, 206

Sophia 100, 101, **189**
Tylss 182
Swetyn, Hennyng 194
Swyner
  Alheyt 181
  Hans 181
Sybe *siehe unter* Sibe.
Sybekyne, — 210
Sybelyn, — 169
Sydaw, Heyne de *(Dienstherr in Gräfendorf, L.Kr. Königsberg/Nm.)* 156

Tacze/Taczke — *(eine Witwe)* 128, 137
Takken
  Aleyd 240
  Thyde 240
Tamme
  Hennyng 212
  Katherina 105, 212
Tanneberch
  Cristina 183
  Hennyg 183
Templyn
  Cůn 94
  Herman 135
Thomas/Thomis/*auch:* Domus
  — *(ein Fischer)* 182
  — *(alde, ein Mann)* 82
  — *(alde, eine Frau, vielleicht identisch mit Tele)* 109, 167, 199
  Claus/Clauss 158, 159 *(siehe wegen Identität auch unter Hokman, Hennyng)*
  Margarethe **182**
  Peter 158, 159, 180, 191, 205
  Tele 82
Tramburch
  — *(antiquus = Heyne?)* 175
  Anna 144, **197**
  Clauss 244
  Grete/Grite/Gyrte 144, **197**
  Grete *(geb.)* 165
  Hans 144, 197
  Hans 165
  Hans 197
  Heyne 163, **164**, 165
  — *(dessen 1. u. 2. Frau)* 165
  Jacob 199

Mette 260
Symon *(auch:* Gǒskyn, Symon*)* 243, 248
Thyde/Thydeke/Tyde 121, 214, **248**
Tylls *(auch:* Symonisse*)* 118, **243**
Tyls 163
Truteler
  Geze *(geb.)* 206
  Heyne 206
  Jacob 206
  Katherina 206
  Mette 167, 189, **206**
Trwtwyn
  Hans 186
  Tele 186
Tykyne, Tele 117

Unvorvit(?), Dorothea dy 210

Valkeberch/Valkenberch
  Hennyk 137
  Mette *(geb.)* 137
  Thomas 183
Valkenwalt, — *(ein Pfennighandwerker)* 78
Velthan
  Ficke *(geb.)* 110
  Fikke/Vikke 124, 125
  Grete/Margaretha 110, 112, **123**
  Hennynk 110
  Peter 124, 127, 133
  Peter 110, 112, 123, 124, 125
  Troll 110
  Tylls/Tylss 110, 124, 127, 133, 145, 221
  Tylss 110, 123, **127**
Vilter *siehe auch unter* Hutvilter.
Vilter/Vilther/*auch:* Ebelvilter/Ebelvilther
  Alheyt/Tele 91, 92, **110**
  Ebel/Ebyl 120, 177, 196, 217, 250, 259
  Gesse 83
  Grite/Gryte 89, 93
  Hans 118, 193
  Heycz *siehe unter* Heyne
  Heyle 91, 92
  Heyn/Heyne/Heycz, alde/alten/antiquus/senex **89**, 91, 93, 112, 124,

129, 130, 131, 133, 153, 217
Heyne, iunior/junge/lutke/luttege/
luttegen 83, 90, **91**, 110, 130
Heyne *(alte oder junge)* 128, 129,
137, 139
Jutte 193
Mechtyld/Mette 120, **166**
Otto 119
Sibe/Sybe/Syfrid **119**, 139, 166, 260
Tele *siehe unter* Alheyt
Vischer/Visker
Clauss 144, 173, 218 *(siehe auch unter* Kukeler, Clauss*)*
Grete 232
Hans 164
Hennig/Henningh/Hennyk/Hennyng
101, 167, 169, 170, 171, 188, 190,
206, 207, 222, 233, 258, 259
— *(dessen Frau)* 207
Johan 246
Peter 232
Tele 218
Ymme 164
Vleetman/Vlytman *siehe unter* Flyetman.
Vlyet, Clauss de 196
Volrer
Katherina 254
Tydeke 254
Vredewalde
Andreas/Andres **78**, 82, 83 *(siehe auch unter* Rymsnyder, Andres*)*
Geess 79
Heyne 79
Vynkyne, — *(inquilina der* Grete Holczendorp*)* 163

Wadepul, Claus 238, 239, 241
Waldeberch/Waldenberch *siehe unter*
Woldenberch.
Walter/Walther/Wolter
— 180, 211
Clauss/Claws 158, **159**, 226
Claus 159
Geze/Ghertrud 159, 176, **226**
Hans 159
Hans 124, 125, 218
Heyne 159
Katherina *(geb.)* 159

Mette 159
Tylss *(geb.)* 159
Weel
Katherina 81
Zabel 81
Wegener
Alheid/Tele 117, 118, 218, **220**
Geze *(geb.)* 245
Grete **163**, 176
Grete 210, 245
Grete *(geb.)* 161, **229**
Hennyk/Hennyng 108, 163, 176, 206,
207, 239
Herman/Hermann 210, 245
Herman 245
Herman 161
Heycz/Heycze/Heyncz/Heyncze/
Hincze alde/antiquus/olde 114,
160, 169, 176, 181, 194, 195, 218,
221, 226, 229, 230, 245
Heycze/Heyncze/Hincze iunior/junge
117, 118, 136, 161, 190, 191, 218,
220
Heycze/Heyncze/Hyncze *(alde oder junge)* 107, 176, 198, 209, 225
Heycze/Heyncze 190, 202
Heyncze 160
Heyncze 218
Heyne **190**
Katherina 218
Katherina/Trina **218**
Katherina 230
Katherina *(geb.)* **229**
Mette 190, 202
Sophia 160
Tele *siehe unter* Alheid
Tyde 161, 218
Welsaw/Welschaw/Welso/Wolczaw
— *(Familie, Haus)* 110, 111, 122,
131, 133, 138, 139, 150, 151, 155,
256
Alheyt/Tele 94, 95
Cåppe/Cape/Cappe/Cappyn *(auch:*
Jôris, C.*)* 93, 94, 95, 209
Hennyng/Hennynk *siehe unter* Smed/
Smet, H.
Heyne 144
— *(dessen Frau)* 144

Jacob 90, 91 **95**
Katherina 94, 95, **111**
Tele *siehe unter* Alheyt
Ylls *(geb.)* 93
— *(deren Mutter* = Alheyt*?)* 93
Zacharias 90, 91, 93, **94**, 95, 111
Werde, Hennynk 146
Wideman,
    Henningh/Hennyng 203, 213, 227
    Katherina 203, 213, **227**
Wilken, Petyr 94
Wolczaw *siehe unter* Welsaw.
Woldenberch/Woldenberg/*auch:* Waldeberch/Waldenberch/Woldenburch
    Cůne/Kůne/Kune 184, 199, 200, 236, 238, 239, 240, 242
    Tylss **199**, 240
Wolter *siehe unter* Walter.
Wrede, Peter 117
Wreyde
    Hans 100
    Hennyk 100
Wůstenhube/Wustehube/Wustehufe

Tilse 202, 244, 246
Willike 246
Wykigman, — 172
Wyldeberch
    Clauss 162
    Geze 162
Wyldenhagen
    Heyne 78, 84, **85***(?)*
    — *(dessen Frau)* 84, 85*(?)*
Ygen *siehe unter* Eygener.
Zacharias, Hennyk/Hennyng/Hennynk 88, 121, 127, 129, 130, 132, 145, 151, 153, 254
— *(dessen Frau)* 88
Zebekaw/Zevecow
    Clauss/Clawes 218, **230**
    Clauss 218
    Grete 230
    Hans 133
    Merten 230
    Michel 218
Zyue *siehe unter* Sibe.

Nachname bzw. Familienname unbekannt oder nicht identifiziert

Andreas *(famulus)* 198

Clauss *(famulus)* 155
Clauss 252
Cristina 135

Dyterich 252

Elss, grote 78

Fike/Fikke 171, 233, 234

Grete 110
Gr(ete) 115
Grete 123
Grete *(famula)* 191
Grete *(famula)* 205
Gryte *(inquilina)* 86

Hans *(famulus)* 101
Hans 123
Hans *(famulus)* 140
Hans *(famulus)* 162
Hans 252

Jacob *(famulus)* 93

Katherina *(ancilla)* 93, 112
Katherina 254
Kunne *(eine Frau)* 219

Laurencz 254

Mechthyld 78
Mechtyld 252
Mete *(inquilina)* 82
Mette 115

Peter *(famulus)* 254

Tele 254
Tylls *(famula)* 121
Tyls 140
Tylss 172
Tylss, grote 252

anonym:
sartor *(*= *Schneider) in* Valkenwalde *u. Frau* 167

ORTE

(Allgemein gilt das oben S. 335 und 343 Gesagte. Im folgenden sind jedoch nur die in den Quellen vorkommenden Namensformen recte gesetzt.)

Aachen *(Aquae/Aquisgranum)* 198, 209
Altenkirchen, *L.Kr. Königsberg/Nm.,* (Allenkyrchen) 109
Alt-Falkenberg siehe unter Falkenberg, Alt-.
Alt-Küstrinchen siehe unter Küstrinchen, Alt-.
Angermünde/Um., Krst., (Angermů(n)de/ Angermunde/Anghermunde/Angyrmunde) 94, 95, 138, 151, 159 *(als: Newenstat),* 170, 202, 219, 220, 243, 252, 253
Anklam/Vorpom., Krst., (Anklem/Anklen/ Tanglym/Tanglyn) 83, 235, 242, 243, 251
Arnhausen, *L.Kr. Belgard (Persante)/ Pom.,* (Arnhusen/Arnhawsen) 147, 184, 202, 215, 236, 242
Arnswalde/Nm., Krst., (Arnswolde) 242

Babyn, *L.Kr. Königsberg/Nm. (heute wüst)* 137
Bärwalde, *L.Kr. Königsberg/Nm.,* (Berenwalde/Berenwolde/Bernwalde) 82, 83, 88, 98, 99, 114, 119, 136, 137, 139, 141, 146, 147, 149, 150, 151, 157, 162, 163, 164, 165, 166, 168, 170, 172, 173, 180, 184, 185, 187, 195, 198, 204, 209, 211, 217, 227, 228, 239, 244, 246, 247, 251, 260
Baumgarten, *L.Kr. Dramburg/Pom.,* (Bawmgarden/Bowmgarden/Pamgarten i. Heyde/Pomgarten) 25, 164, 165, 207, 214, 236, 238, 239, 240, 248
Beelitz, *L.Kr. Pyritz/Pom.,* (Belicz) 193
Bellin, *L.Kr. Königsberg/Nm.,* (Belin/ Bellyn/Belyn) 88, 99, 113, 139, 144, 169, 173, 179, 181, 197, 198, 213, 215, 218, 222, 223, 228
Bellinchen, *L. Kr. Königsberg/Nm.,* (Belyngen) 198
Bernau b. Berlin *(Bernaw)* 258
Bernickow, *L.Kr. Königsberg/Nm.,* (Bernykaw) 151, 183
Bietikow, *Kr. Prenzlau/Um.,* (Bietkaw) 94
Bischofshagen, *Kr. Templin/Um.,* (Bischophagen) 129
Brodowin, *Kr. Angermünde/Um.,* (Bortwyn) 176
Brandenburg, Mark, bzw. Diözese, wurde nicht in das Register aufgenommen.
Breslau (Wratislavia)
— Diözese 94, 106, 133, 226, 230
— St. 133
Briest, *Kr. Angermünde/Um.,* (Bryst) 154
Bruchhagen, *Kr. Angermünde/Um.,* (Brukowe) 169
Brügge, *L.Kr. Soldin/Nm.,* (Bruche/Brug/ Brugghe/Brughe/Bruke) 108, 117, 118, 188, 193, 220

Cammin/Pom. siehe unter Kammin.
Camicz *(gemeint ist wahrsch. Kammin/ Pom.)* 215
Chorin, *Kr. Eberswalde,* (Coryn) 190, 251
— Zisterzienserkl. 183
Conraddorp/Conraddesdorp/Conradesdorp/Co(n)radorp/Conradorp/Cunradsdorp/Cunrasdorp/Cunrsdorp, *L.Kr. Königsberg/Nm. (b. Mohrin, heute wüst)* 88, 112, 136, 150, 163, 165, 187, 195, 202, 207, 210, 218, 243, 245, 248, 256
Clebow, *L.Kr. Greifenhagen/Pom.,* (Clebaw) 254
Clemzow, *L.Kr. Königsberg/Nm.,* (Clems/ Clemss) 104, 105, 203, 213, 215

Cladow, L.Kr. Greifenhagen/Pom.,
(Clade/Clode) 89, 168

Daber, L.Kr. Naugard/Pom., (Dobyr) 257

Darrmietzel, L.Kr. Königsberg/Nm.,
(Dermessel) 160, 251

Deutschland (Alamania/Almania) 235, 261

Dölzig, L.Kr. Königsberg/Nm., (Dalczk/ Dǫlcik/Dulczyk) 151, 181, 246

Dramburg/Pom., Krst., (Dramburch/ Tramburch) 119, 164, 184, 199, 200, 207, 236, 238, 239, 240, 242, 248

Duchcz (= *deutsch*) sive groten Wowiser *siehe unter Wubiser, Groß, L.Kr. Königsberg/Nm.*

Dürren-Selchow *siehe unter Selchow, Dürren-.*

Dietrichsdorf, L.Kr. Naugard/Pom., (Dytrichdorp) 254

Eichstätt/Bayern
— Diözese 115, 202, 205, 218, 245

Eksan *(3 Meilen von Wismar entfernt)* 111

Erfurt (Erffordia/Erfordia) 100, 101

Falkenberg, L.Kr. Belgard (Persante)/ Pom. (Diöz. Posen) 241

Falkenberg, Alt-, L.Kr. Pyritz/Pom., (Valkenberch) 209

Falkenburg, L.Kr. Dramburg/Pom., (Valkenburch) 161, 200, 236

Falkenhagen, Kr. Prenzlau/Um., (Valkenhagen) 154

Falkenwalde, L.Kr. Königsberg/Nm., (Valkenwalde/Valkenwolde) 167, 183, 185, 186, 197, 203, 206, 209, 214, 227, 228, 254

Flieth, Kr. Templin/Um., (Flyet/Vlite/ Vlyt) 125, 127, 133, 219, 249
— Hoenmol 133

Frauenhagen, Kr. Angermünde/Um., (Vrowenhagen/Vruenhagen/Vruvenhagen/ Vrwenhagen) 129, 150, 187, 190

Fredenwalde, Groß- bzw. Klein-, Kr. Templin/Um., (Fredewalde/Vredewolde) 123, 124, 125, 133, 154, 231

Freienwalde, Kr. Eberswalde, (Frienwalde) 208

Gartz a. d. Oder, L.Kr. Randow/Vorpom., (Garcz) 80, 156, 214, 216,
— Augustiner-Eremiten-Kl. 216

Gerswalde, Kr. Templin/Um., (Gereswalde/Gyrswalde) 94, 112, 125, 131, 135, 140, 147, 219, 254, 255, 256

Goldbeck b. Stargard, L.Kr. Saatzig/Pom. 140

Gossow, L.Kr. Königsberg/Nm., (Gossauw/Gossaw) 24, 108, 112, 117, 142, 151, 160, 165, 167, 178, 187, 195, 197, 198, 206, 218

Grabow, L.Kr. Königsberg/Nm. 228

Gräfendorf, L.Kr. Königsberg/Nm., (Grefendorp/Grevendorp) 107, 108, 111, 145, 146, 155, 167, 172, 180, 187, 190, 206, 223, 228, 251

Gramzow, Kr. Prenzlau/Um., (Garmsaw/ Gramsaw/Gremsaw) 90, 92, 94, 95, 96, 112, 132

Greifenhagen/Pom., Krst., (Grifenhagen/ Gryfenhagen) 79, 85, 86, 252, 253

Greiffenberg, Kr. Angermünde/Um., (Grifenberch) 169

Groß-Fredenwalde *siehe unter Fredenwalde, Groß-.*

Groß-Mantel *siehe unter Mantel, Groß-.*
Groß-Vielen *siehe unter Vielen, Groß-.*
Groß-Wubiser *siehe unter Wubiser, Groß-.*
Groß-Ziethen *siehe unter Ziethen, Groß-.*

Grüneberg, L.Kr. Königsberg/Nm., (Grunenberch) 258

Günterberg, Kr. Angermünde/Um., (Guntersberg/Guntersperch) 110, 121, 126, 129, 152, 153

Hanseberg, L.Kr. Königsberg/Nm., (Hansberch) 229

Hoenmol, *Mühle b. Flieth, siehe unter Flieth.*

Jhericho *siehe unter Virchow.*

Kaakstedt, Kr. Templin/Um., (Chochsteten/Cochstede/Cochsteden/Cochsteten/Cohstete/Kokstede) 94, 100, 103, 112, 124, 125, 126, 128, 129, 131, 132, 133, 134, 136, 137, 141, 147, 154, 156, 172, 174, 179, 215, 216, 217, 218, 219, 221, 222, 224, 230, 231, 256
Kalenzig, L.Kr. Königsberg/Nm., (Calencz/Kolenczk) 139, 247
Kammin/Pom.
— Diözese 78, 79, 80, 81, 83, 84, 88, 93, 94, 97, 99, 100, 101, 106, 107, 112, 115, 117, 119, 122, 126, 132, 133, 139, 140, 143, 148, 149, 152, 153, 155, 158, 162, 169, 177, 184, 189, 192, 196, 200, 203, 206, 208, 213, 216, 219, 220, 230, 235, 237, 242, 245, 247, 249, 255, 258, 259, 260, 261
— Krst. 90, 92, 95, 96
Karwitz, L.Kr. Dramburg/Pom., (Karwis) 236, 238, 239
Kerkow, Kr. Angermünde/Um., (Cherker/Kerkauw/Kerkaw/Kyrkaw) 88, 94, 121, 122, 123, 124, 125, 133, 137, 145, 151, 152, 153, 216, 217, 218, 243, 246, 252, 254, 257
Kieve, Kr. Röbel (Müritz)/Mecklenburg, (Kywe) 230
Klein-Fredenwalde siehe unter Fredenwalde, Klein-.
Klein-Mantel siehe unter Mantel, Klein-.
Klein-Mellen siehe unter Mellen, Klein-.
Klein-Vielen siehe unter Vielen, Klein-.
Klein-Wubiser siehe unter Wubiser, Klein-.
Köln
— Diözese 130, 133
Königsberg/Nm., Krst., (Kǫnegesperch/Konegesperch/Koninghesberge) 109, 171, 182, 183, 228
Kolberg/Pom. (Colberch/Colberg/Kolberch) 89, 92, 94, 95, 96, 242
Künkendorf, Neu-, Kr. Angermünde/Um., (Newenkonykendorp) 138
Küstrin a. d. Oder (Costryn/Kastryn) 160, 247
Küstrinchen, Alt-, L.Kr. Königsberg/Nm., (Castrinyken/Costriniken/Costrinyken) 191, 204, 208
Leba (Fluß östl. der Oder zwischen Stolp und Danzig) 90
Lebus (dioc. Lubucensis) 235
Liegnitz, St., Diöz. Breslau, (Legnicz) 94, 106
Lietzegöricke, L.Kr. Königsberg/Nm., (Liezejorken) 171
Lindow, L.Kr. Greifenhagen/Pom., (Lindaw/Lyndaw/Lyndo/Lyndow) 23, 80, 81, 84, 96, 97, 105, 106, 114, 168, 254
Lüderitz, Kr. Stendal/Altm., (Lydericz?) 174

Magdeburg 202
Mantel, Groß-, L.Kr. Königsberg/Nm., (Mantil, groten/Mantyl, groten/Mantyl) 98, 99, 151, 181
Mantel, Klein-, L.Kr. Königsberg/Nm., (Mantel, lutteken/Mantyl, lutgen) 229, 250, 251
Mellen, Klein-, L.Kr. Dramburg/Pom., (Mellen, luttige) 237
Melzow, Kr. Prenzlau/Um., (Melsaw) 174, 179
Mersekaw (in der Gegend von Königsberg/Nm.) 114
Mohrin, St., L.Kr. Königsberg/Nm., (Morin/Moryn) 88, 99, 104, 109, 116, 117, 118, 119, 142, 152, 156, 158, 167, 168, 170, 171, 174, 176, 181, 182, 183, 186, 188, 189, 191, 196, 204, 207, 209, 214, 218, 221, 223, 228, 234, 243, 244, 248, 254
Mürow, Kr. Angermünde/Um., (Mŭraw) 253

Neu-Künkendorf siehe unter Künkendorf, Neu-.
Newenstat siehe unter Angermünde/Um. und Prenzlau/Um.
Nordhausen, L.Kr. Königsberg/Nm., (Northusen) 171
Nipperwiese, L.Kr. Greifenhagen/Pom., (Nyppenweze) 156

Oder, Fl., (Odera) 90, 110

Oybin, Coelestiner-Kl., südl. Zittau, (Owyn) 23, 81, 93

Paderborn
— Diözese 107
Passau
— Diözese 79, 83, 85, 93, 95, 104, 115, 116, 117, 126, 133, 139, 149, 151, 202, 205, 213, 218, 246, 248, 250
Penzlin, L.Kr. Waren/Mecklenburg, (Penczelyn) 152
Plauen i. Vgtl. (Plawen) 101
Polssen, Kr. Prenzlau/Um., (Polsan/Polsnaw/Polssan) 128, 152, 255
Posen
— Diözese 24, 25, 235, 236, 237, 238, 239, 240, 241, 242
Prag
— Diözese 83, 93, 94, 95, 97, 101, 104, 106, 107, 115, 116, 117, 122, 126, 132, 133, 139, 140, 143, 148, 149, 151, 152, 155, 158, 169, 177, 184, 189, 192, 196, 200, 202, 205, 206, 208, 213, 216, 218, 220, 226, 235, 245, 246, 247, 248, 250, 255
— St. 99
Prenzlau/Um., Krst., (Premslav, Premslavia, Premslaw) 83, 91, 92, 93, 94, 95, 111, 123, 124, 129, 130, 131, 133, 138, 147, 150, 151, 153, 155, 183, 187, 209, 249, 256
— Nova civitas 93
— Dominikaner-Kl. (conventus Prymslaviensis) 261
— *Jakobi-Kirchhof* 93, 94, 111, 122
— St. Marien-Kirche 94, 143, 148
— *Fischerstrasse* (Vischerstrate) 93
Pyritz/Pom., Krst., (Piricz/Pyricz) 78, 97, 100, 112, 122, 209

Rehdorf, L.Kr. Königsberg/Nm., (Redorp/Retorp) 171, 223
Reynbodenhagen *(im Kr. Templin/Um. oder im Kr. Prenzlau/Um.)* 154
Ringenwalde, L.Kr. Königsberg/Nm., (Rygenwalde) 191, 204, 234
Rinskow, Wüstung im Land Stargard i. Pom., (Rinsce?) 134

Rom (Roma) 198, 209, 210, 225, 232
Rosenthal, L.Kr. Soldin/Nm., (Rosental) 194

Schwerin/Mecklenburg
— Diözese (dioc. Swerinensis) 169
Selchow, Dürren-, L.Kr. Königsberg/Nm., (Selchaw/Selchow/Selschaws/Zelchaw/ Zelchauw/Zelchow) 114, 124, 125, 142, 146, 163, 168, 176, 177, 196, 201, 202, 203, 206, 207, 217, 218, 225, 228, 234, 246, 248, 249, 250, 258, 259
Serwst, Kr. Eberswalde, (Zebys prope Coryn/Zerwis *b. Angermünde*) 190, 202
Rosow, L.Kr. Randow/Vorpom., (Rosaw/ Rossow) 86
Rüdnitz, L.Kr. Königsberg/Nm., (Rudenicz) 211
Rügen, Insel, (lant Rûgen/terra Rugie) 87
Salzwedel (Soltwedel) 130
Sammenthin, L.Kr. Arnswalde/Nm., (Samityn?) 247
Santiago de Compostela, Prov. La Coruña, Spanien, (ad sanctum Jacobum) 232
Schönfliess, L.Kr. Königsberg/Nm., (Schawenfleyt) 259
Schievelbein, L.Kr. Belgard (Persante)/ Pom., (Schivelbeyn/Schyvelbeyn/Schyvilbeyn) 242
Schöneberg, L.Kr. Soldin/Nm., (Schonenberg) 112, 164
Schulzendorf, L.Kr. Königsberg/Nm., (Schultendorp) 232
Schillersdorf, L.Kr. Randow/ Vorpom., (Schyldensdorp) 207
Soldin/Um., Krst., (Soldyn/Zoldin/Zoldyn) 118, 119, 188, 193, 194, 220, 221
Stargard/Pom., St., (Stargardia) 134, 156, 173, 257
Stegelitz, Kr. Templin/Um., (Stegelicz/ Steglicz) 133, 150, 187
Stettin/Pom. (Stetin/Stetyn)
— St. 26, 78, 79, 80, 81, 82, 83, 84, 85, 86, 87, 90, 92, 93, 95, 96, 104, 106, 109, 110, 139, 167, 174, 183, 189, 198, 199, 200, 206, 208, 229, 236, 237, 240,

242, 245, 246, 247, 252, 253, 254, 257, 258
— St. Jakobi 78, 103, 158, 174, 177, 184, 226, 249, 260
— Jakobikirchhof 119
— St. Marien 24, 78, 81, 84, 97, 99, 100, 101, 107, 110, 122, 123, 149, 173, 196, 213, 235, 249, 260
— St. Nikolai 162
— Paschardi-Tor (Paskentorn, Passauer bzw. Passower Tor) 106
— Roßmühlenstraße (Rosmolstrate) 183
Stolp/Ostpom. 89
Stralsund/Vorpom. 87
Strehlow, Kr. Prenzlau/Um., (Strelaw) 123

Tütz, L.Kr. Deutsch-Krone/Pom., (Tŭess) 162

Uckermark (Vukern) 187

Verden a. d. Aller
— Diözese 130, 133, 155, 162, 220
Vielen, Groß- bzw. Klein-, L.Kr. Waren/Mecklenburg bzw. Kr. Neustrelitz/Mecklenburg, (Vilun) 152
Virchow, L.Kr. Dramburg/Pom., (Jhericho/Virchow/Vyrchaw/Wirchow/Wirchouw) 200, 202, 227, 236, 238, 239
Voigtsdorf, L.Kr. Königsberg/Nm., (Voytdorp/Woytdorp) 140, 149

Warnitz, L.Kr. Königsberg/Nm., (Warnicz) 82, 105, 114, 140, 141, 176, 187, 191, 192, 203, 206, 211, 218, 259
Wartenberg, L.Kr. Königsberg/Nm., (Wartenberch) 205
Welsow, Kr. Angermünde/Um., (Welsaw) 95, 130, 243, 249, 255
Venzlaffshagen, L.Kr. Belgard (Persante)/Pom., (Wenczelaske) 119
Westfalen (Westfalia) 157
Wien (Wyenna) 109
Wilmersdorf, Kr. Angermünde/Um., (Wilmersdorp/Wilmerstorp/Wylmer(s)dorp/Wylmersdorp/Wylmsdorp) 93, 110, 111, 112, 122, 123, 127, 143, 144, 145, 153, 221, 249

Wilsnack, Kr. Westprignitz, (ad sanguinem domini) 209
Wismar/Mecklenburg (Wismaria/Wysmar) 111
Wittenberge, Kr. Westprignitz, (Wytteberg) 174
Wollin, L.Kr. Kammin/Pom., (Wolyn) 155, 162
Wrechow, L.Kr. Königsberg/Nm., (Wrech/Wreech) 105, 203, 212, 213, 214, 248, 249
Wubiser, Groß-, L.Kr. Königsberg/Nm., (duchcz sive groten Wowiser/Vubiser, groten/Wobiser, groten/Wobiser, magna/Wowiser, groten/Wowiser, maior/Wubiser, groten/Wubiser, magna/Wubiser) 24, 87, 88, 89, 98, 99, 100, 101, 103, 107, 108, 109, 114, 116, 117, 124, 136, 143, 150, 151, 157, 158, 159, 160, 161, 164, 165, 167, 168, 170, 171, 174, 175, 177, 178, 179, 180, 181, 182, 183, 185, 186, 188, 189, 190, 191, 192, 193, 194, 195, 196, 197, 198, 201, 202, 204, 206, 207, 210, 211, 212, 213, 214, 215, 218, 220, 221, 222, 224, 225, 226, 227, 228, 229, 230, 233, 234, 243, 244, 245, 246, 257, 258, 259
Wubiser, Klein-, L.Kr. Königsberg/Nm., (Vubiser, lutteken/Wobiser, parva/Wowiser, lutegen/Wowiser, lutgen/Wowiser, luttegen/Wowiser, luttygen/Wubiser, luttigen/Wubiser, parva) 24, 88, 89, 98, 101, 103, 107, 143, 145, 146, 149, 150, 151, 166, 167, 168, 169, 170, 171, 178, 180, 187, 188, 189, 201, 204, 206, 207, 216, 221, 222, 223, 224, 225, 228, 229, 232, 233, 244, 248, 251, 254, 257, 258, 259, 260
Würzburg (Herbipolis) 101

Zachan, L.Kr. Saatzig/Pom., (Czochan) 237
Zehden, L.Kr. Königsberg/Nm., (Ceden/Czeden) 202, 213, 227
Zellin, L.Kr. Königsberg/Nm., (Czelyn iuxta Oderam) 186
Ziethen, Groß-, Kr. Eberswalde, (Czyten, groten) 159

BIBLIOGRAPHIE

Die Bibliographie enthält nicht nur die Schriften, die in diesem Buch zitiert werden, sondern auch diejenigen, die in meinen beiden einschlägigen Aufsätzen aus den Jahren 1968 und 1974 genannt wurden. Dadurch soll anderen Forschern die Arbeit erleichtert werden.

Abb, Gustav, siehe unter *Germania Sacra*.
Acta capitulorum generalium ordinis Predicatorum, vol. 3: *Ab anno 1380 usque ad annum 1498* (= Monumenta ordinis Fratrum Minorum Historica, tom. 8), recensuit Fr. Benedictus Maria Reichert, Rom 1900.
Albert, Leander, *De viris illustribus ordinis Praedicatorum libri* sex, o. O. und o. J. [Bologna 1517].
Allendorff, Johannes, *Die Elendsgilden in der Mark Brandenburg*, in: *Wichmann-Jahrbuch* 7 (1953), S. 28—32.
Amann, Émile, Art. *Lucifériens*, in: *Dictionnaire de Théologie Catholique*, Bd. 9, 1, Paris 1926, Sp. 1044—1056.
Andrieu, Michel (Hrsg.), *Le pontifical romain au moyen-âge* (= Studi e testi, no. 88), T. 3, Città del Vaticano 1940.
Angelus (d. i. Engel), Andreas, *Annales Marchiae Brandenburgicae, das ist Ordentliche Verzeichniß und beschreibung der fürnemsten und gedenkwirdigsten Märckischen Jahrgeschichten und Historien, so sich vom 416. Jahr vor Christi Geburt bis aufs 1596. Jahr ... zugetragen haben*, Franckfurt a. O. 1598.
Annales Matseenses, ed. Wilhelm Wattenbach, in: *MGH Scr.*, Tom. 9, Hannover 1851, S. 823—837.
Armand-Hugon, Augusto/Gonnet, Giovanni, *Bibliografia Valdese* (= Bollettino della Società di Studi Valdesi 93), Torre Pellice (Turin) 1953.
Baethgen, Friedrich, siehe auch unter *Chronica Johannis Vitodurani*.
Baethgen, Friedrich, *Franziskanische Studien*, in: *Historische Zeitschrift* 131 (1925), S. 421—471. Nachdruck in: ders., *Mediaevalia. Aufsätze, Nachrufe, Besprechungen* (= Schriften der Monumenta Germaniae Historica 17, 2), Stuttgart 1960, S. 319—362.
Balthasar, Jacob Henrich, siehe unter *Von denen Putz-Kellern zu Bard*.
Bartoš, F. M., *C husitského a bratrského dějepisectvu*, in: *Sborník Historický*, 2, Prag 1954, S. 83—112, S. 251: franz. Zusammenfassung.
Bartoš, František Michálek, *M. Petr Payne, diplomat husitské revoluce*, Brünn 1956.
Bartoš, František Michálek, *Valdenský biskup Štěpán z Basileje a jeho účast při ustavení Jédnoty Bratrské*, in: *Časopis Musea království Českého* 90 (1916), S. 273—277.

Barycz, Henryk, *Jan Łasicki. Studium z dziejòw polskiej kultury naukowe XVI wieku (Jan Łasicki. Studium zur Geschichte der polnischen wissenschaftlichen Kultur* (= Monografie z dziejòw nauki i techniki, Bd. 90). Wrocław: Zakład Narodowy im. Ossolińskich (Verlag der Polnischen Akademie der Wissenschaften) 1973.

Bechthum, Martin, *Beweggründe und Bedeutung des Vagantentums in der lateinischen Kirche des Mittelalters* (= Beiträge zur mittelalterlichen, neueren und allgemeinen Geschichte 14), Jena 1941.

Beck, Gustav, *Versuch einer Geschichte der Mährischen Brüdergemeinde in Fulnek*, in: Das Kuhländchen 2 (1920), S. 61—74.

Beck, Gustav, *Zur Geschichte der mähr. Brüdergemeinde in Fulnek*, in: Das Kuhländchen 7 (1926), S. 20—24.

Bellovacensis, Vincentius, *Bibliotheca mundi. Speculum quadruplex; naturale, doctrinale, morale, historiale. ... Omnia nunc accurate recognita. ... opera et studio theologorum Benedictinorum collegii Vedastini in alma Academia Duacensi*, 4 tom., Duaci 1624, Nachdruck: Graz 1964.

Johann Berckmanns Stralsundische Chronik und die noch vorhandenen Auszüge aus alten verloren gegangenen Stralsundischen Chroniken nebst einem Anhange, urkundliche Beiträge zur Kirchen- und Schulgeschichte Stralsunds enthaltend. Aus den Handschriften hrsg. von Gottlieb Christian Friedrich Mohnike und Ernst Heinrich Zober (= Stralsundische Chroniken, Th. 1), Stralsund 1833.

Berdron, H., *Die Waldenser in der Mark und in Pommern*, in: Monatsblätter des Touristenklubs für die Mark Brandenburg 3 (1898), S. 53—56.

Berlin-Bibliographie (bis 1960). In der Senatsbibliothek Berlin bearb. von Hans Zopf und Gerd Heinrich ..., Berlin 1965.

(Das) Berlinische(s) Stadtbuch (aus dem Ende des XIV. Jahrhunderts). Neue Ausgabe, veranstaltet bei der Feier des 25jährigen Hochzeits-Jubiläums ... des Kronprinzen Friedrich Wilhelm und der Kronprinzessin Victoria ... im Auftr. der Städtischen Behörden Berlins, Berlin 1883.

Bernard, Paul P., *Heresy in Fourteenth Century Austria*, in: Medievalia et Humanistica 10 (1956), S. 50—63.

Bickerich, Wilhelm, *Die Beziehungen zwischen der großpolnischen Unität und der Neumark*, in: Jahrbuch für Brandenburgische Kirchengeschichte 17 (1919), S. 18—47.

Binder, K., Artikel *Petrus Engelhardi von Pil(l)ichsdorf*, in: Lexikon für Theologie und Kirche, Bd. 8, Freiburg i. Brsg. 1963, Sp. 376.

Binterim, Anton Joseph, *Pragmatische Geschichte der deutschen National-, Provinzial- und vorzüglichsten Diöcesanconcilien, vom 4. Jahrhundert bis auf das Concilium zu Trient*, Bd. 5, Mainz 1843, 2. Aufl., 1852.

Boehmer, Heinrich, *Die Waldenser von Zwickau und Umgegend*, in: Neues Archiv für Sächsische Geschichte und Altertumskunde 36 (1915), S. 1—38.

Böhmer, Wilhelm (Hrsg.), *Thomas Kantzows Chronik von Pommern in niederdeutscher Mundart. Samt einer Auswahl aus den übrigen ungedruckten Schriften desselben.* Nach des Verfassers eigener Handschrift hrsg. u. mit Einleitung, Glossar und einigen andern Zugaben versehen, Stettin 1835.

Borst, Arno, *Die Katharer* (= Schriften der Monumenta Germaniae Historica 12), Stuttgart 1953.

Brandt, Carl Johann, *Geschichte der Kreisstadt Jüterbogk und ihrer Umgegend von den ältesten bis auf die neuesten Zeiten nach zuverlässigen Nachrichten entworfen*, T. 1—3, Torgau 1826, 1827, 1830.

Brandt, Carl Johann (Hrsg.), *Urkundliche Chronik der alten Kreisstadt Jüterbogk vom Jahre 1150—1517*, Torgau 1831.

Braun, Paul, *Der Ketzerprozeß des Propstes Minnike von Neuwerk in Goslar*, in: Zeitschrift des Vereins für Kirchengeschichte in der Provinz Sachsen 6 (1909), S. 212—218.

Breest, Ernst, *Das Wunderblut von Wilsnack (1383—1552). Quellenmäßige Darstellung seiner Geschichte*, in: Märkische Forschungen 16 (1881), S. 133—302.

Brevis narratio de nefanda haeresi adamitica, in variis Austriae locis saeculo XIV. grassante [anonym], in: Hieronymus Pez (Hrsg.), *Scriptores rerum Austriacarum veteres ac genuini ...*, Tom. II, Leipzig 1725, S. 533—536.

Brock, Peter, *The Political and Social Doctrines of the Unity of Czech Brethren in the Fifteenth and Early Sixteenth Centuries* (= Slavistische Drukken en herdrukken, 11), s'Gravenhage 1957.

Brunner, Gottfried, *Ketzer und Inquisition in der Mark Brandenburg im ausgehenden Mittelalter*, Phil. Diss., Berlin 1904; auch in: *Jahrbuch für Brandenburgische Kirchengeschichte* 1 (1904), S. 1—36.

P. Raimundi Bruns Ord. Praed. *Annales Conventus Halberstadiensis. Eine Chronik der Militärseelsorge und Missionstätigkeit der deutschen Dominikaner in Brandenburg-Preußen im 18. Jahrhundert*, hrsg. von P. Maternus Heinrichs O.P. (= Quellen und Forschungen zur Geschichte des Dominikanerordens in Deutschland 8), Leipzig 1913.

v. Bülow, Artikel *Nik(c)olaus von Klem(t)zen (Klemptzen)*, in: *ADB*, Bd. 16, Leipzig 1882, S. 155 f.

Bünger, Fritz, siehe auch unter *Germania Sacra*.

Bünger, Fritz, *Zur Mystik und Geschichte der märkischen Dominikaner* (= Veröffentlichungen des Vereins für Geschichte der Mark Brandenburg), Berlin 1926.

Bütow, Hans, *Zu den Kamminer Weihbischöfen*, in: *Monatsblätter.* Hrsg. von der Gesellschaft für pommersche Geschichte und Altertumskunde 52 (1938), S. 116 bis 123.

Bütow, Hans, *Zur Reformationsgeschichte der Stadt Königsberg Nm.* (= Die Neumark. Jahrbuch des Vereins für Geschichte der Neumark. N. F. der „Schriften", H. 14), Landsberg (Warthe) 1943.

Büttner, Theodora/Werner, Ernst, *Circumcellionen und Adamiten. Zwei Formen mittelalterlicher Haeresie* (= Forschungen zur mittelalterlichen Geschichte 2), Berlin 1959.

Butzmann, Hans, *Die mittelalterlichen Handschriften der Gruppen Extravagantes, Novi und Novissimi. Beschrieben ...* (= Kataloge der Herzog-August-Bibliothek Wolfenbüttel. Die Neue Reihe. Ganzer Reihe Band 15), Frankfurt/Main 1972.

Bzovius, Abraham, *Annalium ecclesiasticorum post illustr. et reverendiss. dominum C. Caesarem Baronium tomus XIV rerum in orbe Christiano ab anno domini 1300 usque ad annum 1378 gestarum narrationem complectens*, Köln 1618.

Caesarius Heisterbacensis, *Dialogus miraculorum*. Textum rec. Josephus Strange, Vol. 1 u. 2, Coloniae u. Bonnae 1851.

Camerarius, Ludwig (Hrsg.), *Joachimi Camerarii Papenbergensis Historica narratio; de fratrum orthodoxorum ecclesiis in Bohemia, Moravia et Polonia;* nunc primum edita ... ex bibliotheca Ludovici Camerarii, Heidelberg o. J. (1605).

Cegna, Romolo, *I Valdesi di Moravia nell ultimo medio evo,* in: *Rivista di storia e letteratura religiosa* 1 (1965), S. 392—423.

Chaussen, B., *Nikolauss Russ' Boek van dren strenghen, der Caldrinusdrucker und Johann Snell,* Uppsala 1924.

Chronica Johannis Vitodurani. Die Chronik Johanns von Winterthur. In Verbindung mit C. Brun hrsg. von Friedrich Baethgen (= MG Scr. rer. Germ. N. S. 3), Berlin 1924, 2., unveränd. Aufl., Berlin 1955.

Closener, Fritsche (Friedrich), *Die große geischelfart,* in: *Die Chroniken der oberrheinischen Städte. Straßburg,* Bd. 1 (= Die Chroniken der deutschen Städte vom 14. bis ins 16. Jahrhundert, Bd. 8), hrsg. von Karl Hegel, Leipzig 1870, Nachdruck: Göttingen 1961.

Codex diplomaticus Brandenburgensis continuatus. Sammlung ungedruckter Urkunden zur Brandenburgischen Geschichte, hrsg. von Georg Wilhelm von Raumer, Bd. 2, Berlin-Elbing 1833.

Codex diplomaticus Brandenburgensis. Sammlung der Urkunden, Chroniken und sonstigen Quellenschriften für die Geschichte der Mark Brandenburg und ihrer Regenten. A: Geschichte der geistlichen Stiftungen, der adligen Familien, sowie der Städte und Burgen, 25 Bde., hrsg. von Adolph Friedrich Riedel, Berlin 1838 bis 1863.

Codex diplomaticus maioris Poloniae in quo exhibentur: Bullae pontificum..., ab anno *1136* usque ad annum *1597.* Coll. a Casimiro Raczyński. Ed. Eduardus Raczyński, T. 3, Posen 1879.

Concilia Germaniae, quae Jo. Mauritii, archiepiscopi Pragensis sumptu Jo. Frid. Schannat coll., dein Jo. Hartzheim contin., Herm. Scholl aux. et notis ill., T. 3, Köln 1760, Neudruck: Aalen 1970.

Comenius, J. A., siehe unter (Lasicius, Johannes).

Corpus Iuris Canonici. Ed. Lipsiensis 2., post Aemilii Ludovici Richteri curas ad librorum manuscriptorum et ed. Romanae fidem recogn. et adn. critica instruxit Aemilius Friedberg. [Unveränd. Nachdruck der 1879 in Leipzig ersch. Ausg.], p. 1 u. 2, Graz 1955.

Cramer, Daniel, *Das Grosse Pomrische Kirchen Chronicon. Das ist, Beschreibung vnd auszführlicher Bericht, was sich fürnemblich in Religions Sachen, von Enderung der Heydenschafft her, im Land zu Pomren und Fürstenthumb Rügen... biss auff kegenwertige Zeit, begeben vnd zugetragen hat ...,* Buch 1—4, Alten-Stettin 1628.

Die Cronica novella des Hermann Korner, hrsg. von Jakob Schwalm, Göttingen 1895.

Decretum Gratiani, emendatum et notationibus illustratum una cum glossis, Gregorii XIII. Pont. Max. iussu editum. Ad exemplar Romanum diligenter recognitum, Lugduni 1584.

Delius, Christian Heinrich, *Die Herausgabe der Magdeburger Schöffen-Chronik,* in: *Allgemeines Archiv für die Geschichtskunde des Preußischen Staates,* hrsg. von Leopold v. Ledebur, 8 (1832), S. 80—83.

Dieterici, Wilhelm, *Die Waldenser und ihre Verhältnisse zu dem Brandenburgisch-Preußischen Staate,* Berlin - Posen - Bromberg 1831.

Döllinger, Ignaz v., *Beiträge zur Sektengeschichte des Mittelalters*, Bd. 2: *Dokumente vornehmlich zur Geschichte der Valdesier und Katharer*, München 1890 (Nachdruck: Darmstadt 1968).

Dondaine, Antoine, *Le Manuel de l'Inquisiteur (1230—1330)*, in: Archivum Fratrum Praedicatorum 17 (1947), S. 85—194.

Dondaine, Antoine, *Un traité néo-manichéen du XIIIe siècle*, Rom 1939.

Dudik, Beda, *Iter Romanum*. Im Auftrage des hohen mährischen Landesausschusses in den Jahren 1852 und 1853 unternommen und veröffentlicht, Bd. 1: *Historische Forschungen*, Bd. 2: *Das päpstliche Regestenwesen*, Wien 1855.

Eccardus, J. G. (= Johann Georg v. Eckhart), *Corpus historicum medii aevi, sive Scriptores res in orbe universo, praecipue in Germania a temporibus maxime Caroli M. Imperatoris usque ad finem seculi post C. N. XV. gestas enarrantes aut illustrantes e variis codicibus manuscriptis* ... collecti et nunc primum editi a J. G. E., tom. 1 u. 2, Leipzig 1723.

Eckhard, Paul Jacob, siehe unter *Scriptores rerum Jutrebocensium*.

Engel siehe auch unter Angelus, Andreas, und Engelius, Andreas.

Engel, Evamaria, *Über Ketzerverfolgungen in der Uckermark im 14. und 15. Jahrhundert*, in: Heimatkalender für den Kreis Prenzlau 8 (1965), S. 160—162.

Engelius (d. i. Engel), Andreas, *Rerum Marchicarum breviarium, Das Ist Kurtze ... Beschreibung der vornembsten geschichten vnd Historien, so sich vor vnd nach christi Geburt als vber 2000 Jahren in chur vnd Fürstenthumb der Mark Brandenburg ... bis auff gegenwertiges 1593. Jahr begeben vnd zugetragen haben ...*, Wittenberg 1593.

Erbstösser, Martin/Werner, Ernst, *Ideologische Probleme des mittelalterlichen Plebejertums. Die freigeistige Häresie und ihre sozialen Wurzeln* (= Forschungen zur mittelalterlichen Geschichte 7), Berlin 1960.

Erbstösser, Martin, *Sozialreligiöse Strömungen im späten Mittelalter. Geißler, Freigeister und Waldenser im 14. Jahrhundert* (= Forschungen zur mittelalterlichen Geschichte 16), Berlin 1970.

Fiedler, Joseph (Hrsg.), *Todtenbuch der Geistlichkeit der Böhmischen Brüder*, in: Fontes rerum Austriacarum, Oesterreichische Geschichtsquellen. Hrsg. von der historischen Commission der k. Akademie der Wissenschaften in Wien, 1. Abth., Bd. 5, Wien 1863, S. 213—310.

Fiertz, Gertrude Barnes, *An Unusual Trial under the Inquisition at Fribourg, Switzerland, in 1399*, in: Speculum 18 (1943), S. 340—357.

Flacius Illyricus, Mathias, *Catalogus testium veritatis, qui ante nostram aetatem reclamarunt Papae. Cum praefatione* ..., Basel 1556.

Flade, Paul, *Deutsches Inquisitionsverfahren um 1400*, in: Zeitschrift für Kirchengeschichte 22 (1901), S. 232—253.

Flade, Paul, *Römische Inquisition in Mitteldeutschland, insbesondere in den sächsischen Ländern*, in: Beiträge zur sächsischen Kirchengeschichte 11 (1896), S. 58—86.

Flade, Paul, *Das römische Inquisitionsverfahren in Deutschland bis zu den Hexenprozessen* (= Studien zur Geschichte der Theologie und der Kirche 9, 1), Leipzig 1902.

Flatten, Heinrich, *Der Häresieverdacht im Codex Iuris Canonici* (= Kanonistische Studien und Texte 21), Amsterdam 1963.

Fontana, Vincentius Maria O. P., *Monumenta Dominicana breuiter in synopsim collecta, de fidis obserqviis ab ordine praedicatorvm sanctae Dei Ecclesiae vsque modò praestitis . . .*, Rom 1675.

Forstreuter, Kurt, *Zur Frage der Registerführung in der zentralen Deutschordenskanzlei*, in: Archivalische Zeitschrift 52 (1956), S. 49—61.

Forstreuter, Kurt, *Das Preußische Staatsarchiv in Königsberg. Ein geschichtlicher Rückblick mit einer Übersicht über seine Bestände* (= Veröffentlichungen der Niedersächsischen Archivverwaltung 3), Göttingen 1955.

Fredericq, Paul (Hrsg.), *Corpus documentorum inquisitionis haereticae pravitatis Neerlandicae. Verzameling van stukken betreffende de pauselijkeen bisschoppelijke inquisitie in de Nederlanden* (= Hoogeschool van Gent. Werken van den practischen leergang van vaderlandsche geschiedenis, 1, 5, 8—10), 5 Bde., Gent u. s'Gravenhage 1889—1906.

Friedberg, Emil, siehe unter *Corpus Iuris Canonici*.

Frieß, Godfried Edmund, *Patarener, Begharden und Waldenser in Österreich während des Mittelalters*, in: Österreichische Vierteljahresschrift für katholische Theologie 11 (1872), S. 209—272.

Gaebel, Georg, siehe auch unter *Pomerania*.

Gaebel, Georg (Hrsg.), *Des Thomas Kantzow Chronik von Pommern in hochdeutscher Mundart. Letzte Bearbeitung*, Bd. 1, Stettin 1897.

Gaebel, Georg (Hrsg.), *Des Thomas Kantzow Chronik von Pommern in hochdeutscher Mundart*, 2 Bde., Stettin 1897/98.

Gaebel, Georg (Hrsg.), *Des Thomas Kantzow Chronik von Pommern in niederdeutscher Mundart* (= Veröffentlichungen der Historischen Kommission für Pommern, 1, 4), Stettin 1929.

Gerber, Harry, Artikel *Closener, Fritsche (Friedrich)*, in: NDB, Bd. 3, Berlin 1957, S. 294 f.

Germania Sacra, 1. Abt., Bd. 1: *Das Bistum Brandenburg*, bearb. von Gustav Abb u. Gottfried Wentz, Berlin 1929; Bd. 2: *Das Bistum Havelberg*, bearb. von Gottfried Wentz, Berlin 1933; Bd. 3: *Das Bistum Brandenburg*, T. 2, bearb. von Fritz Bünger u. Gottfried Wentz, Berlin 1941 (unveränd. Nachdruck: 1963).

Gesta archiepiscoporum Magdeburgensium, hrsg. von Wilhelm Schum, in: MGScr. 14, Hannover 1883, S. 361—484.

Gindely, Anton, siehe unter *Quellen zur Geschichte der Böhmischen Brüder*.

Girgensohn, Dieter, *Peter von Pulkau und die Wiedereinführung des Laienkelches. Leben und Wirken eines Wiener Theologen in der Zeit des großen Schismas* (= Veröffentlichungen des Max-Planck-Instituts für Geschichte 12), Göttingen 1964.

Goll, Jaroslav, *Některé Prameny k náboženským dějinám v 15. století. Z rukopisu gymnasialní knihovny v Kladsku vydal. II. Výslech bratří na Kladsku r. 1480*, in: Věstník Královské česke Společnosti náuk. Třída filosoficko-historickojazykozpytná. Sitzungsberichte der Königl. Böhmischen Gesellschaft der Wissenschaften. Classe für Philosophie, Geschichte und Philologie, Jg. 1895, Prag 1896, S. 3—10.

Goll, Jaroslav, *Quellen und Untersuchungen zur Geschichte der Böhmischen Brüder*, Bd. 1: *Der Verkehr der Brüder mit den Waldensern — Wahl und Weihe der ersten Priester*, Prag 1878.

Gonnet, Giovanni, siehe auch unter Armand-Hugon, Augusto.
Gonnet, Giovanni, *Casi di sincretismo ereticale in Piemonte nei secoli XIV e XV*, in: *Bollettino della Società di Studi Valdesi* 108 (1960), S. 3—36.
Gonnet, Giovanni, *I Valdesi d'Austria nella seconda metà del secolo XIV*, in: *Bollettino della Società di Studi Valdesi* 111 (1962), S. 5—41.
Gratian siehe unter *Decretum* Gratiani.
Gretser, Jacob, *Opera omnia*, antehac ab ipsomet auctore accurate recognita, opusculis multis, notis, et paralipomenis pluribus, propriis locis in hac editione insertis, aucta et illustrata, nunc selecto ordine ad certos titulos revocata, 17 tom., Ratisbonæ 1734—1741.
(Gretser, Jacob), *Lucae, Tudensis episcopi, scriptores aliquot succedanei contra sectam Waldensium . . .*, Ingolstadt 1613.
Groß, Otto, Artikel *Bodeker (Bodecker), Stephan*, in: *NDB*, Bd. 2, Berlin 1955, S. 350.
Grundmann, Herbert, *Bibliographie zur Ketzergeschichte des Mittelalters (1900— 1966)* (= Sussidi eruditi 20), Rom 1967.
Grundmann, Herbert, *Ketzergeschichte des Mittelalters* (= Die Kirche in ihrer Geschichte 2, G. 1), Göttingen 1963.
Grundmann, Herbert, *Ketzerverhöre des Spätmittelalters als quellenkritisches Problem*, in: *Deutsches Archiv für Erforschung des Mittelalters* 21 (1965), S. 519—575.
Grundmann, Herbert, *Litteratus-illitteratus. Der Wandel einer Bildungsnorm vom Altertum zum Mittelalter*, in: *Archiv für Kulturgeschichte* 40 (1958), S. 1—65.
Grundmann, Herbert, *Religiöse Bewegungen im Mittelalter. Untersuchungen über die geschichtlichen Zusammenhänge zwischen der Ketzerei, den Bettelorden und der religiösen Frauenbewegung im 12. und 13. Jahrhundert und über die geschichtlichen Grundlagen der deutschen Mystik.* [Nebst einem Anhang:] *Neue Beiträge zur Geschichte der religiösen Bewegungen im Mittelalter*, photomech. Nachdr., 2., verb. u. erg. Aufl., Darmstadt 1961.
Grundmann, Herbert, *Der Typus des Ketzers in mittelalterlicher Anschauung*, in: *Kultur- und Universalgeschichte. Walter Goetz zu seinem 60. Geburtstage*, Leipzig-Berlin 1927, S. 91—107.
Gui, Bernard, *Manuel de l'inquisiteur*, ed. et trad. par G. Mollat, Bd. 1 u. 2 (= Classiques de l'histoire de France au moyen âge 8 u. 9), Paris 1926/27.
Gui, Bernard, *Practica inquisitionis haeretice pravitatis*, auct. Bernardo Guidonis, ed. C. Douais, Paris 1886.
Guidonis de Baysio Archidiacono bonon., *Lectura vel lectio super decreto, quam ipse Rosarium appellavit*, Trient 1523.
Haag, Georg, *Die gesta priorum des Liber sancti Jacobi, der älteste chronikalische Text Stettins zum ersten Mal veröffentlicht*, in: *Programm des Städtischen Gymnasiums zu Stettin* (Ostern 1867).
Hammann, Gustav, *Waldenser in Ungarn, Siebenbürgen und der Slowakei*, in: *Zeitschrift für Ostforschung* 20 (1971), S. 428—448.
Haupt, Herman, *Deutsch-böhmische Waldenser um 1340*, in: *Zeitschrift für Kirchengeschichte* 14 (1894), S. 1—18.
Haupt, Herman, *Zur Geschichte der Waldenser in Böhmen*, in: *Zeitschrift für Kirchengeschichte* 16 (1896), H. 1, S. 115—117.
Haupt, Herman, *Hussitische Propaganda in Deutschland*, in: *Historisches Taschenbuch*, 6. F., 7. Jg. (1888), S. 233—304.

Haupt, Herman, *Neue Beiträge zur Geschichte des mittelalterlichen Waldenserthums*, in: *Historische Zeitschrift* 61 (= N. F. 25) (1889), S. 39—68.

Haupt, Herman, *Die religiösen Sekten in Franken vor der Reformation*, in: *Festgabe zur dritten Säcularfeier der Julius-Maximilians-Universität zu Würzburg*, Würzburg 1882, S. 1—60.

Haupt, Herman, *Waldenserthum und Inquisition im südöstlichen Deutschland seit der Mitte des 14. Jahrhunderts*, in: *Deutsche Zeitschrift für Geschichtswissenschaft* 3 (1890), Bd. 1, S. 337—411.

Haupt, Herman, *Der waldensische Ursprung des Codex Teplensis und die vorlutherischen deutschen Bibeldrucke . . .*, Würzburg 1886.

Hansen, Joseph, *Quellen und Untersuchungen zur Geschichte des Hexenwahns und der Hexenverfolgung im Mittelalter*. Mit einer Untersuchung der Geschichte des Wortes Hexe von Johannes Franck, Bonn 1901 (Nachdruck: Hildesheim 1963).

Hansen, Joseph, *Zauberwahn, Inquisition und Hexenprozeß im Mittelalter und die Entstehung der großen Hexenverfolgung* (= Historische Bibliothek 12), München-Leipzig 1900.

Hartzheim, Jo., siehe unter *Concilia Germaniae*.

Hefele, Charles-Joseph, siehe unter *Histoire des conciles*.

Heffter, Carl Christian, *Urkundliche Chronik der alten Kreisstadt Jüterbock und ihrer Umgebungen, namentlich des Klosters Zinna, der Fabrickstadt Luckenwalde, der Herrschaft Baruth, der vormaligen Herrschaft Dahme, des Ländchens Beerwalde und auch der Stadt Treuenbrietzen*, Jüterbock 1851.

Hegel, Karl, siehe unter Closener, Fritsche.

Heidemann, Julius, *Die Reformation in der Mark Brandenburg*, Berlin 1889.

Heidenreich, Karl, *Der Deutsche Orden in der Neumark (1402—1455)* (= Einzelschriften der Historischen Kommission für die Provinz Brandenburg und die Reichshauptstadt Berlin 5), Berlin 1932.

Heimpel, Hermann (Hrsg.), *Drei Inquisitionsverfahren aus dem Jahre 1425. Akten der Prozesse gegen die deutschen Hussiten Johannes Drändorf und Peter Turnau sowie gegen Drändorfs Diener Martin Borchard* (= Veröffentlichungen des Max-Planck-Instituts für Geschichte 24), Göttingen 1969.

Heimpel, Hermann, *Zwei Wormser Inquisitionen aus den Jahren 1421 und 1422* (= Abhandlungen der Akademie der Wissenschaften zu Göttingen, phil.-hist. Kl., 3. Folge, Nr. 73), Göttingen 1969.

Heinemann, Otto v., *Die Augusteischen Handschriften*, beschrieben, Bd. 4 (= Kataloge der Herzog-August-Bibliothek Wolfenbüttel, Bd. 7), Wolfenbüttel 1900, unver. Neudruck: Frankfurt/Main 1966.

Heinemann, Otto v., *Die Handschriften der herzoglichen Bibliothek zu Wolfenbüttel*, beschrieben, 1. Abt.: *Die Helmstedter Handschriften*, Bd. 1, Wolfenbüttel 1884; Neudruck: *Die Helmstedter Handschriften* (= Kataloge der Herzog-August-Bibliothek, Wolfenbüttel), Bd. 1, Frankfurt/Main 1964.

Heinemann, Otto v., *Die Herzogliche Bibliothek zu Wolfenbüttel. Ein Beitrag zur Geschichte deutscher Büchersammlungen*, 2., völlig neugearb. Aufl., Wolfenbüttel 1894.

Heinrich, Gerd, siehe unter *Berlin-Bibliographie*.

Henning, M., *Das Ordensamt Grüneberg und einige Ketzerdörfer*, in: *Landesgeschichtliche Vereinigung für die Mark Brandenburg (früher Touristenklub) . . . Monatsblätter* 47 (1942), S. 1—8.

Heppe, Heinrich, siehe unter Soldan, Wilhelm Gottlieb.

Heyden, Hellmuth, *Kirchengeschichte Pommerns* (= Osteuropa und der deutsche Osten, R. 3, Buch 5), 2., umgearb. Aufl., 2 Bde., Köln-Braunsfeld 1957.

Heyden, Hellmuth, *Pommersche Geistliche vom Mittelalter bis zum 19. Jahrhundert* (= Veröffentlichungen der Historischen Kommission für Pommern, R. 5, H. 11), Köln-Graz 1965.

Heyden, Hellmuth, *Verzeichnis von Büchern und Aufsätzen zur Kirchengeschichte Pommerns*. Mit einem Anhang: *Literatur zur Kultur-, Landes- und Stadt-Geschichte*. Hrsg. vom Archivamt der Evangelischen Kirche in Deutschland, Hannover 1952.

Heymann, Frederick Gotthold, *George of Bohemia, King of Heretics*, Princeton, N. J. 1965.

Histoire des conciles, d'après les documents originaux ... par Charles-Joseph Hefele. Nouvelle traduction française fait sur la 2e édition allemande, corrigée et augmentée de notes critiques et bibliographiques, par un religieux bénédictin de l'abbaye Saint-Michel de Farnborough [Dom H. Leclercq], 6 Bde. in 12 Abt., Paris 1907—1914.

Holzapfel, Helmut, *Die letzten Vikare der „Nation Marchiæ" des Dominikanerordens*, in: Helmut Holzapfel/Bernhard Stasiewski (Hrsg.), *Gedenkschrift für Karl-Heinrich Schäfer*, Würzburg 1946, S. 99–122.

Hoogeweg, Hermann, *Die Stifter und Klöster der Provinz Pommern*, Bd. 1 u. 2, Stettin 1924 u. 1925.

Howland, Arthur C., siehe unter Lea, Henry Charles.

Hoyer, Siegfried, *Nikolaus Rutze und die Verbreitung hussitischer Gedanken im Hanseraum*, in: *Neue Hansische Studien* 1 (1970), S. 157—170.

Hoyer, Siegfried, *Die thüringische Kryptoflagellantenbewegung im 15. Jahrhundert*, in: *Jahrbuch für Regionalgeschichte* 2 (1967), S. 148—174.

Hübner, Arthur, *Die deutschen Geißlerlieder. Studien zum geistlichen Volksliede des Mittelalters*, Berlin-Leipzig 1931.

Institoris, Heinrich, *Sancte Romane ecclesie fidei defensionis clippeum adversus Waldensium seu Pickardorum haeresim ... in formam sermonum utilissime redactum*, Olmütz 1501.

Iohannis abbatis Victoriensis, *Liber certarum historiarum*, ed. Fedorus Schneider, Tom. I et II, libri I—VI (= Scr. rer. Germ. in us. schol. ex MGH sep. ed. [34]), Hannover-Leipzig 1909—1910.

Isidori Hispanensis Episcopi *Etymologiarum sive Originum* libri XX. Recognovit brevique adnotatione critica instruxit Wallace Martin Lindsay (= Scriptorum Classicorum Bibliotheca Oxoniensis), 2 tom., Oxford 1911.

Jobst, Wolfgang, *Ein kurtzer Auszug und beschreibung des gantzen Churfürstenthumbs der Marck zu Brandenburgk sampt ihren eingeleipten und zugehörenden Graff und Herrschafften ...*, FRanckfurt a. d. Oder 1571.

Janicke, Karl, siehe unter *Die Magdeburger Schöppenchronik*.

John, James J., *The University Career of Bishop Stephen Bodeker (1834—1459) of Brandenburg with the Text of his Repetition on the Judge and his Conscience*, in: *Studium Generale. Studies offered to Astrik L. Gabriel*, ed. by L. S. Domonkos and R. J. Schneider (= Texts and Studies in the History of Mediaeval Education 11), Notre Dame/Ind., USA, 1967, S. 129—157.

Jung, Andreas, *Friedrich Reiser. Eine Ketzergeschichte aus dem fünfzehnten Jahrhundert*. Neu hrsg. von Walther E. Schmidt, Herrnhut 1915. Zuerst in: *Timotheus* 2, Straßburg 1822.

Kaminsky, Howard, *A History of the Hussite Revolution*, Berkeley-Los Angeles 1967.

Kantzow, Thomas, siehe unter Gaebel, Georg, Kosegarten, Hans Gottfried Ludwig, Medem, Fr. L. Baron v.

Kausche, Dietrich (Hrsg.), *Putbusser Regesten. Regesten und Urkunden zur Geschichte der Herren v. Putbus und ihres Besitzes im Mittelalter* (= Veröffentlichungen der Landeskundlichen Forschungsstelle der Provinz Pommern, Abt. Geschichte 7), Stettin 1940.

Kehr, Paul, siehe unter *Päbstliche Urkunden und Regesten*.

Kehrberg, Augustin, *Historisch-chronologischer Abriß der Stadt Königsberg in der Neu-Marck*. Nebst einer Vor-Rede Johann Christoff Beckmans, Abt. 1 u. 2, Franckfurt 1714—1715.

Keller, Ludwig, *Zur Geschichte der altevangelischen Gemeinden am Niederrhein*, in: *Mennonitische Blätter*, 34. Jg., Nr. 11 vom 11. November 1887, S. 79 ff.

Kieckhefer, Richard, *Radical Tendencies in the Flagellant Movement of the Midfourteenth Century*, in: *The Journal of Medieval and Renaissance Studies* 4 (1974), S. 157—176.

Kleineidam, Erich, *Universitas studii Erffordensis. Überblick über die Geschichte der Universität Erfurt im Mittelalter 1392–1521* (= Erfurter Theologische Studien, Bd. 14 u. 22), Bd. 1 u. 2, Leipzig 1964 u. 1969.

Köpstein, Horst, *Zu den Auswirkungen der hussitischen revolutionären Bewegung in Franken*, in: *Aus 500 Jahren deutsch-tschechoslowakischer Geschichte*, hrsg. von Karl Obermann und Josef Polišenský (= Schriftenreihe der Kommission der Historiker der DDR und der ČSR, Bd. 1), Berlin 1958, S. 11—40.

Köpstein, Horst, *Über den deutschen Hussiten Friedrich Reiser*, in: *Zeitschrift für Geschichtswissenschaft* 7 (1959), S. 1068—1082.

Köpstein, Horst, *Über die Teilnahme von Deutschen an der hussitischen revolutionären Bewegung — speziell in Böhmen*, in: *Zeitschrift für Geschichtswissenschaft* 11 (1963), S. 116—145.

Kolde, Theodor, *Die deutsche Augustiner-Congregation und Johann von Staupitz. Ein Beitrag zur Ordens- und Reformationsgeschichte nach meistens ungedruckten Quellen*, Gotha 1879.

Kosegarten, Hans Gottfried Ludwig (Hrsg.), *Pomerania oder Vrsprunck, Altheit und Geschichte der Völcker und Lande Pomern, Cassuben, Wenden, Stettin, Rhügen, in vierzehn Büchern beschrieben* durch Thomas Kantzow, weiland Geheimschreiber in der Fürstlich-Pommerschen Kanzley zu Wolgast und aus dessen Handschrift hrsg., 2 Bde., Greifswald 1816 u. 1817.

Krantz, Albert, *Wandalia, in qua de Wandalorum populis, et eorum patrio solo, ac in Italiam, Galliam, Hispanias, Aphricam, et Dalmatiam, migratione: et de eorum regibus, ac bellis domi, forisque gestis*, Köln 1519.

Krogmann, Willy, Artikel *Wusterwitz, Engelbert*, in: *Die deutsche Literatur des Mittelalters. Verfasserlexikon*, Bd. 4, unter Mitarb. zahlr. Fachgen. hrsg. von Karl Langosch, Berlin 1953, Sp. 1104 ff.

Küster, Georg Gottfried, *Collectio opusculorum historiam Marchicam illustrantium, das ist Sammlung von allerhand theils gedruckten, theils ungedruckten und zur*

Erläuterung der Märckischen Civil-Kirchen-Gelehrten- und Natur-Geschichte gehörigen Nachrichten und Schrifflen, Bd. 1, St. 1—12, Berlin 1727—1731.

Kurze, Dietrich, *Die festländischen Lollarden. Zur Geschichte der religiösen Bewegungen im ausgehenden Mittelalter,* in: Archiv für Kulturgeschichte 47 (1965), S. 48—76.

Kurze, Dietrich, *Zur Ketzergeschichte der Mark Brandenburg und Pommerns vornehmlich im 14. Jahrhundert. Luziferianer, Putzkeller und Waldenser,* in: Jahrbuch für die Geschichte Mittel- und Ostdeutschlands 16/17 (1968), S. 50—94.

Kurze, Dietrich, *Märkische Waldenser und Böhmische Brüder. Zur brandenburgischen Ketzergeschichte und ihrer Nachwirkung im 15. und 16. Jahrhundert,* in: Festschrift für Walter Schlesinger, Bd. 2, Köln 1974, S. 456—502.

(Lasicius, Johannes), J. Lasitii ... *Historiae de origine et rebus gestis Fratrum Bohemicorum liber octavus. Qui est de moribus et institutus eorum* ... seorsim editus ... Adduntur tamen reliquorum VII librorum argumenta, Basel? 1649; auch unter dem Titel: *De ecclesiastica disciplina, moribusque, et institutis Fratrum Bohemorum, memorabilia continens. Cum admonitionibus ad reliquas istius Ecclesiae et alios,* J. A. Comenii, Amsterdam 1660.

Lea, Henry Charles, *Geschichte der Inquisition im Mittelalter [History of the Inquisition of the Middle Ages,* deutsch], autor. Übers. bearb. v. Heinz Wieck und Max Rachel, 3 Bde., rev. u. hrsg. von Joseph Hansen, Bonn 1905—1913.

Lea, Henry Charles/Howland, Arthur C., *Materials toward a History of Witchcraft,* 2. Aufl., Bd. 1—3, New York-London 1957.

Leclercq, H., siehe unter *Histoire des conciles.*

Leff, Gordon, *Heresy in the Later Middle Ages. The Relation of Heterodoxy to Dissent c. 1250—c. 1450,* 2 Bde., Manchester-New York 1967.

Lerner, Robert E., *The Heresy of the Free Spirit in the Later Middle Ages,* Berkeley-Los Angeles-London 1972.

Lesker, B., *Magister Nikolaus Rutze. Ein Vorläufer Luthers,* in: Der Katholik. Zeitschrift für katholische Wissenschaft und kirchliches Leben, 67. Jg. (= 29. Jg. der NF) (1887), S. 93—108.

Leuthinger, Nicolaus, *Scriptorum de rebus Marchiae Brandenburgensis* Nicolai Leuthingeri *De Marchia et rebus Brandenburgicis commentarii* ... nec non Zachariae Garcaei *Successiones familiarum atque res gestae illustrissimorum praesidum Marchiae Brandenburgensis* ... in unum volumen Collectio ... Cum praef. Joh. Gottlib. Kraussi, Frankfurt-Leipzig 1729.

Liebegott, Martin, *Der brandenburgische Landvogt bis zum XVI. Jahrhundert,* Halle 1906.

Liliencron, Rochus Frhr. v. (Hrsg.), *Die historischen Volkslieder der Deutschen vom 13. bis 16. Jahrhundert,* ges. u. erl., Bd. 1—4 (nebst Nachtr.), Leipzig 1865—1869 (Nachdruck: Hildesheim 1966).

Loë, Paulus v., *Statistisches über die Provinz Saxonia,* in: Quellen und Forschungen zur Geschichte des Dominikanerordens in Deutschland 4 (1910), S. 1—64.

Loebel, Hansgeorg, *Die Reformtraktate des Magdeburger Domherrn Heinrich Toke. Ein Beitrag zur Geschichte der Reichs- und Kirchenreform im 15. Jahrhundert,* Phil. Diss., Göttingen 1949 [Maschinenschrift].

Löhr, P. Gabriel M., O. P. (Hrsg.), *Registrum litterarum pro provincia Saxoniae. Joachimi Turriani 1487—1500, Vincentii Bandelli 1501—1506, Thomae de Vio Caietani 1507—1513 nebst Fortsetzungen aus den Jahren 1524—1551* [2]

(= Quellen und Forschungen zur Geschichte des Dominikanerordens in Deutschland. 40), Köln u. Wiesbaden 1952.

Löhr, P. Gabriel M., O. P. (Hrsg.), *Registrum litterarum pro provincia Saxoniae. Leonardi de Mansuetis 1474—1480, Salvi Cassettae 1481—1483, Barnabae Saxoni 1486* (= Veröffentlichungen des Historischen Instituts der Albert-Magnus-Akademie der Dominikaner in Walberberg, Bez. Köln = Quellen und Forschungen zur Geschichte des Dominikanerordens in Deutschland. 37. Hrsg. von Hieronymus Wilms), Köln u. Leipzig 1939.

Loserth, Johann, *Die Denkschrift des Breslauer Domherrn Nikolaus Tempelfeld von Brieg über die Wahl Georgs von Podiebrad zum König von Böhmen. Ein Beitrag zur Kritik der Husitengeschichte des Johannes Cochlaeus*, in: Archiv für österreichische Geschichte 61 (1880), S. 89—187; separat Wien 1880.

Lossow, Clemens, *Sermones rosati* [=Rosarius], o. O. u. J. [Leipzig bei Moritz Brandes].

Macek, Josef, *Die böhmische und die deutsche radikale Reformation bis zum Jahre 1525*, in: Zeitschrift für Kirchengeschichte 85 (1974), S. 5—29.

Macek, Josef, *Jean Hus et les traditions hussites* (XVe—XIXe siècle) (= Coll. civilisations et mentalités), Paris 1973.

Macek, Josef, *K ohlasu husitství v Německu*, in: Československý časopis historický 4 (1956), S. 189—207.

Machilek, Franz, *Ein Eichstätter Inquisitionsverfahren aus dem Jahre 1460*, in: Jahrbuch für fränkische Landesforschung 34/35 (1974/75), S. 417—446.

Die Magdeburger Schöppenchronik, hrsg. von Karl Janicke (= Die Chroniken der niedersächsischen Städte. Magdeburg, Bd. 1. Die Chroniken der deutschen Städte vom 14. bis ins 16. Jahrhundert, Bd. 7), Leipzig 1869, photomech. Nachdr.: 2., unveränd. Aufl., Göttingen 1962.

Manoury, Karl, *Die Inquisition in der Uckermark 1328—1478*, in Die Hugenottenkirche 11 (1958), Nr. 2, S. 5 f.; Nr. 3, S. 9 f.; Nr. 4, S. 14 f.

Manselli, Raoul, *L'eresia del male* (= Collectanea di storia 1), Neapel 1963.

Mansi, Joannes Dominicus, siehe unter Sacrorum conciliorum nova et amplissima Collectio.

Matag, *Von untergegangenen Dörfern im Königsberger Kreise*, in: Die Neumark. Mitteilungen des Vereins für Geschichte der Neumark 7 (1930), S. 1—9 u. S. 28—32.

May, Karl Hermann, *Zur Geschichte Konrads von Marburg*, in: Hessisches Jahrbuch für Landesgeschichte 1 (1951), S. 87—109.

Maxima Bibliotheca Veterum Patrum et Antiquorum Scriptorum Ecclesiasticorum primo quidem a M. de la Bigne in lucem edita. Deinde celeberrimorum in Universitate Coloniensi Doctorum studio aucta ac historica methodo, disposita. Hac tandem editione Lugdunensi, ad eandem Coloniensem exacta, novis supra centum Authoribus & opusculis, hactenus desideratis, locupletata [by P. Despont], 28 tom., Lugduni, Genuæ 1677, 1707.

Mc Donnell, Ernest W., *The Beguines and Beghards in Medieval Culture. With Special Emphasis on the Belgian Scene*, New Brunswick 1954. Repr.: New York 1969.

Medem, Fr. L. Baron v. (Hrsg.), *Thomas Kantzow's Chronik von Pommern in hochdeutscher Sprache*. Aus der Handschrift des Verfassers hrsg., Anklam 1841.

Meier, P. Ludger, OFM, *Wilsnack als Spiegel deutscher Vorreformation*, in: *Zeitschrift für Religions- und Geistesgeschichte* 3 (1951), S. 53—69.
Meijer, G. A., *Het Jacobijnenklooster te Groningen*, 2, in: *Archief voor de Geschiedenis van het Aartsbisdom Utrecht*, Utrecht, 32 (1906), S. 299—321.
Menke, Johannes Bernhard, *Geschichtsschreibung und Politik in deutschen Städten des Spätmittelalters* (Schluß), in: *Jahrbuch des Kölnischen Geschichtsvereins* 34/35 (1960), S. 85—192.
Meyer, Wilhelm (Bearb.), *Verzeichnis der Handschriften im preußischen Staate. 1. Hannover. 1. Göttingen. 1. Die Universitätsbibliothek*, Berlin 1893.
Moeller, Bernd, *Frömmigkeit in Deutschland um 1500*, in: *Archiv für Reformationsgeschichte* 56 (1965), S. 5—31.
Moeschler, Felix, *Alte Herrnhuter Familien. Die mährischen, böhmischen und österreichisch-schlesischen Exulanten*, T. 1 u. 2, Herrnhut 1922 u. 1924.
Molnár, Amedeo, *Bratr Lukáš*, Prag 1948.
Molnár, Amedeo, *Per un dialogo di contestatione (Pagine di storia valdese)*, in: *Protestantesimo* 23, Rom 1968, S. 147—156.
Molnár, Amedeo, *Valdenští. Evropský rozměr jejich vzdoru*, Praha 1973.
Molnár, Amedeo, *Les Vaudois et la réforme tchèque*, in: *Bollettino della Società di Studi Valdesi* 103 (1958), S. 37—51.
Mucke, Ernst, *Die slavischen Ortsnamen der Neumark*, in: *Schriften des Vereins für Geschichte der Neumark* 7 (1898), S. 51—189.
Müller, Joseph, *Zu den Schriften des Mag. Nikolaus Rutze in Rostock*, in: *Zeitschrift der Gesellschaft für niedersächsische Kirchengeschichte* 1 (1896), S. 173—189.
Müller, Joseph Theodor (Hrsg.), *Erzählung der mährischen Exulanten in Herrnhut von ihrer Herkunft*, in: *Zeitschrift für Brüdergeschichte* 6 (1912), S. 186—195.
Müller, Joseph Theodor, *Geschichte der Böhmischen Brüder*, 3 Bde., Herrnhut 1922 bis 1931.
Müller, Joseph Theodor, *Der Waldenserbischof Stephan und die Weihe der ersten Brüderpriester*, in: *Zeitschrift für Brüdergeschichte* 10 (1916), S. 128—144.
Müller, Karl, *Die Waldenser und die einzelnen Gruppen bis zum Anfang des 14. Jahrhunderts*, Gotha 1886.
Murawski, Klaus Eberhard, *Zwischen Tannenberg und Thorn. Die Geschichte des Deutschen Ordens unter dem Hochmeister Konrad von Erlichshausen 1441—1449* (= Veröffentlichungen der Historischen Kommission für ost- und westpreußische Landesforschung 3) (= Göttinger Bausteine zur Geschichtswissenschaft 10/11), Göttingen 1953.
Nickson, Margaret, *The „Pseudo-Reinerius" Treatise. Final Stage of a Thirteenth Century Work on Heresy from the Diocese of Passau*, in: *Archives d'Histoire Doctrinale et Littéraire du Moyen Age* 42 (1967), S. 255—314.
Niessen, Paul van, *Geschichte der Stadt Dramburg. Festschrift zur Jubelfeier ihres sechshundertjährigen Bestehens*, Dramburg 1897.
Niessen, Paul van, *Repertorium der im Kgl. Staatsarchive zu Königsberg i. Pr. befindlichen Urkunden zur Geschichte der Neumark*, bearb. von E. Joachim (= Schriften des Vereins für Geschichte der Neumark, H. 3), Landsberg/W. 1895.
Nordman, Viljo Adolf, *Die Wandalia des Albert Krantz. Eine Untersuchung* (=Annales Academiae Scientiarum Fennicae, B, 29, 3), Helsinki 1934.
Oberdorffer, Kurt, *Die Reformation in Böhmen und das späte Hussitentum*, in: *Bohemia, Jahrbuch des Collegium Carolinum* 6 (1965), S. 123—145.

Ochsenbein, Gottlieb Friedrich, *Aus dem Schweizerischen Volksleben des XV. Jahrhunderts. Der Inquisitionsprozeß wider die Waldenser zu Freiburg i. Ü. im Jahre 1430* nach den Acten dargestellt, Bern 1881.
Ohle, R., *Die Ketzer und Märtyrer der Uckermark*, in: *Mitteilungen des Uckermärkischen Museums- und Geschichtsvereins Prenzlau* 3, 1 (1905), S. 24—47.
Oliger, Livarius, *Johannes Kannemann, ein deutscher Franziskaner aus dem 15. Jahrhundert*, in: *Franziskanische Studien* 5 (1918), S. 39—67.
Oppl, Egon, *Geburtsbriefe der märkischen Waldenser von Fulnek*, in: *Die Neumark. Mitteilungen des Vereins für Geschichte der Neumark* 15 (1938), S. 50—55.
Origenes, *Werke*, hrsg. im Auftr. der Kirchenväter-Commission der Preußischen Akademie der Wissenschaften..., Bd. 7: *Homilien zum Hexateuch in Rufins Übersetzung*, hrsg. von Wilhelm Adolf Baehrens, T. 2: *Die Homilien zu Numeri, Josua und Judices* (= Die griechischen christlichen Schriftsteller der ersten drei Jahrhunderte...), Leipzig 1921.
Päbstliche Urkunden und Regesten aus den Jahren 1353—1378 die Gebiete der heutigen Provinz Sachsen und deren Umlande betreffend, ges. von Paul Kehr, bearb. von Gustav Schmidt (= Geschichtsquellen der Provinz Sachsen und angrenzender Gebiete 22), hrsg. von der Historischen Commission der Provinz Sachsen, Halle 1889.
Patschovsky, Alexander, *Der Passauer Anonymus. Ein Sammelwerk über Ketzer, Juden, Antichrist aus der Mitte des 13. Jahrhunderts* (= Schriften der MGH 22), Stuttgart 1968.
Patschovsky, Alexander, *Straßburger Beginenverfolgungen im 14. Jahrhundert*, in: *Deutsches Archiv für Erforschung des Mittelalters* 30 (1974), S. 56—198.
Peniafort, Raymvndus, siehe unter *Svmma*.
Pescheck, Christian Adolf, *Geschichte des Cölestiner des Oybins*, urkundlich erforscht u. dargest., Zittau 1840.
Peschke, Erhard, *Die Böhmischen Brüder im Urteil ihrer Zeit. Zieglers, Dungernheims und Luthers Kritik an der Brüderunität* (= Arbeiten zur Theologie 1, 17), Stuttgart 1964.
Peschke, Erhard, *Der Gegensatz zwischen der Kleinen und der Großen Partei der Brüderunität*, in: *Wissenschaftliche Zeitschrift der Universität Rostock* 6 (1956/57), Gesellschafts- und sprachwissenschaftliche Reihe, H. 1, S. 141—154.
Peters, Günter, *Norddeutsches Beginen- und Begardenwesen im Mittelalter*, in: *Niedersächsisches Jahrbuch für Landesgeschichte* 41/42 (1969/70), S. 50—118.
Petersohn, Jürgen, *Die dritte hochdeutsche Fassung von Kantzows Pommerscher Chronik. Identifikation eines verkannten Geschichtswerkes*, in: *Baltische Studien*, NF 59 (1973), S. 27—41.
Petri Lombardi *libri IV sentententiarum* studio et cura PP. Collegii S. Bonaventura in lucem editi... Secunda editio, ad fidem antiquiorum codicum Mss. iterum recognita, tom. 1 et 2, Ad Claras Aquas 1916.
Pez, Hieronymus, siehe unter *Brevis narratio*.
Pfister, Rudolf, *Kirchengeschichte der Schweiz*, Bd. 1, Zürich 1964.
Politische Correspondenz des Kurfürsten Albrecht Achilles, hrsg. u. erl. von Felix Priebatsch, Bd. 2: *1475—1480*, u. Bd. 3: *1481—1484* (= Publicationen aus den königl. preußischen Staatsarchiven 67, 71), Leipzig 1897, 1898.
Pomerania. Eine pommersche Chronik aus dem sechzehnten Jahrhundert, hrsg. von Georg Gaebel, 2 Bde., Stettin 1908.

Pommersches Urkundenbuch, Bd. 7: *1326—1330 mit Nachträgen zu Bd. 1—7.* Hrsg. von der Landesgeschichtlichen Forschungsstelle ‹Historische Kommission› für die Provinz Pommern. Bearb. von Hans Frederichs u. Erich Sandow (= Veröffentlichungen der Historischen Kommission für Pommern, R. 2, Bd. 7), Stettin 1934/40. Photomechan. Nachdr.: Köln-Graz 1958.

Priebatsch, Felix, siehe unter *Politische Correspondenz des Kurfürsten Albrecht Achilles.*

Pritz, Franz Xaver, *Geschichte der ehemaligen Benediktiner-Klöster Garsten und Gleink im Land ob der Enns, und der dazu gehörigen Pfarren,* Linz 1841.

Quellen zur Geschichte der Böhmischen Brüder vornehmlich ihren Zusammenhang mit Deutschland betr., hrsg. von Anton Gindely (= Fontes rerum Austriacarum, 2. Abt., Bd. 19), Wien 1859.

Raczyński, Casimir bzw. Eduard, siehe unter *Codex diplomaticus maioris Poloniae.*

Raumer, Georg Wilhelm, siehe unter *Codex diplomaticus Brandenburgensis continuatus.*

Raynaldus, Odoricus, *Annales Ecclesiastici ab anno quo desinit Card. C. Baronius, 1198 usque ad annum 1534 (— 1565) continuati...,* tom. 16, Köln 1652.

Reichert, Benedictus Maria, siehe unter *Acta capitulorum generalium ordinis Predicatorum.*

Reincke, Heinrich, *Albert Krantz als Geschichtsforscher und Geschichtsschreiber,* in: *Festschrift der Hamburgischen Universität... Werner von Melle... zum 80. Geburtstag am 18. Oktober 1933 dargebracht,* Hamburg 1933, S. 111—147.

Renouard, Yves, *Les minutes d'Innocent VI aux Archives du Vatican,* in: *Archivi,* ser. II, 2, Rom 1935, S. 14—26.

Repertorium Germanicum 2. Verzeichnis der in den Registern und Kameralakten Urbans VI., Bonifaz' IX., Innozenz' VII. und Gregors XII. vorkommenden Personen, Kirchen und Orte des Deutschen Reiches, seiner Diözesen und Territorien 1378—1415, bearb. von Gerd Tellenbach, 1—3, Berlin 1961 (= Nachdruck der Ausgabe aus den Jahren 1933—1938).

Říčan, Rudolf, *Die Böhmischen Brüder [Dějiny Jedotny bratrské, deutsch]. Ihr Ursprung und ihre Geschichte. Mit einem Kapitel über die Theologie der Brüder* von Amedeo Molnár. (Aus dem Tschechischen übertragen von Bohumir Popelář), Berlin 1961.

Riedel, Adolph Friedrich, siehe unter *Codex diplomaticus Brandenburgensis.*

Riemann, Hermann, *Geschichte der Stadt Colberg.* Aus den Quellen dargest.... Mit Plänen der Belagerung Colbergs..., Colberg 1873 [Jubiläums-Ausg. 1924.]

Röhrich, Timotheus Wilhelm, *Mittheilungen aus der Geschichte der evangelischen Kirche des Elsasses,* Bd. 1: *Mittheilungen aus der Vorgeschichte der Reformation, und Elsässische Kirchenordnungen,* Straßburg-Paris 1855.

Rose, Valentin, *Verzeichnis der lateinischen Handschriften,* Bd. 1 u. 2 (= Die Handschriftenverzeichnisse der Königlichen Bibliothek zu Berlin, Bd. 12 u. 13), Berlin 1893 u. 1901.

Rufus-Chronik, T. 1, in: *Die Chroniken der niedersächsischen Städte. Lübeck,* Bd. 2 (= Die Chroniken der deutschen Städte vom 14. bis ins 16. Jahrhundert, Bd. 26), Leipzig 1899, Nachdruck: Göttingen 1967, S. 175—276.

Der sog. Rufus-Chronik zweiter Theil von 1395—1430, in: *Die Chroniken der niedersächsischen Städte. Lübeck,* Bd. 3 (= Die Chroniken der deutschen Städte vom

14. bis ins 16. Jahrhundert, Bd. 28), Leipzig 1902, Nachdruck: Göttingen 1968, S. 1—342.

Russell, Jeffrey Burton, *Witchcraft in the Middle Ages*, Ithaca, N. J., and London 1972.

Sacrorum conciliorum nova et amplissima Collectio, in qua praeter ea quae Phil. Labbeus et Gabriel Cosartius et novissime Nicolaus Coleti in lucem edidere. Ea omnia insuper suis in locis optime disposita exhibentur, quae Joannes Dominicus Mansi... evulgavit. Ed. novissima ab eodem Patre Mansi... Acc. etiam notae, et dissertationes quamplurimae, quae in ceteris editionibus desiderantur, T. 24, Paris 1903, Neudruck: Graz 1961.

Schannat, Jo. Frid., siehe unter *Concilia Germaniae*.

Schapper, Gerhard, *Die Hofordnung von 1470 und die Verwaltung am Berliner Hofe zur Zeit Kurfürst Albrechts im historischen Zusammenhange behandelt* (= Veröffentlichungen des Vereins für Geschichte der Mark Brandenburg [11]), Leipzig 1912.

Schildhauer, Johannes, *Soziale, politische und religiöse Auseinandersetzungen in den Hansestädten Stralsund, Rostock und Wismar im ersten Drittel des 16. Jahrhunderts* (= Abhandlungen zur Handels- und Sozialgeschichte 2), Wismar 1959.

Schlichting, Mary Elisabeth, *Religiöse und gesellschaftliche Anschauungen in den Hansestädten des späten Mittelalters*, Phil. Diss., Berlin 1935, gedr.: Saalfeld/Ostpr.

Schmidt, Carl, *Über die Secten zu Straßburg im Mittelalter*, in: *Zeitschrift für historische Theologie* 10 (1840), H. 3, S. 31—73.

Schmidt, Gustav, siehe unter *Päbstliche Urkunden und Regesten* und *Urkundenbuch der Stadt Halberstadt*.

Schmidt, Roderich, *Bischof Henning Iwen von Cammin (1446—1468)*, in: *Baltische Studien*, NF 53 (1967), S. 18—42.

Schneider, Otto, *Die Brüdergemeine in der Mark* (= Hefte zur märkischen Kirchengeschichte 4), Berlin o. J. [1907].

Schnitzler, Elisabeth, *Das geistige und religiöse Leben Rostocks am Ausgang des Mittelalters* (= Historische Studien 360), Berlin 1940.

Schönfelder, Albert, *Stephan Bodecker, Bischof von Brandenburg (1421—59)*, in: *Historisches Jahrbuch* 23 (1902), S. 559—577.

Schreckenbach, Hans-Joachim (Bearb.), *Bibliographie zur Geschichte der Mark Brandenburg*, Bd. 1—3 (= Veröffentlichungen des Staatsarchivs Potsdam, Bd. 8—10), Weimar 1970—1972.

Schultze, Johannes (Hrsg.), *Das Landbuch der Mark Brandenburg von 1375* (= Brandenburgische Landbücher, Bd. 2) (= Veröffentlichungen der Historischen Kommission für die Provinz Brandenburg und die Reichshauptstadt Berlin 8,2), Berlin 1940.

Schultze, Johannes, *Die Mark Brandenburg*, Bd. 1—5, Berlin 1961—1969.

Schum, Wilhelm, siehe unter *Gesta archiepiscoporum Magdeburgensium*.

Schwalm, Jakob, siehe *Die Cronica novella des Hermann Korner*.

Schwartz, Paul, *Beiträge zur Kirchengeschichte brandenburgischer Städte. 2. Angermünde*, in: *Jahrbuch für Brandenburgische Kirchengeschichte*, 9. u. 10. Jg. (1913), S. 78—125.

Schwartz, Paul, *Die Ketzerdörfer im Königsberger Kreis*, in: *Die Neumark. Jahrbuch*

des Vereins für Geschichte der Neumark. Neue Folge der „Schriften" 1 (1924), S. 61—77.
Scriptores rerum Jutrebocensium..., hrsg. von Paul Jacob Eckhard, Vitembergae, Lipsiae 1734—1735.
Selge, Kurt-Victor, *Die Erforschung der mittelalterlichen Waldensergeschichte*, in: *Theologische Rundschau*, NF, 33 (1968), S. 281—343.
Selge, Kurt-Victor (Hrsg.), *Texte zur Inquisition* (= Texte zur Kirchen- und Theologiegeschichte 4), Gütersloh 1967.
Sello, Georg, *Die Einfälle der Hussiten in die Mark Brandenburg und ihre Darstellung in der märkischen Geschichtschreibung*, in: *Zeitschrift für preußische Geschichte und Landeskunde* 19 (1882), S. 614—666.
Siebarth, Werner, *Die Waldenser und ihre Verfolgung in und um Angermünde*, in: *Heimatbuch des Kreises Angermünde* 3 (1970), S. 19—46.
Šimeček, Zdeněk, *Heretická hnutí v severovýchodní evropě (pred reformací)*, in: *Prače z dějín východní evropy*, Bd. 2, Prag 1960, S. 111—154.
Soldan, Wilhelm Gottlieb/Heppe, Heinrich, *Geschichte der Hexenprozesse*, neu bearb. u. hrsg. von Max Bauer, Bd. 1 u. 2, unveränd. Nachdruck d. 3. Aufl. München 1912, Darmstadt 1969.
Spruth, Herbert, *Landes- und familiengeschichtliche Bibliographie für Pommern. Drucke und Handschriften* (= Genealogie und Landesgeschichte 2), Neustadt a. d. Aisch 1962—1965.
Stählin, Friedrich, Artikel *Camerarius (Kammermeister), Joachim*, in: *NDB*, Bd. 3, Berlin 1957, S. 104 f.
Stasiewski, Bernhard, Artikel *Hagen, Matthäus*, in: *NDB*, Bd. 7, Berlin 1966, S. 481.
Stöckel, Artur, *Das Wirken der Waldenser in der Uckermark*, in: *Heimatkalender für den Kreis Prenzlau* 5 (1930), S. 154—157.
Sturtevant, Erich, *Chronik der Stadt Jüterbog*, Jüterbog 1935.
Suhle, Arthur, *Die Münzverhältnisse in der Mark Brandenburg im 14. Jahrhundert*, in: *Das Landbuch der Mark Brandenburg von 1375* (= Brandenburgische Landbücher, Bd. 2) (= Veröffentlichungen der Historischen Kommission für die Provinz Brandenburg und die Reichshauptstadt Berlin 8, 2), hrsg. von Johannes Schultze, Berlin 1940, S. 462—469. •
Svmma S[ti] Raymvndi de Peniafort... *de poenitentia, et matrimonio* cvm glossis loannis de Fribvrgo... nvnc primvm in lvcem edita..., Rom 1603, Nachdruck: Farnborough, Hants, England 1967.
Tellenbach, Gerd, siehe unter *Repertorium Germanicum*.
Theiner, August, siehe unter *Vetera monumenta Poloniae*.
Thomas v. Aquin, *Scriptum super quarto libro sententiarum*, in: ders., *Scriptum super Sententiis magistri Petri Lombardi*, recognovit atque iterum edidit R. P. Maria Fabianus Moos, T. 4, Paris 1947.
Thomae Aquinatis *Summa theologica*. Editio altera Romana ad emendatiores editiones impressa et noviter accuratissime recognita, vol. 1—6, Rom 1894.
Tomek, Ernst, *Kirchengeschichte Österreichs*, T. 1, Innsbruck-Wien-München 1935.
Trithemius, Johannes, Joannis Trithemii Spanheimensis et postea divi Jacobi aqud Herbipolim Abbatis viri suo aevo doctissimi *Annalium Hirsaugiensium* opus nunquem hactenus editum ab eruditis semper desideratum. Complectens historiam Franciae et Germaniae, Tom. 1 et 2, S. Galli 1690.

Truhlář, Joseph, *Katalog českých rukopisů veřejné a universitní knihovny v Praze (Katalog der tschechischen Handschriften der Universitätsbibliothek in Prag),* Prag 1906.

Truhlář, Joseph, *O životě a spisech známych i domnělych bosáka Jana Vodňanského,* in: *Časopis musea království českého,* 58, Prag 1884, S. 524—547.

Turek, Adolf, *Fulnecko,* Brünn 1940.

Ullmann, Walter, *The Significance of Innocent III's Decretal „Vergentis",* in: *Études d'histoire du droit canonique* dédiées à Gabriel Le Bras, Tom. 1, Paris 1965, S. 729—741.

Urkundenbuch der Stadt Halberstadt, hrsg. von der Historischen Commission der Provinz Sachsen, bearb. von Gustav Schmidt, Bd. 2 (= Geschichtsquellen der Provinz Sachsen und angrenzender Gebiete, 7, 2), Halle 1879.

Vetera monumenta Poloniae et Lithuaniae gentiumque finitimarum historiam illustrantia, hrsg. von Augustin Theiner, Bd. 1—4, Rom 1860—1864.

Vielhaber, W., *Ein interessanter Fund aus dem Archiv der evangelischen Gemeinde zu Emmerich,* in: *Theologische Arbeiten aus dem rheinischen wissenschaftlichen Prediger-Verein,* 3. F., 7 (1886), S. 91 ff.

Vinay, Alexander, *Vaudoise du Bas-Rhin au Moyen-Age,* in: *Bulletin de la Société d'Histoire Vaudoise* 3 (Mai 1887), S. 41 ff.

Vinay, Alexander, *Vaudois et Hussites dans la Marche,* in: *Bulletin de la Société d'Histoire Vaudoise* 7 (1890), S. 60—67.

Vinay, Valdo, *Friedrich Reiser e la diaspora valdese di lingua tedesca nella XV secolo,* in: *Bollettino della Società di Studi Valdese* 109 (1961) S. 35—56; deutsch: Vinay, Valdo, *Friedrich Reiser und die waldensische Diaspora deutscher Sprache im XV. Jahrhundert,* in: Wolfgang Erk (Hrsg.), *Waldenser. Geschichte und Gegenwart,* Frankfurt/Mai 1971, S. 25—47.

Voigt, Klaus, *Der Kollektor Marinus de Fregeno und seine „Descriptio provinciarum Alamanorum",* in: *Quellen und Forschungen aus italienischen Archiven und Bibliotheken* 48 (1968), S. 148—206.

Voigt, Klaus, *Italienische Berichte aus dem spätmittelalterlichen Deutschland. Von Francesco Petrarca zu Andrea de' Franceschi (1333—1492)* (= Kieler Historische Studien 17), Stuttgart 1973.

Von denen Putz-Kellern zu Bard [anonym], in: *Greifswaldisches Wochenblatt von allerhand gelehrten und nützlichen Sachen, zur Aufnahme guter Wissenschaften und Beförderung des gemeinen Besten* ausgefertiget im Jahr 1743, VI. Stück, Artic. IV, Greifswald-Stralsund (auch in: Jacob Henrich Balthasar [Hrsg.], *Vermischte Sammlung von allerhand gelehrten und nützlichen Sachen, so bisher unter dem Namen des Greifswaldischen Wochenblatts ausgefertiget worden,* Greifswald 1744, S. 46—48).

Wattenbach, Wilhelm, *Über das Handbuch eines Inquisitors in der Kirchenbibliothek St. Nicolai in Greifswald,* in: *Abhandlungen der Königl. Akademie der Wissenschaften zu Berlin . . . 1888. IV,* Phil.-hist. Kl., Berlin 1889, S. 1—28.

Wattenbach, Wilhelm, *Über die Inquisition gegen die Waldenser in Pommern und der Mark Brandenburg,* in: *Abhandlungen der königl. Akademie der Wissenschaften zu Berlin . . . 1886. III,* Phil.-hist. Kl., Berlin 1887, S. 1—102.

Wattenbach, Wilhelm, *Über Ketzergerichte in Pommern und der Mark Brandenburg,* in: *Sitzungsberichte der königl. Akademie der Wissenschaften zu Berlin . . . 1886. I,* Phil.-hist. Kl., Berlin 1887, S. 47—58.

Wattenbach, Wilhelm, *Über die Secte der Brüder vom freien Geiste. Mit Nachträgen über die Waldenser in der Mark und in Pommern*, in: Sitzungsberichte der königl. Akademie der Wissenschaften zu Berlin... 1887. II, Phil.-hist. Kl., Berlin 1888, S. 514—544.

Wattenbach, Wilhelm, *Kleine Abhandlungen zur mittelalterlichen Geschichte. Gesammelte Berliner Akademieschriften 1882—1897.* (Unveränd. Nachdruck aus den Abhandlungen und Sitzungsberichten der Preußischen Akademie der Wissenschaften.) (= Opuscula), Leipzig 1970.

Weck, Anton, *Der Chur-Fürstlichen Sächsischen weitberuffenen Residentz- und Haupt-Vestung Dresden Beschreib- und Vorstellung*, Nürnberg 1680.

Wehrmann, Martin, *Bischof Johann I. von Camin. 1343—1370*, in: Baltische Studien 46 (1896), S. 1—44.

Wehrmann, Martin, *Geschichte der Stadt Stettin*, Stettin 1911.

Wehrmann, Martin, *Kamminer Weihbischöfe*, in: Monatsblätter. Hrsg. von der Gesellschaft für pommersche Geschichte und Altertumskunde 50 (1936), S. 97—101.

Weis, P. Ant., Artikel *Peter (Engelhardi) von Pil(l)ichsdorf*, in: ADB 25, Leipzig 1887, S. 475.

Weiss, W., *Vom Kampf der Ketzer*, in: Heimatkalender des Kreises Angermünde 1959, S. 76—78.

Weißthanner, A., *Die Kämpfe des Kurfürsten Albrecht Achilles gegen die Herzöge von Pommern 1478*, in: Forschungen zur Brandenburgischen und Preußischen Geschichte 54 (1943), S. 374—380.

Wentz, Gottfried, siehe unter *Germania Sacra*.

Werner, Ernst, siehe auch unter Büttner, Theodora.

Werner, Ernst, *Ideologische Aspekte des deutsch-österreichischen Waldensertums im 14. Jahrhundert*, in: Studi medievali, serie 3, 4 (1963), S. 217— 237.

Werner, Ernst, *Nachrichten über spätmittelalterliche Ketzer aus tschechoslowakischen Archiven und Bibliotheken* (= Beilage zur *Wissenschaftlichen Zeitschrift der Karl-Marx-Universität Leipzig. Gesellschafts- und Sprachwissenschaftliche Reihe* 12, 1), Leipzig 1963.

Wernicke, Kurt, *Ohlasy a vlivy husitského revolučniho hnuti v nemecku*, in: Časopis Národního Musea 128, Prag 1959, S. 23—45.

Wierschin, Martin, *Handschriften der Ratsbücherei Lüneburg. Miscellanea und Historica*, bearb., Wiesbaden 1969.

Wiggers, Julius, *Nikolaus Russ und sein Buch von den drei Strängen*, in: Zeitschrift für historische Theologie 20 = NF 14 (1850), S. 171—237.

Wohlbrück, Siegmund Wilhelm, *Geschichte des ehemaligen Bisthums Lebus und des Landes dieses Nahmens*, Th. 2, Berlin 1829.

Wostry, Wilhelm, *Das Deutschtum Böhmens zwischen Husitenzeit und dreißigjährigem Krieg*, in: Das Sudetendeutschtum. Sein Wesen und Werden im Wandel der Jahrhunderte, hrsg. von Gustav Pirchan u. a., 2. Aufl., Brünn-Prag-Leipzig-Wien 1939, S. 307—388.

Wotschke, Theodor, *Johann Lasitius. Ein Beitrag zur Kirchen- und Gelehrtengeschichte des 16. Jahrhunderts*, in: Zeitschrift für slavische Philologie 2 (1925), T. 1, S. 77 bis 104, u. T. 2, S. 442—471.

Zezschwitz, Gerhard v., *Die Katechismen der Waldenser und Böhmischen Brüder als Documente ihres wechselseitigen Lehraustausches. Kritische Textausgabe mit kirchen- und literargeschichtlichen Untersuchungen*, Erlangen 1863 (Nachdruck: Amsterdam 1967).

Zoepfl, Friedrich, *Geschichte des Bistums Augsburg und seiner Bischöfe*, Bd. 1: *Das Bistum Augsburg und seine Bischöfe im Mittelalter*, München-Augsburg 1955.

Zopf, Hans, siehe unter *Berlin-Bibliographie*.

HISTORISCHE KOMMISSION ZU BERLIN

Berlin 45 (Lichterfelde) · Tietzenweg 79

Vorstand:

HANS HERZFELD / OTTO BÜSCH
WOLFRAM FISCHER / GERD HEINRICH
GEORG KOTOWSKI / DIETRICH KURZE
HANS-DIETRICH LOOCK / ILJA MIECK
FRITZ MOSER / JOHANNES SCHULTZE
HENRYK SKRZYPCZAK / WILHELM TREUE
KLAUS ZERNACK

*Das periodische Publikationsorgan
der Historischen Kommission zu Berlin ist das*
JAHRBUCH FÜR DIE GESCHICHTE
MITTEL- UND OSTDEUTSCHLANDS

Herausgegeben von
WILHELM BERGES · HANS HERZFELD
HENRYK SKRZYPCZAK

Redaktion:
SABINE WILKE

VERÖFFENTLICHUNGEN DER HISTORISCHEN KOMMISSION ZU BERLIN

Band 37

Aus Theorie und Praxis der Geschichtswissenschaft

Festschrift
für Hans Herzfeld zum 80. Geburtstag
Im Auftrage des Friedrich-Meinecke-Instituts
herausgegeben von Dietrich Kurze

Groß-Oktav. XII, 445 Seiten. 1972. Ganzleinen DM 154,—

Band 38

HANS HERZFELD

Berlin in der Weltpolitik 1945—1970

Mit einem Geleitwort von Klaus Schütz.
Groß-Oktav. XXIII, 666 Seiten. 1973. Ganzleinen DM 118,—

Band 39

INGRID THIENEL

Städtewachstum im Industrialisierungsprozeß des 19. Jahrhunderts

Das Berliner Beispiel
Mit einem Vorwort von Otto Büsch

Groß-Oktav. XIV, 504 Seiten. Mit 36 Tabellen im Text und
8 kartographischen Darstellungen in Rückentasche. 1973.
Ganzleinen DM 84,— (Publikationen zur Geschichte der
Industrialisierung 3)

Band 40

HARTMUT KAELBLE

Berliner Unternehmer während der frühen Industrialisierung

Herkunft, sozialer Status und politischer Einfluß
Mit einem Vorwort von Otto Büsch

Groß-Oktav. XII, 302 Seiten. Mit 33 Tabellen. 1972.
Ganzleinen DM 68,— (Publikationen zur Geschichte der Industrialisierung 4)

WALTER DE GRUYTER · BERLIN · NEW YORK

VERÖFFENTLICHUNGEN DER HISTORISCHEN KOMMISSION ZU BERLIN

Band 41

HERBERT HELBIG

Gesellschaft und Wirtschaft in der Mark Brandenburg im Mittelalter

Groß-Oktav. VIII, 195 Seiten. Mit 2 Faltkarten. 1973.
Ganzleinen DM 68,—

Band 42

DIETHELM PROWE

Weltstadt in Krisen
Berlin 1949-1958

Mit einem Vorwort von Hans Herzfeld
Groß-Oktav. X, 359 Seiten. 1973. Ganzleinen DM 86,—

Band 43

Berlin-Bibliographie
(1961 bis 1966)

In der Senatsbibliothek bearbeitet von Ursula Scholz
und Rainald Stromeyer. Unter Mitwirkung von Edith Scholz.

Mit einem Vorwort von Hans Herzfeld und Rainald Stromeyer

Groß-Oktav. XXIV, 406 Seiten. 1973. Ganzleinen DM 89,—
(Bibliographien 4)

Band 44

KLAUS ERICH POLLMANN

Landesherrliches Kirchenregiment und soziale Frage

Der evangelische Oberkirchenrat der altpreußischen Landeskirche
und die sozialpolitische Bewegung der Geistlichen nach 1890

Mit einem Vorwort von Walter Bussmann

Groß-Oktav. XII, 329 Seiten. 1973. Ganzleinen DM 112,—

WALTER DE GRUYTER · BERLIN · NEW YORK

Inquisitionsverfahren gegen Waldenser in Stettin (1392 bis 1394)

GLIEDERUNGSSCHEMA
der Protokollexzerpte

(Siehe Nr. XIII, 1—195, oben, S. 77—261, vgl. auch oben, S. 30 f.)

Laufende Nummer; alte Nummer; alte Blattzählung; neue Blattzählung. Hinweis auf Erhaltungszustand des Protokolls; sonstige allgemeine Bemerkungen.

1. Datum und Ort des Verhörs
2. Vor- und Nachname des/der Verhörten
3. Wohnort
4. Beruf
5. Alter
6. Geburtsort
7. Vater
8. Mutter
9. sonstige Verwandte
10. Verführer
11. Erste Beichte   a) wann, bzw. im Alter von
                          b) wo
                          c) wem
12. Weitere Beichten   a)
                          b)
                          c)
13. Letzte Beichte   a)
                          b)
                          c)
14. Predigt gehört (wann, wo, wessen)
15. Gastung, Begleitung u. ä. der Häresiarchen
16. Besondere Aussagen zu Lehre und Leben
17. Frühere Verhöre (wann, wo, durch wen, worüber); Zitation
18. Verführer von
19. Glaubensgenossen und sonstige erwähnte Personen
20. Besondere Vorkommnisse beim Verhör (auch Urteil)
21. Inquisitionskommission

Anmerkungen
   [a] *Zum Text.*
   [1] *Zu Personen oder Sachen.*